PROJEKT SCHWEIZ
Vierundvierzig Porträts aus Leidenschaft

PROJEKT SCHWEIZ

Vierundvierzig Porträts aus Leidenschaft

Herausgegeben von Stefan Howald
Mit zahlreichen Abbildungen

Mit Übersetzungen aus dem Französischen und Italienischen
von Ruth Gantert, Markus Hediger und Barbara Sauser

Unionsverlag

Der Verlag dankt folgenden Institutionen
für die Unterstützung bei der Publikation dieses Werks:
Oertli-Stiftung
Kulturabteilung der Stadt Zürich

Im Internet
Aktuelle Informationen, Dokumente und eine Karte
zu diesem Buch
www.unionsverlag.com

© by Unionsverlag 2021
Neptunstrasse 20, CH-8032 Zürich
Telefon +41 44 283 20 00
mail@unionsverlag.ch
Alle Rechte vorbehalten
Umschlag, Gestaltung und Satz: Peter Löffelholz
Druck und Bindung: Pustet, Regensburg
ISBN 978-3-293-00578-5

Der Unionsverlag wird vom Bundesamt für Kultur mit einem
Verlagsförderungs-Strukturbeitrag für die Jahre 2021–2024 unterstützt.

Auch als E-Book erhältlich

Inhalt

Die Schweiz als Projekt
Vorwort von Stefan Howald   8

DAFÜR DANKE ICH DIR
Ruth Schweikert zu
Paulette Brupbacher-Raygrodski   11

EIN PLATZ AM EHRENTISCH
Charles Lewinsky
zu Jeremias Gotthelf   23

IN DER SCHREIBSTUNDE
Claire Genoux zu Jacques Chessex   33

DIE MÜHLE IM TESSIN
Hansjörg Schneider zu
Friedrich Glauser   43

**DIE HEILBARKEIT
SEELISCHEN UNHEILS**
Peter Schneider zu Eugen Bleuler   53

DAS ERBE DER MÜTTER
Ruth Ammann zu Dora Staudinger   63

**DIESE STRAHLENDE,
UNBEUGSAME HOFFNUNG**
Jean Ziegler zu Fritz Platten   73

**KOMMUNISTIN
MIT PERLENKETTE**
Regula Freuler zu Mentona Moser   85

**DIE AUTORITÄT
MIT DEM PLASTIKSACK
VOLLER BÜCHER**
Isolde Schaad zu Theo Pinkus   95

**»DIESE LÖSUNG
WAR EINFACH. CLARETTA
SOLLTE SIE GLÜCKEN.«**
Caroline Arni zu Aline Valangin   107

**EIN VERITABLER
THEATERSKANDAL**
Samir zu Kurt Hirschfeld   119

EMPATHIE ALS SUBVERSION
Susan Boos zu Gertrud Kurz   131

**UNERBITTLICHER
VERMESSER
DES ANCIEN RÉGIME**
Pirmin Meier zu Jacques-
Barthélemy Micheli du Crest   141

**ZWISCHEN MARSEILLAISE
UND ENTSAGUNG**
Bettina Eichin zu
Sibylle de Dietrich, geborene Ochs   151

**EINE WOHLGESINNTE
ENZYKLOPÄDIE**
Daniel de Roulet
zu Jean-Jacques Rousseau   163

EINE WELTKARTE IM KOPF
Bouda Etemad
zu Jean Charles Léonard
Simonde de Sismondi   173

**VON WERT UND
UNWERT DES LIEBENS**
Adolf Muschg
zu Benjamin Constant   183

DER WILLENSSCHWEIZER
Matthias Zschokke
zu Heinrich Zschokke   195

**»... UND FLUCHEND
STEHT DAS VOLK VOR
SEINEN BILDERN«**
Lucien Leitess zu Martin Disteli   205

**DER FREISCHÄRLER
AUS DEM AARGAU**
Josef Lang zu Augustin Keller   217

**DER »GEFÄHRLICHSTE
SCHRIFTSTELLER DER
SCHWEIZ«**
Hans-Ulrich Jost
zu Ignaz Paul Vital Troxler   227

**SKLAVEREI ALS
»FLUCH DER ENTEHRTEN
MENSCHHEIT«**
Hans Fässler zu Wilhelm Joos   237

**»PFLANZEN WILL ICH
UND SÄEN, FÄLLEN DEN
ALTERNDEN STAMM«**
Köbi Gantenbein zu
Johann Wilhelm Fortunat Coaz   247

**BILDER EINER
VERSCHWUNDENEN WELT**
Michael Pfister zu Karl Bodmer   257

DER ERFUNDENE SINN
Michel Thévoz zu Hans Holbein   267

OHNE MICH
Anna Ruchat zu Meret Oppenheim   279

BERUFUNG: KUNST
Simona Martinoli zu
Marguerite Arp-Hagenbach   291

**LIEBE UND IHR
DRUM UND DRAN**
Sibel Arslan zu Iris von Roten   301

**»IM ESSEN SOLLEN DIE
KLASSENUNTERSCHIEDE
VERSCHWINDEN«**
Jakob Tanner zu Elsa F. Gasser   311

**EIN BLATT AUF SPYRIS GRAB
ODER EIN BODEN,
EIN FENSTER, EIN WEG**
Patti Basler zu Johanna Spyri   323

**DAHIN SEHEN,
WO FAST NICHTS IST**
Friederike Kretzen
zu Robert Frank   335

THUN UND DIE WELT
Evelinn Trouble zu MC Anliker   347

PAARTHERAPEUTIN DER NATION
Christine Lötscher
zu Margrit Rainer   359

MORAVAGINE DER UNAUFLÖSBARE
Yves Laplace zu Blaise Cendrars   369

DAS WAADTLAND ALS UNIVERSUM
Sylviane Dupuis zu
Charles Ferdinand Ramuz   381

ARCHITEKT DES POLITISCHEN BEWUSSTSEINS
Rolf Niederhauser zu Max Frisch   391

DAS BÜRGERÄRGERNIS
Margrit Sprecher
zu Niklaus Meienberg   403

EIN VERDINGKIND MALT SICH INS REICH DER FREIHEIT
Willi Wottreng
zu Walter Wegmüller   413

EINLADUNG ZUR EINFACHHEIT
Franz Hohler zu Mani Matter   423

REBELLISCHE MODE MADE IN TICINO
Claudia Quadri zu Elsa Barberis   433

VERBOTENE OASEN
Stefan Howald zu Ella Maillart   443

EIN MODERNER HEXENPROZESS
Madeleine Marti zu Caroline Farner
und Anna Pfrunder   455

KÜHNE KONSTRUKTIONEN
Elisabeth Joris zu Berta Rahm   465

DER FLIEGENDE VELOFAHRER
Jean-Martin Büttner
zu Albert Hofmann   475

Namensverzeichnis   484
Dank und Nachweise   492

Vorwort von Stefan Howald

DIE SCHWEIZ ALS PROJEKT

Über den Buchtitel haben wir intensiv diskutiert. Die Schweiz musste darin vorkommen, weil sie der Ausgangspunkt unseres Buchs ist, und dessen Zielpunkt. Sie sollte aber nicht übermächtig in den Vordergrund geschoben werden, als Granitblock, als die eine, einzige Schweiz. Schließlich haben wir uns für *Projekt Schweiz* entschieden. Das Projekt Schweiz verstehen wir als Werkstatt, als Laboratorium, es soll den Prozess, den Arbeitscharakter betonen, damit auch das Unabgeschlossene, Zukunftsgerichtete.

Ein solches Projekt muss antreten gegen vorhandene Wahrnehmungen. Die Schweiz existiert nicht – oder nur als Sonderfall. Sie ist eine demokratische Willensnation – oder ein dubioser Finanzplatz. Das sind verfestigte, vereinseitigte Momentaufnahmen. Denn die Schweiz ist, was ihre Bewohnerinnen und Bewohner aus ihr gemacht haben und weiter machen werden. Dieses Buch versammelt deshalb Porträts von Menschen, die zu einem liberalen, offenen, sozial engagierten Land beitrugen. Verfasst sind diese Porträts von Autorinnen und Autoren, denen eine lebendige Schweiz nicht gleichgültig ist.

Vierundvierzig Schreibende haben sich am Projekt beteiligt. Es sind Historiker und Schriftstellerinnen ebenso wie Wissenschaftlerinnen und Journalisten. Einige mehr mussten mit Bedauern absagen. Vierundvierzig Persönlichkeiten werden vorgestellt, und es hätten weitaus mehr oder andere sein können. Wir haben uns um ein möglichst breites Spektrum bemüht, zeitlich und von den Tätigkeitsfeldern her, was die Geschlechter und die Landesteile betrifft. Dabei sind nicht in erster Linie Persönlichkeiten berücksichtigt worden, die herkömmlich als wichtig gelten, sondern jene, die unsere Autorinnen und Autoren für wichtig halten. Letztlich entschied deren Interesse und Engagement.

Zugänge und Form blieben ihnen überlassen. Entsprechend vielfältig sind sie ausgefallen. Neben der historischen Aufarbeitung steht die persönliche Auseinandersetzung. Dabei verbindet sich Sachkenntnis mit inhaltlicher Zuspitzung, werden Faszination und Leidenschaft sichtbar.

Dieses Buch steht in einer Tradition und will sie zugleich wenden. Noch vor der Entstehung des heutigen Bundesstaats wurde versucht, prägende Schweizer Persönlichkeiten in politisch interessierter Absicht zu versammeln. In der Zwischenkriegszeit erreichten solche Unterfangen einen Höhepunkt. Unter anderem erschien 1928 das erstaunliche dreibändige Werk *Frauen der Tat*, 1938 umfasste der dicke Band *Grosse Schweizer* dann wieder vorwiegend Männer. In den letzten Jahrzehnten hat es *Jahrhundert-Schweizer* ebenso wie *Mutige Schweizerinnen* gegeben.

Ein Kanon kann und will das vorliegende Buch nicht sein. Dennoch zielt es in bestimmter Hinsicht auf Repräsentanz. Es geht um Haltungen und Werte, die weiterhin sozial verantwortliches, vorwärtsgerichtetes Handeln anleiten.

Dabei wird die Schweiz in den internationalen Zusammenhängen gesehen. Das Buch handelt von denen, die weggingen, oder kamen, von denen, die blieben, oder weggingen und zurückkehrten. Im Zentrum der Beiträge stehen die einzelnen Persönlichkeiten, unverwechselbare Individuen. Sie sind in ihr gesellschaftliches Umfeld gestellt. Zuweilen gehören sie mehr oder weniger direkt sozialen oder politischen Bewegungen an, zuweilen stehen sie in ihrer Opposition allein. Wir bekennen uns zum personalisierten Ansatz. Auch Einzelpersonen machen Geschichte, und jede Epoche findet jene Personen, in denen sie sich verkörpert. Die sichtbare Diversität ist ein Ausdruck zeitgemäßer Tendenzen, aber auch eine Stärke.

Dieses Buch ist vor allem mit Neugier zu lesen. Neugier darauf, was in diesem Land an Gedanken und an Leidenschaft hervorgebracht worden ist. Neugier auf die so unterschiedlichen Zugänge und Schreibstile der Schreibenden, auf die Motive ihrer Wahl. Neugier auf Vielfalt, auf Verwandtschaften und Gegensätze.

Die Porträts reichen vom frühen 18. Jahrhundert bis zum 21. Jahrhundert. Die Texte folgen einer losen chronologischen oder thematischen Abfolge. Die Beiträge sprechen für sich und können für sich gelesen werden. Zugleich ergeben sich immer aufs Neue ungewohnte Beziehungen, verborgene Fäden. So entsteht ein Bild der Schweiz als offenes, zukunftsfähiges Projekt.

RUTH SCHWEIKERT ZU PAULETTE BRUPBACHER-RAYGRODSKI

DAFÜR DANKE ICH DIR

Ein Brief an eine Ärztin, Träumerin
und Aktivistin für Frauen und deren Rechte

Liebe Pelta
– oder soll ich Sie Paula nennen, Pauline, Paulette, »Posaune« gar, wie sich Rudolf Jakob Humm in seinen Aufzeichnungen *Bei uns im Rabenhaus* an Sie erinnert, von Ihrer lautstarken Präsenz und Vehemenz wohl etwas überfordert ... Nun ja, Ihr liebster Fritz Brupbacher soll Sie zuweilen Trompete genannt haben – und schon höre ich Sie herzlich (oder schallend) lachen; klar, der Name passt zu einer Vorkämpferin wie Ihnen, die ihre Überzeugungen in die Welt hinaustrompetet: »Denn der Tag wird kommen – und daran glaube ich fest und unerschütterlich –, wo die berechtigten Forderungen der Frau und ihre beharrliche Ablehnung einer aufgezwungenen Mutterschaft die volle Zustimmung und Anerkennung seitens der Gesellschaft und ihren entsprechenden Ausdruck im Gesetze finden werden.«

Sie haben recht bekommen, liebe Paulette – und Frauen vielerorts endlich die lange eingeforderten, überfälligen Rechte, auch in der Schweiz; wie schade, hast Du die gesellschaftlichen und politischen Meilensteine der letzten gut fünfzig Jahre nicht miterlebt. Ich habe Sie geduzt, verzeih; wie gerne hätte ich Sie kennengelernt, sehr geehrte Frau Dr. Dr. Brupbacher, geborene Raygrodski, Sie unerschrocken lebenskluge Ärztin, Aktivistin, Publizistin, Dich überaus tatkräftige Träumerin, ma chère compatriote polyglotte! Das Schweizer Bürgerrecht hast Du 1924, vierundvierzig Jahre alt, in der Hälfte Deines Lebens, mit Deiner zweiten Ehe quasi automatisch mitgeliefert bekommen, voilà, bitte schön, wie jede Nichtschweizer

Ruth Schweikert, geboren 1965 in Lörrach. Theaterausbildung, Germanistikstudium. Erzählungen und Romane seit 1994, darunter *Erdnüsse. Totschlagen* (1994), *Augen zu* (1998), *Ohio* (2005), *Wie wir älter werden* (2015), *Tage wie Hunde* (2019), zahlreiche Auszeichnungen. Publizistisches und politisches Engagement mit Kolumnen und Essays. Lebt in Zürich.

Frau damals, die einen Schweizer Mann heiratete – und noch ohne zu ahnen, was der Schweizerpass Dir als Jüdin nebenbei bald auch gewährte: Schutz vor drohender Verfolgung und Deportation. Wiederholt hat sich Dein Sohn aus erster Ehe, Grégoire Gutzeit, geboren 1901 in Charlottenburg, in den Dreißigerjahren um die Schweizer Staatsbürgerschaft bemüht. Vergeblich. Seine Gesuche wurden alle abgelehnt, trotz »gutem, bescheidenem Eindruck«, den er offenbar machte – »kein typisch jüdisches Aussehen und Gebaren«, wie es in einem Gutachten heißt –, und obwohl er den Großteil seines bisherigen Lebens in der Schweiz verbracht hatte und seit 1932 an der Uni Genf Chemie lehrte. Grégoire schaffte es 1941 samt Frau und Tochter in die USA, ebenso Deine Tochter Bluma Renée. Renée Lang, wie sie sich zeitlebens nannte, nach ihrem früh an Tuberkulose verstorbenen Ehemann Leo Lang, wurde hundertundein Jahr alt; sie starb im Juni 2003 in Milwaukee. Wie Du war sie vielsprachig und umfassend gebildet; im Netz ist fast mehr über Deine Tochter zu finden als über Dich, hat Renée doch als Philologin, Professorin, Publizistin und Herausgeberin (z. B. des Briefwechsels zwischen André Gide und Rainer Maria Rilke) so etwas wie eine – späte – internationale Karriere hingelegt. Fotos zeigen eine geradezu irritierende Ähnlichkeit zwischen Mutter und Tochter. Ob ihr euch auch menschlich nahestandet? Nicht unbedingt – so ist aus den wenigen öffentlich zugänglichen Quellen zu schließen. Du hast – wie damals üblich – jung geheiratet und bist mit Deinem Mann Abram Guttzait (so eine Schreibweise im Berner Stadtarchiv) vom polnisch-russischen Pinsk nach Berlin-Charlottenburg aufgebrochen. Fast tausend Kilometer Richtung Westen. Ob Du schon im Elternhaus oder in der Schule Deutsch gelernt hast?

Fest steht: Im Frühjahr 1902 warst Du zweiundzwanzig und zweifache Mutter; 1903 seid Ihr als Familie nach Bern umgezogen – damit auch Du an der Uni studieren konntest, nicht nur Abram –, und kaum hattest Du 1907 Deinen (ersten) Doktortitel, ging es zurück in die Metropole, nach Berlin. Ab 1908 waren die Frauen in Preußen allgemein zum Studium zugelassen, warum also länger in Bern verweilen? Eine gleichberechtigte Partnerschaft habt Ihr geführt, so scheint es. Ganz anders, als meine Großmutter es erlebt hat, die 1889 im sächsischen Schmölln zur Welt kam. Und 1910 mit ihrem (Schweizer) Mann in seine Heimatstadt Biel zog. Aber nicht, um in der Schweiz zu studieren, obwohl auch sie gerne studiert hätte, wie sie mir noch im hohen Alter mit einiger Wehmut erzählte. Zwischen 1911 und 1927 hat sie acht Kinder geboren, jene fünf, die nicht gleich starben, beim Aufwachsen begleitet und im Geschäft ihres Mannes mitgeholfen, bevor sie 1932 die Scheidung einreichte. (Stimmt die Familienlegende, konnten Frauen in der Schweiz damals die Scheidung einreichen? Grundsätzlich ja, ergeben Kurzrecherchen, allerdings entschied das Gericht, ob dem Antrag stattgegeben wurde.) Danach hielt meine Großmutter sich selbst und ihre noch minderjährigen Kinder mit Fabrikarbeit über Wasser. Mit knapp neunzig zog sie ins Altersheim. Noch im April 1985, kurz bevor sie starb, hat sie mir (mit einem *clin d'oeil*) den dringenden Rat gegeben, nie zu heiraten, und ich habe eifrig genickt. Dass ich, gerade zwanzig Jahre alt und die Matur in der Tasche, schwanger war und keine Ahnung hatte, wie ich das alles hinkriegen sollte, mit Studium, Kind, Liebesleben und Geldverdienen, habe ich ihr beschämt verschwiegen.

Sag mir: Wie hast Du, Pauline, geschafft, was meiner Großmutter nicht gelungen ist, obwohl sie ausgesprochen klug war, arbeitsam und erfinderisch, eigensinnig und stur, dazu eine extravagante Erscheinung (wie meine Mutter ihre Schwiegermutter durchaus ambivalent charakterisierte)? Wovon habt Ihr gelebt, wie Euch organisiert? »Ein Intellektuellenhaushalt«, erinnert sich Renée 1975 in einem Interview, und ich stelle mir das ungefähr so vor: Abram arbeitete tagsüber (in der Industrie?) als Chemiker, Du schriebst zu Hause mit Wachspfropfen in den Ohren an Deiner Dissertation über die Bodenreform, während im Nebenzimmer eine russische Nanny die Vorschulkinder beschäftigte, putzte, kochte und wusch. Und abends habt Ihr mit Euren Berner Bekannten, darunter Albert Einstein, über Gott und die Welt und wie man sie verbessern könnte, sollte, müsste, debattiert. Oder wurden gesellschaftspolitische Fragen erst später lebenswichtig für Dich, an der Seite von Fritz, dem charismatisch-umtriebigen »Ketzer von Aussersihl«? Mais non!, höre ich Dich protestieren ... Warst Du, wart Ihr, je im Clinch zwischen (Zweit-)Studium, Geldverdienen und dem, was Kinder über viele Jahre hinweg an Zeit, Aufmerksamkeit und Zuwendung brauchen? Hast Du nebenher gearbeitet, haben Eure Eltern Euch unterstützt, oder hat ein Einkommen für all das ausgereicht? Tatsache ist: Du hast, zurück in Berlin, nach Philosophie auch noch Medizin studiert.

Als der Erste Weltkrieg ausbricht, weilt die Familie »Goutzait« ferienhalber in Wengen – ein glücklicher Zufall; »wieder hier niedergelassen«,

Jährlich einmal in den Süden: Paulette und Fritz Brupbacher 1930 auf Ferienreise in Menusio / Tessin.

so der lapidare Vermerk im Berner »Fremdenregister«, und im März 1915 heißt es: »abgemeldet nach Genf«. Ein weiterer Umzug also, diesmal in den französischen Sprachraum. Was war der Grund? Wer löste in Berlin den Haushalt auf? Hat Abram, zurück in der Schweiz, sogleich wieder Arbeit gefunden? Und Du? Später, so viel scheint klar, hast Du in Genf in der Psychiatrie gearbeitet. Die beiden Teenager besuchten, wie aus »Grigoris« Lebenslauf hervorgeht, unweit von Vevey eine Internatsschule – worunter man sich nichts Exklusives vorzustellen hat, eher eine praktische Lösung für eine in Auflösung begriffene Ehe und Familie. Die Scheidung erfolgt allerdings erst 1924, kurz vor Deiner Heirat mit »Brup«, da hatte Abram sich längst nach »Slonsk, Polen« abgemeldet. Danach verliert sich, von heute aus gesehen, seine Spur – ich konnte noch nicht einmal in Erfahrung bringen, ob er den Holocaust überlebt hat –, während Deine Spuren sich ab 1924 verdeutlichen. Aber was bedeutet das? Allgemeiner gefragt: Welche Rolle spielen Dein Privatleben, Deine persönlichen Erfahrungen für Dein Werk, Deine Vorträge und Bücher, Dein gesellschaftliches Engagement – und für diesen »Essay«?, für meinen Versuch also, das Wirken der Dr. Dr. Paulette Brupbacher, geb. Raygrodski, geschiedene Goutzait, für heutige Leser:innen zu vergegenwärtigen, ihr Erbe abzuklopfen auf seine mögliche Aktualität und Relevanz für uns Bewohnerinnen und Bewohner der Schweiz im Jahr 2021?

Ach Paulette! Je länger ich mich mit Dir beschäftige, umso rätselhafter scheinst Du mir – als hättest Du nicht nur, wie heutzutage üblich, mehrere Parallelexistenzen gleichzeitig geführt, sondern im Lauf der Jahrzehnte auch mehrere, voneinander seltsam abgetrennte Existenzen. Du hast Bakunins Beichte aus dem Russischen ins Französische übersetzt, Dich in den 1920er-Jahren zur aufkommenden Fließbandarbeit in den USA pointiert kritisch geäußert, Du hast 1948 russische Schriftsteller:innen, die sich in den Dienst des Stalinismus stellten, mit analytischer Schärfe be- und verurteilt. Konformismus war Dir ebenso fremd wie jede Parteidoktrin. Nie hast Du vom besseren Menschen geträumt, sondern einzig – dies aber umfassend und fortwährend – von verbesserten Lebens- und Arbeitsbedingungen, die den Wunsch und die Möglichkeit, moralisch zu handeln, sehr wohl befördern können.

Fest steht: Erst ab 1924, als (dritte) Ehefrau und Berufskollegin des stadtbekannten Zürcher Anarchisten Dr. Fritz Brupbacher, trittst Du so richtig in Erscheinung. Und wie! Deine Kinder sind erwachsen, Du ziehst von Genf nach Zürich und beginnst noch einmal neu. Du und Fritz, Fritz und Du. Eine Liebe, eine Ehe, wie sie i(n Deine)m Buche steht: »Es ist in der Ehe das oberste und wichtigste psychohygienische Gebot, dass die Partner sich gegenseitig respektieren, dass jeder die Persönlichkeit und Wesensart und menschliche Würde des anderen achtet und keinen Versuch unternimmt, den anderen zu erziehen.« Zwei Praxen im selben Haus, Kasernenstrasse 17, im Arbeiter- und Immigrantenviertel. Du kümmerst Dich vor allem um Patientinnen, Arbeiterinnen, Schwangere, kranke und entkräftete Mütter, Fritz behandelt als Psychiater Notleidende jeder Art, Schlaflose und Alkoholkranke, er hilft mit Rat und Tat, das heißt auch mal mit einer Einladung zum Essen oder indem er einem Bräutigam seine beste Hose ausleiht. Auch Geld habt Ihr beide an Bedürftige ausgeliehen; nicht immer kam es zurück, ärgerlicher noch: Die betreffenden Patient:innen wechselten den Arzt, die Ärztin, weil sie sich schämten ... Doch offensichtlich habt Ihr beide darüber weder den Humor verloren noch die Anteilnahme an jedem einzelnen Schicksal. Selbstverständlich wart Ihr breit vernetzt; so warst Du aktives Mitglied des Zentralkomitees der internationalen Arbeiterhilfe und der Weltliga für Sexualreform. Doch mit Fritz teiltest Du eine Erkenntnis, die Euch beide immunisierte gegen jede Ideologie, in deren Namen Menschen einem höheren Ideal geopfert werden: Die Idee lebt – und das Individuum geht zugrunde. Nein, das war Eure Sache nicht. Euer Engagement für die Armen, die unentgeltliche Behandlung all jener, die darauf angewiesen sind, die Artikel und Vorträge über Empfängnisverhütung und das Elend der Arbeiterfamilien, das öffentliche Eintreten für einen straffreien Schwangerschaftsabbruch, die Debatten, die Ihr mit Freund:innen und Gegner:innen führt, die Emigrant:innen, die Ihr zeitweilig beherbergt: Für all das gibt es Zeitzeug:innen, Fotos und Dokumente, zu finden im Nachlass von Fritz Brupbacher im Zürcher Sozialarchiv. Dein Nachlass liegt ihm bei, zumindest teilweise, soweit er Fritz betrifft, vor allem die Gedenkschrift, die Du – unter etlichen Mühen – nach seinem Tod für ihn bewerkstelligt hast.

Die Geschichte hat Euch wenig später eingeholt, könnte man sagen, mit der Erfindung und Verbreitung der Anti-Baby-Pille vor allem, mit der in der Schweiz sehr verspäteten Einführung des Frauenstimmrechts, mit der Fristenregelung und Jahrzehnte später mit der Mutterschaftsversicherung, mit der Reform des Eherechts und damit einhergehenden gesellschaftlichen Entwicklungen; Kinderkrippen und Blockzeiten, das zunehmende Selbstverständnis vieler Frauen als (Mütter und) gut ausgebildete Berufstätige: All das hast Du, habt Ihr beide postuliert, gefordert, vorausgedacht und -gesehen.

Und dann stirbt Fritz, am 1. Januar 1945, siebzig Jahre alt. Eine Zäsur in Deinem Leben, bestimmt. Die Befreiung von Auschwitz, das Ende des Zweiten Weltkriegs hat Fritz nicht mehr erlebt. Was es Dir bedeutet hat? Ob Du Schwestern, Brüder, Nichten, Neffen hattest, die im Holocaust ermordet wurden? Ich habe keine Informationen dazu gefunden. Du hast zunächst weiter als Ärztin praktiziert, Dich um Fritz' Nachlass gekümmert. 1952, nun immerhin zweiundsiebzig Jahre alt, bist Du erneut aufgebrochen – nach Israel, um für zehn Jahre als Aufbauhelferin in einem Kibbuz zu arbeiten! Welch unerwartete Wendung – die noch dazu keinerlei Spuren hinterlässt, keine Artikel, keine Berichte, keine Briefe, nichts, was heute noch auf Deine Zeit in Israel verwiese. Und so vermag ich nicht zu sagen, in welchem Kibbuz du gelebt und gewirkt und an Deinen Büchern geschrieben hast, die beide inhaltlich völlig abgekoppelt sind von Deiner damaligen Lebensrealität, *Meine Patientinnen* (1953) und *Hygiene für Jedermann* (1955). Ob Du Dich mit Renée über das Land, Deine Gedanken und Erfahrungen ausgetauscht hast? Erst in den 1970er-Jahren – nach Deinem Tod – fuhr Deine Tochter nach Israel. Und empfand sogleich eine Zugehörigkeit, zum Land und zu den Menschen, zum Judentum auch, eine Zugehörigkeit, die sie nie zuvor

* 16.1.1880	in Pinsk (Russland) als Paula Raygrodski in einem jüdischen Gelehrtenhaushalt
1901	Übersiedlung nach Berlin. Heirat mit Abraham Gutzeit, zwei Kinder
1903	Übersiedlung in die Schweiz. Studium der Philosophie in Bern, Abschluss 1907
1907	Studium der Medizin in Berlin, Abschluss 1913 in Genf
1914	Bern, ab 1915 in Genf Arbeit als Ärztin
1924	Heirat mit Fritz Brupbacher (1874–1945). Eigene Praxis im gleichen Haus wie ihr Ehemann in Zürich. Tätigkeit als sozial engagierte Frauenärztin, Sexualreformerin und Flüchtlingshelferin
1952	Leben und Arbeit in einem Kibbuz in Israel. *Meine Patientinnen* (1953) und *Hygiene für Jedermann* (1955)
1962	Rückkehr in die Schweiz
† 31.12.1967	in Unterendingen / Aargau

empfunden hatte. Und so hat Deine Tochter der Hebrew University of Jerusalem einen Lehrstuhl gestiftet, die Renée-Lang-Professur für »Humanistic Studies«. Und setzt damit auch Deine Arbeit fort.

Und Du? Mit über achtzig bist Du in die Schweiz zurückgekehrt, in jenes Land, »dem ich mich wohl stärker verbunden fühle als gar manche, die mit dem Schweizerpass zur Welt gekommen sind«.

Das sitzt. Und trifft. Und müsste uns doppelt treffen, oder dreifach. Und nachhallen. So, wie die mediale Hate Speech Dich 1936 getroffen hat und nachhallte. Anlass: ein Vortrag in Derendingen, Kanton Solothurn, wo Du (einmal mehr) über Empfängnisverhütung gesprochen, hautnah aus Deiner Praxis das Elend ungewollter Schwangerschaften geschildert hast. Was es für die Familien bedeutet, für die Frauen, die Männer, die älteren Kinder, die nun noch weniger haben, weniger Raum, Nahrung, elterliche Aufmerksamkeit. Der Vortrag war nur für Erwachsene zugelassen. Trotzdem kam es zum Tumult. Und im Nachgang, siehe oben, zu Anschuldigungen und Äußerungen wie diesen: »Probleme, die eine Gefahr für Ordnung und Sicherheit bilden, dürften öffentlich nicht behandelt werden.« »Wir haben es nicht nötig, uns Aufklärung zu verschaffen von einer aus Russland dahergelaufenen Frau«; der Vortrag sei »unflätig« gewesen, »sittenwidrig«, »sittenverderbend«, »Moral und Gesundheit des Volkes untergrabend«. Es folgt ein Vortragsverbot im Kanton Solothurn, wogegen Du Dich zur Wehr setzt, erfolglos. Das Bundesgericht weist Deine Beschwerde ab. »Frau Brupbacher hat Fr. 145.- zu bezahlen.«

Eine Schande – für die damalige Schweiz. »Ein Teil davon hätte genügt«, schreibst Du, »um in mir eine unheilbare Schuldgefühls- und Minderwertigkeitsneurose wachzurufen.« Darf ich spitzfindig sein, liebe Paulette, und nachfragen: Wenn »ein Teil« davon genügt *hätte*, hast Du demnach eine unheilbare Schuldgefühls- und Minderwertigkeitsneurose erlitten?

Auf Solidaritätsbesuch: Treffen von Paulette und Fritz Brupbacher mit der Gesundheitsministerin der spanischen Republik, Frederica Montseny (hinten links), 1936 in Barcelona.

Fest steht: Auch durch diese Demütigung hast Du Dich nicht entmutigen lassen.

Dafür danke ich Dir.

Zeit, Bilanz zu ziehen: Im Gegensatz zu meinen beiden Großmüttern und auch zu meiner Mutter habe ich studiert (allerdings ohne Abschluss). Ich habe, weil es für mich in der jeweiligen Lebenssituation keine andere Möglichkeit gab, zweimal abgetrieben, unter hygienischen Bedingungen und ohne dafür bestraft zu werden, ich war und bin auch als Mutter stets erwerbstätig, ich darf abstimmen und wählen, seit ich volljährig bin. Das alles habe ich auch Dir zu verdanken. Dir und all jenen Männern und Frauen, die sich für Frauenrechte eingesetzt haben, Vorreiter:innen, deren Namen man heute noch kennt, und (uns heute) Unbekannte, die ihre Ideen, ihre Hoffnungen und Forderungen bloß mit Nachbarinnen, Töchtern, Söhnen teilten, auf dass sie sich vervielfältigen und eines Tages mehrheitsfähig würden. Auch Du, liebe Paulette, Dein Werk und Wirken hätten vergessen gehen können. Und das meiste davon ist vergessen, auch zu Recht wohl, ist längst aus dem öffentlichen Bewusstsein und Diskurs verschwunden. Denn einerseits hast Du Dich für vieles starkgemacht, was uns heutzutage und hierzulande als (beinahe!) selbstverständlich erscheint – und damit im Rückblick, und wohl auch damals schon, als »fortschrittlich«, (allzu) progressiv, Deiner Zeit voraus, in die Zukunft weisend galt und gilt. Andererseits hast Du in Deinen Büchern Ansichten vertreten, die wohl dem »Zeitgeist« der 1950er-Jahre bereits »antiquiert« vorkamen, mich indessen, von heute aus betrachtet – quasi nachträglich –, überraschend prophetisch anmuten. Dazu ein Beispiel: Als in den 1950er-Jahren die Mode aufkam, den Stillrhythmus dem Kind anzupassen statt umgekehrt, das sogenannte Stillen »on demand« – »so wird sie (die Mutter) mit ihrem Kinde eine Einheit, in der sich das Kind geborgen fühlt« –, hast Du hellsichtig erkannt, was im Fahrwasser dieser damals hochmodernen Idylle an überliefertem Gefühlsschlamm mitgeschwemmt wird. »Sollte wirklich das Zärtlichkeitsverhältnis zwischen Mutter und Kind allein von der Ernährungsmethode abhängen (was es nicht tut), so würde man eher annehmen, dass die Sprungbereitschaft und schwere Angebundenheit der Mutter das Verhältnis trübt, statt es festigt. Das Nervensystem wird überlastet, und ein überreiztes Nervensystem ist jeder affektiven Verbindung abträglich, sogar der zwischen Mutter und Kind. Und ist eine eigentliche Verkettung zwischen Mutter und Kindern denn erstrebenswert? Unserer Meinung nach durchaus nicht, weder im Interesse des Kindes noch in dem der Mutter.« Abgesehen davon, dass Dein »unser« mich amüsiert – Pluralis Majestatis oder kollegial abgestützte Erkenntnis? Womöglich hast Du eine Entwicklung vorausgesehen, die viele Frauen (mich eingeschlossen) in den letzten drei Jahrzehnten wesentlich geprägt hat: die stete Spannung zwischen fortschreitender Emanzipation und einem gleichzeitig sich zuspitzenden Idealbild der Super/Hyper-Woman/Mutter, die ihre hochbegabten Sprösslinge frühmorgens im Veloanhänger umweltfreundlich zum Babyschwimmen karrt, während sie in Gedanken nochmals ihre Powerpoint-Präsentation durchgeht, die sie am Vortag hocheffizient erarbeitet hat und die ihrer Firma gleich einen Millionenauftrag sichern wird. (Ich vermute – und hoffe –, dass Mütter und Väter sich mittlerweile etwas entspannt haben, oder bin ich selber einfach nur weiter weg vom Arbeitsalltag mit Kleinkindern?)

Wenn ich schon dabei bin: Hinreißend auch Deine Anmerkung zum kindlichen Spiel – auch sie liest sich wie ein Kommentar zu den überfüllten Kinderzimmern der Gegenwart, selbst in ärmeren Weltgegenden: »Man soll es dem Kind überlassen, in welcher Art es sich mit seinen Spielsachen unterhalten will, und man schleppe auch nicht fortwährend neue herbei.« Als obersten unübertretbaren Grundsatz der Erziehung formulierst Du: »Nie versprechen, was man nicht halten kann, und strikte halten, was man versprach.« Keine Körperstrafen! Durch Prügel sei noch nie ein Mensch gebessert worden. Unterstützen statt belehren, wecken und pflegen des Verantwortungsgefühls gegenüber sich selber und der Umwelt. »Das Kind«, schreibst Du, »will sich schon früh als Mitglied einer Gemeinschaft fühlen, von der es abhängig und mit der es solidarisch ist.«

Ja, Deine Merksätze zur Erziehung taugen, auch für uns, hier und jetzt. Obwohl sie nicht neu sind, oder wie wir heute sagen, »innovativ«. Anders als vor siebzig Jahren Deine Forderung, eine Mutterschaftsversicherung einzuführen. Und gratis Kinderkrippen. Doch nicht jeder Lebensbereich braucht fortwährend Innovation. Deine Beobachtungsgabe, Deine Klugheit und Deine vielfältigen Erfahrungen hätten uns als Gesellschaft einige Schwierigkeiten und Irrwege ersparen können. Aber ja. Eben.

Weißt Du, Paulette, dass Du buchstäblich zum Aushängeschild geworden bist – wenn auch nicht unbedingt für Frauenrechte, Armutsbekämpfung, Arbeiter:innenbildung und Familienplanung, sondern für eine trendige Bar? Im Raygrodski beim Lochergut, »one of Zurich's finest cocktail bars« – wie das oberste Google-Suchresultat zum Stichwort Raygrodski überaus konsumfreundlich und aktuell vermeldet –, werden in Deinem Namen ausgeklügelte Drinks serviert. Das entbehrt nicht der Ironie; dem Genuss bist Du durchaus zugeneigt, der Muße, gelegentlichem Müßiggang und der Träumerei – ein Menschenrecht, schreibst Du –; Kunst, Literatur, Theater- und Konzertbesuche gehören für Dich ebenso zur Lebensqualität wie eine von Angst (vor unerwünschter Schwangerschaft) befreite, lustvolle Sexualität oder längere Reisen, gerne nach Nordafrika; aber auch materiellen Gütern wie etwa besonders hübschen Schuhen oder einem neuen Sommerkleid kannst Du etwas abgewinnen, doch ausgerechnet den Alkohol, die wein- oder cocktailselige (Ange-)Trunkenheit vermagst Du nicht zu genießen, im Gegenteil, Du hast eine unüberwindliche Angst vor Betrunkenen, ein nicht näher bezeichnetes Kindheitstrauma, das ein Leben lang seinen Schatten wirft.

Auch aus diesem Schatten bist Du hervorgetreten und trittst weiterhin hervor, nicht nur, wenn ich Dein eingeschwärztes Profil sehe, Deinen Schattenriss, als Aushängeschild des Raygrodski am Brupbacherplatz, der Euch beiden gewidmet ist, Fritz und Dir. Und Google hat recht, die Drinks sind nicht nur teuer, sie sind vielfältig wie Du, vielsprachig, ausgesucht, weit gereist, schillernd, originell, rätselhaft, nicht auszuloten, unbeschreiblich und –

Es grüßt Dich von Herzen
Ruth

Mehr zu Paulette Brupbacher-Raygrodski

+ *Meine Patientinnen* (1953) und *Hygiene für Jedermann* (1955): Brupbachers späte Bücher sind eingängig geschrieben, mit vielen Beispielen aus einer langen Berufstätigkeit, nicht dogmatisch, aber prinzipienfest: für das Wohl der Menschen.
+ Lina Gafner: »Mit Pistole und Pessar«: *Sexualität im Blick des Brupbacher-Kreises – zwischen revolutionärer Gesellschaftskritik und hygienischem Reformprojekt im Zürich der 1920er- und 1930er-Jahre*. Nordhausen 2010. Wissenschaftliche Aufarbeitung der historischen Leistung von Paulette Brupbacher, Fritz Brupbacher und Minna Tobler-Christinger.
+ Anne-Marie Rey: *Die Erzengelmacherin – Das 30-jährige Ringen um die Fristenregelung*. Zürich 2007. Brupbacher fand das Abtreibungsverbot immer »unhaltbar«. In ihrem autobiografisch unterlegten Buch schildert Anne-Marie Rey, langjährige Aktivistin, den harten Weg, bis in der Schweiz endlich 2002 eine Fristenregelung angenommen wurde.
+ Der 2011 großzügig umgebaute Brupbacherplatz in Zürich lässt sich allein auf einer Zürcher Sitzbank oder seit 2013 gemeinsam am Brupbacherplatzfest genießen.

CHARLES LEWINSKY ZU JEREMIAS GOTTHELF

EIN PLATZ AM EHRENTISCH

Wie der Pfarrer Albert Bitzius zum größten Schweizer Dichter wurde

Ich weiß, ich weiß. Schriftsteller-Ranglisten sind sinnlose Unterfangen. In unserem Gewerbe gibt es keine eindeutigen Champions und keine ewigen Rekordhalter. Jede Generation – ach was: jeder Leser – teilt den Meistertitel jemand anderem zu.

Und doch wage ich es hinzuschreiben: Jeremias Gotthelf war der größte Dichter, den die Schweizer Literatur je hervorgebracht hat. Für alle, die lieber Gottfried Keller oder womöglich Friedrich Dürrenmatt auf diesem Thron sehen möchten, sei gleich hinzugefügt: Er war vielleicht nicht der größte Schriftsteller. Aber der größte Dichter war er ganz bestimmt.

Hätte ich im Poetenolymp die Tischkärtchen zu verteilen, ich würde für ihn einen Platz am Ehrentisch reservieren, gleich neben Balzac und Dickens, dort wo die großen Geschichtenerzähler und Menschenbeschreiber zusammensitzen und sich gegenseitig ihre guten Kritiken vorlesen. Und wenn ein himmlischer Aufseher, irgend so ein Literaturkontrolleur mit dicken Brillengläsern und einem Doktortitel in Germanistik, Einspruch gegen diese Platzierung erhöbe, dann gäbe ich ihm den *Bauern-Spiegel* zu lesen, und schon bald würde er die Herren Balzac und Dickens auffordern, ein bisschen zusammenzurücken, es sei da einer angekommen, der zu ihnen gehöre. Denn alle drei haben diese Autoren etwas geschafft, das nur wenigen gelingt: Sie haben ihre Welt und ihre Zeit so präzis beschrieben, dass wir sie uns gar nicht mehr anders vorstellen können als in dieser Beschreibung. Obwohl *Oliver Twist* das viktorianische England bestimmt nicht eins zu eins so abbildet, wie es war, genauso wenig, wie es *Elsi, die seltsame Magd* für das Emmental tut.

Charles Lewinsky, geboren 1946 in Zürich, arbeitete als Dramaturg und Regisseur, bevor er 1975 als Redaktor zum Schweizer Fernsehen kam. Seit 1980 freier Autor. Sein Roman *Melnitz* (2006) erreichte in zehn Sprachen eine Auflage von mehr als einer halben Million und erhielt zahlreiche Auszeichnungen.

Aber die großen Geschichtenerzähler beherrschen eben die Kunst, Welten zu erschaffen, die wirklicher sind als die Wirklichkeit. Und auch viel länger Bestand haben.

Die versammelten literarischen Olympier, stelle ich mir vor, würden allerdings über diesen bäurischen Emmentaler Dorfpfarrer, den man da neben sie setzte, die Nase rümpfen und die neue Nachbarschaft mit der sanften Verachtung zur Kenntnis nehmen, die Vertreter von Herrschaftssprachen gern gegenüber vermeintlichen Provinzlern an den Tag legen. Vielleicht – im Olymp braucht man dafür nicht einmal Google – würde einer von ihnen aus der Kritik zitieren, die Gottfried Keller einmal über Gotthelf geschrieben hat: »Wahrscheinlich hat Bitzius einst Theologie und mithin auch etwas Griechisch und dergleichen studiert, von irgendeiner schriftstellerischen Mäßigung und Beherrschung der Schreibart ist aber nichts zu spüren in seinen Werken.«

Worauf Gotthelf, ganz ohne seine zu irdischen Zeiten sehr ausgeprägte Streitlust, nur sanft lächeln und den olympischen Oberkellner bitten würde, ihm statt des Bechers mit dem Nektar doch lieber einen Halben Roten zu bringen. Denn er würde sich seinerseits an das erinnern, was die Brüder Grimm, die von Sprache eine ganze Menge verstanden, in der Einleitung zum ersten Band ihres *Deutschen Wörterbuchs* von 1854 geschrieben hatten. Das Schweizerdeutsche, hieß es da, sei »mehr als bloßer Dialekt, wie es schon aus der Freiheit des Volks sich begreifen lässt; noch nie hat sie sich des Rechtes begeben, selbstständig aufzutreten und in die Schriftsprache einzufließen, die freilich aus dem übrigen Deutschland mächtiger zu ihr vordringt. Von jeher sind aus der Schweiz wirksame Bücher hervorgegangen, denen ein Teil ihres Reizes schwände, wenn die leisere oder stärkere Zutat aus der heimischen Sprache fehlte; einem lebenden Schriftsteller, bei dem sie entschieden vorwaltet, Jeremias Gotthelf (Bitzius), kommen an Sprachgewalt und Eindruck in der Lesewelt heute wenig andre gleich.«

Die Brüder Grimm haben recht: Gotthelf wusste zu formulieren wie kaum ein anderer. Um so präzis zurechtgehobelte Sätze wie »Der Vikari schmiss sich schmetternd aus der Türe« kann ich ihn heute noch beneiden. Aber ausgerechnet dem sprachmächtigsten aller Schweizer Autoren versperrte sein Leben lang gerade diese Sprache den Weg zum grenzüberschreitenden Erfolg. Wie es Gotthelfs Freund, der Arzt Emanuel Eduard Fueter, einmal in einem Brief an ihn formulierte: »Würde unser Berndeutsch von dreißig

Millionen verstanden, wären unsere Bauern, Tauner und Dienstboten Bestandteile der Londoner oder Pariser Bevölkerung, Du würdest Triumphe feiern und Hunderttausende gewinnen.«

Diese dreißig Millionen haben Gotthelf immer gefehlt. Seiner Sprache wegen wird er bis heute unterschätzt und als possierlicher rustikaler Sonderfall abgewertet – leider manchmal sogar in seinem Heimatland.

Auf Wunsch seines Berliner Verlegers hat er mehrmals versucht, die eigenen Werke zu »entbernern«, um sie für ein deutsches Publikum leichter lesbar zu machen, aber damit hat er weder sich noch seinen Büchern einen Dienst erwiesen. Diese »Übersetzungen« haben seiner Sprache nur die urwüchsige Kraft genommen, die ihren ganz besonderen Charakter ausmacht. Ein *Gänterli*, um nur ein Beispiel zu nennen, ist nun mal als Wort zehnmal stärker als die Formulierung, mit der Gotthelf den Ausdruck ersetzte: *Schränkchen, in welchem sein Geld verwahrt, wer kein Bureau hat*. Es liest sich, als ob Uli, der Knecht, seine sanft nach Gülle riechende Joppe abgelegt hätte, um in einem Gesellschaftsanzug nach Berliner Fasson aufs Feld zu gehen.

Gotthelf selber war sich des Problems durchaus bewusst. An Carl Albrecht Reinhold Baggesen, den damaligen Pfarrhelfer am Berner Münster, schrieb er: »Dass das Berndeutsche vielen widrig vorkommt, weiss ich, ich muss es ablegen, ich begreife es; aber so recht bezeichnen, was ich eigentlich bezeichnen will, kann ich dann nicht mehr.«

Wer über seine eigene Welt schreibt, muss dafür seine eigene Sprache verwenden können.

Der zum Bücherschreiber Jeremias Gotthelf gewandelte Pfarrer Bitzius hatte den neuen Beruf – nein: die neue Berufung – ja auch nicht gewählt, um mit den literarischen Größen seiner Zeit zu konkurrenzieren, auch wenn er, damals noch mehr im Scherz, schon sehr früh mit diesem Gedanken kokettierte. So schrieb er als Student einmal an seine Schwester: »Du musst wissen, dass ich mich nun entschlossen habe, ein grosser Schriftsteller zu werden, wozu ich grosse Anlagen in mir entdeckte, zum Beispiel über nichts lang und, wie mich dünkt, recht angenehm zu schwatzen.«

Aber als er dann, bald vierzig Jahre alt und schon lang der würdige Pfarrherr von Lützelflüh, tatsächlich zu schreiben begann, ging es ihm nicht um angenehmes Geschwätz. Mit dem, was er da zu Papier brachte, wollte er Missstände aufdecken, Fehlentwicklungen korrigieren, wollte mit seiner Feder die Welt ein bisschen verändern. Sein erstes Werk, der *Bauern-Spiegel,* war eine Anklageschrift gegen die schlechte Behandlung der Verdingkinder, in den *Leiden und Freuden eines Schulmeisters* kämpfte er gegen die Missachtung des Unterrichtswesens, das ihm so am Herzen lag, und die Uli-Romane sind in seinen eigenen Worten »ein Versuch, für Dienstboten zu schreiben und verschrobene Verhältnisse wieder auf den rechten Punkt zu stellen«.

Dabei gab sich der weltweise Pfarrer Bitzius nicht der Illusion hin, mit seinen Büchern grundsätzliche Umwälzungen erreichen zu können, genauso wenig, wie er erwartete, dass seine knorrigen Emmentaler Bauern nach jeder seiner Predigten in Sack und Asche Buße tun würden. Er verglich die Wirkungsweise seiner Werke mit einem Schälpflug, der die Erde nicht bis tief hinab aufwühlt, sondern nur die Oberfläche aufkratzt, aber bei regelmäßiger Anwendung doch einer ganzen Menge Unkraut den Garaus macht.

Fast jedes Mal, wenn er sich an den Schreibtisch setzte, tat er es mit einer didaktischen Absicht. Eigentlich wollte er Traktate schreiben, und das bisschen Handlung sollte nur die Zuckerlösung sein, die dafür sorgt, dass die bittere Medizin leichter geschluckt wird. Aber dann kam ihm immer wieder die Tatsache in den Weg, dass er eben kein Schriftsteller war, der seine Werke in kühler Sachlichkeit hätte planen und zu Papier bringen können, sondern ein Dichter, dessen Figuren, ob er wollte oder nicht, ein eigenes Leben entwickelten, das er dann, im wahrsten Sinne des Wortes, nur noch be-schreiben konnte. »Sobald ich eine Arbeit anfange«, notierte er, »so kommt ein Geist in die Arbeit, und dieser Geist ist mächtiger als ich, und in jede Person kommt ein Leben.«

Seine Muse trug keinen altgriechischen Peplos, sondern kam in währschafter Bernertracht daher, und wenn sie ihm beim Schreiben die Hand führte, duldete sie wie eine resolute Bauersfrau keinen Widerspruch.

Zum Glück, kann man da nur sagen. Die paar Kapitel, in denen der Pfarrherr den Dichter verdrängt, sodass statt einer Geschichte nur eine Predigt dasteht, sind in seinen Romanen immer die schwächsten.

Er selber hat sich irgendwann damit abgefunden, dass er nur so und nicht anders arbeiten konnte. »Allemal, wenn ich zu einem Buch ansetze«, notierte er, »so will ich nur ein klein Büchlein machen, und allemal wird ein grosses daraus, eine innere Nötigung zwingt mich dazu.« Und: »Der Stoff schwillt mir unter den Händen auf eine Weise an, dass am Ende etwas anderes dasteht als ich angefangen.«

Am deutlichsten lässt sich die Entwicklung, die seine Bücher jedes Mal vom ersten Plan bis zur endgültigen Ausführung durchmachten, anhand von *Anne Bäbi Jowäger* zeigen. Eigentlich sollte es nur eine schmale Broschüre werden, im Auftrag der kantonalen Sanitätskommission verfasst, eine Flugschrift, die helfen sollte, das sich auf dem Lande immer weiter

Als der Schriftsteller Jeremias Gotthelf noch der Vikar Albert Bitzius war: Pfarrhaus und Kirche von Lützelflüh, 1827

ausbreitende Quacksalbertum zu bekämpfen. Seine Reaktion auf diese Anfrage von amtlicher Stelle war nicht gerade begeistert. »Von der Medizin verstehe ich den Teufel nichts, kann daher die Quacksalberei nicht in ihrer Anschaulichkeit darstellen.« Aber dann fühlte er sich in die Pflicht genommen und nahm den Auftrag an. Der Titel, den er für seine Arbeit wählte, macht deutlich, was es für eine Geschichte werden sollte: *Wie Anne Bäbi Jowäger haushaltet und wie es ihm mit dem Doktern geht.*

Aber eben, als er dann zu schreiben begann, geriet ihm das Doktern schon bald aus dem Blickwinkel. All die Wasserschmöcker und anderen falschen Heiler erwiesen sich als nicht mehr als Pappfiguren, denen jene Dimension fehlte, die aus der Erfindung eines Schreibers erst den Menschen macht, mit dem wir als Leser mitfiebern können. Lebendiger konnte er sie nicht erfinden, weil sie ihm nicht so vertraut waren wie seine Bauern und Knechte, seine Wirte und Hausierer. Auch das hat er selber erkannt: »Der Volksschriftsteller muss das Leben, welches er beschreiben will, kennen aus eigener Anschauung, sonst mischt er die Farben schlecht.«

Aber wie er seine anderen Figuren kannte! Da ist der nie ganz gesunde Jakobli, mit dem man als Leser einfach Mitleid haben muss, das schüchterne

Meyeli, in das man sich schon bei der ersten Begegnung verliebt, und die bei aller Robustheit doch naive Magd Mädi, über deren unerfüllbare Lebensträume wir gleichzeitig schmunzeln und den Kopf schütteln können. Und da ist natürlich Anne Bäbi Jowäger selber, die am Anfang des ersten Bandes noch das Klischee einer besserwisserischen Haustyrannin zu sein scheint, und am Schluss des zweiten zu einer psychologisch so exakt gezeichneten tragischen Figur geworden ist, dass im Dichterolymp August Strindberg zu Gotthelf sagen wird: »Was wollen Sie denn bei Dickens und Balzac? Setzen Sie sich lieber zu mir!«

Übrigens: Die bestellte Broschüre gegen das Quacksalber-Unwesen hat Gotthelf nie geliefert. Als er den Auftrag mit Bedauern zurückgab, versprach er nur, wenigstens in seinem *Berner Kalender* ab und zu in einem Artikel auf das Thema einzugehen.

Die Quacksalber – zumindest diejenigen, die damals im Emmental ihr Unwesen trieben – gibt es in dieser Form nicht mehr. Aber Gotthelfs ihretwegen erfundene Figuren sind unsterblich, das Anne Bäbi Jowäger, das Meyeli, das Mädi.

Alle drei haben sie sprechende Namen, wie sie Gotthelf gern für seine Figuren wählt. Da wäre das vom alles besser wissenden Anne Bäbi so gern benutzte *jo wäger* als Formulierung eines Widerspruchs, etwa im Sinn von *Wird ja wohl nicht sein* oder *Was du wieder denkst*. Das liebenswerte Meyeli heißt mit vollem Namen Maria Lieblig und signalisiert damit dem Leser, dass sie spätestens am Ende des ersten Bandes geliebt und mit ihrem Mann glücklich werden wird. Auf der anderen Seite ist von Anfang an klar, dass die Magd Mädi niemals ihren ersehnten Gatten finden wird. Wäre ihr ein anderes Schicksal beschieden, hätte Gotthelf nicht den Namen Magdalena Wettgern für sie gewählt. Ein heutiger Lektor würde wahrscheinlich in all diesen Fällen auf eine Umbenennung dringen, »Sie verraten den Ausgang der Geschichte ja viel zu früh, Herr Bitzius«, würde er sagen. Aber in diesen meisterhaften Romanen sind die Ereignisse eben nicht halb so wichtig wie die Menschen, denen sie – oft aus eigenem Verschulden – zustoßen. Wenn Gotthelf nur ein Geschichtenerzähler gewesen wäre, wir hätten ihn wie so viele andere, die im 19. Jahrhundert zu dieser Zunft gehörten, schon längst vergessen. Aber er war sehr viel mehr: ein Menschenkenner und Menschenbeschreiber, der unvergessliche Charaktere zu gestalten wusste. Ein wahrer Dichter eben, der seine Protagonisten so präzis zu beschreiben wusste, als habe er mit ihnen jahrelang in der Stube Milch mit Möcken gelöffelt oder ihnen auf dem Feld beim Heuen geholfen. Und er beherrschte

* 4.10.1797	in Murten als Alfred Bitzius in einer Pfarrersfamilie. Heimunterricht
1814	Studium an der Hochschule für Theologen in Bern, Abschluss 1820
1820	Vikariate in Herzogenbuchsee, Bern, Lützelflüh (Emmental)
1832	Pfarrer in Lützelflüh
1833	Heirat mit Henriette Zeender (1805–1872), drei Kinder. Einsatz als Reformpädagoge und Seelsorger für arme und Verdingkinder. Publizistische Tätigkeit gegen die radikale Partei
1836	Erster Roman *Der Bauern-Spiegel* und Annahme des Pseudonyms Jeremias Gotthelf. Danach zahlreiche Erzählungen und Romane: *Die schwarze Spinne* (1842), *Anne Bäbi Jowäger* (1844), *Uli der Knecht* (1846), *Uli der Pächter* (1849), *Die Käserei in der Vehfreude* (1850)
† 22.10.1854	in Lützelflüh

auch die fast noch schwerere Kunst, sie so reden zu lassen, wie einem im Emmental eben das Maul gewachsen ist. Er hatte, was nur wenigen Bücherschreibern vergönnt ist, das absolute Gehör für Dialoge und wusste sie gleichzeitig so zu verdichten, dass uns beim Lesen vorkommt, sie seien nicht erfunden, sondern einfach nur mitgeschrieben.

»Ich habe nie Notizen gemacht«, notierte Gotthelf, »fasste mich das Leben, so hatte es mich ungeteilt. Der Eindruck prägte sich tief ein, verwerchete sich dann später von selbst.« Er nahm alles auf, was um ihn herum geredet und geschwatzt, gepredigt und gelogen wurde. Manches Lumpeliedli aus seiner Zeit ist uns nur deshalb erhalten, weil er es eine seiner Figuren hat singen lassen. Das schönste davon muss man ganz einfach zitieren:

> *My Ma ist mir i d'Emme gfalle,*
> *Ich ha ne ghöre gluntsche,*
> *Hett ih ne nit bim Bart verwütscht*
> *Hett ih ne nit bas achedrückt,*
> *So wär er nit ertrunke.*

Ja – was man bei einem Pfarrherrn nicht unbedingt erwarten würde: Gotthelf hatte Humor. *Die Käserei in der Vehfreude* zum Beispiel ist ein brillanter satirischer Roman, der das Wieder- oder Neulesen nur schon deshalb lohnt, weil die Schweiz, die darin beschrieben wird, sich von der unsern gar nicht so sehr unterscheidet. Auch heute wird Politik – nicht nur im Dorf – noch oft nach der darin geschilderten Methode betrieben: Mit großen Worten das Gemeinwohl beschwören und dabei den eigenen Vorteil keinen Moment aus dem Auge verlieren. Man meint, bei der Lektüre Gestalten wiederzuerkennen, die einem aus den Diskussionen in der *Arena* vertraut sind.

Falls es Ihnen bei der Lektüre dieses Textes bisher noch nicht aufgefallen sein sollte: Ich bin ein Fan von Jeremias Gotthelf und kann nicht verstehen, warum man das urwüchsige Universum seiner Romane immer noch mit der weichgespülten Bluemete-Trögli-Welt aus den Verfilmungen von Franz

Der konservative Warner Jeremias gegen den radikalen Fortschrittszug unter Ulrich Ochsenbein und Jakob Stämpfli. Karikatur in *Der Postheiri*, 1850.

Schnyder verwechselt. Wie gesagt: Meiner Meinung nach gebührt ihm der Ehrenplatz direkt neben Dickens und Balzac.

Nur …

Wenn die drei dann endlich im Poetenolymp nebeneinandersitzen und miteinander anstoßen, kann ich nur hoffen, dass sie nach dem dritten Becher nicht auf Politik zu reden kommen. Denn Jeremias Gotthelf war … Wie soll man es ausdrücken? Er war schon sehr, sehr konservativ. Oder ehrlicher formuliert: Er war ein Reaktionär. Und Antisemit war er außerdem.

Wenn er heute lebte, wäre er bestimmt Mitglied der SVP und würde jede Veränderung des vermeintlich Althergebrachten bekämpfen. Seine besonderen Feinde waren die Radikalen, die sich später Freisinnige nannten und so umstürzlerische und unschweizerische Dinge wie mehr Demokratie forderten. Für ihn waren das keine Leute, mit denen man hätte diskutieren können, sondern einfach nur dumme Lausbuben, denen die Köpfe im Brunnentrog gewaschen gehörten. Was er über sie schrieb, kommt einem heutigen *Weltwoche*-Leser seltsam bekannt vor. Roger Köppel würde zwar andere politische Gegner meinen, aber seine verächtliche Meinung über sie würde er ganz ähnlich formulieren: »Sie mahnen mich auffallend an religiöse Sektierer; sie allein haben den selig machenden Glauben, wie sie meinen. Sie hassen, verfolgen alle, die ihn nicht teilen, meiden sorgfältig ihren Umgang, suchen Proselyten zu machen, glauben, durch einen unmittelbaren (ich mag nicht sagen, heiligen) Geist erleuchtet zu sein, und verachten Erfahrung und Wissenschaft.«

Jeremias Gotthelf wollte die Welt so haben, wie sie sich im Blick aus seinem Pfarrhausfenster darstellte, so bodenständig, wie er in seinen Büchern die Guten beschrieb: fleißig, gottesfürchtig und ohne jeden Zweifel daran, dass Oben und Unten vom Herrgott schon gerecht verteilt waren.

Für eine musikalische Fassung der *Käserei in der Vehfreude* habe ich einmal ein Kirchenlied geschrieben, das Gotthelf bestimmt gefallen haben würde:

> S'hät alles siini Ornig,
> eso wie's isch, isch's rächt.
> De einti isch en riiche Puur,
> de ander isch en Chnächt.
> S'hät alles siini Ornig,
> es chunnt so, wie's muess cho.
> De Herrgott, de Herrgott,
> de Herrgott weiß wieso.

Nein, Gotthelfs politische Ansichten sind mir nicht sympathisch. Aber es macht keinen Sinn, solche Maßstäbe an die seltenen ganz großen Dichter anlegen zu wollen. Da beschränkt man sich besser auf einen der philosophischsten Sätze, die Gotthelf je formuliert hat: »Der Mensch ist ein kurioses Kamel.«

Wenn ich also tatsächlich Tischkärtchenverteiler im Poetenolymp wäre, und er käme durch das Wolkentor, würde ich mit ihm keinen Streit wegen seiner reaktionären Gesinnung anfangen. »Grüessech, Herr Pfarrer«, würde ich sagen, »wollen Sie nicht Platz nehmen? Hier am obersten Tisch ist noch ein Platz für Sie frei. Wenn ich bekannt machen darf: Das ist Mister Dickens, das ist Monsieur Balzac, und das hier ist Ihr Kollege Jeremias Gotthelf.«

Mehr zu Jeremias Gotthelf

+ *Anne Bäbi Jowäger* lesen!
+ *Die Käserei in der Vehfreude* lesen!
+ Überhaupt: Gotthelf lesen!
+ Wer ihn näher spüren will: Das Gotthelf-Zentrum in Lützelflüh besuchen.

CLAIRE GENOUX ZU JACQUES CHESSEX

IN DER SCHREIBSTUNDE

Seine Augen, licht wie ein Brunnen

Ich erinnere mich an die Platanen im Hof der Alten Akademie Lausanne, an jenen Brunnen aus dunklem Stein, der mich anschaute, ich erinnere mich, dass Sie unterm Arm Ringordner, Bücher und Notizhefte trugen, dazu ein Paar Jeans, einen Kittel und ein kariertes Hemd. Selbstverständlich auch an jenen Bart, der Ihren Mund verbarg.

Am ersten Tag schauten Sie uns forschend in die Augen. Insbesondere in meine Augen, da ich die Tochter des Dekans war, doch da waren vor allem Ihre Augen, licht wie ein Brunnen.

Herbst 1987. Sie hatten einen kleinen grauen Wagen, der Sie nach der Schule nach Ropraz hinauffuhr. Ich hatte nicht gedacht, dass Schriftsteller Auto fahren. In der Bibliothek meiner Eltern hatte ich in Ihren Büchern geblättert, manche mit Widmungen, dann in einem Brief, ein Neujahrsgruß, ich kann mich an Ihre Schrift erinnern, an Ihre Unterschrift wie eine Zeichnung. Und dass Sie unser Prix Goncourt waren – ja, wir sagten: *unser* Goncourt. Herbst 1987, mein erstes Jahr am Gymnasium, unsere Stunden fanden in einer ehemaligen englischen Kirche unterhalb des Collège de la Mercerie statt. Sie, am Lehrerpult, darunter eine Falltür und Gebeine, hießen uns die Fenster öffnen, und wir, starr vor Kälte, starr vor Angst, eingemummelt in unsere Anoraks, wir waren Kinder.

Ich erinnere mich an Maude, die fünfmal über Maupassant abgefragt wurde, weil sie in der ersten Reihe saß und mehr Mumm hatte als die anderen, während manche wegen Ihrer Augen und dem Mund unter Ihrem Bart stotterten. Ich erinnere mich an Tage, da hatten Sie keinerlei Lust auf den Unterricht, Sie fragten uns, was wir zu Mittag gegessen hatten, und wir aßen immer etwa das Gleiche am selben Ort, so ging die Stunde vorbei.

Claire Genoux, geboren 1971 in Lausanne. Abschluss in Lausanne in Literatur, danach Besuch des Schweizerischen Literaturinstituts in Biel. Verfasserin verschiedener Gedichtbände und Romane, insbesondere *Saisons du corps* (Prix Ramuz de poésie 1999), *Lynx* (Roman, 2018) und *Giulia* (Erzählung, 2019). Ihr jüngster Poesieband *Les Seules* stammt von 2021.

In der Mercerie, dann im Gebäude der Alten Akademie kamen Sie vom anderen Ende des Gangs her, aus dem Lehrerzimmer, jemand von uns sagte – da kommt er, und wir huschten schnell ins Schulzimmer, schon verstummt, schon die Augen auf die Hefte gesenkt, in Erwartung von irgendeiner Stelle bei Malraux, Ponge oder Racine, vielleicht würden Sie auch von einer Ihrer Reisen nach Paris erzählen, ein Märchen für uns erfinden, da es bald Weihnachten war, oder Sie würden Stilmittel diktieren, Metapher Vergleich Pleonasmus, als Erstes immer der Vergleich, der Vergleich, der schon seit Langem in unseren Heften stand, Metaphern Vergleiche das ganze Jahr über, und Sie
– schreibt
– aber, Monsieur,
wir fingen nochmals mit Metapher und Pleonasmus an. Gelegentlich Hyperbel oder einfach ein
– schreibt
wie was, schreibt, wir unbeholfenen Kinder mit unseren gereimten Stückchen, Prosakrümeln, während Sie, die Manuskripte ausgebreitet auf dem Pult, auch schrieben, und alle zusammen im Schulzimmer, Schreiben und draußen die Vögel, draußen der Himmel, der graue Brunnen mit seinen Augen, draußen die Straßen, wir mit unseren Seiten
– schreibt
manche schrieben ihre Matheübungen, andere wiederum Deutsch, Biologie, aber ich versuchte es auf der Kehrseite des Hefts, auf den hinteren Seiten, nicht denen mit Maupassant, Verlaine oder Benjamin Constant, auf den leeren Seiten am Schluss, ich schaute zu den Fenstern, während Sie mit Ihren Federhaltern und Filzstiften da saßen, immer einen in der Tasche haben, ein kleines Milchbüchlein, blaue mit schwarzem Rücken, die sind ideal für die Kitteltasche, seht, man steckt sie ein, und für zu Hause das große mit den Spiralen, Sie schrieben auf die linke Seite, die rechte blieb leer, schaut, für Anmerkungen und Korrekturen, Ihre Schrift mit Filzstift, breite schwarze Striche, gemalte Rechtecke, wenn man korrigiert, muss alles weg, ausradiert, und Ihr Filzstift füllte vor unseren Augen das Rechteck aus, das Sie zuerst gezeichnet hatten, und dann darin den Satz, den es zu streichen galt, seht, während manche sich mit Physik, Chemie und ihren Taschenrechnern beschäftigten, andere, zwei oder drei, sahen sich ganz genau Ihr Manuskript an

– schreibt

denn Sie, der Schriftsteller, und wir, Kinder mit unseren ungelenken Gedichten

dann waren einige von uns mit Fotos zurückgekommen und mit Texten, in denen von Friedhöfen die Rede war

– sehr gut

und eine Schülerin mit einer Geschichte aus den Bergen, über einen Mann, der ums Leben kam, ein verstorbener Großvater, die anderen lösten Matheaufgaben wegen der nächsten Stunde oder einer Prüfung, zwei Kameraden, die wie bei Laclos oder Diderot, im 18. Jahrhundert, Briefe austauschten, ich schrieb drei Verse, schaute zum Fenster hinaus und fragte mich, ob Schreiben wohl das sei: den Wind beobachten oder die Vögel, vielleicht die Augen im Brunnen, ich kaufte die gleichen Hefte, orange und rosa, und immer öfters auch Ihre Bücher, ein

– schreibt

also machte ich mich daran, die Vögel, die sich in die Luft schwingen, die Sicht auf den grauen See, der Flügel des Juras am Grunde des Himmels und die Stille im Schulzimmer, ich, eingeklemmt in meinen Versen, Sie, in den Seiten Ihres Romans, der bald erscheinen sollte, eine Frau mit kniehohen Stiefeln, Christine, wir waren sicher, die Figur Ihres Buches, Christine, unsere Kameradin, war auf den Seiten Ihres Romans, da sie violette Stiefel, Overkneestiefel und Hotpants trug, Sie konnten sie unmöglich verfehlen, wohingegen wir anderen mit Pickeln und stotternd Kinder waren, zu denen Sie sagten:

– schreibt

die Stunde ging zu Ende.

Sommer 1990. Die Maturazeugnisse unterm Arm, und dieses Klappern von Schaufeln, mit dem Leben vor uns. Das wahre Leben. Das man durchqueren, aushöhlen, behauen, durchfurchen muss, dabei sind wir so an uns selbst angekettet, nach *Phädra* und *Adolphe*, nach der *Nonne*, Sie im Hof, der Kies, hätte man meinen können, bremse Sie, nicht aber der Kies um den Brunnen herum und die Vögel, es ist Anfang Sommer unter den Platanen und Sie mit Ihrem grauen Wagen. Sie und der Jorat. Sie und Ropraz. Dieses Haus neben dem Friedhof. Natürlich der Friedhof und Katzen, im Unterricht, während wir uns auf die mündliche Maturaprüfung vorbereiteten, stellten Sie sich die Szene vor: der Lehrer, der Experte und wir, die Kinder, vielleicht würde der Rektor vorbeischauen oder die Putzfrau den Abfalleimer leeren – Entschuldigung, aber nein, keine Entschuldigung, es ist goldrichtig, in der mündlichen Prüfung Camus, Breton und Poe zu erwähnen,

Neben dem Schreiben hat Jacques Chessex auch gemalt. Hier tummeln sich viele Stiere und Teufel auf einem Brief an die damalige Schweizerische Landesbibliothek in Bern von 1998.

wir, im Schulzimmer erstarrt, doch alles ging glatt über die Bühne, und die Szene, die Sie erfanden, wurde immer verrückter, weil auch der Abwart und der Spengler, sogar mein Vater der Dekan auftauchten, die Szene der mündlichen Prüfung, wo alle gleichzeitig, der Rektor und Christine, ihre Hotpants, ihre nackten Schenkel anwesend waren, wir anderen mit Pickeln, ich stotterte bei Baudelaire, nein, ich verstehe nicht, was der Dichter meint

– schreibt

wirklich überhaupt nicht, ein schwarzes Loch in meinem Kopf, die Alexandriner und draußen nutzlose Vögel, die Kathedrale mit ihrem Zehnuhr-Bimbam, ein sanftes Lüftchen und unter dem Pult Gebeine, ja, Gebeine, ein Grab und Totenschädel, einmal machten wir die Falltür auf, Treppen, eine Gruft und der Abwart

– ihr Bengel, dass ich euch nicht nochmals erwische,

die, welche am Mittag blieben, hatten nämlich die Toilettenschüssel mit Spaghetti verstopft, ein Picknick im Schulzimmer

– was habt ihr gegessen, manchmal trockneten Sie Ihre Achselhöhlen mit einem Papiertaschentuch und ließen dieses dann auf dem Pult liegen, und wir: was sollen wir tun, es wegräumen, der Abwart, sein

– dass ich euch nicht nochmals erwische,

Sie, Ihre brunnengrauen oder smaragdgrünen Augen, konnten wir Ihrem Blick wirklich standhalten, die Unterrichtsstunde fing so an, mit diesem Blick auf uns, mehrere Minuten voller Schweigen, ohne dass wir wussten, ob gut oder übel gelaunt, ob Metaphern oder Vergleiche in unseren Heften, der Mathematiklehrer sagte uns nicht einmal Guten Tag und schrieb die Wandtafel voll, dann Sie in der Zeitung vom Vortag oder am Fernsehen, eine Reportage in Ihrem Haus in Ropraz, Sie am Klavier und Ihre Katzen, Jazz, eine Mütze auf dem Kopf, beantworteten Fragen, und dieselben Hände wie im Schulzimmer, dieselben Finger, die Sie bogen, Ihre Fingerglieder Gelenke, Ihr Mund, den man nicht sehen konnte unter dem Schnurrbart, Ihre Lippen, wo waren die bloß, die nackten Frauen in Ihren Büchern, jene Frau, die auf der Straße vor dem Café auf Sie wartete, andere Frauen, die in der Buchhandlung Schlange standen und eine Widmung in ihrem Buch wollten, in der Schlange bis zu Ihnen schöne schlanke dunkelhaarige Frauen, und ich war verlegen, mein Körper nicht so wie der von Christine, keine Aussicht, irgendwo aufzutauchen, in keinem Buch, keinem Roman, dennoch sagten Ihre Augen

– schreib

wir, über unsere Seiten gebeugt, zusammengeschrumpft, wir, die Kinder, der Brunnen im Hof, der sich halb totlachte, als ich eines Tages sagte, ich höre auf mit dem Schreiben, ich höre ganz damit auf, ohne damit begonnen zu haben, zu schwierig nach Ponge Baudelaire Rimbaud, denn für Ponge ist die Sprache ein Haufen alter schmutziger Kleider, Schreiben ist nichts für mich, und Sie machten die Schulzimmertür auf, gingen raus aus der Französischstunde, in welcher meine Kameraden Physikübungen, Chemie machten, Sie und ich im Gang oben auf der Treppe während der Schulstunde, Sie

– mach weiter, schreib

die anderen drinnen, eingeklemmt in Übungen mit deutschen Vokabeln, und Sie ganz ruhig

– schreib, Claire

Ihre Schritte auf der Straße hinunter von der Mercerie nach Feierabend, Sie in den Buchhandlungen, um zu kontrollieren, ob Ihre Bücher auch schön im Schaufenster ausgestellt waren, und wenn Sie vorbeigingen, Gemurmel

– dem Vernehmen nach hat er mit Trinken aufgehört, ja, ja, wir
während der Weihnachtsferien im ersten Schuljahr, am ersten Schultag im Januar waren Sie ein anderer Mann, ohne den Alkohol, ein lustiger Mann, ein köstlicher Mann, lockeres Auftreten und Baudelaire Flaubert Verlaine, wir spürten deren Atem im Nacken, weil Sie hinter den Stuhlreihen vorbeigingen, die Körper toter Schriftsteller, wirklich mausetot, die Skelette auf Pariser Friedhöfen, die Sie ins Schulzimmer hereinholten, Breton, auch Nadja kannten wir, das war die Frau, die da draußen auf Sie wartete, und Lukrez, Vergil, die Stoiker, die Putzfrau während der mündlichen Prüfung, Benjamin Constant, Strenge und Metaphysik, zu große Worte für uns Kinder, Szenen aus *Adolphe* und *Phädra*, in denen wir selbst in tragische Liebesgeschichten verwickelt waren, denn jede Literatur sei existenziell, sagten Sie, Sade Laclos und Ramuz, *das Abrupte*, lautete Ihr Motto, das Abschüssige, das man in sich trägt, das Drama jeder Kindheit, der Selbstmord Ihres Vaters, ich weiß noch, dass mehrere von uns um Ihr Haus in Ropraz herumschlichen, denn wir mussten den Friedhof sehen und die Gräber, von denen Sie sprachen, sowie die Bäume, es gibt Orte, die ziehen uns an, die ziehen uns in Bann, und Sie, noch eine Minute, bis Sie hereinkommen, Ihr Schritt, doch die Stunde hatte schon begonnen, sobald Sie das Lehrerzimmer verließen, und die Stunde setzte sich, lange nachdem Sie in Ihrem kleinen grauen Auto weggefahren waren, in den Straßen von Lausanne fort, die Bücher traben, spazieren neben uns, Ihre Schriftstelleraugen, smaragdgrau, die den Brunnen anschauten, was machen wir jetzt, die Physikstunde, Gleichungen, doch die Französischstunde, und Ihre Frauen hinter der Tür, einer, der nach der Matura bei Ihnen in Ropraz hatte klingeln wollen, einer, der telefoniert hatte in der Hoffnung auf ein
– guten Tag
doch Sie nahmen nicht ab, ruft man einen Schriftsteller an, stört man ihn, und das große Haus, der Friedhof, der Hügel, die Alpen, in der Ferne Bern und die Schweiz, soll man
Sie in Paris, Sie bei Grasset, Namen französischer Schriftsteller aus Ihrem Munde, den man unter dem Bart und Schnauz nicht sah, Ihre Frauen ließen sich küssen, man stellte sich Ihre Frauen vor, Schenkel gespreizt, und Ihr Schnauz mittendrin, wir mit unserem Kinderkram, außer Christine, die war schon eine Frau, hatte schon alles, was eine Frau ausmacht, den Blick die Brüste das Geheimnis einer Frau, wohingegen wir, erschrocken über Ihre Finger Fingerglieder Gelenke, die Sie vor unseren Augen aneinander rieben
– schreibt

* 1.3.1934	in Payerne / Waadt in einer Gymnasiallehrerfamilie. Gymnasium in Lausanne
1953	Studium in Fribourg und Lausanne. Gründung einer Literaturzeitschrift, erste Gedichtveröffentlichungen. Abschluss zu Francis Ponge. Literaturkritiker. Romane *La Tête Ouverte* (1962), *La Confession du pasteur Burg* (1967)
1969	Gymnasiallehrer in Lausanne. *Portrait des Vaudois* (1969), *L'Ogre* (1973, dafür Prix Concourt)
1974	Wohnsitz in Ropraz / Waadt. Zahlreiche Romane, Poesie und Essays. *Les Yeux jaunes* (1979), *Le Rêve de Voltaire* (1995), *Poésie I, II et III* (1997), *Le vampire de Ropraz* (2007), *Un Juif pour l'exemple* (2009). Chessex betätigt sich immer auch als Maler, in Kontakt mit Antonio Saura
2002	Französische Auszeichnung Légion d'honneur
† 9.10.2009	in Yverdon-les-Bains

Sie, konzentriert versunken in Ihre Seiten, die Stunde verging beschaulich, eine Stunde mit den Vögeln, eine Stunde mit den Worten, und Sie, es lohnte sich nicht, Sie anzusprechen, etwas zu fragen, was es auch sei, Sie schrieben, Sie waren mit Christine und deren Stiefeln, Ihren Frauen und deren Schenkeln, die Frauen in Ihren Romanen hatten die Beine immer auseinander, Sie sagten, *Gott liebt die Lauen nicht, Gott speit die Lauen aus*, und wir wussten, wir waren natürlich lau

– schreibt

unsere Blicke hefteten sich auf Ihren Kittel, so viele Taschen, eine Sekunde lang verharrte Ihre Hand auf der Seite, Sie hoben die Augen, die Hände, mit den Fingergliedern, suchten, wühlten in der einen, dann in der anderen Tasche, dann ein Filzstift, und wir hörten auf zu atmen, Ihr Schnauz, den Sie mit den Fingern glatt strichen, lange Finger, die über die Haare fuhren, und Ihre Frauen hinter der Tür, diejenige vor dem Café kannten wir, sie wartete auf Sie, dann war Ihre Hand wieder beim Text, den wir später lesen würden, zurück in die Buchhandlung, um Sie nach der Matura zu sehen, um Sie zu fragen, könnten Sie uns bitte eine Widmung schreiben, und Sie mit Ihren grauen, blauen, grünen Augen, Ihren Augen

– selbstverständlich

und unser Vorname auf der ersten Seite, Ihre Bücher, in denen wir vor dem Unterricht heimlich blätterten, manche Szenen erschreckten uns wegen der nackten Frauen, und wenn das nun Christine ist, unmöglich, dass es nicht Christine ist, unsere Kameradin, oder Maude, weil Maude gut reden kann, aber weniger hübsch ist, nicht die gleichen Beine, nicht die gleichen Kurven, und wir anderen stotternden Pickelgesichter

– es stimmt, er trinkt nicht mehr, ach ja, ihr habt Chessex als Lehrer, na und wennschon

wir hatten Chessex als Lehrer, er hatte Prüfungen zu korrigieren, die er uns mit sehr guten Noten zurückgab, Aufsatzthemen zu Literatur, Ästhetik oder Moral, ich durfte mir drei Jahre lang das Thema jeweils frei aussuchen, das Thema Kunstschaffen oder das Alter des Großvaters, der Tod des Meerschweinchens und meine Familie

– schreib weiter, auch wenn du Biologie oder Pharmazie studierst, mach weiter, mein Kind, er nannte uns *mein Kind*,

mein Kind, lies uns diese Erzählung von Edgar Allan Poe vor, und die Schulstunde verging mit Vorlesen, während er mit seiner Seite, seinem Manuskript und dem Filzstift, den er in einer Tasche suchte, hantierte, eine Stunde

– schreibt

manche machten sich Sorgen, wir haben nicht gearbeitet, nichts getan, während er schreibt, die Französischstunde zwischen zwei Stunden Mathematik, Naturwissenschaft oder Physik, man träumte zum Fenster hinaus, zu den Vögeln hinaus, er liest unsere Prüfungen nicht, er tut nichts, er schreibt, und diese Gelassenheit, diese stumme Stunde, und der Frühling hinter der Fensterscheibe, die alten Steine der Stadt, nichts getan außer Maude zugehört, die eine Erzählung von Edgar Allan Poe vorlas, nur Nadja auf ihrem Flanieren durch Paris gefolgt, die Aufsatzthemen frei wählbar, Sie nahmen unsere Seiten in Ihrer Schultasche hinauf nach Ropraz, mit Ihren Augen, dem Mund, den man nicht sah und der Frauen küsste, das Haus gleich neben dem Friedhof, der Tod und das Geschlecht der Frauen, der Alkohol, jetzt trinkt er nicht mehr, überhaupt nicht mehr, und wir mit unseren Aufsatzthemen, freien Texten, die Sie kommentierten, manche in der ersten Klasse, in der englischen Kirche, in Angst und Schrecken versetzt, denn *Gott speit die Lauen aus*, und unsere Hefte, die Stilmittel, Nachahmung Metapher, zehnmal hundertmal, aber, Monsieur, die Nachahmung war schon dran

– schreibt, meine Kinder

gewiss waren wir Kinder, und an jenem Oktobermorgen, dem Tag Ihrer Beerdigung in der Kathedrale, lauer Tag mit braunen Blättern, ein langer Trauerzug, Persönlichkeiten und die Glocke, die gleiche wie im Gymnasium, wenn wir am Mittag nach draußen gingen, da war diese Glocke, Sie jetzt Ihr Körper in der Kiste, ich erinnere mich, der Sarg verdeckte Ihre grauen Augen mit der Farbe von Steinen an der Sonne, ich sagte mir, Sie da drinnen, das ist ein Scherz, denn die Französischstunde ging weiter für die Vögel auf dem großen Vorplatz, sie dauerte noch immer an, Ihre Bücher der Gesang Ihrer Gedichte, der blutjunge Mann, der Sie gewesen sind, fast gleich wie wir, doch wir waren natürlich lau, außer Christine und Maude, Ihre Stimme war von der Französischstunde bis hin zur Kathedrale zu hören, sie widerhallte an jenem Oktobermorgen, Ihre Stimme am Radio, im Fernsehen und bei Vorträgen, die Stimme, die zu Journalisten sprach, die Sie interviewten, dieselbe Stimme wie im Schulzimmer

– schreibt

Ramuz, Cingria, die Toten in Ihrem Leben, Ihr Vater, und wir ließen uns vom Schweigen zwischen zwei Sätzen ergreifen, der Journalist am Radio wartete, das Schweigen erhellte Ihre Worte noch stärker, deshalb konnte ich mir nur schwer vorstellen, dass Sie sich in Ihrem Auto Verkehrsgeboten fügen mussten, Anhalten vor Stoppschildern, denn die Regel, die einzige Regel lautete

– schreibt

das Boxen der Jazz, Sie sprachen in einem Fernsehbericht davon, Sie spielten Klavier, kaum zu glauben, eine Mütze auf dem Kopf, und Ihre Katzen, Ihr Schreibtisch in Ropraz, diese Langsamkeit, Genauigkeit, Zärtlichkeit des Füllfederhalters, die ein Kameramann einfing, doch wir kannten sie schon, diese Ihre Sorgfalt beim Schreiben, Skizzieren, dann Zeichnen von schwarzen Rechtecken, um das Überflüssige durchzustreichen und endgültig das treffende Wort zu finden, das poetische Wort, wenn Sie Ramuz und Gustave Roud zitierten, diese beiden gingen gerade über die Place de la Riponne unterhalb der Akademie, Breton mit Nadja, Thérèse aus *Derborence* und Aline bat er ins Schulzimmer herein, bitte nehmt Platz, dann zogen Sie einen Kamm aus einer Kitteltasche, eine Locke auf der Stirn mit äußerst ernster Miene, und wir: was tut er da

– schreibt

wir, nicht nur Kinder, sondern künftige Schriftsteller, bekannte Wissenschaftler, *meine Kinder* war für die Sanftmut, die Zuneigung, meine Kinder, um uns zu schützen vor dem, was uns nach der Französischstunde und mit der Matura in der Tasche erwarten würde, hineingeworfen ins wahre Leben, in dessen Tränen, in dessen Verworrenheit, in jenes Leben, in dem man wohl wird existieren müssen, da wir noch nicht mal zwanzig sind

wenn die Französischstunde zu Ende ist, die Bücher geschlossen, wir an jenem ersten Morgen am Anbeginn der Welt stehen, würden wir dann wirklich wachsen können?

Aus dem Französischen von Markus Hediger

Mehr zu Jacques Chessex

+ Ein Text: *Le Renard qui disait non à la Lune*, illustriert von Danièle Bour. Paris 1974.
+ Gemälde: *Jacques Chessex peintures*. Texte von François Nourissier und Christophe Bataille. Sion 2008.
+ Briefe: *Fraternité secrète*. Korrespondenz mit Jérôme Garcin. Paris 2012.
+ Ein Film: *Un Juif pour l'exemple (Ein Jude als Exempel)*. Ein Film von Jacob Berger, nach einem Buch von Jacques Chessex. Genf 2016.

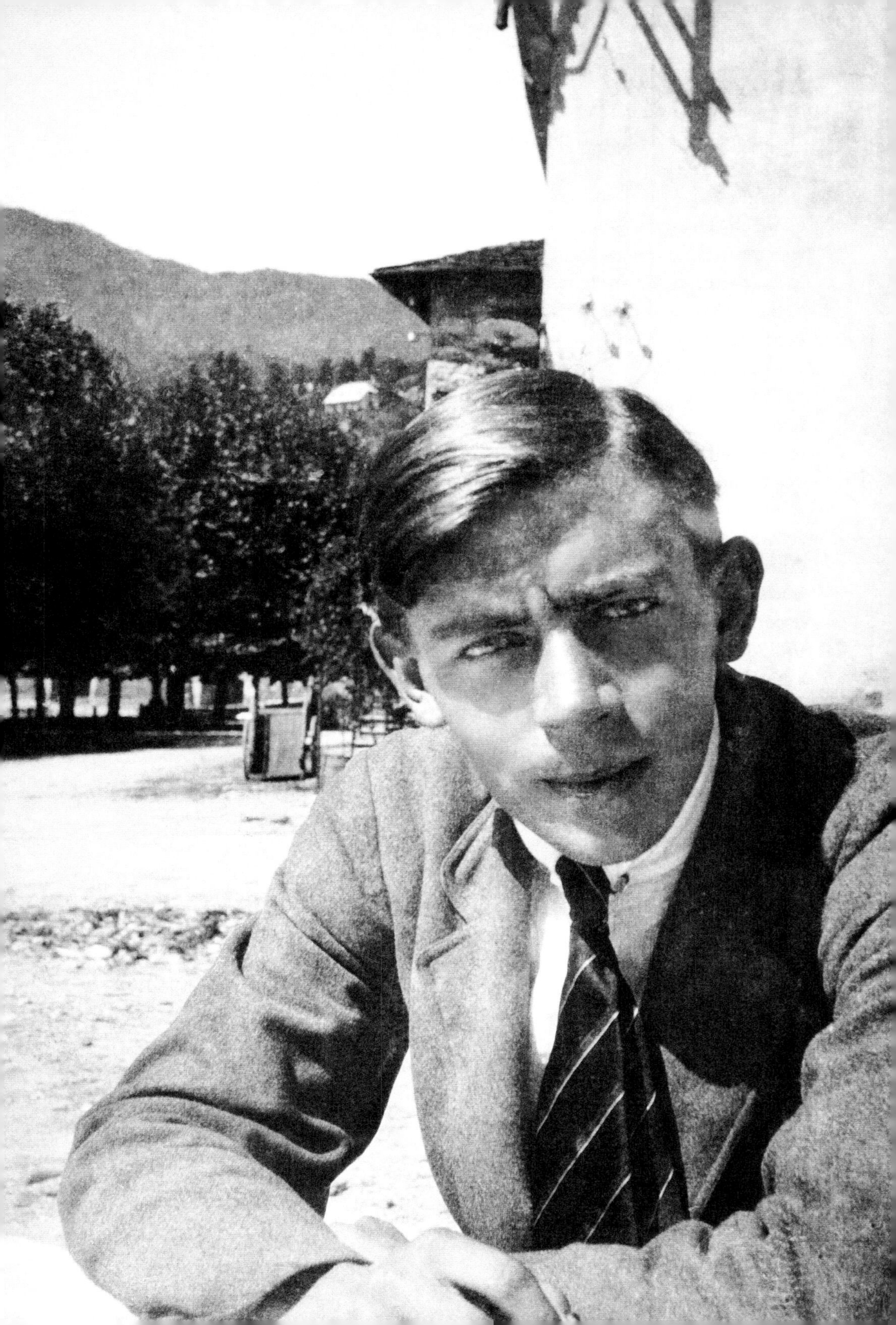

Hansjörg Schneider zu Friedrich Glauser

DIE MÜHLE IM TESSIN

Warum Wachtmeister Studer in den Süden abhauen will

Er sitzt draussen auf einem Klappstuhl vor einem Klapptisch, vor sich eine Portable-Schreibmaschine. Er tippt auf das eingespannte Blatt Papier. Weisser Stoffhut, ärmelloser Pulli, Sommerhosen. Das rechte Bein hat er über das linke geschlagen, elegant und locker. Jung sieht er aus für seine zweiundvierzig Jahre, fast knabenhaft. Nur das Gesicht wirkt älter, vergeistigt, entschlossen.

Es ist das wohl bekannteste Bild von Friedrich Glauser, aufgenommen in Nervi an der ligurischen Küste im Sommer 1938, wenige Monate vor seinem Tod. Ein Schriftsteller-Foto, wie es im Buche steht, aufgenommen in lauer Luft. Leichtes Sonnenlicht liegt auf ihm, vom nahen Gebüsch gesprenkelt. So schön kann Schreiben sein, denkt man, so lebens- und liebenswert. Aber dann kommen einem die anderen Fotos desselben Autors in den Sinn. Glauser in der Anstalt Münsingen zum Beispiel mit dem Lederriemen um den Bauch. Glauser auf der Bettstatt sitzend, schwer gezeichnet von der Morphium-Sucht.

Er hat ein wildes, unstetes Leben geführt. Die Stationen sind bekannt: geboren am 4. Februar 1896 in Wien, früher Tod der Mutter, 1913 Selbstmordversuch, Übersiedlung nach Genf, 1917 Teilnahme an den Zürcher Dada-Abenden, dann ab ins Tessin, Flucht wegen Diebstahls, 1918 Entmündigung und erste Einweisung in die Psychiatrische Klinik Münsingen. Fremdenlegion, Arbeit als Tellerwäscher in Paris und als Grubenarbeiter in Belgien, Rückschaffung in die Schweiz und Beginn der Psychoanalyse bei Max Müller.

Wie hat er es nur geschafft, seine herrlichen Bücher zu schreiben, die Briefe, die zwei dicke Bände füllen und zum Ergreifendsten gehören, was

Hansjörg Schneider, geboren 1938, Promotion 1966, Lehrer und Journalist, ab 1970 freier Schriftsteller. Zahlreiche Theaterstücke, darunter *Sennentuntschi* (1972), *Der liebe Augustin* (1979), und Romane, so *Lieber Leo* (1980), *Der Wels* (1988). Ab 1993 zehn Kriminalromane mit Kommissär Hunkeler; zumeist verfilmt und 2005 mit dem Friedrich-Glauser-Preis ausgezeichnet. 2012 *Nachtbuch für Astrid* (Neuauflage), 2018 autobiografische Aufzeichnungen *Kind der Aare*.

die Deutschschweizer Literatur zu bieten hat? Woher hat er seine Menschenliebe genommen, seine genauen Augen für den damaligen Mittelland-Mief?

Er gehört in eine Reihe mit Gottfried Keller, C. F. Meyer, Gotthelf; mit Robert Walser; mit Dürrenmatt und Frisch. Ich frage mich, wann er geschrieben hat. Er muss das sehr schnell getan haben, mit leichter Hand unter schwierigsten Umständen, immer auf der Suche nach Geld. Er war amoralisch, ein großer Lügner vor dem Herrn (seinem Vater). In seiner Literatur hat er nie gelogen.

Am Ende seines kurzen Lebens war er ein bekannter, erfolgreicher Autor. Das ist relativ zu verstehen. Denn 1938, als er starb, war seine mögliche Leserschaft wegen der Nazis auf die deutschsprachige Schweiz zusammengeschrumpft. Zwanzig Jahre später war sein Werk verschollen. Ich zum Beispiel kannte damals noch seinen Namen und hatte von seinem Wachtmeister Studer gehört. Aber in den Buchhandlungen lag nichts mehr von Glauser. Inzwischen ist aus dem kriminellen Outlaw und Drögeler längst ein Klassiker geworden. Vor rund drei Jahrzehnten ist im Limmat Verlag eine sorgfältig gemachte, historisch-kritische Gesamtausgabe seiner Werke erschienen. Es gibt eine sehr lesenswerte, zweibändige Biografie von Gerhard Saner über ihn.

Ich kenne keinen Autor aus der Deutschschweiz, der den kleinen helvetischen Alltag so genau beschrieben hat wie er. Und keinen, der die sogenannt kleinen Leute (les petits gens, wie Georges Simenon sie nannte) so liebevoll porträtiert hat. Und es gibt keinen mit so präzisem Blick. Dieser Mann ist ein Phänomen. Es gibt nichts zu erklären, er muss auch nicht erklärt werden. Es gibt nur Fragen an ihn, keine Antworten.

Interessant wäre es auch, das Land, in dem er lange gelebt und das er beschrieben hat, zu befragen. Wie ist die Schweiz mit ihm umgegangen? Wie geht sie mit ihren Autorinnen und Autoren generell um?

Keller war Zürcher Staatsschreiber, saß also trotz etwelcher Alkoholprobleme in Amt und Würden. Gotthelf war Pfarrer im Emmental. Das war im 19. Jahrhundert.

Frisch und Dürrenmatt galten zwar als helvetische Querschläger, waren aber beide offizielle Aushängeschilder gegen außen und konnten sich Reichtum erschreiben. Das war in der zweiten Hälfte des 20. Jahrhunderts.

In der ersten Hälfte des 20. Jahrhunderts muss die Situation der wirklich guten Literaten in der Deutschschweiz schlimm gewesen sein. Es gab zwar einige gehätschelte Leute wie den Nobelpreisträger Carl Spitteler. Sie sind weitgehend vergessen. Warum nur sind damals die besten Leute wie Robert Walser und Friedrich Glauser (auch Annemarie Schwarzenbach und Hans Morgenthaler) in Anstalten und Sucht abgewandert?

Ich denke, weil große Literatur nur in geistiger Freiheit entstehen kann. Die war im liberalen 19. Jahrhundert da. Die war auch im sich öffnenden Europa der Nachkriegszeit wieder möglich. In der schweizerischen Zwischenkriegszeit war sie nicht da. Der Erste Weltkrieg hatte nicht nur die neue Kunst zerstört, die in Berlin, München und Dresden entstanden war, sondern auch das alte Europa. Er hatte auch die Schweiz, die äußerlich unversehrt überlebt hatte, geistig planiert. Und es drohte der Nationalsozialismus, worauf man mit der Geistigen Landesverteidigung antwortete. Historisch einigermaßen nachvollziehbar, aber für die geistige Situation in der Eidgenossenschaft katastrophal. Deshalb die Flucht der wirklich großen Autoren in die gesellschaftliche Isolierung, in die Verantwortungslosigkeit von Anstalt und Sucht.

Glauser ist ein ungemein aktueller Autor, gerade deshalb, weil er ein sogenannt schwacher Mensch war und sich auch als absolut machtlos verstand. Er hat zum Beispiel nie versucht, in die Politik einzugreifen. Er war zwar ein überzeugter Antifaschist und hat das in seinen Briefen auch formuliert. Aber für ihn (wie für Walser) war das Schreiben ein heimliches Geschäft. Er war so isoliert, dass es ihm gar nie in den Sinn gekommen wäre, sich als Schreiber eine gesellschaftliche Position anzumaßen, die über die eines Unterhaltungsschriftstellers hinausgegangen wäre. Das wollte er: unterhalten. Und er hat es wie kein Zweiter verstanden, seine politische Gesinnung, die er ganz klar hatte, in diese Unterhaltung hineinzuweben, sodass sie ein Bestandteil davon wurde. In diesem Sinne ist er ein engagierter Autor.

Merkwürdigerweise hat er sich beim Drucken seiner Texte von Lektoren und Redaktoren die größten Frechheiten gefallen lassen. Er hat sich von ihnen seine Texte korrigieren lassen, als sei er ein Schülerbub. Das grenzte schon fast an Selbstaufgabe.

Es scheint, dass für ihn fast nur der Augenblick des Schreibens wichtig war. Der künstlerische Akt. Dieser Begriff ist heute zwar kaum mehr zu gebrauchen. Aber für Glauser trifft er so genau zu wie für Walser. Glauser formulierte das so: »Manchmal hilft das Schreiben und Formulieren und ist wie eine magische Handlung, ein Bannen.«

In der Gartenbauschule Oeschberg begann Friedrich Glauser 1930 eine Ausbildung zum Gärtner.

Es gibt viele Erlebnisstränge in seinem Leben, anhand derer man seine Biografie erzählen könnte. Glauser und sein Vater, Glauser und der Psychiater Müller. Die Anstalten, das Morphium. Berthe Bendel, die er in Nervi heiraten wollte, da das in der Schweiz nicht möglich war. Und natürlich Glauser und die Schweiz.

Es gibt einen Erlebnisstrang, der bis jetzt kaum aufgefallen ist. Das ist seine Beziehung zum Tessin.

Diese Beziehung begann Ende 1916, als Glauser als zwanzigjähriger Student im Sprünglihaus an der Zürcher Bahnhofstrasse eine Ausstellung zeitgenössischer Kunst besuchen wollte. Beim Eingang saß die Schriftstellerin und Chansonnière Emmy Hennings, die mit ihrem späteren Ehemann Hugo Ball die Dada-Veranstaltungen initiiert hatte.

»Dort saß ich grad mal an der Kasse«, berichtet Hennings, »als Glauser kam, sich die Sturmausstellung ansehen wollte, und da er kein Geld hatte, mich um eine Freikarte bat. – Dann sah er sich die Sturmbilder an und fand allmählich Gefallen, öfter zu kommen, doch wussten wir nicht viel anderes von ihm zunächst, als dass er ein liebenswürdiger Junge war, sehr hübsch und offenherzig. – Glauser hat dann auch mehrmals in der Galerie gelesen, eigene Sachen und Nachdichtungen. Er hatte bereits damals ein starkes und feines Formgefühl, viel Sinn für dichterische Schwingungen. Er war sparsam bei seinen Schilderungen. – Was mir so gefiel an Glauser, es lag ihm mehr daran zu leben, als zu schreiben. Er nahm in Unbefangenheit und gierig das Leben auf, ohne an die literarische Verwertung zu denken. Er schrieb wie zum Spiel, zum Zeitvertreib, so nebenbei.«

Glauser hat also an Dada-Soireen teilgenommen, im Frühjahr 1917 war das. Eigentlich hätte er ja an der Uni studieren sollen. Aber er fand wohl die innovativen Künstlerinnen und Künstler des Dada-Kreises interessanter. Bestimmt hat er dort auch Sophie Taeuber kennengelernt, die bei Dada mitmachte. Allerdings ohne dass ihr Name auf den Programmzetteln erwähnt wurde. Sie musste auf ihren Ruf achten, denn sie unterrichtete an einer Kunstschule.

Die achtundzwanzigjährige Sophie Taeuber und der einundzwanzigjährige Friedrich Glauser beim Bürgerschreck Dada, eine großartige Vorstellung.

Im Juni desselben Jahres fuhr das Trio Emmy Hennings, Hugo Ball und Glauser nach Magadino am Lago Maggiore. Glauser beschreibt diese Zeit in seinem Essay *Dada* so: »Ich bekam ein großes Zimmer in einem alten Haus, die Wände waren zartrosa, und der See vor den Fenstern hatte ein ruhiges Blau. Wir schwiegen meistens zu dritt, es war so nötig nach dem Trubel in Zürich. Abwechselnd kochten wir. Doch nach und nach ging das Geld aus. Da beschlossen wir, auf eine Alp zu ziehen, ganz hinten im Maggiatal. Ich trug die Schreibmaschine und einen Koffer im Gerlo (einer hölzernen Traghotte, die statt der Riemen Weidenzweige hat, die schmerzhaft ins Schulterfleisch einschneiden) vier Stunden weit. Emmy Hennings führte die Ziege, die uns der Besitzer der Alp mitgegeben hatte. [...] Unser Wohnhaus war ein Schuppen. Wir schliefen auf Bergheu. In der Nähe brauste durch Nacht und Tag ein Wasserfall.«

Eine Idylle also? Das lustige Kastanien-Leben in der Sonnenstube? Ja, schon, durchaus. Aber es fehlten eben auf Dauer doch die Kohlen. Glauser: »Es ist mir unmöglich, hier weiterhin mit Herrn Ball zu leben; und zwar ist der Grund durchaus ein finanzieller. Herr Ball weiß nicht, wie er sich und seine Familie weiterhin unterhalten soll, da erwartete Geldsendungen nicht eingetroffen sind.«

Ich zitiere diesen Brief an Glausers Vorstand Dr. Walter Schiller, weil ich mir auszumalen versuche, was wohl aus diesem Tessiner Trio geworden wäre, hätte Ball genügend Geld gehabt. Nie ist ein Schriftsteller so billig zu finanzieren wie in der Jugend. Wäre Glauser unter besseren finanziellen Bedingungen also im Tessin geblieben? Hätte ihn diese milde Landschaft möglicherweise so weit besänftigen können, dass er der Drogensucht entgangen wäre? Die Sehnsucht der Deutschschweizer Autoren und Autorinnen nach der Sonnenstube war schon damals immens. Das hing nicht nur mit den Palmen und dem ruhigen Blau des Sees zusammen. Entscheidend war auch, dass das Leben jenseits des Gotthards wesentlich billiger war.

Hans Morgenthaler zum Beispiel, in seiner Unrast mit Glauser verwandt, hat darüber einen schönen Roman geschrieben: *Woly, Sommer im Süden*, 1924 erschienen. Hermann Hesse lebte schon seit 1919 in Montagnola. Jakob Bührer zog sich 1936 ganz nach Verscio bei Locarno zurück. Und die Asche von Max Frisch wurde nicht in seiner Heimatstadt Zürich beigesetzt, sondern im Onsernonetal.

Dass Glauser indessen nicht nur wegen Geldmangels aus der Sonnenstube vertrieben wurde, zeigt sein zweiter Tessiner Aufenthalt. Der dauerte ein Jahr lang, vom Juli 1919 bis Juli 1920. Und er endete böse. Glauser wurde wegen Diebstahls eines Fahrrades in Bellinzona verhaftet. Er war im Morphium ertrunken.

Die erste Zeit hatte er beim Journalisten und Schriftsteller Robert Binswanger gelebt, mitten in einem interessanten Künstlerkreis. Dann bezog er mit seiner Freundin Elisabeth von Ruckteschell eine leer stehende Mühle oben über dem See zwischen Arcegno und Ronco. Diese Mühle steht noch heute. Ein viereckiger, archaisch anmutender Steinbau mitten im Wald gleich neben der Straße. Einige Mühlsteine lehnen daran. Daneben liegt Wasser, knietief, auf verschiedene Rinnsale und Tümpel verteilt, ein wunderschönes Laich-Biotop. Das Paradies, würde man meinen. Das Wasser gurgelt, der Wald duftet, im Kamin knistert das Holz.

»Manchmal, wenn wir kochten«, berichtet Glauser im Essay *Ascona*, »kroch unter dem Kamin eine feiste Ringelnatter hervor, sah sich ungnädig im Raume um, schien gegen die Störung protestieren zu wollen und verschwand dann in einer Mauerritze. Wenn ich des Nachts in die Küche kam, saßen Haselmäuse mit buschigem Schweif auf den Brettern und knabberten Makkaroni. Ihre braunen Augen leuchteten im Kerzenschein.«

* 4.2.1896	in Wien in einer Lehrerfamilie. 1913 Landerziehungsheim Glarisegg, erster Selbstmordversuch, danach Collège de Genève. Beginnende Drogenabhängigkeit. 1916 Matura
1916	Zürich. Kontakte mit Dada-Kreisen. Erste journalistische Arbeiten
1918	Entmündigung durch Vater. Psychiatrische Klinik Münsingen. Ascona
1921–1923	Fremdenlegion in Algerien und Marokko
1923–1925	Paris und Belgien, Tellerwäscher, Bergarbeiter, Krankenpfleger
1925	Klinik Witzwil. Psychoanalyse bei Max Müller. Hilfsgärtner. Journalistische Texte, Arbeit an einem Fremdenlegionärroman (*Gourrama*, posthum 1940)
1930	Gärtnerausbildung. Klinik Münsingen
1933	Lebensgemeinschaft mit Berthe Bendel (1908–1986). Klinik Waldau
1936	*Wachtmeister Studer*, danach fünf weitere Kriminalromane
1936	Chartres, Bretagne, Sète
1938	Klinik Friedmatt. Nervi bei Genua / Italien
† 8.12.1938	in Nervi

Aber da war eben der Hunger nach Morphium. »Ich hatte Angst vor der Mühle bekommen, seit mich der Wunsch zu morden verfolgte. Es klingt ein wenig übertrieben, aber es war doch so. Graf von der Sch. hatte mir eine Schreibmaschine geliehen, diese verkaufte ich, obwohl sie nicht mir gehörte. Meine Freundin bekam Angst vor mir. Sie riet mir, nach Deutschland zu gehen. Sie meinte, im dortigen Chaos würde ich leichter untertauchen können, denn sie war sicher, dass die Polizei mich bald suchen würde. Die Apotheker in Locarno hatten eine Anzeige erstattet. So machte ich mich auf die Reise.«

Die Idylle war also doch nicht der rettende Engel. Sondern der hieß Max Müller und war Psychiater. Und nicht frühe Hippies, Schlangen und Haselmäuse wurden die Protagonisten in Glausers Werk, sondern Fremdenlegionäre, Tellerwäscher und die Insassen helvetischer Anstalten.

Immerhin erstaunt es, dass Glauser, der seine Autobiografie so rücksichtslos ausbeutete wie kein Zweiter hierzulande, in seinem Werk (außer in den Essays *Dada* und *Ascona*) kaum auf seine Tessiner Zeit zurückgekommen ist. Es hätte doch bester helvetischer Tradition entsprochen, dass irgendeine seiner maroden Romanfiguren versucht hätte, über den Gotthard abzuhauen.

Erst ab Anfang 1937, als Glauser noch knappe zwei Jahre zu leben und zu schreiben hatte, geschah das. Und er versuchte es mit Nachdruck, insgesamt viermal. Herausgekommen sind vier Romananfänge, die alle die gleiche Geschichte zu erzählen versuchen, die Tatsache nämlich, dass im Tessin in der Nähe von Arcegno bei einer alten Mühle eine junge Frau tot aufgefunden wurde. Die Vermutung liegt nahe, dass sich Glauser an seinen »Wunsch zu morden« erinnerte. Es sind die Fragmente des *Ascona*-Romans, die im vierten Band der Gesamtausgabe abgedruckt und allesamt hervorragend geschrieben sind. Was wohl heißt, dass es Glauser ernst war damit.

Die letzten unvollendeten Szenen mit Wachtmeister Studer entstanden in Nervi im Sommer 1938.

Wer da über den Gotthard abhaut, ist indessen keine marode Gestalt, sondern Wachtmeister Studer. Er will in der Sonnenstube Ferien machen. Und schon stößt er auf einen neuen Fall.

Zentrum des Geschehens ist Glausers alte Mühle. Sie taucht wie ein Traumbild aus längst vergangener, guter Zeit auf. Sie wird in einer Sprache beschrieben, die hell und schön ist. »An jenem frühen Morgen – der Mond war untergegangen und in der Finsternis war es unmöglich, die genaue Zeit auf der Taschenuhr festzustellen – sah Studer das Haus, in dem etliches sich noch abspielen sollte, nur undeutlich. Ein schwarzer Würfel, das Dach ziemlich flach. Irgendwo rauschte Wasser. Nachher kam ein freier Platz, rund in der Form, umgeben von niederem Wald.« Auch das bereits bekannte Personal fehlt nicht. In einer in Ich-Form geschriebenen Fassung, die 1934 spielt, heißt es: »Aber die Mühle steht noch, niemand steigt zu ihr hinauf, sie ist Gott sei Dank abgelegen ... Haselmäuse hausen in ihr zusammen mit mir und fressen meinen Reis und meine Makkaroni ... Unter dem großen Kamin haust wie vor vierzehn Jahren eine große grüne Ringelnatter, ist es dieselbe wie damals?«

An anderer Stelle steht ein Bild, das fast magisch anmutet. Als hätte Glauser seine ehemalige Freundin auf die Schwelle gebannt: »Auf der Schwelle der offenen Haustür saß eine Frau, deren kurz geschnittene Haare von so hellem Blond waren, dass sie schimmerten wie Weißgold. In der Hand hielt sie eine dünne Gerte und neckte mit ihr eine junge Katze, die bisweilen hoch in die Luft sprang. So vertieft war die Frau in dies Spiel, dass ihre Augen erst aufblickten, als Studers massige Gestalt einen breiten Schatten auf den Weg warf.«

Ich denke, dass Glauser versucht hat, kurz vor seinem Tod zu seinen Anfängen zurückzukehren.

Mehr zu Friedrich Glauser

+ Der beste Roman: *Der Chinese. Wachtmeister Studers dritter Fall*, posthum 1939 erschienen.
+ Die besten semi-autobiografischen Erzählungen: *Dada* und *Ascona – Jahrmarkt des Geistes*, beide erstmals 1931 veröffentlicht, Weltklasseliteratur, über Gratiseintritte zu Dada-Veranstaltungen durch Emmy Hennings und das geliebte Tessin.
+ Der beste autobiografische Text: *Damals in Wien*, unkorrigierter Typoskriptdurchschlag von 1938 im Nachlass, anrührend über die Kindheit und die früh verstorbene Mutter.
+ Und dann die *Briefe*. Präzise, ergreifend und unterhaltend zugleich.
+ Wer Glauser unverfälscht lesen will, greift zur Gesamtausgabe des Limmat Verlags, als Taschenbuch im Unionsverlag lieferbar. Hier sind die Werke nach Glausers Manuskripten wiederhergestellt und von allen Kürzungen und Verfälschungen bereinigt.

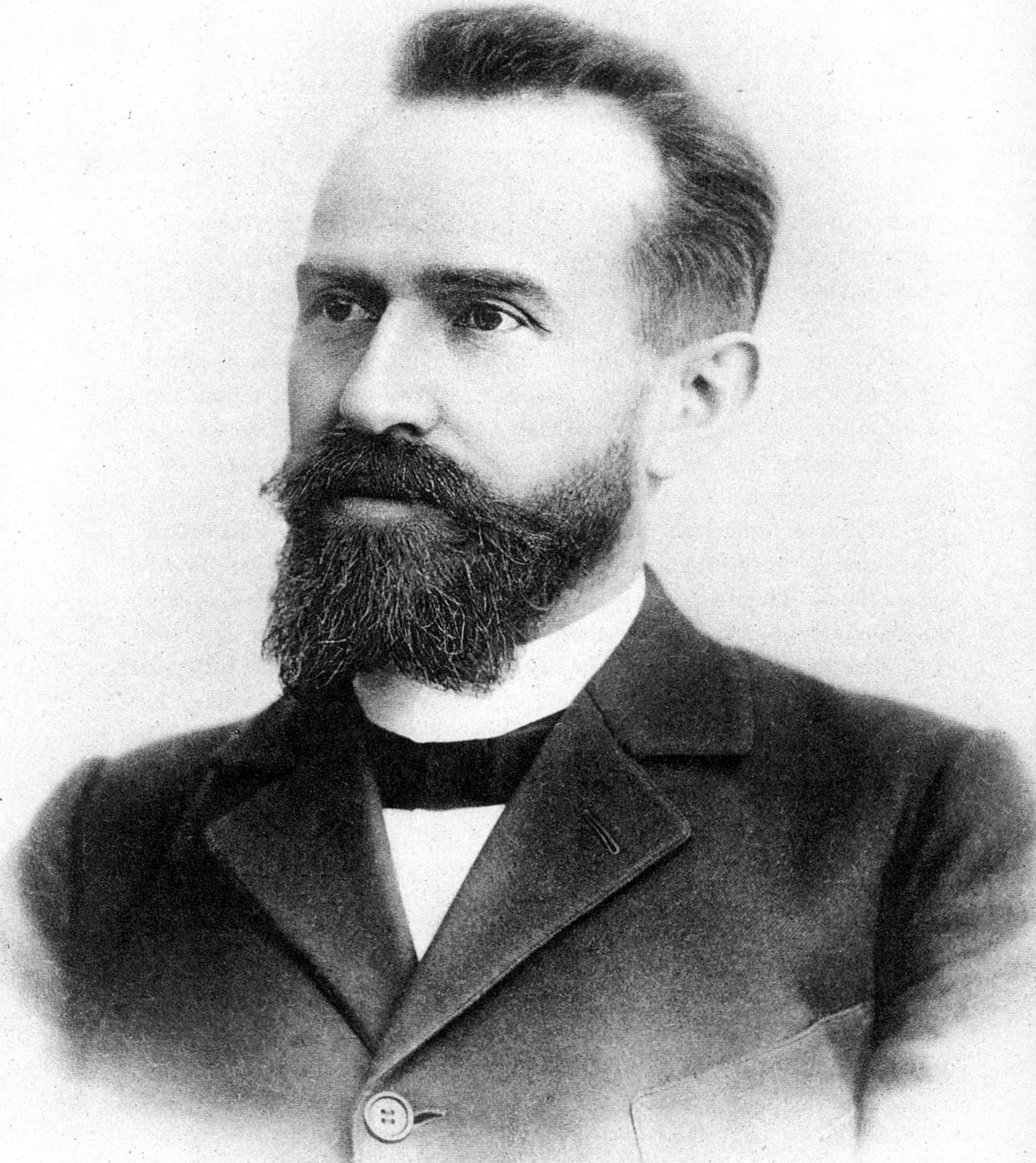

Peter Schneider zu Eugen Bleuler

DIE HEILBARKEIT SEELISCHEN UNHEILS

Wie eine neue Sicht auf psychische Krankheiten entstand

Die Neunzigerjahre des 19. Jahrhunderts markieren nicht nur in der Schweiz eine tiefgreifende politische Krise der Psychiatrie. Es formierte sich in diesem Jahrzehnt eine Bewegung, die durchaus vergleichbar mit der sogenannten Antipsychiatrie der Sechziger- und Siebzigerjahre des 20. Jahrhunderts ist. Die Zustände in den Anstalten wurden mehr und mehr als menschenunwürdig nicht nur empfunden, sondern auch angeprangert, die Diagnosen galten als beliebig, man befürchtete eine Normierung und Pathologisierung der Gesellschaft nach neu geschaffenen psychiatrischen Kategorien wie dem Querulantenwahn – kurz: Die Legitimation der Psychiatrie nicht nur als medizinische Disziplin geriet ins Wanken. Der deutsche Psychiater und Psychiatriekritiker Friedrich Kretzschmar gab diese Gemengelage 1896 so wieder: »Die Irrenfrage ist keine technische, keine medizinische, keine juristische Frage, sie ist eine allgemein menschliche.«

In dieser Atmosphäre sorgte eine Enthüllungsgeschichte nach Wallraffscher Manier für großes Aufsehen und führte schließlich zum Rücktritt von Eugen Bleulers Vorgänger, August Forel, als Direktor der 1870 gegründeten »Irrenheilanstalt Burghölzli«. Gottlieb Hägi, ein gelernter Schneider (und späterer Journalist und Schriftsteller), ließ sich 1894 am Burghölzli zu Recherchezwecken als Wärter anstellen und berichtete über das Erlebte anschließend in einer Reportage-Serie für die *Schweizer Wochen-Zeitung*. Kurze Zeit darauf erschien seine Reportage unter dem Titel *Kritische Reminiscenzen aus der Irrenanstalt Burghölzli* auch als Buch. Hägi schilderte, wie die Patienten »zu Hunderten« zusammengepfercht leben mussten,

Peter Schneider lebt in Zürich und arbeitet als Psychoanalytiker und Kolumnist. Von 2004–14 war er Privatdozent für Psychoanalyse und bis 2017 Professor für Entwicklungspsychologie an der Uni Bremen sowie von 2017–21 Gastwissenschaftler an der IPU, Berlin. Er ist Privatdozent für klinische Psychologie an der Uni Zürich und Autor zahlreicher Bücher.

er beschrieb Zwangsbehandlungen, die er mit Folter verglich, und stellte den therapeutischen Erfolg einer solchen Psychiatrie überhaupt infrage. Forel schoss mit heftiger Medienschelte zurück, eine Untersuchung der Zustände wurde eingeleitet – schließlich kündigte Forel seinen Rücktritt an.

Für die Nachfolge schlug die medizinische Fakultät zuhanden des Zürcher Regierungsrats drei Männer vor. Der eine war Forels Oberarzt Anton Delbrück, ein Deutscher, der vor allem Publikationen aus der Forensik vorzuweisen hatte; der Zweite Carl Moeli, ein Berliner Professor und Klinikleiter; und der Dritte August Cramer, ein Göttinger Privatdozent für Psychiatrie und Oberarzt in einer Anstalt. Die Auswahl dreier Deutscher stieß auf heftige Kritik, und zwar sowohl in der Öffentlichkeit wie in der Politik. Sprengkandidat wurde nun Eugen Bleuler. Bleuler war kein Kandidat aus der Akademie, sondern als bisheriger Leiter der »Versorgungsanstalt Rheinau« vor allem ein Mann der Praxis. Eines der vorgebrachten Argumente lautete, dass er Schweizerdeutsch spreche und darum im Gegensatz zu seinen deutschen Konkurrenten besser geeignet sei, das Vertrauen der Patienten zu gewinnen. Der Regierungsrat setzte sich über den Vorschlag der medizinischen Fakultät hinweg, diese war verstimmt, aber es blieb ihr nichts anderes übrig, als den damals vierzigjährigen Eugen Bleuler zum 15. April 1898 zum ordentlichen Professor für Psychiatrie zu ernennen. Für die Historikerin Brigitta Bernet »handelte es sich bei Bleulers Wahl in der Tat um einen von politischer Seite motivierten Entscheid, der mit dem unter Forel erlittenen Legitimationsverlust der Psychiatrie in der Öffentlichkeit und der damaligen Krise der Anstaltspsychiatrie in Verbindung stand«. Bleulers Wahl erwies sich als Glücksfall für das Burghölzli – nicht nur in therapeutischer, sondern auch in wissenschaftlicher Hinsicht.

Umgangssprachlich bedeutet »schizophren« so viel wie »bekloppt«, »absurd« oder »in sich widersprüchlich«; als psychiatrische Kategorie gehört Schizophrenie zu den besonders stigmatisierenden Diagnosen. Geht man jedoch zu den Anfängen dieser Diagnose – zu Eugen Bleuler – zurück, so stößt man auf das Gegenteil: den Versuch einer Entstigmatisierung eines Krankheitsbildes, das vom deutschen Psychiater Emil Kraepelin als Dementia praecox, also als vorzeitige Verblödung beschrieben wurde, als ein im

Gruppenbild mit Assistent (und Frauen): In der »Irren-, Heil- und Pflegeanstalt Waldau« mit Direktor Rudolf Schärer (Mitte), Anfang der 1880er-Jahre; Eugen Bleuler als Sechster von links.

Verlauf unaufhaltbarer Verfall aller psychischer, insbesondere kognitiver Leistungen. Zu Kraepelins Verdiensten gehört es, die eher chaotischen psychiatrischen Diagnose-Kategorien nicht nur systematisiert, sondern neben einer bloßen Beschreibung der Symptome auch den Verlauf einer Erkrankung, also deren Prognose, berücksichtigt zu haben. Diese war im Fall der Dementia praecox ausgesprochen düster. Die Diagnose war eine Art psychisches Todesurteil in Raten, oder, etwas weniger dramatisch formuliert: das Urteil einer unabwendbaren und unheilbaren Verschlechterung und Chronifizierung.

Eugen Bleuler ist bereits seit zehn Jahren Direktor des Burghölzli, als er am 24. April 1908 auf der Jahresversammlung des Deutschen Vereins der Psychiatrie in Berlin vor etwa zweihundert Teilnehmern seinen Vortrag *Die Prognose der Dementia praecox* hält, in dem er auch den neuen diagnostischen Begriff »Schizophrenie« vorschlägt. Dabei geht es nicht nur um einen neuen Namen – Bleuler argumentiert tatsächlich, dass die neue Bezeichnung die Bildung des Adjektivs »schizophren« erlaube, während die alte Diagnose keine solche Adjektivierung gestatte und »unhandlich« sei, um die Kranken selber zu bezeichnen. Sondern es geht vor allem um eine völlig neue Einschätzung des künftigen Schicksals der Diagnostizierten. Was zunächst bloß der Vorschlag zu einer Umbenennung zu sein scheint, ist in Wirklichkeit ein »neues Programm, eine sozialpsychologische Sicht auf psychische Krankheit überhaupt«, welche, wie Brigitta Bernet schreibt, eine Perspektive schuf, »über soziale, psychologische und psychoanalytische Wege zur Therapie dieser Störungen nachzudenken«. Bleuler erklärt seinen Kollegen des Deutschen Vereins der Psychiatrie: »Einen Endzustand in dem Sinne, dass von einem gewissen Zeitpunkt an die Krankheit keine Fortschritte mehr machen könnte, gibt es nicht.« Das ist die Weichenstellung, die weg von der Verwahr-Psychiatrie hin zu psychosozialen Konzepten mindestens der günstigen Beeinflussung der Krankheit, wenn nicht zu einer Therapie führt. Auch Bleuler glaubt wie Kraepelin an eine freilich nicht näher zu bestimmende neurologische Grundlage der Schizophrenie; was seine Auffassung von der Kraepelins jedoch unterscheidet, ist die Einschätzung der Entwicklung der Krankheit.

Bei Bleulers Vortrag handelt es sich keineswegs um eine Kriegserklärung an die Adresse Kraepelins, es verläuft kein tiefer Schützengraben zwischen Zürich und Berlin. In seinem 1911 erschienenen Buch *Dementia praecox oder Gruppe der Schizophrenien* anerkennt Bleuler, dass nicht nur die ganze »Idee der Dementia Praecox von Kraepelin« stamme, sondern dass »auch die Gruppierung und Heraushebung der einzelnen Symptome [...] fast allein ihm zu verdanken« sei. Was er, Bleuler, seinerseits versuche, sei nichts anderes, als »die Ideen Freuds auf die Dementia Praecox« anzuwenden.

Aus der Perspektive Sigmund Freuds war Bleulers Interesse an der Psychoanalyse ein außerordentlicher Glücksfall. Mit Bleuler hoffte er, seiner Lehre internationalen Ruf zu verleihen, sie im akademischen Bereich zu verankern, ihr in der Psychiatrie einen festen Platz zu geben, wenn nicht sogar sie zu deren Fundament zu machen und sie zudem gegen die Vorwürfe zu verteidigen, bei ihr handle es sich lediglich um eine »jüdische nationale Angelegenheit«, so Freud 1908 in einem Brief an Karl Abraham. Bleuler hatte Freuds und Breuers *Studien über Hysterie* (1895) schon vor seiner Zeit am Burghölzli gelesen und gelobt. Durch seinen Oberarzt Carl Gustav Jung angeregt, macht er sich mit Freuds *Traumdeutung* (1900) und der Theorie der Fehlleistungen (*Psychopathologie des Alltagslebens*, 1904) vertraut; nach anfänglichen Zweifeln an der Freudschen Sexualtheorie (*Drei Abhandlungen*

* 30.4.1857	in Zollikon / Zürich in einer Landwirt- und Kaufmannsfamilie. Gymnasium in Zürich
1877	Medizinstudium in Zürich, 1881 Abschluss
1881–1884	Assistenzarzt an der Klinik Waldau in Bern, 1884 Promotion. Studienreisen nach Paris, London und München
1886	Direktor der Klinik Rheinau / Zürich
1898–1923	Direktor der psychiatrischen Universitätsklinik Burghölzli in Zürich und Professor für Psychiatrie an der Universität Zürich
1901	Heirat mit Hedwig Waser (1869–1940), fünf Kinder. Bahnbrechende und namengebende Studien zur Psychiatrie. *Dementia praecox oder Gruppe der Schizophrenien* (1911), *Das autistische Denken* (1912), *Lehrbuch der Psychiatrie* (1916), *Das autistisch-undisziplinierte Denken in der Medizin und seine Überwindung* (1919)
† 15.7.1939	in Zollikon

zur Sexualtheorie, 1905) freundet er sich auch mit dieser an und verteidigt insgesamt die Psychoanalyse gegen die zahlreichen Kritiker aus der vor allem hirnorganisch interessierten zeitgenössischen Psychiatrie, ungeachtet dessen, dass er sich selbst als Biologe der Seele versteht.

Das Burghölzli wurde unter der Ägide Bleulers eine Zeit lang geradezu eine psychoanalytische Versuchsanstalt. Die Ärzte deuteten wechselseitig ihre Fehlleistungen und Träume, Bleuler schickte seine eigenen Träume zur Deutung an Freud, man machte Assoziationsexperimente mit dem Personal wie bei Patienten, um in einer messbaren Verzögerung der Assoziation zu einem vorgegebenen Reizwort »Komplexe« (Jung) aufzuspüren: konflikthafte und unbewusste assoziative Verknüpfungen. Der reichlich melodramatisch geratene Spielfilm *A Dangerous Method* (2011, dt. *Eine dunkle Begierde*) über die zunächst als Patientin im Burghölzli aufgenommene Sabina Spielrein, die zur Geliebten Jungs wurde, bevor sie selber als Psychoanalytikerin reüssierte, zeigt ein solches Experiment in einer eigenen Szene. Zahlreiche Freud-Schüler wie Karl Abraham und Max Eitingon arbeiteten eine Zeit lang am Burghölzli. 1907 wurde in Zürich die Gesellschaft für Freudsche Forschungen gegründet mit Bleuler als Vorsitzendem. Zusammen mit Freud gab er das *Jahrbuch für psychoanalytische und psychopathologische Forschung* heraus. Ein »richtiger« Lehrstuhlinhaber wie Bleuler in der Herausgeberschaft versprach Seriosität.

Die Psychoanalyse lieferte für Bleuler den Beweis, dass der Wahn der Schizophrenen gedeutet werden konnte, dass er Bezüge zur individuellen Biografie hatte und nicht lediglich eines der vielen Symptome eines unaufhaltsamen Verfalls war. Über das Verständnis der Symptome erhoffte sich Bleuler, auch positiv auf den Krankheitsverlauf einwirken zu können. Psychoanalytische Konzepte wie die des Unbewussten und der Verdrängung schienen ihm äußerst fruchtbar. Womit er allerdings nichts anfangen konnte, waren die in seinen Augen oftmals auf unzulässigen Verallgemeinerungen beruhenden Schlüsse der Psychoanalytiker, ihre Nonchalance gegenüber exakter Beweisführung und empirischer Fundierung und, nicht zuletzt, die organisatorische Struktur der Psychoanalyse, in der abweichende Meinungen einfach ausgeschlossen wurden, als sei die Psychoanalyse keine Wissenschaft, sondern eine politische Partei. Während Freud sich Bleuler als einen Kampfgefährten gewünscht hatte, sah Bleuler in der Psychoanalyse einen ergiebigen Steinbruch interessanter und vielversprechender Gedanken und Theorien, denen er sich jedoch nicht einfach verschreiben wollte, sondern die wie jede andere wissenschaftliche Behauptung auf ihre Stichhaltigkeit zu prüfen waren. Die vor allem von Freuds Seite befeuerte heiße Liebe erkaltete, ohne dass es jemals – wie mit Jung – zum Bruch kam.

Wie eine Warnung an eine spekulativ überbordende und um ein empirisch-methodisches Vorgehen wenig bekümmerte Psychoanalyse wirken die Sätze aus Bleulers durchaus amüsant zu lesendem Buch *Das autistisch-undisziplinierte Denken in der Medizin und seine Überwindung* (1919): Als autistisch-undiszipliniert bezeichnet er ein Denken, »das keine Rücksicht nimmt auf die Grenzen der Erfahrung, und das auf eine Kontrolle der Resultate an der Wirklichkeit und eine logische Kritik verzichtet, d. h. analog und in gewissem Sinne geradezu identisch ist mit dem Denken im Traume und dem des autistischen Schizophrenen«. (Fun fact: In seiner Analyse der Autobiografie des paranoiden Gerichtspräsidenten Schreber deutet Freud selbst auf eine strukturelle Analogie des Wahnsystems mit der psychoanalytischen Theorie hin und schreibt: »Es bleibt der Zukunft überlassen, zu entscheiden, ob in der Theorie mehr Wahn enthalten ist, als ich möchte, oder in dem Wahn mehr Wahrheit, als andere heute glaublich finden.«)

Zur Ironie der Geschichte um Bleuler und Freud gehört übrigens eine entgegengesetzte Auffassung von der Therapierbarkeit der Psychosen. Während Freud diese der therapeutischen Beeinflussung nicht für zugänglich hielt, weil in der Psychose alles Interesse von der Außenwelt abgezogen sei (Freud spricht von einem »narzisstischen« Rückzug), ist Bleuler vom Gegenteil überzeugt – und in diesem Punkt gewiss näher an der Empirie als Freud. Bleulers psychiatrische Erfahrung in den Kliniken hatte ihn gelehrt, wie sensibel Schizophrene auf ihre Umgebung reagieren, dass von einem Rückzug in eine nicht zugängliche Innenwelt also keine Rede sein kann.

Gruppenbild mit Direktor (ohne Frauen): Eugen Bleuler (Mitte) mit den Assistenzärzten (von links) Jan Nelken, Hans Maier, Jakob Kläsi und Henri Bersot, um 1910 im Burghölzli.

Für Freud bedeutete Therapie eine kausale Auflösung der Krankheitsbedingungen durch Bewusstmachen des am Grunde der Neurose liegenden Konflikts; für Bleuler bedeutete Therapie Besserung des Zustands. Die so verstandene Therapie der Schizophrenen sei »wohl die dankbarste für den Arzt«. Auf der Basis dieser Auffassung setzte Bleuler das ganze Spektrum sozialtherapeutischer Maßnahmen ein, die neben der Pharmakologie zum heutigen Arsenal der Psychiatrie gehören: leichtere Beschäftigungen, Gartenarbeit, Herstellung des Kontaktes zur Wirklichkeit, künstlerische Betätigungen, Sport, Unterhaltungen wie Tanz und Spaziergänge, Erziehung zur Selbstbeherrschung und frühe Gewöhnung an die Freiheit und die frühe Entlassung von Patienten in gebessertem Zustand in die Obhut der Familie. Gerade die Tatsache, dass eine »Heilung« im klassischen Sinne nicht zu erreichen ist, wird zum Antrieb für therapeutischen Erfindungsreichtum: Whatever works ...

Wenn es einen roten Faden gebe, der sich durch Bleulers gesamtes Werk ziehe, so meint sein Biograf Christian Scharfetter, dann sei es dessen

Selbstverständnis als Naturforscher. »Die Psyche«, so Bleuler, »ist eine Funktion des Gehirns.« Diese Naturalisierung des Psychischen ist weder besonders originell noch besonders ertragreich. Dafür ist sie umso hartnäckiger. Bis heute ist das Versprechen, psychische Störungen durch Bilder vom Hirn (vor allem durch das bildgebende Verfahren der funktionellen Magnetresonanztomografie) diagnostisch zu identifizieren, uneingelöst. Bleuler umschreibt mit seiner Grundannahme »Psyche gleich Gehirn« eigentlich nur das anhaltende Problem der Psychiatrie, sich von philosophischen Spekulationen über die Natur des »Seelischen« befreien zu wollen, aber außer einer materialistisch gestimmten Absichtserklärung, im Prinzip müsse eine biologische Herleitung des Psychischen möglich sein, keine Erfolge in diese Richtung vorweisen zu können.

»Modern« ist Bleuler auch in seiner evolutionstheoretischen Herleitung der Moral als »Instinkt, der bei allen gesellschaftlich lebenden Wesen da sein muss«. Zeitgenössische Moralbegründungen in der Evolutionssoziologie oder Evolutionspsychologie sehen heute nicht anders aus: Moral ist eine Hirnfunktion, das menschliche Hirn ist ein Produkt der Evolution, also ist es sinnvoll, Moral als Produkt eines evolutionären Fortpflanzungsvorteils zu betrachten. Dieses in der klassischen Evolutionstheorie auf das Individuum bezogene Argument wird bei Bleuler jedoch sozialdarwinistisch gewendet, denn der moralische Instinkt ist bei ihm ein »Instinkt zur Erhaltung der Art«.

»Wieweit«, fragt Bleuler, »soll das Mitleid und die Erhaltung der Schwachen gehen, wo diese Bedürfnisse mit anderen im Widerspruche sind?« Auch das Mitleid ist für ihn eine biologische Notwendigkeit, um ein »Maximum von Lebensfähigkeit« zu erreichen. »Aber es gibt Situationen, in denen die Betätigung des Mitleids für die Gesamtheit lebenshindernd wird; man denke an alle die Kranken und Schwachen, die eine auslesehindernde Fürsorge erhält.« Fünfzehn Jahre nach der Publikation der *Naturgeschichte der Seele und ihres Bewusstwerdens* erscheint 1936 Bleulers Artikel *Die naturwissenschaftlichen Grundlagen der Ethik*, in der das sozialdarwinistische Programm von 1921 noch einmal »ohne Deuteln und Markten« ausgedeutscht wird.

In Bleulers psychiatrischer Tätigkeit, mehr aber noch in seinen theoretischen Überlegungen zeigt sich die »Ambivalenz« (übrigens ein von Bleuler in die Psychoanalyse eingeführter Begriff) des seinen schizophrenen Patienten gegenüber einfühlsamen und wohlwollenden Psychiatriereformers auf der einen und des unerbittlichen Sozialdarwinisten auf der anderen Seite.

Wie ist diese Ambivalenz heute zu deuten? Lässt sich ein guter Bleuler von einem bösen trennen? Ist Bleulers Bejahung der Eugenik lediglich ein dem damaligen Zeitgeist geschuldetes Anhängsel, das man zwar wahrnehmen, aber zugleich auch nicht allzu ernst nehmen muss? Kann und soll man den Erfinder der Schizophrenie vom Befürworter der Eugenik (wenn nicht Euthanasie) mit den Kategorien wissenschaftliche Kompetenz versus politische Meinung voneinander trennen? Oder ist es nicht angemessener, wie Brigitta Bernet formuliert, Bleulers »Person als Verdichtungs- oder Schnittstelle von Praxiszusammenhängen, Problematisierungsweisen und Denkstilen zu begreifen«? Das Ende des 19. und der Beginn des 20. Jahrhunderts kennen noch nicht die extrem kleinteilige Aufsplitterung von »Denkkollektiven« und »Denkstilen« (Ludwik Fleck), die sich inzwischen in den Wissenschaften durchgesetzt haben. Wie der Fall Bleuler zeigt – und das macht ihn gerade zu einer historisch bedeutsamen Figur –, ist es möglich, auf der Basis eines biologisch-naturwissenschaftlichen Programms die Psychoanalyse als Deutungslehre für das Unbewusste zu rezipieren, deren metapsychologische Spekulationen zurückzuweisen und selber zugleich die Grenzen zwischen Naturwissenschaft und Naturphilosophie zu verwischen. Bleuler lehrt uns, diese Vermischung als historisches Faktum zur Kenntnis zu nehmen und der Tatsache ins Auge zu blicken, dass seine Wendung zur sozialpsychiatrischen Fürsorge nicht weniger »wissenschaftlich« begründet ist als seine Klage über eine »auslesehindernde Fürsorge«.

Mehr zu Eugen Bleuler

+ Eugen Bleuler: *Dementia praecox oder Gruppe der Schizophrenien*. Leipzig und Wien 1911.
+ Sigmund Freud und Eugen Bleuler: *»Ich bin zuversichtlich, wir erobern bald die Psychiatrie«. Briefwechsel 1904–1937*. Hrsg. von Michael Schröter. Basel 2012.
+ Ludwik Fleck: *Entstehung und Entwicklung einer wissenschaftlichen Tatsache. Einführung in die Lehre vom Denkstil und Denkkollektiv*. Basel 1935.
+ Christian Scharfetter: *Eugen Bleuler, 1857–1939. Polyphrenie und Schizophrenie*. Zürich 2006.
+ Brigitta Bernet: *Schizophrenie. Entstehung und Entwicklung eines psychiatrischen Krankheitsbildes*. Zürich 2013.
+ Peter Schneider: *Normal, gestört, verrückt. Über die Besonderheiten psychiatrischer Diagnosen*. Stuttgart 2020.

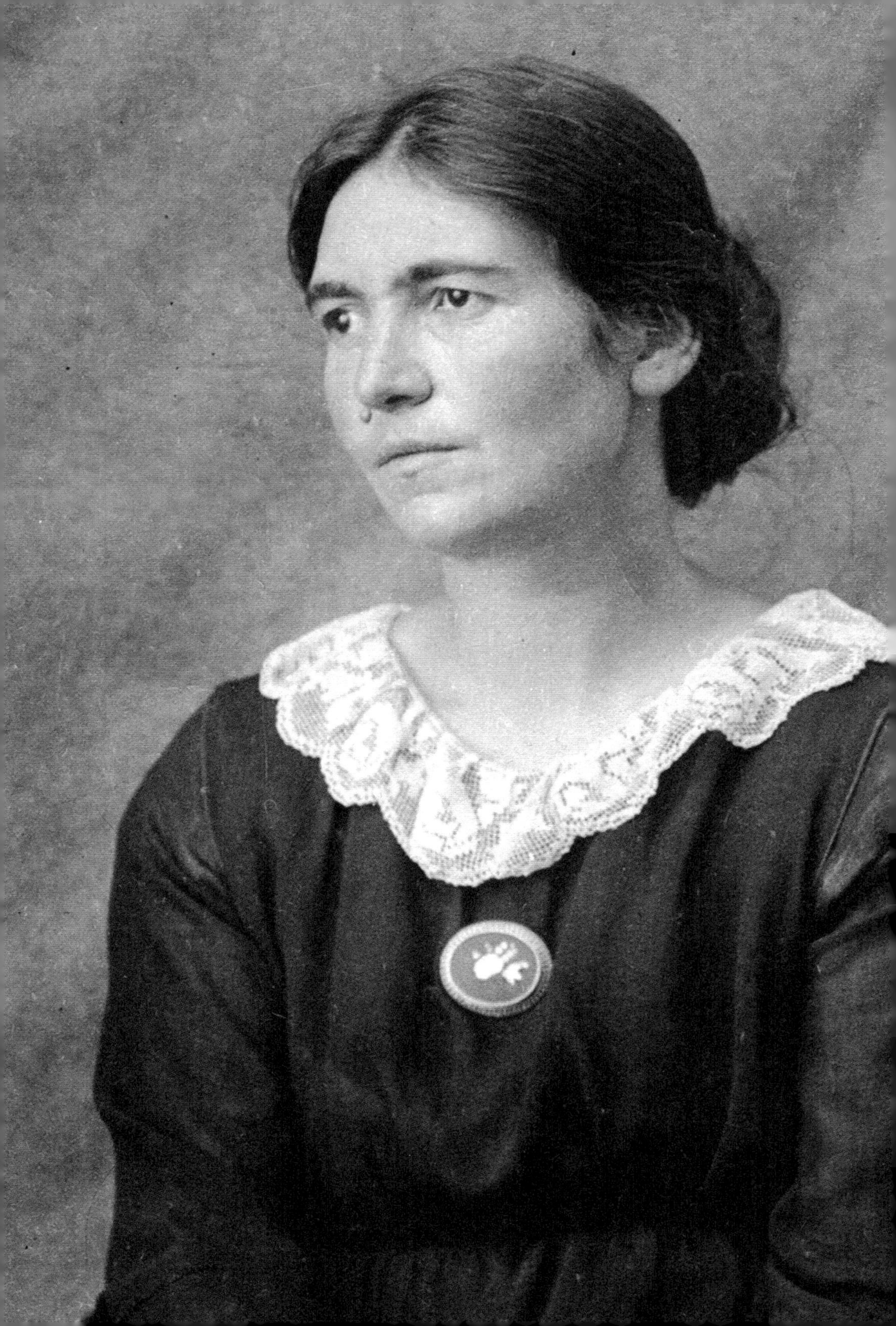

Ruth Ammann zu Dora Staudinger

DAS ERBE DER MÜTTER

Fürsorgliche Beziehungen für eine neue Gesellschaft

Sie wollte in Genossenschaften »Gleichgesinnte und Gleichgestellte« zusammenbringen – wobei Frauen eine entscheidende Rolle zukam. In der religiös sozialen Bewegung aktiv, erklärte Dora Staudinger das Dienen und die Liebe zur Grundlage der zu schaffenden sozialistischen Weltordnung. Ihre Vorstellung einer »geistigen Mütterlichkeit«, einer Haltung der Fürsorge, ermöglichte Frauen politische Interventionen.

Geboren wurde Dora 1886 als jüngstes von sechs Kindern in die lutherische Pfarrfamilie Förster in Halle an der Saale. Ihre Mutter Mina war in einem großen, repräsentativen Haushalt mit vielen leiblichen und Stiefgeschwistern sowie Hausangestellten aufgewachsen. Diese Mutter war die »Sonne unserer Kindheit«, wie Doras älteste Schwester Else in einem Rückblick schrieb. Auch später, als erwachsene Frauen, konnten sie und Dora an Mutters Seite »Ganz Kind« sein: »Man saß neben ihr, an sie angelehnt auf dem Sofa, erzählte und wusste: alles, alles wird aufgenommen in dem warmen mütterlichen Herzen.« Um dieses Zentrum des familialen Planetensystems kreisten nicht nur die Kinder, sondern auch der Mann, die Bediensteten, die Gäste, die Kranken, die Rat- und Hilfesuchenden, die Vikare, die im Pfarrhaus wohnten, ja, die ganze Gemeinde. Das Ansehen, das Pfarrfrauen gegen Ende des 19. Jahrhunderts genossen, war groß. Ihre Mütterlichkeit verband sich mit der einzigen für Frauen zugänglichen Stellung innerhalb der protestantischen Kirche zu einem Beruf der »öffentlich wirksamen Produzentin, Vermittlerin und Bewahrerin des neuen bürgerlichen Lebensentwurfs«, wie es Rebekka Habermas formuliert hat. Doras Vater, Franz Theodor Förster, Spross einer traditionsreichen Pfarrfamilie, gehörte zu den Oberpfarrern in Preußen, die versuchten, der lutherischen

Ruth Ammann, geboren 1977, ist Feministin, Historikerin und Mutter von zwei Töchtern. Sie promovierte über die Genossenschafterin und religiöse Sozialistin Dora Staudinger (1886–1964) und schärft ihren Blick auf die Schweiz von Norwegen aus, wo sie derzeit mit ihrer Familie lebt.

Kirche mehr Einfluss auf die Politik zu verschaffen und Katholiken, Liberale und Sozialisten zurückzudrängen. Er starb, als Dora zwölf Jahre alt war.

Dora verließ die Schule mit vierzehn Jahren, wie die meisten Mädchen ihrer Zeit und ihrer Herkunft, erhielt Gesangs- und Malstunden, erlernte das Führen eines Haushaltes mithilfe eines Dienstmädchens, besuchte Museen, Opern und Theater und reiste zu Verwandten und Bekannten. Diese Ausbildung machte sie zu dem, was Ute Frevert als »Kulturfrau« bezeichnet hat: Sie verfügte über weitreichende ästhetische, musikalische und literarische Kenntnisse und kommunikative Fertigkeiten, die sie auf eine repräsentative gesellschaftliche Aufgabe vorbereiteten. Mit zwanzig Jahren heiratete sie 1906 den Biologen und Chemiker Hermann Staudinger.

Hermanns Familie war ebenfalls traditionsreich, allerdings liberal und sozialdemokratisch und stand damit für jene Säkularisierung der Gesellschaft, die die Familie Doras bekämpfte. Schwiegermutter und Schwägerin waren Frauenrechtlerinnen, der Schwiegervater Genossenschafter. Seiner Frau abonnierte Hermann die von Clara Zetkin herausgegebene Zeitschrift *Die Gleichheit*, damit sie sich mit der Frauenbewegung vertraut mache. Wissenschaftliche und politische Bildung, Gesellschaftskritik und Kenntnisse der Arbeiterbewegung waren in der Familie Staudinger Teil eines Bildungskanons, der beiden Geschlechtern offenstand. Alle sollten zu den politischen und intellektuellen Debatten, dem Herzstück der Staudinger'schen Familie beitragen. Der geistige und emotionale Mittelpunkt dieses familialen Planetensystems war indes Franz Staudinger, Hermanns Vater. Die Mutter Auguste hinterließ in den Erinnerungen der Familie wenig Spuren. Hermanns jüngster Bruder Hans beschreibt sie in seinen Memoiren als »rigorose Ethikerin«, die in den Diskussionen Konflikte provozierte. Und sonst? Sie habe »als treue Kassiererin [gearbeitet], um so den Genossenschaftssozialismus meines Vaters verwirklichen zu helfen« – von ihrem frauenpolitischen Engagement oder von ihr als Mutter und Hausvorsteherin berichtet er nichts.

Dora nahm mit der Hochzeit das Bildungsangebot der Familie Staudinger an. Sie las in jedem freien »Zeitbröckelchen«, wie sie im Tagebuch festhielt, und wurde bald eine interessante Gesprächspartnerin im progressiven Bekannten- und Familienkreis des Paars. 1910, nach der Geburt ihrer zweiten Tochter Hilde, begann sie, öffentliche Vorträge zu Genossenschafts- und

Frauenfragen zu halten. 1912 reiste sie als Vertreterin des Vereins Frauenbildung-Frauenstudium an den Deutschen Frauenkongress in Berlin. An diesem Großereignis traf sich die Bewegung aus allen Teilen des Deutschen Reichs. Hermann schrieb sie täglich Briefe über ihre Erlebnisse, ihre Begegnungen, ihre Freundschaften und die Fragen, die sie diskutierte. Doch ihrem Mann widerstrebte dieses Engagement plötzlich: »Er ist traurig, dass ich so viel Anregung hatte u. fürchtet, ich nähme dann das Chemieleben schwerer. Ja, das werde ich vielleicht, aber ist die Sehnsucht nicht gerade das Wertvolle beim Menschen?«, hielt sie im Tagebuch fest.

Die Karriere des aufstrebenden Akademikers verlangte von der jungen Ehefrau Aufopferung, Hingabe und tatkräftige Mitarbeit. Sie war ihm Beraterin, Strategin, Sekretärin, Mitarbeiterin, Assistentin, Psychologin ... neben ihrer Arbeit als Mutter und Hausvorsteherin. 1912 standen zudem große Entscheidungen an: Hermann wurde eine Professur an der ETH Zürich und, fast zeitgleich, ein Direktionsposten beim aufstrebenden Pharmakonzern Schering AG in Berlin in Aussicht gestellt. Sollte er seine wissenschaftliche Karriere verfolgen oder in die Privatwirtschaft gehen? Dora hatte gegenüber Letzterem ethische Bedenken. Und während ihres Aufenthalts am Frauenkongress wurde die Professur in Zürich konkret. Doch was bedeutete der Umzug in die Schweiz für sie, die Teil der deutschen Frauenbewegung war und von allen Seiten für Vorträge angefragt wurde?

Der Konflikt ging jedoch tiefer. Doras Bildung und politisches Engagement dienten in der sozialdemokratisch geprägten Ehe eigentlich dazu – wie es Hermanns Bruder über seine Mutter unfreiwillig treffend formulierte –, Karrieren und Ideen »verwirklichen zu helfen«. Aus ihrer Mitarbeit, ihrem Wissen und ihrer Erfahrung erwuchsen Dora Staudinger, anders als einst ihrer Mutter, kein eigener Aufgabenbereich und keine gesellschaftliche Anerkennung. Vielmehr arbeitete sie an der Seite Hermanns auf dessen Abruf, nach dessen Bedarf und für Außenstehende unsichtbar. Das war für sie ungewohnt: Vielmehr ging Dora davon aus, dass alle Menschen und insbesondere Frauen in der Welt »gestaltend tätig« sein sollten – so, wie ihre Mutter es gewesen war. Bildung diente der eigenen »Vervollkommnung«, der persönlichen Voraussetzung, um die Welt zu gestalten.

In der Frauenbewegung, die zu großen Teilen religiös inspiriert war, fand Dora ein Wissen, das dem ihrer Mutter ähnlich war und ihrer Sehnsucht in der Familie Staudinger Worte verlieh. Hier diskutierten Frauen Wesen und Aufgabe der Frau und warum gerade Frauen die Welt verändern sollten. Die Erhebungen der ersten Nationalökonominnen begründeten zudem eine

Mütterlichkeit als politischer Antrieb: Dora Staudinger mit ihren Kindern Hilde, Eva (hinten), Klara und Hansjürgen, wahrscheinlich im eigenen Garten in Zürich, um 1918.

weitverbreitete Solidarität mit der Arbeiterinnenbewegung. Dabei fällt auf, dass viele frauenliebende Frauen diese Diskussionen anführten. Sophie Goudstikker und Ika Freudenberg oder Gertrud Bäumer und Helene Lange mit ihren Arbeits- und Lebensgemeinschaften waren für Dora wichtige Vorbilder. Begriffe wie »geistige Mütterlichkeit«, die unabhängig von einer leiblichen Mutterschaft eine Haltung sorgender Liebe gegenüber bedürftigen Menschen beschrieb, »Freundschaft« und »Kameradschaft«, die die Beziehung von Männern und Frauen auch in der Ehe kennzeichnen sollten, oder auch »Liebe«, die sich auf die Liebe zu den Menschen und auf die Liebe zu einem Freund, einer Freundin bezog und nicht an ein heterosexuelles Begehren gebunden war, bildeten die Grundlage für Beziehungen und für ein Selbstverständnis, das Dora Staudinger teilte.

Doch Doras Beziehungen und ihre feministische Intellektualität bereiteten Hermann Unbehagen. Beides stellte die eheliche Loyalität, aber auch die (Wissens-)Hierarchie und letztlich die Liebe, wie er sie kannte, infrage.

Indem Dora das »Falsche« las, hinterfragte sie den naturwissenschaftlichen und politischen Bildungskanon, wie er in der Familie Staudinger gepflegt wurde, und entwickelte dank der Frauenbewegung alternative Vorstellungen dessen, was als intellektuell, ja überhaupt als Wissen gelten konnte. Indem sie intensive Freundschaften mit Frauen und Männern pflegte, »entfremdete« sie sich ihrem Mann als persönliche Mitarbeiterin, wie sie Hermann im Tagebuch zitiert.

Noch 1912 zog die Familie nach Zürich, wo Hermann die Professur an der ETH annahm. Wohl im Herbst des gleichen Jahres lernten sie Clara und Leonhard Ragaz kennen. Rasch fand Dora über Clara Anschluss an die in der Schweiz ebenfalls sehr aktive Frauenbewegung. Auch schien der religiöse Sozialismus, den das Ragaz'sche Paar verkörperte, Doras eigenen politischen Werdegang bereits im Namen abzubilden. Sie begann rasch, in der Presse der Schweizer Frauenbewegung und in den von Ragaz und andern 1906 lancierten *Neuen Wegen* zu publizieren. Im Frühling 1913 gründete sie im zweitgrößten Konsumverein des Landes, dem Lebensmittelverein Zürich (LVZ), Teil der heutigen Coop, eine neuartige Gruppe: die erste genossenschaftliche Frauenkommission der Schweiz. In den *Neuen Wegen* schrieb sie: »Wo ist die Idee, unter deren Zeichen sich die Hausfrauen vereinigen können; wo ist die Organisation, die sie nicht hinausreißt aus Haus und Familie, und die ihr doch Zusammenhalt gibt mit all denen, die die gleichen Ziele haben?« Und sie antwortete: »Die Genossenschaftsbewegung ist eine Bewegung der Frauen, mag es so scheinen oder nicht, mögen sie es selbst wissen oder nicht. Aber, je mehr sie es wissen, umso größer der Segen für sie, für ihr persönliches Leben.«

Genossenschaft bedeutete für sie nicht nur den gemeinsamen Einkauf und einen möglichen Einfluss auf Produktion, Bezug und Verteilung von Waren oder, im Falle der Wohnbaugenossenschaften, von Wohnungen. Dora Staudinger ging es auch hier um Bildung und Vervollkommnung: Frauen waren es, die aufgrund ihrer Einsicht in die Bedeutung von Beziehungen und ihrer Fähigkeit zur Liebe die Genossenschaft als Gemeinschaft »Gleichgesinnter und Gleichgestellter« realisieren konnten. Frauen stellten sicher, dass *alle*, die Güter bezogen und Wohnungen bewohnten, dies genossenschaftlich tun konnten, und die Genossenschaft stellte sicher, dass die Frauen ihre Hilfe verbanden »mit dem Streben und Hoffen der Männer, mit den Ereignissen des Wirtschaftslebens, mit dem stillen und stetigen Kommen einer feineren und besseren Moral«. Eine genossenschaftliche Organisation, die maßgeblich von Frauen getragen und von ihren Werten geleitet wurde, davon war Dora Staudinger überzeugt, hatte das Potenzial, die sozialistische Revolution hier und jetzt gewaltfrei zu verwirklichen.

1914 trat Dora Staudinger der Sozialdemokratischen Partei der Schweiz bei. Im Sommer mündete die Aufrüstung der europäischen Großmächte in einen Krieg, der die ganze Welt umspannte. Im November gebar Dora ihr drittes Kind Hansjürgen, nach einer schwierigen Schwangerschaft, in der sie wochenlang liegen musste. Nichtsdestotrotz war sie mit Clara Ragaz, die sie im Wochenbett begleitete, und vielen anderen Frauen am Aufbau der Zentralen Frauenhilfe Zürich, der späteren Frauenzentrale, beteiligt. Diese vermittelte Heimarbeitsstellen für Frauen, Krankenpflege, Nahrungsmittel- und Kleiderspenden für Bedürftige, Unterstützungen im Wochenbett oder im Krankheitsfall und bot Rechts- und Stellenberatungen an, um den Ausfall eingezogener Männer zu kompensieren. Koch- und Gartenbaukurse sollten Importengpässe bei Nahrungsmitteln und Kohle lindern, Frauen befähigen, auf einheimische Produkte umzustellen und energiearm zu kochen – eine Aufgabe, die Dora auch mit der Frauenkommission des LVZ vorantrieb.

Der Krieg war für den kritischen linken Freundeskreis Dora Staudingers eine Katastrophe. Die Internationale war gescheitert, die nationalen sozialistischen Parteien hatten die Prinzipien der Arbeiterbewegung verraten und sich den kriegstreibenden Regierungen untergeordnet, statt international zu Protest und Verweigerung aufzurufen. Plötzlich schienen alle an den Krieg und seine Unvermeidlichkeit zu glauben. Dem versuchten die Familien Staudinger und Ragaz entgegenzuhalten. Ab 1915 organisierten Clara und Dora in ihren Häusern Gesprächsabende mit Menschen internationalistischer Gesinnung. Clara Ragaz hatte von Jane Addams nach dem internationalen Frauenfriedenskongress in Den Haag vom April 1915 die Aufgabe übernommen, eine schweizerische Frauenfriedensbewegung aufzubauen. Dora Staudinger sammelte dazu die deutschen Frauen im Land. Die Arbeit war schwierig, und die Pazifistinnen blieben eine unbequeme Minderheit in der Frauenbewegung. Die Frage, ob der Krieg zu lindern oder zu verhindern sei, trennte die Frauen voneinander. Im September 1916 brachte Dora mit dreißig Jahren ihr viertes Kind Klara zur Welt.

Zeitgleich begann Dora, vermehrt mit Leonhard Ragaz zusammenzuarbeiten. Verbunden durch die religiös soziale »Sache, die unser Leben ist«, wie es Leonhard in einem Brief an Hermann beschrieb, trafen sich die beiden fast täglich und in einem wechselnden, doch engen Freundeskreis. Dieser Freundeskreis organisierte die religiös soziale Bewegung auf nationaler Ebene neu, was Leonhard Ragaz ab 1917 eine Vormachtstellung

* 14.2.1886	in Halle an der Saale in einer Pfarrfamilie als Dora Förster. Volksschule, Privatunterricht
1906	Heirat mit Hermann Staudinger (1881–1965), vier Kinder
1912	Zürich, aktiv in der Genossenschafts- und Friedensbewegung. Mitglied der religiös-sozialistischen Bewegung um Leonhard Ragaz, Mitarbeit bei *Ein sozialistisches Programm*
1919	Vorstandsmitglied der Allgemeinen Baugenossenschaft Zürich, Einsatz für die Wohnungsfürsorge sowie den Mütter- und Kinderschutz
1929	Heirat mit Adolf Mohler, Umzug nach Hirzel. Kunsthandwerkliche Arbeiten
1936	Eintritt in die KPS, 1944 in die PdA. Journalistin und Politsekretärin
1956	Engagement bei den Quäkern
† 3.6.1964	in Wetzikon

sicherte, und reagierte rasch auf politische Geschehnisse. Der Kreis gründete die Wochenzeitschrift *Der Aufbau*, publizierte 1919 das Buch *Ein sozialistisches Programm*, das die Arbeiterbewegung aus der Orientierungslosigkeit und der Lähmung nach der Niederlage des Landesstreiks herausführen sollte, und trug dazu bei, dass die sozialdemokratische Parteibasis den Beitritt zur kommunistischen Internationale ablehnte.

Während sich Clara als internationale Friedensaktivistin und Leonhard als prophetischer Mahner für die Arbeiterbewegung etablierten, entglitt Dora – obwohl im Zentrum – als Dritte im Bund. 1919 erneut schwanger, verlor sie das Ungeborene und erlitt eine schwere Verschüttung. Sie schrieb, hielt Vorträge, diskutierte und focht Kämpfe in der Partei aus, organisierte die Zweite Frauenfriedenskonferenz in Bern, wurde in den Vorstand der Allgemeinen Baugenossenschaft Zürich ABZ und in wohnbaupolitische Kommissionen der Stadt gewählt, vernetzte die Genossenschafterinnen national und international. Doch alles mit Qualen: »Jedes Schreiben, jedes öffentliche Auftreten wird mir so schwer, weil ich nur dann innerlich dazu stehen kann, wenn ich glauben darf, dass ich dadurch nur Gott dienen will«, schrieb sie ihrer Schwester Else. Die Liebe und das Dienen, die Begriffe, die in ihren Texten so wichtig waren, bezeichneten nicht mehr Fertigkeiten einer (geistigen) Mutter, sondern einen Gottesdienst. Waren Entkörperung und Leiden für eine göttliche Autorität auch ihr Opfer für die Freundschaft mit Leonhard Ragaz, die das Beziehungsgefüge der beiden Familien herausforderte? Als 1924 der Gartenhof im Haus der Familie Ragaz in Zürich als Bildungs- und Gemeinschaftsort eröffnet wurde, bot Dora, obwohl Mitgründerin, ihre Kurse nur selten dort an. Eher unterrichtete sie an anderen Orten in der Stadt. Die Beziehung zu Clara hatte sich abgekühlt. 1926 willigte Dora in die Scheidung von Hermann ein. Kurz darauf beendete Leonhard seine Freundschaft zu ihr.

Aus ihren Kursen aber entwickelten sich Arbeitsgruppen, die sich bald autonom trafen und aktiv in den Konsum- und Wohnbaugenossenschaften

Frauen der Schweizer Delegation an einem Friedenskongress, wahrscheinlich am Weltkongress der Frauen, Marseille 1938. Vierte von links (mit Mappe) Dora Staudinger, ganz links Clara Ragaz.

mitarbeiteten. Sie selbst erreichte in der ABZ zeitweise einen erleichterten Zugang zu Wohnungen für kinderreiche Familien. Sie forderte, dass Wohnküchen gebaut würden, in denen Frauen arbeiten und Kinder spielen konnten. Und 1923 rief sie Versammlungen ins Leben, wo sich Mieterinnen und Mieter politisch bilden und einbringen konnten – und die es heute als Sikos, Siedlungskommissionen, in den ABZ-Überbauungen immer noch gibt. 1925 begann sie als erste Sekretärin des Vereins für Mütter- und Säuglingsheime, der sich für die Geburtshilfe unverheirateter Frauen einsetzte, Mütter in Not zu begleiten. Sie wehrte sich gegen die ihnen drohenden Kindswegnahmen, administrativen Versorgungen und die zu dieser Zeit einsetzenden Zwangssterilisationen. »Ihre« Frauen integrierte sie in ihren weiten Bekanntenkreis und versuchte trotz zunehmendem Gegenwind, als Fürsorgerin an einer politischen und sozialen Praxis festzuhalten, die Mütter ins Zentrum stellte und die Welt um deren Bedürfnisse herum gestalten wollte.

Die Zeit, die nun folgte, hat Karin Offen als »the great backlash« gegen den Feminismus bezeichnet: eine politisch und sozial zunehmend disziplinierende Atmosphäre, die sich gegen Frauen, Arme und KommunistInnen gleichermaßen richtete und lange vor dem Faschismus der 1930er-Jahre einsetzte. Für Dora Staudinger ging sie einher mit dem biografischen Bruch, der für sie mit dem Ende der Zusammenarbeit mit Leonhard Ragaz geschehen war. Politisch heimatlos, sollte sie sich in der Folge neu orientieren, eine Geschichte, die noch aufzuarbeiten wäre. Bekannt ist, dass sie 1929 aufs Land zog, wo sie mit ihrem zweiten Ehemann, dem Kunstmaler Adolf Mohler, eine Kommune gründete. Dieses Leben war geprägt von der Arbeit am Handwebstuhl und im Garten, von Besuchen internationalistischer, anarchistischer und kommunistischer Gäste, und, später, Flüchtlinge, aber auch von drückender Armut und der Gewalt ihres Mannes gegen sie und ihr jüngstes Kind, das noch bei ihr lebte. 1934 zurück in Zürich, gründete sie den schweizerischen Zweig des Frauenkomitees gegen Krieg und Faschismus und trat 1936 der Kommunistischen Partei bei. Mit dem Verbot der Partei 1940 ging Dora in die Illegalität und war beim Aufbau der kommunistischen Nachkriegsorganisationen in der Schweiz um die Partei der Arbeit PdA herum involviert. Eine Mitkämpferin der Koordinationsstelle für Nachkriegshilfe, deren Sekretariat Dora Staudinger führte, schrieb über ihre Begegnung mit ihr 1944: »Eine aristokratisch wirkende Persönlichkeit, intellektuell wirkende Feministin der ersten Stunde und gleichzeitig voll tiefer Verbundenheit mit dem Proletariat. Diese Symbiose war es, die mich immer wieder von Neuem faszinierte und begeisterte.« Was 1912 in der Frauenbewegung noch selbstverständlich gewesen war, war nunmehr faszinierend, weil außergewöhnlich geworden. Politisch aktiv in der PdA bis 1955, später erneut in Tuchfühlung mit dem religiösen Sozialismus, starb die Mutter und Großmutter, wenn nicht als Sonne, so doch als heller Stern ihrer Familie an ihrem »zu großen« Herzen, den Folgen einer Herzerkrankung, 1964 in Wetzikon.

Mehr zu Dora Staudinger

+ Ruth Ammann: *Berufung zum Engagement? Die Genossenschafterin und religiöse Sozialistin Dora Staudinger (1886–1964)*. Basel 2020. Eine historische Biografie zu ihrem Engagement bis 1930.
+ Klär Kaufmann-Staudinger: *Dora Staudinger-Foerster: das Leben meiner Mutter*. Zürich [1988], unveröffentlichtes Manuskript, Staatsarchiv Zürich.
+ Ina Boesch: *Gegenleben: Die Sozialistin Margarethe Hardegger und ihre politischen Bühnen*. Zürich 2003. Vor allem zum Frauenkomitee gegen Krieg und Faschismus in den 1930er-Jahren. Informationen zu Dora Staudinger, im Personenregister unter »Förster, Dora, gesch. Mohler«.
+ *Dora-Staudinger-Strasse*, 2005 auf Antrag der Allgemeinen Baugenossenschaft Zürich ABZ bei deren Überbauung, dem Regina-Kägi-Hof in Neu Oerlikon / Zürich-Affoltern, neu benannt.

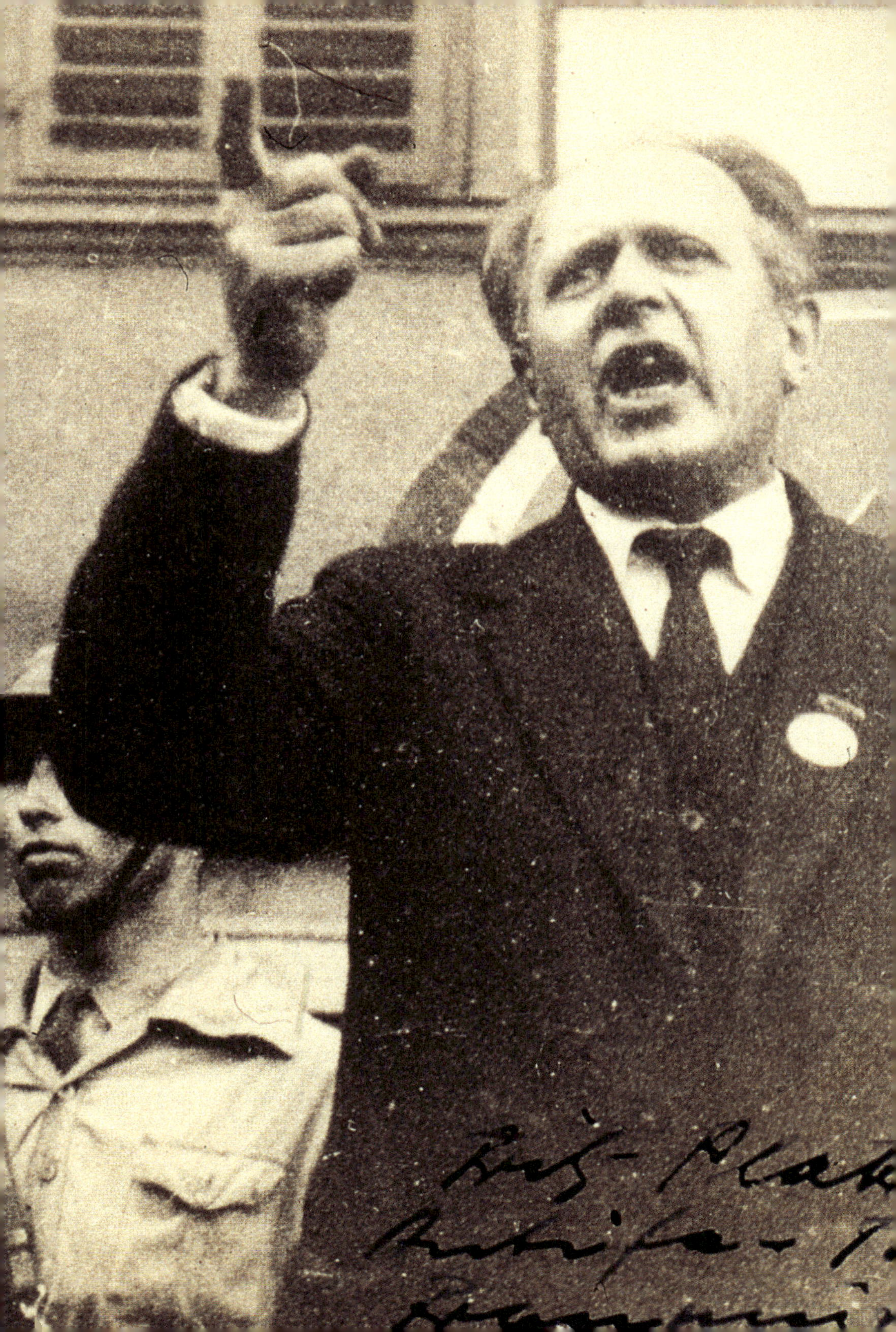

JEAN ZIEGLER ZU FRITZ PLATTEN

DIESE STRAHLENDE, UNBEUGSAME HOFFNUNG

Vom Genossen Lenins zum Opfer Stalins

Von all den Fotografien, die von Fritz Platten überliefert sind, halte ich jene vom 11. Oktober 1931 für die eindrücklichste und aussagekräftigste. Fritz Platten redet an einer antifaschistischen Demonstration auf dem Fraumünsterplatz in Zürich. Er ist achtundvierzig Jahre alt. Sein Blick ist eindringlich und klar. Man spürt die charismatische Ausstrahlung. Die Gestik – der erhobene Zeigefinger – ist kraftvoll. Er ist elegant gekleidet wie immer. Weißes Hemd, schwarze Krawatte. Sein massiger Körper ist leicht über das Rednerpult gebeugt. Er strahlt Selbstsicherheit, Überzeugungskraft aus.

In seinem monumentalen Werk *Histoire du mouvement communiste suisse* illustriert der Historiker André Rauber mit diesem Bild jenes Kapitel, das vom Höhepunkt des persönlichen und politischen nationalen und internationalen Einflusses des Arbeiterführers und Berufsrevolutionärs Fritz Platten zeugt.

Platten wird am 8. Juli 1883 in einem Vorort von St. Gallen geboren. Sein Vater ist ein naturalisierter deutscher Arbeiter, seine Mutter eine Bauerntochter aus dem Toggenburg. Peter Platten und seine Gattin haben dreizehn Kinder. Fritz ist das vierte. Fünf der Kinder sterben an Entbehrung, Unterernährung und Tuberkulose. In einer Fabrik der Zürcher Metallindustrie macht Fritz Platten eine Schlosserlehre. Das wirtschaftliche und soziale Elend so vieler Arbeiterfamilien, die Ausbeutung der Arbeiterklasse durch die Herren der Industrie wecken seinen Widerstandswillen, seine Revolte. Er sucht den Kontakt zu den lokalen Sozialdemokraten und

Jean Ziegler, geboren 1934 in Thun, Soziologe. Emeritierter Professor an der Universität Genf und Gastprofessor an der Pariser Sorbonne. Verfasser zahlreicher kritischer Bücher zum Finanzplatz Schweiz, zur Ausbeutung der Dritten Welt und zum globalen Kapitalismus. Langjähriger SP-Nationalrat. Mehrfacher UNO-Sonderberichterstatter für das Recht auf Nahrung und für Menschenrechte.

Gewerkschaftern. Zahlreiche exilierte russische Revolutionäre und Revolutionärinnen leben zu dieser Zeit in Zürich. Platten sucht auch ihre Gesellschaft. Im Arbeiterbund Eintracht mischen sich die Exil-Russinnen und -Russen mit aufgeschlossenen wissbegierigen, oft politisch noch ziemlich ungeschulten jungen Zürcher Arbeiterinnen und Arbeitern.

André Rauber hat Polizeiprotokolle, Presseberichte und Aussagen von Kollegen aus der Eintracht gesichtet. Alle Zeitgenossen attestieren Platten eine außergewöhnliche Intelligenz, einen bodenlosen Hass auf das kapitalistische Ausbeutersystem und einen lodernden Willen zur Revolution. Platten war zeit seines Lebens das pure Gegenteil eines staubtrockenen Doktrinärs. Rauber beschreibt ihn als »un jeune homme passionné et romantique« – »ein junger Mann voller Leidenschaft und Romantik«.

Dass in Plattens Existenz die unberechenbare, leidenschaftliche Affektivität eine ebenso bedeutsame Rolle gespielt hat wie die kalte Rationalität des Berufsrevolutionärs, zeigt sich in seinen mannigfachen Beziehungen zu außergewöhnlichen Frauen. In der Eintracht lernte der blutjunge Platten die russische Studentin und Revolutionärin Olga Karlinska kennen. Sie wurde seine erste Gattin und Mutter seines Sohnes Fritz Nicolaus – doch vierzehn Tage nach der Geburt ihres Sohnes starb sie am 31. Dezember 1918 durch Suizid. Eine andere verzehrende Leidenschaft Plattens galt der Litauerin Lisa Rosowskaja. Seine dritte Frau wurde die lebhafte, aparte, gescheite Zürcher Kommunistin Berta Zimmermann. Sie war über zwanzig Jahre jünger als Platten und folgte ihm 1924 nach Russland. Berta Zimmermann wurde 1937 von Stalins Schergen erschossen.

Wer die Geschichte der schweizerischen Arbeiterbewegung Anfang des 20. Jahrhunderts verfolgt, staunt ob dem großen persönlichen Einfluss, der Autorität, die der noch sehr junge Fritz Platten auf seine Genossinnen und Genossen ausübte. Diese Autorität hat zu tun mit einem einzigartigen Ereignis. 1905 brach in russischen, ukrainischen und baltischen Städten die Revolution aus. Die Massenaufstände, die sich trotz der zaristischen Soldateska wie ein Buschfeuer ausbreiteten, waren im Kern Hungerrevolten. Sie weckten im jungen Platten die Erinnerung an seine eigene, bitterarme Kindheit in St. Fiden, St. Gallen. Fritz erinnerte sich an die Erniedrigung, die seine Mutter als fast analphabetische Magd in den Bürgerhäusern erlebt und an die Entwürdigungen, die er selbst als Lehrling in den Fabrikhallen von Escher-Wyss in Zürich erlitten hatte.

Die Revolution als radikaler Bruch mit der herrschenden Gesellschaftsordnung begeisterte ihn. Ermutigt von seinen exil-russischen Freunden, fuhr er nach Riga, um sich dem Kampf anzuschließen. Die Revolution wurde 1907 schließlich im Blut ertränkt. Platten entging dem Tod. Er wurde verhaftet. Neun Monate saß er im Kerker. Dann gelang ihm die lebensgefährliche Flucht. In Zürich wurde er gefeiert wie ein wundersam geretteter Märtyrer, nicht bloß von den lettischen Exil-Sozialdemokraten, sondern von der gesamten Arbeiterklasse. Platten war in diesem Moment vierundzwanzig Jahre alt. Von da bis zu seiner endgültigen Emigration nach Russland verkörperte er den linken Flügel der Sozialdemokratischen Partei der Schweiz.

1912 gehörte Platten zur Führung des Generalstreiks, der Zürich lähmte. Im November 1918 arbeitete er im Komitee von Olten, das den Landesstreik organisierte, führte und, wie Platten selbst sagte, schließlich »verriet«. Unter der Drohung der bewaffneten Kavalleristen des rechtsextremen Generals Ulrich Wille, wegen der Angst vor einem Bürgerkrieg, auch wegen der Wankelmütigkeit von Streikführer Robert Grimm wurde der Landesstreik nach drei Tagen abgebrochen, ohne dass unmittelbar ein Ziel der Streikplattform erreicht worden wäre. Platten verzieh den Streikabbruch, diese wankelmütige Politik der schweizerischen Sozialdemokratie sein Leben lang nicht.

Die Konferenz von Zimmerwald war eine Sternstunde der Menschheit. Siebenunddreißig Männer und Frauen – Führerinnen und Führer der Arbeiterbewegung aus zwölf Ländern – versammelten sich im Bauerndorf nahe von Bern vom 5. bis zum 8. September 1915. Schon damals überwachte die Bundespolizei linke Zusammenkünfte aufs Peinlichste. Das internationale Treffen im Hotel Beau Séjour in Zimmerwald war daher als Ornithologen-Kongress getarnt. Angereist kamen die Gäste von Bern aus in fünf von müden Pferden gezogenen Kutschen. Organisiert hatten den Kongress Robert Grimm und der eben erst zum Generalsekretär der Schweizerischen Sozialdemokraten gewählte Fritz Platten. Die Konferenz endete zwar in einem Misserfolg. Sie war dennoch der mutige, visionäre Versuch, das Gemetzel des Ersten Weltkriegs zu stoppen.

Um die historische Bedeutung von Zimmerwald zu begreifen, ist ein genauer Blick in die Geschichte nötig.

Es regnete in Strömen am 28. September 1864, als die vielen Hundert

Fritz Platten (Zweiter von rechts), 1919 an der Seite Lenins
bei der Gründung der Dritten Internationale in Moskau.

Delegierten der englischen Charter-Gesellschaften, der französischen, polnischen, italienischen Arbeiterbewegungen, der deutschen radikalen Republikaner und der Schweizer Anarchisten in die St Martin's Hall im Quartier Covent Garden in London einzogen. Sie gründeten die sozialistische Erste Internationale (offizieller Name: Internationale Arbeiterassoziation). Als führendes Mitglied des Generalrats entpuppte sich ein sechsundvierzigjähriger exilierter deutscher Intellektueller: Karl Marx. Das Ziel der Internationale war es, die Solidarität aller Arbeiterbewegungen im Kampf für die internationale soziale Gerechtigkeit zu befördern. Die Internationale hatte keine starken administrativen oder politischen Strukturen. Sie war – wie es August Bebel ausdrückte, der der Internationale 1866 beitrat – eine »Gesinnungsgemeinschaft«. Sie hatte nur ein kurzes Leben von knapp zwölf Jahren. Die Niederlage der Pariser Kommune (März bis Mai 1871), der Bruch der libertären Sozialisten mit den Marxisten, die persönliche Animosität von Michail Bakunin, Pjotr Kropotkin, James Guillaume und andern gegen Karl Marx, endlich die Gründung der anarchistischen Internationale von Saint-Imier führten zu einem abrupten Ende der Ersten Arbeiter-Internationale. Erst nach dem Tod von Karl Marx wurde 1889 die Zweite Internationale gegründet.

Inzwischen hatten sich die Arbeiterinnen und Arbeiter in den Industriestaaten dauerhaft organisiert, in politischen Parteien, Gewerkschaften, Konsumgenossenschaften u. a. Die allermeisten sozialdemokratischen Parteien wurden Mitglieder der Zweiten Internationale. Der Kongress von Stuttgart 1907 erklärte als deren wichtigstes Ziel den Kampf gegen Krieg und Kolonialismus.

August 1914: die Katastrophe des Ersten Weltkriegs. Am 31. Juli 1914 war im Café du Croissant in Montmartre in Paris Jean Jaurès, der Gründer der Sozialistischen Partei Frankreichs, von einem pathologischen Nationalisten erschossen worden. Rosa Luxemburg und Karl Liebknecht wurden innerhalb der deutschen Sozialdemokratie marginalisiert. Überall zogen die österreichischen, deutschen, ungarischen, italienischen, französischen Sozialdemokraten begeistert in den Krieg. Arbeiter töteten zu Tausenden Arbeiter auf den Schlachtfeldern Europas.

Trotz der verzweifelten Anstrengungen von Fritz Platten, Leo Trotzki, Wladimir Lenin, Robert Grimm, Grigori Sinowjew und anderen Delegierten vom linken Flügel der Zweiten Internationale blieb die Schlussresolution der Zimmerwaldner Konferenz von 1915 (das sogenannte Manifest von Zimmerwald) ein bloßer Appell an die Krieg führenden Arbeiter, sofort die Waffen niederzulegen und die Regierungen ihrer jeweiligen Staaten zu Friedensverhandlungen zu zwingen.

Platten, Lenin und ihre Genossen vom linken Flügel verfochten eine ganz andere Strategie. Zum ersten Mal in der Geschichte waren alle Arbeiter bewaffnet. Es galt deshalb, das nationalistische Gemetzel unverzüglich in den bewaffneten Klassenkampf umzuwandeln. »Dreht die Gewehre um!«, hieß die Parole. Anstatt andere Arbeiter umzubringen, sollten die Proletarier in Uniform ihre Gewehre gegen die sie unterdrückenden Kapitalisten richten. Platten, Lenin, Trotzki und die anderen Linken unterlagen in der Schlussabstimmung. Der Erste Weltkrieg kostete zwanzig Millionen Tote und Millionen von Schwerstverletzten, Verstümmelten, Invaliden.

Zimmerwald war der einzige seriöse Versuch, den Wahnsinn zu stoppen.

Nach der Niederlage in Zimmerwald riefen Platten und seine Freunde im bernischen Kiental im April 1916 zu einem neuerlichen Geheimtreffen der radikalen Sozialisten in der Internationale. Auch diesmal unterlag ihre Forderung des bewaffneten Klassenkampfs.

Die Folge dieser Niederlagen und dem Sieg der Revolution in Russland war die Gründung der kommunistischen Dritten Internationale (Komintern). In André Raubers Werk steht ein Foto aus dem Jahr 1919 in Moskau. Es zeigt den Präsidialtisch des Gründungskongresses der Dritten Internationalen. Fritz Platten sitzt unmittelbar linker Hand von Lenin. Zwar spielte Platten – im Gegensatz etwa zum Neuenburger Pfarrer Jules Humbert-Droz – in der Komintern nie eine operative Rolle. Jedoch übte er wenigstens bis zu Lenins zweitem und tödlichem Schlaganfall 1924 auf die Strategie der Komintern bedeutenden Einfluss aus.

Nach Zimmerwald war die Zweite Internationale endgültig ihrer universalen Legitimität beraubt. Nach der russischen Oktoberrevolution spalteten sich praktisch alle sozialdemokratischen Parteien. Überall konstituierte sich der linke Flügel, der der Dritten Internationale beitrat, als kommunistische Partei. Fritz Platten gehörte 1921 zu den Mitgründern der Kommunistischen Partei der Schweiz, für die er bis 1922 im Nationalrat und bis 1923 im Gemeinderat der Stadt Zürich saß.

Weder Platten noch Lenin waren Menschen, die zu übertriebener Sentimentalität neigten. Die beiden gebrauchten als Briefanrede das respektvolle »Sie« oder »Geschätzter Genosse«. 1916 lebte und arbeitete Lenin in Zürich. In der Zentralbibliothek an der Predigergasse schrieb er insbesondere das bedeutende Werk *Der Imperialismus als höchstes Stadium des Kapitalismus*. Zwei- bis dreimal pro Woche besuchte er Platten im Volkshaus, im Sekretariat der Sozialdemokratischen Partei der Schweiz, deren Generalsekretär Platten damals war. Lenin nahm rege an den innerparteilichen Diskussionen teil, indem er Artikel im *Volksrecht* veröffentlichte oder analytische Papiere zu Sachthemen, etwa zur Militärpolitik, verfasste.

In den Erinnerungen von Lenins Frau Nadeschda Krupskaja heißt es: »Eines Tages [am 15. März 1917], als Lenin nach dem Mittagessen gerade in die Bibliothek gehen wollte und ich eben das Geschirr weggeräumt hatte, kam [der polnische Marxist Mieczyslaw] Bronski mit den Worten angelaufen: ›Haben Sie gehört?! In Russland ist die Revolution ausgebrochen!‹« Der Generalstreik von Petrograd hatte sich über mehrere Städte ausgebreitet. Die Soldaten der Regimenter, die die Regierung zur Verstärkung der Repression ausgeschickt hatte, verbrüderten sich mit den aufständischen Arbeiterinnen und Arbeitern. Zusammen bildeten sie Räte (Sowjets) und übernahmen die effektive Macht. Am 16. März schreibt Lenin an einen

* 8.7.1883	in Tablat / St. Gallen in einer Handwerkerfamilie. Schlosserlehre in Zürich
1905–1907	Revolutionärer Aktivist in Riga / Lettland, Haftstrafe
1908	Flucht in die Schweiz. 1909 Verbindung mit Lina Hait, ein Sohn. SP-Parteisekretär
1915	Teilnahme an der Zimmerwalder Konferenz. 1917 Organisator der Rückreise Lenins aus dem Schweizer Exil nach Russland. 1918 Heirat mit Olga Karlinska († 1918), ein Sohn. 1918 Mitorganisator des Generalstreiks. 1919 Präsidiumsmitglied der Kommunistischen Internationale. 1921 Gründungsmitglied der KPS. Nationalrat und Zürcher Kantonsrat
1923	Emigration in die Sowjetunion. Gründung einer landwirtschaftlichen Genossenschaft in Waskino südlich von Moskau. 1924 (dritte) Heirat mit Berta Zimmermann (1902–1937)
1926	Moskau. 1927/28 Parteiausschluss und Wiederaufnahme. 1931 Mitarbeiter am Internationalen Agrarinstitut und am Institut für Fremdsprachen
1938	Verhaftung, 1939 Verurteilung zu Arbeitslager
† 22.4.1942	in Lipowo / Njandoma, Sowjetunion

befreundeten Genossen in Bern: »Welche Folter für uns, hierbleiben zu müssen, in einem derartigen Moment!«

Ein tiefes Vertrauen verbindet Lenin mit Fritz Platten. Lenin bittet Platten, mit dem deutschen Gesandten in Bern, Freiherr von Romberg, die Bedingungen einer Zugfahrt durch Deutschland auszuhandeln. Der Kaiserliche Generalstab ist an der Rückkehr Lenins und der anderen russischen Revolutionäre nach Russland interessiert. Er erhofft sich von deren Arbeit die Zersetzung der russischen Armee. Lenin erhält vom deutschen Generalstab eine erhebliche Geldsumme für seine Antikriegs-Propaganda.

In Bern setzt Platten in zäher Verhandlung seine Bedingungen durch: Der Eisenbahnzug gilt in Deutschland als extraterritoriales Gebiet. Niemand darf die Pässe und Koffer kontrollieren. Niemand darf ohne Lenins Erlaubnis die Eisenbahnwagen betreten. Für Lenin und Platten war entscheidend wichtig, dass niemand die im Zug transportierten Revolutionäre als Komplizen der Deutschen anklagen konnte.

Am Nachmittag des 9. April 1917 fuhr der Zug los, mit gut dreißig bolschewistischen Revolutionären und Revolutionärinnen, Bundisten (jüdische Sozialisten), Angehörige anderer Gruppierungen und einem eindrücklichen Stock von Nahrungsmitteln und Getränken für zehn Tage, geliefert von der Konsumgenossenschaft Zürich.

Zwei Tage zuvor hatten sich Lenin und Krupskaja ordentlich bei der Zürcher Einwohnerkontrolle abgemeldet. Auf dem Bahnsteig kam es zu einem wüsten Getümmel: Junge Zürcher Arbeiter und Arbeiterinnen hatten die Exil-Russen bis zur Eisenbahn begleitet. Sie sangen die *Internationale*, ein paar Schritte weiter lärmte eine Gruppe von russischen Menschewiken. Sie beschimpften Lenin und seine Gefährten als »deutsche Spione« und als »Verräter«.

Fritz Platten fuhr nur bis in den Norden Schwedens mit. Vor der finnischen Grenze kehrte er um und fuhr in die Schweiz zurück.

Er reiste in den folgenden Jahren noch sieben Mal nach Russland, bis er 1924 endgültig zusammen mit rund fünfzig Schweizer Kommunisten und ihren Familien emigrierte. In Nowa Lawa, dreihundert Kilometer von Moskau entfernt, gründeten sie eine landwirtschaftliche Genossenschaft, übersiedelten aber nach wirtschaftlichen Schwierigkeiten nach Waskino näher bei Moskau; dort half Platten 1928 der Schweizer Kommunistin Mentona Moser, ein internationales Kinderheim einzurichten.

Zu dieser Zeit genoss Fritz Platten in der jungen Sowjetunion bereits ein großes Ansehen. Aus einem besonderen Grund. An einem klirrend kalten, wolkenverhangenen Januarnachmittag des Jahres 1918 fuhren Lenin, seine Schwester und Fritz Platten, von einer Versammlung kommend, durch die schmalen, von Menschen wimmelnden Straßen der Innenstadt von Petrograd Richtung Institut Smolny, wo Lenins Büro (gleichzeitig seine Wohnung) war. Plötzlich fielen Schüsse, vier davon durchlöcherten die Scheiben des Autos. Platten warf seinen massigen Körper über Lenin. Lenin blieb unverletzt, Platten wurde an Händen und Armen verwundet, genas jedoch im Spital.

Fortan genoss Platten, selbst nach Lenins Hinschied, eine gewisse Meinungsfreiheit. Nach dem Ruin der ersten von ihm gegründeten Agrarkommune lehrte er zuerst am Internationalen Agrarinstitut in Moskau, dann auch am Institut für Fremdsprachen. Er kehrte nur noch einmal, 1931/32, für sieben Monate in die Schweiz zurück. In Moskau sagte der temperamentvolle Platten unter Freunden oft frei seine Meinung. Insbesondere als sein Freund aus den Tagen der Konferenz von Zimmerwald, Leo Trotzki, ab 1926 aller politischer Funktionen enthoben wurde. Aber selbst für die blutrünstige, menschenmordende Tscheka war der Retter Lenins tabu. Bis 1937.

Die letzten Jahre von Fritz Platten waren lange ein Mysterium. Die Tscheka verhaftete ihn Ende 1937 erstmals, ließ ihn aber nach kurzer Zeit wieder frei. Nicht so seine Frau Berta Zimmermann. Sie war noch vor Platten im Juni 1937 verhaftet worden, wurde am 2. Dezember wegen »antisowjetischer Tätigkeit, Spionage und Terrorismus« verurteilt und am gleichen Tag erschossen. Platten holten die Schergen der Tscheka erneut im März 1938. Sie warfen ihm vor, ein »polnischer Spion« zu sein. Sie fanden bei ihm eine alte Pistole, ein Geschenk Lenins als Zeichen des Danks nach dem Attentat von 1918. »Illegaler Waffenbesitz«, sagten die Mordgesellen von der

Fritz Platten (unten) mit seiner Frau Berta Zimmermann (rechts) in
der Landkolchose Nowa Lawa in der Sowjetunion um 1925.

Geheimpolizei. Platten wurde tagelang gefoltert, saß insgesamt neunzehn Monate in Untersuchungshaft. Ein frühes Eingeständnis »parteischädigender Tätigkeit« widerrief er tapfer. Im Oktober 1939 wurde er verurteilt und in das Straflager Niandoma, dann Lipowo im hohen Norden, nahe von Archangelsk deportiert.

Am zwanzigsten Parteitag der Kommunistischen Partei der Sowjetunion verurteilte Generalsekretär Nikita Chruschtschow 1956 die Verbrechen Stalins. In seinem Bericht nennt er auch die »ungerechte Verurteilung« Plattens und Zimmermanns. 1950 bereits hatte eine Delegation der Freundschaftsgesellschaft Schweiz-UdSSR Moskau besucht. Die Schweizer fragten nach Platten. Antwort der Behörden: Platten stehe unter Hausarrest in einem Dorf sechzig Kilometer von Moskau. Man könne ihn leider nicht besuchen, aber es gehe ihm gut.

Einst, in Riga, hatte Platten 1906 Lina Hait kennengelernt. Sie war seine erste große Liebe. Sie folgte ihm 1908 nach Zürich, 1909 wurde der gemeinsame Sohn Georg geboren. Georg war 1924 mit seinem Vater nach Russland emigriert. Jetzt machte er sich zusammen mit seinem 1918 geborenen Halbbruder Fritz Nicolaus auf die Suche in den eben geöffneten Archiven. Sie fanden Olga Swenzizkaya, eine Freundin Plattens am Institut für Fremdsprachen. Die Frau hatte von Platten Briefe erhalten, die aus den Lagern geschmuggelt worden waren. Der Historiker Urs Rauber machte diese Briefe 1983 in der PdA-Zeitschrift *Voix Ouvrière* publik.

Eine weitere Version der sowjetischen Behörden lautete: Platten sei an einer unheilbaren Krankheit gestorben. Fritz N. Platten und Urs Rauber ließen nicht locker. Mit Gorbatschow kam 1985 die Glasnost. Schließlich wurde den beiden Schweizern 1989 mitgeteilt, Platten sei am 22. April 1942 »auf höheren Befehl« erschossen worden.

Dokumentarfilme des russischen und des schweizerischen Fernsehens, Bücher und Reportagen geben das Wort verschiedenen Menschen, insbesondere ehemaligen Schülerinnen und Schülern des Instituts für Fremdsprachen in Moskau, die Platten persönlich gekannt und geschätzt hatten. Sie alle erzählen von dessen unausrottbaren Hoffnung auf die kommende Weltrevolution, auf den siegreichen Kampf für soziale Gerechtigkeit, auf – wie es Georg Lukács sagte – die »Menschwerdung des Menschen«. Auch nach seiner ersten Verhaftung, der Folter, der provisorischen Entlassung aus den Kerkern der Tscheka leuchtete diese Hoffnung immer noch aus ihm.

Die Schreckensherrschaft Stalins ist im Mülleimer der Geschichte versunken. Die Sowjetunion selbst ist im August 1991 zusammengebrochen.

Heute regiert der weltweit wütende Raubtierkapitalismus. Laut Weltbank haben die fünfhundert mächtigsten transkontinentalen Konzerne letztes Jahr 52,8 Prozent des Welt-Bruttosozialprodukts kontrolliert – also mehr als die Hälfte aller in einem Jahr auf der Welt produzierten Reichtümer. Die Oligarchien des globalisierten Finanzkapitals beherrschen den Planeten. Alle zehn Sekunden stirbt ein Kind unter fünf Jahren am Hunger oder seinen unmittelbaren Folgen. Alle vier Minuten verliert jemand das Augenlicht wegen Mangel an Vitamin A. Eine Milliarde Menschen leben in himmelschreiendem Elend. Zwei Milliarden haben keinen regelmäßigen Zugang zu sauberem Trinkwasser. Ungezügelte Profitmaximierung, in kürzester Zeit und fast zu jedem menschlichen Preis ist die Strategie der Herrschenden.

Wir hätten Fritz Platten heute nötiger denn je, seinen Widerstandswillen, seinen Mut, seine strahlende, unbeugsame Hoffnung. Dem Schlosserlehrling aus Zürich schulden wir tiefe Dankbarkeit und Bewunderung.

Mehr zu Fritz Platten

+ Das Standardwerk zur Geschichte der Kommunistischen Partei in der Schweiz:
  André Rauber: *Histoire du mouvement communiste suisse*. En deux tomes.
  Génève 2000. Deutsch als: *Formierter Widerstand. Geschichte der kommunistischen Bewegung in der Schweiz 1944–1991*. Zürich 2003.
+ Zwei Bücher setzen sich mit der KPS in Bezug zur Komintern auseinander:
  Brigitte Studer: *Un parti sous influence. Le Parti communiste suisse, une section du Komintern 1931–1939*. Lausanne 1994.
  Peter Huber: *Stalins Schatten in die Schweiz. Schweizer Kommunisten in Moskau: Verteidiger und Gefangene der Komintern*. Zürich 1994. Darin finden sich zwei Unterkapitel, die sich ausführlich Berta Zimmermann und Fritz Platten widmen.
+ Ein Film des Schweizer Fernsehens zeichnet Fritz Plattens Leben und Werk nach:
  Der rote Fritz – Auf Spurensuche in revolutionärer Zeit. Ein Film von Helen Stehli Pfister. Zürich 2014. Online auf www.srf.ch.

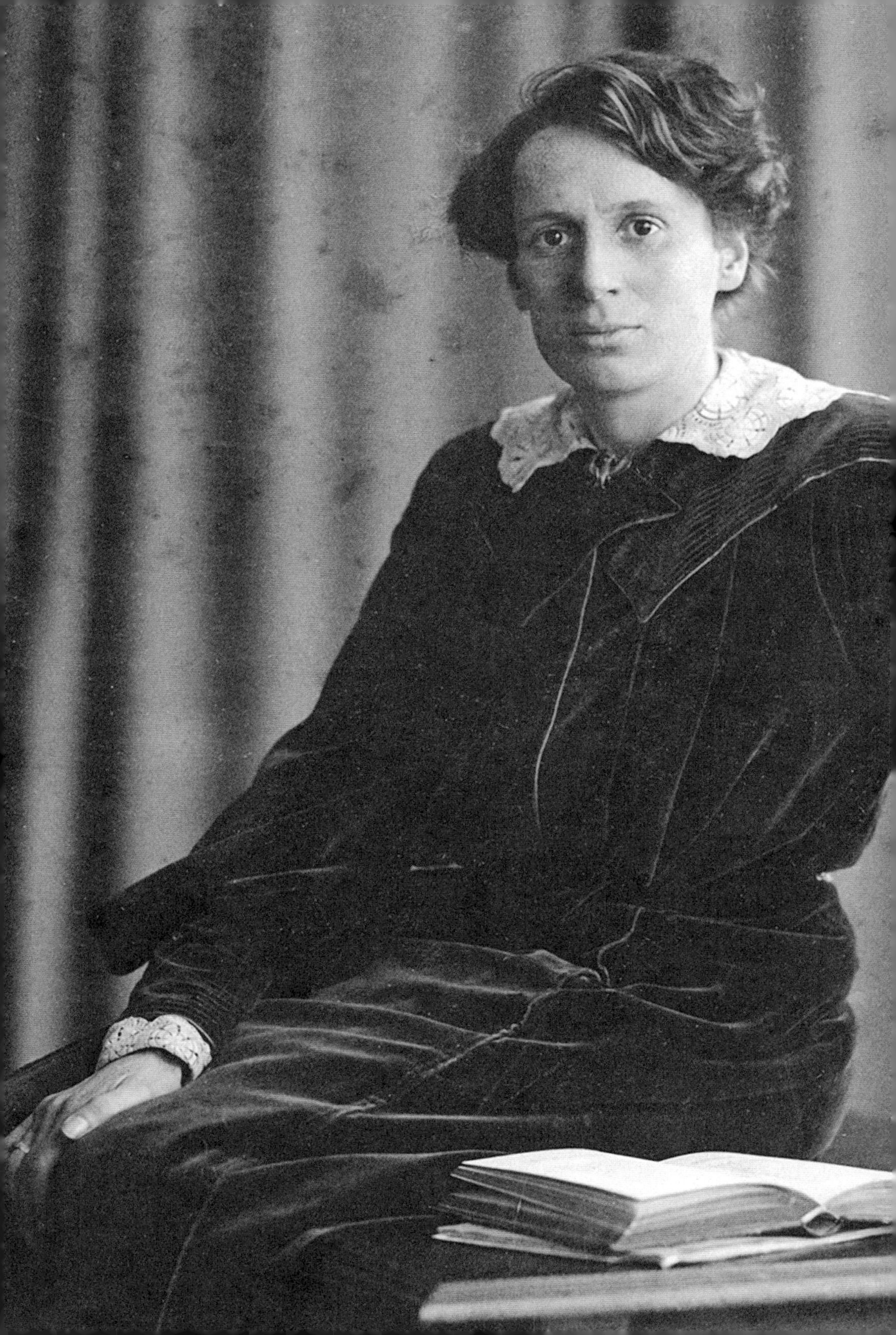

REGULA FREULER ZU MENTONA MOSER

KOMMUNISTIN MIT PERLENKETTE

Spielplätze, Kinderheime und Agitpropmusik

Als sie 1896 zum ersten Mal durch den Londoner Stadtteil Southwark geht, betritt sie eine ihr fremde Welt. Das Gedränge ist groß, die Straßenbeleuchtung spärlich. In den Kesseln entlang der Randsteine brodeln Fisch und Chips im Fett. Kinder kriechen unter Karrenrädern durch, Betrunkene grölen, zerrissene Rocksäume wirbeln Staub vom Boden auf. Fast vierzig Jahre später wird sie in ihren Erinnerungen über jenen Abend schreiben: »Der Lärm war ohrenbetäubend, und die Luft einzuatmen widerstrebte einem. Aber die Atmosphäre zog mich an, ich wollte eindringen in dieses für mich ganz neue Leben. In dieser Nacht wurde mir plötzlich klar, was ich eigentlich wollte.«

Was Mentona Moser von nun an will, ist das Gegenteil dessen, was sie kannte. Sie ist in Villa, Schloss und Kurhotels aufgewachsen, von Gouvernanten und Privatlehrern erzogen, von Bediensteten versorgt. Ihre Mutter ist eine der reichsten Frauen der Schweiz, manche sagen sogar: von Europa. Heinrich Moser, ihr Vater, bringt es vom Schaffhauser Stadtuhrmachersohn zum internationalen Uhrenhändler, der zwischen Paris, Russland und dem Fernen Osten erfolgreich geschäftet. Er ist Mitgründer der Schweizerischen Industriegesellschaft und Initiator des Moserdamms, des größten Wasserwerks der Schweiz, das den Schaffhausern die Industrialisierung bringt. Mentona Moser lernt ihn nie kennen, er stirbt vier Tage nach der Geburt seiner jüngsten Tochter im Oktober 1874 an einem Herzinfarkt. Zurück bleiben seine fünf erwachsenen Kinder aus erster Ehe (die eine natürliche Todesursache gerichtlich anzweifeln, von Gift ist die Rede), Fanny Moser von Sulzer-Wart, Mosers dreiundvierzig Jahre jüngere zweite

Regula Freuler ist Wissenschaftsredaktorin an der Zürcher Hochschule für Angewandte Wissenschaften. Zuvor war sie viele Jahre Redaktorin der *NZZ am Sonntag*. Sie studierte Geisteswissenschaften in Berlin, Zürich und Bern.

Frau, sowie die beiden Mädchen aus dieser zweiten Ehe, Fanny und Mentona (denen die Halbgeschwister bis ins Jugendalter verschwiegen werden).

In London also, wo Mentona nach einem Streit von der Mutter in ein Mädchenpensionat abgeschoben wird, erkennt die Kapitalistentochter die Situation der Arbeiterklasse. Hier findet sie die Aufgabe, die sie fortan verfolgen wird: »Wir müssen im Kleinen wirken, aber im Großen denken.« An jenem Abend im Jahr 1896 ist sie auf dem Weg ins Women's University Settlement, einer von Frauen gegründeten Wohlfahrtseinrichtung, deren Vorstellungen von einer professionellen Sozialen Arbeit Mentona Moser in die Schweiz tragen wird. Für die Ausbildung im Settlement ist sie noch zwei Jahre zu jung. Das Anmeldeformular füllt sie trotzdem schon einmal aus.

Das aristokratische Klassenverständnis der Mutter steht dem sozialen Gedanken der Tochter diametral gegenüber. Um jeden Preis will Fanny Moser von Sulzer-Wart wieder wie früher in Adelskreisen verkehren, unter anderem am großherzoglichen Hof in Karlsruhe. In der badischen Residenzstadt verbringt Mentona Moser ihre ersten Lebensjahre. Ihre Mutter besucht Soireen, lässt sich eine Villa bauen und zelebriert ihren Reichtum auf jede erdenkliche Art. Dies in der Hoffnung, die Gerüchte um Heinrich Mosers Tod würden verstummen, derentwegen die Einladungen ausbleiben.

Für das Kind kommt das alles einem Gefängnis gleich. Sein Leben bewegt sich zwischen ständigem Überwachtwerden und Vernachlässigung. Es darf keine öffentlichen Schulen besuchen und ist zu Hause den häufigen Krankheiten und Ausbrüchen der Mutter ausgeliefert. Deren Launen sind unberechenbar, ihr Zorn kann maßlos sein, ebenso ihre Kälte und ihr Desinteresse. Erbringt das Kind nicht die erwünschten schulischen Leistungen, kneift und schlägt die Mutter es, bei schlimmeren Vergehen kommt die Rute zum Einsatz. Diese wird im mütterlichen Schlafzimmer aufbewahrt, in einem Krug voll Wasser, »damit sie besser zieht«.

Der geringste Ungehorsam wird entweder als Vertrauensmissbrauch oder als psychische Störung interpretiert. Dann schickt die Mutter ihre Töchter zu einem der vielen Ärzte, die sie selbst konsultiert, oder sie droht mit Erb- und Vermögensentzug. Mentona Moser wird ihre eigenen Kinder später nach reformpädagogischen Grundsätzen erziehen, mit Geduld und Liebe statt Prügel und Zimmerarrest.

Zur Standeslogik der Fanny Moser von Sulzer-Wart gehört aber auch, sich als Förderin der Künste und Wissenschaften zu präsentieren. Auf Schloss Au bei Wädenswil, wohin der Wohnsitz 1887 verlegt wird, gehen berühmte Leute ein und aus. Im Gästebuch stehen Professor Albert Heim und seine Frau Marie Heim-Vögtlin, die erste praktizierende Ärztin der Schweiz. Der Schriftsteller C. F. Meyer macht Au zum Schauplatz seiner Novelle *Der Schuss von der Kanzel* (1878).

Der Psychiater August Forel begeistert die Mutter für die Abstinenzbewegung, sie bewirtet Anhänger des Guttemplerordens. Sigmund Freuds Namen hingegen lässt sie im Gästebuch später überkleben. Er fällt in Ungnade, nachdem ruchbar wird, dass er sie verschlüsselt als »Emmy v. N.« in seinen *Studien über Hysterie* (1895) beschrieben hatte.

Der Umgang mit Kultur und Wissenschaft bleibt nicht ohne Einfluss auf die naturverbundenen Töchter. Obwohl es den Vorstellungen der Mutter widerspricht, die eine vorteilhafte Verheiratung anstrebt, setzen beide eine Berufsbildung durch. Fanny, die Ältere, holt die Matura nach und studiert Zoologie mit Promotion. Auch Mentona will sich den Naturwissenschaften widmen und besucht sechzehnjährig als Hospitantin an der Universität Zürich Vorlesungen, aber zu wenig bleibt im Gedächtnis haften, vielleicht eine Folge der Kinderlähmung, an der sie als Achtjährige erkrankt ist. Wohin mit der Zeit? Sie begleitet die Mutter zu Kuraufenthalten und gesellschaftlichen Anlässen, mit wachsendem Widerwillen, aber ohne Alternative.

Und dann kommt England. 1898 beginnt Moser die zweijährige Ausbildung am Settlement in London, gefolgt von einer Ausbildung als Krankenpflegerin unweit der englischen Hauptstadt. Sie kehrt 1903 schließlich in die Schweiz zurück. Die Pionierinnenarbeit beginnt.

Wie überall gilt auch in der Schweiz lange Zeit die Armenfürsorge vorwiegend als karitative Beschäftigung für die Oberschicht. Mitte des 19. Jahrhunderts entstehen die ersten Vereine, nach dem Vorbild von Einrichtungen wie Armenhäusern und Kinderheimen in England. Sie funktionieren jedoch unsystematisch und beschränken sich auf das Verteilen von Almosen.

Dahinter sieht Mentona Moser nichts anderes als Egoismus: »Geistliche Orden, Seelsorger und vor allem die Frauen haben seit Jahrhunderten Geld verschenkt und Bettler genährt und gekleidet, Kranke gepflegt usw, in der frommen Absicht, sich einen Platz im Himmel zu erkaufen oder eine Schuld zu sühnen«, schreibt sie 1903 in *Die weibliche Jugend der oberen Stände*, eine dreißigseitige Publikation mit dem Untertitel *Betrachtungen und Vorschläge*.

Doch mit solchen Geschenken »demoralisiere« man die Not leidende Bevölkerung (heute würden wir von Paternalismus sprechen). Ziel müsse es sein, die Menschen zur Selbstständigkeit zu befähigen. Und dies sei nur durch »rationelle« Wohltätigkeit möglich.

Im Women's University Settlement lernt sie, wie man Armut nachhaltig bekämpfen kann. Theoretische Grundlagen eignet sie sich zudem an der School of Sociology an, der Vorgängerin der heutigen London School of Economics, ebenso durch Selbststudium.

Während ihrer Ausbildung im Settlement besucht sie arme Bewohnerinnen und Bewohner verschiedener Quartiere, entwickelt mit ihnen Mittel und Wege zur Verbesserung ihrer Lage, erstellt Dokumentationen und erstattet der Abteilungsleiterin Bericht. Stets lautet der Grundsatz: Die Unterstützten müssen sich an den Kosten beteiligen. Sie sollen »Ordnung und Pünktlichkeit« lernen und »das Geld zu schätzen«. Armutsbekämpfung als Erziehung. Das soll auch in der Schweiz praktiziert werden und an die Stelle der verbreiteten »sozialen Mütterlichkeit« treten, mit der Moser wenig anfangen kann.

Ihr Leitgedanke ist ein politischer. Entgegen der weitverbreiteten Ansicht versteht Moser Armut nicht als individuelles Verschulden, sondern als Folge von kombinierten widrigen Umständen. Deren Ursache können körperliche oder psychische Krankheiten wie Alkoholismus sein, unverschuldete Arbeitslosigkeit oder ungenügender Lohn, aber auch eine große Kinderschar – später wird sie sich zusammen mit dem Zürcher Arbeiterarzt Fritz Brupbacher und der Ärztin Paulette Brupbacher für Verhütungsmittel und das Recht auf Abtreibung einsetzen. Moser ist überzeugt: »Nicht die Armen sollten wir anklagen, sondern uns selbst«, die eine größer werdende Kluft zwischen Arm und Reich zulassen.

Zurück in Zürich, zieht sie bei der Mutter aus und arbeitet bei der Freiwilligen- und Einwohnerarmenpflege. Aber nicht für lange. Die Bürokratie, die Schnüffelei der Inspektoren bei den Nachbarn der Unterstützungsbedürftigen, der schroffe Ton gegenüber Klientinnen und Klienten: Das alles missfällt ihr. Auch die Kindswegnahme durch Behörden, die ihre wachsende Macht über Gebühr ausüben und ihre Moral durchdrücken, billigt sie nur als das allerletzte Mittel. Der Grundsatz ihrer Arbeit lautet: Mit Verstand *und* Herz. Das »und« schreibt sie in ihren vielen Publikationen stets hervorgehoben.

Also sucht sie nach neuen Wegen, die professionelle Soziale Arbeit, wie man sie bereits auch in Deutschland kennt, zu propagieren, und hält Vorträge über »die menschlichen Beziehungen zwischen Unterstützenden

Nicht frei von Widersprüchen: Die überzeugte Kommunistin Mentona Moser hat zuweilen ihre großbürgerliche Herkunft nicht verleugnet; hier Ende der 1920er-Jahre.

und Unterstützten«. Sie gründet einen Blindenverein, richtet die erste Fürsorgestelle für Tuberkulöse in Zürich mit ein. Als die Stadt Arbeitersiedlungen plant, hält sie erneut Vorträge, inspiriert von der britischen Sozialreformerin Octavia Hill (1838–1912) und der Gartenstadtbewegung, und reist mit zwei Kisten voller Lichtbilder und Propagandamaterial durchs Land.

Aber es muss noch mehr geschehen! Es braucht gute Ausbildungsstätten. Diese fehlen in der Schweiz: »Es ist eine bekannte Tatsache, dass der Unterricht in den Mädchenschulen gewöhnlich grenzenlos oberflächlich, geisttötend und lächerlich-prüde ist – er verfolgt kein Ziel und er ist nicht die Grundlage, auf der sich spätere Studien aufzubauen vermögen«, schreibt sie in *Die weibliche Jugend der oberen Stände*. Statt sich den traditionellen Erziehungsmethoden zu ergeben und ein »Hausmütterchen«, ein »Tanzknopf und Vergnügungstierchen« oder ein »Blaustrumpf« zu werden, sollen die Frauen einen Beruf ergreifen. »Jede Frau sollte von Jugend an darnach streben, etwas zu *wollen*, etwas zu *sein* und etwas Zusammenhängendes, Nutzen bringendes zu *leisten!*« Erst eine Berufsbildung bringe Anerkennung und Lohn, auf die jeder Mensch ein Recht habe.

Einer Bekannten, Maria Fierz, erzählt Moser vom Settlement. Fierz reist zum Studium nach London. Wenige Jahre später entwerfen die beiden ein Projekt zur praktischen und theoretischen Ausbildung junger Mädchen zu sozialer Hilfstätigkeit. Am 4. Januar 1908 starten sie den ersten Kurs mit siebzehn Teilnehmerinnen. Aus den Fürsorgekursen wird 1920 die Soziale Frauenschule Zürich hervorgehen. Aber da hat Moser schon längst wieder andere Pläne.

Zunächst geht es in den Kursen um Kinderfürsorge. Wohin sollen die Zürcher Arbeiterkinder? Das beschäftigt die Reformerin. Spielplätze gibt es keine, nur Dreck und die gefährliche Straße. Um die Arbeiterinnen zu entlasten, hat Moser in London Ausflüge in Parks organisiert. Nun reicht sie beim Vorstand des Stadtzürcher Bauwesens ein Memorandum ein. Zusammen mit dem ersten Sekretär, Hermann Balsiger, wählt sie geeignete Orte aus. Schon im nächsten Sommer, 1909, wird bei der St.-Jakobs-Kirche der erste Zürcher Spielplatz eröffnet.

Inzwischen sind Moser und Balsiger verheiratet und erwarten ihr erstes Kind, Annemarie, das zweite, Edouard, folgt 1911. Das Paar, das sich bei Versammlungen der Sozialdemokratischen Partei kennengelernt hatte, verkehrt in politischen und künstlerischen Kreisen. Doch was die beiden ursprünglich verband, die Politik, beginnt sie zu trennen. Denn Moser ist die SP zu brav, wie sie in ihren Lebenserinnerungen schreibt: »Keine Anzeichen für die gründliche Umgestaltung der sozialen Verhältnisse, für die Erhebung der Massen gegen die herrschende Ungerechtigkeit. Kurz, anstatt Sturmschritte nur leises, zögerndes Auftreten.«

Balsiger hingegen will – und wird – beruflich aufsteigen. Aufrührerische Töne passen nicht dazu. Außerdem erkrankt Sohn Edouard an tuberkulöser Spondilytis, Therapien sind nötig, das Geld wird knapp, die Konflikte mehren sich, 1917 kommt es zur Scheidung. Alimente zu zahlen, weigert sich Balsiger, der inzwischen Oberrichter ist, und kein Scheidungsanwalt will es sich mit ihm verderben. Auch die immer noch schwer vermögende Mutter hat der Tochter die Zuschüsse gestrichen, zuerst aus Angst wegen des Kriegsausbruchs, später aus Zorn, weil Moser mit ihrem Halbbruder Kontakt aufgenommen hat – Fanny Moser von Sulzer-Wart verwand nie, dass die Kinder aus der ersten Ehe ihres Mannes den Verdacht aufbrachten, bei Heinrich Mosers Tod sei Gift im Spiel gewesen.

Das Geld. Immer wieder. »Es bedeutete ihr eigentlich nichts, und sie konnte damit auch nicht umgehen«, erzählt mir Mosers Enkel Roger Nicholas Balsiger am Telefon. Besitzt sie etwas, gibt sie es für Zwecke aus, die ihr wichtig scheinen. Sie gründet ein Kinderheim auf dem Land, weil Sohn Edi die frische Luft braucht, doch die erhofften Gäste bleiben aus, der finanzielle Verlust schmerzt.

Aber schon bald findet sie eine neue Aufgabe: Bis 1925 leitet sie die Mutter- und Säuglingspflege bei der Pro Juventute, in deren Stiftungskommission sie bereits 1912 aufgeführt ist. Sie reist durch die Schweiz mit Kisten voller Ausstellungsmaterial und zeigt es in gemeinnützigen Vereinen und Dorfgemeinden. »Agitieren«, wie sie es nennt, das kann sie. »Sie war eine flammende Rednerin, überzeugend, weil sie selbst überzeugt war, sehr charismatisch – ein Vulkan«, sagt Roger Balsiger.

* 19.10.1874	in Badenweiler / Schwarzwald in einer Industriellenfamilie aus Schaffhausen. Aufwachsen im Schloss Au bei Wädenswil. Privatunterricht
ab 1888	Reisen mit der Mutter durch Europa und nach Algier
1894–1896	Pensionat in London
1898–1903	Ausbildung zur Sozialarbeiterin und Krankenschwester in England
1903	Zürich, Sozialarbeit. Führt 1908 Kurse zur Sozialarbeit für Frauen ein
1909	Heirat mit Hermann Balsiger (1876–1953), zwei Kinder
1921	Gründungsmitglied der KPS, Tätigkeit bei der Pro Juventute
1928	Finanzierung eines Internationalen Kinderheims in Waskino / Sowjetunion
1929	Berlin, Mitarbeit bei der Roten Hilfe und bei kommunistischem Schallplattenvertrieb. 1933 Einzug ihres Vermögens durch die Nationalsozialisten
1934	Rückkehr in die Schweiz, Publizistin in Morcote, ab 1939 in Zürich in ärmlichen Verhältnissen
1950	Ehrenbürgerinnenrecht der DDR und Wohnsitznahme in Berlin / DDR
† 10.4.1971	in Berlin / DDR

Sympathisch macht sie vielleicht auch, dass sie nicht frei von Widersprüchen ist. Sie argumentiert gegen Klassengegensätze, verehrt jedoch mit ihrem Großvater mütterlicherseits einen überzeugten Aristokraten. An Versammlungen der Kommunistischen Partei, der sie seit der Gründung 1921 angehört, tritt sie mit vierreihiger Perlenkette und Pelzmantel auf. Auch packt sie die Dinge eigenmächtig an, wenn es ihr zu langsam geht. Die KP-Frauengruppe, deren Präsidentin sie nach Rosa Blochs Tod 1922 wird, wirft ihr diktatorisches Vorgehen vor und verlangt eine Neuwahl. Moser sieht ihre Fehler ein und gibt das Amt ab.

Der KP ist sie mit »felsenfester Überzeugung« beigetreten. Und bei dieser bleibt sie bis zuletzt, erzählt Roger Balsiger. Als Mentona Moser in den 1950er-Jahren – da ist sie bereits DDR-Bürgerin – einmal ihre Familie in der Schweiz besucht, steigt sie aus dem Zug, reckt ihre Faust und ruft kommunistische Parolen, bevor sie ihre verdutzten Angehörigen begrüßt. Ausführlich gestritten habe er sich mit ihr, hitzige Briefe gingen zwischen Enkel und Großmutter (die man auf keinen Fall »Oma« nennen durfte!) hin und her. »Ich konnte nicht verstehen, dass sie offensichtliche Ungerechtigkeiten im Kommunismus nicht sehen wollte, aber sie betonte immer die Sache und das Ziel«, erinnert sich Balsiger. Anders als ihre Mutter nahm Mentona jede Widerrede durch ihre Liebsten denn auch nicht persönlich: »Immer endeten ihre Briefe mit tausend Küssen.«

Ihre linke politische Haltung kostet Moser einiges. Von den 1908 initiierten Fürsorgekursen tritt sie bereits nach anderthalb Jahren zurück, neben Zeitmangel spielten ihre sozialistischen Einstellungen eine Rolle, die bei der aus dem Großbürgertum stammenden Maria Fierz und deren neuer Partnerin Marta von Meyenburg auf Ablehnung stießen. Im Laufe der Jahre ziehen sich ihre bürgerlichen Bekannten zurück. Und weil Moser sich nach

Die Roten Raketen, Propagandatruppe des kommunistischen Roten Frontkämpferbundes, spielten und vertrieben um 1930 auch die von Mentona Moser mitproduzierten Arbeiterkult-Schallplatten.

Feierabend als Verfechterin für das passive Frauenstimmrecht so vehement hervortut, verliert sie beinahe ihre Stelle bei der Pro Juventute.

Trotz alledem engagiert sie sich intensiv für die KP. Sie gründet das vierzehntäglich erscheinende Blatt *Die arbeitende Frau*. Von Kochrezepten, Strickmustern und Fortsetzungsromanen hält man sich fern, es sollte ein »Kampfblatt« sein. Das Redaktionsteam führt eine Kampagne gegen den Abtreibungsparagrafen durch, zugleich tritt man für Schwangerschaftsverhütung ein und fordert unentgeltliche Beratungsstellen und Abgabe zuverlässiger, verbilligter Verhütungsmittel. Die Vorträge von Genosse Fritz Brupbacher, Autor der Broschüre *Kindersegen und kein Ende*, finden regen Zulauf, aber für die geplante Petition kommen doch zu wenig Unterschriften zusammen. Die Angst der Fabrikarbeiterinnen vor Entlassung ist wohl zu groß.

Immer mehr befasst Moser sich mit sowjetischer Kultur, sie liest Bücher aus der Revolutionszeit. Das stärkste Erlebnis hinterlässt der Film *Panzerkreuzer Potemkin* (1925). Die Schweizer Arbeiterinnen und Arbeiter interessieren sich allerdings kaum dafür, als das Werk im Kino gezeigt wird.

Nach Fanny Moser von Sulzer-Warts Tod, im Jahr 1925, erbt Mentona Moser eine ansehnliche Summe, obwohl sie aufs Pflichtteil gesetzt wurde. Das Geld will sie den russischen Arbeitern zurückgeben, dank denen ihr Vater sein Vermögen gemacht hatte. Mithilfe ihres Freundes und Genossen Fritz Platten lässt sie südlich von Moskau ein internationales Kinderheim errichten. Sie reist mehrmals in die Sowjetunion, auch nach Berlin, wo sie 1929 die blutige Auflösung einer kommunistischen 1.-Mai-Demonstration durch den sozialdemokratischen Polizeipräsidenten erlebt und bald darauf eine Wohnung bezieht. Jetzt verschickt sie für das Versandhaus des Rotfrontkämpferbundes Schallplatten mit antifaschistischen Liedern.

Ihre Mitarbeit im Widerstand gegen die Nationalsozialisten bleibt nicht unbemerkt. Ihr ganzes Vermögen wird wegen ihrer Arbeit für den seit 1929 verbotenen Rotfrontkämpferbund beschlagnahmt. Als sie schließlich erfährt, dass sie auf einer Verhaftungsliste steht, flieht sie im Frühjahr 1933 mit ihrem Sohn über die Schweiz nach Paris und arbeitet dort für die Internationale Rote Hilfe. Sie reist in verschiedene Länder, doch worin genau ihre Missionen bestehen, erzählt sie nie jemandem. 1935 zieht sie ins Tessin, ab 1939 lebt sie wieder in Zürich, wo sie, völlig mittellos, im Haus der Genossenschaft Proletarische Jugend unterkommt.

In Ost-Berlin findet sie schließlich ab 1950 einen Wohnsitz als Ehrenbürgerin, auf Einladung von Wilhelm Pieck, dem ersten Präsidenten der DDR, den sie von der gemeinsamen Arbeit in Berlin her kennt. Sie wird mit Orden geehrt und bis zu ihrem Tod 1971 finanziell unterstützt. Die Schweiz braucht ein wenig länger, um die Pionierin der Sozialen Arbeit zu würdigen. Genauer gesagt: Einhundertelf Jahre nach der Einrichtung des ersten Zürcher Kinderspielplatzes. Im April 2020 tauft man den Spielplatz bei der St.-Jakobs-Kirche beim Stauffacher in Mentona-Moser-Anlage um.

Mehr zu Mentona Moser

+ Von 1935 bis 1939 lebt Mentona Moser im Tessin und schreibt ihre Erinnerungen auf. Sie erscheinen – stark bearbeitet – 1985 im Dietz-Verlag und im Jahr danach, von Mosers Enkel Roger Nicholas Balsiger betreut und weitgehend original, unter dem Titel *Ich habe gelebt* im Limmat-Verlag.
+ Welche Folgen die schweizerischen Fürsorgereformen von 1900 bis 1945 haben, untersucht die Historikerin Nadja Ramsauer in *Verwahrlost* (2000). Viele der Reformen widersprechen Mosers progressivem Verständnis von Sozialer Arbeit.
+ Um arbeitende Mütter zu entlasten, initiiert Moser die ersten Spielplätze in der Stadt Zürich, im Sommer 1909 wird der allererste neben der St.-Jakobs-Kirche eröffnet. Auf Initiative eines Lesezirkels, der Eveline Haslers Roman über Moser diskutierte, trägt er seit April 2020 einen offiziellen Namen: Mentona-Moser-Anlage.

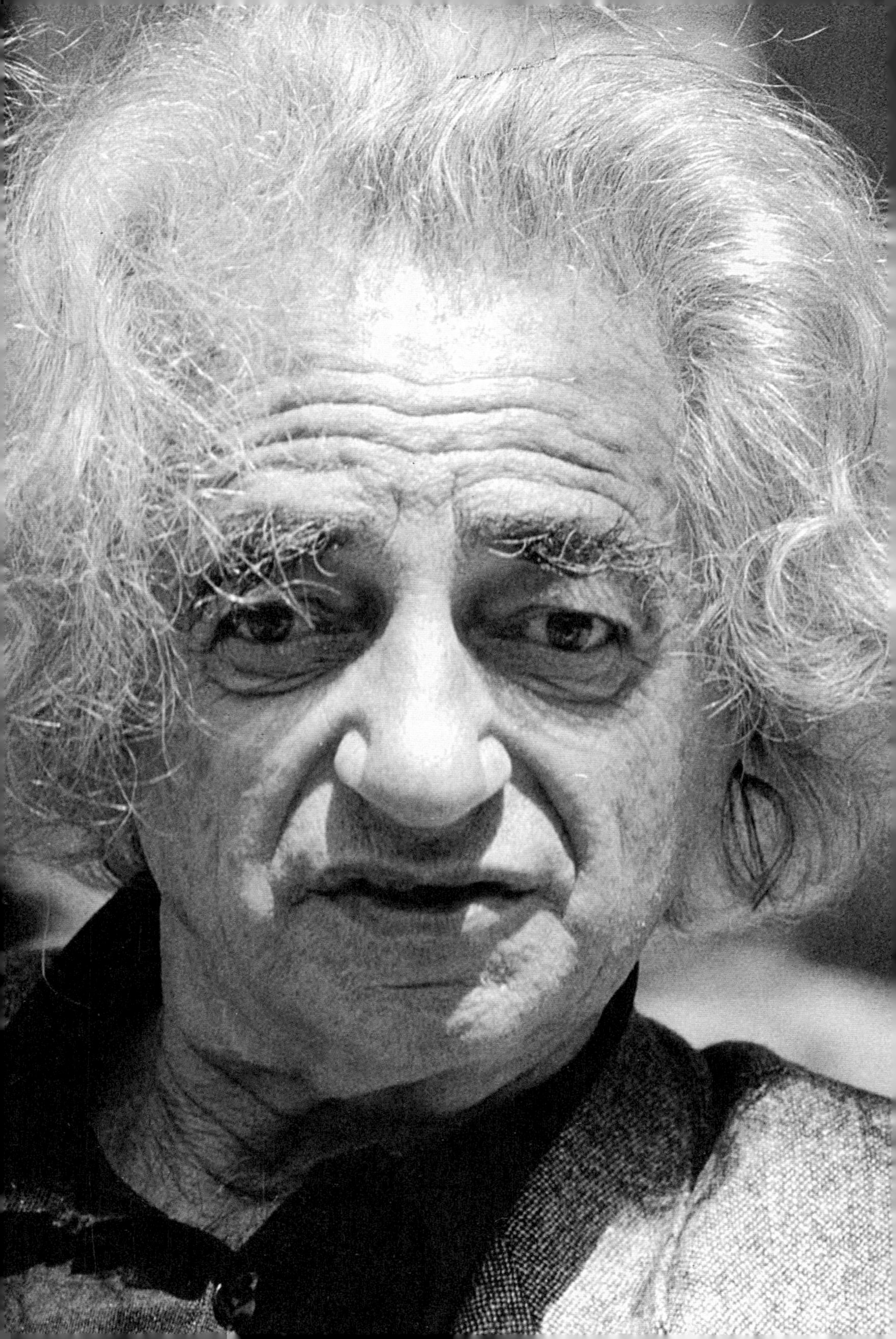

ISOLDE SCHAAD ZU THEO PINKUS

DIE AUTORITÄT MIT DEM PLASTIKSACK VOLLER BÜCHER

Eine Institution am Ausgang des zwanzigsten Jahrhunderts

Ein alter weißer Mann avant la lettre, ein Klassiker dieser verpönten Sorte? Also zum Vornherein ein Verdächtiger vielfacher Fehlleistungen, zumal das Womanizing unter Männern damals geradezu als eine Vorschusslorbeere galt?

So ein Urteil kann nur ein Vorurteil sein. Er lebt ja in einer Zeit, da die radikale Linke des Westens im Aufbruch ist, das Rote vom Himmel herunterpalavert, und die Ismen blühen wie die Primeln in den Vorgärten des März. Ruchbar die wendige Erscheinung mit dem grau melierten, bald schlohweißen Schopf, klein, aber oho, denn in der Begegnung wuchs dieser Mann sofort zu einer beredten Instanz heran. Nichts konnte die prägnante Erscheinung daran hindern, ein interessiertes Gegenüber von den Segnungen des marxistischen Gedankenguts zu überzeugen und zu einem der Seinen zu machen, zu einer Mitstreiterin für die gute Sache, die die gerechte Sache war.

Bitte etwas genauer! Tja – nenne ich nun die Sozialistische Internationale, ist das inhaltlich zwar korrekt, hingegen zu spezifisch für unsern Fall. Es geht hier vielmehr um eine Realutopie, die in der neuen Lebensform der aufgeklärten Linken wurzelt, vom Gemeinschaftsgeist durchwachsen, durchwirkt.

Dazu zählt auch die Achtung vor der Natur, schon der siebenjährige Theo notiert seinen Verdruss über das Fällen von Bäumen in der Stadt in sein Notizbuch, der erwachsene Theo ist stets mit dem Velo unterwegs, und das

Isolde Schaad, geboren 1944, ist Schriftstellerin in Zürich. Ausgedehnte Studienreisen in Ostafrika, Nahost und Indien sowie Gastautorin in den USA. Zahlreiche Veröffentlichungen, zuletzt der Erzählband *Giacometti hinkt. Fünf Wegstrecken, drei Zwischenhalte* (2019). Ihr umfangreiches Werk wurde mehrfach ausgezeichnet; im Frühjahr 2014 erhielt sie die Goldene Ehrenmedaille des Kantons Zürich.

nicht nur, weil er mit wenig Geld haushalten muss. Wenn er sich überhaupt einmal eine Erholung gönnt, dann verbringt er sie mit der Familie bei den *Naturfreunden*.

Freilich ergeben gefällte Bäume für Theo Pinkus ein besonderes Holz, nämlich die Bücher, und Bücher werden seine Lebensbegleiter von Grund auf sein. »Bücher sind wie kleine Menschen, haben ihre Fehler und ihre Tugenden, und sie haben eine Seele«, schreibt der Fünfzehnjährige, und der Sechzehnjährige triumphiert: »Jetzt habe ich 782 Bücher, dabei sind Dostojewsky und Robert Walser, und all die russischen Typen, mit denen ich irgendwie verwandt bin.«

Im Laufe der Zeit ist die Pinkus'sche Bibliothek auf mehr als fünfzigtausend Exemplare angewachsen, und Theo erachtet die Zeit für reif, sie dem Gemeinwohl zu überlassen, so entsteht 1971 die *Studienbibliothek zur Geschichte der Arbeiterbewegung*, deren Sammelschwerpunkte die kommunistische Bewegung des zwanzigsten Jahrhunderts, der Frühsozialismus, der Marxismus, antifaschistischer Widerstand, das Exil, Bücher aus dem und über den Realsozialismus, die Studentenbewegung von 1968 und die neuen sozialen Bewegungen mit Schwerpunkt der neuen Frauenbewegung sind. Das ist viel, viel Stoff – doch ein Mann wie Theo Pinkus schert sich kaum um Fragen des Arbeitspensums. Politische Arbeit ist Leidenschaft, und Leidenschaft wird auch von den engsten Mitarbeitern erwartet. Allerdings steht die wissenschaftliche Sorgfalt noch aus, die später ein ganzes Gremium von Fachleuten liefert. Als Publizist beschäftigt sich Theo mit kommunistischen Größen wie Georg Lukács oder Erich Mühsam; ganz besonders aber liegt ihm die Muse am Herzen, wenn sie an der politischen Basis aktiv wird – etwa im Falle von John Heartfield und Frans Masereel. Der Holzschneider hat ihm denn auch ein ironisches Porträt gewidmet: Theo auf der Leiter der Buchhandlung, wird von ihr vollständig verschlungen und ist ohne Kopf in Gefahr, zu fallen.

Paul Theodor Pinkus, 1909 in Zürich als Sohn des deutsch-jüdischen Bankiers und Publizisten Lazar Felix Pinkus und der Else Flatau, Schauspielerin, geboren, wuchs in einem Milieu der linksbürgerlichen, mit Bohème angereicherten Kultur auf. Die Irren und Wirren der väterlichen Berufslaufbahn, die im Konkurs endet, sind dem Jüngling eine Warnung; der Vater sei ein Opfer des Kapitalismus, meint der noch nicht volljährige

Sohn und verschreibt sich ganz der radikalen Linken und der Arbeiterbewegung. Schon als Schüler wird er Mitglied diverser politischer Institutionen und Verbände, die durchaus auch mit dem christlichen Sozialismus von Leonhard Ragaz sympathisieren.

Berlin ist und bleibt ein Sehnsuchtsort der Familie, und so reist der Sohn im Jahre 1927 erwartungsvoll in die Hauptstadt der linken Kultur, dort macht er eine Lehre als Verlagsbuchhändler beim renommierten Rowohlt Verlag; er will so lange als möglich bleiben, bereits ist er Mitglied des kommunistischen Jugendverbandes und wird anno 1929 in die KPD aufgenommen, auf Empfehlung von Wilhelm Pieck, der ihn auch beruflich begleitet, denn Theo ist schon praktisch unterwegs mit der Herstellung von Flugblättern und andern Druckerzeugnissen, die der Bildung der Arbeiterjugend dienen. Schon jetzt ist er ein gemachter Agit-Prop-Funktionär in Berlin-Schöneberg, bemüht sich um Schulungskurse für Proletarierkinder, organisiert Versammlungen und macht Propaganda-Arbeit für die Partei. Im Verlauf dieser Jahre werden Franz Hessel, der Vater von Stéphane Hessel (*Empört euch*), und die Lektüre von Walter Benjamin wichtig für Theo, woraus zu folgern ist, dass er seinen Einsatz kaum als strammer Parteisoldat betreibt, sondern immer als wissbegieriger Mensch und Leser mit zahlreichen Interessen. Sein Aktionsdrang als Lehrling zieht weite Kreise; bemerkenswert, nachdem er ein mittelmäßiger und unentschlossener Schüler war. Seine erste Anstellung erhält er im Internationalen Arbeiterverlag, dann im Neuen Deutschen Verlag von Willy Münzenberg, und das ist sozusagen die politische Taufe: Münzenberg wird sein wichtigster Mentor, nicht nur in fachlichen und politischen Belangen, sondern auch als väterlicher Berater. Dieser uneinschränkbare Aktivist war als Verleger einer der einflussreichsten Vertreter der KPD in der Weimarer Republik und spürte früh die Zeichen der aufkommenden Zeit.

Denn die 1930er-Jahre werden zusehends schwierig für die Linke in Deutschland und brenzlig für den erklärten jungen Kommunisten Theo P., der keine Demonstration, keine Aktion und keine Versammlung auslässt, um den Kampf für die klassenlose Gesellschaft anzukurbeln. Er ist durchdrungen von der politischen Hoffnung, dass die russische Revolution und der sowjetische Kommunismus diese große Umwälzung schaffen werden.

Später wird sich zeigen, dass die europäische Linke zu lange in ihrer Glaubensseligkeit verhaftet blieb – bis zur 68er-Revolte und weit darüber hinaus standen die dogmatischen Parteien stramm zum Sowjetkommunismus

Die Anekdote: Theo Pinkus – der Mann, der sein Gespräch mit Herbert Marcuse unterbricht, um einen *Zeitdienst* zu verkaufen.

Stalinscher Prägung. Bis die Bezeichnung »Stalinist« in Zürich zu einem Schimpfwort wird, dauert es seine Zeit, und wir stehen erst am Anfang einer buchstäblich sagenhaften Vita, in welcher der junge Verlagsbuchhändler und kommunistische Aktivist Theo P. im Berlin der 1930er-Jahre mit großem Einsatz für seine Sache kämpft, die die Sache der ganzen Welt werden muss.

Im Jahr der Machtergreifung Hitlers, im Februar 1933, wird Theo von der SA kurzfristig verhaftet und kehrt nach der Freilassung nolens volens nach Zürich zurück. Paul Dinichert, der Schweizer Botschafter in Berlin, hat ihm dazu geraten, seine Ausreiseempfehlung: »Pinkus – Jude, Kommunist und Ausländer, das ist ein bisschen viel, junger Mann, fahren Sie nach Hause.«

Zurück in Zürich, arbeitet er für die Nachrichtenagentur Runa, den Tagespressedienst der Komintern, wird Redaktor der Internationalen Pressekorrespondenz (Inprekorr), bemüht sich um eine linke Zeitschrift für Angestellte, wird Mitbegründer der Filmgilde und der bis heute existierenden Organisation *Kultur & Volk*. Es geht dabei stets um die kulturelle Bildung der Arbeiterklasse – damals das Proletariat –, und ihm steht dabei immer auch der transnationale Brückenschlag vor dem geistigen Auge, die Italiener, die Spanier: Sie sind bereits vom Faschismus torpediert, also muss man ihnen beistehen im gemeinsamen Klassenkampf. 1940 ruft Theo mit tausend Franken Startkapital den legendären *Büchersuchdienst* ins Leben, und wohl auch darum wird er dann bei der Enthüllung der berüchtigten Fichenaffäre mit 252 Seiten Anschwärzung als erklärter Kommunist zum wohl berühmtesten missliebigen Staatsbürger der Schweiz.

Bei aller straffer Parteiarbeit muss gesagt sein, dass sich eine quicklebendige Person wie Theo P. niemals einem Dogma verschreibt, für ihn kann keine Lehre sakrosankt sein wie für die Zürcher PdA, der er beitreten wird. Ich erinnere mich an lebhafte Auseinandersetzungen in Theos Umfeld mit Lydia Woog, der Witwe von Edgar Woog, Mitbegründer der PdA, später PdA-Nationalrat. Theo nahm seinen Plastiksack und stahl sich davon, wenn das Gespräch zu redselig wurde, oder zu rechthaberisch, sodass manche Faust auf das rot karierte Tischtuch im Café Boy niedersauste, oder auf das verfleckte Papiergedeck im Justemilieu des Restaurants Cooperativo, genannt Copi, am Zürcher Werdplatz.

Wir stehen nun in den 1970er-Jahren in Zürich, und wer sich zu dieser Zeit näher für die radikale Linke interessiert, lernt rasch, dass der Name Pinkus nicht nur für die Buchhandlung an der Froschaugasse steht. Dieser Pinkus ist nämlich eine höhere Instanz, eine Art Inkarnation des besseren

Wissens, eine Mischung aus Bildung und Erfahrung, und die kommt aus den Büchern, die er stets in einem Plastiksack mitträgt. Theo Pinkus ist den Projekten, den Artikeln, den Programmen, den Beschlüssen immer schon einen Schritt voraus und vibriert vor Ungeduld, bis die Mitarbeitenden, sei es in der Buchhandlung, beim Büchersuchdienst oder auf der Redaktion *Zeitdienst*, der aufklärerischen Postille, die seit 1948 besteht, die Traktanden endlich beisammenhaben. Das Team ist alles andere als homogen, da der Chef, der kein Chef sein will, viel von personeller Durchmischung hält, und so trifft er meistens auf einen zerstrittenen Haufen, der sich alsbald dem Chef, der kein Chef sein will, unterzieht. Denn da knistert ein Temperament in dem ungemein agilen Körper, da glüht ein Wille in dem vitalen Gesicht mit den funkelnden Augen, dem man und frau sich schwer entziehen können.

Weil es der Kopf war, der diesen Körper regierte, und der Kopf ließ sich nichts abkaufen, was nicht in der Zielrichtung der revolutionären Bewegung lag; die Unterweisung dazu wollte der emsige Mann jedem jungen Blut, vor allem, wenn es weiblich war, angedeihen lassen. Die Bücher mussten unbedingt an die Heerscharen von Unwissenden gebracht werden, so war dieser Mann sich nie zu schade, mit seiner Mission wie ein Hausierer von Anlass zu Anlass zu pilgern.

Kommen wir also zum vorläufigen Befund: Theo Pinkus unterschied sich von den anderen alten weißen Männern, die in der zweiten Hälfte des zwanzigsten Jahrhunderts die Gesellschaft navigierten, durch ein egalitäres Verhalten. Klar, dass er alle Interessierten auf Anhieb duzte, natürlich nahm er seine Rolle »völlig locker«. Fast möchte ich sagen, Theo sei ein politischer Philanthrop gewesen, doch das wäre etwas zu romantisch für diesen Mann mit dem gut entwickelten Geschäftssinn für seine gute Sache. Er mochte die Menschen, er war ihnen zugewandt, wo auch immer er ihnen begegnete – beseelt von einem grundsätzlichen, fast naiven Optimismus, was die Zukunft der Gesellschaft betraf.

In Theos Umfeld gab es keine Hierarchie, davon ging er aus, wusste aber nicht, dass manche seiner Eleven anders tickten, da sie bürgerlich sozialisiert worden waren und ihn als Respektsperson betrachteten. Dass er jedes Thema dialektisch behandelt haben wollte, sodass nach der These die Antithese von uns Schreiberlingen folgen sollte, machte ihn zu einer Einzelerscheinung in der damals üblichen autoritären Berufspraxis. Er war sozusagen der erste Intendant der antiautoritären Betriebsführung auf dem Platz Zürich.

* 21.8.1909	in Zürich in Bankiersfamilie, Privatschule
1927–1929	Verlagsbuchhändlerlehre in Berlin
1929	Mitglied der KPD, Arbeit beim Neuen Deutschen Verlag
1933	Rückkehr in die Schweiz. Arbeit beim Informationsdienst der Kommunistischen Internationale. 1943 Ausschluss aus der KPS, 1950 aus der SP, danach Mitglied der PdA
1939	Heirat mit Amalie De Sassi (1910–1996), drei Kinder
1940	Gründung eines Büchersuchdiensts, 1945 Ausbau zum Antiquariat, 1955 Eröffnung einer Buchhandlung
1948–1987	Herausgeber der Zeitschrift *Zeitdienst*
1971	Gründung der Stiftung Studienbibliothek zur Geschichte der Arbeiterbewegung
1973	Gründung des Ferien- und Schulungszentrums Salecina / Graubünden. Anregung zu Geschichtswerkstätten
1975	Initiant des Zürcher Limmat Verlags
† 5.5.1991	in Zürich

Die Theorie war freilich vorhanden, die Hauptwerke von Marx und Engels, besonders dessen Aufsatz *Der Ursprung der Familie, des Privateigenthums und des Staats*, 1884, wurden als Pflichtlektüre vorausgesetzt. Obschon die »heiligen« Schriften wohl niemand gänzlich durchgeackert hatte, taten alle so, als seien sie damit vertraut. Auch *Summerhill* und Alice Miller sollte man gelesen haben, wenn möglich, auch Bornemanns *Patriarchat*, doch nichts klaffte in jenen Tagen dermaßen auseinander wie Theorie und Praxis. Und die Frauenbewegung hatte allerhand zu tun, die linken Chefideologen bei Tisch und Bett über die Gleichstellung der Geschlechter aufzuklären, was selten Früchte trug.

Die Schule der Arbeiterbewegung war für mich, die aus der fortschrittlich bürgerlichen Presse kam, zunächst eine Schule mit sieben Siegeln, und ich begriff ziemlich spät, dass diese Institution namens Pinkus auch von mir Widerspruch erwartete, der Schreibkraft, die es abenteuerlich fand, sozusagen im »Untergrund« zu wirken. Theo pflegte seine Vorschläge für die Redaktion des *Zeitdienst* auf »Häuschenpapier« zu kritzeln und neben meiner Schreibmaschine zu platzieren. Die allgemeine Devise hieß damals noch »Frau gleich Sekretärin«, und ich genoss diese Rolle sozusagen als Wölfin im Schafspelz. Denn ich wusste, dass diese patriarchale Gleichung nicht wirklich der Überzeugung von Theo entsprach. Auf der *Zeitdienst*-Redaktion schufteten wir gratis und als Freiwillige, weil Theo uns von seiner Sache überzeugt hatte. Nur selten versuchte eine Frau in seinen diversen Betrieben, ihm Paroli zu bieten oder ihn in die Schranken zu weisen, wenn seine Vorstöße maßlos wurden. Die einzige Frau, die ihm Paroli bot und ihn in die Schranken wies, war seine eigene, Amalie Pinkus De Sassi, die viel mehr als eine sogenannte bessere Hälfte war.

Einmal platzte mir der Kragen, als ich neben der Schreibmaschine wieder so einen Wisch vorfand, und ich rief durch das Hinterzimmer: »Theo Pinkus, du bisch än Analphabet.« Ich nahm an, dass ich damit den Rauswurf riskierte, doch Theo lachte, als habe er seit Langem auf meine Schelte gewartet: »Hast recht, hast recht, meine Schrift war nie meine Stärke. Ich werde mich bessern.«

In der Praxis erlebte man einen durch und durch engagierten Mann, der vom heutigen Gesichtspunkt aus als begnadeter Netzwerker bezeichnet werden müsste, und dabei ein Mensch ohne jedes Vorurteil war. Als eines Tages die bürgerliche Klara Obermüller von der NZZ, dem Klassenfeind, in der Höhle des Löwen auftauchte, war der Hausherr begeistert und zeigte ihr die gesamte Infrastruktur des Unternehmens Pinkus bis ins Hinterzimmer, wo wir Zeitdienstler verdutzt von der Schreibmaschine aufschauten und insgeheim empört den Griffel erhoben. Aber bald erkannten wir den Grund dieser spontanen Gastfreundschaft: In Klaras Schlepptau war der beim Bürgertum verfemte Schriftsteller Walter Matthias Diggelmann erschienen, und Theo, der mit der Liebe guten und reichlichen Umgang pflegte, sah dieser erstaunlichen Liaison mit listiger Freude entgegen.

So lässt sich sagen, dass sein Horizont weit über die Schweiz hinausreichte, seine Welt größer, farbiger und vielgestaltiger war als jede Parteidoktrin. Er glaubte an eine Bewegung, die die gesamte Gesellschaft umstrukturieren würde, zu genussfreudigen und libidofrohen Genossen und Genossinnen, welche die freie Liebe pflegen sollten, inklusive seine eigene Frau, und so überrascht es nicht, dass wir mit ihm unterwegs in der DDR an die Leipziger Buchmesse in einer »wilden« Kommune übernachteten, die sich hippiesker verhielt als alle Woodstock-Jünger. Theo schien vertraut mit jedweder sozialistischen Wohn- und Lebensform zwischen Zürich, Leipzig und Berlin (Ost), die eher einen Wilhelm Reich zum Gevatter hatte als einen Walter Ulbricht. Zeit seines Lebens war er unterwegs an Orte der geübten revolutionären Praxis, jenseits der Anpassung und mit dem Mut zum zivilen Ungehorsam. Sie war sein Antrieb, sein Element und unterhielt mehrere Filialen, oft auch Filialen des Herzens. Mit Berlin, der Stadt von Bertolt Brecht und seinem Theater, blieb er lebenslang verbunden.

Im Jahre 1972 ergibt sich eine lockende Gelegenheit, ein Studienzentrum im Engadin zu gründen, und Theos vielfältige Kontakte erlauben ihm und Amalie, die meistens mit von der Partie ist, ein geeignetes Anwesen in Orden Dent bei Maloja zu erwerben. Das baufällige Anwesen wird vom

Die Legende: Wo viele alternative Projekte ihren Anfang nahmen, im 1973 eröffneten Bildungs- und Ferienzentrum Salecina.

harten Kern um das initiative Paar renoviert und in Eigenregie zu einem selbst verwalteten Ferien- und Tagungszentrum umgebaut. Selbstverwaltung wird großgeschrieben und zieht in den 1970er- und 1980er-Jahren weitere Kreise um linke Organisationen. Der Goodwill eines Mäzens hilft mit, und Theo klaubt zehntausend Franken aus dem eigenen Sack, um der *Stiftung Salecina* Schub zu verleihen.

Salecina wird erfolgreich, denn Salecina ist die Zauberformel für alle Treffen der linken Koryphäen, der internationalen Intelligenz und der Vertreter der sozialen Bewegungen. Bedeutsam ist ein Foto auf einer Postkarte, die Schule machte: »Max, Marcuse, Theo« könnte man dazu skandieren (und Bloch, Negt und Altvater im Stillen ergänzen). Ein hochgewachsener, nachdenklicher Herbert Marcuse in Strickjacke neigt sein gedankenschweres Haupt nieder zu Max Frisch im Pullover. Frisch selbstbewusst und direkt, stützt die linke Hand auf die Hüfte, die Rechte lässt er am Hemdkragen zupfen, so versucht er, den großen Überseer zu überzeugen.

Sie stehen vertieft in die Sache, die nichts weniger als die Weltlage ist, vor dem gemauerten Kücheneingang, während Theo Pinkus, der Gastgeber in der Tweedjoppe im Hintergrund, nach weiteren Gesprächsteilnehmern sucht. Mit einer einladenden Handbewegung lässt er seinen intensiven, fast sehnsüchtigen Blick in die fernere Umgebung schweifen. Typisch für ihn, spielt er die Rolle des Go-Between, er ist bemüht, Opinionleader aus aller Welt zusammenzubringen, die Eitelkeit von Männern dieses Formats geht ihm ab, als Vermittler hat er keinen Geltungsdrang, er selber muss nicht im Mittelpunkt stehen.

Kaum zu glauben, dass ein einzelner Mensch das alles leisten konnte, doch der Unermüdliche wirkte nie erschöpft oder verdrossen, und manchmal hatte man seine liebe Mühe, sich vor Theos Beflissenheit zu schützen. Aber ein Nein war ein Nein, und das galt auch für seine erotischen Avancen, denn Theo war in seiner Zeit ein fortschrittlicher Mann, der die Gleichberechtigung ernst nahm und leben wollte. Dass er selber sich als Feminist und Emanzipator aller Frauen verstand, führte dann zuweilen zu pittoresken Situationen.

Mit einem Schmunzeln schauen wir ehemaligen Mitglieder der FBB, der Schweizer Frauenbefreiungsbewegung, auf jene Szene, die als »Fenstersturz von Salecina« in die (mündlichen) Annalen einging. Es war ein internationales Symposium zum Thema Feminismus im Gange, und natürlich war der Schauplatz das Tagungszentrum Salecina am südlichen Auslauf des Engadins. Und ein Theo Pinkus denkt, dass er an diesem Anlass unerlässlich sei und präsent sein sollte, als Frauenbewegter, Frauenbeweger im weitesten Sinne, obschon ausschließlich die Weiblichkeit zugelassen war. Er wollte sich dann vom OK als Teilnehmer partout nicht abwimmeln lassen, bis ein paar kräftige Walküren aus Berlin den Widerspenstigen an Armen und Beinen packten und ihn brachial vor die Tür setzten. Damals habe ich Amalie bewundert, ihre Geistesgegenwart, ihre Frauensolidarität, ihre Unbestechlichkeit: Sie hielt zu uns, und das war nicht leicht für sie. Denn es muss ein herzzerreißendes Bild gewesen sein, den kurzbeinigen Mann mit dem weiß lodernden Schopf bei einbrechender Dunkelheit durch die alpine Einsamkeit stapfen zu sehen. Ein weiter Weg zu Fuß bei unsicherer Wetterlage nach Maloja; doch Theo hatte durchaus seinen Stolz, ich habe ihn nie über seinen Rauswurf klagen hören. Das Klagen entsprach nicht seinem Wesen.

Wer heute in die Publikationen von und mit Theo Pinkus guckt, reibt sich die Augen, es spricht da frei nach Adorno der Jargon der Eigentlichkeit.

Dieses stramme Politvokabular herrscht vor bis in die 1980er-Jahre, so lange, bis die *Zürcher Bewegig* einen neuen Ton anschlägt. Heute ist es kaum mehr vorstellbar, wie papieren damals geschrieben und geredet wurde. Doch wer Theo und Amalie persönlich kennt, vernimmt einen anderen, liebevollen und unaufgeregten Umgangston. Theo spricht emsig und leise, Amalie hört zu, um dann eine gewichtige Präzisierung oder Richtigstellung einer Tatsache oder Begebenheit einzuwerfen. Sie ist mittlerweile eine Autorität, sie wird gehört, sie hat ihren Standpunkt und weiß ihn einzubringen. So waren sie ein Paar, das sich gerade im Widerspruch ergänzte und ihre Wertschätzung füreinander nie verhehlte, bei allen Schmerzen, die der Womanizer Theo seiner Frau bereitet hat.

Es überrascht uns nicht, dass Theo Pinkus kein Vereinsmeier und kein Sesselkleber war; Vereine, und vor allem die Partei, waren ihm zu bürokratisch, zu formalistisch und ohne jede Fantasie. So widmete er seine verbleibende Energie am Lebensende der Jugend und zusammen mit Robert Jungk den Zukunfts- und Geschichtswerkstätten. Als er dann gemeinsam mit Amalie vom gemäßigten SP-Stadtpräsidenten Josef Estermann eine Ehrung für das Lebenswerk entgegennahm, hatte er fast alle Mitgliedschaften hinter sich gelassen, mit Ausnahme der PdA, der er (als Filiale des Herzens) treu blieb. Aus der KP war er einst ausgeschlossen worden, ein Schicksal, das er mit mancher philosophischen Größe des Marxismus teilt. Selbst der Anarchismus, der ihm wohl am besten angestanden hätte, war nicht seine Kragenweite. So ging er als unverwüstlicher Freigeist und Aktivist für eine bessere Welt ins Grab. Nicht ohne seine Schöpfungen, etwa die Buchhandlung, den Betreibern vermacht zu haben.

Mehr zu Theo Pinkus

+ Rahel Holenstein / Reto Padrutt: *Salecina. Von der Weltrevolution zur Alpenpension*. Dokumentarfilm. DVD Videoladen Zürich 2011 oder bei SRF erhältlich.
+ Rudolf M. Lüscher / Werner Schweizer: *Amalie & Theo Pinkus-De Sassi. Leben im Widerspruch*. Zürich 1987.
+ *Das seid ihr Hunde wert!* Erich-Mühsam-Lesebuch, hrsg. von Markus Liske / Manja Präkels. Berlin 2014.

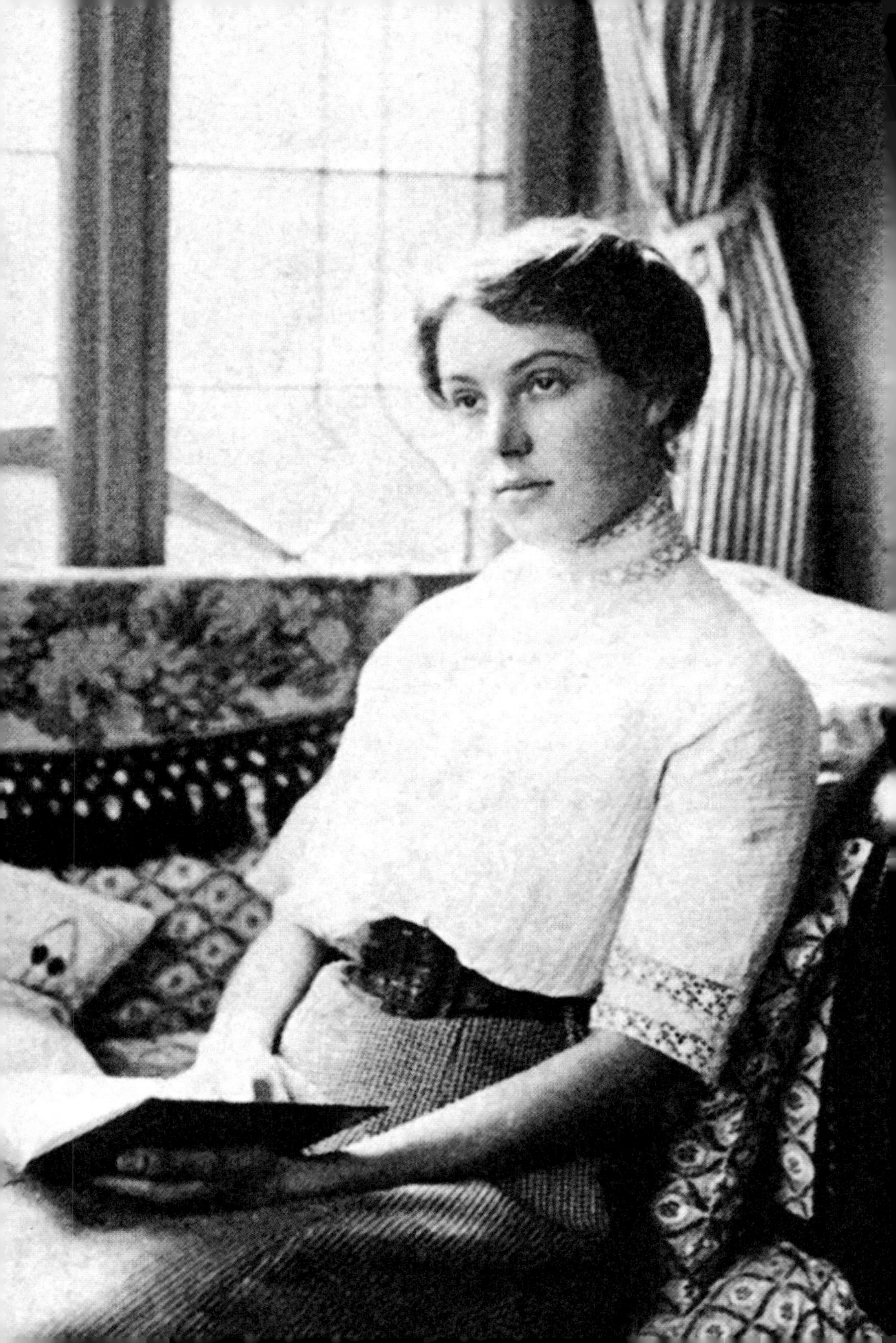

Caroline Arni zu Aline Valangin

Aline Valangin

»DIESE LÖSUNG WAR EINFACH. CLARETTA SOLLTE SIE GLÜCKEN.«

Ein Dorf an der Grenze und seine Frauen

Morgensonne fällt auf Stein. Ebenmäßige Platten liegen vor der Hausschwelle, grober behauene führen zwischen Beeten zum Mäuerchen, das die Terrasse begrenzt. Fast scheint es fehl am Platz, so nah ragt der Berg dahinter auf, als wäre er eine krumm gemauerte Wand, die den vielen Zimmern des Palazzos ein weiteres unter freiem Himmel hinzufügt. Die Tür steht offen. Träte jemand vor den Eingang, würde sein Schatten dies ankünden.

Und wenn ein Schatten fiele, der nicht zu einem Körper gehört?

Sie hat keine Angst vor Gespenstern. Kauft ein altes Haus, im zweithintersten Dorf des steilen Tals, lässt sich nicht erschrecken von der alten Terza, die behauptet, der tote Bauherr suche darin Nacht für Nacht Geld und Testamente. Aber im Jahr 1933 wird sie *von bösen Ahnungen und schlimmen Träumen* heimgesucht, ihr Inneres ist wolkenverhangen. Das Leben *verdunkelte sich zusehends.*

Dabei war es doch bis dahin *heiter und schön* gewesen.

Sie hatte eine *Lebensform* gefunden und zwei Häuser, alles zusammen ergab ein großes Dach für viele.

Seit 1917 war sie mit Wladimir Rosenbaum verheiratet, aus Gewissheit. *Ich hatte einfach das Gefühl, das ist in Ordnung, ich mag mit dem sein, es lohnt sich.* Eine *ausgefallene Heirat* war es gewesen, *mit einem Russen, arm, Student noch,* der allerdings bald schon zum erfolgreichen Anwalt wurde, eine

Caroline Arni ist Historikerin und Autorin. Seit 2012 Professorin für die Geschichte des 19. und 20. Jahrhunderts an der Universität Basel. Als Kind verbrachte sie die Sommerferien in Ascona, das zu jenem Zeitpunkt bereits ein gewöhnlicher *Fremdenort* geworden war, wie Aline Valangin sich ausdrückte.

einträgliche Kanzlei führte. 1923 kam die Wohnung im Baumwollhof beim Zürcher Stadelhoferplatz dazu, geräumige Zimmer in einem Barockbau von 1643.

Die Fassade ist neu gemacht, kokettiert mit etwas Jugendstil, passt zu den Menschen im Innern, die ihr Leben in eine *verspielte Form gebracht haben.* Sie tanzen in breiten Korridoren, plaudern im Salon, der Teppich leuchtet in Rottönen, Sofa und Wände strahlen weiß. Durch Flügeltüren geht der Blick ins Weite, sieht sie zu, wie ihr Mann Damen an beiden Armen führt. *Wenn er mir etwas schenkte – das geschah oft –, wusste ich, dass er auch einer andern Frau etwas Schönes gegeben hatte.*

Sie wird ihrerseits andere Männer an ihren Arm nehmen. *Ich bin nie in meinem Leben eifersüchtig gewesen,* wird er später sagen. Weil die Liebe kein Revier abgrenzt, weil ein Schmetterling, wenn sich eine Hand um ihn schließt, zu einem *Schmetterling mit gebrochenen Flügeln wird.* Wenn man die Hand offen lässt, so mag es geschehen, dass er wegflattert. Aber *er kommt zurück, weil es so schön war auf der offenen Hand.*

Sie lassen sich frei, weil die einander gewährte Freiheit mehr Verbundenheit schafft, als Reviergrenzen es je könnten. Sie lassen Konventionen hinter sich.

Aber auch die Wortführer, die aus Freiheit und Liebe ein Programm machen möchten, lassen sie hinter sich. Etwa den Psychoanalytiker und Jung-Schüler Herbert Oczeret. Seiner *Bande* gehören sie in jungen Ehejahren an. Eine fröhliche Horde, ineinander verschlungen lachen sie in die Kamera. Sie habe *ohne Wimpernzucken anzunehmen,* meint die Bande, dass man ihrem Mann nahelegt, mit ihrer besten Freundin das Bett zu teilen – *das sei ja ohne Bedeutung einerseits, andererseits aber sehr notwendig zur Lösung und Befreiung der Gefühle.*

Die neuen Konventionen sind nicht besser als die alten. Sie lassen beides hinter sich, und nach dreiundzwanzig Jahren Ehe werden sie sich scheiden lassen und Freunde bleiben, werden sich ein Grab teilen.

Aber noch ist es nicht so weit. Noch teilen sie ein Dach in Zürich und bald auch eines im Tessin. 1929 kaufen sie den Palazzo in Comologno, Barca genannt, weit hinten im Valle Onsernone. Die Zeit der langen Sommer beginnt. Das Haus wird annehmlich eingerichtet, Heizungen und ein Pool, Liegestühle werden aufgestellt, die Dorfbewohner sehen Gäste kommen und gehen und sitzen im Dunkeln, wenn in der Barca die vielen elektrischen

Apparate in Betrieb gesetzt werden. Einmal streiten sich tief in der Nacht zwei kommunistisch gesinnte Gäste darüber, ob man *in der erwarteten zukünftigen Revolution* der Hausherrin *den Kopf abschlagen müsse oder nicht*. Einer meint nein, der andere, Hans Marchwitza, hält dagegen. Am nächsten Tag entschuldigt er sich mit Blumen.

Wenige Frauen kommen, beobachtet das Dorf, viele Männer. Manche bleiben einen Tag, andere richten sich für länger ein: Max Bill, Binia Bill, der Kindheitsfreund Edward Stämpfli, der Geliebte Ignazio Silone. Rudolf Jacob Humm, der Zürcher Gefährte. In der Barca bezieht er stets die zwei kleinen Turmzimmer, sitzt dort am Boden mit *Buch oder Blatt und Feder in der Hand*. Seine Frau Lili Humm-Crawford, Malerin. Meret Oppenheim begleitet Max Ernst, sie wollen einen Tag kommen und bleiben für einen Monat. Die einen reisen mit leichtem Gepäck an, Kurt Tucholsky mit zwei riesigen Schrankkoffern und hundertzwanzig Hemden, die zum Bügeln nach Locarno gebracht werden müssen.

So ging es auch in Zürich zu. *Unser Haus war für alle offen, sie kamen und gingen, fühlten sich wohl und haben uns sicher vergessen, wie auch wir sie vergessen haben.* An die *frühen Freunde* erinnert sie sich gut: Max Terpis, der Tänzer. Hans Arp und Sophie Taeuber-Arp, die Unbeschwerten, die mit ihrer Kunst im Unbewussten Dinge aufstöberten, *Findlinge im wahren Sinne des Wortes*. Der Pazifist und Schriftsteller Jean-Paul Samson, immer in Baskenmütze und Pelerine. Ein Pelzhändler und Mäzen namens Bernhard Mayer. Außerdem: Elias Canetti, Ernst Toller, Karl Geiser, Arthur Bryks, Martin Buber, Hetty Marx, Leo Kok. Robert Musil war einmal da, Yehudi Menuhin schaute kurz vorbei. *Das Mittagessen musste immer für mehr als uns zwei, Ro und mich genügen [...]. Die Köchin richtete sich danach.*

Heiter ist das Leben, und schön.

Noch kann man in der Barca lachen, die *Blut-und-Boden-Bewegung im Nachbarland* verspotten: Max Bill posiert mit wollener Badehose, Frottiertuch und Sichel in der Hand. Noch kann sie im Baumwollhof Vorträge und kleine Konzerte veranstalten. Aber der Strom aus Heiterkeit versiegt an der Quelle, in jeder und jedem Einzelnen. Schatten fallen, die nicht zu einem Körper gehören.

Die Nachricht, *dass Hitler obenauf geschwungen hatte*, vernahmen sie in Zürich, am 30. Januar 1933. Das Radio hatte es verkündet; wie so oft waren sie nicht allein. Nun *wurden alle still*, gingen weg, sie blieb allein vor dem Apparat zurück. *Von da an wurde es ernst.* Aus Deutschland *begannen die Auswanderer in die Schweiz zu strömen*.

»Ich hatte einfach das Gefühl, das ist in Ordnung, ich mag mit dem sein, es lohnt sich.«
Aline Valangin mit Wladimir Rosenbaum.

Viele Gäste sind nun Emigranten. Siedeln im Zwischenreich des Exils, nicht mehr dort, noch nicht woanders, vielleicht hier. Werden verfolgt, als deutsche Jüdinnen oder als Kommunisten, als italienische Antifaschisten, nehmen Zuflucht. Von 1933 bis 1945 gewährt die Schweiz 644 Personen politisches Asyl, Schriftsteller werden bevorzugt. Die Gastgeberin ermüdet. Sie sieht Menschen jeden Tag, hört sie klagen, *dass sie keine Arbeit, keine Heimat, keine Familie, keine Zukunft, kein Geld haben, was alles wahr ist, aber wogegen ich nicht viel tun kann.*

Ganz und gar *unpolitisch* nennt sie sich. Sie habe nie einer Gruppe oder Bewegung angehört, deren unterschiedliche *Färbungen* ihr rätselhaft geblieben seien. Vielleicht muss man sagen: die sie nicht interessierten. Sie weiß, was zu tun ist. Beherbergen, kochen lassen, mit Geld, Kleidern und Dächern versorgen, weiter Lesungen und Vortragsabende veranstalten, damit das Exil nicht den Schriftsteller, die Malerin, den Dichter verschluckt und als nackte Körper wieder ausspuckt. Einmal wird sie nicht umhinkommen, einen Mäzen zu ohrfeigen, so saftig, *dass seine Brille im Bogen davonflog.* Er hatte das Wort Emigrant als Schimpfwort verwendet.

Auch Worte, gewöhnliche, vertraute Worte können jetzt gefräßig werden. Von ihrem Mann heißt es nun: *einer wie er.* Jude. Müsse etwas leiser sein. Solle das Maul nicht so aufreißen. Die hiesigen Sitten respektieren. In der *Neuen Zürcher Zeitung* wird das *arische Getue* im Nachbarland angeprangert, auch der *Antisemitismus* dort, man brauche so etwas hier nicht. Umso weniger, *als wir uns vollkommen frei von jüdischem wie freimaurerischem Einfluss wissen.*

Wie nicht verschluckt werden?

Ich bekenne mich vor Ihnen als Jude, schreibt Rosenbaum im Entwurf eines Plädoyers, *um dem Unrecht, dem Phrasentum, der beschämenden Geistesverwirrung dieser Zeit entgegenzutreten.*

Die Schweizer Faschisten nennen ihn jetzt *Jud Rosenbaum*, er hält Reden an Protestveranstaltungen gegen den Nationalsozialismus. Sie ängstigt sich, spürt die *Gefährdung*, die allgemeine und die spezielle ihres Mannes. Er unternimmt *Husarenstreiche*, schafft Geld von Emigranten aus Deutschland über die Grenze in die Schweiz. Sie bringt einen Flüchtling nach Paris, holt Papiere aus Florenz.

Die Spirale dreht.

Auf dem Messingschild der Kanzlei erscheinen Hakenkreuze, Frontisten verfolgen das Paar bis zum Eingangstor des Baumwollhofs, Nacht für Nacht hat sie Albträume, er verhilft den spanischen Widerstandskämpfern zu Flugzeugen, versorgt die Internationalen Brigaden mit Waffen, übertritt dafür Gesetze, wird verurteilt, sitzt eine Haft ab, verliert das Anwaltspatent, Vertraute wenden sich von ihm ab. Etwa Carl Gustav Jung, von dem beide sich lange Jahre hatten analysieren lassen und dem sie assistierte, seit sie wegen einer Handverletzung eine Laufbahn als Pianistin hatte aufgeben müssen.

Als der Krieg ausbricht, *überrascht* er sie und ihren neuen Gefährten Wladimir Vogel in Comologno. Die Möbel aus dem Baumwollhof werden verkauft oder aufgeteilt, wie die Wäsche und das Silber. Rosenbaum bezieht zwei kleine Zimmer über dem Lago Maggiore, sie behält die Barca. Bleibt dort. Zum ersten Mal auch, als der Winter anbricht.

In der Barca hatte sie einst angefangen zu schreiben.

Wenn zu viele Gäste da gewesen waren, sich tummelten in ihrer *lebendigen Schale*, als die sie das Haus empfand, dem sie sich mehr zugehörig fühlte als den Menschen, die sich darin bewegten, redeten, lachten, stritten. Gut, konnte sie im Hintergrund wirken, waren Zimmer zu richten, gab es die Köchin und die Haushälterin, mit denen Menüs besprochen und Wäschestücke gezählt werden mussten. Von ihnen ließ sie sich Begebenheiten aus dem Dorf erzählen, die sie aufs Papier brachte und abends den Gästen vorlas. 1937 erschienen ihre *Geschichten vom Tal*, 1939 die *Tessiner Novellen*.

Jetzt, der Krieg ist ausgebrochen, bleibt sie im Tal und schreibt weiter. Der erste Roman handelt von einem Haus, genannt Bargada, es liegt fast zuhinterst im Tal. Der Winter ist hier streng. Wenn es ganz kalt wird, schlägt das *wilde Wasser* nicht mehr um sich, lehnt stattdessen *in einem kugeligen Glashaus am Felsen*. Aber auch der Frühling ist streng. Dünger ist auszubringen, die Frauen tragen *die schweren Hotten auf Felder und Matten und bis an die steilsten Halden, wo der fruchtbare Boden aufhört und in Wildnis übergeht.* Schon müssen die Kartoffeln gelegt werden. Tagelang ziehen die Frauen Furchen, *nicht zu tief und nicht zu flach*. Dann ist der Garten zu pflegen, das Unkraut zu tilgen, *Gras und Klee, Nesseln und Wolfsmilch und die hundert kleinen Kräuter*, die alles zu überwuchern drohen, und schon steht das Gras hoch. An den steilen Hängen sicheln die Frauen es auf den Knien, *Handbreit um Handbreit*. An den flacheren Stellen legt die Sense im Bogen Büschel um, die Alten verzetteln die Mahd, *wenden sie hin und her*, damit sie rasch trocknet und als Heu eingebracht werden kann. Bald wird es heiß, und der zweite Schnitt steht an, das Emd. Dazwischen Garten, Ernte, *kochen für Menschen und Vieh, Holz holen und spalten, melken, buttern, waschen und flicken* – nichts wurde den Frauen geschenkt.

* 9.2.1889	in Vevey als Aline Ducommun in einer Apothekerfamilie. Ab 1893 Schulen in Bern
1904	Lausanne, Konservatorium, Ausbildung zur Pianistin. Klavierlehrerin
1915	Zürich. Analyse bei C. G. Jung, Psychoanalytikerin
1917	Heirat mit Wladimir Rosenbaum (1894–1984), literarisch-politischer Salon im Baumwollhof in Zürich
1929	Zweitsitz Comologno / Tessin. Zufluchtsort für italienische und deutsche Exilierte
1934	Beziehung mit Wladimir Vogel (1896–1984), Heirat 1954
Ab 1936	Schriftstellerische Tätigkeit. Gedichte und Romane, *Tessiner Novellen* (1939), *Die Bargada* (1944), *Victoire oder die letzte Rose* (1946), *Dorf an der Grenze* (1946, erschienen 1982)
1954	Ascona. Gedichte und Gobelin-Webereien, unter anderem nach Motiven von Hans Arp
† 7.8.1986	in Ascona

Wieder kommt ein Winter, Zeit für Arbeit im Haus. Das Strohflechten aber lohnt nicht mehr. Der Weltmarkt liefert günstiger, und vom Weben, das Wohlmeinende ihnen antragen, wollen die Frauen im Tal nichts wissen. Einzeln müssten sie an großen Webstühlen sitzen, *ohne Gefährtinnen*.

Doch bald ist ohnehin alles anders. Sie beginnt mit dem zweiten Roman, spinnt die Geschichte der Bargada weiter, indem sie sich dem Dorf zuwendet, dem das Haus, etwas abseits liegend, zugehört. Name von Dorf und Tal bleiben ungenannt, ebenso wie die Senke unweit des Dorfes, die zwei Länder ineinanderfügt, und wo aus einer Thermalquelle warmes Wasser hervorsprudelt. *Dorf an der Grenze* titelt sie das Manuskript.

Eines Tages überschlagen sich hier englische Stimmen, die *aus dem aufgedrehten Radiokistchen* den Krieg verkünden. Weiterhin gefriert Wasser im Winter und wuchert im Sommer das Kraut, aber die Männer kommen und gehen jetzt in einem andern Rhythmus. Wer wüsste es besser als die Hebamme. Sie hat nun ständig zu tun. Auf das ganze Jahr verstreuen sich die Geburten, die sich vorher geregelt im Herbst ereigneten, stets neun Monate nach den Wochen um Weihnachten herum, während derer die Männer, die jahrüber in den Städten arbeiteten, zurückkehrten ins Tal. Jetzt stehen sie im Militärdienst, ihre Urlaube verteilen sich über das ganze Jahr, und die Kinder kommen *zigeunerisch zu jeder Zeit*.

Auch Flüchtlinge kommen. Zwei jüdische Familien zuerst, die eine kann bleiben, die andere nicht. *Es hing eben von Bern ab.* So geht es weiter, es werden immer mehr. »*Die Leute purzeln von den Bergen wie Wasserfälle, wenn's regnet*«, klagte der Grenzwächter Bozzi. »*Sie rinnen einem zwischen den Fingern durch.*« Das Dorf, schon verwachsen mit den italienischen Schmugglern, die es reichlich mit Reis versorgen, es verwächst jetzt auch mit dem Leid der andern. Was weiß man in Bern schon. Hier, wo eine unsichtbare Linie namens Grenze durchs Gelände gezogen ist, hier sind die in Lumpen gerissenen Kleider zu sehen, die geschundenen Füße, Geschöpfe *voller Wunden, unfähig, sich zu erklären, irrsinnig.* Telefonate nach Bern und von Bern, die Grenzwache wird verstärkt, bald fallen Schüsse, manche schlagen auf Schweizer Boden ein, es regnet in Strömen, man lässt flüchtende Partisanen ins Land.

Diesen zweiten Roman schließt sie 1946 ab. Vorerst bekommt ihn kein Publikum zu lesen. Er sei eine Provokation, habe ihr die Büchergilde Gutenberg beschieden, die den ersten 1944 verlegt hatte. Sie notiert es in knappen Worten, ohne weitere Erläuterung.

Man könnte auch sagen: Er ist eine Chronik. Die Bargada gibt es nicht. Aber das Dorf an der Grenze heißt Spruga, in der Senke liegen die Bagni di Craveggia. Und es stimmte ja: Über zwanzigtausend Menschen wurden während des Kriegs an den Grenzen des Landes abgewiesen oder ausgeschafft. Meist waren es Jüdinnen und Juden, für die 1942 die Grenzen ganz geschlossen wurden. Sechzigtausend Zivilpersonen wurden aufgenommen, etwas weniger als die Hälfte war jüdisch. Die Weisungen kamen aus Bern, aber die Menschen gelangten in Dörfer, wo protestiert wurde gegen Rückweisungen und Grenzbeamte in Gewissenskonflikte gerieten.

Auch die Schüsse sind nicht in ihrer Fantasie gefallen. Sondern am 19. Oktober 1944, nachdem italienische Faschisten und deutsche Wehrmachtsverbände eine Partisanenbrigade und viele Zivilisten bei den Bagni di Craveggia in die Enge getrieben hatten. 165 zivile Männer, 35 Frauen, 31 Kinder, 9 kranke Partisanen und ein Ire durften die Grenze passieren. An Schüssen fielen 25 000 bis 30 000 innert einer Stunde. Erst jetzt, weil Todesgefahr gegeben war, durften auch die 256 Partisanen über die Grenze. Für viele zu spät. Federico Marescotti, den jungen Partisanenführer, traf ein Schuss tödlich, als er schon auf Schweizer Boden gelangt war. Aida Tarabori aus Spruga, die neben der Grenze wirtschaftete, rettete sich und ihre Kinder nur knapp ins Dorf. Der Schweizer Leutnant Augusto Rima besprach Fluchtwege mit den Partisanenführern und verweigerte den Faschisten die Auslieferung der Partisanen.

Erst 1982 wird *Dorf an der Grenze* erscheinen, da liegen schon Publikationen über die Battaglia di Craveggia vor, die mit den Schilderungen im Roman übereinstimmen. Darum ging es nicht, als der Dorflehrer Giuseppe Gamboni der Autorin vorwarf, sie habe *Ungenauigkeiten und Unsinn* verbreitet. Er sprach von *Vorkommnissen*, die sie in der Bargada spielen ließ.

Vielleicht ging es darum: Wie es im Roman erschien, als würde man im Onsernone glauben, es spuke in den Häusern, als würden früh vergreiste Frauen rote Bindfäden auf Wegen vergraben, damit die Leidenschaften den richtigen Weg nehmen, als würden sie Tränke brauen. Als würden Väter

Er kam mit zwei riesigen Schrankkoffern und hundertzwanzig Hemden, aus feinstem Leinen: Kurt Tucholsky und Aline Valangin 1932 in der Barca.

ihre Töchter begehren, Schwestern sich Herrschaft anmaßen, Männer in Bergverläufen die Umrisse liegender Frauen sehen und in Frauen rote saftige Trauben, immer voller Blut. Als würden alle einander bös wollen. Als würden Häuser, die nachts ächzen und gähnen, wie Flüche auf Söhnen und Töchtern liegen, von Generation zu Generation.

Vielleicht hatte der Dorflehrer recht. Vielleicht sah sie alles nur von außen und verstand es nicht. Die Dame aus Zürich, die alle mühsam gewonnene Elektrizität für ihren Palazzo verbraucht, in Sommerkleidern aus Weiß, leuchtend oder crème, an die Terrassenmauer gelehnt den Gesprächen der andern lauscht.

Vielleicht aber gefiel dem Dorflehrer auch nicht, was sie gehört hatte von den Frauen aus dem Dorf, die bei ihr arbeiteten, mit denen sie sich in der Küche ihres Hauses unterhielt, stundenlang, über Jahre hinweg.

Hat sie diese Geschichte des Tals in den beiden Romanen dokumentiert? Die der Frauen?

In der Bargada herrschen die Männer, das Recht setzt sie ein. Die Frauen unterziehen sich. Allerdings *mit tausend Verwünschungen*. Wie sollten sie nicht: verrichten alle harte Arbeit, aber nie wird ihnen das Haus gehören oder das Land, dem sie auf Knien Heu und Kartoffeln abringen. Die großen Schwestern müssen alles dem kleinen Bruder übergeben, wenn es ihm einfällt, doch sein angestammtes Recht wahrzunehmen, aus der Ferne heimkehrt. Und eine Frau mitbringt, die eine Fremde ist, aber nun mehr zu sagen hat als die Töchter des Hauses.

So ist eine Männerherrschaft auch eingerichtet. Indem sie einen Keil zwischen die Frauen treibt.

Aber alles kann ändern. Wenn eine am Leid der andern Anteil nimmt, weil beide sehen, wie ihr Unglück zusammenhängt. Orsanna, die Tante, die ihrem Bruder Bernardo Platz machen musste, und Zoë, die Nichte, deren Mutter aus dem Städtchen als Fremde und Ehefrau des Bernardo gekommen war. Orsanna und Zoë schauen sich an. So endet der erste Roman: *Mit dieser Nacht erlosch der alte Streit der Arminifrauen um die Herrschaft über die Bargada.*

Das ist der erste Schritt. Mit dem zweiten endet der zweite Roman: Es gibt keinen Bruder, und Claretta, Tochter der Zoë, könnte allein über die Bargada herrschen, wonach ihre Großtante Orsanna ein Leben lang getrachtet hatte. Doch Claretta heiratet Amedeo, holt einen Fremden, den ersten, auf den Hof, *um mit ihm – nicht unter ihm und nicht über ihm – darauf zu schalten und walten: zu leben. Diese Lösung war einfach. Claretta sollte sie glücken.*

Eine Revolution hat sich zugetragen auf den Seiten der beiden Romane. Kein Kopf ist gefallen in der Bargada. Die Welt außerhalb der Bücher liegt in Trümmern. Wenige wurden gerettet, viele ermordet.

Es ist gut, dass ihr Großvater nicht mehr lebt, schon lange nicht mehr. Vielleicht trug sie nie ein helles Sommerkleid, ohne an ihn zu denken.

In strahlend weißen Kleidchen, in der Farbe des Friedens, hatte man sie und ihre Schwester zu Beginn des Jahrhunderts in die vordersten Reihen gesetzt, wenn an Rednerpulten Vorträge über die Sache gehalten wurden, für die der Großvater Elie Ducommun alles getan und einen Nobelpreis erhalten hatte. *La pace, le paix, peace,* verkörpert durch Kinder, verfochten von den Erwachsenen.

Für die Flüchtenden müsse man sorgen, lernte sie von ihrem Vater, für jene, die ihr Obdach verloren haben, die Russen und Juden, die in die Schweiz strömten damals. Krieg aber werde es keinen mehr geben, versicherte der Großvater.

Nicht mehr, nie mehr.

Im Dorf an der Grenze mischt sich unter die Schmuggler, die in der Bargada ein und aus gehen, der Partisan Francesco. Er spricht zu Zoë:

»*Ich habe eine hochschwangere Frau gesehen, die ihrer Niederkunft entgegenging. Wo sollte sie gebären? Sie hatte keine Kammer, kein Lager ... Sie kauerte auf der Straße und brüllte ...*«

»*Ich habe eine junge Mutter gesehen. Sie trug ihren Säugling in ein gelbes Tuch gewickelt. Das Kind war tot. Sie wollte es nicht glauben. Sie drückte die kleine Leiche an sich und nickte ihr zu.*«

»*Ich habe einen Greis gesehen, der in Abfällen stocherte, den halb faulen Fuß einer Henne herausholte und daran zu lutschen begann.*«

»*Ich habe einen jungen Mann gesehen, bei Holzfällern oben im Wald. Sie fanden ihn am Fuß eines Felsens, über den er auf der Flucht nachts gestürzt ist, schleppten ihn in ihre Hütte und verbargen ihn dort. Er konnte sich nicht mehr bewegen. Hat sich wohl das Rückgrat verletzt. Er schwieg. Seine Waffen lagen neben ihm. Aus seinen Augen flossen langsam Tränen.*«

Mehr zu Aline Valangin

+ Die eigenen Werke (in Auswahl): *Die Bargada*. Zürich 1944; *Dorf an der Grenze*. Zürich 1982 (fertiggestellt 1946); *Tessiner Novellen* (1939) / *Tessiner Erzählungen*. Zürich 2001; *Mutter*. Zürich 2001; *Raum ohne Kehrreim / Espace sans refrain. Ausgewählte Gedichte*. St. Gallen 1961.
+ Tagebücher und Interviews: Schweizerisches Sozialarchiv: Ar 116.1: Aline Valangin.
+ Der historische Hintergrund:
Paolo Bologna: *Il 18 ottobre 1944 ai Bagni di Craveggia*, in: *Rivista militare della Svizzera italiana*, 47, 3. 1975;
Peter Kamber: *Geschichte zweier Leben – Wladimir Rosenbaum & Aline Valangin*. Zürich 2000 (ergänzte Neuauflage);
Kristina Schulz: *Die Schweiz und die literarischen Flüchtlinge (1933–1945)*. Berlin 2012;
Unabhängige Expertenkommission Schweiz – Zweiter Weltkrieg (Hg.): *Die Schweiz und die Flüchtlinge zur Zeit des Nationalsozialismus*, Veröffentlichungen der UEK, Bd. 17. Zürich 2001;
RSI Radiotelevisione svizzera di lingua italiana: *Bixio Candolfi ricorda Aline Valangin*. 1985.

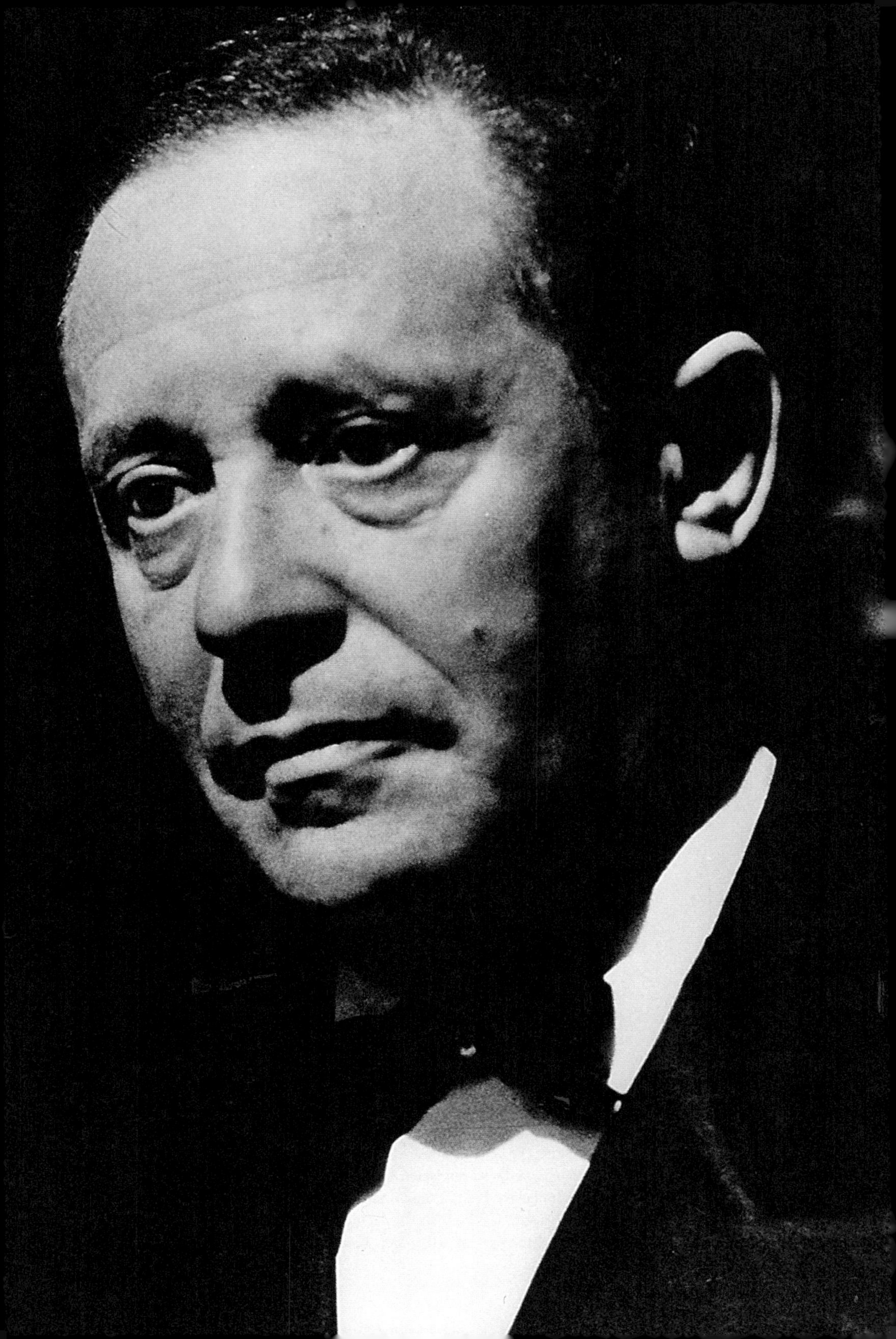

SAMIR ZU KURT HIRSCHFELD

EIN VERITABLER THEATERSKANDAL

Wie einer das Zürcher Schauspielhaus zur Weltbühne machte

Ende der 1950er-Jahre geht ein groß gewachsener älterer Herr mit einem blonden Mädchen an der Hand durch eine verwunschene Anlage voller alter Bäume. Es ist der kleine jüdische Friedhof von Lehrte in Niedersachsen. Der Mann heißt Kurt Hirschfeld. Er ist Intendant und Regisseur am Schauspielhaus Zürich. Vor fünfundzwanzig Jahren hatte er die Heimatstadt verlassen. Nun nimmt er zum ersten Mal seine Tochter ans Grab seines Vaters mit. Als ehemaliger Kommunist hat er sie nicht religiös erzogen. Doch er zeigt ihr den jüdischen Brauch und legt beim Abschiednehmen einen Stein auf das Grab des Vaters. Tochter Ruth fragt ihn, warum er keine Blumen hinlegt? Er antwortet ihr, Blumen vergehen, aber die Steine der Ehrerbietung nicht.

Ihm selbst wird die Ehre, die er in der Schweiz verdient hätte, nie öffentlich zuteil. Und steinig war sein Weg, trotz aller Erfolge. Seine größte Errungenschaft war die Etablierung des Schauspielhauses Zürich als eines der führenden Theater im deutschsprachigen Raum. Doch dafür erhielt er in der Wahlheimat Schweiz keinerlei Auszeichnung. Nur im »Ausland« wird er 1962 in Hannover mit dem Großen Niedersächsischen Kulturpreis geehrt.

Etliche Bücher und Filme sind über die Glanzzeit des Zürcher Schauspielhauses geschrieben und gedreht worden. Immer wieder wurde und wird darauf hingewiesen, dass während der Nazi-Zeit die bekanntesten deutschen und österreichischen Autoren, Schauspieler und Schauspielerinnen in Zürich den Geist des Widerstands gegen den Faschismus hochhielten.

Samir, geboren 1955 in Bagdad. Zog in den 1960er-Jahren mit seiner Familie in die Schweiz, wo er zur Schule ging. Er absolvierte eine Ausbildung zum Schriftsetzer und begann in den 1980er-Jahren, als Kameramann und Filmemacher zu arbeiten. Ab Mitte der 1990er-Jahre auch Produzent und Theaterregisseur. Sein Werk umfasst mehr als vierzig Kurz- und Langfilme.

Und überall werden jene Schweizer genannt, die dabei mitgeholfen haben: der wichtigste, Ferdinand Rieser, Direktor des Schauspielhauses von 1926 bis 1938, dazu der Buchhändler und Verleger Emil Oprecht. Zumeist in den Hintergrund gerät dabei Kurt Hirschfeld. Er aber war es, der 1933/34 die meisten der renommierten Mitarbeiterinnen und Mitarbeiter nach Zürich geholt hatte: Therese Giehse und Grete Heger, Albert Bassermann und Ernst Ginsberg, Wolfgang Langhoff, Kurt Horwitz und Leonard Steckel, dazu der Regisseur Leopold Lindtberg und der Bühnenbildner Teo Otto. Viele Juden und Kommunisten. Hirschfelds Bedeutung für das Zürcher Schauspielhaus kann kaum überschätzt werden.

Kurt Hirschfeld, 1902 in Lehrte geboren, wuchs in einer jüdischen Familie auf. Sein Vater war erfolgreicher Kaufmann. Kurt war schon in seiner Jugend dafür bekannt, dass er alle Bücher verschlang, die er lesen konnte. Nach dem Studium von Philosophie, Germanistik und Soziologie begann er 1930, am Hessischen Staatstheater in Darmstadt als Dramaturg zu arbeiten. Als Linker und als Jude musste er 1933 nach Hitlers Machtübernahme zuerst in Berlin untertauchen und konnte dann im Mai 1933 in die Schweiz flüchten. Auf Anraten des Darmstädter Theaterdirektors Gustav Hartung wurde er von Ferdinand Rieser als Dramaturg am Zürcher Schauspielhaus angestellt. Jetzt kamen ihm seine vielfältigen Kontakte zugute. So holte er zahlreiche bekannte Namen nach Zürich.

Doch Mitte 1934 wurde er von Rieser wegen Differenzen über den Spielplan entlassen. Eine Aufenthaltsbewilligung war ihm verweigert worden; sein letztes Gesuch wurde vom Regierungsrat des Kantons Zürich mit der Begründung abgelehnt, »es entspricht kaum der allgemein schweizerischen Auffassung, dass ein Ausländer dazu berufen sei, die Auslese für in der Schweiz zu spielende Theaterstücke zu treffen«. Über ein Jahr lang arbeitete Hirschfeld heimlich als Lektor im Verlag seines Freunds Emil Oprecht. Für den Oprecht Verlag sowie den Europa Verlag baute er eine antifaschistische Literaturreihe auf. Dabei lernte er unter anderem auch die Dichterin Else Lasker-Schüler, den italienischen Schriftsteller Ignazio Silone und die Familie von Thomas Mann kennen. Dessen Tochter Erika Mann füllte in dieser Zeit mit ihrem Anti-Nazi-Kabarett Die Pfeffermühle in Zürich den Saal im Hotel Hirschen. Doch die politische Stimmung wurde auch in der Schweiz immer aggressiver. Mit den Frontisten formierte sich eine faschistische Bewegung, die Krawalle gegen die Pfeffermühle und das Schauspielhaus mit seinem Ensemble voller deutscher Exil-Schauspieler und -Schauspielerinnen anzettelte.

Kurt Hirschfeld ging 1935 nach Moskau, wo er zuerst als Zeitungskorrespondent, dann als Regieassistent des legendären Theatermachers Wsewolod Meyerhold arbeitete. Doch 1938 schlossen Stalins Schergen das Meyerhold-Theater; später wurde Meyerhold verhaftet und im Februar 1940 hingerichtet.

Hirschfeld aber war 1938 in die Schweiz zurückgekehrt und lebte vorerst wieder illegal bei Emil Oprecht. Inzwischen war Ferdinand Rieser die politische Situation über den Kopf gewachsen. Jeden Tag wurde das Schauspielhaus attackiert, von Frontisten und ihren Freunden in den Medien als »S'Jude-Theater« diffamiert. Rieser wollte das Theater verkaufen und in die USA übersiedeln. Da kamen Oprecht und Hirschfeld auf die Idee, eine Aktiengesellschaft zu gründen, um Rieser das Theater abzukaufen. Dank des sozialdemokratischen Stadtpräsidenten Emil Klöti und anderer einflussreicher und vermögender Zürcher Freunde wurde die Neue Schauspiel AG gegründet. Und dank der Arbeit für diese Aktiengesellschaft erhielt Kurt Hirschfeld endlich eine Aufenthaltsbewilligung. Doch der Chef der Eidgenössischen Fremdenpolizei, Heinrich Rothmund, intervenierte gegen die Ernennung des Juden Hirschfeld zum Intendanten und »empfahl« als neuen Direktor den Basler Regisseur und Intendanten Oskar Wälterlin. Mit dessen Wahl begann 1938 die sogenannte »Ära Wälterin«, die bis zu dessen Tod 1961 dauerte. Erst dann wurde Kurt Hirschfeld Direktor und Intendant des Schauspielhauses. Doch eigentlich müsste die dreißigjährige Periode des Zürcher Schauspielhauses »Ära Hirschfeld-Wälterin« heißen.

Die Kombination Wälterlin und Hirschfeld war ein Glücksfall für die Neue Schauspiel AG. Hirschfeld als Chefdramaturg hatte die Idee, die konservativen nationalen Kräfte in der Schweiz an das neue Haus zu binden, indem er an ihren Patriotismus appellierte, der zugleich antinazistisch war. Eine solche Haltung versuchte er, in Inszenierungen von Klassikern wie Lessing, Goethe, Ibsen und Tolstoi umzusetzen. Neben den exilierten deutschen wurden auch viele bekannte schweizerische Schauspielerinnen und Schauspieler engagiert. In Schillers *Wilhelm Tell* wurde beispielsweise die Hauptrolle mit Heinrich Gretler besetzt. Nicht von ungefähr wurde jede Aufführung mit stehendem Applaus begrüßt, denn die Menschen empfanden diese Inszenierung als Signal gegen die Nazis.

Am 11. Mai 1940, am Tag der Generalmobilmachung der Schweizer Armee, fand die Generalprobe von *Faust. Der Tragödie zweiter Teil* statt. Kurt Hirschfeld berichtete darüber: »Als wir nachts nach Hause kamen, war Zürich in Evakuation begriffen. Ein Strom von Autos bewegte sich in die Innerschweiz, und es war eigentlich klar, dass die Nazis einmarschieren würden. Dennoch fand die Premiere statt, eine Premiere unerhörter Erregtheit. Hunderte begehrten Einlass und fanden ihn nicht. Wir öffneten die Türen, sodass jeder, der hineingehen wollte, hineingehen konnte. Das Haus war voll besetzt, in den Seitengängen standen Menschen, einer von uns abwechslungsweise am Radio, um zu hören, was geschah, um, wenn möglich, die Vorstellung abzubrechen, die Schauspieler mit Rucksäcken in den Garderoben, um in irgendwelchen vorbereiteten Kellern verschwinden zu können. An jenem Abend haben wir gewusst, gelernt und unvergesslich gelernt, was Theater sein kann. Ein Publikum, das Goethes *Faust* in jeder Sekunde verstand, das jede auch nur kleine Anmerkung, die auf die Situation passte, mit minutenlangem Applaus bedachte.«

Dank seines Netzwerks aus der Weimarer Republik schaffte es Hirschfeld auch, das Vertrauen von Bertolt Brecht zu gewinnen, und brachte so während des Kriegs eine Reihe von Uraufführungen von Brecht-Stücken auf die Zürcher Bühne. So zum Beispiel 1941 *Mutter Courage und ihre Kinder* mit Therese Giehse in der Hauptrolle, ein Jahr später *Der gute Mensch von Sezuan* mit Maria Becker und nochmals ein Jahr später die Uraufführung von *Galileo Galilei* (*Leben des Galilei*).

Man wagte aber nicht alles. Das Zürcher Schauspielhaus unterwarf sich gelegentlich einer Selbstzensur, um Hitler-Deutschland nicht mit provokativen Inszenierungen zu Druckversuchen herauszufordern. So wurde Bertolt Brechts Szenenfolge *Furcht und Elend des Dritten Reiches* nicht aufgeführt.

Auch wenn Hirschfeld nun weiterhin geachtet wurde und eine Aufenthaltsbewilligung besaß, wurde die Kriegszeit für ihn emotional noch schwieriger. Denn in Deutschland wurde sein Vater von den Nazis 1941 nach Riga deportiert und blieb verschollen. Im März 1943 schrieb Kurt Hirschfeld in einem Brief: »Von meinem Vater fehlen nun seit anderthalb Jahren alle Nachrichten, und ich kann nicht damit rechnen, dass er noch unter den Lebenden ist.« In den Zeugnissen seiner Freunde aus dieser Zeit ist nur wenig über seine persönliche Situation zu lesen. Er selbst hat 1945 nur eine knappe Zusammenfassung seiner beruflichen Lage und Intention verfasst: »Es galt, das Theater wieder als wirkende kulturelle Institution einzusetzen, seinen geistigen Ort zu bestimmen und seine Funktionen zu restituieren in einer

Der Förderer: Kurt Hirschfeld (rechts) und Max Frisch bei den Proben zu Frischs Stück Andorra, das im Schauspielhaus Zürich unter der Regie von Hirschfeld im November 1961 uraufgeführt wurde.

Zeit, in der das deutschsprachige Theater lediglich eine Propagandawaffe war. Es galt, künstlerische, ethische, politische und religiöse Probleme zur Diskussion zu stellen in einer Zeit, in der Diskussion durch blinde Gefolgschaft abgelöst schien, es galt, gegen den aufrufenden und gewalttätigen Stil des offiziellen deutschen Theaters nüchternen, humanen Stil auszubilden. […] Einmal die Wahrung und die Verwaltung des klassischen Erbes, zum anderen die Aufführung moderner Stücke, die gerade zu der Situation, in der sich Menschen und Gesellschaft in diesen äußerst kritischen und gefahrvollen Jahren befanden, etwas zu sagen hatten. Darum spielten wir in der Zeit der Bedrängnis des Einzelmenschen den *Götz von Berlichingen* von Goethe als Aufruf für die Freiheit des Individuums, den *Wilhelm Tell* von Schiller als Bestätigung für den Befreiungskampf und den endlichen Sieg eines kleinen Volkes.«

Nach dem Krieg wurde Hirschfeld 1946 Vizedirektor am Schauspielhaus und brachte vorwiegend Stücke von modernen Autoren wie Jean-Paul Sartre, Thornton Wilder, Tennessee Williams, Arthur Miller und den im Spanischen Bürgerkrieg erschossenen Federico Garcia Lorca zur Aufführung. Durch seine weitsichtige Programmierung schaffte er es, dass das Schauspielhaus Zürich in der Nachkriegszeit nicht wieder ein Provinztheater wurde, sondern in der obersten Liga der deutschsprachigen Theater mitspielte. Und nicht nur das. Durch seine Umsicht konnte er die neusten und erfolgreichsten amerikanischen Stücke bloß ein halbes Jahr nach der Broadway-Premiere nach Zürich bringen. Mit diesem Konzept setzte er als Dramaturg im europäischen Rahmen einen Kanon durch, der auch den angelsächsischen Raum mit einbezog. Entschieden verstand er die Bühne als »moralische Anstalt« und hielt fest: »Die Aufgabe des Theaters, die sich uns anbietet, muss wohl vor allem sein, unterhaltend dem Menschen zum Selbstverständnis zu verhelfen, ihm zu zeigen, welche Möglichkeiten ihm gegeben sind, sowohl im Bezirk des Individuellen wie im Bereich des Gesellschaftlichen.«

Den »Feuerkopf« des Schauspielhauses hat ihn Erwin Parker genannt, der als Schauspieler zum Ensemble gehörte: »Du, Hirschi, warst ein Wegbereiter, ein Förderer, ein Aufspürer und Weiterhelfer.«

Noch 1944 hatte Hirschfeld einem jungen Schweizer Schriftsteller den Auftrag für ein Theaterstück gegeben, dem bald weitere folgten. »Wir entwickelten etwas, was wir aktive Dramaturgie nannten. [...] Wir fanden etwas kurioserweise zwei junge Schweizer Autoren. Der eine, Max Frisch, war mir aufgefallen, als er in der *Neuen Zürcher Zeitung* während des Krieges recht respektlose *Blätter aus dem Brotsack*, so hieß es, publizierte. Stil und Haltung gefielen uns, und wir suchten die Bekanntschaft dieses jungen Autors. Ich sehe noch, wie wir uns vor dem Theater trafen, er sein Velo die Mauer, die vom Heimplatz zum Bellevue führte, entlangstieß, und ich fragte ihn: Wollen Sie nicht einmal für das Theater schaffen?«

Frisch versprach, »sich zu bemühen«, und lieferte wenige Monate später die ersten Stücke *Nun singen sie wieder* und *Santa Cruz*. Es dauerte eine Weile bis zum Welterfolg von *Andorra*, doch Hirschfeld hielt an Frisch fest.

* 10.3.1902	in Lehrte / Niedersachsen in jüdischer Kaufmannsfamilie. Gymnasium in Hannover. Studium von Philosophie und Germanistik in Heidelberg, Frankfurt, Göttingen
1930	Dramaturg in Darmstadt
1933	Entlassung aus politischen Gründen, in Berlin untergetaucht
1933–1935	Zürich, Dramaturg am Schauspielhaus Zürich, Zusammenstellung eines Ensembles mit deutschen Exil-Schauspielerinnen und -Schauspielern. Lektor beim Verlag Oprecht
1935–1938	Moskau, Journalist, Regieassistent im Meyerhold-Theater
1938	Zürich, Mitgründer der Neuen Schauspiel AG. Dramaturg am Schauspielhaus, Programmierung kritisch interpretierter Klassiker und moderner Autoren, Uraufführungen von Bertolt-Brecht-Stücken
1946–1961	Vizedirektor am Schauspielhaus. Zahlreiche Inszenierungen
1951	Heirat mit Tetta Scharff (1923–2008), ein Kind
1961–1964	Direktor am Schauspielhaus. 1961 Uraufführung *Andorra* von Max Frisch
† 8.11.1964	in Zürich

Genauso wie an Friedrich Dürrenmatt. Ein Kollege schickte ihm eines Tages das Stück eines jungen Basler Philosophiestudenten. Hirschfeld las es in der Mittagspause, Direktor Wälterlin am gleichen Abend, und am nächsten Morgen war das Stück *Es steht geschrieben* zur Uraufführung 1947 angenommen.

Hirschfeld hat darüber berichtet: »Und es wurde ein veritabler Theaterskandal. Ein Teil der Presse war höchst degoutiert. Ein bewährter Kritiker schrieb: ›Man ging ins Theater im Glauben, einen neuen Schweizer Autor entdeckt zu haben. Man ging mit der Gewissheit nach Hause, ihn nicht entdeckt zu haben.‹« Dürrenmatt war zwar durchgefallen, aber auch ihm hielt Hirschfeld die Treue und gab ihm weitere Aufträge für Stücke. 1956 inszenierte dann Oskar Wälterlin im Schauspielhaus Dürrenmatts *Der Besuch der alten Dame* mit Therese Giehse in der Hauptrolle, was dem Autor den internationalen Durchbruch verschaffte.

Ab 1948 begann Hirschfeld, auch wieder selber Regie zu führen. Sein erstes Stück war *Herr Puntila und sein Knecht Matti* von Bertolt Brecht, mit dem er bei der Inszenierung zusammenarbeitete. Bis zu seinem Tod wurden es über dreißig Inszenierungen.

1951 heiratete Hirschfeld die Schauspielerin Tetta Scharff, und die beiden bekamen eine Tochter: Ruth Hirschfeld. Tetta war ihrerseits die Tochter des bekannten deutschen Bildhauers Edwin Scharff und der ungarisch jüdischen Schauspielerin Ilona Ritscher. Scharff wurde, nach anfänglich versuchter Annäherung, ab 1938 von den Nazis geächtet. So wurden über vierzig seiner Skulpturen als »entartet« zerstört, und er erhielt Berufsverbot. Das Ehepaar Scharff hatte in Kampen auf Sylt ein Haus, wo die beiden die Kriegsjahre überlebten. Nach dem Krieg verkehrte dort im Sommer die deutsche Intelligenz, von Siegfried Unseld bis Uwe Johnson. Dort lernte

Der Regisseur: Bertolt Brechts *Im Dickicht der Städte* mit Ernst Schröder und Dinah Hinz, Zürich 1960, Regie Kurt Hirschfeld.

Hirschfeld auch Tetta kennen und lieben. Sie war damals schon eine bekannte Schauspielerin, ebenso schön wie schlagfertig und gebildet. Doch Hirschfeld war offensichtlich als Mann seiner Zeit verhaftet: in vielen gesellschaftlichen Belangen fortschrittlich gesinnt, nicht jedoch in der Beziehung zu seiner Frau. Denn deren Schauspielkarriere nahm nach der Geburt von Tochter Ruth ein jähes Ende. Und es gibt keine Hinweise, dass Kurt sie in seiner Arbeit als Regisseur oder Intendant gefördert hätte.

Als Oskar Wälterlin 1961 starb, wurde Kurt Hirschfeld Direktor des Schauspielhauses. Kurz vor seinem sechzigsten Geburtstag inszenierte er als Weltpremiere Max Frischs *Andorra*, in enger Zusammenarbeit mit dem Schriftsteller.

Im fiktiven Kleinstaat Andorra wächst der junge Andri im Glauben auf, er sei ein jüdisches Findelkind, und sein Pflegevater, der Lehrer, habe ihn gerettet vor den »Schwarzen«, einem bedrohlichen Nachbarvolk Andorras, das Juden verfolgt und tötet. Aber auch in Andorra ist Andri täglich mit Rassismus und Vorurteilen gegen Juden konfrontiert.

Liegt es nicht auf der Hand, dass der Schriftsteller Frisch Kurt Hirschfeld als umgekehrtes Beispiel seiner Parabel las? Ist nicht Hirschfeld der Jude, der sich in seiner Arbeit nicht als Jude definiert und dadurch alle andern glauben lässt, dass er kein Jude ist? Wie auch immer, das Stück wurde für die beiden Freunde zum Höhepunkt ihrer Zusammenarbeit und machte Max Frisch zum international bekannten Theaterautor. Auch Dürrenmatt feierte mit *Die Physiker* kurz darauf seinen zweiten Welterfolg. 1962 erschien zum sechzigsten Geburtstag von Kurt Hirschfeld ein Band im Verlag seines verstorbenen Freundes Emil Oprecht, mit dem Titel *Theater – Wahrheit und Wirklichkeit*. Unter anderem mit Beiträgen von Theodor W. Adorno, Carl Zuckmayer, Alfred Andersch, Peter Szondi, Rolf Liebermann sowie natürlich Friedrich Dürrenmatt und Max Frisch.

Hirschfeld beeinflusste viele Künstler in ungewöhnlichem Maße, doch über ihn selbst, was für ein Mensch er war, was ihn so speziell machte, gibt es nur wenige Zeugnisse. Der Schauspieler Ernst Schröder schildert ihn so: »Hirschfeld war eben ein Theatermann, mit dem man nicht nur über Theater sprechen konnte, sehr ergiebig zum Beispiel über Bilder, über Maler und Bildhauer, über fremde Länder, über das Essen, vor allem aber über Philosophie. Da waren seine Kenntnisse beneidens- und bewundernswert. Er hatte alle Neuerscheinungen wirklich gelesen, nicht nur quer. Er war auch ein praktizierender Psychologe. Er wusste, wie man Schauspieler zu behandeln hatte. Als Emigrant wusste er aus Erfahrung, wie verletzlich der Mensch nun einmal ist. […] Ich hätte jedem Schauspieler einen Direktor gewünscht, wie ich ihn damals in Hirschfeld hatte. Er besaß Verständnis nicht nur für die wahnartige Verfolgungsangst des jüdischen Schauspielers. Er begriff auch das Trauma dessen, der während der Kriegsjahre in Deutschland gelebt hatte und nun plötzlich in einem Ensemble von Emigranten stand.«

Obgleich in den Karten und Briefen an seine Freunde eine große Verbundenheit, ja Zärtlichkeit zu spüren ist, wirkte er als Mensch zurückhaltend.

Der Intendant: Inszenierung von Frank Wedekinds *Lulu* in Zürich 1962
mit Leonard Steckel, Gustav Knuth und Elfriede Irrall.

Manche sagen auch verschlossen. Und über sein Verhältnis zum Judentum, das laut Rabbiner Jakob Teichman sehr intensiv gewesen sein muss, hat er nie gesprochen.

Anfang 1964 wird bei Hirschfeld Krebs diagnostiziert. Seine Frau Tetta verheimlicht ihm – in Absprache mit seinen Freunden – die hoffnungslose Prognose. Im November stirbt er in einer Klinik am Tegernsee.

Und wieder wird seine Tochter Ruth an der Hand genommen, um auf einen Friedhof zu gehen. Es ist ein kalter feuchter Herbsttag. Von den Bäumen fallen die letzten gelben Blätter. Die israelitische Ruhestätte Zürichs liegt am Waldrand, unterhalb des Uetliberg. Diesmal geht das kleine Mädchen an der Hand ihrer groß gewachsenen schlanken Mutter an den jüdischen Gräbern vorbei.

Viele von Hirschfelds berühmten Freunden finden sich ein an der Beerdigung. Fast alles nur Männer. Viele von ihnen sind überrascht, sich auf dem jüdischen Friedhof wiederzufinden. Sind überrascht, dass sie aus religiösen Gründen eine Kopfbedeckung tragen müssen.

Doch bald beginnt jener Mann vergessen zu gehen, der dreißig Jahre lang das Theater einer Stadt maßgebend gestaltet und ihm eine internationale Bedeutung gegeben hat. Bislang ist über ihn weder ein Film realisiert noch ein Buch geschrieben worden. Inwiefern seine jüdische Herkunft und sein Status als Ausländer dabei eine Rolle gespielt haben, sei dahingestellt. Interessanterweise ließ sich Kurt Hirschfeld in der Stadt Zürich nie einbürgern. Und seinen Nachlass kann man nur in New York, im Leo-Baeck-Institute zur deutsch-jüdischen Geschichte und Kultur, konsultieren.

Kurt Hirschfeld verkörpert als Jude, der sich um die Verbesserung einer Gesellschaft bemüht – obgleich diese ihn nicht wirklich akzeptiert –, das Idealbild eines engagierten Menschen. Als politischer Mensch war er fähig, Situationen zu analysieren und Allianzen zu bilden, um nicht nur sich selbst zu retten, sondern darüber hinaus auch die Gesellschaft mitzugestalten. Seine Persönlichkeit sollte dem Dunkel der Geschichte entrissen werden, um ihm ein menschliches Angesicht zu geben. In Zeiten des erneut auflebenden Antisemitismus erst recht.

Mehr zu Kurt Hirschfeld

+ Es existiert ein einziges größeres Audioporträt zu Hirschfeld: *Kurt Hirschfeld – Zauberer im Zürcher Schauspielhaus*. Von Felix Schneider, srf 2015. www.srf.ch/audio/passage/kurt-hirschfeld-der-zauberer-im-zuercher-schauspielhaus?id=10698685. Weiteres Material findet sich im Archiv des Schauspielhauses Zürich: www.schauspielhaus.ch/de/archiv.
+ Zum Zürcher Schauspielhaus gibt es etliche Studien:
Curt Riess: *Sein oder Nichtsein. Roman eines Theaters*. Zürich 1963.
Werner Mittenzwei: *Das Zürcher Schauspielhaus. 1933–1945*. Berlin/DDR 1979.
Ute Kröger / Peter Exinger: *In welchen Zeiten leben wir! Das Schauspielhaus Zürich 1938–1998*. Zürich 1998.
Peter Reichenbach / Beat Lenherr: *Das Zürcher Schauspielhaus – Mythos und Wirklichkeit*. Zweiteiliger Dokumentarfilm, srf 2005.
+ Erhellend auch: Christoph Emanuel Dejung: *Emil Oprecht – Verleger der Exilautoren*. Zürich 2020.

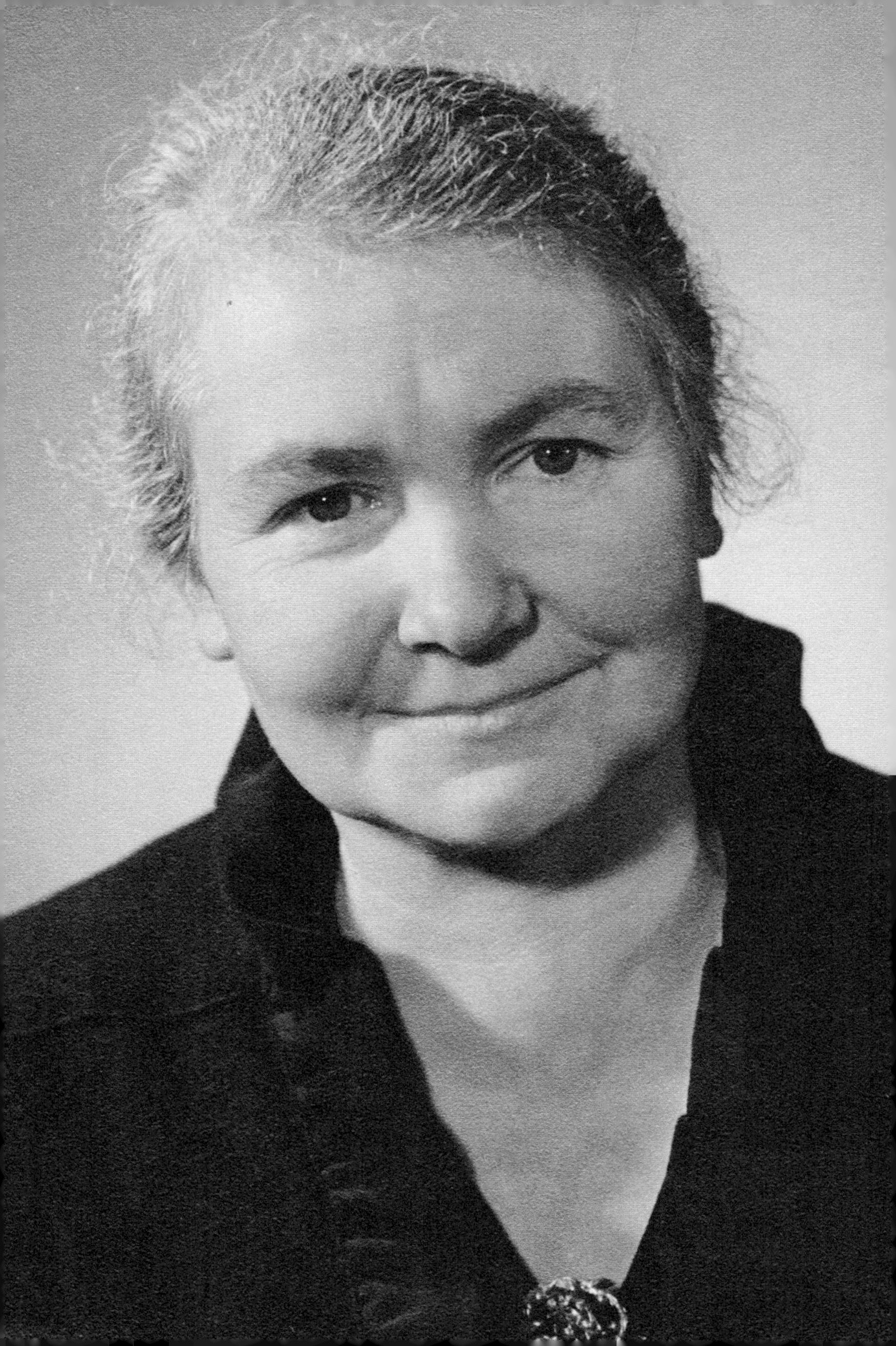

SUSAN BOOS ZU GERTRUD KURZ

EMPATHIE ALS SUBVERSION

Was sich im Zweiten Weltkrieg
für die Flüchtlinge tun ließ

Sie sah aus wie meine Großmutter. Eine ältere Frau, die Bluse bis oben zugeknöpft, die Handtasche auf den Knien, das weiße Haar am Hinterkopf zum Knoten geflochten. Sie war die »Flüchtlingsmutter«. Selbst bei Interviews im Radio oder Fernsehen wurde sie als »Mutter Kurz« angesprochen. Sie hatte einen Ehrendoktortitel, war für den Friedensnobelpreis vorgeschlagen, bekam den Albert-Schweitzer-Preis und wurde von der Niederländischen Königin empfangen. In den 1960er-Jahren war sie eine Berühmtheit.

Als ich ihren Namen zum ersten Mal hörte, war ich gut zwanzig und Gertrud Kurz schon bald zwanzig Jahre tot. Das war Ende der 1980er-Jahre. Damals ging es nicht um sie, sondern um die Stiftung Gertrud Kurz. Die Stiftung finanzierte ein Pressebüro samt Dokumentationsarchiv, die »Flüchtlingsinformation«. Im Auftrag der Stiftung recherchierten zwei freie JournalistInnen zur Flüchtlingspolitik und publizierten in diversen Zeitungen, auch in jener, bei der ich als Redaktorin arbeitete. Immer wieder lieferten sie Primeurs über Verschärfungen im Umgang mit den Flüchtlingen und über die neu entstehende Festung Europa.

Der Titel »Flüchtlingsmutter« wirkte schräg. Aber das war nebensächlich, weil der Christliche Friedensdienst (cfd) exquisite Arbeit leistete und man wusste, dass das Hilfswerk von Kurz gegründet worden war. Der cfd nannte sich zwar christlich, hatte aber nie religiös agitiert, sondern früh feministisch und pointiert links agiert. Was sich bis heute nicht geändert hat.

Doch wer war Gertrud Kurz?

Gertrud kam am 15. März 1890 in Lutzenberg zur Welt. Das Dorf liegt an der östlichen Flanke von Appenzell Ausserrhoden. Wer hier groß wird, blickt

Susan Boos, geboren 1963, lernte das journalistische Handwerk bei der *Ostschweizer AZ* in St. Gallen. 1991 wechselte sie als Redaktorin zur *WOZ – Die Wochenzeitung*. Dreizehn Jahre lang, bis Ende 2017, war sie dort Redaktionsleiterin. Seither schreibt sie weiterhin für die WOZ, verfasst Sachbücher und präsidiert seit Anfang 2021 den Schweizer Presserat.

ins Ausland. Lutzenberg liegt am Hang. Unten dehnt sich der Bodensee aus, dahinter sieht man tief nach Deutschland hinein. Im Osten erheben sich die Vorarlberger Alpen. Gertrud wurde in einer gutbürgerlichen Familie geboren. Vater Reinhard Hohl war Seidenbeuteltuch-Fabrikant, saß im Kantonsrat, amtete als Richter und engagierte sich in der Gemeinnützigen Gesellschaft. Die Mutter, Clara Hohl-Custer, stammte aus einer Arzt- und Apothekerfamilie, arbeitete in der Frauenzentrale mit und zog im Dorf eine Mütterberatung auf. Von ihr soll Gertrud den christlich-pietistischen Glauben übernommen haben.

Gertrud verließ früh ihr Elternhaus. In Neuenburg besuchte sie eine Handelsschule und in Frankfurt am Main eine Frauenbildungsschule. Danach heiratete sie Albert Kurz, einen Naturwissenschaftler und Gymnasiallehrer. Sie bekamen drei Kinder, zwei Söhne und eine Tochter.

Offensichtlich sprach es sich in Bern schnell herum, dass bei der Familie Kurz die Türe stets offen stand. Es kamen Fahrende, Obdachlose oder entlassene Strafgefangene vorbei. Bei Kurz gab es immer eine Suppe, und sie hörte allen zu.

In den 1930er-Jahren begegnete Gertrud Kurz dem Elsässer Etienne Bach. Der Offizier und Pfarrer hatte den Ersten Weltkrieg erlebt und danach die Friedensbewegung »Chevaliers servants du prince de la Paix« (»Kreuzritter im Dienste des Friedensfürsten«) gegründet. Der Friedensgedanke, den die Kreuzritter vertraten, faszinierte Gertrud Kurz. Sie engagierte sich in der Bewegung, wurde aufgrund ihrer Sprachkenntnisse bald zu einer tragenden Figur und gründete in der Schweiz einen Kreuzritter-Ableger. Inzwischen waren in Deutschland die Nazis an die Macht gekommen. Am 9. November 1938 begannen mit der sogenannten Kristallnacht die gezielten Pogrome gegen Jüdinnen und Juden. Die Nazis brachten Hunderte von ihnen um und zerstörten die meisten Synagogen. Es war der Anfang der systematischen Vertreibung und Vernichtung der JüdInnen. Immer mehr Menschen flohen aus Deutschland.

In der Radiosendung *Musik für einen Gast* erzählt Gertrud Kurz 1969, ihre Mutter habe sie im Dezember 1938 angerufen. Sie hatte gehört, dass jüdische Flüchtlinge in die Schweiz kamen, und fand, man müsse etwas für sie tun. Gertrud Kurz nahm die Idee ihrer Mutter auf und beschloss, an Weihnachten die Flüchtlinge zu bewirten. Zusammen mit einigen HelferInnen organisierte sie in Bern einen Saal. Sie hatten mit zwanzig Personen gerechnet, berichtet sie. Gekommen sind zweihundert. Das war der Anfang ihres Engagements für Flüchtlinge und des Christlichen Friedensdienstes.

Es gibt eine legendäre Geschichte, als Kurz im Sommer 1942 Bundesrat Eduard von Steiger dazu brachte, die Grenzen wieder zu öffnen. Die Nazis hatten die Deportationen aus Frankreich, Belgien und den Niederlanden verstärkt. Immer mehr Flüchtlinge versuchten, in die Schweiz zu fliehen. Am 4. August ordneten die Schweizer Behörden die totale Schließung der Grenzen an. Alle AusländerInnen, die illegal eingereist waren – mit Ausnahme der politischen Flüchtlinge und Deserteure –, sollten konsequent ausgeschafft werden. Dieser Beschluss richtete sich vor allem gegen JüdInnen, da sie nicht als politische Flüchtlinge galten. Die Nazis hatten bereits ihre Vernichtungsmaschinerie in Gang gesetzt. Menschen, die an der Schweizer Grenze zurückgewiesen wurden, drohte fast unausweichlich der Tod. Der damalige Bundesratsbeschluss stammte von Heinrich Rothmund, der zwischen 1919 und 1955 Chef der Fremdenpolizei war. Er hatte die rigorose Abschottung der Grenze selbstständig beschlossen. Das konnte er tun, weil der zuständige Bundesrat, Eduard von Steiger, in den Ferien weilte.

Die jüdische Gemeinde wusste von den tödlichen Konsequenzen dieses Beschlusses. Gertrud Kurz wusste es auch. Der Schweizerische Israelitische Gemeindebund bat sie, zusammen mit dem Basler Bankier Paul Dreyfus-de Gunzburg Bundesrat von Steiger zu besuchen. Die beiden reisten auf den Mont Pèlerin, einen schmucken Ort über dem Genfersee, wo von Steiger seine Ferien verbrachte. Drei Stunden waren Dreyfus und Kurz bei ihm. Sie berichteten dem Bundesrat von den grauenhaften Zuständen in Deutschland und im besetzten Polen. Von Steiger tat überrascht. Am nächsten Tag ließ er die Grenze wieder etwas öffnen. Das dauerte allerdings nur wenige Wochen, dann ging sie wieder zu. So kann man es in *Streitfall Frieden* nachlesen, einer Festschrift zum fünfzigsten Jubiläum des cfd.

In dieser Anekdote kommt zusammen, was Gertrud Kurz ausgemacht hat: großes Engagement, aber auch einen direkten Draht zu den Behörden. Sie hatte keine Berührungsängste und traf sich selbst mit Fremdenpolizeichef Rothmund, wenn es der Sache diente. Er forderte Kooperation. Noch vor Ende des Kriegs schrieb er ihr in einem Brief: »Eines ist aber stets selbstverständlich in einem freien Verkehr, den wir als Behörden mit Ihnen als Vertreterin einer privaten Hilfsorganisation pflegen, vollkommene Loyalität. Sie sollen und werden sie immer finden bei uns. Wir müssen aber auch bei Ihnen darauf zählen können.« Kurz opponierte nicht.

Persönliche Hilfe: Gertrud Kurz (Zweite von links) mit Flüchtlingen im Garten des eigenen Hauses in Bern, ganz rechts Tochter Anni Bürgi-Kurz, 1939.

Im Gegenteil. Sie versicherte den Bundesbehörden in Briefen, sie würde sie niemals kritisieren.

Ihre freundliche Beziehung zu den Bundesbehörden wird später cfd-intern thematisiert. »Schon damals waren genug Informationen vorhanden, die keinen Zweifel mehr an der wahren Haltung eines Heinrich Rothmund, eines Eduard von Steigers, des Generals Guisan oder des Gesamtbundesrates zuließen. Jede neu erlassene Verordnung war Ausdruck eines kleinmütigen, rassistischen und opportunistischen Denkens. Umso befremdlicher wirkt die freundliche, ehrerbietige Haltung von Gertrud Kurz gegenüber diesen Personen«, steht in *Streitfall Frieden*. War Kurz einfach eine tiefreligiöse, karitative Frau? Naiv und unpolitisch?

Es gibt Leute, die sie noch gekannt haben. Bettina und Daniel Kurz zum Beispiel. Sie ist Organisationsberaterin, er Chefredaktor einer Architekturzeitschrift. Wir treffen uns zu dritt. Die beiden Geschwister berichten mit einem ironischen Lächeln vom Kurz-Clan. Ihre Mutter, Rosmarie Kurz, war eine angesehene, friedenspolitisch engagierte Feministin und prägte den cfd nach dem Tod von Gertrud während vieler Jahre. Rosmarie hatte einen von Gertruds Söhnen geheiratet, Gertrud war aber auch ihre Tante. Bettina Kurz, die Tochter respektive Enkelin, leitete in den 1980er-Jahren vier Jahre lang die cfd-Frauenstelle. Ihr Bruder Daniel hatte an *Streitfall Frieden* mitgearbeitet.

Die beiden mochten ihre engagierte Großmutter und fühlen sich bis heute dem cfd verbunden. Daniel sagt, sie seien damals, als sie über den cfd im Zweiten Weltkrieg recherchierten, perplex gewesen, dass es keine kritischen öffentlichen Äußerungen von seiner Großmutter gegeben habe. In jener Zeit lebte aber auch noch ihr Mann, der Gymnasialdirektor. Er war eher ein konservativer Geist und fand es unnötig, dass seine Tochter Anni ans Gymnasium geht. Anni Bürgi, wie sie nach der Heirat hieß, machte dann aber eine Ausbildung als Sozialarbeiterin und arbeitete im cfd mit.

Bettina Kurz sinniert. Sie sagt, ihre Großmutter sei schon eine Frau ihrer Zeit gewesen: »Gutbürgerlich, nicht rebellisch.« Aber mutig war sie, wenn auch auf ihre eigene Art. Daniel Kurz erinnert sich, wie ihre Großmutter einmal von einem Besuch beim Fremdenpolizeichef Rothmund berichtete: Sie habe Respekt gehabt vor dem mächtigen Mann. Aber sie ging hin, weil es sein musste, um für die Flüchtlinge etwas zu erreichen. Rothmund habe beim Treffen versucht, sie in die Ränge zu weisen. Da habe sie plötzlich lachen müssen. Als er fragte, warum sie lache, sagte sie ihm, sie habe gerade jemand viel Größeren hinter ihm gesehen. Rothmund war ein großer, stattlicher Mann, gewohnt, Order zu geben. Aber Gertrud Kurz' Gott war größer.

Aus heutiger Sicht sei das Urteil über Gertrud Kurz in *Streitfall Frieden* wohl gar hart ausgefallen, sind Daniel wie Bettina überzeugt. Die Jahre, als die Nazis an der Macht waren, habe ihre Großmutter als »permanente Intervention« beschrieben. Sie habe keine öffentliche Kritik geübt, weil sie den Flüchtlingen bei der Einreise oder auch nachher nur helfen konnte, wenn sie mit den Behörden kooperierte. Die Lage war sehr delikat. Kurz ging es auch nicht einfach um *die* Flüchtlinge, sie hatte stets die einzelnen Menschen im Blick. Das junge Paar an der Grenze, das sie in Sicherheit bringen wollte, oder den gestrandeten Dichter, dem sie eine menschenwürdige Behandlung verschaffen wollte.

Zudem herrschte Zensur. Die Flüchtlinge wollten zum Beispiel an ihren Versammlungen politische Reden halten. Kurz versuchte, sie zu mäßigen. Nicht weil sie sie am Reden hindern wollte, sondern weil sie genau wusste, dass die Zusammenkünfte sofort verboten würden und Repressalien folgen konnten, falls die Behörden mitbekamen, dass sich die Flüchtlinge politisch äußerten.

»Ihre Lehre aus dem Zweiten Weltkrieg war«, sagt Daniel Kurz, »dass man sich politisch stärker einmischen muss.« Ihre Philosophie war: Frieden setzt Gerechtigkeit sowie Versöhnung voraus – und man soll den anderen niemals als Feind wahrnehmen, sondern immer als Menschen. Mit dieser Haltung arbeitete sie nach dem Krieg weiter, hielt Kontakt in die DDR und in die Tschechoslowakei, setzte sich für Flüchtlinge aus Ungarn und Algerien ein. Sie empfing Flüchtlinge in ihrer Wohnung in Bern, wie sie es während des Kriegs gemacht hatte. Sie half ihnen, Arbeit oder eine Wohnung zu finden und all die Probleme zu lösen, mit denen Flüchtlinge in einem fremden Land zu kämpfen haben. Daneben tourte sie durch die Schweiz und hielt Vorträge. Die Honorare steckte sie ins Hilfswerk. Früh reiste sie zudem nach Israel, organisierte Austauschprojekte mit Kibbuzim, knüpfte aber auch Kontakte über die Grenze hinweg in die Westbank zu PalästinenserInnen.

In den letzten beiden Lebensjahren hatte Gertrud Kurz eine junge Assistentin, Ginevra Signer. Als Signer beim cfd anfing, feierte Gertrud Kurz ihren achtzigsten Geburtstag. Signer war erst vierundzwanzig. Sie hatte *Das Boot ist voll* von Alfred A. Häsler gelesen. Das Buch handelt von der Schweizer Flüchtlingspolitik im Zweiten Weltkrieg. Der cfd und vor allem Gertrud Kurz kommen darin vor, und Signer fand, die machen tolle Arbeit, da würde sie gerne mitarbeiten. Sie rief Kurz an. Die meinte unkompliziert, das komme gerade richtig, sie brauche jemanden, der sie an Veranstaltungen und zu Treffen des internationalen cfd ins Ausland begleite. Und das tat Signer dann.

Rückblickend sagt Signer über Kurz: »Sie war eine bürgerliche Frau, die ihr Umfeld nicht infrage gestellt hat.« Das Bürgerliche steckte auch mitten in der Familie drin. Einer von Kurz' Söhnen, Hans-Rudolf Kurz, war Oberst im Generalstab und machte beim Eidgenössischen Militärdepartement (EMD) Karriere. Er war der erste offizielle Pressechef des EMD.

Ginevra Signer erinnert sich an Hans-Rudolf Kurz. Mutter und Sohn hatten ein enges Verhältnis. Er als strammer Bürgerlicher fand den cfd so lange gut, als seine Mutter lebte. Später habe er das Hilfswerk für ziemlich aufrührerisch gehalten, sagt Signer.

Vermutlich wusste er nichts von der aufrührerischen Seite seiner Mutter. Ginevra berichtet, wie an einer Sitzung anerkennend über Paul Grüninger gesprochen worden war. Grüninger war kantonaler Polizeikommandant in St. Gallen gewesen und hatte während des Kriegs vielen Flüchtlingen geholfen, mit gefälschten Papieren einzureisen. Da warf Kurz nebenbei ein,

*15.3.1890	in Lutzenberg / Appenzell Ausserrhoden als Gertrud Hohl in einer Industriellenfamilie. Handelsschule Neuenburg, Weiterbildung in Frankfurt
1912	Heirat mit Albert Kurz (1886–1948), drei Kinder
1931	Mitglied der internationalen Friedensbewegung der »Kreuzritter im Dienste des Friedensfürsten«. Private und öffentliche karitative Hilfe, ab 1938 vor allem für Flüchtlinge aus Nazideutschland. 1941 Anschluss an die Schweizerische Zentralstelle für Flüchtlingshilfe. Erreicht 1942 bei Bundesrat Eduard von Steiger eine vorübergehende Lockerung der Schweizer Rückweisungspraxis
1947	Umwandlung des Hilfswerks zum Christlichen Friedensdienst (cfd). Kontakte nach Ungarn, Algerien, Israel und in die DDR
1958	Ehrendoktorwürde der Theologischen Fakultät der Universität Zürich
† 26.6.1972	in Bern

sie habe das auch gemacht, Pässe fälschen lassen. Eine erstaunliche Bemerkung. Denn offiziell hielt sich Kurz immer von illegalen Aktionen fern, um den cfd nicht zu gefährden.

Für die junge Ginevra war es nicht immer einfach, wenn ihre »Frau Kurz« auf den weltweiten Reisen als Institution »Flüchtlingsmutter« angesprochen wurde. Denn sie fühlte sich ihr auch als Person nahe. Doch war sie fasziniert vom internationalen cfd-Netzwerk, das Kurz aufgebaut hatte, und betreute es nach deren Tod mehrere Jahre zusammen mit anderen weiter. Auch Signer attestiert ihr eine grenzenlose Offenheit. Sie war für alle da. Selbst für KommunistInnen, deren politische Haltung sie nicht teilte. Das war während des Zweiten Weltkriegs so, und das änderte sich auch nicht während des Kalten Kriegs.

Diese Offenheit findet sich auch in Gertrud Kurz' eigenen Fichen. Neun Seiten hat der Staatsschutz über sie verfasst. Der erste interessante Eintrag stammt aus dem Jahr 1943: »Die K. hat eine Mithilfe für die unauffällige Kontrolle der Zusammenkünfte der Emigranten im ›Daheim‹ zugesagt. Als jedoch die ersten Zusammenkünfte eröffnet wurden, war die K. nicht anwesend, und die unauffällige polizeiliche Überwachung war nicht durchführbar.« Das war Kurz' heimliche Raffinesse: sich, wenn nötig, unsichtbar machen. Es gibt keinen einzigen Eintrag, der sie kompromittieren würde. Ab und zu glaubt der Staatsschutz, sie verstecke Flüchtlinge. Sie können ihr aber nie etwas Illegales nachweisen. Anfang 1944 überwachen sie ein Referat von Kurz zum Thema »Erlebnisse mit Flüchtlingen«. Der knappe Kommentar: Der Vortrag habe »ziemlich religiösen Charakter« gehabt.

Vier Jahre nach Kriegsende wird notiert, sie engagiere sich für die Freilassung von Kriegsgefangenen in der UdSSR und »arbeite eng mit der UdSSR-Gesandtschaft in Bern zusammen«. Ein andermal wird nach einem Treffen des Kirchlichen Friedensbundes vermerkt: »K. war gegen jede

Internationale Vernetzung: Gertrud Kurz mit Patience Hamilton, Frauenrechtlerin aus Sierra Leone, an einer internationalen Friedenskonferenz, Mitte der 1960er-Jahre.

Zusammenarbeit mit dem Kommunismus und mit den kommunist. ›Friedenspartisanen‹. Sie sprach mehrmals scharf ablehnend vom Kommunismus. Sie diskutiert mit der Partei der Arbeit, hat so ihre Skepsis gegenüber den Freiheiten in der Sowjetunion.«

Aber ganz traut man ihr nicht. 1952 ersucht »Bundesrat Petitpierre um diskrete Erhebung über K.«. Es kommt nichts dabei heraus. Die Staatsschützer können sie trotzdem nicht richtig einordnen. Ende 1955 meldet ein Staatsschützer, bei einer Frau Gertrud Kurz bestehe »ein Durchgangslager für nordafrikanische Flüchtlinge«. Man will das klären. Kurz wird vorgeladen. Einige Tage später schreibt jemand in ihre Fiche: »Die K. befasst sich seit Jahren mit praktischer Flüchtlingshilfe, und sie ist der geistige Mittelpunkt des Christlichen Friedensdienstes in Europa. Durch ihre Arbeit hat sie auch Beziehungen zu nordafrikanischen Nationalisten. Sie sei stets bereit, einem Asyl suchenden Nationalisten beizustehen, werde sich hingegen nie für irgendwelche verdächtige politische Tätigkeiten hingeben.«

1963 wird kommentarlos festgehalten: »K. wurde am 25.10.63 vom [stellvertretenden] Staatsratsvorsitzenden der DDR, Gerald Götting, zu einem Gespräch empfangen.« Wenige Tage später folgt der Eintrag: »Auskunft über Frau K., die als integre Person bestens bekannt ist.« Danach finden sich nur noch Einträge, die klarmachen, dass die Friedensbewegung systematisch überwacht wird, aber nichts mehr Konkretes zu Kurz.

Der letzte Eintrag zu ihr erfolgt am 27. Juni 1972: »›Berner Tagblatt‹: ›Weltweite Familie trauert: Flüchtlingsmutter Kurz ist nicht mehr‹.«

Die Frau war ein Phänomen – unendlich geschickt darin, sich in der patriarchalen Welt nicht mit Dingen aufzuhalten, die sich nicht ändern ließen.

Aber es beschäftigte sie sehr wohl, dass sie sich während des Zweiten Weltkriegs nicht deutlicher zu Wort gemeldet hatte. In einem Film, den Alfred A. Häsler über sie gedreht hat, geht es auch um die fatale Flüchtlingspolitik der Schweiz und die erbärmliche Rolle der Bundesbehörden. In dem Gespräch sagt sie, sie habe sich oft gefragt: »Warum hat man nicht mehr Lärm gemacht? Warum bin ich selber nicht lauter geworden? All das kommt mir heute wie meine eigenen Fehler vor.«

Sie legt eine existenzielle Frage offen, die mich als Spätgeborene stets umgetrieben hat. Was hätte man selber in den Jahren der Nazidiktatur getan? Wie entscheidet man, wie weit man gehen soll, wenn man nicht weiß, ob die Nazis gewinnen? Rückblickend ist es klar, was Kurz hätte tun müssen. Klarer Stellung beziehen, mehr Lärm machen, wie sie selber sagt.

Die Geschichte lässt sich übersichtlich als logische Abfolge von guten und bösen Taten erzählen. Die Gegenwart ist hingegen eine unübersichtliche Gleichung mit vielen Unbekannten. In den unübersichtlichen Zeiten des Kriegs hat Gertrud Kurz trotz allem mehr getan als die meisten ihrer Zeit. Sie glaubte nicht an ein besonderes Gesellschaftsmodell, ihr Fixpunkt war außerhalb dieser Welt. Ihre Rolle als »Mutter Kurz«, gekoppelt mit ihrem Glauben, wirkte wie ein Schutzschild. Damit ausgerüstet, konnte sie gegen die damals gnadenlos patriarchalen Hierarchien antreten.

Ihre grenzenlose Empathie gab ihr etwas radikal Subversives.

Mehr zu Gertrud Kurz

+ Den Friedensweg im Appenzeller Vorderland abwandern – er ist einer Reihe von Personen gewidmet, die sich für Menschen in Not eingesetzt haben. Er beginnt in Heiden beim Dunant-Museum und führt an Lutzenberg vorbei bis nach Walzenhausen. Gertrud Kurz ist auch eine Station gewidmet. www.friedens-stationen.ch
+ Das Fernseh-Porträt über Gertrud Kurz schauen – Alfred A. Häsler hat 1966 mit ihr ein längeres Gespräch geführt (Mediathek www.srf.ch)
+ Ein Projekt des cfd unterstützen – zum Beispiel die feministische Friedensarbeit, die Aktion »Stopp Gewalt an Frauen«, ihre Migrationsarbeit oder Projekte in Israel, Palästina oder Kosovo. www.cfd-ch.org
+ *Wanderndes Volk* lesen – Gertrud Kurz hat 1966 Erzählungen über ihre Begegnungen mit Heimatlosen und Vertriebenen veröffentlicht. Toll geschrieben.

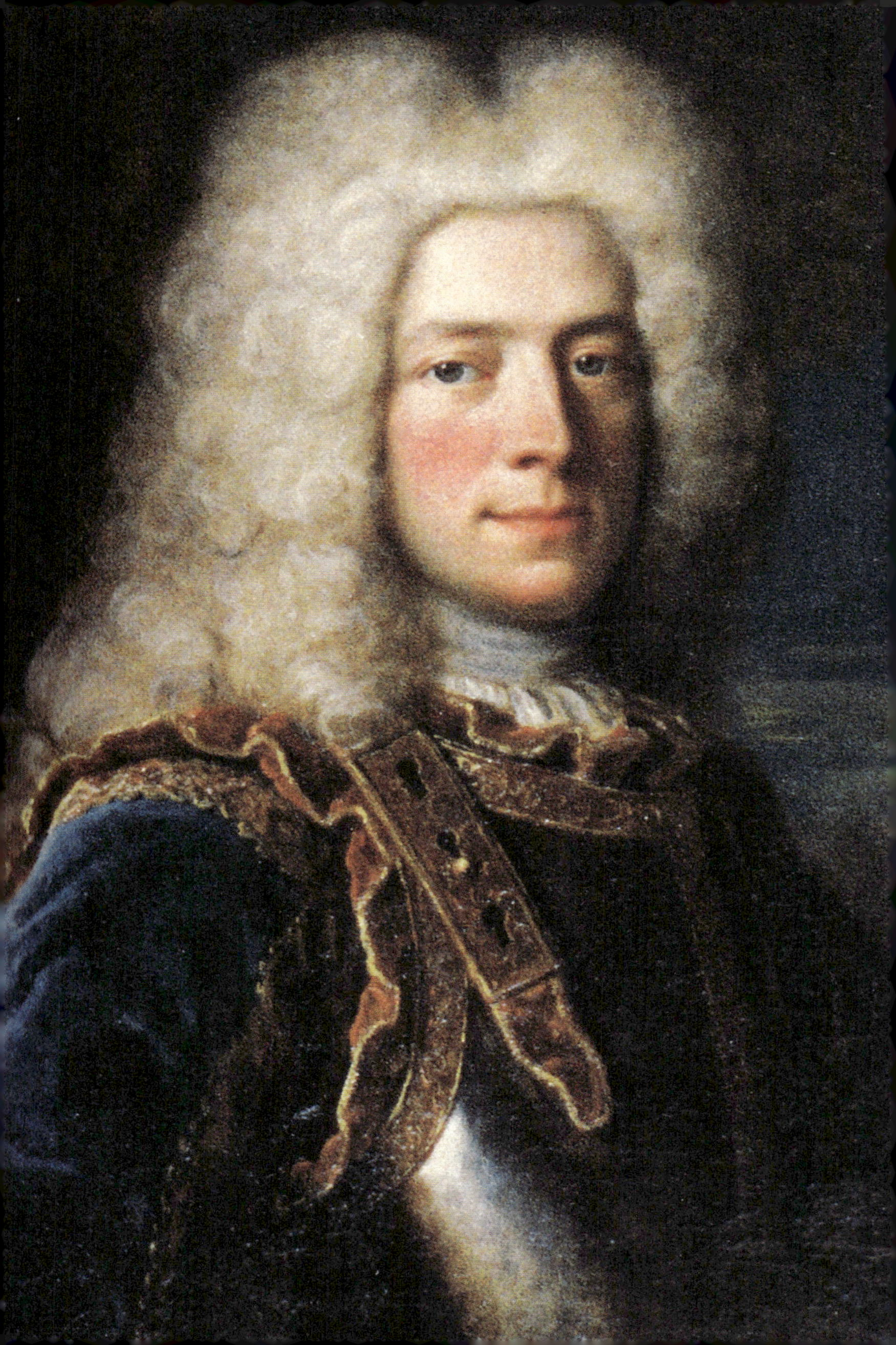

PIRMIN MEIER ZU
JACQUES-BARTHÉLEMY MICHELI DU CREST

UNERBITTLICHER VERMESSER DES ANCIEN RÉGIME

Wie Genf seinen Kritiker in Abwesenheit köpfte

Hoch über dem Innenhof der historischen Festung Aarburg prangt die Inschrift: »Physiker und Geodät Jacques-Barthélemy Micheli du Crest aus Genf, gefangen 1746–1766«. Die davon auf der Aarburg verbrachte Haftzeit betrug gut siebzehn Jahre. Zunächst aufgrund von dem, was man heute als verbietbare »staatsgefährdende«, wenn nicht gar »terroristische Propaganda« bezeichnen würde, später wegen verhehltem Wissen um eine Verschwörung gegen Bern. Bei der frühesten Haft setzte es der Gefangene mit ärztlichem Gutachten durch, seine Zelle für »unbewohnbar« erklären zu lassen. Mit seriösem Nachweis, weil der Häftling seine feuchte Hölle, *enfer*, über ein selbst gebautes Hygrometer zur exakt berechneten Tatsache erhob. Worauf er in die »Spinnstube« von Berns Insel-Spital einquartiert wurde. Nach dem Putschversuch von Kleinbürgern um Samuel Henzi vom Sommer 1749 gab es für ihn als Mitverdächtigten keinen Pardon mehr. Kurz vor seinem Lebensende 1766 wurde der Schwerkranke dank abermaliger Fürsprache des Zofinger Stadtarztes Samuel Seelmatter ins Gasthaus zum Ochsen nach Zofingen verlegt. Kein Gang in die Freiheit! Der lukrative Patient blieb bis zum letzten Atemzug von einem Festungssoldaten bewacht. Für die Duldung in Zofingen gab es von Neffe Jean-Louis Micheli noch einen dicken Erb-Batzen zugunsten des Waisenhauses.

Eine Begnadigung kam nie infrage, weil der Verurteilte gegenüber Berns Justiz kein Fehlverhalten einräumte. Für die eigene Familie im Genfer Weinschloss Jussy galt er wegen eines dank Flucht nicht vollzogenen Todesurteils zivil für tot. Schloss und Eigentumstitel gelangten an den jüngeren Bruder,

Pirmin Meier, geboren 1947, war 1973 in Zürich erster Doktorand seines Lehrers Peter von Matt (Phil. I). Gymnasiallehrer, Erwachsenenbildner, Publizist. Biografien über Paracelsus, Klaus von Flüe, Heinrich Hössli und Micheli du Crest, den am längsten eingesperrten politischen Gefangenen der Schweiz. Zahlreiche Artikel und Buchbeiträge, insbesondere zur Geschichte des Schweizer Katholizismus und zum 19. Jahrhundert.

seinen an Freilassung des Wiedergängers nicht wirklich interessierten, von Bern eingesetzten Vormund. Denselben titulierte der Gefangene in Aufzeichnungen als »Kain«, sich selber als »prisonnier de ma famille«.

Die Michelis gehörten zu den zur Genfer Oligarchie aufgestiegenen vormaligen protestantischen Dissidenten aus Lucca in der Toskana. Seit Kindsbeinen war der 1690 geborene Jacques-Barthélemy ein hochbegabter Eigenbrötler und Tüftler, als Fanatiker der exakten Wissenschaft nahm er alles sehr genau. Beim Lesen der Bibel verstand der Protestant erst recht keinen Spaß. Mit Blick auf die von ihm vom Gefängnis aus vermessenen Alpengipfel berechnete er bei Niederschlägen nach Keplers Art die Regentropfen. Das Tropfenzählen führte zu einer Kritik des Genesis-Berichts über die Sintflut. Als Illustration diente eine nachgezeichnete Karte von Armenien.

Zu denken gaben ihm jedoch die beim Festungsgelände gefundenen Muschelkalke. Dies schien ihm die Neptunische Lehre der Globus-Struktur zu bestätigen, wonach alle Gesteine durch Sedimentierung entstanden seien. Für einschlägige Forschungen interessierte ihn die Temperatur in Höhlen, Bergwerken, tiefen Kellern und Sodbrunnen, umgerechnet 9 ¼ °C, der gewählte Nullgradpunkt seiner Skala der Temperaturmessung. Dass das Wasser aus dem Sodbrunnen der Festung laut seinem Universellen Thermometer um katastrophale zwei Grad wärmer war als die von Alchemisten erstmals vermutete Ideal-Temperatur der Erdtiefe, bei Micheli *temperé* genannt, bewies, dass diesem Wasser nicht zu trauen war. Deshalb ließ der Gefangene durch seinen Wächter, der ihm auch bei Vermessungsarbeiten half, Karaffen aus dem nahen Gasthaus zum Falken herbeiholen. Alles auf eigene Kosten. »Lebenslänglich« statt Kopf ab oder aufs Rad galt bei Berns Justiz nur für Selbstzahler.

Als Basis für sein Alpenpanorama, gedruckt in Augsburg 1755, sowie das Projekt einer Vermessung der Schweiz – eine Chance für Freilassung – bestimmte er via barometrische Messung die Höhe seiner Zelle über Meer. Gemäß Kartografiehistoriker Martin Rickenbacher gelang ihm dies mit einer Abweichung von nur sieben Metern gegenüber heutigem Stand. Eine vergleichbare Genauigkeit für die Wannenflue bei Langenbruck hatte nicht einmal der geniale Physiker Daniel Bernoulli geschafft: Michelis Briefpartner und fleißiger Besteller seiner Thermometer. Die durch exakte

Technik geleistete »Selbstbestimmung« im Käfig erfolgte zu einer Zeit, da die Schweiz mit den Bernoullis, Leonhard Euler, Samuel König, den Genfern Cramer und Calandrini, mit Frauen wie Julie Bondeli (Bern) und der invaliden Winterthurerin Barbara Reinhart, mathematisch Weltspitze verkörperte. Der Mathematiker Jean-Louis Calandrini, Neffe von Michelis Mutter, lobte dessen fein gezeichnete farbige Karte *Geneva Civitas* (1723) als »eines der schönsten Werke dieser Art, die auf der Welt existieren«. Für den auch mit seiner Mutter Elisabeth, die seinen Bruder bevorzugte, bald verkrachten Jacques-Barthélemy ein seltenes, allerdings frühes Kompliment aus dem eigenen Umfeld an ein vielversprechendes Talent.

Michelis »Laboratorium« genannte Zelle, auf seine Kosten umgebaut, markiert den politisch denkwürdigsten historischen Gefängnisraum der Schweiz. Festungshaft galt im 18. Jahrhundert als Privileg vornehmer, zumal politischer Gefangener, zuletzt 1802 für die als »Staatsgefangene« auf der Aarburg festgehaltenen, Kaffee trinkenden Hauptopponenten gegen die Helvetische Republik. Später wurde hier mit Bernhard Matter (hingerichtet 1854) der bekannteste Ein- und Ausbrecher der Schweizer Kriminalgeschichte nicht sicher genug eingesperrt. Ab Ende des 19. Jahrhunderts installierte man auf der Festung eine »Strafanstalt für jugendliche Verbrecher und Taugenichtse«, heute in »geschlossene Wohngruppe« im »Jugendheim Aarburg« umbenannt.

Als in der Mitte des 18. Jahrhunderts das Wort »democratiste« ähnlich anrüchig tönte wie später »Terrorist«, war der Erfinder einer Eich-Methode für Thermometer als politischer Ingenieur in der alten Schweiz der nebst Rousseau bestgehasste Formulierer verbotener Gedanken. Er sollte aber ebenso schnell in Vergessenheit geraten wie seine elegant anzusehenden Messgeräte. Eine mit Michelis Behausung vergleichbare Eremitenzelle, worin der Einsiedler Klaus von Flüe während zwanzig Jahren über die heilige Geometrie von Punkt, Kreis und Rad meditierte, besuchten Hunderttausende. Der Arzt Paracelsus, der als mutmaßlich Erster Michelis ideale Höhlentemperatur als Grenze zwischen warm und kalt »temperatum« genannt hat (1525), stand um 1800 in St. Petersburg für den Ruf der dort die Szene beherrschenden deutschen Apotheker. Um den für die Erprobung der Volkssouveränität engagierten Genfer Verfasser der *Maximen eines Republikaners* (1746) wissen aber selbst bei intellektuellen Linken nur diejenigen, die sich bei Robert Grimms *Geschichte der Schweiz in ihren Klassenkämpfen* (1920) über unterdrückte frühe Bemühungen in Richtung Demokratie kundig gemacht haben. Dass der in der Feste Blankenburg nach

Durch eine speziell gebaute Wasserwaage von acht Metern Länge bestimmte J.-B. Micheli du Crest das Niveau für die trigonometrische Berechnung der Alpengipfelhöhen.

dem Generalstreik mit zwei Genossen eingesperrte frühere Weggefährte Lenins und spätere Direktor der Bern-Lötschberg-Simplon-Bahn damit der Schweiz auch seinen demokratisch lupenreinen Patriotismus beweisen wollte, steht unterdessen aber so quer in der Landschaft wie das bauliche Ungetüm Aarburg als eine Art Riegel im schweizerischen Mittelland.

Zu revolutionären Zeiten, ab Helvetik, Sonderbundskrieg bis hin zum Generalstreik, wurde Schweizer Geschichte wohlreflektiert als progressive Freiheitsgeschichte erzählt. Die Erinnerung an einen urbanen Revolutionär pflegten der Radikalliberale Heinrich Zschokke in *Des Schweizerlandes Geschichte für das Schweizervolk* (1834); für die späteren Gründungsjahre der Demokratie fortgesetzt vom Radikaldemokraten Theodor Curti in seiner *Geschichte der Schweiz im XIX. Jahrhundert* (1902).

Qualitäten des schweizweit Verfolgten waren ab 1815 von Henri Dufour entdeckt worden. Die richtungsweisende Anregung für seine spätere Vermessung der Schweiz wusste Dufour zu schätzen. In einem Brief von 1873 anerkannte er die Sachkenntnis des ersten Kritikers der 1849 abgebrochenen Genfer Festungsanlagen, wie von Micheli vorausgesagt. Nach historischen Vorläufern aus der Schweizergeschichte ausschauend, sah Robert Grimm in Micheli du Crest dann einen bahnbrechend Gescheiterten der vordemokratischen Epoche. Mit »geistigen Waffen«, jedoch ohne eine für Veränderungen nötige Massenbewegung, habe der Genfer die oligarchische Entartung der Eidgenossenschaft kenntlich gemacht. Dass Micheli von Militärköpfen seiner Zeit als Landesverräter denunziert wurde, bot dem kriminalisierten Sozialisten Grimm eine Möglichkeit historischer Identifikation.

Wegen Landesverrat und »Majestätsverletzung« der Regierung war Micheli du Crest in Genf in Abwesenheit zum Tode verurteilt worden. Zum Ersatz köpfte der Henker am 8. November 1735 öffentlich eine Puppe. Keine makabre puritanische Fasnacht, sondern rechtsgültiger Tötungsersatz mit umfänglichen zivilrechtlichen Folgen. Sein Verbrechen bestand zur Hauptsache aus dem – heute noch strafbaren – Bruch des Amtsgeheimnisses als Mitglied einer Fortifikationskommission. In dieser Eigenschaft hatte der Kartograf, Bau- und Flussingenieur allein gegen alle Kollegen das teuerste Bauprojekt bekämpft, das zur Zeit der alten Schweiz jemals realisiert wurde: die Befestigung Genfs – die Stadt war eidgenössischer »zugewandter Ort« – nach dem europäisch dominanten System Vauban.

Micheli denunzierte den Plan als »die Summe aller denkbaren Fehler«. Aus Sicht eines bereits in Kriterien späterer Schweizer Landesverteidigung denkenden Kritikers wurde bei diesem Festungsbau das »gewachsene Gelände« kaum berücksichtigt, außerdem dem seit der Hugenotteneinwanderung absehbaren Wachstum einer noch entwicklungsfähigen Großstadt nicht Rechnung getragen. Vor allem waren die Kosten viel zu hoch. Dieses »populistische« Argument war etwa bei den vielen Genfer Uhrmachern, meist aus der Klasse der Citoyens und Bourgeois, in aller Munde. Die von Oligarchen bemäkelte Inkompetenz des Pöbels kontrastierte krass mit der Existenz von über vierzig Buchhandlungen in Genf zur Zeit Rousseaus. Selten in der Geschichte der noch nicht auf moderner Gleichheit beruhenden Frühdemokratie gab es eine so gut gebildete Bürgerschaft wie die zumal als Handwerker und Kaufleute à la Max Weber tätigen calvinistischen Genfer Citoyens und Bourgeois. Um die tausendfünfhundert aus dieser breiten Leistungselite, später gegen viertausend, waren im Generalrat stimmberechtigt, wenn auch ohne Antragsrecht. Die »Vollversammlung« war aber bis zu für Micheli ungenügenden Zugeständnissen bei der Mediation von 1738 faktisch entmachtet: trotz des Titels »Seigneurs Souverains«. Von diesem Titel her interpretierten Micheli du Crest und sein Leser Rousseau das im 18. Jahrhundert aufkommende Narrativ der Volkssouveränität: Micheli anlässlich der Opposition gegen den Festungsbau; Rousseau Jahrzehnte später mit dem für sein konkretes Demokratieverständnis kennzeichnenden Verfassungsentwurf für den ländlichen Kleinstaat Korsika. Rousseaus Text widerspiegelt zum Teil appenzellische Strukturen, so mit dem die kommunale Selbstbestimmung begünstigenden Verzicht auf einen Hauptort.

Wegen der immensen Kosten wollten Genfs regierende Adlige eine relevante Mitbestimmung – über die Festlegung von Weinpreisen hinaus – auch der Vollbürgerschaft ausschließen. Dagegen kämpfte Micheli, seit 1721 auf Lebenszeit erwähltes Mitglied des Rates der Zweihundert, als Abtrünniger einer Elite für altdemokratische (modernen Gleichheitsansprüchen noch nicht genügende) Rechte. Dabei schreckte er als im Ausland lebender Hauptmann und Kompanieführer vor einem Putsch auch deshalb zurück, weil er sich von unordentlicher Machtergreifung auf Dauer keinen Erfolg versprach. Den Generalrat der freien Bürger interpretierte er vor allem als Rekursinstanz mit Funktion einer Notbremse. Im Zentrum stand bei ihm die parlamentarische Opposition aus dem Geist des wissenschaftlichen Tadels.

Zu dessen Durchsetzung verlangte Micheli Transparenz der Staatstätigkeit gegenüber der Bürgerschaft, Presse- und Diskussionsfreiheit. Dafür setzte er sich mit oft anonymen Flugschriften und »Mémoires« ein. Der junge Rousseau las dieselben im Verborgenen mit Faszination, wie er in seinen *Confessions* (1770) gesteht. Als landesverräterische Frechheit galt die in Straßburg gedruckte Fundamentalkritik am Festungsbau. Das Pamphlet wurde gemäß Michelis Verteidigung zwar nur Ratsmitgliedern per Post zugestellt. Die im Druck bekannt gemachten Details galten als Abgrund von Landesverrat. Als Aktion eines Ratsherrn waren sie unerhört, unkollegial und ein Verrat an der eigenen herrschenden Klasse. Da es damals noch keine parlamentarische Immunität gab, wurde der Störenfried aus dem Rat ausgeschlossen, mit Enteignung bedroht und eines Kapitalverbrechens angeklagt.

Nach der Hinrichtung *in effigie* blieb der Revolutionär seiner Heimatstadt zeitlebens fern. Bald musste er auch seine vom Vater ererbte Schweizer Halbkompanie in Frankreich abgeben. Im Pariser Exil praktizierte er ab 1740 öffentliche Thermometer-Experimente mit Entwicklung seines handwerklich einzigartigen Universellen Thermometers. Damit machte er der

* 28.9.1690	in Genf in einer adligen Familie. Militärische und technische Ausbildung
1713	Hauptmann in einer Schweizer Kompanie in Frankreich
1721	Rat der Zweihundert in Genf. Befestigungsstudien, Stadtplan *Geneva civitas* (1723)
1728	Kritik an den Plänen zum Ausbau der Genfer Stadtbefestigung, Entzug der Bürgerrechte. Frühdemokratische Schriften, Verurteilung wegen Landesverrats
1734–1744	Flucht nach Frankreich. In Genf Enthauptung in effigie. Naturwissenschaftliche Studien, Entwicklung eines Thermometers
1744	Rückkehr in die Eidgenossenschaft. *Maximes d'un Républicain sur le Gouvernement civil* (1746), 1746 Verhaftung in Neuenburg, Auslieferung nach Bern
1746–1766	Festungshaft in Aarburg. Barometrische Messungen, Landesvermessung, Herstellung des ersten Alpenpanoramas *Prospect géométrique des montagnes neigées* (1755)
† 29.3.1766	in Zofingen

Schule Réaumurs Konkurrenz, ohne sich derselben anschließen zu wollen. Bei seiner Eich-Methode widerfuhr es ihm, dass der Abbé Nollet und in St. Petersburg der berühmte Physiker Joseph Nicolas Delisle dieselbe von ihm nachweisbar abkupferten.

Dass er von Frankreich aus versuchte, rechtlich und politisch gegen Genf vorzugehen, bewirkte Ausweisung. In der Schweiz suchte er in Zürich und Basel vergeblich Anschluss. Mit einigem Erfolg fand er Exil in Neuenburg, wo er im *Mercure Suisse* eine Abhandlung über Thermometermessungen in der Kälte publizierte. Es war aber die Politik, mit der sich Micheli als lästiger Kritiker der eidgenössischen Städte unmöglich machte. Die 1744 in Basel gedruckte Darstellung seines Falls, die *Supplication*, auch Luzern überreicht, wurde aus dem Bestand der Luzerner Bürgerbibliothek 1997 als ungelesenes, aber rares Buchdokument für mich aufgeschnitten.

Wegen derlei publizistischen Aktivitäten wurde Neuenburg von Bern aufgefordert, den aus dem gebirgigen Exil zunächst als »unauffindbar« gemeldeten Micheli du Crest in die Aarestadt auszuliefern. Dies erfolgte im Oktober 1746 unter Auflagen, nämlich ihn nicht nach Genf zu überstellen. Faktisch ein Hinrichtungsverbot. Dies könnte ihm bei der unterstellten Beteiligung an der Henzi-Verschwörung (Sommer 1749) das Leben gerettet haben. Nachweisen konnte man ihm das Überreichen einer Spielkarte an einen der Verschwörer, worauf sinngemäß von Volkssouveränität die Rede war. Die beiden in den 1740er-Jahren, noch vor Rousseau, im Neuenburgischen exilierten Republikaner Henzi und Micheli haben sich gegenseitig schlecht verstanden. Der Genfer bevorzugte weder zu Hause noch in Bern die direkte Aktion. Die hehlerische Kontaktschuld mit angeblicher Ermutigung eines der Berner Verschwörer reichte bei ihm für lebenslängliche Haft. Vom Hass auf den politischen Agitator beim Prozess zeugt der immerhin abgelehnte Antrag, dem Gefangenen beide Daumen abzuschneiden, um schriftlichen Polemiken ein

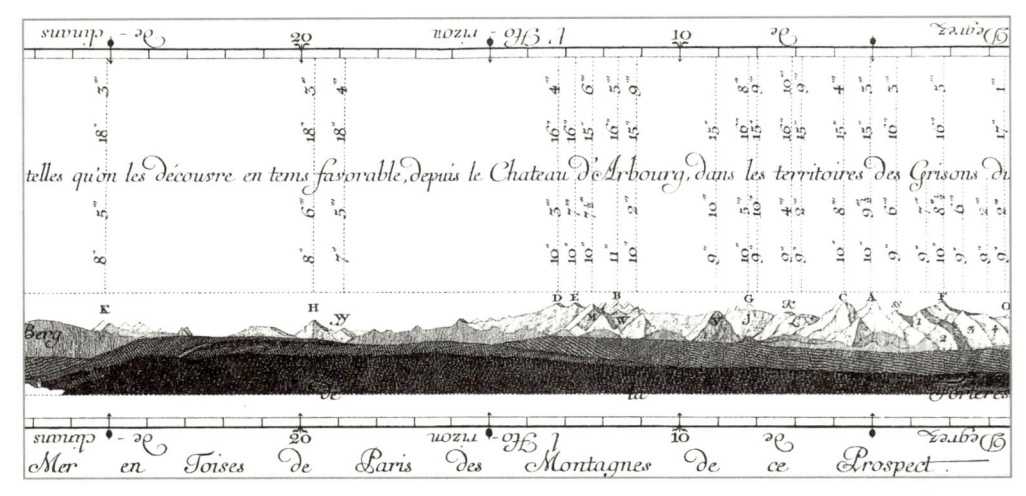

Das 1755 von J.-B. Micheli du Crest veröffentlichte erste Alpenpanorama war von erstaunlicher Genauigkeit.

Ende zu machen. Gegen solche Maßnahmen sprach die Beachtung der Affäre durch die internationale Presse. So entnahm Gotthold Ephraim Lessing, politisch interessierter Autor, mit Empathie für den am 17. Juli 1749 hingerichteten Henzi, Ende August der *Berlinischen Privilegirten Zeitung* die Nachricht: »Der Herr Michaeli Ducret hat am 18. dieses sein Urteil empfangen. Er ist verdammet worden, zeitlebens auf dem Schlosse Aarburg gefangen zu sitzen.«

Für den Jungautor Lessing passte die Verschonung von Micheli vor dem Schwert nicht ins Konzept seines fragmentarischen Frühdramas *Samuel Henzi*. In der Literatur wie in öffentlicher Berichterstattung gibt es eine Vorliebe für Interpretationen nach dramaturgischen Regeln. Da der gute Revolutionär, der als zu früh Gekommener sein Leben opfert; dort der Intrigant und Terrorist, der sich gerade noch freikaufen konnte. Für Lessing, der sich über die damalige Qualitätspresse orientierte, illustrierte der Revolutionär mit italienischem Namen das Gegenbeispiel zu einer Figur mit Heldenstatus. Ein Schurke! Zur Abgrenzung gegen den seinem Gewissen folgenden tragischen Helden Henzi, der seine Fehler mit abgehauenem Kopf zu büßen hatte, kam dem Genfer die Rolle des südländischen Messerverschwörers zu von »finsterm blutrünstigem Geiste, welcher überall das Gift der Zwietracht auszustreuen versuchte«. Dies entsprach Michelis Image in Kreisen der Berner Aristokratie. Die Berichterstattung der Presse hielt sich an Gewährspersonen: vielfach also vertrauenswürdige Gleichgesinnte.

Bei den gebildeten Ständen war Solidarität mit einem Republikaner ohne Abgrenzung gegen Aufrührer nicht akzeptabel. Erst recht nicht bei

Darstellungen von Verschwörungen, gar politischem Mord. Um dieser Regel zu genügen, wird Schiller den fünften Akt des *Wilhelm Tell* schreiben. Zu den nicht als tugendfähig angesehenen Tätern gehörte in Lessings zeittypischem Drama der böse »Dücret«. Ein Schema, wie es im modernen Kampf gegen die Apartheid selbst ein zur Analyse fähiger Politiker wie Walther Bringolf anlässlich seiner »Informationsreise« nach Südafrika praktizieren wird. Im Vordergrund der gute Albert Luthuli und die südafrikanischen Gewerkschaften. Tabu dagegen blieb in Bringolfs Buch *Gespräche in Südafrika* (1968) der bei der Weltmeinung damals zum Terroristen deklarierte Langzeithäftling Nelson Mandela.

Mit Letzterem hat Micheli die jahrzehntelange Einkerkerung als politischer Gefangener gemeinsam. Nur bedingt teilen sie hingegen das Prinzip der Mehrheitsherrschaft, das gemäß Michelis *Maximen eines Republikaners* im Kleinstaat auf einheimische und eingebürgerte gebildete protestantische Handwerker beschränkt bleiben sollte, also eine durch Leistung ausgewiesene standesprivilegierte Führungsschicht.

Seinen Überzeugungen blieb Jacques-Barthélemy Micheli du Crest bis ans Ende seiner lebenslänglichen Haft treu. Sein politisches Vermächtnis auf der Aarburg vom November 1765, auch ohne Publikation unannehmbar, trägt den Titel: *Mémoire sur l'égalité républicaine*. Gemäß Urteil von 1749 hätte er für dieses Manuskript ohne Prozess getötet werden dürfen. Dem schwer erkrankten fünfundsiebzigjährigen Verfasser machte dies keinen Eindruck. Der Festungskommandant beschlagnahmte den Text pflichtgemäß mit Schlussnotiz zuhanden der Gefangenenakte: »Cette correspondance me déplait extrèmement«. Bald war der Kommandant diesen bis zuletzt schwierigen Gefangenen los, weil dieser in auswärtige Pflege kam und sein Tod erwartbar war. Wer zu früh kommt, den bestraft das Leben erst recht.

Mehr zu Jacques-Barthélemy Micheli du Crest

+ Der Kartografiehistoriker Martin Rickenbacher hat die außergewöhnliche Leistung von J.-B. Micheli du Crest bei der Vermessung der Alpen verschiedentlich gewürdigt, etwa in einem Kommentar zu einem faksimilierten Nachdruck von Michelis *Alpenpanorama*. Auf der Festung Aarburg bestimmte Micheli zuerst mittels eines eigens konstruierten Barometers die Höhe über Meer. Danach ermittelte er trigonometrisch die Höhe von neununddreißig Alpengipfeln. Eine speziell gebaute Wasserwaage von acht Metern Länge gab ihm das Niveau vor. Ein Festungswärter musste einen Stab so lange in die Höhe schieben, bis Michelis Auge auf Wasserspiegelhöhe, das Stabende und der Gipfel auf einer Höhe lagen. Die Distanz zu den Gipfeln entnahm er einer Karte Johann Jakob Scheuchzers von 1712, deren Daten er aufgrund eines Briefwechsels mit Albrecht von Haller um ein Sechstel korrigierte. In geometrischer Dreiecksrechnung ermittelte er sodann die Gipfelhöhen für das erste wissenschaftliche Alpenpanorama, das er 1755 veröffentlichen ließ – mit erstaunlicher Genauigkeit.

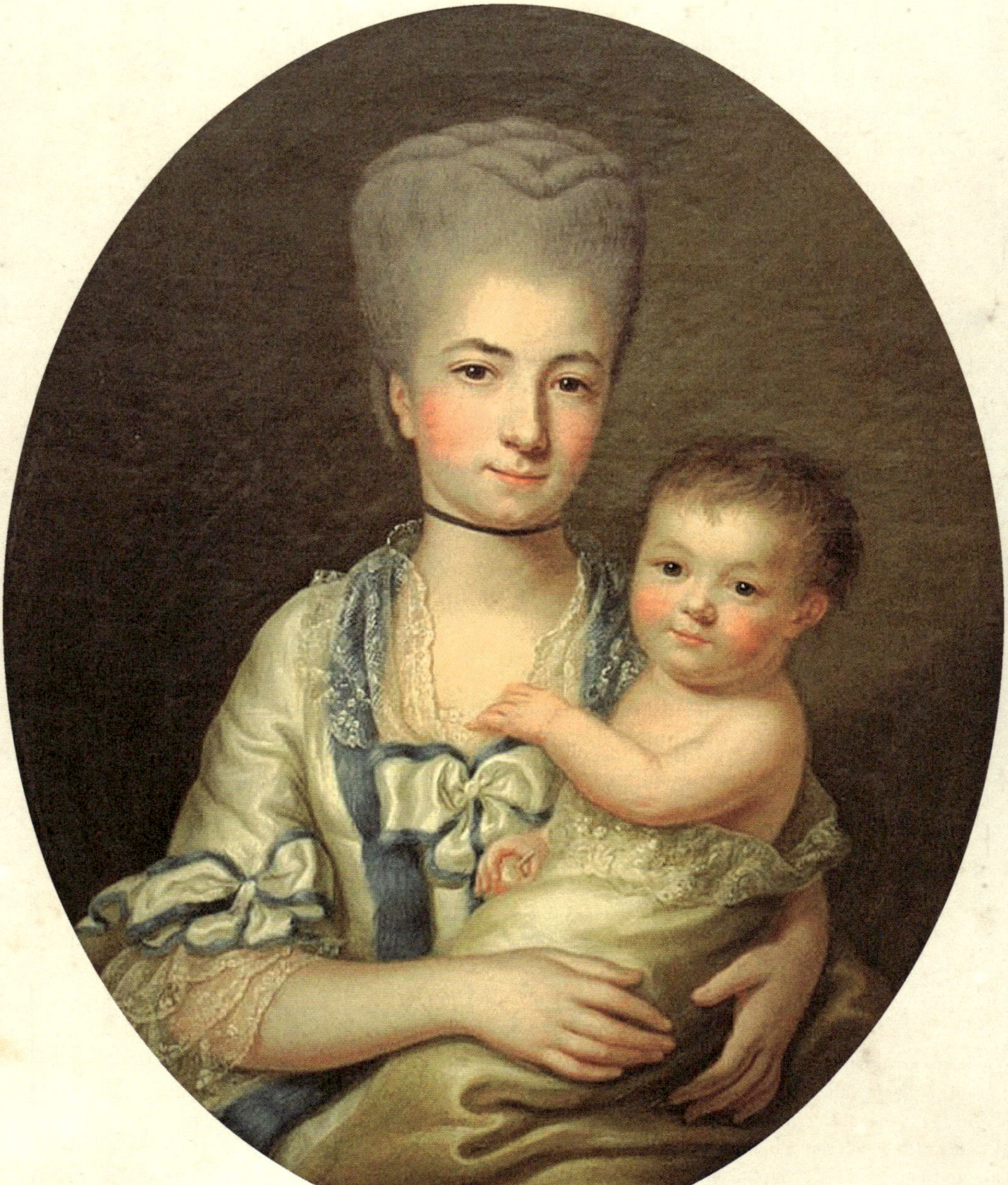

Bettina Eichin zu Sibylle de Dietrich,
geborene Ochs

ZWISCHEN MARSEILLAISE UND ENTSAGUNG

Eine Baslerin auf dem Pfad der Aufklärung

Österreichische und preußische Truppen bedrohen das revolutionäre Frankreich. Da erklingt am 26. April 1792 in einem Straßburger Salon erstmals der *Chant de guerre pour l'armée du Rhin* von Claude Joseph Rouget de Lisle. Die Hausherrin Sibylle de Dietrich hat die mehrstimmige Begleitung zur späteren *Marseillaise* komponiert. Als »Mairesse« von Straßburg und Schwester des Basler Revolutionärs Peter Ochs ist sie eine faszinierende Gestalt der Revolutionszeit, die in Straßburg gerade wiederentdeckt wird.

HAMBURG. Sibylle Louise Ochs, genannt Lisette, wird am 17. Oktober 1755 in Hamburg geboren. Sie ist ein Jahr alt, als sie ihren drei Jahre älteren Bruder Peter kennenlernt. Er wird auf einer Geschäftsreise der Eltern 1752 in Nantes geboren und kommt erst 1756 über Paris und Basel mit der Großmutter Louise Madeleine His nach Hamburg. Der Vater von Sibylle und Peter, der Basler Kaufmann und Bankier Albrecht Ochs (1716-1780) ist mit dem Handelshaus His in Hamburg geschäftlich verbunden. Er heiratet 1750 die Tochter Louise Madeleine His (1732-1776) und wird Teilhaber der Firma.

Der Großvater und Firmengründer Pierre His (1692-1760) beherrscht in Hamburg den transatlantischen Dreieckshandel, er handelt mit allem, auch mit »schwarzem Elfenbein«, also Sklaven, und wird unermesslich reich. Die hugenottische Familie gehört zur angesehenen Kolonie der französischen Refugianten. Das His'sche Palais in Hamburg und die Sommersitze der Familie sind geschäftlicher und diplomatischer Mittelpunkt wie auch

Bettina Eichin, Bildhauerin. 1942 geboren in Bern. Leben und arbeiten in der Schweiz, in Griechenland, Deutschland. Frauenfiguren, Stillleben, Ensembles in Bronze zwischen Realismus und Objektkunst, Menetekel mit Denkmalcharakter durch wirksam eingesetzte Symbole und Texte.

Treffpunkt von Literaten, Künstlern, Wissenschaftlern. Die Schweizer nennen den Mäzen Albrecht Ochs »Genius der Schweizer im Norden« und genießen seine Gastfreundschaft. Ein schwedischer Diplomat sagt, »c'est ici que se décident les intérêts des cours de l'Europe«. Friedrich der Große will ihn mit dem Grafenstand nach Preußen locken, das Basler Bürgerrecht ist ihm wichtiger, es schließt die Annahme von Adelstiteln aus. In aufgeklärter Atmosphäre und »fürstlichem« Reichtum wachsen die begabten Geschwister heran und verbringen die Sommer in der freien Natur. Ein mit Klopstock und Lessing befreundeter Hauslehrer und ein calvinistischer Pasteur unterrichten die Kinder liberal, humanistisch, kosmopolitisch, philanthropisch und wecken soziales Bewusstsein – eigener Reichtum wird hinterfragt. Dazu genießen sie eine ausgezeichnete Musikerziehung. Sibylle und Peter bleiben dem Geist und den Idealen der Aufklärung und den Menschenrechten zeitlebens verpflichtet. Wenn sich in schwierigsten Lebenslagen die tragischen Ereignisse bis zur Unerträglichkeit verdichten, ist für beide die Musik bis an ihr Lebensende Trost und letzte Freude.

BASEL. 1767 erwirbt Albrecht Ochs den 1752 im Barockstil hergerichteten Holsteinerhof und nimmt Platz auf seinem Sitz im Basler Großen Rat, den er bereits seit 1764 innehat. 1769 zieht die Familie von Hamburg nach Basel. Vater Albrecht öffnet den Holsteinerhof für das europäische Geistesleben. Er führt mit Schwager François His die Geschäfte in Hamburg weiter und ist viel unterwegs. Die Familie Ochs ist freundschaftlich verbunden mit dem hochgebildeten Enzyklopädisten Pasteur Pierre Mouchon (1733–1797) von der Église Française, Flüchtling aus Genf, der mit Rousseau korrespondiert. Sie musizieren und philosophieren zusammen. Die drei Jahre im gastfreundlichen Holsteinerhof unter dem Einfluss von Vater und Bruder, von Pasteur Mouchon und dem Basler Aufklärer Isaak Iselin (1728–1782), für den Peter schwärmt, prägen Sibylle.

STRASSBURG. Die geschäftlichen, verwandtschaftlichen und freundschaftlichen Verbindungen von Basel nach Straßburg sind traditionell eng. Ehen werden gestiftet, stimmen müssen Stand, Konfession, Vermögen. So passen die Basler Ochs-His zu den de Dietrich, den reichsten und politisch einflussreichsten Grundbesitzern und Montanindustriellen im Elsass. Peter

Ochs und Philippe Frédéric de Dietrich (1748–1793) sind eng befreundet, sie musizieren und reisen gemeinsam. Peter bewundert den etwas älteren gleichgesinnten Freund. Die fünfzehnjährige Sibylle wird 1770 von den Familienoberhäuptern Ochs und de Dietrich mit dem sieben Jahre älteren Baron Philippe Frédéric de Dietrich verlobt. Sibylle zaudert. Sie will die Verbindung in Abwesenheit von Vater und Bruder lösen. Da verfasst Peter für Sibylle ein intellektuell und moralisch brillantes Porträt des Freundes: 1772 wird in Straßburg geheiratet, Sibylle wird Baronin. Am 31. August 1773 kommt Jean Albert Frédéric, genannt Fritz, zur Welt, am 8. Januar 1775 Pierre Louis Jean, der kleine Jeannot. Bei den ersten Geburten wird Sibylle noch von ihrer Mutter unterstützt. Nach der Geburt des dritten Sohnes Gustave Albert am 21. Juli 1776 stirbt einige Wochen später die kranke Mutter in Basel. Drei Geburten in drei Jahren strapazieren die junge Frau. Für ihren Stand und diese Zeit ungewöhnlich, umsorgt und erzieht sie die Kinder im Rousseau'schen Sinne selbst. Sibylle verbringt die meiste Zeit mit den Kindern auf dem Land und knüpft lebenslange Freundschaften. Im Sommer 1778 bewegt sie der Tod von Rousseau. Im Spätjahr begeistert Mozart in Straßburg. Peter ist in Straßburg aktiv in der Philanthropischen Gesellschaft, schließt sein Studium der Rechte in Basel ab, studiert weiter in Leiden, strebt eine politische Laufbahn in Basel an. Frédéric ist in diesen Jahren in ganz Europa unterwegs und studiert Geologie, Bergbau und Hüttenwesen. Sibylle ist mit den Kindern viel allein. Das Paar entfremdet sich.

PARIS. Frédéric publiziert und profiliert sich in Paris als Wissenschaftler. Er wird Mitglied der Académie des sciences und königlicher Kommissar für das Montanwesen. Nach reiflicher Überlegung folgt ihm Sibylle 1778 mit den Kindern nach Paris. Die erste Zeit in der pulsierenden Hauptstadt fällt ihr schwer, sie sehnt sich zurück nach dem Straßburger Umfeld und der Natur. Sie kümmert sich liebevoll um die Kinder, die weltläufige Verwandtschaft, den stetig wachsenden Freundeskreis und setzt sich für Arme und Kranke ein. Nach anfänglicher Abwehr gegen oberflächliche »amusements publics« entdeckt Sibylle das Kulturleben und bewegt sich sicher in einer gebildeten aristokratischen Gesellschaft, die sich, von den Ideen der Aufklärung beseelt, austauscht, Wert auf freie Meinungsäußerung und Talententfaltung legt. Wie einst ihre Großmutter richtet sie einen Salon ein und stellt geschickt Verbindungen zur Musik-, Kunst-, Wissenschafts- und politischen Szene her. Sie pflegt ein weitverzweigtes intellektuelles, gesellschaftliches, geschäftliches Beziehungsnetz.

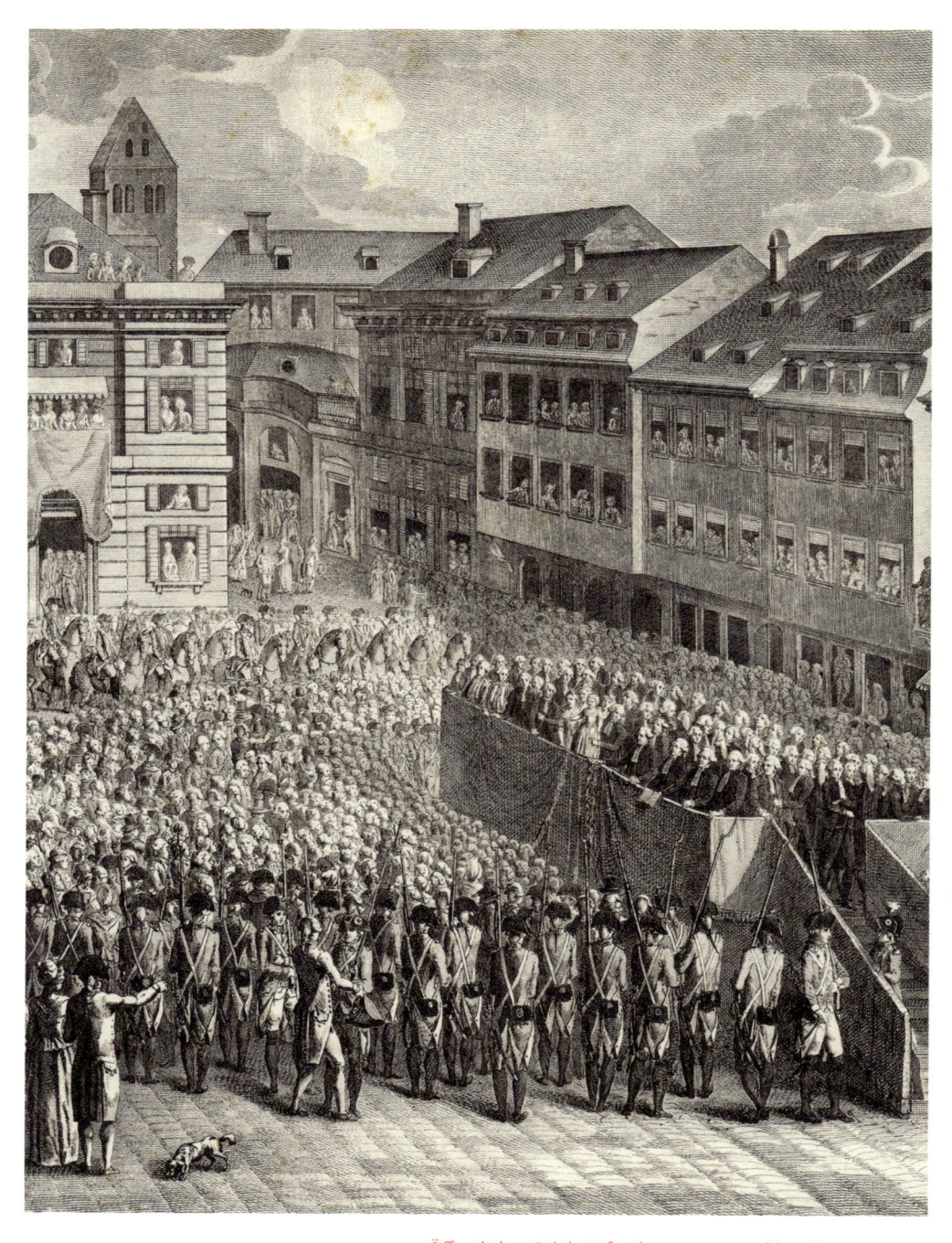

Öffentliches Gelöbnis für den ersten gewählten Bürgermeister Frédéric de Dietrich am 18. März 1790 in Straßburg. In der Mitte auf der Tribüne spricht Sibylle als Madame la Mairesse zur Versammlung.

Erholung findet sie mit den Kindern auf den Dietrich'schen Landgütern im Elsass. Die Erziehung der Kinder, das gesellschaftliche Leben, die Führung der Haushalte in Paris und im Elsass und die langen Reisen mit den Kindern erfordern Kraft, Umsicht und Organisationstalent. Rousseaus *Émile* öffnet die Schleusen, eigene Befindlichkeiten kundzutun. In Sibylles Briefen offenbaren sich Stil und Bildung, weltoffene humanistische Einstellung und Empathie, sie schreibt über eigene psychische und physische Kämpfe. Sie ist eine scharf beobachtende Zeitzeugin, eine kluge, überlegen modern denkende, selbstkritische Frau. Immer im Austausch mit dem Bruder, nimmt Sibylle regen Anteil am aktuellen Geschehen in Frankreich und in der Schweiz. 1779 heiratet Peter in Basel die neunzehnjährige Salome Vischer, im November 1780 wird das erste ihrer sechs Kinder geboren. Die Familien treffen sich in Straßburg, in Basel, in Paris. Sibylle wird besungen als schönste Frau des Elsass – es sind ihre glücklichsten Jahre.

In Sibylles Schicksalsjahr 1780 erliegt der fünfjährige Sohn Jeannot dem Scharlachfieber. Sibylle ist verzweifelt: »Perdre un enfant, c'est pleurer toute sa vie.« Bald darauf sterben in Basel Vater Albrecht und Großmutter Sibylle Ochs-Faesch. Das Handelshaus His in Hamburg geht durch Misswirtschaft des Onkels bankrott. Durch Frédéric und die Bekanntschaft mit Joséphine de Beauharnais, künftige Joséphine Bonaparte, findet Sibylle Trost und Ablenkung im Freimaurertum. In Paris entstehen Frauenlogen. 1782 beflügeln Rousseaus posthum veröffentlichte *Confessions*. Peter wird Ratsschreiber von Basel und ist oft in politischer und geheimer Mission in Paris, pflegt Freundschaften und Kontakte, 1784 trifft er Benjamin Franklin, die Geschwister sind befreundet mit Lafayette. 1786 stirbt Großmutter His, ein schmerzlicher Verlust. Sibylle kämpft mit Krankheiten. Die Söhne werden älter, Rousseau, Pestalozzi, Johann Friedrich Oberlin liefern das Erziehungsmodell. Fritz soll einmal die Geschicke der Familie de Dietrich leiten, Gustave Albert strebt eine militärische Karriere an – Sibylle wird sich bald von ihren Söhnen trennen müssen: »il faut sacrifier au bonheur de ses enfants«.

STRASSBURG. Ende Juni 1789 wird Frédéric als königlicher Kommissar nach Straßburg entsandt, Sibylle bleibt schwer krank in Paris zurück. Nach dem Sturm auf die Bastille am 14. Juli flüchtet Sibylle zu Peter und Salome nach Basel. Am 19. Juli wird das Straßburger Rathaus gestürmt. Frédéric befriedet und revolutioniert zugleich die aufgewühlte Stadt. Im August wird die *Déclaration des Droits de l'Homme et du Citoyen* veröffentlicht, Frédéric verteilt sie an die Soldaten. Sibylle kommt glücklich und genesen Anfang November von Basel auf dem Landsitz Rothau an. Gut vorbereitet durch die Jahre in Paris, wird sie mit Begeisterung in Straßburg politisch aktiv. Am 5. Februar 1790 wird Frédéric der erste gewählte Bürgermeister von Straßburg. Am 18. März tritt Sibylle auf der Place d'Armes öffentlich mit Frédéric als »Mairesse« zum *serment civique* auf.

Während österreichische und preußische Truppen das revolutionäre Straßburg bedrohen, erklingt auf Initiative von Frédéric am 26. April 1792 in Sibylles Straßburger Salon zum ersten Mal der *Chant de guerre pour l'armée du Rhin*, die spätere *Marseillaise*. Text und Melodie von Claude Joseph Rouget de Lisle. Sibylle hat dazu die mehrstimmige Begleitung komponiert. Bei der Uraufführung mit Rouget de Lisle singt Frédéric den Part. Sibylle sitzt nicht am Spinett, sie ist hochschwanger. Am 29. April wird der *Chant de guerre* erstmals öffentlich von Soldaten in Straßburg gesungen. Mit sechsunddreißig Jahren schenkt Sibylle am 29. Mai 1792 ihrem vierten Sohn Georges Gabriel Paul Émile das Leben, ein Kind der Revolution. Die Vornamen symbolisieren die Gesinnung der Eltern, da sie Washington, Mirabeau, Lafayette und Rousseau entlehnt sind.

Die Stimmung in Straßburg beginnt unter dem Druck der radikalen Jakobiner zu schwanken. Frédéric gerät, obschon er Straßburg revolutioniert hat, 1792 als königlicher Kommissar durch Besitz und Stand in eine gefährliche Lage. Der deutsche Jakobiner Eulogius Schneider, ehemaliger Franziskanermönch, wütet fanatisch in Straßburg, seine fahrbare Guillotine wird von Haus zu Haus gekarrt, mehr als dreißig Straßburger werden hingerichtet. Frédéric wird seines Amtes enthoben und entkommt auf Umwegen zu Peter Ochs nach Basel. Sibylle folgt nach mit dem kleinen Paul Émile. Frédéric wird als flüchtiger Aristokrat angeklagt, stellt sich freiwillig in St. Louis und kommt mit Sibylle ins Gefängnis nach Besançon. Er wird in Besançon freigesprochen, erneut angeklagt und nach Paris ins berüchtigte Gefängnis L'Abbaye verlegt.

Peter Ochs setzt in der Schweiz und in Frankreich alle Hebel für die Freilassung von Schwester und Schwager in Bewegung. Er erreicht, dass Sibylle »entadelt« wieder ins Basler Bürgerrecht eingesetzt und so vor dem Schafott gerettet wird. Doch sie bleibt gefangen in Besançon, die beiden älteren Söhne werden im Militärgefängnis Chaumont festgehalten. Der Briefwechsel von Sibylle und Frédéric aus dieser Lebensphase zeugt von tiefer gegenseitiger Liebe und Vertrautheit. Peter reist nach Paris und erreicht nichts. Auf Betreiben von Robespierre und durch Falschaussagen von

* 17.10.1755	in Hamburg in einer Kaufmanns- und Bankiersfamilie. Jüngere Schwester von Peter Ochs. Privatunterricht
1769	Basel. Private Weiterbildung
1772	Straßburg. Heirat mit Philippe Frédéric de Dietrich (1748–1793), vier Söhne
1778	Paris. Einrichtung eines Salons. Kontakt zur weiblichen Freimaurerei
1789	Frédéric de Dietrich wird als königlicher Kommissar nach Straßburg gesandt
1790	Sibylle wird an der Seite ihres Manns erste »Mairesse« von Straßburg. 1792 Uraufführung der *Marseillaise* im Salon de Dietrich
1793–1794	Zweimalige Verhaftung von Frédéric, Hinrichtung am 29.12.1793 in Paris. Zweiundzwanzig Monate Gefangenschaft von Sibylle in Besançon
1794	Landgut Rothau im Elsass. 1796 Liebesbeziehung mit Étienne Tardif de Bordesoulle (1771–1837)
1800	Straßburg. Engagement in der Freimaurerloge La Concorde für Frauen. 1805 als Großmeisterin der Frauenloge Gastgeberin für Napoleon und Joséphine
† 6.3.1806	in Straßburg

Eulogius Schneider wird Frédéric zum Tod verurteilt. Am 29. Dezember 1793 wird Philippe Frédéric de Dietrich in Paris auf dem Schafott hingerichtet und in einem Massengrab verscharrt. Familienvermögen und Hüttenwerke werden konfisziert, Landhäuser und Stadtpalais geplündert. Dass Eulogius Schneider am 1. April 1794 selber auf dem Schafott endet, ist bittere Genugtuung für Sibylle und ihre Söhne. Fritz und Gustave Albert sind im Juli wieder frei. Als Witwe verlässt Sibylle am 10. Oktober nach zweiundzwanzig Monaten Gefangenschaft krank und elend Besançon.

ROTHAU. Sie kann ihren kleinen Paul Émile wieder in die Arme schließen und erholt sich auf dem Landgut Rothau. Schwiegervater Jean de Dietrich versucht, Besitz zu retten und zerrüttete Finanzen zu regeln. Er stirbt in Straßburg Ende 1794. Fritz tritt das Erbe an. Der Gesamtbesitz bleibt konfisziert, ein riesiger Schuldenberg zeichnet sich ab. Schwierig auch für den Bruder Peter, der den Großteil seines Vermögens in die Unternehmungen de Dietrichs investiert hat. Sibylle muss Kredite aufnehmen, um den Söhnen den Dietrichbesitz zu erhalten. Es gelingt Sibylle und Fritz, Frédéric zu rehabilitieren und Teile vom Familienbesitz zurückzuholen.

Unterdessen vermittelt Peter Ochs 1795 im Holsteinerhof den »Basler Frieden« zwischen Frankreich und Preußen. Sibylle nimmt Émilie, das neugeborene uneheliche Kind von Gustave Albert, liebevoll bei sich auf, damals eine mutige Entscheidung. 1796 verliebt sie sich in den sechzehn Jahre jüngeren Offizier Étienne Tardif Comte de Bordesoulle (1771-1837) und erlebt kurze Jahre des Glücks: »Nous ne pouvons nous passer l'un de l'autre; c'est un lien indissoluble qui n'a besoin ni de prêtre, ni de contrat puisque nos cœurs l'ont signé ce contrat et n'avons besoins d'autres gages.« Bordesoulle

Bekannte Darstellung des ersten mythisch überhöhten Vortrags der *Marseillaise* im Hause de Dietrich am 26. April 1792 in Straßburg. Der Dichter Claude Joseph Rouget de Lisle singt, Frédéric de Dietrich sitzt rechts von ihm. In Wahrheit hat der Hausherr selbst gesungen, die Hausherrin Sibylle de Dietrich, die das Lied instrumentiert hat, fehlt auf dem 1849 gemalten Bild, da im achten Monat schwanger.

liebt sie trotz des Altersunterschiedes inniglich und bleibt rücksichtsvoll im Hintergrund. Fritz heiratet 1797 Amélie de Berckheim. Gustave Albert zieht als französischer Commissaire nach Hamburg und heiratet Emmy Pauli, die Tochter von Sibylles bester Freundin.

Am 20. Januar 1798 revolutioniert sich Basel unblutig, die Landschaft ist befreit. Peter Ochs entwirft die Verfassung der Helvetischen Republik und ruft sie am 12. April in Aarau aus. Erneut schlägt bei Sibylle das Schicksal zu: Im Oktober 1799 stirbt Paul Émile mit sieben Jahren in ihren Armen an Scharlach. Sie ist untröstlich und verfällt in Krämpfe. In ihrem Schmerz wendet sie sich noch mehr Bordesoulle zu, will ihn heiraten. Der älteste Sohn Fritz spricht von »mariage sinistre«. Söhne und Familie verhindern die Heirat. Nach reiflicher Überlegung beschließen Sibylle und Bordesoulle die Trennung. Bis an ihr Lebensende bleibt sie ihm eng verbunden. »Je vois que je l'aime plus pour lui que pour moi.« Nach all den Schicksalsschlägen fehlt es ihr an Gesundheit, Kraft und Mut für ein selbstbestimmtes Frauenleben. Sie ermutigt ihn zu heiraten. Bordesoulle gehorcht, heiratet, wird Vater und macht militärisch Karriere.

Peter Ochs wird 1799 durch Intrigen als Direktor der Helvetischen Republik gestürzt und des Landesverrats bezichtigt. Er kommt 1800 mit Salome auf dem Weg nach Paris bei Sibylle vorbei, sie begegnen sich als vom Schicksal Gezeichnete. Salome hält in Basel die Anfeindungen gegen ihren Mann und die Kinder nicht mehr aus, sie wird mit den jüngeren Söhnen und Tochter Emma in Paris bleiben. Peter muss den Holsteinerhof und die geliebte Bibliothek verkaufen, er bezieht auf seinem Grundstück ein kleines Nebenhaus. Sibylle besucht den Unglücklichen in Basel und erschrickt über seine ärmlichen Verhältnisse.

STRASSBURG. Sibylles Lichtblick in dieser düsteren Zeit ist ihre kleine Enkelin Émilie. Immer in finanziellen Schwierigkeiten, zieht sie mit Émilie 1800 nach Straßburg in eine Wohnung. Ihr Sohn Gustave Albert stirbt kurz vor Weihnachten 1800 in Hamburg an einem Lungenleiden. »Pourquoi ne meurt-on pas de douleur!!! L'existence est cruelle. Mon courage a été à de si grandes épreuves qu'il s'use, je le sens.« Die kurze Ehe von Emmy und Gustave Albert ist kinderlos geblieben. Emmy holt die inzwischen fünfjährige Émilie zu sich nach Hamburg. Als hingebungsvolle Großmutter findet Sibylle Trost bei den vier Kindern von Amélie und Fritz. Sie engagiert sich kulturell, sozial, politisch und in der Freimaurerloge, kleidet sich schlicht, genießt ihre Bibliothek, korrespondiert, musiziert, tut Gutes, trinkt ihren geliebten schwarzen Tee und freut sich an der sich abzeichnenden Erholung der Montanindustrie. Ihre Gesundheit bleibt prekär.

1804 stirbt die unglückliche Salome, ihre Schwägerin, in Paris. Sibylle tröstet den Bruder Peter, das Schicksal prüft auch ihn familiär schwer. Von den sechs Kindern stirbt ein Sohn nach der Geburt, zwei Söhne bringen sich um, die Tochter ist seelisch unheilbar krank. Die zwei verbliebenen Söhne werden den Namen des Vaters ablegen und zum Selbstschutz im Einvernehmen mit ihm den Namen His, des Großvaters, tragen.

Ende 1804 krönt Napoleon sich zum Kaiser. Er führt mit dem *Code civil* gleiches Recht für alle ein, Sibylle ist begeistert und hofft auf Frieden. Sie erlebt, wie die ersten Hochöfen wieder rauchen. Sibylle und Fritz nehmen an den Festlichkeiten zum Empfang des Kaiserpaares in Straßburg am

Republikanische Feier: Im Juni 1790 trägt Sibylle de Dietrich als Mairesse eines von zwei Kindern zur ersten öffentlichen Taufe im Namen der Republik.

15. Oktober 1805 teil. Als Grandes Maîtresses leiten Sibylle und Joséphine gemeinsam das Arbeitstreffen der Freimaurerloge La Concorde. Der geliebte Sohn Fritz stirbt am 3. Februar 1806 mit zweiunddreißig Jahren. Sibylle folgt ihm bald darauf in ihrem unermesslichen Schmerz am 6. März – am gleichen in Straßburg grassierenden Fieber. Betreut von Ärzten, beweint von allen, die sie kannten, besungen von ihrem Bruder. Keiner ihrer vier Söhne überlebt sie, zusammen mit dem gewaltsamen Tod ihres Mannes ist das die Tragödie ihres Lebens.

»Vous l'avez connue, estimée, aimée, cette sœur incomparable. Pendant tout le cours de notre vie, il n'y a pas eu entre nous un seul moment de froideur, de mésentente. Toujours le même sentiment nous a unis [...] Elle ne vivait que du besoin de rendre service à autrui. Agir pour les autres était son unique bonheur. Rien ne la retenait […] il fallait que tout cédât à la seule espérance d'être utile.« Dies schreibt Peter Ochs an Bernard Frédéric de Turckheim, der ihn vom Tod seiner Schwester unterrichtet hat.

Nach so viel inniger Gemeinsamkeit und schweren Schicksalsschlägen steht Peter nach Sibylles Tod einsam im konservativen Gegenwind. Bis er am 19. Juni 1821 stirbt, wird der verarmte Revolutionär und für Basel unverzichtbare Staatsmann, Jurist, Diplomat, Historiker, Menschen- und Musenfreund auch nach dem Wiener Kongress unbeirrt im Rechts-, Bildungs-, Sozial- und Kirchenwesen für die Landschaft und Stadt Basel viel bewegen und die Schweiz für 1848 vorbereiten. Er wird die zur Bedeutungslosigkeit heruntergekommene Universität Basel aus dem Mittelalter in die Neuzeit führen und verfasst ein Strafgesetzbuch. Mit Dankbarkeit erlebt er die Geburten der ersten Enkelin 1819 und 1820 des ersten Enkels. Er schont seine Gesundheit nicht, nimmt weiter an Ratssitzungen teil und wird bis zum Schluss an der Publikation seiner achtbändigen *Geschichte der Stadt und Landschaft Basel* arbeiten, der letzte Band erscheint posthum 1822. Konservative Basler Familien haben dem Revolutionär die Helvetik, den »Verrat« am eigenen Stand, den Verlust von Pfründen und Landschaft nie verziehen. Ansehen und Erinnerung an ihn werden in Basel noch immer geschmälert. Schwester Sibylle de Dietrich, geborene Ochs, ist in Basel unbekannt, sie wird als Frau der Aufklärung in Straßburg gerade wiederentdeckt.

Mehr zu Sibylle de Dietrich, geborene Ochs

+ Élisabeth Messmer-Hitzke: *Sybille de Dietrich. Une femme des Lumières en quête de liberté.* Strasbourg 2018.
+ Peter F. Kopp: *Peter Ochs.* Basel 1992.
+ Beat von Wartburg: *Musen & Menschenrechte. Peter Ochs und seine literarischen Werke.* Basel 1997.
+ Historisches Museum Basel / Benjamin Mortzfeld (Hg.): *Menschenrechte und Revolution – Peter Ochs (1752–1821).* Basel 2021.
+ Im Jubiläumsjahr 1998 zu zweihundert Jahren Helvetik und hundertfünfzig Jahren Bundesstaat sollte in Basel für die unblutige Basler Revolution, die Schweizer Aufklärung, Peter Ochs und die Menschenrechte auf dem historischen Petersplatz ein Denkmal erstellt werden. Während für Peter Ochs' Gegenspieler in der Helvetik, den hoch angesehenen Befreier der Waadt Frédéric-César de La Harpe (1754–1838), noch in seinem Todesjahr 1838 die künstliche Insel La Harpe vor Rolle angelegt und mit einem dreizehn Meter hohen Obelisken ausgestattet worden war, wartet zweihundert Jahre nach dem Tod von Peter Ochs das zu neunzig Prozent vollendete Menschenrechtsdenkmal, gestiftet von über fünfhundert StifterInnen, in einem Lager in Baselland nach vergeblichen Anläufen, zuletzt in Aarau, noch immer auf einen Standort. Vielleicht ist noch Platz auf der Insel und die einstigen Kontrahenten wären vereint? www.menschenrechtsdenkmal.ch.

Großen Dank für Hilfe bei Recherchen, für Anregungen, Korrekturen, Kürzungen an Joelle Pape, Freiburg i. Br.; Sara Janner, Basel; Aline Martin, Strasbourg; Mia Funk, Breisach.

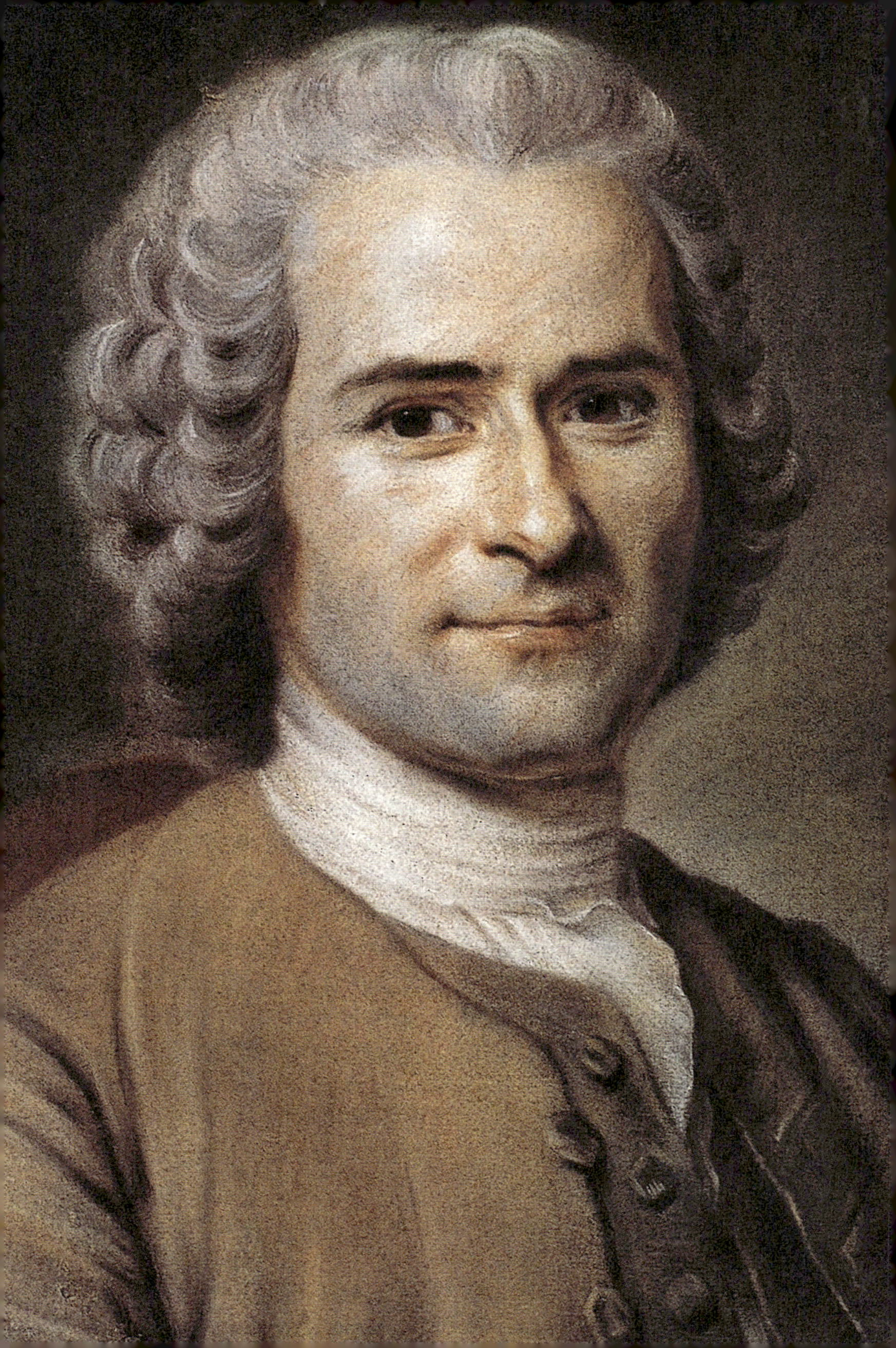

DANIEL DE ROULET ZU JEAN-JACQUES ROUSSEAU

EINE WOHLGESINNTE ENZYKLOPÄDIE

Von der Akademie bis nach Zürich

AKADEMIE – Dies ist die Geschichte eines Mannes, Rousseau, der dachte, ein großer Musiker und angesehener Musikwissenschaftler zu werden. Im Alter von achtzehn Jahren ist er Musiklehrer in Lausanne, Neuenburg, Chambéry. Er ist Kopist, hört zu, komponiert, stellt Theorien auf. Er geht nach Paris an die Akademie, die Musikakademie, um dort sein neues Notensystem vorzustellen. Die Herren der Akademie wollen aber nichts davon wissen, eine herbe Enttäuschung für Jean-Jacques, die erste einer ganzen Reihe von Misserfolgen oder was er für solche hält. Ein paar Jahre später organisiert eine andere Akademie, diejenige von Dijon, die allerdings keine Musikakademie ist, einen Wettbewerb, aus dem hervorgehen soll, ob »der Wiederaufstieg der Wissenschaften und Künste zur Läuterung der Sitten beigetragen« habe. Als Antwort auf diese Frage schreibt Jean-Jacques eine brillante Abhandlung, die sogleich publiziert wird und sogleich für Gesprächsstoff sorgt. Er, der nie eine akademische Laufbahn ins Auge gefasst hat, wird von einer Akademie anerkannt. Hätte er an der Sorbonne studiert, wäre Rousseau nicht jener intellektuelle Partisan, der er ist. Anderswo geboren zu sein, die Welt gesehen zu haben und selbstständig zu denken, das ist ein Vorteil.

BUFFON – Dies ist die Geschichte eines Rousseau, der sich für einen großen Botaniker hielt, doch es reicht nicht, an Pflanzen zu riechen, diese in ein Herbarium zu kleben und einen Namen für sie zu finden. Dazu braucht es ein System, eine Kultur und das Studium der antiken Gelehrten. Auch wenn er kein großer Botaniker ist, so hegt Jean-Jacques doch eine leidenschaftliche Bewunderung für Buffon. Der heutige TGV von Dijon nach Paris

Daniel de Roulet, geboren 1944 in Genf, hat einen zehnteiligen Romanzyklus geschrieben, der zwischen 1992 und 2014 erschienen ist. Zu seinen jüngsten Titeln gehören: *Dix petites anarchistes, Quand vos nuits se morcèlent, La Suisse de travers, L'Oiselier, La France atomique.* Auf Deutsch erscheinen seine Bücher im Limmatverlag.

hält im Burgund, und zwar in einem Marktflecken, in dem sich die Atomindustrie entwickelt hat: Montbard. Auf dem Hügel über dem Ort lebte Buffon inmitten seiner Gärten. Dort hatte er sein Arbeitszimmer, auf dessen Schwelle ich eine Inschrift fand, die versichert, Jean-Jacques sei an diesem Ort niedergekniet, um dem großen Botaniker, der ihn eine ganze Stunde lang empfangen habe, seine Ehrerbietung zu erweisen. Woraufhin Rousseau unter der Führung von Buffons Assistenten die Gärten besucht. Der Assistent beglückwünscht ihn zu seinen Kenntnissen in Botanik. Doch das war ein ziemlich unbegründetes Kompliment, denn noch am Tag darauf schreibt Jean-Jacques: »Ich dementierte so heftig die gute Meinung, die er am Vortag noch von mir hatte, dass er sein Lob zurücknahm und dann gar nichts mehr zu mir sagte.«

CLARENS –Da ihm weder die Musik noch die Botanik Anerkennung bringen, bleibt nur die Literatur übrig, jene, die man aus Notwendigkeit schreibt und trotz aller Konventionen, die den Zugang dazu regeln. Also folgt ein Briefroman mit dem Untertitel *Briefe zweier Liebender aus einer kleinen Stadt am Fuße der Alpen*. Diese kleine Stadt, Clarens, befindet sich am Nordufer des Genfersees zwischen Vevey und Montreux, auf Schweizer Seite und mit Sicht auf die Savoyer Alpen, die in Meillerie zum See abfallen. Wenn man in Clarens den See entlangspaziert, sind überall Erinnerungen an Rousseau anzutreffen. Lehrschilder erzählen die Höhepunkte seines Romans und listen die Schriftsteller aus der ganzen Welt auf, die hier verstehen wollten, was ihn so sehr fasziniert hatte. Jean-Jacques warnt den Spaziergänger, der sich von einer solchen Vorgehensweise verführen lassen möchte und in dieser Szenerie die Figuren eines Romans sucht: »Besuche die Gegend, betrachte die Landschaft, fahr auf den See hinaus und sag, ob die Natur diese schöne Gegend nicht für eine Julie, eine Claire, einen Saint-Preux geschaffen hat, doch suche sie nicht hier.« Die Literatur erlaubt es Jean-Jacques, sich zu allem zu äußern, sogar zu Wirtschaft, Liebe oder Politik, wie er am Anfang des *Gesellschaftsvertrags* schreibt.

DIDEROT – Im Leben eines künftigen Schriftstellers gibt es die Romanfiguren, die allmählich erfunden werden, und ein paar wahre Freunde. Als Jean-Jacques im Alter von neunundzwanzig Jahren zum ersten Mal nach Paris kommt, trifft er dort Denis Diderot (1713–1784). Ein Jahr jünger ist Denis, also sein Zögling. Er ist schon seit zwölf Jahren in Paris, hat an der Sorbonne studiert, Theologie- und Philosophievorlesungen besucht. Kein Vergleich mit Jean-Jacques' Werdegang. Sofort entsteht zwischen ihnen eine allumfassende Freundschaft. Sie kommen oft zusammen und tauschen Gefühle und Gedanken aus. Als Diderot zehn Jahre später auf Schloss Vincennes inhaftiert wird, und zwar wegen der materialistischen Ansichten, wie er sie in seinem *Brief über die Blinden zum Gebrauch für die Sehenden* geäußert hat, besucht Jean-Jacques ihn dort. Noch später stellt er Denis Sophie Volland vor, die zu dessen großer Liebe wird. Mit Sophie führt Diderot einen geheimen Briefwechsel, der bis zu deren Tod dauert. Im Alter von fünfundvierzig Jahren beginnen Diderots und Rousseaus Meinungen voneinander abzuweichen. Gesellschaftsmensch und Einzelgänger sind nicht mehr miteinander vereinbar. Statt darüber zu diskutieren, macht Rousseau daraus eine Herzensangelegenheit. Sie zerstreiten sich, und es kommt zum Bruch. Für Jean-Jacques ist Diderot nur noch ein Feind, der ein Komplott gegen ihn schmiedet. So enden die schönsten Freundschaften.

ÉMILE – Die Erziehung eines jungen Mannes aus der Sicht von Jean-Jacques ist der Inhalt eines 1762 veröffentlichten Buches, *Émile*. Für den Autor eine Art, einen Teil seiner glücklichen Kindheit und Jugend darzustellen. Darin findet er das, was er davon retten will, die Gründe dieses Glücks. Das Kind steht auf der Sonnenseite des Lebens. Um jeden Preis muss verhindert werden, dass das Kind allzu früh in die Laster der menschlichen Gattung abgleitet, in die dunkle Seite des Lebens. Viele von jenen, sie sich von Rousseau inspirieren ließen, allen voran Robespierre, machten aus ihm den Gründer des bürgerlichen Staatsgedankens. Gewiss war er kein Anarchist, doch ich bewundere an ihm, wie er die Behörden seiner Zeit infrage stellte, Fürsten, Könige oder Erzieher.

FRANKREICH – Auch wenn er nie Franzose war, auch wenn *Émile* und der *Gesellschaftsvertrag* von der königlichen Zensur verboten wurden und der Autor Gefahr lief, beim Bereisen dieses Landes verhaftet zu werden, taucht Rousseau in der Literaturgeschichte als französischer Autor auf. 1794 wurden seine sterblichen Überreste ins Pariser Pantheon überführt, auf dessen Frontgiebel steht: »Den großen Männern das Vaterland in Dankbarkeit«. Das französische Vaterland dankt also dem Genfer, dass er ein paar Artikel in der Erklärung der Menschen- und Bürgerrechte und der republikanischen Verfassungen inspiriert hat. Wird in Bordeaux, Dijon oder irgendeiner Stadt in Québec oder Argentinien eine Straße nach ihm benannt, so bleibt Rousseaus Geburtsort ungenannt. Zu Diskussionen führt eventuell, ob man seinen Namen durch »Philosoph«, »Schriftsteller« oder beides ergänzen

Gedenkmedaillon mit Bildnis der Grabstätte von Jean-Jacques Rousseau in Ermenonville.

soll. Die Literaturgeschichte, in der zwischen französischen und frankofonen Schriftstellern unterschieden wird, zählt Rousseau immer zur ersten Kategorie. Und dies, um aus ihm, genauso wie aus Diderot, d'Alembert und Voltaire, einen Mann der Aufklärung und der *Enzyklopädie* zu machen, als könnte Jean-Jacques nur ein Mann seines Zeitalters sein, obwohl er die Romantik des folgenden Jahrhunderts ankündigt. Dabei wäre er ein gutes Beispiel, ein für alle Mal jene Frankofonie infrage zu stellen, welche Autoren grundlos isoliert und schützt, auch wenn sie es verdienen würden, mit etwas anderem als mit der zu viel zitierten »fruchtbaren Diskrepanz« konfrontiert zu werden.

GENF – Jean-Jacques war glücklich, dass er in der Stadt Genf zur Welt gekommen war, doch zugleich ist es die Stadt, die ihn verleugnen, seine Bücher durch den Scharfrichter verbrennen lassen wird. Es gibt bei den zeitgenössischen Exegeten eine ganze Strömung, die behauptet, Rousseau hätte niemals über die Politik theoretisieren können, wenn er nicht bis ins Detail gewusst hätte, wie die Genfer Republik mit ihren Klassen und Privilegien, dem allmächtigen Patriarchat, den Bürgern und Ansässigen, doch niemals einem König, funktioniert hat. Genf hatte er im Alter von fünfzehn Jahren verlassen, und zwar an einem Abend, als er die Stadttore verschlossen vorfand. Er hätte warten können, bis sie am nächsten Tag wieder geöffnet wurden, doch er glaubte lieber, man habe ihn vor die Tür gesetzt. Hier war es nur symbolisch. Später dann, als es ernst gilt, als Genf, dem er seine ersten Schriften gewidmet hat, ihn verurteilt und nur wegen nicht sonderlich religiöser Ansichten verhaften lassen will, bleibt Rousseau zuerst die Sprache weg, ohne Antwort, ohne Reaktion.

Zu ungerecht. Mit der Macht der Oligarchie und der Pfarrer hat er nicht gerechnet.

HÉLOÏSE – *Die neue Héloïse* ersetzt das Liebespaar Héloïse und Abélard durch das tugendhafte Paar Julie und Saint-Preux. Wäre in diesem Briefroman bloß die etwas lächerliche Moral von Julie zu finden, hätte er nicht den Erfolg gehabt, der ihm beschieden war, und er wäre es nicht wert, dass man ihn heute noch mit Begeisterung verschlingt. Julie hat ihrem Vater versprochen, einen alten Knacker zu heiraten, und findet, ihre Heirat sei wichtiger als ihre Liebe. Die Briefe, die sie als Rechtfertigung ihrer tugendhaften Sturheit an Saint-Preux schickt, gleichen einer Gehirnwäsche, in die ihr Liebhaber einwilligt. Dabei hat sich in einem Wäldchen in Clarens etwas Leidenschaftliches zwischen ihnen abgespielt, doch für sie ist das bedeutungslos geworden. Das behauptet sie so lange, bis sie schließlich im Sterben ihre unterdrückte Liebe gesteht. Doch wozu eigentlich, da sie ja stirbt? Soviel ich weiß, wollte die richtige Héloïse, auch wenn sie Nonne war, ihren Mönch Abélard nicht glauben machen, dass sie auf seine Leidenschaft verzichten werde, weil sie die Heirat ablehnte. Woher also dieser Erfolg der *Neuen Héloïse?* Zweifellos, weil außerhalb ihres Moralismus etwas echt klingt. Dieser Saint-Preux, den die Liebe lächerlich macht, ist mir nach wie vor nah und ziemlich sympathisch.

ISABELLE D'IVERNOIS – Als Rousseau in Môtiers, wo er die ersten drei Jahre seines Exils verbringt, der Tochter des Schatzmeisters von Ivernois, Isabelle, begegnet, will diese gerade heiraten. Er ist fünfzig, sie dreißig. Er nennt sie »meine Tochter«, sie sagt »Papa« zu ihm. Ist es wirklich so einfach? In den Briefen, die er ihr schreibt, ist ein heiterer und sehr ungewöhnlicher Ton zu finden, etwas, das auf eine andere Natur ihrer Beziehung schließen lässt. Sie bringt ihm das Binden von Schleifen bei, schließlich muss man sich mit etwas beschäftigen an den Tagen, an denen man keine Pflanzen sammeln kann. Die Leute werfen Steine gegen die Fensterscheiben von Rousseaus Haus. Er wird aus Môtiers verjagt. Isabelle hat geheiratet. Er hat ihr herzliche Glückwünsche, ein paar Ratschläge und eine Schleife geschickt. Ihr Briefwechsel hat fünfzehn Jahre gedauert, seine Briefe an Isabelle sind verloren gegangen.

JUAN FERNANDEZ – In Rousseau schlummern mehrere Inseln. Da sind die, an die er im Ruderboot anlegt und die sich in Teichen oder Seen befinden, jene, auf der er im Bielersee wohnt, die St. Petersinsel, die er mit dem Paradies auf Erden vergleicht. Und dann ist auch jene fernste und von allen die geheimnisvollste Insel, auf die er aber nie einen Fuß setzen wird, Juan

Fernandez, im zwanzigsten Jahrhundert in Robinson-Crusoe-Insel umbenannt, sechshundert Kilometer vor Valparaiso in Chile gelegen, verloren im Pazifik. Dorthin wird sich Saint-Preux begeben, als er unglücklich und mit großem Liebeskummer seine Weltreise unternimmt.

Keith – George Keith ist noch so eine Figur, an die sich niemand erinnern würde, wenn Jean-Jacques nicht von dem Mann erzählt hätte, war er doch der Vertreter von Friedrich dem Großen, der es dem Verbannten erlaubt, sich im Fürstentum Neuenburg aufzuhalten.

Léman – Rousseau behauptet, Léman habe sein See früher geheißen, auch da die Bezeichnung Genfersee für die Einwohner von Évian und Lausanne eine Beleidigung wäre. Bevor er seinen Liebesroman schreibt, spricht er es aus: »Ich brauchte einen See.« Nur der Name fehlte ihm noch. Wie auf Deutsch oder Englisch wird er ihn dann Genfersee nennen.

Meillerie – Am 22. September 1754, während einer mehrtägigen Wanderung am Ufer des Genfersees, verbringt Rousseau in Meillerie die Nacht mit Thérèse. Das Dorf klammert sich an eine steil abfallende Bergflanke, an der es gerade mal Platz hat für eine Uferstrasse am Genfersee entlang zwischen Évian und Saint-Gingolph. Das Material aus seinen Steinbrüchen wurde auf großen Kähnen bis nach Genf geschifft und für den Bau der schönsten Gebäude verwendet. In der *Neuen Héloïse* wird Rousseau daraus den Ort machen, von dem aus Saint-Preux durch das Fernrohr ausspioniert, was in Clarens vor sich geht. Auf einem im Wald verlorenen Felsen kann man heutzutage lesen: »Oh Julie, dies ist der Stein, auf den ich mich setzte, um in der Ferne deinen glückseligen Aufenthaltsort zu betrachten.«

Neuenburg – Zweimal die Woche, jeweils am Mittwoch- und Samstagnachmittag, zeigt die Öffentliche Bibliothek der Universität Neuenburg in hübschen Vitrinen ihre Schätze, die Manuskripte von Rousseau, die er seinem Freund Du Peyrou überlassen hatte und die dieser wiederum der Stadt geschenkt hat. Diese Archive stehen seit 2013 auf der Liste des Weltdokumentenerbes der UNESCO. Darin finden sich alle möglichen Kuriositäten wie Hefte, Entwürfe und Briefe, vor allem solche, die man kaum veröffentlichen kann, weil man deren phonetische Redewendungen transkribieren müsste. Die ergreifendsten sind die von Thérèse an Jean-Jacques, in denen ich ab und zu auf ein bekanntes Wort gestoßen bin, während alles andere an eine Geheimsprache erinnert.

Oper – Zehn Jahre nach seiner *Abhandlung über die moderne Musik* schreibt Rousseau seinen *Brief über die französische Musik*. Er rechnet darin mit der Ästhetik von Lully ab und ergreift, gegen den Rat eines Teils des Hofes, Partei

* 28.6.1712	in Genf in einer Uhrmacherfamilie. Ab 1722 aufwachsen in Fremdfamilien
1728	Wanderschaft in Savoyen, der Schweiz und Paris. Schützling von Madame de Warens. Arbeit als Sekretär und Erzieher
1742	Paris. *Dissertation sur la musique moderne* (1743)
1745	Verbindung mit Thérèse Levasseur (1721–1801), fünf Kinder
ab 1749	Publikumserfolge, *Discours sur l'origine et les fondements de l'inégalité parmi les hommes* (1755), *Julie ou la Nouvelle Héloïse* (1761), *Du contrat social ou Principes du droit politique* (1762), *Émile ou De l'éducation* (1762)
ab 1762	Exilleben in Yverdon, Môtiers, St. Petersinsel, England, Dauphiné *Lettres écrites de la montagne* (1764)
1770	Rückkehr nach Paris
† 2.7.1778	in Ermenonville / Paris. Posthum erscheinen *Les Rêveries du promeneur solitaire* (1778), *Essai sur l'origine des langues* (1781), *Les Confessions* (1782)

für die italienische Oper, die als einzige, wie er sagt, die Sprache der Leidenschaften spreche. Er nimmt damit die Aufforderung Nietzsches, man müsse »die Musik mediterranisieren«, um viele Jahre vorweg. Goethe anerkennt »sein erstaunliches Schaffen, das sich zwischen Natur und Kunst bewegt«. Der junge Mozart ahmt ihn nach, Beethoven benutzt ein Thema von ihm. Doch es ist nicht gut, seiner Zeit zu weit voraus zu sein. Man wird es ihm heimzahlen.

PARIS – In Paris hat Rousseau Mühe, die Luft in den literarischen Salons zu atmen. Je nachdem, wie es ihm im Leben gerade so ergeht, spricht er schlecht oder gut über sie. Das Gleiche gilt für London. Die zu großen Städte gefallen ihm nur so lange, bis er dort Anerkennung gefunden hat. Und als Romanszenerie taugen sie seiner Ansicht nach nicht.

QUESNAY – Der Physiokrat François Quesnay (1694–1774) gehört zu jenen, die zwar von der »Herrschaft der Natur« sprechen, dabei aber die »Herrschaft der Marktwirtschaft« meinen. Mirabeau, der in Frankreich diese Denkschule vertritt, wird versuchen, Rousseaus Interesse dafür zu wecken. Jean-Jacques ist einverstanden mit den Physiokraten in Bezug auf die Einheitssteuer und die Rolle der Grundbesitzer bei einer Reform. Doch die Ökonomie, die er in dem Anwesen in Clarens in Szene setzt, steht im Widerspruch zur landwirtschaftlichen Monarchie von Quesnay und dem legalen Despotismus der Physiokraten.

RUE ROUSSEAU – Am 28. Juni 1793, dem Jahrestag von Jean-Jacques' Geburt, schart sich die Genfer Bevölkerung in heller Aufregung hinter seiner Büste und tauft eine ehemalige Straße des Quartiers Saint-Gervais auf seinen Namen. Zuvor hat sie die Verfügung, mit der die Person und die Werke des großen Rousseau verdammt worden waren, aufheben lassen. Die Aristokraten fliehen. Rousseau lächelt in seinem Grab.

SCHWEIZ – Wiederholt sagt Rousseau, für ihn sei die ganze Schweiz wie eine große, in dreizehn Quartiere unterteilte Stadt, von denen sich die einen auf Hügeln, andere an Hängen und nochmals andere auf Bergen befinden. Genf, Sankt Gallen, Neuenburg seien wie Vororte. Damals sind es eineinhalb Millionen Einwohner, aufgeteilt in dreizehn Kantone und Vogteien. Jedes Jahr begeben sich weitere Zehntausende Einwohner in fremde Dienste ins Ausland, etwas, was Rousseau verurteilt. Wozu für einen König sterben? Für ihn ist die Schweiz eine Mischung aus wilder Natur und kultivierter Natur. Wenn er sie lobt, dann sieht er in ihr eine widerstandsfähige Nation, die noch heute die Eigenschaften des ursprünglichen Rom besitzt, antike Menschen in modernen Zeiten. Doch wenn sie sich ihm gegenüber feindselig zeigt, sieht er in ihr eine verdorbene Nation. Was sie in allen Fällen rettet, sind ihre Landschaften. Aber ob das genügt?

THÉRÈSE – Rousseau ist dreiunddreißig Jahre alt, als er Thérèse Lavasseur (1721–1801) begegnet. Sie wird ihm überallhin ins Exil folgen und ihn bis an sein Lebensende vor aufdringlichen Leuten schützen. Sie ist seine Haushälterin und die Mutter der Kinder, welche die beiden dann im Stich gelassen haben. Das nennt man Treue. Wenn Rousseau von ihr spricht, dann immer nur, um ihre Meinung zu bekräftigen. Ist es das, was man unter der Bezeichnung ehelicher Liebe versteht?

USTERI – Leonhard Usteri (1741–1789) ist ein junger Zürcher Pfarrer, der von Rousseaus Schriften so begeistert ist, dass er sich zweimal nach Montmorency aufmacht, um mit ihm zu reden. Es wird Freundschaft geschlossen, man schreibt sich, man diskutiert. Rousseau will seinen neuen Freund in Zürich besuchen, muss aber wegen schlechten Wetters umkehren. Als die *Briefe vom Berge* erscheinen, leistet der Theologe, der Lehrer für Hebräisch und später Gründer der Zürcher Töchterschule wird, ihm keine Folge mehr. Jean-Jacques verzeiht ihm das nicht.

VINCENNES – Die Schriftsteller oder jene, die sich ihrer Biografie bemächtigen, sagen gerne, Texte würden gar nicht reifen, sondern seien das Resultat einer blitzschnellen Eingebung, die gegen seinen Willen über den Autor komme. Man denkt an Saulus auf dem Weg nach Damaskus, an Blaise Pascal. Jean-Jacques soll auf dem Weg nach Vincennes von den neuen Ideen geblendet, erleuchtet worden sein und diese dann in seiner *Abhandlung über die Wissenschaften und die Künste* niedergeschrieben haben. Warum auch nicht?

WARENS – Madame de Warens, nach der in Genf sogar eine Straße benannt ist, hat Rousseau in religiösen, ästhetischen und gefühlsmäßigen Dingen erzogen. In der letzten Träumerei des *Einsamen Spaziergängers*, eines unvollendeten Werkes, widmet er ihr eine schöne Würdigung.

XENOPHON – Falls Sie die Legende von Astyages und Kyros kennen, verstehen Sie, warum Xenophon zu diesem Wörterbuch gehört. Falls nicht, ergeht es Ihnen wie mir.

YVERDON – Am 14. Juni 1762 erreicht Rousseau die südlichste Spitze des Neuenburgersees, nämlich Yverdon, das Zentrum einer Berner Vogtei und bekannt für seine Druckereien. Das ist die erste Etappe auf dem Weg ins Exil nach der Verurteilung seiner Schriften. Er bleibt dort nur bis am 9. Juli, denn Bern weigert sich, den Flüchtigen aufzunehmen. Schade, denn der Ort gefiel ihm sehr.

ZÜRICH – In Genf denkt man beim Namen Rousseau zuerst an eine Insel am äußersten Ende des Seebeckens oder an ein Gymnasium. In Zürich geht es womöglich um ein zweiundzwanzig Meter langes Schiff, die MS Jean-Jacques Rousseau. 1952 auf dem Zürichsee erbaut, ist sie bis 1996 auf dem Bielersee umhergefahren und dann nach Amsterdam verkauft worden. 2014 ist sie in die Schweiz zurückgekehrt und sieht nach einer Totalsanierung aus wie jene Schiffe, die zur Zeit der Landesausstellung 1939 in Dienst waren. Älter als ursprünglich ausschauend und komfortabel geheizt, verkehrt sie jetzt auf dem Zürichsee. Sechzig Passagiere können dort ihr Glas auf das Wohl von Jean-Jacques erheben.

Aus dem Französischen von Markus Hediger

Mehr zu Jean-Jacques Rousseau

+ In den *Bekenntnissen* (1782/88) erzählt Rousseau sein eigenes Leben. Der erste Satz sagt schon alles. »Ich beginne ein Unternehmen, welches beispiellos dasteht und bei dem ich keinen Nachahmer finden werde. Ich will der Welt einen Menschen in seiner ganzen Naturwahrheit zeigen, und dieser Mensch werde ich selber sein.«
+ *Julie oder Die neue Héloïse* (1761) ist ein Briefroman mit dem Untertitel *Briefe zweier Liebender aus einer kleinen Stadt am Fuße der Alpen*. Auch dies sagt schon alles.
+ Im *Gesellschaftsvertrag* (1762) schreibt Rousseau auf der ersten Seite: »Der Mensch wird frei geboren, und überall ist er in Fesseln. Mancher hält sich für den Herrn anderer und ist dennoch mehr Sklave als sie. Wie ging diese Umwandlung vor sich? Ich weiß es nicht. Wodurch kann sie rechtmäßig werden? Diese Frage glaube ich lösen zu können.«

A. Bouvier lith.

Impr. Ch. Gruaz à Genève

BOUDA ETEMAD ZU
JEAN CHARLES LÉONARD SIMONDE DE SISMONDI

EINE WELTKARTE IM KOPF

Ein Ökonom für die Alte und Neue Welt

»Reden wir nicht weiter so«, rief er einmal aus, »als hätten wir noch nie eine Weltkarte gesehen.« Bei anderer Gelegenheit kündete er zwei Jahrhunderte zum Voraus an, was wir erst seit Kurzem glauben, nämlich dass auf unserem auf ein Dorf geschrumpften Planeten alles miteinander verbunden sei: »Das Schicksal aller Völker ist künftig miteinander verknüpft«, schrieb er 1814, »und der Wohlstand oder das Unglück der Molukken [Archipel östlich von Indonesien] ist bis auf die Gipfel der Schweizer Alpen zu spüren.«

Charles Sismondi lebte in einer Zeit der Umwälzungen (industrielle Revolution, europäische Expansion), in der die Brüche die Geister mehr bewegten, als es die Beständigkeit tat. Doch es ist diese Aufgeschlossenheit für das Globale, die uns Sismondi so vertraut erscheinen lässt. Er wird es noch mehr, da er sich als Autor an vielen nahen und fernen Fronten engagierte. Unermüdlich kämpfte er gegen das Unrecht, zweifellos ehrlich und großzügig, aber auch mit Schwächen und Vorurteilen. Heute würde man sagen: Er war ein Meinungsführer. Ein Visionär mit internationalistischen, egalitären und universalistischen Überzeugungen.

Für seine Anliegen und um die Richtigkeit seiner Ansichten zu beweisen, mobilisierte er staunenswerte Sachkenntnis und Energie. Von 1801 bis 1842 widmete er ihnen fast 28 000 Seiten in Büchern, Broschüren und Artikeln. Das ist eine Leistung, die selten gewürdigt wird und auf jeden Fall schwer zu schlagen ist. Niemand würde heute glauben, dass jemand – ausgenommen ein obsessiver Hochschullehrer in weltfernen Höhen – zu einem solchen

Bouda Etemad lehrte bis 2014 an den Universitäten Genf und Lausanne Geschichte. Er hat rund fünfzig Publikationen vor allem zu den europäischen Kolonialreichen veröffentlicht, darunter *Schwarze Geschäfte* (2005) zur Schweizer Beteiligung am Sklavenhandel. Gegenwärtig arbeitet er an einem Werk *De Rousseau à Dunant: Regards genevois sur l'esclavage et la colonisation*.

Kraftakt imstande wäre. Doch Sismondi hat nie an einer Universität studiert.

Als Pfarrerssohn wurde er von seinem Vater zu einem Textilfabrikanten und -händler in Lyon, einem Genfer Bankier und dann zu Tuchhändlern in die Lehre geschickt. Bei dieser kaufmännischen Ausbildung, die er nicht sehr geschätzt hat, lernte er Buchführung sowie das gründliche Prüfen und Einordnen aller Informationen. Doch ausschlaggebend für seine geistige Entwicklung war der Aufenthalt in Coppet bei Madame de Staël, wo sich die europäische Elite die Klinke in die Hand gab. Keine damalige Universität hätte ihm geben können, was er von Germaine de Staël bekam, von der er sagen wird, sie habe ihn »gewissermaßen erschaffen«.

Sismondis Reisen durch Europa, nicht immer nur zum Vergnügen unternommen, eröffneten ihm noch weitere Horizonte. 1792 verließ er Genf zusammen mit seiner Familie, wegen der dortigen revolutionären Wirren. Nach einem Zwischenhalt in England kehrte er 1794 nach Genf zurück, bevor er erneut in die Toskana emigrierte. Diese Auslandsaufenthalte, die meistens unter schwierigen Bedingungen stattfanden, nutzte Sismondi, um sich »für Menschen und Dinge zu interessieren [...], das Leben der Nationen zu beobachten und [...] deren Institutionen zu studieren«. Sie machten aus ihm einen Kosmopoliten, der sich in unterschiedlichen intellektuellen Kreisen wohlfühlte, sowohl in der Schweiz und in Frankreich als auch in Italien und England.

Jean Rudolf von Salis, sein getreuer Biograf, ist der Ansicht, dass Sismondi den »Genfer Geist« verkörperte. So wie andere Literaten aus der Calvin-Stadt – behauptet von Salis – »schreibt Sismondi vor allem, um eine soziale Tat auszuführen, in der Meinung, damit nach Treu und Glauben einzig dem Guten und Wahren zu dienen«. Man versteht also, warum Sismondi die Geschichte und die politische Ökonomie, seine Lieblingsfächer, vor allem als moralische Wissenschaften verstand. Doch die größte Gefahr, der sich ein visionärer Moralist ausgesetzt sieht, ist nicht so sehr, sich wissenschaftlich zu irren, als vielmehr, nicht gehört zu werden. In der Tat verbitterte es Sismondi sehr, dass seine Prognosen überholt und Warnungen oder Empfehlungen ignoriert wurden.

Nur wenige kennen heute noch Sismondis historische Werke. Dabei haben sie durchaus Format, schon rein quantitativ. Er schrieb eine sechzehnbändige *Geschichte der italienischen Freistaaten im Mittelalter* und eine einunddreißigbändige *Geschichte der Franzosen*. Es sind Herkulesarbeiten, die sich über fünfzehn, respektive zweiundzwanzig Jahre hinzogen. Ihr Ruhm ist heute weitgehend verblasst, außer demjenigen des ersten Werks, und dies vor allem in Italien, wo das Andenken an Sismondi lebendig bleibt, weil er dort zur Bildung des Nationalbewusstseins beigetragen hat.

Hier wird an diese Monumentalwerke erinnert, weil Sismondi sich darin über das wechselhafte Schicksal der Nationen Gedanken machte. Warum besteht die Welt aus Ländern, die sich auf unterschiedlichen Zivilisationsstufen befinden? Auf diese Frage, welche die wissenschaftliche Gemeinschaft seit zweieinhalb Jahrhunderten beschäftigt, hatte Sismondi eine klare Antwort: »Die Tugenden oder Laster der Nationen, deren Energie oder Trägheit, Talente, Aufgeklärtheit oder Unwissenheit sind fast nie auf die Auswirkungen des Klimas, die Eigenschaften einer bestimmten Volksgemeinschaft zurückzuführen, sondern sie sind das Werk der Gesetze: [...] alles wurde allen von der Natur gegeben, doch [...] die Regierungsform raubt oder sichert den Menschen, die ihr unterworfen sind, das Erbe des Menschengeschlechts.« Vorrang haben demnach institutionelle Faktoren.

In diesem Punkt war Sismondi mit führenden liberalen Denkern wie Adam Smith, Thomas Malthus oder Jean-Baptiste Say einig. Doch er unterschied sich von ihnen, indem er den Schwerpunkt auf eine implizite Bedingung dieser Betrachtungsweise legte, nämlich auf die Eingriffe des Staates. Den Liberalismus im Zusammenspiel mit einer gehörigen Portion Etatismus zu betrachten, verbunden mit dem Vorrang der institutionellen Faktoren: Das macht Sismondi sehr aktuell. Beurteilen nicht die meisten internationalen Organisationen heute die Rolle der Institutionen als wesentlich im Kampf gegen die Einkommensungleichheit zwischen den Ländern und innerhalb dieser selbst? Laut dem Internationalen Währungsfonds und der Weltbank sollen ein stabiles politisches Umfeld, ein unabhängiger Rechtsrahmen, der sichere Verträge garantiert, eine transparente Informationspolitik sowie eine korruptionsfreie Verwaltung eine institutionelle Umgebung bilden, die für das reibungslose Funktionieren der öffentlichen Dienste und infolge dessen für ein ausgewogenes Wachstum günstig ist.

Sismondi hätte dieser Darstellung nicht widersprochen: gute oder schlechte Governance, Konzepte, die sich seit etwa zwanzig Jahren im Westen eingebürgert haben, um die Unterschiede bei der Verteilung der

Die einstige Villa von Simonde de Sismondi in Chêne-Bougeries bei Genf, 2003 renoviert, dient heute der Stadtverwaltung.

Reichtümer zu erklären. Er nannte das die »Wissenschaft vom Regieren«, wobei er das Studium von Geschichte und Wirtschaft miteinander verband.

In seinen historischen Werken distanzierte sich Sismondi von der klassischen Schule der Nationalökonomie, und diese Distanz reifte in den ökonomischen Studien zu einem eigentlichen Bruch. Vollendet war er 1819 mit dem Erscheinen der *Nouveaux principes d'économie politique* (*Neue Grundsätze der politischen Ökonomie*), einem Werk, das ihm einen festen Platz in den Geschichtsbüchern der Wirtschaftsdoktrinen sichert. Er gilt als einer der ersten Denker, der die negativen Folgen des Wirtschaftsliberalismus anprangert, und dies nicht in respektvoller Kritik, sondern als radikale Infragestellung eines Gedankengebäudes, das, wie er sagte, zu einer »orthodoxen Lehrmeinung« erstarrt sei.

So erbarmungslos dieser Angriff ist, hat er doch auch einen irgendwie eidgenössischen Touch. Statt sich auf doktrinäre Auseinandersetzungen zu beziehen, beruht er auf der vermeintlich neutralen Beobachtung von Tatsachen. Sismondi misstraute den Intellektuellen ohne Kontakt zum realen

Leben. Er war ein Mann der Praxis und erinnert an die derzeitigen Schweizer Entscheidungsträger, die sich gerne als pragmatische Akteure auf der Suche nach empirischen Lösungen darstellen.

Nichts an der klassischen Nationalökonomie fand vor Sismondis Augen Gnade, wenn er die Tatsachen untersuchte. Weder deren Methoden, welche die Abstraktion der Erkundung vor Ort vorzogen; noch deren Gegenstand, der die Frage nach der Verteilung der Reichtümer nicht zu stellen erlaubte und jede soziale und moralische Betrachtung ausschloss; auch nicht die zum Dogma erhobene wichtigste Schlussfolgerung, dass nämlich der von jedem staatlichen Eingriff freie Markt mit seinem Konkurrenzprinzip quasi von Natur aus Mechanismen erzeugt, die ein Höchstmaß an Produktivität und die Harmonie der Einzelinteressen garantieren. Dabei meinte Sismondi, man müsse nur von den Seiten abstrakter Abhandlungen zur politischen Ökonomie aufblicken, um zu sehen, wie Industrialisierung und Laisserfaire exorbitante menschliche Kosten forderten, indem sie Millionen von Arbeitern in Unsicherheit und Not stürzten.

Die Lösungen, die sich Sismondi für die sozialen Missstände seiner Zeit vorstellte, lassen eine Sorge um das richtige Mittelmaß erkennen. Die Hauptlösung war eine gleichmäßigere, vom Staat herbeigeführte Verteilung der Reichtümer. Sie wäre, so dachte Sismondi, der Motor für ein stabiles und ausgewogenes Wirtschaftswachstum. In der Industrie und in der Landwirtschaft favorisierte er kleinere und mittlere Unternehmen, wo die Kooperation zwischen Arbeit und Kapital wiederhergestellt werden musste. Der Schutz der Bedürftigen, als eine moralische Aufgabe von Eliten und Behörden begriffen, sollte durch legislative Maßnahmen erreicht werden, deren Durchsetzung Sismondi allerdings für langwierig und schwierig hielt. Als Schutzmaßnahmen gegen die Auswüchse eines ungehemmten Kapitalismus schlug er auch die Beteiligung von Arbeitern und Bauern an den Früchten ihrer Arbeit sowie den Zugang möglichst vieler zu Privateigentum vor.

Mit einem solchen Programm verdarb Sismondi es sich aber mit jedermann. Die herrschenden Klassen verziehen es ihm nicht, das Laisser-faire in Misskredit zu bringen. Die Revolutionäre setzten ihn herab und hängten ihm, wie es Marx und Engels taten, das Etikett »kleinbürgerlicher Sozialist« an.

Sein Leben lang führte Sismondi leidenschaftlich einen Kampf, der ihn oft quälte: den Menschen in allen Breitengraden dabei zu helfen, sich jenen Anteil am Glück zu eigen zu machen, der ihnen rechtens zusteht. Er war einer der wenigen Denker seiner Generation, der den – damals selbstverständlichen – moralischen, juristischen und politischen Relativismus anprangerte, mit dem gerechtfertigt wurde, dass die europäischen Werte nicht auf die Völker Amerikas, Afrikas und Asiens ausgeweitet wurden, weil diese zu »rückständig« seien, um diese Werte schätzen zu können.

Getreu Sismondis egalitärem Leitsatz musste man genau das Gegenteil machen: Die Europäer hatten die Pflicht, überall jene Grundsätze und Werte anzuwenden, die bei ihnen selbst gebräuchlich waren. Diesen Auftrag wies er dem weißen Kolonisator zu; dessen Hoheitsgewalt über die fernen Länder war nur dann legitim, wenn er seine edle Pflicht erfüllte, sich aktiv für den »Fortschritt der Zivilisation bei den eroberten Völkern« einzusetzen. Nur unter dieser Bedingung würde die koloniale Herrschaft eine »Wohltat für die Menschheit« werden.

Sismondi glaubte aufrichtig an die zivilisierende Macht der europäischen Expansionsbestrebungen in den überseeischen Ländern. Ganz am Anfang der französischen Besetzung Algeriens, 1830, betonte er, die gewalttätige Aneignung des Landes werde nicht verhindern, dass der Krieg abgedämpft werde durch »den Eroberungsgeist, der stiften [...] und für die Zukunft beleben will«. Nach der militärischen Eroberung, riet er, müsse man die Herzen der Einheimischen gewinnen, indem die Regierung »gleiche Gesetze« anwende. Falls der Krieg aber allzu viel zerstören würde, könnte er zwischen Arabern und Europäern »die Saat für einen ewigen Hass« hinterlassen. Also war es wichtig, schnell freundnachbarschaftliche Beziehungen zwischen den beiden Gemeinschaften herzustellen. Deshalb durfte man den Einheimischen ihre Ländereien nicht wegnehmen, um sie gierigen Spekulanten zu überlassen, »Leute, die eiligst profitieren und zerstören wollen«. Sondern man musste den arabischen Bauern Sicherheit garantieren und darüber nachdenken, wie man sie mit arbeitsamen, genügsamen Kolonisten assoziieren könnte, denen die Erde etwas bedeutete und die nicht »ihr persönliches Glück, sondern das Glück des Landes suchen«. Sismondi träumte davon, dass die Algerier dank der französischen Kolonisation auf die »Bahn des Glücks und der Weiterentwicklung« gelangten.

Bezüglich Indien warnte er die englischen Kolonisatoren vor dem, was ihnen drohen könnte, sollten sie ihrer Aufgabe nicht gewachsen sein. Die Bewohner des indischen Subkontinents besaßen seiner Meinung nach die Fähigkeit, auch ohne ihre englischen Vormünder auszukommen, ja sie könnten sich ihnen sogar widersetzen. Die Inder »haben sich unter die zivilisierten Nationen eingereiht; [...] sie werden weitere Fortschritte machen; was man ihnen nicht geben wird, das werden sie sich nehmen; und falls die Zeit kommt, wo sich diese immense Kraft Indiens, die zugunsten Englands

* 9.5.1773	in Genf in der wohlhabenden hugenottischen Pastorenfamilie Simonde. Schulen in Genf, 1792 kaufmännischer Lehrabschluss in Lyon
1793	Flucht nach England, dann in die Toskana. 1796 fügt er dem Familiennamen den toskanischen Prädikatsnamen de Sismondi an
1800	Rückkehr nach Genf. In der Groupe de Coppet um Madame de Staël. *De la richesse commerciale* (1803)
1803–1809	Sekretär der Handelskammer des Départements Léman
1809–1820	Lehrstuhl für Moralphilosophie an der Akademie Genf. *Histoire des républiques italiennes du Moyen Âge* (1807–1818), *Nouveaux principes d'économie politique* (1819)
1819	Heirat mit Jessie Allen (1777–1853)
1820–1835	Honorarprofessur für Geschichte in Genf. *Histoire des Français* (1821–1844), *Études sur l'économie politique* (1837)
1814–1841	Mitglied des Genfer Repräsentantenrats
† 25.6.1842	in Chêne-Bougeries / Genf

sein könnte, sich gegen sie wendet, wird England tief fallen, und es wird mit dem Schuldgefühl fallen, dass es aufgrund eines engstirnigen Egoismus seine große Bestimmung verfehlt hat«.

Auch wenn Sismondi, ebenso wie die meisten Denker der europäischen Aufklärung, an der Idee der Kolonisation als mächtiges Mittel der Zivilisierung nichts Verwerfliches fand, so waren seines Erachtens der Sklavenhandel mit Schwarzen und die Sklaverei allgemein keineswegs zu rechtfertigen. Zu einem Zeitpunkt, als der Handel mit und die Knechtschaft von Schwarzen öffentlich heftig infrage gestellt wurden, stellte er sich die unmittelbar bevorstehende Abschaffung der Sklaverei vor, um sich Gedanken über die Zukunft Afrikas und Amerikas zu machen, wenn sie einst von diesen Übeln befreit sein würden. Seine Vorhersagen waren einmal mehr zuversichtlich.

Seines Erachtens würde sich Afrika mühelos vom Sklavenhandel erholen. Dieser Handel habe Völker beschmutzt, die zuvor wegen der Sanftheit ihrer Sitten, ihrer erstklassigen Gesetze und der »Fortschritte in Landwirtschaft und Manufaktur« bemerkenswert gewesen seien. Deshalb werde Afrika, wenn es einst von der »Trostlosigkeit und Barbarei« befreit wäre – Auswirkungen der Verschleppung ihrer Bewohner durch die europäischen Sklavenhändler –, wieder »zum Frieden und zu einem Zustand vergleichsweisen Wohlstandes« zurückfinden, sodass »die Zivilisation« dort »rasche Fortschritte« machen werde.

Für die amerikanischen Plantagenkolonien dachte Sismondi über ein Ersatzsystem nach. Er war überzeugt, dass mit der Befreiung alle Wohltaten Hand in Hand gehen würden. Dieser Optimismus hing einerseits mit seiner Überzeugung zusammen, dass der Sklave – gerade weil die Knechtschaft einen Menschen an der vollen Entfaltung seiner Fähigkeiten in der Arbeit

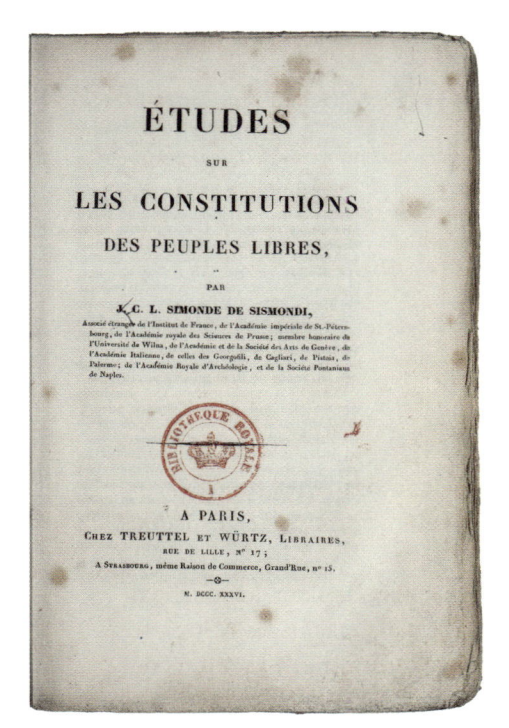

Neben seinen ökonomischen und historischen Werken veröffentlichte Simonde de Sismondi 1836 auch eine Zusammenfassung seiner politischen Ansichten und betonte darin die progressive Kraft des intellektuellen Bürgertums.

hinderte – nur produktiver werden konnte, wenn er befreit würde. Andererseits, meinte er, gebe es eine Organisationsform in der Landwirtschaft, die einen Ausweg aus der Sklaverei ermöglichte, der für die Sklaven wie die Herren vorteilhaft war. Nur das Modell der Pacht könne die Sklaverei in den Kolonien »aufs Glücklichste« ersetzen, weil sie die Produktion zu gleichen Teilen zwischen dem Landbesitzer und dem Pächter, der das Land bewirtschaftet, aufteilt. »Der Pachtvertrag eignet sich am besten, die Schwarzen wieder glücklich zu machen, den Anbau weiterhin gedeihen zu lassen und dem Besitzer ein höheres Einkommen zu garantieren als das, welches er im Augenblick mit seinen Plantagen erwirtschaftet.«

Als Sismondi über die koloniale Welt nach der Abschaffung der Sklaverei nachdachte, machte er sich mehr Sorgen um den schwarzen Arbeiter als um den weißen Besitzer. Das unterschied ihn von den meisten anderen Gegnern der Sklaverei, und es ist auch der Grund, dass er als einer der wenigen die Meinung vertrat, die Sklaven und nicht die Besitzer würden eine Entschädigung verdienen. Man müsse dem Sklaven Schadenersatz leisten, sagte er, da er »wegen der ungerechten Gesetze lange ausgeraubt wurde«, und weil er »ohne irgendeine Entschädigung um die Früchte seiner täglichen Arbeit gebracht« worden sei.

Sismondi litt am Unglück der Welt und am Leid seiner Mitmenschen. Seine Schriften waren ein Gegenmittel gegen diese große Sorge. Aus ihnen spricht seine Empörung. Sismondi zeigte aber auch Lösungen für die Übel auf, die auf den Völkern lasteten. Die Besorgnis, welche die Gegenwart in ihm weckte, wurde vom Vertrauen in die Zukunft weitgehend wettgemacht. Als banger Optimist schlug er – immer großzügige – Lösungen vor, um das Los der Unglücklichen zu verbessern.

Aus einem Abstand von zwei Jahrhunderten ist es leicht, Sismondi bei Fehlern zu ertappen. Seine Ideen, den ungehemmten Kapitalismus einzudämmen, rufen noch heute Skepsis oder Ablehnung hervor. Er hat die Situation in Algerien und in Indien falsch eingeschätzt, weil er wegen seiner großherzigen Absichten in Sachen Kolonisierung die europäische Herrschaft für etwas anderes hielt, als sie in Wirklichkeit war. Entsprechend seiner Hoffnung, dem vom Sklavenhandel geschundenen Afrika wieder auf die Beine zu helfen, fühlte er sich verpflichtet, für den Kontinent unrealistische Möglichkeiten auszumalen. Und das Sklavenhandel betreibende Europa ignorierte seine idyllische Formel von der Pacht und entschädigte lieber die Besitzer als die Sklaven.

Bezüglich Amerika waren seine Einschätzungen zutreffender. In seinen Augen war Amerika jung und frisch und dazu bestimmt, »eines Tages das Zepter der Macht und des Reichtums« in Händen zu halten, bedroht freilich von einer tödlichen Gefahr: dem »nagenden Krebsgeschwür« der Rassendiskriminierung. Deshalb auch seine Warnung: »Die Amerikaner [...], falls sie leben wollen, [...] müssen die Sklaven in den Rang der weißen Menschen erheben.« In seinem unerschütterlichen Optimismus konnte er allerdings nicht ahnen, dass zwei Jahrhunderte nach dieser Mahnung »das schreckliche Gewitter«, das Amerika bedrohte, noch immer am Horizont steht.

Aus dem Französischen von Markus Hediger

Mehr zu Jean Charles Léonard Simonde de Sismondi

+ Die beste Darstellung zu Sismondi bleibt weiterhin Jean-Rodolphe de Salis: *Sismondi 1773–1842. La vie et l'oeuvre d'un cosmopolite philosophe*, Paris 1932 (Nachdruck Genf 1973). Diese zweiteilige Dissertation mit damals ungedruckten Manuskripten von Sismondi ist leider nie auf Deutsch erschienen. Antiquarisch auf Deutsch erhältlich ist die ebenfalls schon ältere, auf den Ökonomen Sismondi konzentrierte zweibändige Studie von Alfred Amonn: *Simonde de Sismondi als Nationalökonom. Darstellung seiner Lehren mit einer Einführung und Erläuterungen*. Bern 1945.
+ Die italienische Associazione di Studi Sismondiana, 1997 in Pescia gegründet, betreibt die nützliche, aber nicht immer ganz aktuelle Website www.sismondi-net.com.
+ Viele Briefe von, an und über Sismondi finden sich in den *Bonstettiana. Briefkorrespondenzen Karl Viktor von Bonstettens und seines Kreises*, insbesondere ab Band IX (Göttingen 2002–2011).

Kreins

ADOLF MUSCHG ZU BENJAMIN CONSTANT

VON WERT UND UNWERT DES LIEBENS

Notizen aus dem kosmopolitischen
Laboratorium in Coppet

14. Dezember 1830: Seit Menschengedenken hatte Paris kein solches Staatsbegräbnis erlebt. Fast zweihunderttausend säumten den Trauerzug zur protestantischen Kirche an der Rue St. Antoine, junge Leute hatten dem Leichenwagen die Pferde aus- und sich selbst davorgespannt. Die Juli-Revolution hatte die restaurierten Bourbonen vertrieben, wozu der Verewigte als Sprecher der *Indépendents* sein Teil beigetragen hatte. Nun folgte seinem Sarg der neue »Bürgerkönig« Louis Philippe, der geschworen hatte, die Errungenschaften der Revolution von 1789 zu erhalten. Treu seiner Devise »Enrichissez-vous!« hatte er dem mit dreiundsechzig Jahren verstorbenen Abgeordneten Benjamin Constant (BC) eine Ehrengabe von zweihunderttausend Francs zukommen lassen, mit der dieser seine Spielschulden begleichen konnte. Worauf er im Bad des Tivoli, das er gegen seine Gliederschwäche gebrauchte, das Zeitliche segnete – oder: sich zu Tode ärgerte, weil aus einem Sitz in der Académie Française wieder nichts geworden war.

Der lange Schlaks mit rotem Haar war einmal als *Homme à femmes* notorisch gewesen; die glorreichste Eroberung, Mme de Staël, war ihm dreizehn Jahre zuvor im Tod vorangegangen und hatte ihn auf ihrem Sterbebett nicht mehr sehen wollen. Die Totenwache hatte er sich denn doch nicht nehmen lassen – mit Victor de Broglie, dem Mann der gemeinsamen Tochter Albertine. Also sein Schwiegersohn? Bewahre, denn um in den Hochadel zu heiraten, musste die Tochter im rechten Ehebett gezeugt sein, auch wenn der

Adolf Muschg, geboren 1934, Germanist, Publizist, Schriftsteller. Seit 1965 rund dreißig Romane und Erzählbände, dazu Theaterstücke und Essays. Zahlreiche Auszeichnungen, unter andern Georg-Büchner-Preis (1994), Großes Bundesverdienstkreuz (2004), Gottfried-Keller-Preis (2019).

schwedische Gesandte Erik Magnus de Staël von diesem längst keinen Gebrauch mehr machte. Aber Diskretion war Ehrensache am kleinen Hof der Tochter des großen Necker, des letzten Finanzministers Ludwigs XVI. und einer der reichsten Männer Europas. Er gab das Maß vor, nach dem die »Weltfrau« (Goethe) Männer traktierte. Und da sie im Exil das freie Frankreich gegen Napoleon repräsentierte – der sie zu seinen vier größten Feinden gerechnet hatte –, war sie so frei, sich das Recht zum Ritterschlag auch an ihrem eigenen Hof zu reservieren.

Und seit 1794 war ihre Wahl klar. Man habe Frau de Staël nicht gekannt, bevor man sie mit Benjamin Constant zusammen gesehen habe, bestätigt Simonde de Sismondi, ein anderer Ritter der Runde von Coppet – neben August Wilhelm Schlegel, dem Erzieher ihrer Kinder und Übersetzer Shakespeares. Aber der Prinzgemahl stand fest. Es traf sich gut, dass er sich seiner mütterlichen Freundin Mme de Charrière entfremdet hatte; weniger gut, dass er, wiewohl verheiratet, gerade für eine alte Liebe aus Braunschweig, Charlotte von Hardenberg, neu entflammt war. Doch als er Germaine begegnete, waren die Würfel gefallen: Hier war die Schwester im Geiste, die man nicht suchen, nur finden kann. Leider war sie auch eine fordernde *Frau* – und ihr Ehemann, der schwedische Gesandte in Paris, blieb ihr, solange er lebte, unentbehrlich, denn sein Status hatte dem Wunderkind erlaubt, ihre Rolle als Löwin der Salons unter allen politischen Umständen fortzusetzen. Erst Bonaparte entzog sich ihrer Attraktion und verbannte sie aus Paris, und das hieß – aus der Welt.

Für BC aber begann eine Periode der mehrspurigen Existenz, die er bisher schlecht oder recht gemeistert hatte. An Mme de Staëls Ansprüchen scheiterte jede erotische Diplomatie, und als er sein Elend durch eine geheim gehaltene Ehe mit der (inzwischen geschiedenen) Charlotte zu beenden suchte, hatte er den sichersten Weg gefunden, es zu verewigen. Zwar wurde fünfzehn Jahre später die öffentliche Trennung durch eine (ebenfalls geheim gehaltene) Ehe der offiziellen Witwe mit einem Genfer Offizier markiert. Aber die Hauptpersonen wussten am besten, dass eine Verbindung, der zur Vollendung nichts als die Liebe gefehlt hat, unauslöschlich fortgeistert.

Und nun die Totenwache vor Germaines Leiche, mit dem Schwiegersohn, der keiner sein durfte, obwohl er BCs Kind – übrigens: sein einziges –

geheiratet hatte, ihm ähnlich sah und als Minister auch BCs liberale Überzeugungen bis 1870 erfolgreich fortsetzte. BCs Erdenweg strotzt von Zusammentreffen der dritten Art, Pointen, bei denen man nur lachen oder weinen kann. Der Physiker, der im 20. Jahrhundert die Doppelnatur des Lichts als Teilchen *und* Welle feststellte, konnte nur de Broglie heißen – auch wenn die Quantenmechanik allen bekannten Vorstellungen von Raum und Zeit spottet.

Um den Spott über Differenz und Identität auch bei BC selbst wiederzufinden, darf man sich aber nicht an seine *politische* Biografie halten – selbst wenn der Emigrant Ludwig Börne schreibt: »So wurde noch kein König begraben.« Vor der Kirche brachen BCs junge Fans in den Ruf aus: »Au Panthéon«! Aber der Schrein der Revolution hatte wieder als Kirche gedient und musste erst umgerüstet werden. Der Präfekt von Paris versicherte, dass Benjamin Constant für den Einzug vorgemerkt und das Grab im Friedhof Père Lachaise als Provisorium zu betrachten sei.

Da liegt er bis heute, Division 29, und auch was die Initiale C betrifft, in bester Gesellschaft: Chopin, Corot, Colette. Wer sein Grab besucht, tut es nicht wegen seiner Verdienste um die Idee des Liberalismus, sondern wegen eines Büchleins, das man im Zug von Zürich nach Genf gelesen, aber nie ausgelesen hat: *Adolphe*. BCs schriftliches Werk ist uferlos – er lebte nur, wenn er schrieb. Doch nur noch Spezialisten pflügen sich durch die Masse von Reden, Briefen, Traktaten, Tagebüchern. Aber gute Leser (solange es sie noch gibt) sind sich einig: Drei Stücke seiner Prosa *bleiben*. Sie leuchten allein durch ihre Form (nach Goethe »ein Geheimnis den meisten«): zwei Fragmente, *Cécile* und das sogenannte *Cahier Rouge*, beide erst lange nach BCs Tod ans Licht gekommen. *Adolphe* aber, das in jeder Beziehung vollendete Stück, haben schon seine Zeitgenossen verschlungen, natürlich als Schlüsselroman: Wer ist Ellénore? Wenn nicht Mme de Staël: welche sonst? Da war ein großer Dichter – Puschkin – näher dran: Das Werk gehöre zu den »zwei oder drei Romanen / in welchen die Epoche reflektiert wird / und der moderne Mensch zutreffend repräsentiert / mit seiner unmoralischen Seele / selbstisch und trocken / grenzenlosem Träumen ausgeliefert / in seinem verbitterten Geist, / der in leeren Handlungen dampft«. Keine Ruhmesrede, dafür treffend. Dagegen ist BCs Grabschrift – *in arduis constans*, fest bei jedem Wetter – rein gelogen.

Seine Amouren waren Legion – er besaß den Zauber, jede Frau, die seine Passion erregte, zu entflammen. Sie zu gewinnen, war unvermeidlich – und der sicherste Weg, seine eigene Glut erlöschen zu lassen. Biblisch gesprochen:

So hat die Liebe vielleicht ausgesehen: Benjamin Constant und Madame de Staël in Chaumont, nachträglich in Szene gesetzt.

Keiner war zur Liebe berufen wie er – und keiner weniger dazu erwählt. Insofern hat das Kreuz auf seinem Grab seine Richtigkeit. Immer weniger ein Christ, hatte er sich mit nichts anhaltender beschäftigt als mit Religion. Was in jungen Jahren als Geschichte des Polytheismus begonnen hatte, revidierte er zu einer unendlichen Geschichte, deren letzten Band er schon auf dem Totenbett druckfertig korrigiert hatte. Sein Kreuz war biegsam, wie alles für sein Leben Entscheidende: eingeschlossen sein Verhältnis zu Napoleon, dessen Eroberungsdrang er gerade sachlich und souverän analysiert hatte – um sich ihm, als er 1815 für die berühmten hundert Tage aus Elba zurückkehrte, als Verfassungsgehilfe anzudienen. Auch dieser Bekehrungsversuch, »la benjamine« genannt, erlebte sein Waterloo, dem BC, verschrien als Opportunist und Verräter, nach England entfloh, wo er eine Apologie verfasste – und *Adolphe* drucken ließ; einen Freiheitsbeweis der *anderen* Art. Danach aber arbeitete er den Rest seiner Jahre als parlamentarischer Widerstandskämpfer ab: für die *liberté*, namentlich der Presse, duellierte sich noch aus dem Krankenstuhl gegen einen Verleumder, brachte die Julirevolution auf den Weg und hatte sich am Ende das Staatsbegräbnis redlich verdient.

Wo aber blieb sein weibliches Zwillingsgestirn? Ihre Gräber sind vierhundert Kilometer voneinander entfernt. Germaine ruht im Mausoleum der Necker in Coppet, buchstäblich ihren Eltern zu Füßen. Dagegen wirkt BCs Grabgeviert im Père Lachaise, von spitzen Gittern geschützt, einsam und nüchtern. Stellt man sich vor, die Platte, die seinen Namen trägt, wäre aus Glas, müsste sie ein Spiegel sein, der seine wahre Gestalt mindestens doppelt zeigte. Da würde aber auch die Leere sichtbar, welche seine Doubles durchsichtig macht auf ein virtuelles Original – das man sich wie das *Große Glas* Marcel Duchamps vorstellen könnte: *La Mariée mise à nu par ses célibataires, même.*

Auf BC war Verlass. Aber wann konnte sich der Mutterlose je auf sich selbst verlassen? »Wer war er, und wenn ja, wie viele?«

Für dieses Buch sollte er auch ein wenig Schweizer sein.

Die Familien beider Eltern gehörten zu den Religionsflüchtlingen von 1683. Die Constant de Rebecque stammten aus dem spanisch habsburgischen Artois. Benjamin, 1767 in Lausanne geboren, war ein welsch bernischer Untertan – was Vater Juste erlaubte (oder zwang), als Kommandant des Berner Regiments May in Holland zu dienen.

Die Invasion französischer Revolutionsheere beendete 1798 auch in der alten Eidgenossenschaft das Ancien Régime der dreizehn Orte, die fortan

Kantone hießen (der Name ist geblieben), aber nur noch Verwaltungseinheiten eines Zentralstaats (mit Aarau als Hauptstadt) waren. Die neue Republik funktionierte gar nicht, sodass Bonaparte sich 1803 bewogen sah, sie durch ein plausibleres Gebilde zu ersetzen. Die alten Orte wurden formal wiederhergestellt und die Untertanengebiete zu Kantonen erhoben: Erst jetzt war man in Lausanne Schweizer Bürger.

Aber dieser Prozess ist an BC auffallend unbemerkt vorübergegangen. Die Orte, die für ihn zählten, lagen nicht innerhalb der neuen Grenzen. Genf war von der Grande Nation annektiert, weshalb BC dort, erfolglos, für einen Sitz in der Nationalversammlung kandidierte. Seine Sorge war, als berechtigter Bürger Frankreichs zu gelten, und Neckers Coppet war – wie Voltaires Ferney – so etwas wie ein kosmopolitisches Exterritorium. *La Suisse* war für ihn, wie für Goethe, »immer ein Zufluchtsort« (*politisches* Asyl suchte ein Franzose in England), der Natur- und Kindheitsname für Gefühle der Heimkehr, gebunden an die Landschaft am *Léman*. Aber Paris, die Welt-Stadt, war ihm für seine *gloire* ebenso nötig wie für gute Unterhaltung, und das Gegengewicht, dem *Promeneur solitaire* ebenso nötig, fand er in Landgütern, deren Besitzer durch die Revolution enteignet worden waren. Er kaufte sie und verkaufte sie wieder, wenn ihn seine Spielschulden dazu zwangen. Auch der Besitz war mobil geworden, wie Madame de Staël, Neckers reisende Tochter, die nicht ruhte, ganz Europa in ihren persönlichen Feldzug gegen den *Empereur* zu verwickeln. Dagegen war ihr Freund – der oft genug ihre Abreise kaum erwarten konnte – sesshaft zu nennen. Immerhin hatte er insgesamt sieben Lebensjahre auf deutschem Boden zugebracht – nicht ohne seine Freundin mit Stoff für ihr Hauptwerk *De l'Allemagne* zu beliefern, das Napoleon einstampfen ließ, ohne dessen Epoche machende Verbreitung verhindern zu können. Man könnte Coppet mit seinen Intellektuellen zur Not ein Laboratorium des vereinigten Europa nennen – wenn es für ihre Wahrnehmung denn viel anderes gegeben hätte als Europa. Immerhin: Kosmopoliten waren sie alle, gewohnt, Grenzen zu überschreiten – und es wäre zu kühn, sie darum Schweizer zu nennen.

Die Ich-Form ist nicht nur die ausschweifendste, sondern die heikelste Rolle, die ein Autor wählen kann. Ihre »stoffartige Wirkung« (Schiller) täuscht zuerst den Autor selbst. Wo er »authentisch« zu sein glaubt, wird er am leichtesten Figurant einer *fable convenue,* auch wenn sie die Neugier reizt und zur Indiskretion einlädt. In der Kunst gilt Rimbauds Wort: »Ich ist ein anderer.«

* 25.10.1767	in Lausanne in einer Berufsmilitärfamilie. Privaterziehung
1782	Jurastudium in Erlangen und Edinburgh
1789	Heirat mit Minna von Cramm (1758–1825)
1794	Liaison mit Madame de Staël (1766–1817), ein Kind
1795	Paris und Coppet, Publizist und Orator. 1795 französische Staatsbürgerschaft. 1799 Mitglied von Napoleons Tribunat, 1802 kaltgestellt
1803/04	Deutschlandreise mit Madame de Staël. *Principes de politique* (1806). 1806 *Adolphe* (1817 publiziert), 1807 *Le cahier rouge* (1907 veröffentlicht), 1811 *Cécile* (1951 veröffentlicht)
1808	Heirat mit Charlotte von Hardenberg (1769–1845)
1815	Entwurf einer Verfassung für Napoleon, danach Exil in England
1817	Paris, liberaler Publizist. *Cours de politique constitutionnelle* (1818–1820), *De la liberté* (1819). 1819–1830 Parlamentsabgeordneter
† 8.12.1830	in Paris

Die vielhundert Seiten von BCs *Journaux intimes*, natürlich in der Ich-Form verfasst, enthalten kein Geheimnis als dasjenige, das sie aussprechen. Bei einem einzigen Stück, *Céline*, das sein Dilemma zwischen zwei Frauen schonungslos zeichnet, finden sich Stellen, wo der Autor seine Herrschaft über den Text verliert, und dann wird er sensationell. Das gilt vor allem für das Ende der Winterreise zu der Geliebten, die jenseits des Jura gewissermaßen »bestellt und nicht abgeholt« auf ihn wartet. Die halsbrecherische Kutschenfahrt durch das unwegsame Gebirge ist ein Abenteuer für sich – am Ende kommen ihm zwei Frauengestalten durch Schneegestöber entgegen. Eine davon ist die Gesuchte, aber statt sie erlöst in die Arme zu schließen, empfängt er sie unwirsch über die Strapaze, die sie sich – und ihm – zugemutet hat. Wo ist die Liebe geblieben? Die Passage ist von erschreckender Wahrheit – weil sie nicht einmal verrät, ob der Erzähler über sich selbst erschrickt.

Ähnliches begegnet dem Leser im *Cahier Rouge*. Es ist der Anlauf zu einer Autobiografie. Die Kindheit registriert den Abstand zum Vater und verschweigt das Fehlen der Mutter – umso spürbarer ist es in allen Handlungen des jungen Mannes. Mit zwanzig reist er allein nach Schottland, wo er vor vier Jahren zum ersten Mal in Gesellschaft von Freunden glücklich gewesen ist. Der Vater erwartet ihn zwar, aus seinen Briefen zu schließen, sehnsüchtig in Hertogenbosch, dem Hauptquartier seines Regiments. Aber jetzt will der Sohn erst mal tüchtig allein sein. In London kauft er drei Hunde und einen Affen, den er am nächsten Tag zurückgibt; nur die Hunde begleiten ihn wie Versuchstiere auf seiner Reise zu sich selbst, und er verliert sie, bis auf einen. Aber auch die alten Freunde haben sich zerstreut, und als er sie auf langen Wegen heimsucht, zeigen sie sich abweisend. Am Ende überlässt er einem sein letztes Tier mit der Bemerkung: da er ihn selbst wie einen

Benjamin Constant, der Politiker des Liberalismus, diente sich 1815 dem aus Elba zurückgekehrten Napoleon an, so wie eine gegnerische Karikatur den Intellektuellen an der Seite des Ex-Kaisers zeigt.

Hund behandelt habe, möge er jetzt seinen Hund menschlich behandeln. In der Londoner Bank stellt sich heraus, dass der Vater sein Konto gesperrt hat. Als trickreicher Vagant kämpft er sich aufs Festland zurück, nur um den Vater ins Kartenspiel mit seinen Kumpanen vertieft zu finden, von dem er kaum aufsieht, als ihn der verlorene Sohn begrüßt.

Das ist der Tiefpunkt der Geschichte, aber sie geht in der Schweiz lustlos noch etwas weiter. Im Bernbiet begegnet er einem Herrn, der ihn mit seinen Hunden terrorisiert. Als er sie beschimpft, handelt er sich dafür eine Duellforderung ein, aber der Herr erscheint nicht am vereinbarten Ort. Wo die Geschichte spannend werden könnte, lässt sie der Erzähler versanden, als habe sie ihn nun ausreichend gelangweilt. Aber der Snobismus des Verletzten ist nur zu durchsichtig, der arme Hund dieser *Shaggy-dog-story* ist *er*. Das *Cahier Rouge* ist zugleich ein »Brief an den Vater« und enthält die Not eines Kindes, die sich der scheinbar Erwachsene *fühlbar* selbst verschweigt.

»In Wirklichkeit« hat das Duell durchaus stattgefunden, und BC, ein erprobter Duellant, hat sich ehrenhaft geschlagen. Als ob es darauf ankäme! Er beweist doch nur, dass einer, dem das Leben nicht gelingt, den Tod nicht mehr fürchtet.

Die beiden erst postum entdeckten Stücke könnten Fragmente jenes Romans sein, den BC zu schreiben vorhatte, nach dem Muster der erfolgreichen Briefromane Madame de Staëls. Im Winter 1806 hatte er eine Episode schon vollendet, von ihm »Anekdote« genannt, da sie eine als peripher gedachte Liebesgeschichte einfing. Diese als Insel eines untergegangenen Romans quasi nebenbei stehen gebliebene Erzählung, ein Gipfel der Kunst, musste ihm *unterlaufen*. Er hat das Manuskript zurückgehalten und erst 1816 in London erscheinen lassen, inzwischen aber wohl fünfzig Mal im kleinen Kreis vorgelesen und die Wirkung prüfen können – Tränen der Erschütterung, aber auch *fou rire*, oft beides durcheinander. *Adolphe* war seine stärkste Rolle. Als der Roman auch in Frankreich erschien, war er ein Erfolg und wurde rasch in weitere Sprachen übersetzt. Eine »Anekdote«, im Handumdrehen geschrieben, als Meisterwerk: Diese Pointe war BCs würdig. Sie schmeichelte ihm nicht, aber sie *stimmte*. Dieser Ich-Roman war *objektiv*. Flaubert *avant la lettre*.

Die Fabel: A., ein junger Mann aus gutem Haus, entschließt sich, eine ältere Frau zu erobern. Sie ist die Mätresse eines gesetzten Herrn, der sie gut versorgt. Der Widerstand, den sie A.s Werbung leistet, verschärft diese zur Leidenschaft. Schließlich ergibt sie sich ihm – und immer mehr mit Leib und Seele. Die Erfüllung wird zum Wendepunkt: Die Liebe Ellénores macht Adolphe bewusst, dass er sie *nicht geliebt* hat. Als Ersatz springt seine Rücksicht ein, seine Ritterlichkeit, sein Gewissen, seine Empfindlichkeit für jeden Schmerz, den er bereitet, und macht die Verbindung, die ihn ersticken lässt, unauflöslich. Schließlich spielt Ellénore ihre stärkste Waffe aus: Sie stirbt, zur Strafe dafür, dass seine Liebe tot ist. Sie weiß, dass sie ihn damit untröstlich macht. Er hat sie des Halts in der Gesellschaft beraubt. Ihr den seinen dafür zu bieten, wäre nur seine Schuldigkeit. Aber davor steht – seine Wahrheitsliebe? Die Eitelkeit seiner Gefühle? Der Unglaube an sich selbst? Dass es nicht am Geld liegt, macht der Roman klar, indem er Ellénore in Polen, wo sie herstammt, eine Erbschaft machen lässt – nicht unangefochten, ein Ritter bekäme zu tun. Der aber kann Adolphe nicht sein. Wer nicht liebt, ist unwert, und diesen Unwert verteidigt er gegen jede Liebesbehauptung. Ellénores Stratagem ist ein anderes: Ich habe dich erhört, und dafür lässt du mich sterben? Frei nach dem Kinderwitz: Du bist selbst schuld, wenn meine Hände abfrieren, warum kaufst du mir keine Handschuhe.

Dass die vexatorische Konstellation auch zum Lachen ist, weiß niemand besser als derjenige, dem sie das Lachen verschlägt. Was ein Mann »seine Schwäche für eine Frau« nennt, bringt es unerbittlich an den Tag: Der Schwache ist er. Das erinnert an Kafkas Aphorismus: »Mit stärkstem Licht kann man die Welt auflösen. Vor schwachen Augen wird sie fest, vor noch schwächeren bekommt sie Fäuste, vor noch schwächeren wird sie schamhaft und zerschmettert den, der sie anzuschauen wagt.«

Aber: Das Buch beginnt mit dem Verhältnis zum Vater und bringt den Tod ins Spiel, lange bevor dem Leser das verunglückte Paar begegnet. Das macht es auch zu einer schwarzen Schöpfungsgeschichte. Das Paradies-Experiment schlägt fehl, die Frucht der Erkenntnis (das biblische Synonym für Geschlechterliebe) ist vergiftet und lockt das Gift der Schlange an, in dem der Tod sitzt. In Adolphe sieht sich der gnädige Vater vor dem bitteren Ende noch zu einer vernünftigen Intervention veranlasst und kann es nur beschleunigen. Er lässt dem Sohn ausrichten, dass dieser durch das Kreuz mit Ellénore sein eigenes Leben versäumt. Adolphe kann ihm nur zustimmen, und als diese Antwort in Ellénores Hand fällt, versetzt sie ihr den Todesstoß. Adolphe ist eine Geschichte ohne Ausweg für den Helden, der dieses Titels nur spotten kann.

Es sei denn in lebenslange Buße durch gemeinnützige Tätigkeit? Dass sie, für unbewaffnete Augen, von einer gloriosen Karriere nicht zu unterscheiden ist, gehört zu den beinharten Ironien von BCs Existenz. Er substituierte seine Desillusion über die *condition humaine* durch eine wahre Sisyphusarbeit an einer *geschriebenen* Verfassung der Gesellschaft, die ihre Schwäche vor Gewalt zu schützen bestimmt war. »La benjamine« mochte ein Spottname sein: Er machte es sich zur Pflicht, diesen Spott zum Schweigen zu bringen, und hatte die Kühnheit und die Ironie, den Spielraum, den er der Politik verschrieb, »Freiheit« zu nennen. Dabei war er selbst frei von der Illusion, den menschlichen Sündenfall abzuschaffen, aber er kämpfte gegen die Bequemlichkeit, es gar nicht erst zu wagen. Denn in ihr verbarg sich das Alibi für die Ausübung von Gewalt. Dagegen mobilisierte er seine brillante Redekunst im Parlament und verdiente sich sein Staatsbegräbnis. Zum Vergessen.

Denn Kunst bleibt das Gegenteil von »gut gemeint«. Sie ist keine Sache guten Willens, sonst müsste sie – wie mein Musiklehrer Armin Schibler zu sagen liebte – *Wulst* heißen. Sie kennt auch keine »ganze Wahrheit«. Und doch hat BC am 11. Februar 1804 – nach dem Besuch in Weimar – in sein Tagebuch notiert: »L'art pour l'art, et sans but; tout but dénature l'art. Mais l'art atteint au but qu'il n'a pas.«

Was *Adolphe* betrifft, so schrieb BC im Vorwort zur dritten Auflage: »Alles, was Adolphe anbelangt, ist mir höchst gleichgültig geworden. Ich messe dem Roman keinen Wert bei.« Das sieht BC ähnlich. Kunstfreiheit als Freiheit auch *von* der Kunst!

Im Übrigen: Er hat den Roman ja gar nicht geschrieben, nur herausgegeben, aufgrund eines Pakets, das ihm ein Wirt in Apulien nachgeschickt hat, weil er ihn irrtümlich für den Eigentümer hielt. Worauf BC das Manuskript zehn Jahre verschloss, bis eine Freundin, die davon hörte und den wahren Verfasser gekannt hatte, nach der Lektüre versichern konnte: Da er tot sei und die geschilderten Figuren auch, könne die Publikation keinem Menschen mehr schaden – usw., usw.

Alles erfunden, darum nicht alles unwahr. BC wollte es nicht gewesen sein, das stimmt zur Essenz des Romans und ist seine Fortsetzung. Schon die dritte Auflage! Da distanziert sich's leichter von einem Buch. Denn die Leser haben übernommen und spielen weiter damit.

Ich gehöre dazu und brauche dem Buch nicht, wie sein Verfasser, *keinen Wert* beizulegen. *Je ne suis pas Adolphe.*

Mehr zu Benjamin Constant

+ Die literarische Modernität Benjamin Constants lässt sich auf Deutsch allein anhand von *Adolphe* nachlesen, in der Übersetzung von 1970 von Eva Rechel-Mertens und neu 2020 von Erich Wolfgang Skwara. Weder *Cécile* noch *le cahier rouge* sind deutsch übersetzt im Buchhandel erhältlich.
+ Die politische Modernität der Aufsätze *Über die Gewalt* und *Über die Freiheit* ist nur antiquarisch greifbar. 1970 gab es eine vierbändige Constant-Ausgabe, die längst vergriffen ist. Kurioserweise ist kürzlich die monumentale Religionsgeschichte als Reprint vorgelegt worden. Und dann gibt es noch ein von Karen Horn herausgegebenes *Benjamin-Constant-Brevier*.
+ Einige wissenschaftliche Studien beschäftigen sich mit dem Liberalismus oder dem Volksbegriff bei Constant. Was es zudem zuhauf gibt: Verballhornungen in »Doppelbiografien« zu Madame de Staël und Benjamin Constant.

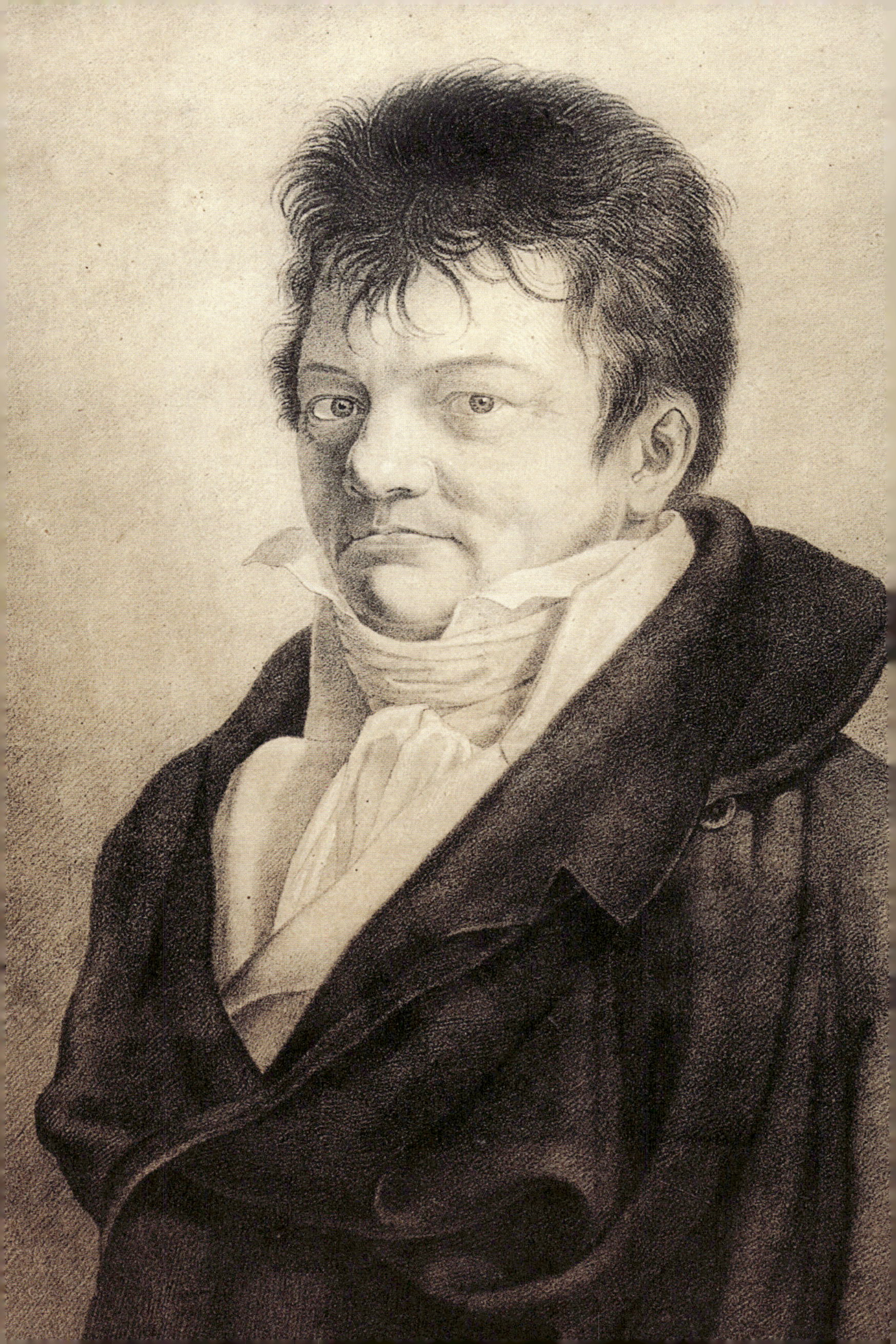

MATTHIAS ZSCHOKKE ZU HEINRICH ZSCHOKKE

DER WILLENSSCHWEIZER

Von der Schwierigkeit, in die
Schweizer Loge aufgenommen zu werden

Der Name Zschokke ist eine Erfindung. Heinrich hat ihn als Jugendlicher für sich kreiert. Alle, die sich buchstabengetreu schreiben wie er, stammen von ihm ab.

In literarischen Zusammenhängen werde ich in Deutschland heute noch dann und wann gefragt, ob ich mit ihm verwandt sei. Ich reagiere jeweils mit einem schmallippigen Ja, ich bin sein Urururenkel. Schmallippig, weil ich denjenigen, die mich fragen, unterstelle, sie kennten ihn ebenso wenig wie ich und benutzten ihn bloß als Konversationsthema, um nicht zugeben zu müssen, dass sie von mir noch nie etwas gelesen haben. Im Studium haben sie gelernt, dass Heinrich Zschokke einer der meistgelesenen deutschsprachigen Schriftsteller des 19. Jahrhunderts war und als erster deutschsprachiger Bestsellerautor im heutigen Wortsinn bezeichnet werden kann. Dass er mit Kleist befreundet war und von Goethe und den Romantikern um seine Auflagenzahlen beneidet wurde. Dass er in unzählige Sprachen übersetzt und in Russland, England, Frankreich, Italien und Amerika verschlungen wurde.

Noch Anfang des 20. Jahrhunderts gehörte eine Zschokke-Gesamtausgabe in jede bildungsbürgerliche Privatbibliothek. Um die Jahrtausendwende wurde ich des Öfteren von gleichaltrigen Bekannten gefragt, ob ich einen zehn- oder zwanzigbändigen Zschokke in bestem Zustand geschenkt bekommen möchte (so eine Gesamtausgabe nimmt, je nach Auswahl und Zusammenstellung der Werke, zwei bis drei Regalmeter in Anspruch). Die Eltern seien gestorben. Zum Haushalt, den die Kinder auflösen müssten, gehöre auch die Bibliothek. Unter anderem stehe da dieser Zschokke, mit dem ich vielleicht verwandt sei? Ich lehnte immer dankend ab und habe deswegen bis heute keine solche Gesamtausgabe in meinem Besitz.

Matthias Zschokke, geboren 1954, lebt seit 1979 als freischaffender Schriftsteller in Berlin. Für seine zahlreichen Romane und Theaterstücke wurde er vielfach ausgezeichnet, u. a. mit dem Robert-Walser-Preis, dem Eidgenössischen Literaturpreis, dem Gerhart-Hauptmann- und dem Schillerpreis sowie – als bislang einziger deutschsprachiger Autor – mit dem französischen Prix Femina Étranger.

Die eine oder andere Erzählung von ihm habe ich inzwischen immerhin gelesen. Ich hoffte, möglicherweise einen gut gebauten Filmstoff zu finden. In der Tat hat er Verschiedenes geschrieben, aus dem Hollywood auch heute noch einen Publikumsrenner machen könnte. Zum Beispiel eine haarsträubende, gut gebaute Horrorgeschichte (*Der tote Gast*), oder eine Erzählung, in der er anhand eines Einzelschicksals Antisemitismus avant la lettre thematisiert und in herzergreifender Weise für die Achtung von Andersgläubigen und die Würde des Menschen eintritt (*Jonathan Frock*).

Er wurde 1771 im ostdeutschen Magdeburg geboren. Seine Mutter starb kurz nach der Geburt, sein Vater acht Jahre später. Als Waise wurde Heinrich zuerst bei seinem erwachsenen Bruder untergebracht, dann bei einer ebenfalls älteren, bereits verheirateten Schwester. Nachdem auch sie ihn weiterreichte, wird er für sich entschieden haben, dass auf niemanden Verlass ist in dieser Welt und dass es am besten sei, sein Leben selbst in die Hand zu nehmen.

Als Erstes gab er sich einen Namen. Denn nicht einmal einen solchen hatte er als Sohn eines gemeinen Bürgers. Damals waren Schreibweisen noch unverbindlich. In seiner Taufurkunde steht Heinrich Daniel Schoche, sein Vater, ein Tuchmacher, wurde mal Tzschucke, mal Schock geschrieben. Er setzte das markante Z an den Anfang und die beiden -k mitten hinein und schrieb sich bis an sein Lebensende nur noch so: ein Name, der ihm ganz allein gehörte, den ihm keiner mehr nehmen konnte.

Mit sechzehn lief er aus Magdeburg weg und schloss sich einer fahrenden Schauspieltruppe an, für die er Stücke bearbeitete und sämtliche Schreibdienste übernahm. Mit achtzehn verließ er die Truppe, um sich bis auf Weiteres als Hauslehrer und Schriftsteller durchzuschlagen. 1790 begann er in Frankfurt an der Oder, an der Viadrina, Theologie zu studieren. Bereits nach zwei Jahren schloss er das Studium mit einem Doktor in Philosophie und einem Magister der freien Künste ab. Danach lehrte er an der Viadrina drei Jahre lang als Privatdozent. Nach den drei Jahren erwartete er, zum ordentlichen Professor berufen zu werden, was man wegen seiner Jugend aber noch etwas hinausschieben wollte, worauf er einmal mehr seine Sachen packte und auf Wanderschaft ging, um einen Ort zu finden, wo man ihn mehr schätzte.

Er war nicht der einzige Deutsche, den es in die Schweiz zog. Für viele von ihnen war sie damals ein Sehnsuchtsort, ein Hort der Freiheit (ein paar

Jahre später erschien Friedrich Schillers bis heute gültiger Schweizmythos *Wilhelm Tell*). Man stellte sich die Schweizer in Deutschland wohl ein wenig so vor, wie ich mir als Knabe die Indianer vorstellte: frei, treu, brüderlich, tapfer und unbesiegbar.

Mit vierundzwanzig betrat er Schweizer Boden. Zwei junge Frauen sprachen ihn in Schaffhausen ohne Scheu an und hießen ihn lachend willkommen. Ein junger Bauer, der seinen Acker bestellte, lud ihn zu sich nach Hause ein, zu einem Glas Wein. In seiner Autobiografie (der *Selbstschau*) schreibt Zschokke: »Ich schlug's nicht ab und begleitete ihn. Während er die Kleider änderte und den Wein herbeiholte, musterte ich im sauberen Zimmer alles; besonders die auf dem Gesimse stehenden Bücher. Da fand ich, neben Bibel und Gesangbuch, Schriften von Iselin, Wieland, Möser u. d. m.« Dies alles beglückte den jungen Zschokke; er wähnte sich angekommen: ein Land, in dem Frauen Männern auf Augenhöhe begegnen! Ein Land, in dem Bauern lesen können, denken und sich frei äußern!

Zu Fuß unterwegs und inzwischen im Kanton Zürich angekommen, merkte er allerdings bald, dass nicht alles so rosig war, wie es ihm im ersten Augenblick erschien. »Die Bewohner des ganzen Landes waren Hörige oder ›Angehörige‹ der Stadt Zürich, ärmer an Rechten als eigentliche Untertanen der Eidsgenossen in deren sogenannten gemeinschaftlichen Vogteien.« Überall kriselte und krachte es. Ein weiteres Zitat aus seiner *Selbstschau*: »Die Schweiz war am Ende des 18. Jahrhunderts ein verdorrtes politisches Gewächs des Mittelalters; ohne nationale Einheit; ohne gemeinsames Haupt; ohne festen Verband ihrer einzelnen kleinen Staaten; ohne Eintracht der Regierungen mit den Regierten; das Ganze ein planlos zusammengenesteltes Gemenge kleiner Städte, Abteien, und Ländchen, die gegeneinander in spiessbürgerlicher Majestät eifersüchtelten.«

In diesem maroden Zustand wurde das Land 1798 von Frankreich besetzt und zur »unteilbaren helvetischen Republik« nach französischem Muster umorganisiert, mit einem sogenannten Direktorium als oberster Regierung, die ihren Sitz in Aarau hatte. Auf Schweizer Boden wurden von da an Stellvertreterkriege ausgefochten zwischen Frankreich und der österreichisch-russischen Koalition. Die konservativen Föderalisten (der Klerus und der Adel) setzten auf Österreich, die republikanischen Patrioten (Bürger und Bauern) auf Frankreich.

Zschokke identifizierte sich qua Herkunft mit den Republikanern. Dass er auf seiner Reise durch die Schweiz in Graubünden gleich in die innersten republikanischen Kreise aufgenommen und von ihnen als Repräsentant

Heinrich Zschokke als privater Erzieher seiner dreizehn Kinder im Landhaus Blumenhalde in Aarau.

nach Aarau entsandt wurde, war allerdings einem Zufall geschuldet. Wie auch die Tatsache, dass er vom Direktorium umgehend vereinnahmt und als Regierungskommissär an verschiedene Brandherde geschickt wurde, um zwischen den französischen und österreichischen Besatzern und der unter ihnen leidenden Schweizer Bevölkerung zu vermitteln, was er sowohl in Graubünden wie auch im Tessin, in der Innerschweiz und in Basel mit Erfolg tat.

Nach fünf Jahren blutiger innerschweizerischer Auseinandersetzungen siegte die Reaktion. Napoleon löste das Direktorium auf, änderte die Verfassung (Mediation) und zog sich aus der Schweiz zurück. Sie zerfiel wieder in ihre alte zerstückelte Form, die Konflikte schwelten jahrzehntelang weiter und brachen immer mal wieder irgendwo aus, bis man sich endlich – 1848, an Zschokkes Todestag –, nach knapp fünfzig Jahren, auf das Konzept der Confoederatio Helvetica einigte, das in vielen Punkten dem französischen Entwurf von 1798 entsprach (der 1803 von der Reaktion zerschlagen worden war) und heute noch trägt.

Zschokke träumte davon, Maler zu werden. Zu diesem Zweck wollte er – wie alle, die damals diesen Traum hegten – 1796 nach Italien weiterreisen. Durch Zufall musste er in Chur einen Zwischenhalt machen: Sein Gepäck, das er vorausgeschickt hatte, war unterwegs stecken geblieben; er musste darauf warten. Im Gasthof, in dem er abgestiegen war, lernte er den Leiter des Seminars Reichenau kennen. Der bot ihm an – da er doch Doktor sei und Erfahrungen im Unterrichten habe –, die Leitung des Instituts zu übernehmen. Die Bündner Aristokratie habe ihn im Verdacht, den Schülern republikanische Flausen in den Kopf zu setzen. Im Interesse des Seminars fände er es angeraten, zurückzutreten und jemanden an die Spitze zu stellen, der unverdächtig sei und von außen komme. Zschokke fand das Angebot interessant und nahm es an. Er wurde Rektor auf Schloss Reichenau. Als solcher kam er in Kontakt mit den Bündner Liberalen, geriet in den Fokus der Aristokratie, ein Kopfgeld wurde auf ihn ausgesetzt, er musste nach drei Jahren aus Graubünden fliehen.

Durch Zufall wurde er von den liberalen Exilbündnern zu ihrem Abgeordneten gewählt und nach Aarau entsandt, wo das von Napoleon eingesetzte Direktorium residierte (als Deutscher, unabhängig, ohne Familie, konnte er sich das leisten; die Bündner Mitstreiter hatten ihre Familien und ihren Besitz in den Grauen Bünden, waren also erpressbar). Durch Zufall lernte er als Bündner Abgeordneter Philipp Albert Stapfer (1766–1840) kennen, den damaligen Minister der Künste und Wissenschaften, der zu einem der führenden Köpfe der republikanischen Bewegung wurde. Aus dieser Begegnung entwickelte sich eine lebenslange Freundschaft.

Die alteingesessenen Schweizer haben sich in den gärenden Jahren der Helvetik zurückgehalten. Man wusste nicht, in welche Richtung sich das Ganze entwickeln würde. Man war froh, jemanden von außen zu haben, der sich die Finger verbrennen mochte und den man, soweit möglich, für seine eigenen Interessen zu instrumentalisieren suchte. Kaum waren die jeweiligen Krisen mit den Besatzungstruppen ausgestanden, berief man Zschokke vom entsprechenden Brandherd ab und sandte ihn an den nächsten. Nachdem sich alles einigermaßen beruhigt hatte, versuchte man, zurück auf Anfang zu gehen und die alten Süppchen neu zu kochen. Das gemeine Volk war inzwischen aber erwacht und wollte sich das nicht mehr bieten lassen. Insbesondere der Kanton Aargau wollte nicht wieder Untertanengebiet des Kantons Bern werden. Hier versammelten sich die übrig gebliebenen republikanischen Kräfte und machten den Kanton zu einem der fortschrittlichsten jener Zeit.

Doch die Schweiz entpuppte sich naturgemäß als ebenso fehlbar wie jede andere Nation. Zschokke setzte alles daran, aus ihr das gelobte Land zu machen, das sie in seinen Augen hätte sein sollen und wollen. Er gab jahrzehntelang mit durchschlagendem Erfolg eine aufklärerische Zeitung heraus, den *Schweizerboten*, und schrieb aufklärerische Geschichten, in denen vernünftige, verantwortungsvolle Helden im Zentrum stehen. Er wirkte dreißig Jahre lang als Großrat im Aargauer Parlament, schrieb an der Verfassung mit, reformierte an Stapfers Seite das Schulsystem, ging unbeirrt seinen einmal eingeschlagenen Weg immer weiter … Bei der Beschäftigung mit seiner Biografie begann ich, ihn um seine Sicherheit und um die Reinheit seiner Absichten zu beneiden.

Mit den Jahren fängt allerdings auch er an zu zweifeln, nicht an sich und an seinen Überzeugungen, aber an deren Allgemeingültigkeit. Die Sozialutopien, die er in seinen Büchern entwirft, beginnen in den letzten Kapiteln, jeweils seltsam brüchig zu werden – eine lustige Erfahrung beim Lesen seiner Erzählungen und Novellen: Sie fangen oft sehr gut an, bauen auf stabilem Fundament, die Intrigen packen, man will wissen, wie's weitergeht, beginnt früher oder später zu ahnen, wo der Hase lang laufen könnte ... Doch genau dann scheint der Autor sein Interesse an der oder seinen Glauben an die Geschichte zu verlieren, er sieht, dass er sie nicht zum guten Ende führen kann, ohne die Wirklichkeit mutwillig zu verzerren. Also hämmert er kurz entschlossen ein behelfsmäßiges Ende zusammen und stürzt sich auf eine neue Geschichte, die ihm belastbarer erscheint als die eben aufgegebene. So endet auch eine seiner erfolgreichsten Erzählungen, das *Goldmacherdorf* – das heute noch in vielen Punkten überzeugt und einen davon träumen lässt, dass eine bessere Welt möglich ist –, im erzählerischen Patt.

Immer wieder ertappte ich mich beim Lesen seiner Texte dabei, wie erstaunt ich war über die modernen Ansichten und Haltungen, die darin vertreten werden. Und jedes Mal fragte ich mich, woher mein Erstaunen kommt. Warum soll ein Mann vor zweihundert Jahren dies oder jenes noch nicht haben denken können? Und ich stellte fest, dass es keine historischen Erklärungen gibt dafür, ob einer Empathie empfindet und vernünftig ist oder nicht. Dass man vor tausend Jahren schon gegen Sklaverei hatte sein können und gegen Tierquälerei, vor tausend Jahren schon für Humanismus und Gleichberechtigung der Geschlechter. Dass der Mensch sich nicht vertikal, sondern horizontal entwickelt, dass ich mich mit einem Aufklärer aus dem frühen 18. Jahrhundert wahrscheinlich leichter vertragen würde als mit einem Vertreter der Elitekultur von heute.

Zur Veranschaulichung der Aktualität von Zschokkes Texten ein Beispiel aus seiner *Selbstschau*: »Ein auf seinen Pflanzungen in Cuba wohnender Schweizer hatte seinen Sohn, Kind einer schönen Negerin, in eine Erziehungsanstalt nach Unterseen am Thunersee geschickt, mir aber die Geldzahlungen für ihn anvertraut. Als er nach einigen Jahren den Knaben zurückforderte, entnahm ich ihn der Anstalt und begleitete ihn auf des Vaters Bitte selbst gen Havre, um die Einschiffung nach der westindischen Insel zu sichern. [...] Es war mir nicht ganz leicht geworden, den kleinen Mulatten, zur Überfahrt nach Westindien, endlich auf einem amerikanischen Schiff zu verdingen. Man fand nähere Gemeinschaft mit ihm anstößig. Als ich eines Abends den Knaben im Hotel *des Indes* mit mir an die Wirtstafel genommen, stand ein amerikanischer Kapitän im Begriff, voll Abscheus den Tisch zu verlassen, hätt ihn nicht seine verständigere Gattin leise von der Albernheit abgehalten. Der stolze Ekel ennetmeerischer [überseeischer] Republikaner vor

* 22.3.1771	in Magdeburg in Tuchmacherfamilie, früher Tod der Eltern. Gymnasium
1788	Wanderjahre in Schwerin und Prenzlau. Erste literarische Texte, Studium in Frankfurt/Oder, Promotion 1792. Pastor, Privatdozent für Philosophie
1796	Leiter des Philantropin in Reichenau / Graubünden
1798	Schweizer Bürgerrecht, im gleichen Jahr entzogen und Flucht nach Aarau, 1801 wieder verliehen
1798–1801	Aufträge für die helvetische Regierung
1804	Gründung des *Schweizerboten*
1804	Oberforst- und Bergrat im Aargau (bis 1829)
1805	Heirat mit Anna Elisabeth Nüsperli (1785–1858), dreizehn Kinder
1807	Aarau. Gründung verschiedener Zeitschriften, zahlreiche volkstümliche Romane und Novellen, dazu umfangreiche historische Werke, etwa eine Schweizergeschichte (1822)
1811	Gründung des Vereins für vaterländische Kultur im Aargau
ab 1818	Aarau, Landhaus Blumenhalde
1815–1841	Aargauer Großrat, Mitverfasser der aargauischen Kantonsverfassung 1830 und des Aargauer Schulgesetzes 1835
† 27.6.1848	in Aarau

farbigen Mitmenschen ist bekannt. Europäern dünkt das Vorurteil mit Recht lächerlich, oder empörend. Aber doch ist ihnen, bei all ihrer vermeinten Lossagung von Vorurteilen, der Unterschied zwischen adlichem und unadlichem Geblüt, oder der Glaube an Selbstentehrung durch sogenannte Missheiraten und dergleichen mehr, weder lächerlich noch empörend. Ragen sie wohl um einen Zoll höher aus dem mittelalterlichen Meinungssumpf hervor als jener Amerikaner? Fürwahr, unsere Amerikaner und Europäer, stolz auf Bildung, Wissenschaft, Kunst und Christentum, scheinen mir mit ihrer gleisnerischen Gesittung ohne Sittlichkeit, ihrer kriegskünstlerischen Völkerzerfleischung, ihrer völkerrechtsmörderischen Staatsmaximen, noch immer nicht um Vieles weiser und selbst christlicher zu sein, als vor zwei- bis dreitausend Jahren die feine Welt des heidnischen Athens und Roms.«

Wie in seiner schriftstellerischen und politischen Arbeit wird Zschokke auch im privaten Alltag zunehmend ernüchtert. Um sich seine Vorstellungen eines menschenwürdigen Zusammenlebens nicht tagaus, tagein von der Wirklichkeit torpedieren lassen zu müssen, zieht er sich mehr und mehr zurück aus der Gesellschaft. Er gründet eine Art unabhängiger Republik in seinem eigenen Haus am Hang gegenüber von Aarau, wo er mit seiner Frau Anna Elisabeth, geborene Nüsperli, und den Kindern ein beinahe autarkes Leben führt. Er hat zwölf Söhne und eine Tochter, die er zusammen mit seiner Frau selbst erzieht. Die Söhne unterrichtet er bis zur Hochschulreife (die Tochter irritierenderweise nicht, da sie als Frau seiner Überzeugung nach kein erweitertes schulisches Wissen brauchen wird im Leben). Wenn die Söhne reif sind für die Universität, müssen sie als Nächstes ein Handwerk erlernen und die Gesellenprüfung darin ablegen. Erst dann dürfen sie anfangen zu studieren.

Heinrich Zschokke als nationaler Erzieher mit *Des Schweizerlands Geschichten für das Schweizervolk* (1822).

Es mag an meiner durch zwiespältige Kommunenerfahrungen vergifteten Fantasie liegen, doch ist es mir nicht ganz geheuer, mir das Leben in dieser autonomen Republik vorzustellen. Zschokkes Überlegungen und Theorien klingen zwar meistens vernünftig, sind immer von der Aufklärung grundiert, selten selbstgerecht, selten sektiererisch – er scheint zwischendurch immer auch zugehört zu haben, seiner fünfzehn Jahre jüngeren Frau, seinen Kindern, die erwachsen wurden und eigene Positionen bezogen, er scheint, wenn er übers Ziel hinauszuschießen drohte, von ihnen gebremst worden zu sein, ist selten ein Eiferer, oder höchstens einer in der Hitze des Gefechts, der aber, wenn er Zeit hat, jeweils wieder zur Besinnung kommt. Und doch bleibt ein leises Unbehagen ...

Naturgemäß ist dieser Deutsche mit seinen vielen Kindern den meisten Aarauern suspekt. »Die hiesigen Bürger schreien Zetter über ihn, dass er ein Fremder sey«, schreibt ein Zeitgenosse. Er hat in den fünfzig Jahren, in denen er in der Schweiz lebt, nicht genug Stallgeruch angenommen, er spricht bis zuletzt kein Schweizerdeutsch. Doch hat er an seiner Vorstellung der Schweiz festgehalten, hat versucht, sie so zurechtzubiegen, wie er sich einen idealen Staat vorstellte, bewohnt von freien, gleichberechtigten Menschen, die einander brüderlich zur Seite stehen, hat die Schweiz, so wie wir sie heute kennen, mitgestaltet, wurde von mehreren Ortschaften zum Ehrenbürger ernannt, weil er – als Fremder – neutral auftreten und Konflikte lösen konnte, wo Einheimische scheitern mussten.

Angesichts der Tatsache, dass er trotz aller Bemühungen nie ganz dazugehören würde, kam er als alter Mann zum nüchternen Schluss: »Vater einer hoffnungsvollen und zahlreichen Familie, will ich dieser wenigstens einen unbescholtenen Namen und meine Liebe zum Vaterland vererben.«

Bis heute wird Zschokkes politisches Wirken von konservativen Historikern eher skeptisch betrachtet. Er vertritt eine früheuropäische Position. Ihn beschäftigt die Frage, wie viel Einheitlichkeit in einem Wirtschaftsraum mit ähnlichem Demokratieverständnis möglich ist und was davon organisiert werden kann, ohne die Autonomie der einzelnen Teile empfindlich zu beschneiden. Ein Zusammenschluss verschiedener kleiner Einheiten, die gemeinsam stärker sind und sich gegenseitig unterstützen und schützen zum Vorteil aller Beteiligten, schwebt ihm vor.

Seine historischen Erzählungen spielen oft in einer in diesem Sinn zurechtgestutzten Schweiz – er beschreibt sie so, wie er sie gern gehabt hätte. Die Leser nehmen sie ihm ab. Die erdichtete Schweiz senkt sich ins kollektive Bewusstsein, sodass wir Schweizer bis heute alle mehr oder weniger an uns glauben als »ein einig Volk von Brüdern, [die] in keiner Not uns trennen und Gefahr«.

Zschokke, der zu Lebzeiten wohl nie wirklich als Hiesiger akzeptiert wurde – eine Erfahrung, die Millionen von Immigranten seit Jahrtausenden überall auf der Welt immer neu machen, eine Erfahrung, die auch nach Generationen nie ganz verblasst –, dieser Zschokke ist im Grunde genommen der Prototyp des Bürgers einer Willensnation, wie die Schweiz eine ist.

Und doch bleibt er ein Zugelaufener; sein Wirken und seine Literatur gehören nur am Rand zum Schweizer Kanon. Seine Söhne und die Tochter wurden mit großer Wahrscheinlichkeit als Secondi betrachtet. Sie werden kaum ohne Vorbehalte in die Gemeinschaft eingebunden worden sein, obwohl sie bestimmt alles taten, was sie nur konnten, um ihr Schweizertum unter Beweis zu stellen – es ist kaum ein Zufall, dass drei seiner Nachkommen Kranzschwinger wurden und dass sein Enkel Erwin Hauptinitiant für die Gründung des Eidgenössischen Schwingerverbands war. Denn obwohl wir Schweizer kein einheitliches Volk repräsentieren – ein Tessiner ist kein Walliser ist kein Berner ist kein Genfer ist kein Rätoromane –, empfinden wir doch eine unverbrüchliche Solidarität untereinander und sind einander verbunden wie Angehörige einer Loge, in die aufgenommen zu werden für einen Fremden nach wie vor schier unmöglich ist.

Mehr zu Heinrich Zschokke

+ *Heinrich Zschokke. Eine Biografie* von Werner Ort (2013) bietet einen breiten Überblick zu Zschokkes Leben und Werk.
+ Die Heinrich-Zschokke-Gesellschaft versucht mit Veranstaltungen, Publikationen und einer Website, das Gedenken an Zschokke wachzuhalten (www.heinrichzschokke.ch).
+ Für einen großen Film über Heinrich Zschokke wird noch immer Geld gesucht. Es lohnt sich!
+ In der Stadt- und Universitätsbibliothek Bern befindet sich der Stich *Le juge ou la cruche cassée* von Jean Jacques André Le Veau. Der hing einst in Zschokkes Wohnzimmer an der Gerechtigkeitsgasse in Bern und regte im Winter 1801/02 Heinrich Kleist, Ludwig Wieland und Zschokke zu einem Dichterwettstreit an. Wie Zschokke in seiner *Selbstschau* berichtet hat: »Kleists *zerbrochner Krug* hat den Preis davongetragen.«

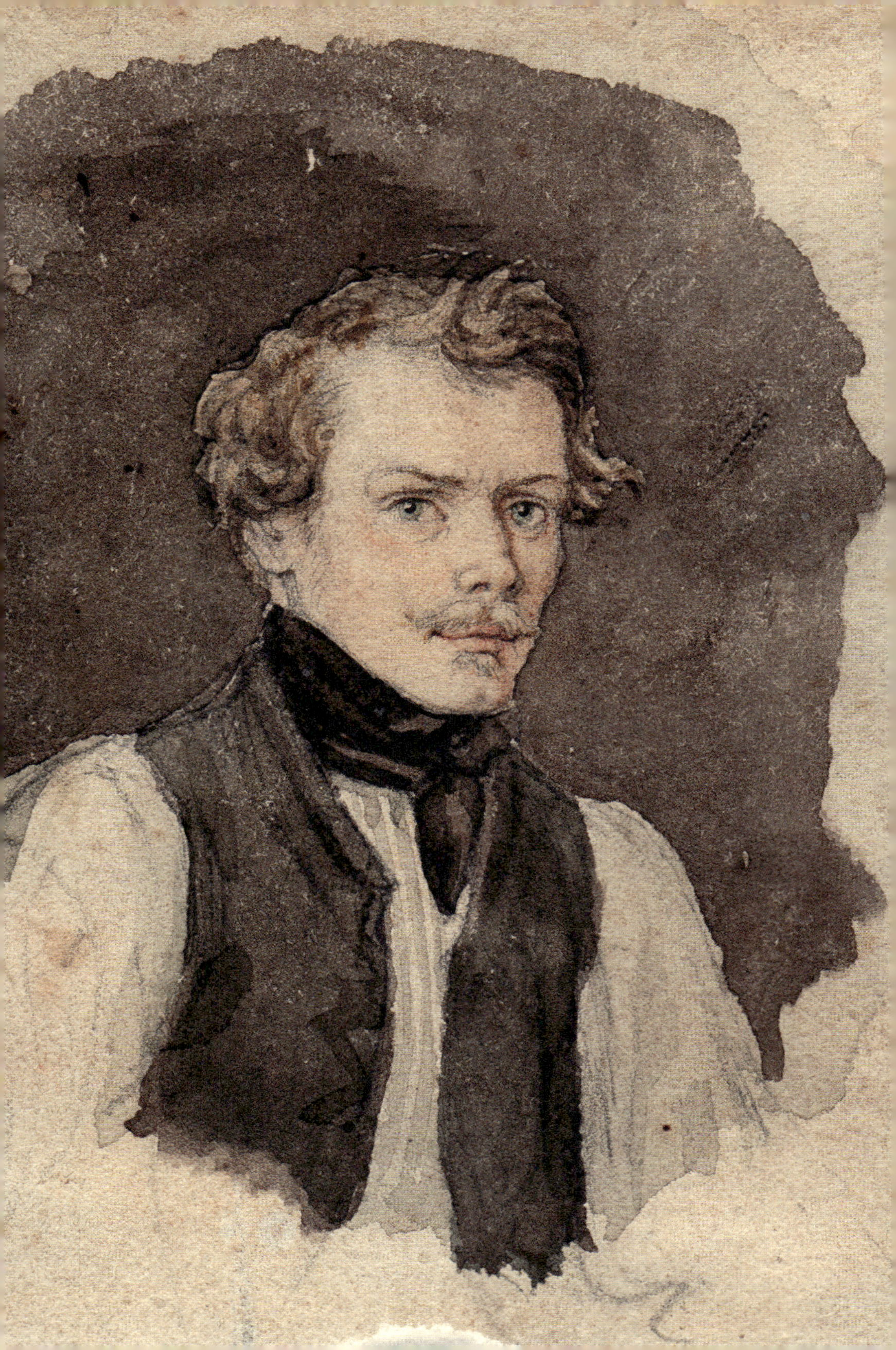

LUCIEN LEITESS ZU MARTIN DISTELI

»... UND FLUCHEND STEHT DAS VOLK VOR SEINEN BILDERN«

Der vergessene Meister einer zu stürmischen Zeit

Kein anderer Künstler der Schweiz hat zu Lebzeiten so viel Aufmerksamkeit und Anerkennung gefunden, so viel Aufruhr ausgelöst, Beschimpfung und Bewunderung erlebt wie Martin Disteli. Und keinen hat das Land nach seinem Tod so schnell und so gründlich wieder vergessen wollen.

Als ich 1975 in einem Antiquariat Gottfried Wälchlis Monografie aus dem Gestell zog und sofort in der Lektüre versank, hatte ich noch nie von Disteli gehört. Aus der Entdeckung, dass die Schweiz ihr Pendant zu Daumier, Grandville oder Hogarth hatte, entstand gemeinsam mit Irma Noseda und Bernhard Wiebel eine Wanderausstellung zum 175. Geburtstag, die von Olten aus durchs Land zog, die Besucher staunen ließ und bis Berlin reiste.

Als ob Disteli einer sei, den jede Generation aufs Neue aus dem Vergessen heben soll, ist es heute wieder so weit: Keine Biografie, keine Monografie von ihm ist lieferbar. Die Dauerausstellungen in Olten und Solothurn wurden aufgelöst. Nur eine Handvoll Werke sind ausgestellt, die über zweitausendfünfhundert Originale liegen in den Archiven, nur Vereinzeltes ist professionell digitalisiert, kein virtuelles Disteli-Museum zugänglich.

In Olten allerdings war und bleibt der »Distelischnauz«, der »größte Sohn der Stadt«, unvergessen. Eine bessere Heimatstadt mit mehr Rebellen-Tradition hätte er sich nicht aussuchen können. Das Städtchen Olten hatte sich schon im Bauernkrieg auf die Seite der aufständischen Landgemeinden gestellt und 1653 den »Huttwilerbrief« mit dem Stadtsiegel unterschrieben. Die Niederlage bezahlte Olten mit dem Verlust dieses Stadtsiegels und

Lucien Leitess studierte Geschichte, Deutsche Literatur und Philosophie und gestaltete zusammen mit Irma Noseda und Bernhard Wiebel 1977 die Wanderausstellung zu Martin Disteli. 1975 gründete er den Unionsverlag, den er seither leitet. Eine universitäre Abschlussarbeit zu Martin Disteli blieb unvollendet.

aller alten Freiheiten, aber nicht des Freiheitswillens. Wenn hier die 1761 gegründete Helvetische Gesellschaft tagte, wurde das *Oltnerlied* auf die Zukunft gesungen: »Und, Brüder, ist bald Alles frei / nur den Menschheitsrechten treu.«

Als 1798 die französischen Revolutionstruppen einmarschierten und der Solothurner Aristokratenherrschaft ein Ende machten, wurde einer der Freiheitsbäume neben dem stattlichen Wohnhaus des Oltner Textilfabrikanten Urs Martin Disteli aufgepflanzt, welcher als Anhänger der Helvetischen Republik der energische Distriktsstatthalter von Olten-Gösgen wurde.

1802 kam hier Martin Disteli zur Welt. Das Gymnasium begann er im konservativen Solothurn, zog dann ans Lyzeum im freiheitlicheren Luzern. Wie viele andere geriet er dort in den Bann von Ignaz Paul Vital Troxlers Vorlesungen. Überhaupt scheint es ihn unaufhaltsam in die Hotspots der Rebellion zu ziehen. Er zelebriert mit den Freunden auf dem Schlachtfeld den Jahrestag der Schlacht von Sempach, freundet sich mit geflohenen deutschen Burschenschaftern an und zieht mit der freiheitlichen Luzerner Zofingia am 10. August 1821 zur Tellskapelle in der Hohlen Gasse – eine Gegendemonstration zur gleichzeitigen Eröffnungsfeier des Löwendenkmals, wo die Royalisten und Aristokraten die im Tuileriensturm 1792 für die französische Königsherrschaft gefallenen Schweizer Söldner ehren.

Zum Studium zieht er 1822 nach Jena, der Hauptstadt der deutschen Klassik und der freiheitlichen Burschenschaft. Deren Führer Arnold Ruge wird Distelis Lebensfreund. Wieder macht ihn sein Zeichentalent beliebt, und als zwei seiner Freunde im Karzer einsitzen, bemalt er ihnen die Wände mit Spottbildern von Jenenser Professoren. Herzog Karl August reagiert mit Schadenfreude und lässt die Werke schützen. Bis heute gehört der ausgemalte Karzer zum Tourismusprogramm Jenas. Als die Studentenbewegung erstickt werden soll, kommt es zu Demonstrationen, Studentenstreiks und am 28. August 1823 zum Eklat. Nachts um zehn Uhr stellen sich Disteli und Ruge mitten auf den Marktplatz und deklamieren: »Der Versemacher Goethe, der Vertreter des Indifferentismus, pereat tief!« Der alte Geheimrat ist oberster Aufseher der Universität, und wer sich dem Fortschritt verschrieben hat in Deutschland, hadert mit seiner Willfährigkeit gegenüber den Fürsten und seinem Spott über die Burschenschafter. Die Zeremonie der Verachtung hat ernste Folgen. Nach Verhören packt Disteli seine Koffer und reist

Das bedrohte Froschparlament (Aquarell, 1833) karikiert die unfähige Tagsatzung der Eidgenossenschaft. Aus dem Hintergrund sind Adler und Störche, die europäischen Großmächte, jederzeit bereit zum Zuschnappen.

via Berlin heim nach Olten. Freund Arnold Ruge aber bezahlt letztlich teuer: Er wird wegen Hochverrats zu fünfzehn Jahren Festungshaft verurteilt.

Ohne Diplom, ohne Neigung zu einem bürgerlichen Beruf, gestrandet in Olten nach dieser Jugendzeit an den Brennpunkten der Umwälzungen – was soll aus diesem talentierten Sohn aus bestem Hause werden? Zunächst versucht Disteli eine ordentliche bürgerliche Existenz. Er bewirbt sich als Oltner Ratsschreiber, erfolglos. Über Jahre hinweg gibt er in Olten jeden Sonntag unentgeltlichen Zeichenunterricht. Er gründet die Theatergesellschaft, die zum politischen Kulturklub wird. Auf der Suche nach festem Einkommen bewirbt er sich 1827 um die Stelle des Zeichenlehrers in Solothurn, aber noch wird ihm ein aristokratisch-konservativer Gegenspieler vorgezogen.

Er wird zweiter Unterlieutenant in der Solothurner Kantonal-Infanterie, hier beginnt seine der Kunst parallele Leidenschaft und Laufbahn als Offizier und Freischärler (mit fließenden Übergängen). Unzählige Anekdoten berichten in den folgenden Jahren vom widerborstigen, gern auch anarchischen Haudegen, der Reglemente und Gamaschendienst verachtet und seine vorgesetzten Behörden auf dem Stadtplatz so kraftvoll beschimpft, dass der Protokollführer der Militärkommission die Ausdrücke nicht zitieren möchte, weil das »nicht gar schicklich wäre«.

Wenn es ernst gilt, steht er zuvorderst an den Fronten. An der Spitze seines Bataillons zieht er 1827 gegen den drohenden Einmarsch französischer Truppen an die Grenze. Mit einem Oltner Freiwilligenkorps kommt er den revoltierenden Basel-Landschäftlern gegen die Städter zu Hilfe und entscheidet das Gefecht. Der Landrat in Liestal dankt mit dem Ehrenbürgerrecht für »den Herren Disteli, der sein Leben im Kampf gewagt hat«.

Doch dann drohen ihn private Umwälzungen und Aufwühlungen aus der Bahn zu werfen. Am 18. August 1828 heiratet er die, wie es heißt: bildschöne, lungenkranke, Bauerntochter Theresia Gisiger. Sechs Tage nach der Hochzeit wird ihr gemeinsames Kind getauft, am Tag darauf stirbt es. Und 1829 bricht die großbürgerliche Familienexistenz zusammen: Der Vater geht Konkurs. Das herrschaftliche Domizil, aller Besitz und die Liegenschaften kommen zur öffentlichen Versteigerung. Die Distelis, Vater, Martin, seine kränkelnde Frau und die Geschwister ziehen um ins strohgedeckte Häuschen hinter dem einstigen Vaterhaus.

Doch er geht seinen Weg als Künstler und sucht Broterwerb, der sich mit seiner Weltanschauung verträgt. Er malt Szenen aus dem Militärleben, illustriert Liederbücher, skizziert Pokale, entwirft Wirtshausschilder. Für die Behörden kopiert er die Pläne der Oltner Waldungen, sortiert und nummeriert im Solothurner Zeughaus historische Rüstungen, Standarten und Waffen. 1830 begleitet er den liberalen, der Kirche abtrünnigen Abbé Franz Josef Hugi, Pionier der Alpen- und Gletscherforschung, als Bildchronist bei einer Forschungsreise ins Hochgebirge.

Die Werke der 1820er-Jahre zeigen eine fortwährende Entwicklung der Technik und Ausdruckskraft. Aus dem benachbarten, bereits liberalen Aargau werden die Aufträge häufiger. Hier residiert Heinrich Zschokke, den Disteli, energiegeladen und tatkräftig, in Öl porträtiert. Hier hat Heinrich Remigius Sauerländer einen Verlag gegründet, ein »Arsenal des Jakobinismus«, wie Carl Ludwig von Haller, der Apologet der Patrizierherrschaft und der »rechtmäßigen Throne«, sich ereifert.

Der tolle Jäger (Federzeichnung, 1835): Gemeinsam mutig, entreißen die Hasen dem Jäger ihren toten Bruder und die Flinte.

Die Werke, die über Jahre hinweg für die *Alpenrosen* entstehen, verschaffen ihm endlich Anerkennung. Für dieses »literarische Taschenbuch« schreibt die Crème de la crème des eidgenössischen Literaturbetriebs, von Johann Martin Usteri bis Jeremias Gotthelf. Hier vervollkommnet er seine Kunst der Tierfabelbilder, die mit müheloser Eleganz die Eitelkeit und Verlogenheit, das Gehabe und Getue der Menschenwelt ins Visier nehmen und doch die Tierwesen in ihren natürlichen Formen und expressiven Bewegungen zeigen.

Im Dezember 1830 kommt zumindest die politische Befreiung: Wie in vielen anderen Kantonen kommt die liberale Opposition an die Macht. Das neue Regime macht ihm 1834 den Weg zur Solothurner Zeichenlehrerstelle frei. Dort werden die Aufträge lukrativer: Für das Dörfchen Kappel bei Olten kann er Altarbilder malen und sorgt für Ärger, weil er darin Geistliche der Umgebung als Pharisäer »satyrisiert«. Später wird er vom Oltner Gemeinderat den Auftrag zum großen Altarbild der Stadtkirche erhalten.

Vor allem findet er nun einen Wirkungsbereich, der ihn ausfüllen, vielleicht auch auszehren wird. Die Almanache, Historienwerke und Jahrbücher,

Aristokratenhosenlupf (Federzeichnung zu Disteli-Kalender 1844): Die neuen Verfassungen brechen die verhasste Vorherrschaft der Patrizierstädte.

für die er bislang gearbeitet hatte, erreichten nur die gebildeten Stände. Jetzt entdecken die Liberalen die Volkskalender als Plattform. Seit dem 17. Jahrhundert sind sie das Massenmedium der nicht gebildeten Stände. Der Kalenderteil mit Namens-, Feier- und Markttagen, Mondstand und astronomisch astrologischen Orientierungen für Saat und Ernte ist dem Bauern ein Arbeitsinstrument. Die illustrierten Kalendergeschichten vermitteln Nachrichten, Unterhaltung, Bildung und Gesprächsstoff für lange Abende und stille Jahreszeiten. Um 1830 war weniger als die Hälfte der Bevölkerung lesefähig, der Kalender aber wird vorgelesen, weitergereicht und liegt in Gasthäusern auf.

Für diese Kalender wird Disteli ein gesuchter Illustrator. Doch die Themen werden ihm diktiert, und je radikaler und ihm nahestehender der Kalender, desto kleiner das Honorar. Und über die Qualität der Umsetzung seiner Zeichnungen in den Druck hat er keine Kontrolle. Eine Befreiungstat wird fällig: Er gründet seinen eigenen Kalender.

Am 20. November 1838 erscheint der erste Jahrgang des *Schweizerischen Bilderkalenders*, den bald jedermann nur noch den Disteli-Kalender nennt. Von Peter Felber, dem Freund und Kampfgefährten, Redaktor des liberalen *Solothurner-Blatts* (und ab 1849 Chefredaktor der *Neuen Zürcher Zeitung*), stammt der Textteil. Ein »Nationalwerk« und eine »schweizerische Bildergeschichte« wolle Disteli gründen, um »die schöne Kunst allem Volke genießbar zu machen«, schreibt Felber.

Der Start fällt in die Krisenjahre der Regeneration. Die Landbevölkerung erlebt zu wenig materielle Erleichterung durch die liberale Umwälzung,

* 28.5.1802	in Olten in wohlhabendem, revolutionär gesinntem Elternhaus. Schüler am Kollegium Solothurn, dann am liberalen Kollegium Luzern
1821–1824	Student der Naturgeschichte und Geschichte in Freiburg im Breisgau und Jena. Beitritt zu den Burschenschaften. Nach einer öffentlichen »Beleidigung« Goethes Flucht zurück nach Olten
1824–1834	Erste künstlerische Aufträge und wachsende Erfolge. Ökonomischer Überlebenskampf nach dem Konkurs des Vaters. Übersiedlung nach Solothurn und Wahl als Zeichenlehrer. Beförderung zum Oberst
1839–1844	Herausgabe des Disteli-Kalenders
† 18.3.1844	in Solothurn

das hohe Tempo der Schulreform und die disziplinierenden Pflichten zu den neu gewährten Rechten wecken Widerstand. Es sind die Jahre der Putsche, der Wirren, Prügeleien, lokaler Aufstände. Die politische Spaltung und der Sonderbundskrieg kündigen sich an. In dieser fiebrigen Stimmung fallen die Blätter der konservativen Presse über Disteli her, dass die Fetzen fliegen. »Nützlichkeit und Religiosität« vermissen sie. »Nicht eine Spur eines christlichen Sinnes. Schade, dass Disteli sein Malertalent so in den Kot tritt ... Unerbauliche Kupfer ... Sein Pinsel scheint nur für Spott und Schmach, für Groteskes, für Gewalt- und Bluttaten geschaffen zu sein.«

Mit jedem Jahrgang eskalieren die Angriffe. Es häufen sich Beschlagnahmungen, Kalenderverbrennungen, Prozesse und Verkaufsverbote in konservativen Kantonen. Während Jahren ergießt sich die Polemik über den »Disteli-Pinsel«, den »Kalendervirtuosen« und seine »verderbliche Schändung der Ehre der Schweiz«, diese »Raserei des tollsten Radikalismus«. Die Luzerner *Staatszeitung* ruft nach einer Intervention der Heiligen Allianz. Der Verlag bekommt kalte Füße. Disteli finanziert vom Vorschuss für das Oltner Altarbild eine gebrauchte Druckerpresse, um unabhängig zu sein. Er hat sein eigenes Medium geschaffen und kontrolliert zuletzt gar die Produktionsmittel.

Die Auflage steigt über zwanzigtausend Exemplare. Gottfried Keller bittet aus der Ferne seine Mutter, ihm, zusammen mit heimischen Würsten, auch einen Disteli-Kalender einzupacken. Die Liberalen trommeln für jeden Jahrgang und erkennen früh die Wirkung dieses »Nationalwerks«. Die *Neue Zürcher Zeitung* 1841: »Disteli hat an seinem Kalender eine Waffe, mit welcher er aller politischen Schlechtigkeit am Ende des Jahres eine demokratische Rache nehmen kann.« Und tatsächlich: Diese Jahrgänge des Disteli-Kalenders sind das Kompendium der demokratischen Revolution, das Destillat ihrer Weltanschauung.

Die Regeneration ist eine historientrunkene Epoche. Die junge Weltanschauung sucht die Vergangenheit nach ihren Ahnen ab, findet sie

Schibi auf der Folter (Lithografie im Disteli-Kalender 1839): Der Bauernführer Schibi steht im Ruf, ein Hexenmeister zu sein. Kaspar Pfyffer, Ratsherr von Luzern, will ihm das Geheimnis seiner magischen Fähigkeiten auspressen. Schibi aber bleibt, wie ihm gegenüber auf dem Tisch der ebenso nackte Christus am Kreuz, ungebrochen im Glauben an die Sache.

zugeschüttet in der versteinerten Überlieferung und inszeniert sie neu. Die bürgerlich demokratische Geschichtsschreibung jener Jahre vollzieht eine Umwertung der Schweizer Geschichte, über die die »marxistische« Geschichtsschreibung der späteren Arbeiterbewegung (Robert Grimm, Hans Mühlestein für den Bauernkrieg) im Grunde nie hinausgekommen ist. Gleich der erste Jahrgang überrascht mit der Preisung der Anführer des Bauernkrieges von 1653. Leuenberger, Schibi, Unternährer werden zu Helden, die immer noch kämpfenden Untertanengebiete sollen sich an ihnen ein Vorbild nehmen.

Aber auch die traditionellen Motive werden umgedeutet. Der Widerstand des verlorenen Trüppchens der Eidgenossen bei St. Jakob an der Birs gegen die Übermacht französischer Söldner wird zur Metapher der Selbstverteidigung gegen die Drohungen der Heiligen Allianz. Disteli feiert die kämpfenden Frauen in der Schlacht am Stoß und die Rotzbergerin, die den Eidgenossen die Burg Wolfenschießens öffnet. Dass man sich wegen Glaubensfragen nicht bekriegen soll, wird illustriert am Beispiel des Solothurner Schultheiß Wengi, der sich im Bruderzwist vor die Kanone stellt. Der Zunftmann Hans Waldmann wird auf dem Blutgerüst gezeigt, zu Fall gebracht von einem aufgewiegelten Landvolk, das sich von den Aristokraten der Stadt hat irreleiten lassen. Bei all dem, was wir heute Tendenz nennen würden, bemüht sich Disteli um historische Stimmigkeit. Er schöpft aus zahlreichen Chroniken, die in seiner Bibliothek stehen. Er forscht in Münzsammlungen, geht in Archive, bittet Freunde um Hilfe und Material.

Die kleinen Monatsvignetten über dem Kalendarium erinnern an Ereignisse der Vorjahre, aufs Äußerste verknappt und monumental auf kleinstem Raum. Hier erreicht der Karikaturist Disteli seine Meisterschaft.

Die größte Innovation aber liegt in den groß angelegten, ausklappbaren Reportagezeichnungen. Sie rapportieren die »Breaking News« des Vorjahres für alle, die nicht dabei waren. Im Jahrgang 1839 ist es der Hörner- und Klauenstreit vom Mai 1838, als die bevorrechteten Innerschwyzer (wohlhabende Besitzer von Hornvieh) mit Prügeln über die traditionell rechtlosen Ausserschwyzer (ärmliche Besitzer von Klauenvieh) herfielen. Im nächsten Jahrgang ist es der »Züriputsch«, als unter Führung der Geistlichkeit die Landbevölkerung Zürich überschwemmte und nach Todesopfern auf beiden Seiten die liberale Regierung aus dem Sattel stieß. Disteli nimmt es genau mit den Recherchen. Er besucht die Schauplätze – noch heute erkennt, wer in Rothenturm auf dem Fleck steht, wo er stand, präzise die Geländemarken der umliegenden Landschaft. Er informiert sich über Kleidung, Uniformen, Aufstellung der Parteien und Truppen und zeigt die Anführer in erkennbaren Porträts oder ebenso eindeutigen Karikaturen. Auf den ersten Blick mögen diese Wimmelbilder der Revolution anarchisch und verwirrlich wirken – aber Handgemenge und Prügelei waren oft genug die Erscheinungsformen des demokratischen Umschwungs. Man stellt sich die Situation der Kalenderlektüre vor: In den Bauernstuben, im Dämmerlicht der Tranfunzeln, wird der bissig witzige Text des Redaktors Felber vorgelesen, man fährt mit dem Finger übers Bild, findet und bestaunt immer wieder neue Details: Ja, so war es ... Disteli will, dass diese offen parteilichen Bilder auch für ihre »Wahrhaftigkeit« geschätzt werden.

Im jahrelangen Trommelfeuer rund um den Kalender, in den Jahren des rastlosen Reisens, Recherchierens, Zeichnens und Organisierens schafft er wie nebenbei, in einem künstlerischen Entwicklungssprung, neue Zyklen:

In den Radierungen zu den Abenteuern des Freyherrn von Münchhausen findet er zu schalkhafter Leichtigkeit und Eleganz. Für die Freunde beim bedeutendsten deutschen Exilverlag, dem Literarischen Comptoir in Winterthur, illustriert er, angeblich in drei Tagen, die *Wahrhaftige Geschichte vom deutschen Michel und seinen Schwestern*, die in Deutschland zum Großerfolg wird und ballenweise über die Grenze geschmuggelt wird. Er beginnt Illustrationen zu *Reineke Fuchs*, einen Zyklus *Lebensschicksale einer Heuschrecke*. Die fieberhafte Fülle dieser letzten Jahre wird man erst später erkennen – aus dem Reichtum seines unveröffentlichten Nachlasses.

Denn Martin Disteli ist krank. In den letzten Selbstporträts zeichnet er sich hager, eingefallen und hohlwangig. Am Abend des 18. März 1844, so lauten die Berichte, wird ihm übel, Freunde bringen ihn zu Bett, bringen ihm noch einen Tee, er sinkt zurück ins Kissen und ist tot.

Mit höchsten Ehren und militärischem Geleit, begleitet von Hunderten Freunden und Verehrern, wird sein Sarg von Solothurn nach Olten überführt. Als die Bahre am Frauenkloster St. Joseph vorbeigetragen wird, wollen klerikale Eiferer die Äbtissin bestimmen, dem Toten den üblichen Glockengruß zu versagen; sie weist die Zumutung mit Entschiedenheit zurück – so erzählt es Gottfried Wälchli, sein Biograf.

Ein letztes Mal kläffen die Publizisten. Der frühe, überraschende Tod wird zum Fingerzeig Gottes: »Möge unserer zerrissenen Eidgenossenschaft ein zweiter Disteli-Pinsel nicht mehr hervortauchen«, schreibt ein Oltener Schulkamerad. Der konservative Pfarrer von Lützelflüh, Jeremias Gotthelf, schlägt ein letztes Kreuz über dem »genialen Künstler, der ein so gutes Herz hatte, und dessen Herz doch so verbittert ward, dass es böse schien, der in furchtbarem Wahn, als sei sie eine Sklaverei, die Ordnung hasste und zur Strafe durch die Unordnung verzehrt ward«.

Gottfried Keller, dessen allererstes Revolutionsgedicht *Die Jesuiten kommen* Disteli soeben illustriert hat, schenkt ihm vier Strophen voll zorniger Trauer: »Auf Maler Distelis Tod«

> *Sie haben Ruh, die Kutten braun und schwarz,*
> *Die Fledermäuse, Raben- Eulenköpfe,*
> *Spießbürger alle, mit und ohne Zöpfe,*
> *Und was da klebt im zähen Pech und Harz!*
> *...*
> *Nun warf er hin den Stift, nahm Stock und Hut,*
> *Und fluchend steht das Volk vor seinen Bildern.*

Ein früher, grausam unzeitiger Tod im Alter von zweiundvierzig Jahren. Was wäre aus Martin Disteli geworden, hätte er nach 1848 in die Metropolen Europas aufbrechen können? Man möchte ihm zu gern noch dreißig Lebensjahre schenken. Die weltläufigen unter seinen Zeitgenossen waren sich einig: »Ein solches Talent sollte in Paris oder London leben« und »sich zur Virtuosität eines Hogarth steigern«, schrieb Wolfgang Menzel. Auch Arnold Ruge, mit seinen weitverzweigten Aktivitäten und Kontakten zu allem, was Rang und Namen hatte im deutschen Vormärz, wollte zeit seines Lebens Disteli den Weg auf die europäische Bühne öffnen.

Wie also konnte es geschehen, dass Martin Disteli in Vergessenheit geriet? Ihm wurde zum Verhängnis, dass er so ganz Kind einer streitbaren Übergangszeit war: Dieses bockige Genie, der feuerköpfige Freischärler, der Anti-Spießer wurde nach der Helvetischen Revolution geboren und starb vor der Gründung des Bundesstaates. Für einige Jahre war die Schweiz Avantgarde, Zufluchtsort und Hoffnung Europas. Als 1848 die Liberalen an die Macht kamen, wurde es ihnen umgehend peinlich, dass diese Macht letztlich aus den Gewehrläufen kam. Die Politik des neuen Bundesstaates schaltete um auf inneren Frieden, Ausgleich, Zuschüttung der politischen und konfessionellen Gräben. So wurde das Kind der Übergangszeit zum Waisenkind der Erinnerung.

Dies allerdings ist ein Irrtum – sofern man bereit ist, in streitbarer Unruhe Zukunft zu erkennen, und es sich nicht nehmen lässt, jede Gegenwart als Übergangszeit zu sehen.

Mehr zu Martin Disteli

+ Was wir über Martin Disteli gesichert wissen, verdanken wir Gottfried Wälchli, dem langjährigen Direktor des Kunstmuseums Olten. Seine Monografien *Martin Disteli. Zeit – Leben – Werk* (Zürich, 1943) und *Martin Disteli. Romantische Tierbilder* (Zürich, 1940) sind antiquarisch erhältlich.
+ Der Text/Bild-Band *... und fluchend steht das Volk vor seinen Bildern* von Lucien Leitess, Irma Noseda und Bernhard Wiebel (Olten, 1977, drei Auflagen) gibt die umfassende Wanderausstellung zu Martin Disteli wieder und ist antiquarisch erhältlich.
+ Ein Faksimile des Disteli-Kalenders 1839–1845 (Olten 1994) ist antiquarisch erhältlich.
+ Das Kunstmuseum Olten (früher »Martin Disteli-Museum«) kuratiert seit 1985, als die Dauerausstellung aufgelöst wurde, Sonderausstellungen. www.kunstmuseumolten.ch.
+ Das Kunstmuseum Solothurn präsentiert einige Werke in der Dauerausstellung.

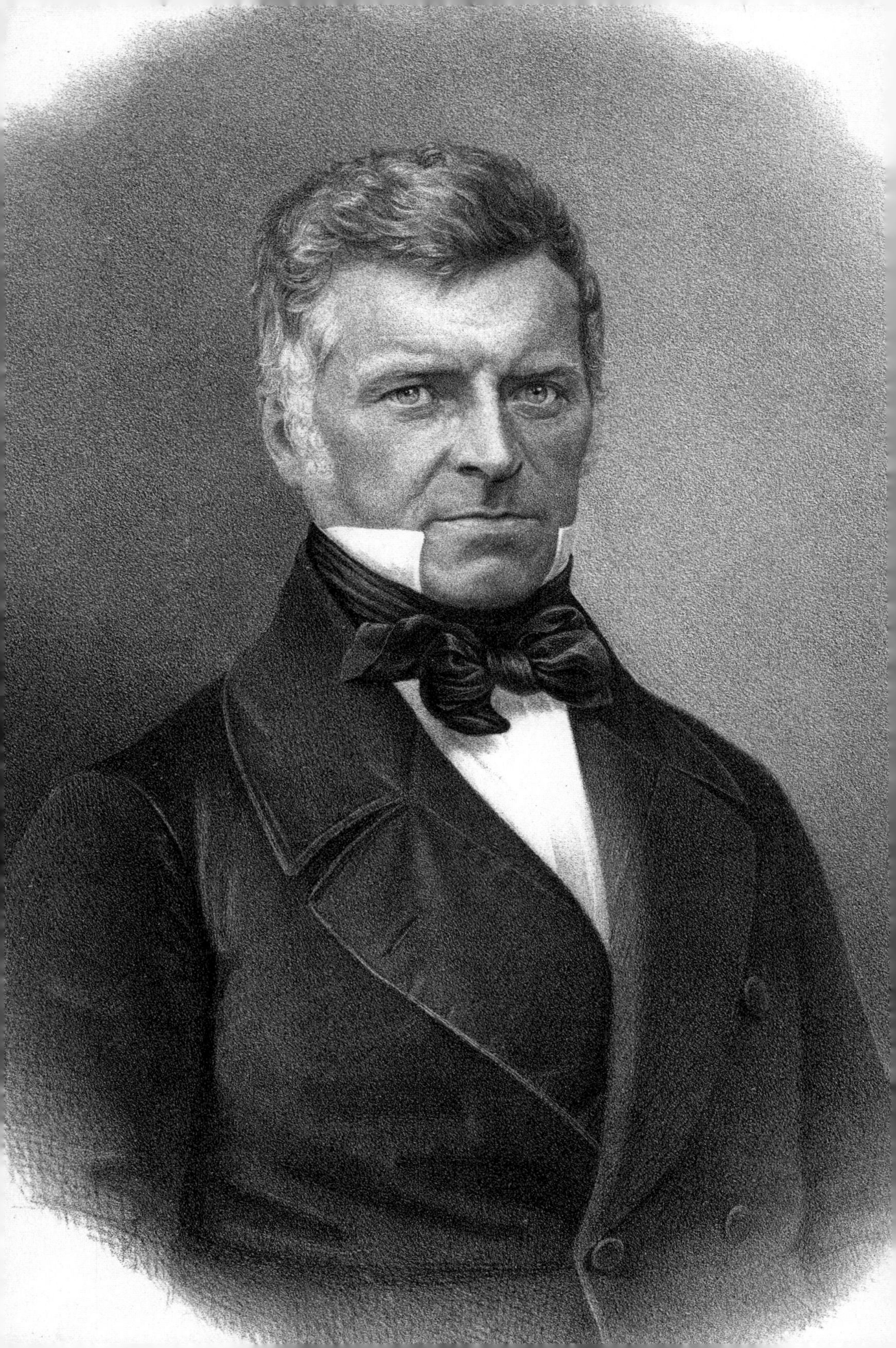

Josef Lang zu Augustin Keller

DER FREISCHÄRLER AUS DEM AARGAU

Wie der Freisinn die Schweiz umstürzte

Die politische Gründerzeit der modernen Schweiz, die mit der Regeneration in den Kantonen 1830 beginnt und mit der Totalrevision der Bundesverfassung 1874 ihren progressiven Abschluss findet, ist die bewegteste Phase der Landesgeschichte. In keiner anderen ist das gemeinsame Handeln von Menschen – es waren großmehrheitlich, aber nicht ausschließlich Männer – derart prägend. Die größte strukturelle Schwierigkeit, sowohl was die vorgefundenen sozialen als auch was die überlieferten mentalen Umstände betrifft, bilden die konfessionellen Identitäten sowie die kantonalen Schranken. Für deren politische Überwindung ist Augustin Keller aus dem aargauischen Freiamt die richtige Person.

Er ist der Bürger eines jungen Kantons, der konfessionell ähnlich gegliedert ist wie die Schweiz. Aufgewachsen ist der Sarmenstorfer unweit von Villmergen, wo die blutigsten Religionskriege der alten Eidgenossenschaft stattgefunden haben. Seine Vorfahren waren fromme Katholiken, die wegen ihres Kampfes für den Zehntenloskauf als »Klosterwölfe« galten. Aufgrund seiner Herkunft aus dem Gebiet des Aargaus, das den Übernamen »schwarzer Erdteil« trägt, kennt er die klerikal-konservativen Hauptgegner eines überkonfessionellen Gemeinwesens. Der studierte Altphilologe aus einer einfachen Bauernfamilie ist überzeugt von der befreienden Kraft der Bildung. Als Seminardirektor in Lenzburg und dann in Wettingen (1835–1856) formt er gegen das kirchliche Schulmonopol den neuen Berufsstand einer aufklärerischen Lehrerschaft. Als bürgernaher und geschichtsbewusster Politiker hat er ein gutes Gespür für das, was in bewegten Zeiten entscheidend ist: die Initiative zu ergreifen und den richtigen Moment zu wählen.

Josef Lang, geboren 1954, Studium der Geschichte, Philosophie und Germanistik. Dissertation 1981 über die Basken unter Franco. Jüngste Publikation: *Demokratie in der Schweiz, Geschichte und Gegenwart*, Baden / Zürich 2020. 1982 bis 2011 Zuger Stadt-, Kantons- und Bundesparlamentarier.

Keller, der 1835 bis 1881 zahlreiche kantonale und nationale Ämter, unter anderem als Groß- und Regierungsrat, Tagsatzungsabgeordneter, Stände- und Nationalrat bekleidet, ragt heraus als charismatischer Bewegungspolitiker. Die erste Bewegung, an der er teilnimmt, bilden 1836 die überkantonalen Mobilisierungen gegen die Ausweisung von Flüchtlingen durch die Tagsatzung. Etwa fünfzigtausend Personen beteiligen sich an Volksversammlungen in der Ostschweiz, im Mittelland und in der Romandie.

Im Rahmen dieser Asylbewegung entsteht der Freisinn als linke Alternative zu einem allzu moderaten und kantonal beschränkten Justemilieu-Liberalismus. Tonangebend ist das kleinstädtische Bürgertum, das sich durch den wirtschaftlichen Fortschritt Besitz und Bildung angeeignet hat. Unterstützt wird es an verschiedenen Orten durch bäuerliche und gewerbliche Kreise, bis hin zu Heim- und Fabrikarbeitern. Eine dritte reformerische Kraft bilden Intellektuelle, Lehrer und aufgeschlossene Geistliche.

An der Jahresversammlung der Helvetischen Gesellschaft im Frühling 1837 profiliert sich der einunddreißigjährige Hauptredner Keller als einer der geistigen Köpfe des neuen Radikalismus. Über die damalige Eidgenossenschaft lästert er: »Es ist ein Ding, welches ein Unding ist, das einen Namen hat und nichts heißt.« Gleichzeitig scheitert der unter der Ägide seines ehemaligen Philosophielehrers Ignaz Paul Vital Troxler lancierte Versuch, über das Projekt einer Bundesverfassung eine Nationalbewegung zu schaffen. Keller lernt daraus, dass es für die Überwindung der kantonalen Grenzen konkretere und brennendere Themen braucht.

Wie häufig in der Geschichte ist es ein reaktionärer Schock, der die progressive Dynamik entfesselt. Am 6. September 1839 stürzt ein konservativer »Aufstand des Gebets« in der liberal-protestantischen Hochburg Zürich die Kantonsregierung. Der »Straussenputsch« gegen die Berufung des aufgeklärt-hegelianischen Theologen David Friedrich Strauß an die Universität macht das Mundartwort »Putsch« zu einem internationalen Begriff. Während die Konfessionalisten Morgenluft wittern, schreibt das freisinnig-katholische Solothurner Blatt: »Die blutige Saat ist gesät, wir stehen auf einem Vulkan! Und alles aus Religion, mit Religion, für Religion, durch Religion!«

Es ist kein Zufall, dass katholische Freisinnige am entschlossensten die Flucht nach vorn ergreifen. Dabei nützen sie zuerst im Tessin, dann im Unterwallis und schließlich in Solothurn und im Aargau den konservativen

Übermut aus. Im Aargau fordern die auf den Papst jenseits der Berge ausgerichteten Ultramontanen an einer Volksversammlung im Freiamt die konfessionelle Trennung des Kantons. Darauf geht die radikale Mehrheit des Großrats unter Führung Augustin Kellers in die Gegenoffensive. Sie schafft die konfessionell-korporatistische Parität ab, die der katholischen Minderheit gleich viele Sitze einräumt wie der protestantischen Mehrheit. Nachdem das Aargauer Männervolk am 5. Januar 1841 die neue Verfassung angenommen hat, kommt es nach Verhaftungen und Ausschreitungen am 11. Januar zu einem bewaffneten »Freiämtersturm« Richtung Aarau. Ein Teil des Schießpulvers und des Proviants stammt aus dem Kloster Muri. Der Auszug wird in Villmergen nach einem kurzen Gefecht, das neun Tote fordert, gestoppt. Zwei Tage später stellt Augustin Keller im Kantonsparlament den ausführlich begründeten Antrag, »es seien die Klöster des Aargaus aufzuheben«. Zehn Tage nach diesem Entscheid veröffentlicht der ebenfalls aus dem Freiamt stammende Landammann Franz Waller im Namen der Regierung eine 157-seitige *Denkschrift an die hohen Eidgenössischen Stände*.

Deren Autor Augustin Keller muss den von der Klosterkritik der katholischen Aufklärung geprägten Text schon früher entworfen haben. Damit verfolgt er neben dem auch bildungs- und wirtschaftspolitisch begründeten Anliegen der Säkularisierung, das den Habsburger Kaiser Joseph II. in den 1780er-Jahren zur Aufhebung von neunhundert Klöstern bewogen hatte, zwei strategische Ziele. Erstens die Aushöhlung des Bundesvertrags von 1815, der die Souveränität der Kantone verabsolutiert und es diesen gleichzeitig verbietet, Klöster aufzuheben. Zweitens die protestantischen Gläubigen, die in der Nachfolge Zwinglis gegen die Klöster sind, von ihren konservativen Führern, die aus politischen Gründen für sie sind, zu trennen.

Bereits im August 1841 versammeln sich in Schwamendingen zwanzigtausend Personen, um gegen die klosterfreundliche Haltung des reaktionären »Septemberregiments« zu protestieren. Obwohl die Tagsatzung die Wiederherstellung der vier Frauenklöster durchsetzt, führen die Auseinandersetzungen um die vier Männerklöster zu einer Polarisierung des politischen Lebens auf nationaler Ebene. Innerhalb des Liberalismus werden die Radikalen, innerhalb des Konservativismus die Ultramontanen gestärkt.

Diese entmachten in Luzern nach der Klosteraufhebung im Aargau die Liberalen und tun dann das, was den Radikalen die nächsten beiden Gegenoffensiven ermöglicht: Sie leiten im September 1842 die Jesuitenberufung ein, die zwei Jahre später beschlossen wird, und gründen im Herbst 1843 einen geheimen Sonderbund, der im Sommer 1846 öffentlich bekannt wird.

Es gibt wenige Fragen, in denen sich die verschiedenen Strömungen der Aufklärung derart einig sind wie in der Ablehnung des Jesuitenordens. Dessen Rolle als Kampforden gegen die Reformation verleiht ihm in der bikonfessionellen Eidgenossenschaft zusätzliche Brisanz.

Der katholische Aufklärer Augustin Keller wartet seit 1842 auf einen zündenden Anlass, nach der Klosterkampagne eine noch bewegendere zu starten. Am 21. Mai 1844 werden im Unterwallis am Trientbach vierundzwanzig Freisinnige in einem ungleichen Gefecht von den Konservativen, die keine Opfer zu beklagen haben, erschossen. Acht Tage später bringt Keller im Großrat durch, der Aargau solle an der Tagsatzung die Aufhebung des im Wallis stark präsenten Jesuitenordens »von Bundes wegen« beantragen. Das kurz darauf stattfindende Eidgenössische Schützenfest in Basel steht ganz im Zeichen des »Blutbads von Trient«. Gottfried Keller hat im *Grünen Heinrich* dem Schützenfest, an dem das treffende Wort wichtiger ist als die getroffene Scheibe, ein ironisches Denkmal gesetzt. Sein Namensvetter Augustin führt an der Sommer-Tagsatzung vom August 1844 ein heftiges Rededuell mit dem späteren Sonderbundsführer Konstantin Siegwart aus dem Kanton Luzern. Obwohl der Aargau nur von Baselland unterstützt wird, weiß Keller, dass die überkantonale Bewegung, die an der »Volkstagsatzung« in Basel lanciert wurde, nachhaltiger ist als die Stimmung, die an der »Herrentagsatzung« herrscht.

Nun verlagert sich der Schwerpunkt auf das Luzernbiet, wo im Herbst 1843 ein Drittel aller Geistlichen eine Petition gegen die Jesuitenberufung unterschrieben hat und sich Kirchgemeinden weigern, Jesuitenmissionen zuzulassen. Nach dem großrätlichen Berufungsbeschluss im Oktober 1844 fegt ein »Vetosturm« durch den Kanton. Als dieser scheitert, organisiert der Luzerner Freisinn unter Führung eines Neffen des zuständigen Bischofs einen bewaffneten Freischarenzug. Die achthundert Luzerner werden verstärkt durch zweihundert Auswärtige, unter ihnen die beiden Regierungsräte Franz Waller aus dem Aargau und Johann Mollet aus Solothurn. Gerade wegen ihres militärischen Misserfolgs und der darauf folgenden Repression hat die – schlecht organisierte – Aktion eine aufwühlende, politisierende und Kantonsgrenzen sprengende Wirkung in der liberalen Schweiz.

Danach ist es erneut Keller, der die politische Initiative ergreift. Gemeinsam mit Waller und Großrat Plazidus Weissenbach, ebenfalls einem Freiämter, lädt er auf den 15. Dezember 1844 zu einer Versammlung in Zofingen ein. Die dreihundert freisinnigen Kader gründen einen Volksverein gegen die Jesuitenberufung und planen einen zweiten, besser organisierten

Augustin Keller samt Abc-Schütze führt in einer konservativen Karikatur von 1845 einen Freischarenzug an.

Freischarenzug. Aus den zahlreichen Sektionsgründungen, Massenkundgebungen und Unterschriftensammlungen entsteht die erste nachhaltige nationale Bewegung der Schweizer Geschichte. Nach einer Versammlung von fünfundzwanzigtausend Menschen im zürcherischen Unterstrass prophezeit der konservative Regierungsrat Johann Kaspar Bluntschli am 12. Februar 1845, »dass die Revolution in der Schweiz für einige Jahre freien Spielraum gewinnen werde«. Zwei Tage später wird in der Waadt die gemäßigt-liberale Regierung durch eine radikale Volksbewegung gestürzt.

An der folgenden Tagsatzung vom 20. Februar bis 20. März ist Keller nicht mehr isoliert, aber er bleibt in der Minderheit. Am 30. März brechen viertausend Freisinnige unter der politischen Führung des Luzerner Arztes Jakob Robert Steiger, der 1848 erster Nationalratspräsident wird, und dem militärischen Kommando des späteren Bundesrates Ulrich Ochsenbein zum zweiten Freischarenzug auf. Auch er endet in einer Niederlage mit über hundert Toten, großmehrheitlich Freischärlern, tausendachthundert Gefangenen und dreizehn Todesurteilen. Gerade die vom katholischen

Zürcher Pfarrer und Keller-Freund Robert Kälin mitorganisierte Flucht des zum Tode verurteilten Steigers aus dem Luzerner Kesselturm verwandelt den militärischen Misserfolg erneut in einen politischen Mobilisierungs-Erfolg. Kurz darauf gewinnen die Radikalen die Wahlen in den beiden Vorortskantonen Zürich und Bern.

Die nächste Forderung, mit der der Freisinn die überkantonale und überkonfessionelle Bewegung 1846/47 am Leben erhält, ist die nach der Auflösung des Sonderbunds. Was Leuten wie Keller immer klar war, bestätigt dessen Programm. Die Alternative für die Eidgenossenschaft lautet: lose Konföderation von zwei konfessionellen Körpern oder überkonfessioneller Bund, der auf dem mündigen Bürger baut. Keller selber ist Sprecher der kantonalen Kommission zur Instruktion jener Tagsatzungen, welche die Auflösung des Sonderbunds und die Ausweisung des Jesuitenordens beschließen. Nach dem Sonderbundskrieg vom November 1847 setzt er sich in der kantonalen Prüfungskommission zur Ausarbeitung der Bundesverfassung für die Gleichberechtigung der Juden und den Verzicht auf den Ständerat ein. Was die erste Forderung betrifft, wird er später zu deren Vorkämpfer. Was die zweite betrifft, wird er 1872 sein Amt als Ständeratspräsident dafür einsetzen, die Totalrevision der Bundesverfassung nach ihrem ersten Scheitern zu retten.

Die zwei wichtigsten Kampagnen, die Keller in den beiden ersten Jahrzehnten des Bundesstaats führt, finden im kantonalen Rahmen statt, haben aber allgemeine Bedeutung: 1851/52 geht es um die soziale Gerechtigkeit, 1861/62 um gleiche Rechte für Juden. Nachdem drei Entwürfe von zwei Verfassungsräten und ein Vorschlag des Parlaments für eine neue Kantonsverfassung in vier Abstimmungen vom Männervolk abgelehnt worden sind, nimmt Großrat Keller das Heft in die Hand. Er lässt sich 1851 in den dritten Verfassungsrat wählen und bewirkt einen starken Ausbau der sozialen Leistungen sowie der Erbschafts-, Vermögens- und Einkommensteuern. Zusätzlich werden indirekte Steuern gesenkt und wird das Volksrecht auf Teilrevision der Verfassung geschaffen. Als Sprecher der vorberatenden Kommission stellt er »den Tempel der sozialen Gleichheit«, an dem man baue, in eine Kontinuität mit der »europäischen Revolution«, die »ihre Permanenz erklärt« hat. Im Abstimmungskampf verbreitet Keller anonym die witzig formulierten *Briefe des Gätterlimachers über die neue Verfassung 1852*. Sie richten sich gegen die Reichen und ihre »Herrenpartei« und werden prompt des »Kommunismus« bezichtigt. Dass der Aargau im fünften Anlauf mit 22 733 gegen 2064 Stimmen zu einer neuen und dazu progressiven

* 10.11.1805	in Sarmenstorf / Aargau in Kleinbauernfamilie. Kantonsschule Aarau
1825	Studium von Philologie und Geschichte in München und Breslau
1831	Gymnasiallehrer in Luzern
1832	Heirat mit Josephine Pfeiffer (1805–1882), fünf Kinder
1834–1856	Direktor des Aargauischen Lehrerseminars
1835–1856	Aargauer Großrat. 1841 Initiant des Aargauer Klosterstreits, *Die Aufhebung der Aargauischen Klöster. Eine Streitschrift* (1841). 1847 Kampf zur Auflösung des Sonderbunds und Ausweisung der Jesuiten. 1852 Einsatz für neue soziale Kantonsverfassung, *Briefe des Gätterlimachers* (1852)
1848–1881	Aargauer Standesvertreter. 1848–1853 Ständerat, 1854–1866 Nationalrat, 1867–1881 Ständerat
1856–1881	Aargauer Regierungsrat. 1862 Forderung nach Judenemanzipation
1870	Kampf gegen päpstliches Unfehlbarkeitsdogma, 1874 Mitbegründer der Christkatholischen Kirche
† 8.1.1883	in Lenzburg

Verfassung kommt, verdankt er der agitatorischen Meisterleistung des Wettinger Seminardirektors.

Ein Jahrzehnt nach diesem Erfolg wird Augustin Keller seine größte Niederlage erleiden. Das Aargauer Männervolk wählt im Juli 1862 mit 27 726 gegen 16 413 Stimmen den Großrat ab, weil er die Juden zu gleichberechtigten Bürgern machen wollte. Augustin Keller, der als Regierungsrat die Emanzipations-Vorlage vertreten hat, schafft seine Wiederwahl nur knapp. Im November verwerfen die Bürger das »Judengesetz« mit 29 832 Nein und bloß 3876 Ja. In der Folge zwingt der Bund, der selber den Nichtchristen die Niederlassungs- und Kultusfreiheit vorenthält, den Aargau, auch den jüdischen Männern die Ausübung der politischen Rechte in eidgenössischen und kantonalen Angelegenheiten zu gewähren.

Den Abstimmungen gehen heftige Debatten, insbesondere zwischen den beiden katholischen Hauptprotagonisten, dem freisinnigen Keller und dem ultramontanen Johann Nepomuk Schleuniger, voraus. Diesem ist es mithilfe seines kurz zuvor gegründeten, nach dem Papst getauften Piusvereins gelungen, die bedeutendste antisemitische Bewegung in der Geschichte des Bundesstaats zu entfachen: den sogenannten »Mannlisturm«. Dessen Hauptmotto lautet: »Die Juden passen nicht zu uns als Mitbürger und Miteidgenossen. [...] Die Schweiz ist geschichtlich ein Vaterland der Christen.« Augustin Keller hält gegen diese ethno-nationalistische Argumentation am 15. Mai 1862 seine historische Emanzipationsrede, in der er in Anspielung auf Schleunigers Sonderbunds-Beteiligung die Frage stellt: »Und waren es emanzipierte Juden, welche im Jahre 1847 bei fremden Kabinetten eine Intervention gegen die freisinnige Entwicklung unserer vaterländischen Zustände zu erbetteln versuchten?« Allerdings ist Keller, der den modern-nationalistischen Antisemitismus der Ultramontanen heftig bekämpft,

In einem 1877 von ehemaligen Gymnasiasten ihrem einstigen Seminardirektor Augustin Keller gewidmeten Album ist eine Humoreske über die Fron des Kohlanbaus und Kellers missglückten Auftritt als Nachtwächter überliefert.

nicht frei von traditionellen Vorurteilen gegenüber dem Judentum. Wenn freisinnige Zürcher Juden 1908 ihrer Loge den Namen »Augustin Keller« geben, erklärt sich das damit, dass sie zwischen Pro- und Contra-Emanzipation zu unterscheiden und Zivilcourage zu schätzen wissen.

Eng verbunden mit der Frage der Emanzipation der Juden wird die der Schwarzen in den USA – und zwar von Progressiven wie Konservativen. Im Rahmen einer gemeinsamen Solidaritätsbewegung von Radikalen, Demokraten und Grütlianern für die Nordstaaten gegen die wirtschaftsliberale und konservative Unterstützung der Südstaaten sendet auch Augustin Keller als Landammann der »großen Schwesterrepublik« eine »Adresse«. Darin drückt er das Beileid des Aargaus zum Tode Abraham Lincolns und die Freude über den Sieg der »heiligen Menschenrechte« aus.

Ab 1870 wirkt Keller wieder auf Bundesebene in den Worten des Kulturkampf-Historikers Peter Stadler als »Vorantreiber und Einpeitscher«.

Er packt die Dogmatisierung der päpstlichen Unfehlbarkeit, eine Kriegserklärung gegen den Liberalismus, als Chance für die Totalrevision der Bundesverfassung in einem antiklerikal-säkularen Sinne. Kurz vor dem umstrittenen Konzilsbeschluss lanciert Keller anfangs April 1870 an der Fünfundzwanzig-Jahr-Feier des zweiten Freischarenzugs in Langenthal eine Gegenkampagne. In seiner Rede vor siebentausend Freisinnigen, die danach in gedruckter Form mit der Namensliste der hundertfünf gefallenen Freischärler verbreitet wird, verlangt er unter anderem die Kultus- und Glaubensfreiheit auch für Juden sowie die Säkularisierung des Zivil- und Strafrechts. Zwei Wochen nach der Ablehnung der ersten Vorlage am 12. Mai 1872 wegen ihres übertriebenen Zentralismus ruft er als Präsident des Ständerats zu einem sofortigen Neustart auf. Gleichzeitig lässt er dem Zentralfest der Grütlianer, die zwischen Radikalen und Demokraten eine Scharnierfunktion spielen, einen Programmentwurf zukommen. Dieser wird zu einer wichtigen Grundlage der außer- und innerparlamentarischen Debatten, des neu gegründeten Volksvereins sowie des Solothurner Volkstags vom 22. Mai 1873. Der Anlass bleibt mit seinen dreißigtausend Teilnehmenden bis zur Klimademo vom 28. September 2019 die politisch bedeutendste Platzkundgebung der Schweizer Geschichte. Am 19. April 1874 befürworten bei einer Beteiligung von vierundachtzig Prozent zwei Drittel der Männer eine Verfassung, die damals die weltweit fortschrittlichste ist.

Die letzten Abstimmungskämpfe, an denen sich Keller führend beteiligt, verteidigen im Mai 1875 die Zivilehe sowie die Gleichberechtigung der Neuzuzüger gegen konservative Referenden. Die erste Vorlage kommt durch, die zweite scheitert. Die Säkularisierung des Bundesstaats ist Kellers wichtigstes Verdienst. Die Ausweitung der Bürgerrechte, ein anderes großes Anliegen, stößt bis heute auf den hartnäckigsten Widerstand.

Mehr zu Augustin Keller

+ Augustin Kellers Sohn Arnold Keller hat 1922 eine Biografie über seinen Vater veröffentlicht. Wissenschaftlich veraltet, aber mit wichtigen Materialien. Eine spezifische Studie stammt von Markus Leimgruber: *Politischer Liberalismus als Bildungserlebnis bei Augustin Keller*. Bern/Frankfurt 1973. Der Sammelband *Pädagoge–Politiker–Kirchenreformer. Augustin Keller (1805–1883) und seine Zeit*, herausgegeben von Walter Leimgruber u. a., Baden 2005, präsentiert Keller unter verschiedenen Gesichtspunkten.

+ Das gesellschaftspolitische Umfeld wird umfassend geschildert im Buch von Josef Lang / Pirmin Meier: *Kulturkampf. Die Schweiz des 19. Jahrhunderts im Spiegel von heute.* Baden 2016.
+ Schriften und Reden von Augustin Keller sind in neuerer Zeit keine aufgelegt worden. 2006 kam in seiner Heimatgemeinde Sarmenstorf ein Freilichtspiel um Keller, *De Chlostermetzger* von Jörg Meier, zur Aufführung.

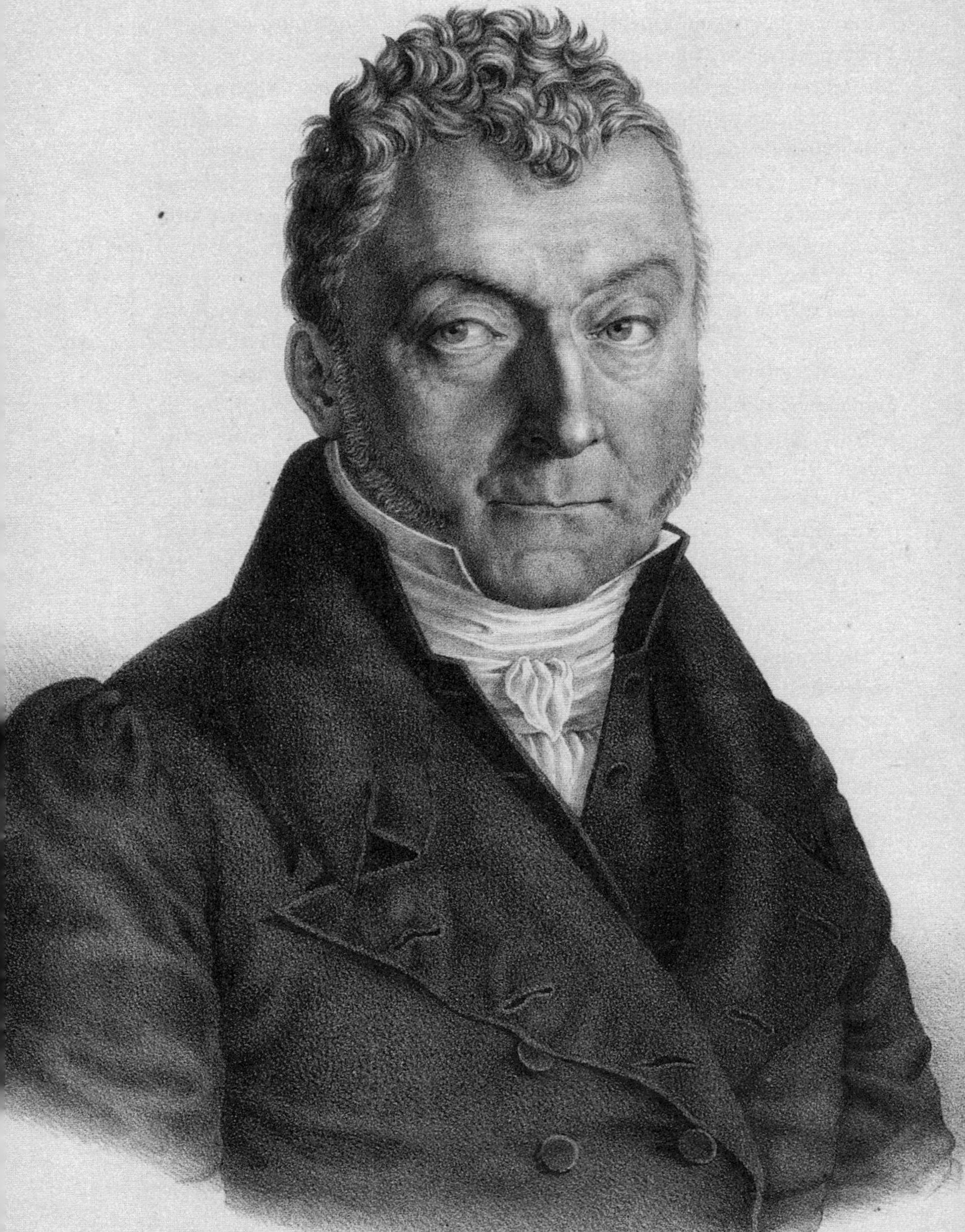

Hans-Ulrich Jost zu Ignaz Paul Vital Troxler

DER »GEFÄHRLICHSTE SCHRIFTSTELLER DER SCHWEIZ«

Wie der Ständerat vom Himmel fiel und in der Schweiz landete

Am 22. März 1848 stand die mit der Ausarbeitung der neuen Bundesverfassung betraute Kommission vor einer kaum lösbaren Aufgabe: Wie sollte die künftige Volksvertretung und die oberste politische Führung der Schweiz gestaltet werden? Die im November 1847 im Sonderbundskrieg geschlagenen konservativen Orte beharrten auf einer weitgehenden Souveränität der Kantone. Der radikale Flügel der Freisinnigen verlangte demgegenüber einen direkt vom Volk gewählten Rat, dem die Hoheit über Gesetzgebung und Regierung zukäme. In dieser scheinbar ausweglosen Situation brachte der Luzerner Liberale Melchior Diethelm die Idee eines von der amerikanischen Verfassung inspirierten Zweikammersystems zur Sprache. Diethelm hielt dabei ein kleines Buch mit dem Titel *Die Verfassung der Vereinigten Staaten Nordamerikas als Musterbild der Schweizerischen Bundesreform* in der Hand. Autor dieser Schrift war Ignaz Paul Vital Troxler, und Diethelm war einst sein Schüler gewesen. Josef Munzinger, Solothurner Liberaler und tonangebendes Mitglied der Verfassungskommission, ließ sich von Troxlers Schrift überzeugen und legte am 23. März 1848 in einem viel beachteten Votum dieses Zweikammersystem vor. Die Kommission stimmte ohne große Debatten dem Vorschlag zu. Der Beschluss sei, meinte Munzinger, wie »vom Himmel gefallen«.

Diese eigenwillige Verbindung von Kantons- und Volkssouveränität ist bis heute, neben Initiative und Referendum, der prägnanteste Grundzug des schweizerischen politischen Systems. Aber Troxler zeichnete sich neben

Hans Ulrich Jost, geboren 1940, Studium der Geschichte und Soziologie an den Universitäten Zürich und Bern. Lehrtätigkeit am Historischen Institut der Universität Bern. 1981–2005 ord. Professor für neueste Geschichte an der Universität Lausanne. 2005–2014 Präsident der Kommission »Diplomatische Dokumente der Schweiz«. Siehe http://home.citycable.ch/josthistoire/.

dem Beitrag zur Schaffung der modernen Schweiz, neben seiner Rolle bei der Erarbeitung der Bundesverfassung von 1848 auch in andern Bereichen aus: in der Medizin und der Gesundheitspolitik, in der Philosophie, der Anthropologie sowie der Staatstheorie und der Pädagogik.

Ignaz Paul Vital kam am 17. August 1780 im luzernischen Beromünster zur Welt. Sein Vater, Schneider und Händler, führte einen kleinen Tuchladen. Er verstarb 1786, erst achtunddreißig Jahre alt. Ignaz, der älteste Sohn von acht Kindern, suchte seiner Mutter Katherine, geborene Brandstetter, bei der Weiterführung des kleinen Geschäfts zur Seite zu stehen. Zugleich absolvierte er mit viel Erfolg die Grundschule und die Lateinschule in Beromünster, besuchte dann 1792 bis 1794 das Gymnasium in Solothurn, gefolgt von weiteren zwei Jahren im Gymnasium in Luzern. Er liebte kontradiktorische Debatten mit seinen Lehrern und machte bei Theateraufführungen begeistert mit.

Der Untergang der Alten Eidgenossenschaft und die Besetzung der Schweiz durch französische Truppen im Frühjahr 1798 beendeten abrupt die Jugend- und Schulzeit. Troxler, der die Ideen der Französischen Revolution begrüßte, trat im Juli 1798 als Sekretär des Unterstatthalters des Kantons Luzern in den Dienst der helvetischen Behörden. Anfang des Jahres 1800 engagierte ihn Vinzenz Rüttimann, helvetischer Regierungsstatthalter in Bern, als Privatsekretär.

Doch die wenig erfreuliche Entwicklung der Helvetischen Republik desillusionierte Troxler. Im September 1800 verließ er Rüttimann, um in Jena Philosophie, Naturwissenschaften und Medizin zu studieren. Prägend für seine intellektuelle Entwicklung war Friedrich Wilhelm Joseph Schelling (1775–1854) und dessen Naturphilosophie – für Troxler war er im Rückblick »mein geliebter und mich liebender Lehrer«. Er besuchte auch die erste Vorlesung von Hegel, die jedoch mangels eingeschriebener Studenten abgebrochen wurde. Trotz seiner Begeisterung für Philosophie widmete sich Troxler dem medizinischen Studium. Der Arztberuf sollte ihm zu einem gesicherten Einkommen verhelfen. Sein Lehrmeister war Karl Himly (1772–1837), eine Kapazität der Augenheilkunde. Bei ihm promovierte Troxler im April 1803 zum Doktor der Medizin. Um sein Studium zu finanzieren, hatte er übrigens schon während der Studienzeit als Arzt praktiziert.

Nach dem Studienabschluss zog Troxler nach Wien, wo die Augenheilkunde einen hohen Stand erreicht hatte. Neben vielen Kontakten mit der Ärzteschaft schrieb er hier drei umfangreiche medizinische Abhandlungen. Er machte in Wien auch Bekanntschaft mit dem preußischen Diplomaten und Schriftsteller August Varnhagen von Ense. Der Briefwechsel mit Varnhagen und dessen literarisch profilierten Gattin Rahel Varnhagen von Ense gibt uns einen intimen Einblick in Troxlers Leben. In Wien lernte er zudem Auguste Caroline Wilhelmine Polborn (1792–1859), Tochter eines Bildhauers aus Potsdam, kennen. 1809, anlässlich seines zweiten Wienbesuchs, heiratete Troxler die nun knapp achtzehnjährige Minna. Sie war ihm sowohl im Haus wie im öffentlichen Leben eine umsichtige und tatkräftige Partnerin. Minna gebar elf Kinder, von denen nur sechs das Erwachsenenalter erreichten. Der Tod seiner Kinder, dem Troxler hilflos zusehen musste, ließ ihn an seinem Beruf zweifeln.

Ende 1805 kam Troxler nach Beromünster zurück. Als Landarzt war er nun täglich mit dem oft bedenklichen Gesundheitszustand der Bevölkerung konfrontiert. Dies veranlasste ihn, öffentlich die einheimische Medizin und den Luzerner Sanitätsrat zu kritisieren. Der Konflikt spitzte sich zu, und Troxler musste, um einer möglichen Verhaftung zu entgehen, in Aarau Zuflucht suchen. 1807 verließ er die Schweiz Richtung Wien. Bei seiner Rückkehr nach Beromünster, im November 1809, nahmen ihn die Luzerner Behörden fest. Er kam nach einigen Tagen, auf Kaution und nachdem er Abbitte geleistet hatte, wieder frei. Diese Affäre, die Troxlers Stolz verletzte, hat möglicherweise dazu beigetragen, dass er künftig in öffentlichen Polemiken und Auseinandersetzungen mit der Obrigkeit meist kompromisslos oder gar starrköpfig vorging.

Trotz eines arbeitsreichen Alltags als Arzt verfasste Troxler in diesen Jahren wichtige Schriften zur Philosophie und zur Medizin: *Grundrisse der Theorie der Medizin* (1805), *Über das Leben und sein Problem* (1807), *Elemente der Biosophie* (1807) und *Blicke in das Wesen des Menschen* (1812). Die verschiedenste Themen aufgreifenden Arbeiten zeugen von einer außergewöhnlichen intellektuellen Schaffenskraft.

1814 kam Troxler erneut für fünf Wochen in Untersuchungshaft. Er hatte sich gegen die durch einen Putsch an die Macht gekommene aristokratische Luzerner Regierung gestellt. Um sich weiteren Sanktionen der Behörden zu entziehen, zog er nach Wien. Dort begann im September 1814 – nach der Niederlage Napoleons – der sich um eine Neuordnung Europas bemühende Kongress der Großmächte. Troxler setzte sich für eine demokratische

> **Signalement.**
>
> Da Ignaz Troxler, Med. Dr., von Münster, auf wiederholte Befehle der Regierung, sich bey dem Löbl. Sanitätsrathe nicht nur nicht zur Verantwortung gestellt, sondern sich auf flüchtigen Fuß gesetzt hat; so werden anmit alle Zivil- und Polizeybeamten aufgefordert: auf denselben ein wachsames Auge zu halten; ihn im Betretungsfalle anzuhalten und zu Unserer Polizeykammer anher abführen zu lassen.
> Luzern, den 26sten April, 1806.
> Aus Auftrag der Regierung des Kantons Luzern:
> Derselben Staatskanzley.

Ein Demokrat wird gejagt: 1806 wurde I.P.V. Troxler von den Luzerner Behörden steckbrieflich zur Fahndung ausgeschrieben.

Erneuerung der Schweiz ein, doch seine Memoranden wurden von den Instanzen des Wiener Kongresses nicht beachtet. Der von den Großmächten im September 1814 der Schweiz auferlegte Bundesvertrag war in Troxlers Augen ein Rückschritt ins Ancien Régime. Und in der am Wiener Kongress definierten Neutralität sah er zu Recht ein Danaergeschenk, das den Großmächten erlaube, die Schweiz unter ihre Kontrolle zu bringen.

Die in Wien begonnene Kritik an den staatspolitischen Verhältnissen führte zu einer Reihe grundlegender Aufsätze, die er 1816/17 in der von ihm gegründeten Zeitschrift *Schweizerisches Museum* veröffentlichte. Diese philosophisch-politischen Studien über Staat und Volksvertretung, über das Repräsentationssystem und über die Pressefreiheit zählen zu den bedeutendsten liberalen Beiträgen zur Staats- und Verfassungswissenschaft.

1819 nahm Troxler ein Lehramt am neu gestalteten Gymnasium in Luzern an. Gegen den Widerstand der konservativen Kreise begann er im Herbst 1819, Philosophie sowie allgemeine und vaterländische Geschichte zu unterrichten. Seine gut vorbereiteten Vorlesungen, geprägt vom liberalen Gedankengut, streiften oft auch das unmittelbare gesellschaftliche Geschehen. In Luzern spitzten sich in diesen Jahren die Auseinandersetzungen zwischen Liberalen und Konservativen zu. Troxlers öffentliche Kritik der konservativen Politik führte zu heftigen, sogar handfesten Anfeindungen. Er selbst hat geschrieben, »es liefen bezahlte Buben, die mir die Fenster einwerfen oder sonst was Leids zufügen sollten, oft die halbe Nacht hin und her«, sodass er »mit ein paar geladnen Pistolen zur Seite auf dem Nachttische« geschlafen habe. Im September 1821 wurde er wegen seiner Kritik vom Rat entlassen, notabene auf Antrag seines früheren Gönners Vinzenz Rüttimann, der längst ins konservative Lager gewechselt hatte. Troxlers Antwort war die viel beachtete Schrift *Luzern's Gymnasium und Lyzeum. Ein Beitrag zur Geschichte und Philosophie öffentlicher Erziehung und ihrer Anstalten* (1823), die neben der politischen Polemik auch eine Pädagogik des Jugendalters entwickelte.

Wie 1806 und 1816 fand Troxler 1823 erneut in Aarau Zuflucht. Er hatte dort in Heinrich Zschokke (1771–1848), dem liberalen Denker, Historiker und Publizisten, der zugleich bestens mit politischen Kreisen vernetzt war, einen guten Freund gefunden. Der von Zschokke 1819 gegründete und geleitete *Lehrverein* nahm Troxler als Lehrkraft auf. Die dabei gesammelten Erfahrungen ermöglichten ihm, seine progressiven bildungspolitischen und pädagogischen Ideen weiter zu vertiefen.

1830, in seinem fünfzigsten Lebensjahr, berief ihn die Universität Basel auf den Lehrstuhl für Philosophie. Mit dieser Berufung erfüllte sich ein lange gehegter Wunsch, und seine liberale Gefolgschaft sah darin einen großen politischen Sieg. Die Freude währte nur kurz. Der im November 1830 ausgelöste Kampf der Basler Landschaft für Freiheit und Abtrennung von der Stadt riss Troxler mit. Seine Sympathien für die aufständischen Landschäftler brachten ihm schwere Anschuldigungen und amtliche Untersuchungen ein. Regierungstreue Basler warfen Steine gegen seinen Wohnsitz. Troxler sah sich gezwungen, die Stadt im August fluchtartig zu verlassen. Am 21. September 1831 beschloss der Kleine Rat formell Troxlers Entlassung.

Der Verlust seiner Professur setzte Troxler stark zu. Doch zurück in Aarau, wo er im November 1832 in den Großen Rat gewählt wurde, nahm er einmal mehr den Kampf für eine radikale politische Erneuerung der Schweiz auf. Eine erste Gelegenheit ergab sich, als die Tagsatzung den Bundesvertrag von 1815 zu revidieren versuchte. In dem von einer Kommission vorgelegten Verfassungsentwurf sah Troxler jedoch nur eine aufgewärmte Version des alten Vertrags. Er legte deshalb 1832 unter dem Titel *Über Verderbnis und Herstellung der Eidgenossenschaft* einen eigenen Entwurf vor, in dem er insbesondere auf das Zweikammersystem der Verfassung der Vereinigten Staaten von Amerika hinwies. Im selben Jahr verfasste er übrigens über zweihundertfünfzig Zeitungsartikel! Damit erschien er in der Öffentlichkeit als bedeutendster liberal-radikaler Denker der Bewegung, die 1847/48 zur Gründung des Bundesstaates führen sollte.

1835, mit der Konstituierung des Schweizerischen Nationalvereins, an der Troxler maßgeblich beteiligt war, trat der Kampf um den Bundesstaat in eine konkrete Phase. Den programmatischen Teil stellte Troxler in der Schrift *Wie entstund und was will der schweizerische Nationalverein* vor. Der Verein bestand zwar nur wenige Jahre, doch mit Beginn der 1840er-Jahre entfachten sich die Auseinandersetzungen zwischen radikalen und konservativen Kräften erneut mit aller Schärfe. Dabei trat die antiklerikale Polemik, die Troxler nicht mitzumachen gewillt war, immer mehr in den Vordergrund. Mit Bestürzung musste er zusehen, wie sich dieser Konflikt zuspitzte. 1847, am Vorabend des Sonderbundskriegs, war Troxler, frustriert und verzweifelt, einem Zusammenbruch nahe. Doch mit der

Bundesverfassung von 1848 setzten sich seine seit Jahren entwickelten Ideen für eine liberale und demokratische Schweiz durch.

1834 hatte ihn die eben gegründete Universität Bern auf den Lehrstuhl für Philosophie berufen. Er konnte damit endlich eine wissenschaftlich anspruchsvolle Aufgabe in Angriff nehmen. Doch er hatte bald Mühe, sich in dem von den praxisorientierten Fächern beherrschten Lehrplan durchzusetzen. Allein seine einem weiteren Publikum geöffneten »Abendvorlesungen« fanden regen Zuspruch; doch als er diese 1835 veröffentlichte, blieben positive Kommentare der Fachwelt aus.

Mit dreiundsiebzig Jahren, im Herbst 1853, nahm er von der Universität Bern Abschied und kehrte in sein Haus in Aarau zurück. Sein cholerisches Temperament belastete die familiären Beziehungen, insbesondere jene zu seinem ältesten Sohn Theodat. 1859 starb Minna, seine treue Lebensgefährtin. Sieben Jahre später, am 6. März 1866, verschied Troxler, 85-jährig, in seinem Haus in Aarau.

Im Dezember 1822 hatte ein im Dienst der reaktionären Großmächte stehender Agent berichtet, Troxler sei »unter den Schriftstellern der Schweiz vielleicht der gefährlichste«, er werde »wie ein Gott angebetet«, und der Enthusiasmus für diesen Mann sei »beispiellos«. Tatsächlich hatte Troxler, mit seinen zahlreichen Publikationen weiterum bekannt, eine außergewöhnliche Ausstrahlung. Die Schüler folgten seinem Unterricht mit großer Begeisterung, und seine oft aggressiven Schriften rüttelten die Öffentlichkeit auf. Troxler war äußerst sprachbegabt, beherrschte perfekt Französisch und kannte sich auch in Englisch und Italienisch aus.

Sein geistiges Spektrum war breit gefächert. Die einzelnen Bereiche seiner wissenschaftlichen und intellektuellen Tätigkeit überschneiden sich vielfältig. Seine Vorstellung der Medizin greift, beruhend auf einem ganzheitlichen Menschenverständnis, weit in die Philosophie hinein. Pädagogik und Politik sind durch eine umfassende philosophische Rechtslehre miteinander verbunden. Troxler war aber auch ein Pionier der Präventiv- und Sozialmedizin. Zahlreiche konkrete Anregungen trugen nicht unerheblich zur Umsetzung gesundheitspolitischer Maßnahmen bei. So gelang es ihm etwa, auf Bundesebene die gleichberechtigte Anerkennung aller diplomierter Ärzte durchzusetzen.

Sein wichtigstes philosophisches Werk, *Blicke in das Wesen des Menschen* (1812), fand weit über die Grenzen der Schweiz hinaus Beachtung. Mittels Naturphilosophie und Anthropologie wollte er die Gesamtheit des Menschen,

* 17.8.1780	in Beromünster in einer Tuchhändlerfamilie. Gymnasium in Solothurn und Luzern
1798	Sekretär der helvetischen Behörden
1800	Studium von Medizin und Philosophie in Jena und Göttingen, 1803 Promotion
1805	Ärztliche Tätigkeit in Wien und Beromünster. 1806 Kritik an der Luzerner Gesundheitspolitik. Flucht nach Wien. *Elemente der Biosophie* (1807)
1809	Heirat mit Wilhelmine Polborn (1792–1859), elf Kinder. Rückkehr nach Beromünster, *Blicke in das Wesen des Menschen* (1812). Zeitschriftengründungen
1819–1821	Gymnasiallehrer in Luzern, wegen kritischer Schriften abgesetzt
1823–1830	Lehrer beim Lehrerverein in Aarau
1827	Wohnsitz in Aarau. *Naturlehre des menschlichen Erkennens, oder Metaphysik* (1828)
1830	Philosophieprofessor in Basel, nach einem Jahr abgesetzt
1832	Großrat im Aargau. Verfassungsentwurf für die Eidgenossenschaft (1833)
1834–1853	Philosophieprofessor in Bern. *Die Verfassung der Vereinigten Staaten Nordamerika's als Musterbild der Schweizerischen Bundesreform* (1848)
† 6.3.1866	in Aarau

die metaphysischen, religiösen Dimensionen mit einbezogen, erfassen. Philosophie, erklärte Troxler in der Antrittsrede an der Universität Basel, »ist eine Funktion des unsichtbaren Geistes, welche alle und jede zwischen Anschauung und Bewusstsein liegende Reflexion in die realste Erkenntnis ihres idealen Gegenstandes umwandelt und durchbildet«. Indem er die philosophische und anthropologische Anschauung um die religiöse Dimension erweiterte, schuf er einen erkenntnistheoretischen Dreiklang, den er 1828 im Buch *Naturlehre des menschlichen Erkennens, oder Metaphysik* erstmals als Anthroposophie bezeichnete. Allerdings konnte sein naturphilosophischer Ansatz gegenüber den neuen Ideen von Hegel oder Feuerbach immer weniger bestehen. Anfang des 20. Jahrhunderts wurden freilich das ganzheitliche Konzept und der Begriff der Anthroposophie von Rudolf Steiner übernommen und in eine Lehre umgewandelt, der Troxler wohl nicht viel hätte abgewinnen können.

Troxler plädierte nicht nur für die Freiheit des Bildungswesens, sondern wies auch eindringlich darauf hin, dass ein modernes demokratisches Staatswesen nur mit gut ausgebildeten Bürgern funktionieren kann. Um die Wissenschaft voranzubringen und gleichzeitig den nationalen Zusammenhalt zu fördern, forderte er die Errichtung einer eidgenössischen Universität. In der Erziehung der Jugend sah er seine wichtigste Lebensaufgabe. »Die höchste Praxis der Philosophie«, betonte er, »ist Pädagogik«. Die Schule müsse sich frei entwickeln können und dürfe weder dem Staat noch der Kirche unterstellt werden. Insbesondere die Hochschulen, forderte er anlässlich der Eröffnungsfeier der Universität Bern, müssten vom staatlichen Einfluss frei sein. Seine Beiträge zur Bildungspolitik sind Grund genug, ihn und Pestalozzi in einem Zug zu nennen.

Die neue Bundesverfassung von 1848 in gloriosem Licht. Die Artikel 69 bis 71 verankern den von I. P. V. Troxler vorgeschlagenen Ständerat.

Troxler gilt als wichtiger Vordenker der radikalen politischen Doktrin der Freisinnigen. Radikal in seinem Denken war die kompromisslose Forderung nach einer auf der Souveränität des Volks beruhenden repräsentativen Demokratie. Einschränkend verlangte er jedoch, dass den historisch gewachsenen Kantonen eine relative Autonomie zugestanden werde. Auch in Religionsfragen wich Troxler vom dogmatischen Radikalismus ab. Das Verbot der Klöster im Kanton Aargau 1841 und die Mobilisierung des polemischen Antiklerikalismus im Kampf gegen die katholisch-konservativen Kantone entfremdeten ihn von seinen politischen Mitstreitern. Politik und Staat, betonte Troxler, sollten nicht in die konfessionellen Verhältnisse eingreifen. Dennoch war er ein scharfer Kritiker der katholischen Geistlichen und der autoritären Kirche. Verständlicherweise war ihm auch die Zensur, komme sie von der Kirche oder von staatlichen Instanzen, ein Gräuel; entsprechend heftig war denn auch sein beinahe täglicher Kampf für die Pressefreiheit.

Im Vorwort seiner *Philosophischen Rechtslehre der Natur und des Gesetzes mit Rücksicht auf die Irrlehren der Liberalität und Legitimität* (1820) grenzt er sich sowohl gegen Rousseaus *Contrat social* wie gegen die Schriften Karl Ludwig von Hallers ab. Sein Hauptgegner ist jedoch eindeutig der zum Katholizismus konvertierte ultrakonservative Berner Aristokrat Haller, dessen *Restauration der Staatswissenschaften* (1816–1834) der Epoche von 1815 bis 1830 den Namen gab. Troxlers Schriften zum Liberalismus und zum Staatsrecht trugen wesentlich zur Überwindung des reaktionären Welt- und Gesellschaftsbilds Hallers bei. Dabei blieb Troxler den herrschenden gesellschaftlichen Zuständen gegenüber aufmerksam und erkannte, beispielsweise, die mit der neu entstehenden Arbeiterklasse sich stellende sozialpolitische Problematik.

In seinem Leben und Schaffen widerspiegelt sich beispielhaft eine von politischen Umbrüchen geprägte Epoche. Am Anfang stand die Französische Revolution, gefolgt von der Restauration des antiliberalen Staatensystems; von 1830 bis 1848 dominierten dann die Auseinandersetzungen um liberale Grundsätze und demokratische Ordnungen. Sie führten in der Schweiz zum Bundesstaat von 1848. Troxler verkörpert den konfliktreichen Aufstieg der die Schweiz prägende liberalen Politik. Dabei öffnen seine Schriften Einsichten, die über den politischen Alltagsdiskurs hinaus den Sinngehalt der neuen schweizerischen Institutionen vertiefen. Und im Zweikammersystem findet sich ein von Troxler inspirierter Verfassungsgrundsatz, der auch heute noch die Schweiz entscheidend prägt.

Mehr zu Ignaz Paul Vital Troxler

+ Originaltexte von I. P. V. Troxler liegen in drei Auswahlbänden vor:
Ignaz Paul Vital Troxler (1780–1866): *Politische Schriften in Auswahl*. Eingeleitet und kommentiert von Adolf Rohr. 2 Bde., Bern/Stuttgart 1989. Online: www.agraffenverlag.ch.
Mythos, Gemeinschaft, Staat. Ignaz Paul Vital Troxler – Geistiger und politischer Erneuerer der Schweiz, eingeleitet von Andreas Dollfuss. Zürich 2019.
Iduna Belke: *Der Briefwechsel zwischen I. P. V. Troxler und Karl August Varnhagen von Ense 1815–1858*. Aarau 1953.

+ Zwei neuere Biografien bieten ausführliche Porträts:
Daniel Furrer: *Ignaz Paul Vital Troxler (1780–1866). Der Mann mit Eigenschaften*. Zürich 2010. Online: https://doc.rero.ch/record/13139/files/FurrerD.pdf.
Max Widmer / Franz Lohri: *Ignaz Paul Vital Troxler. Schweizer Arzt, Philosoph, Pädagoge und Politiker*. Basel 2016.

+ Der Troxler-Verein präsentiert auf seiner Website vielfältige Materialien: http://ipvtroxler.ch.

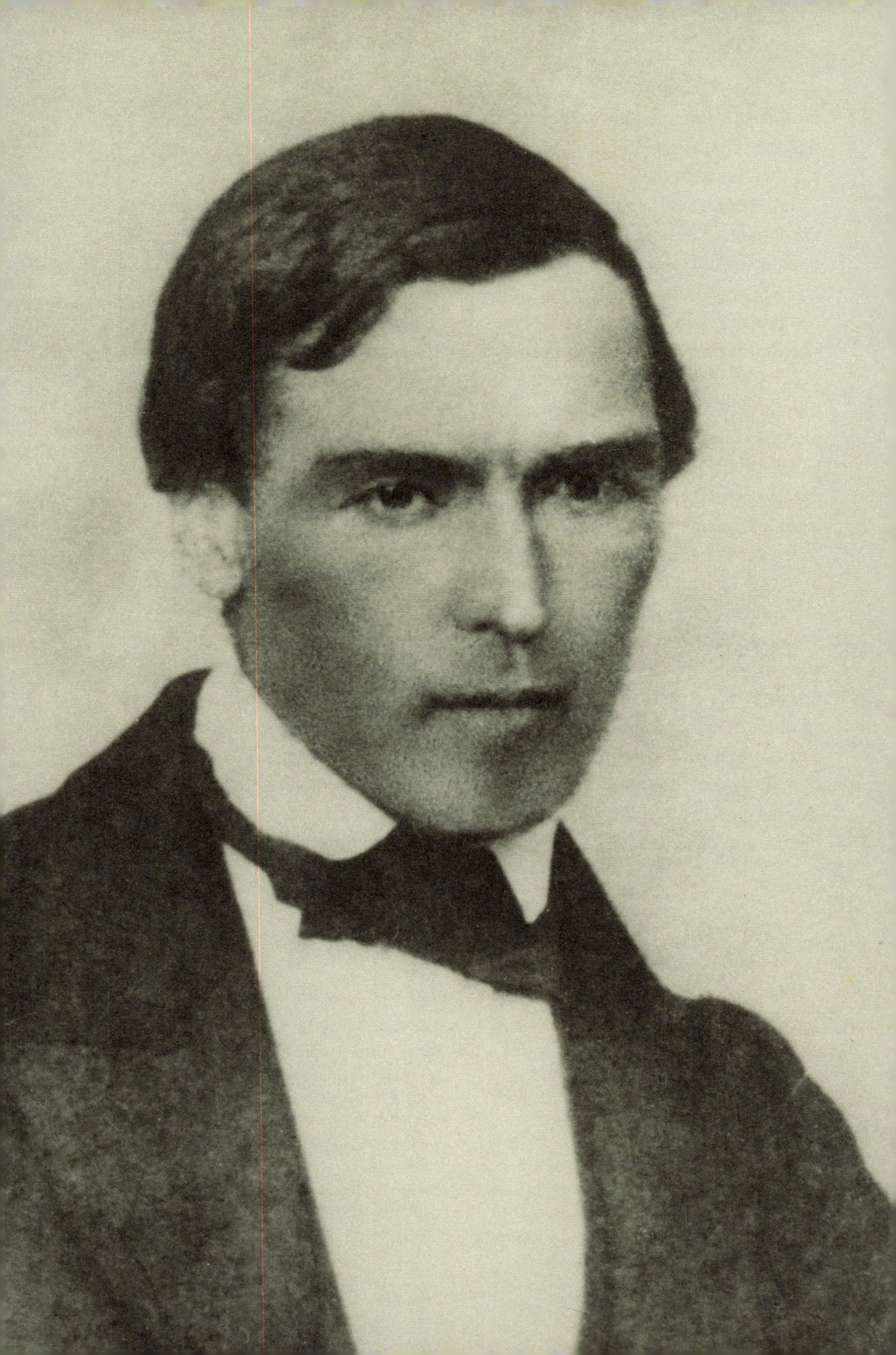

HANS FÄSSLER ZU WILHELM JOOS

Dr. Wilhelm Joos

SKLAVEREI ALS »FLUCH DER ENTEHRTEN MENSCHHEIT«

Ein Schaffhauser gegen den Bundesrat

Im *Schaffhauser Intelligenzblatt* erschien 1865 der folgende Satz: »Es ist und bleibt richtig, dass das Kaufen und Verkaufen auch nur weniger Sklaven mit zum Sklavenhandel, mithin nach den jetzigen Begriffen zu den Verbrechen gegen die Menschheit zu rechnen ist.« Geschrieben hat das der Schaffhauser Wilhelm Joos, lange bevor dieser Begriff im zwanzigsten Jahrhundert ins Völkerrecht eingeführt wurde.

Es stimmt ja, die Schweiz hatte keine konsequenten, radikalen Kämpferinnen und Kämpfer gegen die Sklaverei wie William Wilberforce oder Harriet Tubman. Es gab hierzulande keine nationale Kolonialpolitik innerhalb des transatlantischen Sklavereisystems, gegen die man hätte revoltieren können. Es fehlten Debatten über einen *Code noir* oder über den Status von versklavten Menschen in der Verfassung oder einem kantonalen Gesetz. Die schweizerische Beteiligung am Verbrechen gegen die Menschlichkeit, wie Sklaverei und Sklavenhandel 2001 auf der UNO-Konferenz von Durban (mit Schweizer Unterschrift) taxiert worden sind, war verästelt und wenig auffällig. Doch Schweizer Unternehmer, Familien, Handelsbankiers, Fabrikanten, Verwaltungsbeamte, Soldunternehmer, Offiziere, Forscher und Publizisten hatten schon seit dem sechzehnten Jahrhundert am kolonialen Ausgriff Europas nach Afrika und in die Amerikas mitgearbeitet und von der Versklavung von Millionen Schwarzer Menschen profitiert. Das geschah überwiegend vor 1848, und korrekt müsste man von *eidgenössischer* Verwicklung sprechen, bzw. von St. Gallern, Baslern, Bündnern, Luzernern, Zürchern, Aargauern, etc.

Hans Fässler wurde 1954 in St. Gallen geboren, wo er immer noch lebt und arbeitet. Er hat Anglistik und Geschichte studiert und war SP-Sekretär und Gymnasiallehrer. Seit 2000 befasst er sich mit der Schweizer Beteiligung an Sklaverei und Kolonialismus und hat dazu *Reise in Schwarz-Weiss* (Zürich 2005) geschrieben.

Unser Land kann weder auf einen Francisco José de Jaca noch einen Epiphane de Moirans zurückblicken. Wir hatten weder eine Lucretia Mott noch einen Aimé Césaire. Aber wir hatten Wilhelm Joos.

Wilhelm Joos wird 1821 in eine reiche und gebildete Schaffhauser Strumpffabrikantenfamilie hineingeboren. Der Vater ist Politiker mit vielen Ämtern, die Mutter in der Armenfürsorge tätig. Als Wilhelm zehn ist, stirbt die Mutter, und der Vater ist mit fünf Kindern allein und auf die Unterstützung der Großeltern Freuler angewiesen.

Die sorgfältig aufgearbeitete Biografie, welche Wilhelm Joos verdienen würde, gibt es leider (noch) nicht. Der Nachlass Joos im Schaffhauser Stadtarchiv umfasst dreieinhalb Laufmeter und ist noch unerschlossen. So soll im Folgenden anhand der existierenden Literatur nachverfolgt werden, wie sich bei dem jungen Mann aus dem Bildungsbürgertum schon früh ein untypisch bewegter und bewegender Lebenslauf abzuzeichnen beginnt.

Wilhelm absolviert das Gymnasium, lernt Flöte und auf Wunsch des Vaters Techniken aus dem Schreiner- und Drechslerhandwerk. In Göttingen beginnt er ein Medizinstudium, das ihn auch nach Erlangen, Berlin, London, Prag und Wien führen wird, und er fängt an, sich mit der konfessionellen Frage zu befassen. Schon der Übertritt Karl Ludwig von Hallers zum Katholizismus war im Haus seines Großvaters ein Thema gewesen. Nun wird Wilhelm als Student mit dem Konfessionswechsel des Schaffhauser Antistes Hurter, einem Schulfreund, konfrontiert. Schon bauen sich in der Schweiz jene Spannungen auf, die zum Sonderbundskrieg führen werden. Wilhelm Joos wird sich zeitlebens an konfessionellen Fragen reiben und schreibend immer wieder den Katholizismus, wie er in päpstlichen Bullen und Dekreten enthalten ist, herausfordern.

Am Ende der Volksschulzeit ist ein Band von Alexander von Humboldts Südamerikareisen ins Haus Joos gekommen und hat bei Wilhelm und seinen Brüdern Fernweh geweckt. Zuerst geht es aber nur nach Frankreich, wo 1848 der Herrschaft von Louis-Philippe von Orléans ein Ende bereitet und die Zweite Republik ausgerufen wird. Auf Wunsch seines Vaters sammelt Wilhelm als Lazarettarzt in Paris Erfahrungen und erlebt die Dynamik eines Volksaufstandes. Nach einigen Monaten reist er weiter nach Algerien und dann zurück nach Schaffhausen. 1849 erscheint sein kritischer *Katechismus*, noch ohne Namen des Verfassers. Wilhelm Joos' »Kampf gegen Rom« ist eröffnet.

Arzt in Schaffhausen will der Eigenwillige nicht werden. Stattdessen ermöglicht ihm sein Vater eine erste Südamerikareise. Während drei Jahren als Arzt in Brasilien (Bahia, Pernambuco) lernt er die Stellung der Indigenen, die Sklaverei, das Los der Schweizer Halbpächter, die Rolle des Klerus kennen. Er lässt den *Katechismus* ins Portugiesische übersetzen und mit dem Autorennamen Joos versehen. 1852 kehrt er nach Schaffhausen zurück und reist im nächsten Jahr wieder ab. Mit seinem jüngeren Bruder Emil, nun auch Arzt, geht es nach Ecuador, Peru und Kolumbien (das die Sklaverei soeben abgeschafft hat), wo die beiden drei Jahre als Wundärzte praktizieren. 1855 kehrt Wilhelm nach Schaffhausen zurück, wo sein Vater im Sterben liegt.

1856 ist er in Paris und hat Audienzen bei Napoleon III. Obwohl Ferdinand de Lesseps bereits eine Konzession für den Suezkanal hat, will Joos den Kaiser von *seiner* Lösung für das Suez-Problem überzeugen: Transport von Schiffen in riesigen Wasserbehältern über Land. 1857 reist er nach Ägypten, wo er auch dem Vizekönig seine Idee präsentieren will, und weiter nach Palästina, Kleinasien und in die Türkei. Zurück in der Schweiz, wird er in St. Gallen vom Staatsanwalt wegen Störung des religiösen Friedens verklagt, weil er die Kopfbedeckung des Papstes im *St. Galler Tagblatt* eine »dreifaltige Nachtmütze« genannt hat. Joos ist nun sechsunddreißig, hat offenbar genug gesehen von der Welt, eröffnet eine Arztpraxis in Schaffhausen und beschließt, in die Politik zu gehen, um seine Ideen umzusetzen.

Und wie er in die Politik geht! 1857 kandidiert er, erfolglos, für den Nationalrat, 1858 wird er Mitglied des Großen Rats der Stadt Schaffhausen und 1859 Kantonsrat. 1860 scheitert sein zweiter Anlauf für den Nationalrat. 1861 wird er Kirchenrat, Erziehungsrat und Suppleant an kantonalen Gerichten, 1862 Mitglied der städtischen Exekutive und 1863, im dritten Anlauf, Nationalrat. Er wird es siebenunddreißig Jahre lang bis zu seinem Tod bleiben.

Ob Schweizer Sklaven halten dürfen, war eines unter Dutzenden von politischen Themen, die ihn umtrieben. Aber aus heutiger, postkolonialer Sicht ist es das bemerkenswerteste. Dank seinen Vorstößen kamen kurz nach der Mitte des neunzehnten Jahrhunderts zwei historische Problemkreise zusammen beziehungsweise blieben auf seltsame Art und Weise getrennt: der amerikanische Sezessionskrieg (1861–1865), welcher über die Frage der Sklaverei in den USA entbrannte und mit dem Sieg des Nordens und der Abschaffung der Sklaverei endete, sowie die Tatsache, dass es in Brasilien zwischen 1819 (Gründung von Nova Friburgo) und 1874 (Verkauf der Plantage *Helvécia* durch die Witwe des Schaffhausers João Martinho Flach) zahlreiche Sklavinnen und Sklaven in Schweizer Besitz gab.

Eine literarische Geschichte fällt in diese Zeit. Martin Salander, die Hauptperson von Gottfried Kellers gleichnamigem Roman, weilt erstmals 1859 bis 1866 in Brasilien und wird mit Anbau und Handel von Kaffee und Tabak reich. Als Salander in der Schweiz realisiert, dass er sein Geld fehlinvestiert und verloren hat, reist er nochmals nach Brasilien und erholt sich innert dreier Jahre von seinem wirtschaftlichen Absturz. Sein Sohn Arnold reist ebenfalls nach Brasilien, um dort die väterlichen Geschäfte weiterzuführen. Er erweitert den Grundbesitz an Pflanzland und findet »für Betrieb und Aufsicht« einen tüchtigen Schweizer, der bald am Geschäft beteiligt werden soll. Auch wenn Keller das »Geschäft« nicht mit Namen nennt, ist jedem Historiker klar, dass es hier um Plantagensklaverei geht. Keller selber hatte ja im Zürcher Christian Heusser, 1856 Schweizer Gesandter in Brasilien, eine Informationsquelle zu den lokalen Verhältnissen. Trotzdem kann eine Schweizer Literaturprofessorin noch Anfang 2020 am Radio behaupten, man wisse nicht, wie Salander in Brasilien so schnell zu so viel Geld gekommen sei. Von historischen Zusammenhängen unberührt, mutmaßt sie über »Auswanderung« und »Schweizer, die als Ingenieure viel verdient« hätten.

Wilhelm Joos kam wohl während seines dreijährigen Brasilien-Aufenthalts ab 1848 erstmals in Kontakt mit jener Institution, auf der die Ökonomie Brasiliens fußte und aus dem Land laut dem nigerianischen Historiker Joseph Inikori ein »afrikanisches Land« machte. In seinem Buch *Anatomie der Messe* schrieb Joos 1859, er habe als Arzt »am Sterbebette so mancher Sklavenbesitzer gestanden« und einen Einblick in deren Denkweise gewonnen. Von der »kaltblütigen Grausamkeit der gesetzlich anerkannten Sklaverei« schrieb er und von der Sklaverei als »Fluch der entehrten Menschheit«. Klöster und Priester auf Kuba und Puerto Rico kritisierte er für deren Sklavenbesitz. Vom Papst erwartete er die »Ausrottung der Negersklaverei in Westindien und Südamerika« und beklagte, dass trotz des Verbots des Sklavenhandels durch England die Ausfuhr aus Afrika nicht gesunken und die Sterblichkeit auf der *Middle Passage* gestiegen sei. Dazu zitierte er den Fall eines Schiffes, das 1858 von der US-Marine aufgebracht wurde und von dessen 470 Sklavinnen und Sklaven 143 auf der Überfahrt gestorben waren. Joos vermisste hier seitens der Christenheit »einen Schrei der Entrüstung«.

1863 tobte in den USA der Bürgerkrieg, der von Historikern als der erste moderne und totale Krieg der Geschichte gesehen wird. Beidseits der Front waren Schweizer dabei. Zwei Beispiele: Der Zürcher Heinrich Wirz hatte auf einer Sklavenplantage als Arzt und Aufseher gearbeitet, wurde Haupt-

In der 1817 gegründeten Colonia Leopoldina im brasilianischen Bahia wurde die Schaffhauser Familie Flach durch Sklavenarbeit auf ihrer Kaffeeplantage *Helvécia reich*. Gemälde um 1835.

mann in der Armee der Südstaaten und schließlich Leiter des berüchtigten Kriegsgefangenenlagers Andersonville. Ihm gegenüber stand der Thurgauer Rechtsanwalt Hermann Lieb, der Kommandant des *9th Louisiana Regiment of African Descent* wurde und im Juni 1863 mit dieser Einheit von freien Schwarzen die Schlacht von Milliken's Bend gewann.

Im Spätherbst 1863 wurde Wilhelm Joos in den Nationalrat gewählt, und schon im Dezember reichte er seine erste Motion ein, in der es um die Schweizer Mithilfe an der Abschaffung der Sklaverei und um Sklaven haltende Schweizer im Ausland ging.

In diesen Jahren tobte in der Schweiz eine ideologische Debatte. Die *NZZ* forderte die »Anerkennung des Südens als Krieg führende Macht«, katholisch-konservative Kreise der Innerschweiz drückten ihre Sympathien für den Süden aus und garnierten dies mit rassistischen Argumenten. Vertreter der Baumwollindustrie und Handelskreise fürchteten wirtschaftliche Einbußen und hofften auf einen Sieg der Konföderierten. Ihnen stand die »Adressen-Bewegung« aus dem radikal- und sozialdemokratischen Umfeld entgenen, welche sich in großen Versammlungen und feierlichen Erklärungen gegen die Sklaverei aussprach. Alfred Escher, damals der mächtigste Politiker der Schweiz, verlangte hingegen »rückhaltlose Neutralität«, was angesichts der Adressen-Bewegung und der Sympathien des Bundesrats für den Norden eher auf eine Unterstützung des Südens hinauslief. Es ist kein Zufall, dass die Vorwürfe aus den 1840er-Jahren gegen die Familie Escher und ihre vermuteten Sklavereiprofite in den Bürgerkriegsjahren wieder neu erhoben wurden. Dank den Forschungen von Michael Zeuske wissen wir heute, dass sie berechtigt waren.

Die beiden Vorstöße von Wilhelm Joos zur Sklaverei sind schon mehrfach analysiert und auch kritisiert worden. Das Verdienst, sie in einen größeren Zusammenhang, nämlich den der Haltung der Schweizer Regierung zu einem Verbrechen gegen die Menschlichkeit gestellt zu haben, kommt dem Freiburger Romanisten Hans Barth zu. Man kann Joos erstens seine gemäßigte Haltung vorwerfen: In der Motion von 1863 sprach er von »allmäliger« Abschaffung der Sklaverei und verlangte nur, Kauf und Verkauf von Sklaven unter Strafe zu stellen, nicht aber Besitz. Man kann ihm zweitens vorwerfen, dass es ihm in seiner zweiten Motion vom Juli 1864 gar nicht um die Sklaverei gegangen sei, sondern vor allem um die Schweizer Halbpächter, die in Brasilien in Schuldsklaverei getrieben wurden, aber real immer noch bessergestellt waren als die afrobrasilianischen Sklaven. Drittens kann man mutmaßen, dass er seine Vorstöße und seine Argumentation in den Debatten zu wenig durchdachte oder zu viel taktierte, was angesichts seiner zahlreichen und breit gefächerten politischen Aktivitäten plausibel erscheint. So zog er seinen zweiten Vorstoß, der zu einem Bericht des Bundesrates geführt hatte, zurück, als im Dezember 1864 der Nationalrat einen zweiten Bericht verlangte. Nun unterstützte er eine neue Motion des Luzerner CVP-Nationalrats Philipp Anton von Segesser, welche den Sklavenhandel durch Schweizer verbieten wollte, dann aber abgelehnt wurde. Die Debatte endete mit der Zustimmung des Parlaments zum Antrag eines gemäßigt liberalen katholisch-konservativen Solothurner Nationalrats, der Rat solle »Bestrebungen zur Abschaffung der Sklaverei seine vollen Sympathien zollen« und zur Tagesordnung übergehen. Der Antragsteller hieß Franz Bünzli.

Nun zum Bundesrat, der von der Mehrheit des Nationalrats in seiner Haltung unterstützt wurde. Das »Gutachten«, das die Schweizer Regierung im Herbst 1864 ausarbeiten ließ, stützte sich auf die »kompetenten Männer« Jakob Tschudi, Heinrich David-Burckhardt und Friedrich Huber und machte damit drei Böcke zu Gärtnern. Tschudi war Gesandter der Eidgenossenschaft gewesen und hatte Südamerika bereist. Er war ein Rassist mit einer guten Portion Verachtung für die Indigenen. David-Burckhardt war Schweizer Generalkonsul und Huber Vizekonsul in Brasilien gewesen, und man weiß, dass die konsularischen Beamten meist selbst Hausklaven besaßen. Insbesondere der Kaufmann und Bankier David-Burckhardt war Sprachrohr der Schweizer Sklavenbesitzer.

Zwei Jahre nach der *Emancipation Proclamation* von Abraham Lincoln und

* 1.4.1821	in Schaffhausen in einer Industriellen- und Politikerfamilie, Gymnasium in Schaffhausen
1842	Medizinstudium in Deutschland und England
1848	Reise nach Paris und Algerien, ab 1849 Arztpraxis in Brasilien
1852	Reisen und Arzttätigkeit in Kolumbien, Peru, Paris, Ägypten und Türkei
1857	Rückkehr nach Schaffhausen. 1858–1900 Schaffhauser Kantonsrat, 1862 Stadtrat
1860	Auswanderungsprojekt nach Costa Rica; 1871 nach Tennessee
1863–1900	Nationalrat. Vielseitige politische Tätigkeit: Initiative gegen Schweizer Sklavenbesitz in Brasilien (1864), Kampf gegen Kinderarbeit (1867), Vorschlag für eine Nationalbank (1872), Forderung zur Verstaatlichung der Eisenbahnen (1886), Vorschlag für eine direkte Bundessteuer (1899)
† 6.11.1900	in Schaffhausen

fünfzig Jahre nach der Ächtung des Sklavenhandels durch den Wiener Kongress waren dies die Positionen des Bundesrates: Sklavenhandel ist »eine Handlung, die kein Verbrechen involvirt«. Sklavenbesitz bei Schweizer Handwerkern in Brasilien ist »vortheilhaft und zweckmässig«. Sklavenbesitz bei Schweizer Kaufleuten in Brasilien ist ein »Vortheil«, und eigene Sklaven sind besser als gemietete, weil Letztere meist »verdorbene Individuen« sind. Verzicht auf Sklaven ist für Kaufleute nicht zumutbar, weil sie »sich selbst in die Küche stellen und die übrigen Dienstbotenarbeiten verrichten« müssten. Dass Schweizer Gutsbesitzer Sklaven halten, ist in Brasilien »natürlich«, ohne Sklaven könnten sie ihre Ländereien nicht bebauen. Diese Schweizer durch Strafbestimmungen um ihre Ehre, ihr Bürgerrecht oder um einen Teil ihres rechtmässig erworbenen Vermögens zu bringen, ist gegen die Begriffe von Moral und Gerechtigkeit. Und für den Bundesrat wäre es schwierig, einen Konsul für Brasilien zu finden, wenn man ihm Sklavenbesitz verbieten würde.

Diese Positionen des Bundesrats von 1864 sind der erste Skandal. Der zweite ist die Position des Bundesrats von 2018. In seiner Antwort auf die *Interpellation Sklaverei-Vergangenheit der Schweiz und ihrer Banken* (Claudia Friedl, SP-SG) heisst es: »Die Reaktion der Bundesbehörden war von den Normen geprägt, die in den 1860er-Jahren vorherrschten.« Wenn man die Normen der in der Schweiz Herrschenden, also der liberalen Baumwollindustriellen, der katholisch-konservativen Rassisten der Innerschweiz, der Eisenbahnbarone, der Bankengründer und der *NZZ* als die herrschenden Normen anschaut, dann ist dieser Satz nicht falsch. Wenn man aber die breite radikaldemokratische Volksbewegung der 1860er-Jahre in der Schweiz und die epochale internationale Debatte über die Sklaverei betrachtet, ist der bundesrätliche Satz grauenhaft.

Am 18. Januar 1865 fuhr der *Pionier*, eine in Boston erscheinende linksradikale Immigrantenzeitschrift, der Schweizer Regierung so an den Karren,

A negro hung alive, Illustration von William Blake zu einem Bericht von John Gabriel Stedman über die Niederschlagung des Sklavenaufstands in Surinam, 1796.

wie sie es verdiente: »Die Schweiz billigt, vertheidigt, vertritt also die Sklaverei, wenn und weil sie Schweizern Geld einbringt. Mit zwei Worten: die Schweiz ist indirekt Sklavenhalterin geworden. Sie hat Menschenhändler zu Bürgern, beschützt sie als solche und will lieber diese Ehre behalten, als den Barbaren eine Einbusse an dem Blutgeld zuzumuthen, das sie aus geknechteten Mitmenschen herausschinden.«

Dem ist nichts hinzuzufügen, außer, dass die *NZZ* im Februar 1865 nichts Gescheiteres zu tun wusste, als das Gerücht in die Welt zu setzen, hinter diesem Artikel stecke Wilhelm Joos.

Seltsamerweise war die Schweizer Beteiligung an der karibischen Sklaverei in den 1860er-Jahren kein Thema, obwohl sie zeitlich (16. bis 19. Jahrhundert) und volumenmäßig viel umfangreicher war als die brasilianische: Es gab etwa hundertfünfzig Sklavenplantagen in Schweizer (Mit)Besitz und Verwaltung: in Surinam, Guyana, Saint-Domingue (heute Haiti), Grenada und Kuba sowie auf den französischen, holländischen und dänischen Antillen. Dazu kamen schweizerische Kolonialverwalter und Truppen zur Niederschlagung von Sklavenaufständen. Dies zum Thema der Aufarbeitung von Schweizer Kolonialgeschichte zu machen, blieb dem 21. Jahrhundert vorbehalten.

Wilhelm Joos hat sich in seinem politischen Leben für derart zahlreiche und unterschiedliche Themen eingesetzt, als Publizist, als Politiker, als Organisator, als Redner, als Reisender, als Aktivist, dass man sich manchmal fragt, wie das alles in ein einziges Leben hineinpasste. Die folgende Themenliste ist verkürzt und unvollständig: Kolonisation und Auswanderung, Volksrechte, Kinderarbeit, Fabrikgesetze, Banknoten-Monopol, Verstaatlichung der Bahnen, Industrie-Statistik, Heimindustrie, Recht auf Arbeit, Alkoholgesetz, Jesuitenfrage, Arbeitszeitreduktion, Fabrikinspektionen. Kein Thema war ihm zu groß (Sklaverei, Religion), keines zu klein (Gesundheitsprobleme bei der Herstellung von Zündhölzern im Frutigtal). Aus postkolonialer Sicht wird es für immer sein Verdienst bleiben, den Bundesrat und den Nationalrat in der Sklavereifrage zu einem Positionsbezug herausgefordert zu haben, der in seiner völkerrechtlichen und moralischen Schäbigkeit bis heute nachhallt.

Mit seinem Satz, dass der Sklavenhandel »nach den jetzigen Begriffen zu den Verbrechen gegen die Menschheit zu rechnen ist«, steht er in einer ehrenwerten völkerrechtlichen Entwicklungslinie. Diese reicht von der Französischen Revolution, als 1794 ein Abgeordneter in der Debatte des revolutionären Konvents zur Abschaffung der Sklaverei in Saint-Domingue den Begriff »crime de lèse-humanité« prägte, über die Verurteilung des Völkermordes an den Armeniern als »Verbrechen gegen die Menschheit und Zivilisation« durch die Triple Entente im Jahr 1915 bis zur Definition von »Verbrechen gegen die Menschlichkeit« durch die Londoner Charta von 1945.

Mehr zu Wilhelm Joos

+ Die Auseinandersetzung mit dem Bundesrat ist hier dokumentiert:
Bericht des Bundesrathes an den h. Nationalrath, betreffend Strafbestimmungen gegen Schweizer in Brasilien, welche Sklaven halten, vom 2. Dezember 1864. Online: https://www.amtsdruckschriften.bar.admin.ch/viewOrigDoc.do?id=10004621.
Hans Barth: *1864 – die Schweizer Beteiligung am Verbrechen der Sklaverei. Zur Causa: Joos vs Bundesrat.* Fribourg 2015. Online: https://archiv.louverture.ch/KAMPA/AGASSIZ/barth_BR_joos.pdf.

+ Die eigene Stimme von Joos ist hier nachzulesen:
Anatomie der Messe. Ein Kommentar zum österreichischen Konkordat vom Jahre 1855, hrsg. von Wilhelm Joos. Selbstverlag, Schaffhausen 1859. Online: https://opacplus.bsb-muenchen.de/title/BV020259718.

+ Eine gute Darstellung von Joos bietet:
Sylvia Brunner-Hauser: *Pionier für eine menschlichere Zukunft. Dr. med. Wilhelm Joos, Nationalrat, 1821–1900.* Schaffhausen 1983.

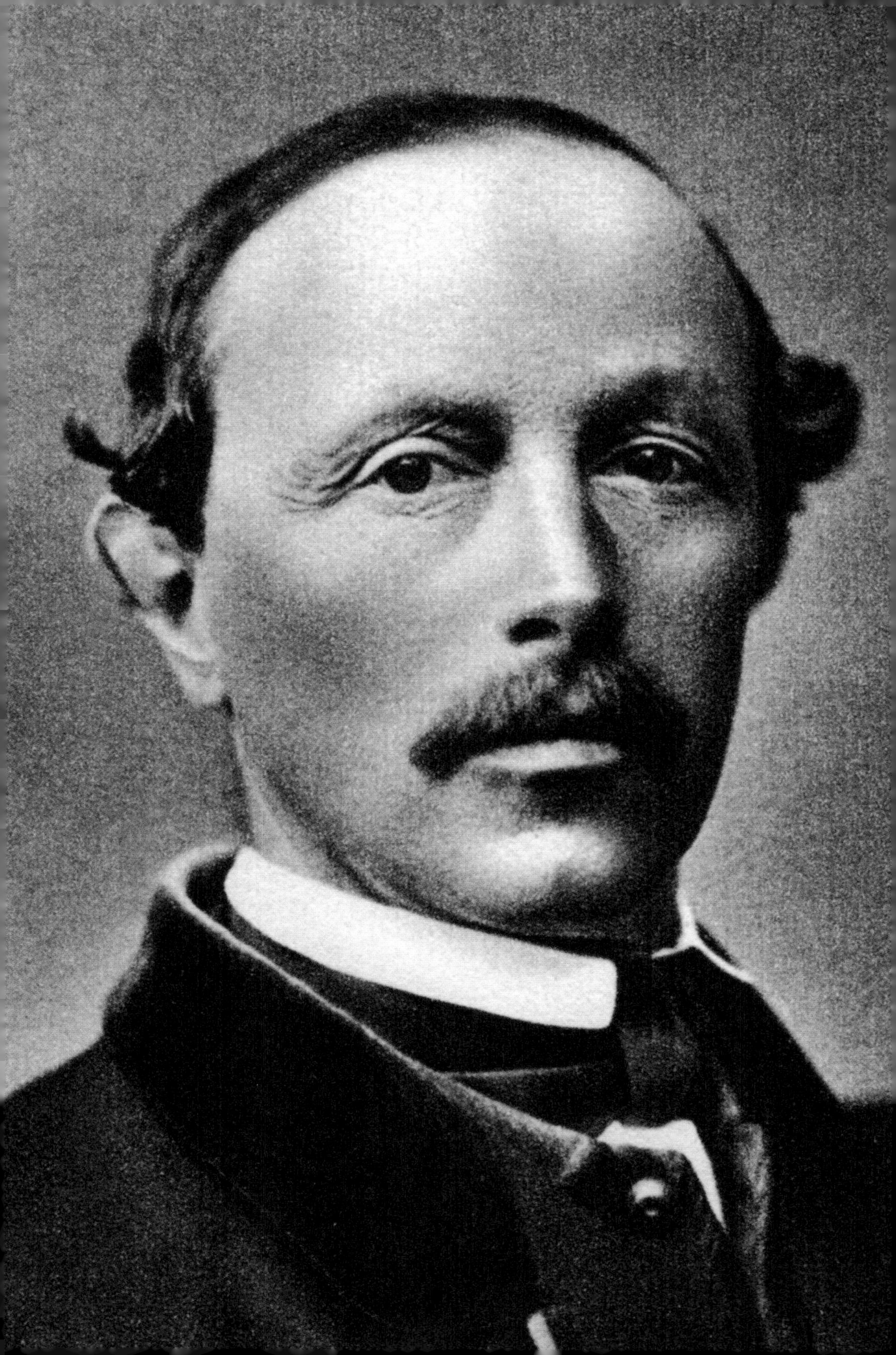

KÖBI GANTENBEIN ZU
JOHANN WILHELM FORTUNAT COAZ

»PFLANZEN WILL ICH UND SÄEN, FÄLLEN DEN ALTERNDEN STAMM«

Das lange Leben eines Försters, Bergsteigers und Zeichners

Der Blick ist listig und melancholisch, die Locken über den Ohren keck, die Haltung entschlossen, die Kleidung – Stehkragen, gestärkte Hemdbrust, Einknopf-Fliege, Dreiteiler – tadellos, der Schnurrbart kühn, und die Fältchen um die Augen verraten, dass dieser Mann schon allerhand erlebt hat. Das beeindruckt auch den Lithografen Anonymus, der um 1880 das Ungestüm mit gediegenem Weißgrau links und rechts vom Kopf mit ins Bild nimmt. Johann Wilhelm Fortunat Coaz tritt am 1. Juni 1875 sein Amt als eidgenössischer Oberforstinspektor in Bern an. Als eine der ersten Aufgaben verfasst er das Forstpolizei-Gesetz. Es wird später Waldgesetz heißen und berühmt: Nur so viel Wald roden, wie nachwächst. Coaz hat die Försterweisheit nicht erfunden. Sie wuchs in den Bergbaugebieten Deutschlands seit dem 14. Jahrhundert, wo der Energiehunger der Eisenhütten regelmäßig zu Waldnöten führte. Der sächsische Oberberghauptmann Hans Carl von Carlowitz gab ihr 1713 die griffige Form: »Wird derhalben die größte Kunst [...] darinnen beruhen, wie eine sothane Conservation und Anbau des Holtzes anzustellen, dass es eine continuierliche, beständige und nachhaltende Nutzung gebe.« Sachsen war im 19. Jahrhundert ein Hauptort der Försterausbildung. Wie viele Ingenieure, Architekten, Naturwissenschaftler und Juristen, die im 19. Jahrhundert die moderne Schweiz organisieren, wird auch Coaz in Deutschland ausgebildet, an der königlich-sächsischen Akademie in Tharandt bei Dresden. Die ETH Zürich eröffnet ihre Forstschule erst 1855.

Das Waldgesetz – ein Jahr nach Coaz' Antritt von der Bundesversammlung beschlossen – verlangt Statistiken über Holzertrag, -verbrauch und

Köbi Gantenbein ist Verleger der Zeitschrift *Hochparterre*. Er lebt und arbeitet in Fläsch und Zürich. 1974 – 128 Jahre nachdem Johann Wilhelm Fortunat Coaz als Erster auf dem Piz Kesch stand – war er als Bub mit dem SAC Prättigau auch dort oben. Am Piz Bernina scheiterte er wegen »Kniezitterns«, was für Coaz »als ein böses Zeichen bei Gebirgsfahrten« galt. Er gab Helm, Pickel und Steigeisen ab und ist seither fröhlicher Wanderer.

-transport. Es definiert die Maßnahmen für die Waldplanung, -pflege und -wirtschaft von der Lawinen- und Wildbachverbauung über die Holzschläge bis zur Aufforstung. Dafür organisiert Johann Coaz die kantonalen Forstinspektorate und erlässt Programme, wie Förster ausgebildet werden sollen. Das Gesetz ist ein Muster für die werdende Schweiz: Probleme werden mit ausgefeiltem technischem Besteck gemindert. Und mit Erfahrungswissen: Coaz war zuvor zweiundzwanzig Jahre Forstinspektor in Graubünden und zwei Jahre Förster des Kantons St. Gallen, nun ist er Oberforstinspektor der Schweiz – zuständig auch für die Jagd, die Fischerei, die Pilze, die Blumen, den Wasser- und etlichen Straßenbau – kurz all das, was wir im Wort Landschaft zusammenfassen. Coaz ist ein Gründervater: Aus dem Oberforstinspektorat wird nach etlichen Kurven 2006 das Bundesamt für Umwelt (BAFU) samt seinen Instituten vom Wald bis zu den Lawinen werden. Der Oberforstinspektor versieht sein Amt zusammen mit seinem Adjunkten Franz Fankhauser; im BAFU sind heute gut sechshundert Menschen für den Wald, die Umwelt, das Klima und anderes mehr unterwegs.

Johann Wilhelm Fortunat Coaz hat vorab die Menschen im Gebirge ins Geschirr zu nehmen. Holz ist neben der Kohle und dem Wasser die Energiequelle für die aufbrechende Industrie, die Wohnungen und die Eisenbahn. Der Wald ist der einzig nennenswerte Verdienst der Gemeinden. Im Unterland gibt man den Berglern die Schuld am miserablen Zustand der Wälder und nicht dem eigenen Übermut. Sie hätten ihre Wälder seit dem 16. Jahrhundert massiv in Land- und Alpwirtschaftsland umgebaut. Und was übrig ist, schlügen sie kahl, und ihre Habenichtse benutzten den Wald als Weide für ihre Ziegen, die jeden kleinen Baum fräßen. Gewiss wahr, aber sie tun das alles nicht aus Lust, sondern aus Not.

Coaz weiß das und schreibt darüber. Er ist ein guter und geübter Schreiber. Von 1838 bis 1916 schreibt er fast achtzig Jahre lang Tagebuch in einer zügigen, malerischen Schrift über den Lauf der Wissenschaften, der Kunst, der Technik; über seine Beobachtungen, Ideen und Taten und auch über Kummer und Freude. Er schreibt sieben Bände »Forsttagebuch« und je eines über Zoologie, Botanik und über seine Bergfahrten – es ist ein Jahrhundertdokument. Er seufzt dort: »Ich stehe vor hundertvierzigtausend Hektar misshandelten Waldes und Urwaldes mit einem einzigen Adjunkten.«

Johann Wilhelm Fortunat Coaz besteigt und benennt zusammen mit Koch und Träger 1850 den Piz Bernina. Vielleicht original im Bild festgehalten – vielleicht aber auch in einer nachträglichen Inszenierung.

Die Wilderer und Waldfrevler lässt er streng verfolgen, über die Lebensbedingungen der Menschen in den Bergen, die von Ramosch im Unterengadin zum Beispiel, bleibt ihm das ethnologische Staunen des Menschen aus den oberen Etagen der Gesellschaft: »Entsetzlich schwüler Tag. Bad im Inn mit den Knechten. Schöne Garbenreihen auf den Aekern. Fleißiges aber ungebildetes Volk. Wenig Pferde, aber viel Ochsen v. ungeheurer Größe. […] Die Weiber schaffen ebenso tüchtig als die Männer, die übrigens in großer Anzahl im Ausland als Zuckerbäker leben. Die alten Weiber arge Caffeetrinker, sehr redselig, besonders am Brunnen. Merkwürdige, an die wilden Völker erinnernde Gebräuche.«

Die Klima- und Umweltnöte im 19. Jahrhundert sind aber nicht die heißen Tage, die Coaz in den Inn treiben, sondern die Überschwemmungen, die der Rhein oder die Aare anrichten. Sie bedrohen weite Teile des Mittellandes – seine Eisenbahnlinien, Straßen, Städte. Coaz und die Seinen haben erkannt: Je mehr Kahlschlag die Wälder dezimiert, desto mehr Wassernot. Er und seine Freunde im Forstverein stiften die für die junge Schweiz neue Idee, dass Politik zum Schutz von Landschaft nur überkantonal, ja international funktioniere. So nutzen die Förster die Wassernot geschickt und machen ihren Wald zu einem nationalen Thema. Ihre Verbindung von Wasser, Wald und Berg bereitet den Umgang der Stadtschweiz mit den Berglern im 20. Jahrhundert vor. In der Schweiz der Geistigen Landesverteidigung und des Zweiten Weltkriegs wird ihr Lebensraum eine Solidarität über Räume erleben und zu Hort und Heimat werden. Heute gehört der massive Geldtransfer vom Zentrum in die Peripherien zum Schweizertum wie die AHV oder die SBB. Das ist im 19. Jahrhundert noch anders – die Berglandschaft interessiert nur die komischen Vögel aus England, die auf die Gipfel steigen. Die Bergler gelten denen im Unterland eher als lästig. Ihre Aristokraten wollen die Fortschrittschweiz nicht. Im Sonderbundskrieg vom November 1847 werden sie dazu gezwungen. Johann Coaz war bei diesem Krieg mit dabei – auf der Seite der Sieger, wie der ganze Kanton Graubünden.

Fünfunddreißig Jahre nach dem Sonderbundskrieg gilt: Wer wild rodet, wird nun überall mit derselben Strafe bedroht. Wer aber Landschaft wie Coaz und die Seinen versteht, erhält Bundesgeld. Bevor es fließt, ist der Oberförster auf Inspektion. Sein Reisepensum ist eindrücklich. 1884 notiert er: Zürich-Glarus-Chur-Zug-Urnerboden-Mels-Ilanz-Schanfigg-Einsiedeln-Wallis-Berner Oberland-Wallis-Goms-Tessin-Obwalden-Appenzell-St. Gallen-Glarus-Chur-Oberengadin-Berner Oberland-Obwalden-Thun-Sumiswald-Zürich-St.Gallen-Schaffhausen-Basel. Und in Köln, Berlin, Colmar und Tharandt war er auch noch zu Besuch. Hundert Tage im Jahr ist er unterwegs. Eisenbahn ab und zu, zu Fuß viel.

Das Waldgesetz ist ein Muster, wie moderater Zentralismus und hoher Sachverstand der Bundesbeamten Verwerfungen und Zerwürfnisse der schnell wachsenden Schweiz steuern wollen – und können. Hundert Jahre später will die Schweiz ihre Raumplanung regeln. Die prägt Landschaft und Umwelt ebenso wie der Wald. Dessen Gesetz wird kein Vorbild. Die Raumplanung bleibt im Griff der Gemeinden und der Kantone, ganz nah dran an der Fédération des Profiteurs. Das Resultat heißt zersiedelte Schweiz.

Johann Coaz reist, vermisst, schreibt auf, zeichnet. Er zieht Fäden, verhandelt, ordnet an, verlangt Sanktionen. Er verteilt die Förster als seine

* 31.5.1822	in Antwerpen in einer Berufsmilitärsfamilie
1841	Ausbildung zum Forstingenieur in Ostdeutschland
1843–1851	Gebirgstopograf in Graubünden, 1848 Sekretär von General Henri Dufour
1850	Erstbesteigung des von ihm benannten Piz Bernina. Insgesamt einundzwanzig Erstbesteigungen in den Alpen
1851–1873	Oberforstinspektor in Graubünden
1852	Heirat mit Pauline Lütscher (1829–1875), sechs Kinder
1865	Zentralpräsident des Schweizer Alpen-Clubs (SAC)
1875–1914	Erster eidgenössischer Oberforstinspektor. Vielseitige Tätigkeit in Forstbotanik, Topografie, Meteorologie, Gletscher- und Lawinenkunde, Anreger des Schweizerischen Nationalparks
† 18.8.1918	in Chur

Agenten in einem Netz übers Land. Sie sammeln Daten, sie bringen seine Anliegen und seine Ideologie auf den Boden. Und – der Wald, der im 19. Jahrhundert Teile der Alpen verlassen hat, wird Schutzwald, Gebrauchswald, Erholungswald, Zauberwald. Innert hundertfünfzig Jahren wächst er um ein Drittel. Nebst dem Waldgesetz hat Coaz das Jagd- und Fischereigesetz verfasst. Es ist ein diplomatisches Musterstückli – der Bund schützt die Arten, die Kantone organisieren die Jagd. Die Hirsche, Wildschweine, Gämsen und Rehe, praktisch ausgerottet, sind wieder unterwegs. Am Herzen liegt ihm der Steinbock. Er fädelt ein, dass der Bund seine Ansiedelung bezahlt. Später fliegen Adler und Bartgeier wieder, der Biber baut Dämme, der Luchs wird eingebürgert, und die Wölfe und Bären wagen sich wieder in die Wälder der Schweiz.

Aber Johann Wilhelm Fortunat ist nicht nur der Polizist für die Tannen, Hechte und Steinböcke, er ist auch ein Liebhaber:

> *Ja, im grünenden Wald, auf den Bergen der freieren Schweiz*
> *Sucht mein Geist nur zu leben, sucht das Herz nur sein Wohl*
> *Pflanzen will ich und säen, fällen den alternden Stamm,*
> *Bauen will ich ein Hüttchen, nicht für mich nur allein*
> *Nein, im Arme der Liebe will ich ruhen des Abends*
> *Will v. Kusse beglückt eilen des morgens an's Werk*

So dichtet er 1843, eben das Diplom als sächsischer Forstwirt im Sack. Er sei ein feiner Mann gewesen, gekleidet mit Grazie, ein leiser Redner, ein Zuhörer, ein Kenner von Tieren, Pflanzen und Steinen, ein Musikliebhaber. Und vor allem – er ist gut verknüpft. Er ist Mitglied, meist Vorstand, zeitweise Präsident im Alpenclub, im Forstverein, in der Studentenverbindung Zofingia, in naturwissenschaftlichen und -schützenden Vereinen; er ist Offizier, wenn auch ein niederer, er ist ein fleißiger und eleganter Briefeschreiber, er ist befreundet mit Politikern, mit Bundesräten und mit den Forstprofessoren der ETH und anderer Schulen. Coaz ist beispielhaft, wie die Vereine und Verbände die Politik der Schweiz geformt haben, wie einflussreich deren Expertise auf die schwache Verwaltung war. Coaz beherrschte dieses Meccano selbstverständlich; es prägt die politische Kultur wirkungsvoll bis heute.

Johann Coaz sei ein Rastloser gewesen, immerfort aufwärts strebend. Denn er ist ja noch Bergsteiger. 1850 hat er als Erster eine Fahne auf den Piz Bernina gesetzt und dem höchsten Berg Graubündens den Namen gegeben. Vorher war er als Erster auf Piz Tschierva, Piz Led, Piz Güz. Jahre zuvor schon auf dem Piz Lischana, Piz San Jon, Piz Quattervals, Piz Fier im Unterengadin und auf dem Piz Kesch – einundzwanzig Erstbesteigungen notiert er in seinem Tagebuch. Doch nun aufwärts zum Piz Bernina. Als Seile müssen Hanfstricke genügen, dazu Beile und ein langer Stecken mit Metallspitze. Es gibt weder Steigeisen noch Sonnenbrille, dafür genagelte Schuhe und festes Tuch. Zwanzig Stunden sind er, sein Koch und sein Träger im September unterwegs auf den Piz Bernina und zurück. Alles in einem Schwick. Selbstverständlich beobachtet er, notiert er, und zurück im Tal, feiert er die Erstbesteigung und sich mit einem nüchternen Beitrag im Jahresbericht der Naturforschenden Gesellschaft von 1855, deren Präsident er ist.

Die Berge sind für Johann Coaz aber weder Turnhalle noch Ruhmesblatt allein. Zurück aus der sächsischen Schweiz, ist er 1844 Landvermesser für Henri Dufour geworden, den Kartenzeichner der richtigen Schweiz. Er zeichnet als Mitarbeiter im Eidgenössischen Topographischen Bureau sieben Jahre lang mit wissenschaftlich geführtem Auge die Landschaft des Engadins und anderer Teile Graubündens für das erste, zentral organisierte Bild der Schweiz – die Dufourkarte. Auch die Tour auf den Piz Bernina war ein Auftrag. Von 1845 bis 1865 vermessen Dufours Topografen mit Triangulationen ein abstraktes Bild der Schweizer Landschaft und halten es auf fünfundzwanzig Blättern im Maßstab 1:100 000 fest. Es ist nicht mehr frei erfunden aus Anschauung und Mythen, sondern mit Theodolit und Verstand berechnet, mit Grazie gezeichnet, koloriert und beschriftet. Coaz ist wesentlich beteiligt an der Siegfried-Karte, die die Schweiz im Maßstab 1:50 000 abbildet und ihre Darstellung alltagstauglich macht. Und er kümmert sich in volks- und sprachkundlichen Aufsätzen um die Namen der Gipfel und tauft einige seiner Erstbesteigungen. Keiner aber heißt Piz Coaz, die Bergkameraden werden ihm dafür 1926 eine SAC-Hütte zuhinterst in der Val Roseg widmen, von wo es im Winter in ein paar Stunden über die Fuorcla della Sella

Ein paar der Nationalrats-Gründer 1913 in der Val Cluozza – ohne den einundneunzigjährigen Johann Wilhelm Fortunat Coaz, der sich verspätet hat.

und den Spallagrat am einfachsten auf den Piz Bernina geht. Und wer das Abenteuer fürchtet, sieht Coaz' Berg von der Hütte aus in vollster Schönheit.

1852 heiratet der Bergheld Pauline Lütscher, Tochter einer Zuckerbäckerfamilie. Wir wissen nicht, ob die Hochzeit im Dörflein Mastrils ausgelassen war. Die Seiten dieser Tage sind aus dem Tagebuch ausgerissen. Was wir aber wissen, ist, dass er als Spitzensportler seine Pauline auf der Hochzeitsreise durch Europa jagt. Als Tochter aus gutem Haus will sie nach Venedig. Am Morgen nach der Hochzeit holpert ihre Kutsche von Mastrils dem Rhein nach, dann geht es mit dem Dampfschiff über den Bodensee und in einer weiten Kurve über München, Wien, Ljubljana und Triest nach Venedig. Achtundvierzig Stunden bleiben sie dort, dann geht es heimwärts über Verona, Como und den Splügen nach Chur. Sechsundvierzig Tage, rastlos mit Vollprogramm für Architektur, Statuen und Pärke. Coaz notiert: »Müdigkeit meiner Frau«, »Mit F. Straßen durchzogen«, »mit F. Einkäufe getätigt«. Pauline heißt nur F. oder Frau. Er schreibt nicht über Gefühle, außer wenn es um Bäume und Berge geht. Er habe aber, heißt es, Pauline geliebt. Sie wird sechs Kinder gebären und dann jung sterben. Viel Zeit hat er nicht für Frau und Kinder in der weißen Villa in der Masanserstrasse in Chur.

In sein Tagebuch schreibt Johann Coaz: »Die Lawine ist eine der großartigsten, gewaltigsten und zugleich verderblichsten Erscheinungen der Schweizer Alpen.« Am Piz Lischana im Unterengadin stürzt er als Jüngling mit einer zu Tal, siebzig Jahre später schreibt er sein letztes Buch über die Lawine. In der Zwischenzeit hat er sie beobachtet, beschrieben, gezeichnet und die Theorie und Praxis erfunden, wie sie zu bekämpfen ist. Achtundachtzig Jahre alt, schreibt er das Buch *Statistik und Verbau der Lawinen in den Schweizer Alpen* – es ist bis heute ein Standardwerk für seine Nachfolger am Institut für Schnee- und Lawinenforschung in Davos – auch diese Institution hat er angeregt. Er dokumentiert Dutzende Lawinenzüge, die seine übers Land verteilten und nach seiner Methode arbeitenden Förster versammelt haben. Mit Mathematik beschreibt er, was eine Lawine ist, und entwirft ihre bis heute gültige Typologie. Er erklärt als Historiker ihre Geschichte. Er denkt in der Logik des Offiziers, der will, dass man einen Feind nicht an sich herankommen lasse, sondern ihn beim Anbruch schlage.

Für den Feldzug, der bis heute unvermindert dauert, entwirft er die technischen, logistischen und finanziellen Programme. Schon 1868 lässt er als Forstinspektor Graubündens oberhalb von Martina im Unterengadin die ersten Lawinenverbauungen der Alpen bauen. Er kennt den Kreisförster gut, ein Freund von ihm gehört zu den Aristokraten des Dorfes. So stellt er den Entscheid für den Bau in der Gemeinde her, die den neuartigen Tiefbau aus dem Holzerlös mitbezahlen muss: neunzehn Mauern von 412 Metern Länge und 509 Meter Holzpfähle. 1600 Franken kostet die gesamte Anlage. So viel wie heute ein halber Meter Lawinenschutz. Für eine Million Franken wird Coaz Lawinenverbauungen einrichten lassen, heute steht Tiefbau dieser Sorte für eine Milliarde in den Schweizer Alpen.

Das Leben und Denken der Ingenieure im 19. Jahrhundert war mit den Sitten und Bräuchen des Militärs verbunden – Landschaftsvermesser, -eroberer und -befestiger. Johann ist der Sohn eines hochrangigen Offiziers, engagiert in England und Holland. Er kam in Antwerpen zur Welt und ist in Chur aufgewachsen. Er selber ist ein minderer Offizier, aber ein gewiefter Organisator. Henri Dufour, sein Landkartenchef, wurde eidgenössischer General im Sonderbundskrieg, er wählt Coaz zu seinem persönlichen Sekretär. Der schreibt Dufours Tagebuch ins Reine. Er lernt Taktik und Diplomatie. Und knüpft Knoten in seinem Netz.

In der Wildnis der Val Cluozza im Unterengadin steht im Juli 1913 eine illustre Gesellschaft im Schnee. Bundesrat Felix Calonder, einige National- und Ständeräte, der Gemeindepräsident von Zernez. Sie mögen nicht mehr warten. Der Fotograf drückt ab und belichtet die Gründerväter des Nationalparks. Der einundneunzigjährige Coaz hat die Exkursion organisiert, er fehlt. Eine Forstversammlung im Glarnerland hält ihn auf. Paul Sarasin, der enge Freund, ein Naturforscher und vermögender Basler, ist auch da. Er organisiert den gesellschaftlichen Rückhalt der Idee für einen Nationalpark und beschafft das Geld. Eine zweihundert Quadratkilometer große Fläche soll national geschützte Wildnis bleiben. Johann Coaz besorgt als mit allen Wassern gewaschener Chefbeamter, der zweiunddreißig Bundesräten gedient hat, den politischen Aufbau und Rückhalt. Mit Diplomatie und Geld, mit Druck und Zug gelingt die Idee – eine Landschaft, wo keine Axt und kein Schuss erklingen darf. Am 1. August 1914 gründet die Republik Schweiz ihren Nationalpark – gleichentags erklärt Deutschland Russland den Krieg, Frankreich macht mobil, und die britische Flotte läuft zum Ersten Weltkrieg aus.

Johann Wilhelm Fortunat Coaz ist nun ein alter Mann. Er hat sich pensioniert, obschon der Bundesrat ihn bat, noch eine Runde anzuhängen. Er bestellt seinen Garten. Ab und zu besucht er seine Baumschule beim Schloss Marschlins, wo er siebentausend Bäume von elf Arten kultivieren lässt auf der Suche nach ertragreichen und zähen Arten. Er porträtiert die Bäume in Chur, er ist ein famoser Zeichner – immer noch. Und er schaut sein Herbarium an, drei Blumen hat er als Erster in der Schweiz entdeckt und beschrieben. Er ist glücklich, wie die Mammutbäume an der Bahnhofstrasse gedeihen. Er selber hat bei Auswanderern in Amerika den Samen besorgt. Er ist auch froh, dass die Pappelallee abstirbt, und lobt dafür Berg-Ulmen, weil sie Schatten spenden im heißen Sommer. Wie immer ist er elegant gekleidet im schwarzen Dreiteiler. Die kecken Locken über den Ohren hat er verloren, der Schnurrbart hängt schütter über seine Wangen, das Gesicht ist gefältelt, die Äuglein sind melancholisch und listig geblieben; er sitzt auf einem Korbstuhl vor seinem Gartenhaus. Am 18. August 1918 stirbt Johann Wilhelm Fortunat Coaz.

Mehr zu Johann Wilhelm Fortunat Coaz

+ Über die Erstbesteigung des Piz Bernina 1850 berichtet Coaz selbst in zwei Versionen. Die Filmemacherin Bertilla Giossi widmet ihr einen Film für die Radio Televisiun Rumantscha: *Il piunier Johann Wilhelm Coaz* (2000). Der Historiker Florian Hitz stellt sie 2016 aufgrund neuer Quellen in den historischen Zusammenhang. Diese Materialien finden sich auf www.hochparterre.ch/coaz.

+ Rechtzeitig zum 200. Geburtstag wird Coaz vom Institut für Kulturforschung Graubünden eine Biografie erhalten: Karin Fuchs, Paul Eugen Grimm, Martin Stuber: *Johann Wilhelm Fortunat Coaz (1822–1918). Ein Bündner Pionier auf der Schweizer Bühne des 19. Jahrhunderts.*

+ Die Nachfolger von Coaz in den Bündner Wäldern haben einen originellen Text- und Bilderbogen zu ihm versammelt. Jürg Hassler, Sandro Krättli: *Coaz: Pionier seiner Zeit (1822–1918).* Chur 2018.

J. F. Millet

*photographie à la fente d'après le portrait
dem ta main Paul Bodmer a ocnta tru 1855
J. Millet.
Connait autrement une tracion de ce portrait
croyant que Millet : Cont de 5 ans. Diaz
Bodmer, le autre sont des portraits de famille,
Liez a bien a plans.*

*Badajoz le 10 Septembre 1904
Rodolphe Bodmer*

MICHAEL PFISTER ZU KARL BODMER

K Bodmer

BILDER EINER VERSCHWUNDENEN WELT

Ein Zürcher Maler in der amerikanischen Prärie

Ich war ein eher einsames Kind, das im Flur vor dem Schlafzimmer der Großmutter auf den Knien herumrutschte, in Selbstgespräche vertieft, mit Matchbox-Autos spielend. In den untersten Regalen eines Holzgestells fand ich irgendwann die grünen Bände, die die Welt bedeuteten: *Winnetou I* bis *III*, *Old Surehand I* und *II*, *Der Schatz im Silbersee*. Es war die allererste Buchlektüre, parallel zu *Micky Maus* und *Fix und Foxi*. Noch bevor der Kindergarten zu Ende war, hatte ich die meisten Wildwest-Romane Karl Mays durch und die in den Fußnoten erklärten Bedeutungen der englischen und »indianischen« Ausdrücke intus: »Greenhorn«, »Pshaw!«, »Zounds!«, »Heavens!«, »Howgh!«. Die Zaubernamen der Häuptlinge: Intschu tschuna, die Gute Sonne, Vupa-Umugi, der Große Donner. Und eine erste Liebe: Nscho-tschi, der Schöne Tag.

Ist es ein halbes Jahrhundert später noch möglich, jene inneren Bilder wachzurufen, die nur aus Buchstaben entstanden? Wie sah Winnetou aus, bevor Pierre Brice ihn in Beschlag nahm? Ich kann heute nachlesen und finde: »Er [...] hatte das Haar zu einem helmartigen Schopf aufgebunden, durchflochten mit einer Klapperschlangenhaut, aber ohne es mit einer Feder zu schmücken. Es war so lang, dass es dann noch reich und schwer auf den Rücken niederfiel. Gewiss hätte ihn manche Dame um diesen herrlichen, blau schimmernden Schmuck beneidet.« Aber konnte ich mir das damals vorstellen, lange bevor ich Arno Schmidts amüsante Abhandlung *Sitara und der Weg dorthin* las – über Karl Mays sexuell aufgeladene Landschaften und Winnetous Lippen, diese »halb vollen, ich möchte sagen, küsslichen Lippen«? Lange bevor ich mir in Postkolonialismus-Seminaren den

Michael Pfister ist Lehrer für Philosophie und Deutsch an der Kantonsschule Zürich Nord. Mit Stefan Zweifel zehnbändige Übersetzung von Marquis de Sade, *Justine und Juliette*, und Autor von *Shades of Sade – Eine Einführung in das Werk des Marquis de Sade* (2015). Verfasser von *Das Kind in der Philosophie – Von Heraklit bis Deleuze*. Seit November 2020 Mitinhaber der Zürcher Buchhandlung Calligramme.

Kopf über Orientalismus und eurozentrischen Exotismus zerbrach.

Die Bilder müssen damals schon sehr beweglich gewesen sein, schnell wie die beiden Rappen Iltschi und Hatatitla, stark wie der Grizzlybär, den Old Shatterhand im Nahkampf erlegt, und glühend wie die Sonne über dem Llano Estacado.

Als ich in die Schule kam, marschierte ich in die Bibliothek, wollte die mir noch fehlenden Bände ausleihen, suchte erfolglos die Regale ab. »Karl May?«, schnappte der Bücherwart. »Der war gar nie in Amerika und hat alles erfunden. Wir führen keine Lügner!« Leider gab es für den verdatterten Erstklässler keine Alternativempfehlung. Sonst hätte er vielleicht damals schon vom Zürcher Maler Karl Bodmer erfahren, der noch vor Karl Mays Geburt mit einem deutschen Prinzen in die amerikanische Prärie gereist war und am Missouri große Persönlichkeiten aus den Völkern der Mandan und Mönnitarri porträtiert und als Freunde gewonnen hatte.

Geboren wurde Johann Carl Bodmer am 11. Februar 1809 im Haus zum Till an der Zürcher Oberdorfstrasse 15, das heute noch steht, als Sohn eines Baumwollhändlers und Enkel eines Seidenfabrikanten. Der junge Karl, wie er sich selber schrieb, hatte im biedermeierlichen Zürich, das nach den Napoleonischen Kriegen dahinserbelte, als Siebenjähriger eine Hungersnot miterlebt; auf der Suche nach besseren Verhältnissen zogen die Eltern, als er kaum erwachsen war, ins Vorarlberg. Karl will es weiter bringen, will raus aus der ökonomischen und geistigen Enge. Noch ist nicht die Zeit der breiten Auswanderungswellen, aber unter aufklärerischen Intellektuellen und Künstlern gibt es Vorbilder: den Küsnachter Pfarrerssohn und Religionskritiker Jakob Heinrich Meister (1744-1826), der Voltaire und Rousseau traf und in Paris die europaweit verbreitete, handschriftlich kopierte Kulturzeitschrift *Correspondance Littéraire* redigierte. Oder den genialen Aufklärer, Literaten und Nachtmahrmaler Johann Heinrich Füssli (1741-1825), der in Rom studierte und in London als Henry Fuseli berühmt wurde.

Die prägende Figur für Karl Bodmer ist ein Onkel mütterlicherseits, der Landschaftsmaler Johann Jakob Meier. Er nimmt Karl und dessen älteren Bruder Rudolf, der sich auf die Kupferstecherei spezialisiert, unter seine Fittiche und macht mit ihnen eine Kunstwanderung über die Alpen an den Comersee. 1828 versuchen die beiden Brüder ihr Glück in Deutschland, ziehen mit Pinsel und Zeichenstift durch die Gegend zwischen Rhein und Mosel und etablieren sich als emsige Produzenten gut verkäuflicher Landschaftsveduten. Und siehe da, der Horizont öffnet sich schneller als erträumt. In Koblenz findet den jungen Karl das Glück – in der Person von Maximilian Prinz zu Wied-Neuwied (1782–1867), einem adligen Forschungsreisenden. Der Prinz ist ein Bewunderer und Briefpartner von Alexander von Humboldt, hat schon zwischen 1815 und 1817 eine Expedition nach Brasilien durchgeführt und zwei Prachtbände darüber publiziert.

Für seine Nordamerikareise, zu der er im Mai 1832 aufbricht, begnügt er sich mit zwei Begleitern: Neben dem jungen Schweizer Maler ist der Hofjäger und Präparator David Dreidoppel mit von der Partie, der unterwegs für Verpflegung, Gepäcktransport und die Reinigung der Kleidung zuständig ist. Sobald die Expedition über Boston, New York und Philadelphia in die unwirtlicheren Gegenden der jungen USA vorstößt, zeigt sich: Bodmer ist ein Abenteurer, geht gerne auf die Jagd – als er auf einen Vogel schießt, explodiert das Schloss seiner Flinte, und er verletzt sich an der Hand. Das Reisefieber packt ihn derart, dass er mehr als einmal seine Zeichenutensilien liegen lässt, sodass man sie ihm nachsenden muss. Als der Prinz im ersten Winterquartier in der deutschen Kolonie New Harmony krank darniederliegt, reist Bodmer alleine nach New Orleans und begegnet seinen ersten »Indianern« – ein bisschen enttäuscht ist er wohl, weil sie ärmliche, teilweise europäische Kleidung tragen. Es handelt sich vorwiegend um Angehörige der Choctaw, die kraft des Removal Act von 1830 aus ihren angestammten Gebieten vertrieben worden sind und in der Stadt kümmerlich überleben.

Anders als Alexis de Tocqueville, der ein Jahr zuvor in Amerika unterwegs war und sich zu seinem Werk *Über die Demokratie in Amerika* inspirieren ließ, interessieren den Prinzen zu Wied-Neuwied nicht die juristischen und politischen Institutionen der jungen Demokratie, sondern gerade das, was von der expansiven Zivilisation bereits damals aggressiv verdrängt wird. Zum einen dokumentieren er und Bodmer akribisch Flora und Fauna, sammeln Insekten, Vögel, Schlangen. Zum anderen versteht sich Wied-Neuwied, wie schon in Brasilien, wo er eine Zeit lang beim Volk der Botokuden lebte und einen von ihnen als Kammerdiener nach Deutschland mitnahm, als Erforscher der »Eingeborenen«. In der Nachfolge Humboldts und Schillers sucht Prinz Maximilian in der Natur die Freiheit und die Schönheit.

Wissenschaftliche Genauigkeit und ästhetische Darstellung sind für ihn kein Gegensatz. Als Europäer sieht er seine Aufgabe darin, das zu bewahren

Edle Wilde? Die beiden Mandan-Indianer Sih-Chida und Mahchsi-Karehde.

oder zumindest zu dokumentieren, was das ökonomische Interesse der Amerikaner zu vernichten droht. »Da mich das Studium amerikanischer Völker besonders ansprach«, sucht er in den Buchhandlungen der Ostküste nach Werken, die das Leben der Ureinwohner darstellen, und ist entsetzt, als er so gut wie nichts findet: »Es ist unglaublich, wie der Urstamm des amerikanischen Menschen bei den fremden Usurpatoren verhasst und vernachlässigt ist.« In die Bresche springt der junge Bodmer. Neben dem ungefähr zur gleichen Zeit reisenden amerikanischen Maler George Catlin (1796–1872) wird er der wichtigste Dokumentarist der amerikanischen UreinwohnerInnen in der ersten Hälfte des 19. Jahrhunderts. Zum ersten Mal werden im großen Stil die BewohnerInnen der Plains und Prärien dargestellt.

Es braucht indes Zeit, bis die Expedition die Zivilisation der »Usurpatoren« hinter sich lässt – jene Zivilisation, die damals von einer Pandemie heimgesucht wird: der Cholera, die im Jahr zuvor auch in Europa grassierte. Immer wieder ändern die Reisenden aufgrund von Schreckensmeldungen ihre Route, umgehen gewisse Städte, und erst im Frühling 1833 sind sie in St. Louis, an der Grenze der damaligen USA, dem Tor zu jenen weiten

Himmelsstrichen, die zehn Jahre später zum ersten Mal als »Wilder Westen« bezeichnet werden. Der Prinz überlegt sich, auf dem Landweg nach Santa Fe zu reisen, also in jenes Neu-Mexiko, wo Karl May Old Shatterhand auf Winnetou treffen lässt. Aber die Eisenbahn, an deren Schienenweg Old Shatterhand mitbaut, gibt es noch nicht, die Route gilt als gefährlich, und so entscheidet sich Maximilian, auf dem Dampfschiff *Yellow-Stone* den Missouri flussaufwärts zu reisen.

Bodmer blüht in dieser neuen Welt erst recht auf. Auf jeder Jagdexpedition ist er dabei, und wann immer möglich, begleitet er die mitreisenden »Agenten«, wenn sie Ausflüge machen, um Streitereien zwischen unterschiedlichen »Stämmen« zu schlichten. Der Maler führte ein eigenes Tagebuch, das aber verschollen ist. So bleiben als Quelle die Tagebücher und der veröffentlichte Reisebericht des Prinzen. Und natürlich mehrere Hundert Werke des Malers. Wie ein Besessener zeichnet und aquarelliert Bodmer: exotische Pflanzen, unbekannte Tiere, idyllische Flusslandschaften, bizarre Felsformationen, Biberbauten, Bisonherden und Bärenjagden. Aber im Zentrum seiner Arbeit stehen die großen Porträts von Angehörigen der unterschiedlichen indianischen Gruppen, von denen die Reisenden entlang dem Flusslauf empfangen werden: Omaha, Oto, Pawnee, Iowa, Dakota, Assiniboin und schließlich Mandan und Mönnitarri.

Und da sind sie wieder, die magischen Namen: Wahk-tä-ge-li (Großer Soldat), Pehriska-Ruhpa (Zwei Raben) und Mató-Tópe (Vier Bären). Bodmer zeichnet auch Frauen und Kinder, aber die meisten Porträtierten sind einflussreiche »Krieger« oder »Chefs«. Sie sitzen gerne Modell, schmücken sich mit Federn, Waffen und Bisonroben. Die Gesichter sind fast immer bemalt, manchmal auch der nackte Oberkörper – wenn gerade kein Zinnobertiegel zur Hand ist, hilft der Maler aus. Nur vereinzelt verweigert sich jemand dem Pinsel des Schweizers, weil er glaubt, damit sein Leben zu verwirken.

Flussaufwärts reisen die drei Europäer rasch und mit touristischer Flüchtigkeit, weil sie möglichst weit kommen wollen. Station machen sie jeweils in den Forts, die am Ufer in weiten Abständen Schutz bieten. Damals sind das noch keine Stützpunkte der Armee, sondern Befestigungen der American Fur Company, gegründet vom steinreich gewordenen deutschen Einwanderer Johann Jakob Astor. Nach dem Muster der niederländischen und britischen Ostindien-Kompanien ist es auch hier die Privatwirtschaft, die in den noch nicht besiedelten Gebieten jenseits der damaligen Grenze der USA die Infrastruktur für die Erschließung und Ausbeutung errichtet. Das ist das Paradoxe dieser Expedition: Ohne die Handelsposten der Pelzkompanie wäre sie kaum möglich gewesen, aber zugleich war dem Prinzen und dem Maler bewusst, dass die Forts, die ihnen Sicherheit boten, nur der erste Schritt einer gigantischen wirtschaftlichen Expansion waren, die das von ihnen dokumentierte Leben der UreinwohnerInnen schonungslos zerstören würde. Merkmale der rücksichtslosen Erschließung der »Wildnis« sprechen auch aus dem Reisebericht Wied-Neuwieds: Gejagt wird auch ohne Not, von erlegten Bären werden manchmal nur die Tatzen, von Bisons die Zungen verspeist. Das legendäre »Feuerwasser« setzen Pelzagenten systematisch ein, um die zahlenmäßig überlegenen Indigenen kontrollierbar zu machen.

Eigentlich will der Prinz die Rocky Mountains erreichen, aber weil die Spannungen mit den BewohnerInnen der durchreisten Gebiete zunehmen und weil der Winter naht, heißt es bei Fort McKenzie im heutigen Montana umkehren. Bodmer ist zunächst enttäuscht, aber im Winterquartier in Fort Clark im heutigen North Dakota erlebt er die schönste Zeit der Reise, vielleicht seines Lebens. Die drei Europäer wohnen in zwei eigens für sie errichteten Räumen im Fort, aber vor allem Bodmer verbringt seine Tage und sogar Abende im Mandan-Dorf Mih-Tutta-Hangkusch, das fünfundsechzig Erdhäuser umfasst. Zu Beginn ist man noch auf die Übersetzungen von mit indianischen Frauen verheirateten Fallenstellern angewiesen, aber der Prinz erstellt fleißig Wortlisten.

Weil Schneestürme und ein zugefrorener Missouri die Weiterreise für fast ein halbes Jahr verunmöglichen, ist nun plötzlich viel Zeit. Auch der sehnsüchtige, ungeduldige Bodmer kommt zur Ruhe. »In Amerika hatte ich Freunde, in Europa Bekannte«, wird er berichten. Ein alter Mandan namens Dipauch (Zerbrochener Arm) erzählt den Europäern mithilfe des sprachkundigen Fort-Direktors James Kipp die Sagen seines Volks, die Prinz Maximilian in seinem Reisebericht ausführlich wiedergibt. Viel Zeit verbringen sie auch mit dem »ausgezeichneten Chef« Mató-Tópe, der sie oft zusammen mit seiner Frau und seinem »kleinen, runden, niedlichen Knaben« im Fort besucht.

Karl Bodmers engster Gefährte ist ein junger Häuptlingssohn namens Sih-Chida (Gelbliche Feder). Ihre Freundschaft besiegeln die beiden jungen Männer indes nicht wie bei Karl May mit Blut, sondern mit den Aquarellfarben von Bodmers Palette. Sih-Chida lässt sich vom Maler dazu anregen, eigene Darstellungen des Lebens im Mandan-Dorf anzufertigen. Bodmer erstellt auch Faksimiles von mit Bildergeschichten bemalten indianischen Bisonhäuten. Einmal, als in der Nähe eine große Büffelherde gesichtet wird, unternimmt er mit Wied-Neuwied und Dreidoppel einen anstrengenden Tagesmarsch, um im Dorf der Mönnitarri an einem rituellen Tanz zur

* 11.2.1809	in Zürich in einer Kaufmannsfamilie
1822	Ausbildung als Radierer und Lithograf, ab 1825 Herstellung von Vignetten
1828	Wanderschaft an Mosel und Rhein, Landschaftsgemälde, *Malerische Ansichten der Mosel von Trier bis Coblenz* (1831)
1832–1834	Reise als Zeichner und Jäger mit Prinz Maximilian zu Wied-Neuwied durch Nordamerika
1835	Paris, Ausstellung und Vertrieb der Amerika-Bilder. Zweibändige Ausgabe *Reise in das innere Nord-America in den Jahren 1832 bis 1834* (1839)
1843	Französische Staatsbürgerschaft, 1876 Chevalier de la Légion d'Honneur
1848	Barbizon, Landschaftsbilder und Tiermalereien, Buchillustrationen
1853	Lebensgemeinschaft mit Anna Maria Magdalena Pfeiffer (1828–1903), drei Kinder, 1876 Heirat
1884	Paris, allmähliche Erblindung
† 30.10.1893	in Paris

Vorbereitung der Jagd teilzunehmen. Ein Teil des Festes besteht darin, dass einige verheiratete Frauen andere Männer zum Liebesakt auffordern, um durch dieses Ritual die Erhaltung der Bisons zu beschwören. Auch Wied-Neuwied und Bodmer werden aufgefordert, können sich aber nach den geltenden Regeln mit Geschenken »loskaufen«. Bodmer erfüllt jedoch einigen Frauen den Wunsch, ihre Bisonhäute zu bemalen.

Ende 1834 treffen die drei Abenteurer alle zusammen wieder in Koblenz und Neuwied ein. In den folgenden drei Jahren reist Bodmer zwischen London, Paris und Zürich hin und her. In den drei Städten sind insgesamt zwanzig Kupferstecher mit der Herstellung der Vorlagen für die Tafeln und Vignetten beschäftigt, die das große Reisewerk des Prinzen zu Wied-Neuwied illustrieren. Zwischen 1837 und 1842 erscheint in mehreren Lieferungen die *Reise in das innere Nord-America in den Jahren 1832 bis 1834* als zweibändige Textausgabe, begleitet von einem ebenfalls zweibändigen Bildatlas, der in fünf unterschiedlich aufwendigen Ausstattungen gedruckt wird; kurz darauf folgen eine französische und eine englische Übersetzung. Die Herstellung verschlingt Unsummen. Karl Bodmer scheint zwischen Arbeitsfieber und Ungeduld zu schwanken. Vielleicht träumt er von einer Rückkehr nach Amerika. Er ist noch jung, hat sich aber bereits einen Namen gemacht und könnte seine Expertise als »Indianermaler« vertiefen. Umso schlimmer ist der Schock, als im Winter 1838/39 die Nachricht eintrifft, dass Bodmers Freunde bei den Mandan nicht mehr am Leben sind. Sih-Chida ist bei Konflikten mit Lakota getötet und skalpiert worden. Die allermeisten Mandan, aber auch viele Mönnitarri, Assiniboin und Blackfeet, sind 1837 einer verheerenden Pockenepidemie zum Opfer gefallen.

Bodmer kehrt nicht nach Amerika zurück. Er lässt sich in Paris und schließlich im Künstlerdorf Barbizon in der Nähe von Fontainebleau nieder, lebt von Auftragsarbeiten, etwa für illustrierte Zeitschriften, streift durch

Ethnologie des Alltags: Erdhaus der Mandan, mit Haustieren und Gegenständen des täglichen Bedarfs.

die weiten Wälder – ein Bohémien, der mit einer deutschen Bauerntochter zusammenlebt und drei Söhne mit ihr hat. Einer seiner französischen Freunde ist der »poète maudit« Théophile Gautier (1811–1872), der mit Haschischkeksen experimentierte und *Le Club des Hachichins* veröffentlichte. 1876 wird Bodmer zum Ritter der Ehrenlegion ernannt. Der erblindete und mit wirtschaftlicher Not kämpfende Maler stirbt 1893 in einer kleinen Pariser Wohnung.

Es bleiben die Bilder. Wie das Licht längst verglühter Sterne zeigen sie eine Welt, die bereits verschwunden ist, wenn sie von den BetrachterInnen gesehen wird. Aber diese Bilder lassen auch Welten entstehen – sie regten nicht nur die Fantasie europäischer AutorInnen an, sondern beeinflussten auch in den USA die Darstellung der amerikanischen UreinwohnerInnen. Man mag im Rückblick die stolzen »Chefs« und »Krieger«, die Biberbauten und Bisonherden romantisierend und verklärend finden. Wenn man aber Wied-Neuwieds detaillierten, sachlichen Beschreibungen und Bodmers Bildern parallel folgt, wird man leicht glauben, dass Bodmer »mit großer Wahrheit« dokumentierte, was er sah, dass seine Zeichnungen »sprechend ähnlich« sind. Auch wenn Mató-Tópes »Federhaube« aus vierzig Adlerfedern wie ein Hollywood-Requisit wirkt, ist sie echt. Sicher, Bodmers Porträts wirken *nobilitierend* und haben nicht nur Karl May zur Figur des

»edlen Wilden« inspiriert. Aber dafür *dämonisiert* er die Indianer nicht, stellt sie kaum je in aggressiven Haltungen dar.

Man darf auch nicht den Mainstream damaliger Ethnologie vergessen. Im Zug von Physiognomik, Phrenologie und »Rassenkunde« waren die aufstrebenden Naturwissenschaften darauf erpicht, innere Wahrheiten aus äußerlichen Körperformen abzuleiten. Der namhafte Zürcher Zoologe Heinrich Rudolf Schinz (1777–1861) erhielt vom Prinzen zu Wied-Neuwied die Erlaubnis, noch vor dem Erscheinen von dessen Bildatlas einige Werke Bodmers in seiner *Naturgeschichte und Abbildungen der Menschen und der Säugethiere* abzudrucken. Bodmer war darüber nicht erfreut – vielleicht auch weil ihm Schinz' »wissenschaftliche« Einstellung nicht behagte. In einer späteren Auflage schreibt Schinz, er habe aus Wied-Neuwieds Werk »Portraits von Indianern aus verschiedenen Stämmen« kopiert, die die »Nationalphysiognomien« genau darstellten, »sodass der Charakter des Volkes sich ganz ausdrückt«.

Auch der Prinz zu Wied-Neuwied ist ursprünglich dem Charakteristischen der »Naturkinder« auf der Spur, aber im Gegensatz zum Reduktionismus seiner Zeit wird er sich in seinem Bericht immer klarer darüber, dass die Unterschiede zwischen den verschiedenen »Stämmen« viel mehr mit den unterschiedlichen Sprachen und Traditionen zu tun haben, die er ausführlich schildert, und weniger mit physiologischen und physiognomischen Merkmalen. Vor allem Bodmers Bilder entziehen sich den Typisierungen seiner Zeit – auf den selten publizierten Original-Aquarellen wird dies noch deutlicher als auf den für den Bildatlas angefertigten Stichen. Bodmer zeichnet liebevoller als sein Zeitgenosse George Catlin, lässt die individuellen Züge der Porträtierten zur Geltung kommen; die Gesichter wirken fremd und nah zugleich. Hinter den schönen Oberflächen wird eine rätselhafte, androgyne Dynamik spürbar. Melancholie und Unabhängigkeit. Fatalismus und Eigensinn. Und so wie Romane innere Bilder in Bewegung setzen können, erzeugen diese nachdenklichen Gesichter, diese malerischen Posen innere Worte. Schauend und staunend tauchen wir in die einzelnen Lebensgeschichten ein, die unerzählt bleiben, die wir uns vorstellen müssen.

Mehr zu Karl Bodmer

+ Hans Läng: *Indianer waren meine Freunde. Leben und Werk Karl Bodmers 1809–1893*. Dritte Auflage, Zug 1993 (Erstauflage 1976).
+ Nordamerika Native Museum: *Karl Bodmer. A Swiss Artist in America 1809–1893. Ein Schweizer Künstler in Amerika*. Zürich 2009.
+ Die Druckplatten des Reisewerks, 386 von Bodmers Zeichnungen und Aquarellen der Amerikareise sowie die auf Deutsch unveröffentlichten Tagebücher des Prinzen zu Wied-Neuwied befinden sich im Joslyn Art Museum in Omaha (Nebraska).

NNES HOLPENIVS BA SILE
PSIVS EFFIGIATOR

Michel Thévoz zu Hans Holbein

Ioannes Holpenivs

DER ERFUNDENE SINN

An der Schnittstelle internationaler Schieber
und alpiner Kretins

Das Werk von Hans Holbein dem Jüngeren, virtuell, potenziell, musste bis zum 20. Jahrhundert warten, um seine symbolische Energie freizusetzen. Man kann die Metapher eines Fotofilms heranziehen, der vor Jahrhunderten belichtet wurde, der aber auf die Erfindung des Entwicklerbades warten musste, damit die Bilder in ihrer irritierenden Schärfe endlich zu sehen sind. Das 20. Jahrhundert, in dem Holbein und viele andere Künstler erfunden wurden, gehört noch immer zu uns und wird mit der globalen Revolution zu Ende gehen – wie man weiß, hinken die Jahrhunderte oft ihren Jahresdaten hinterher. Und das 16. Jahrhundert war geradezu anachronistisch: Würde man sich an die Geschichte seiner Veränderungen durch alle Zeiten hindurch machen, im Hinblick auf seine Kunstwerke mit Verzögerungswirkung, würde man feststellen, dass es sich auf seltsame Weise mit dem unseren deckt. Die Zeit der Weltgeschichte und erst recht der Kunstgeschichte ist ebenso umkehrbar wie die psychische Zeit, sie konfiguriert nämlich ihren eigenen Aufstieg ständig neu. Was Hans Holbein betrifft, könnte man in gewisser Weise sagen, dass er von Andy Warhol beeinflusst wurde, als hätte er eine postmoderne Lesart seiner Werke vorausgeahnt.

Über ihn als Person weiß man fast nichts, außer dass er ein Virtuose sowohl in der Ausführung als auch in der Vermarktung seiner Werke war, dass er seine Ellbogen gebrauchte und sogar in Raufereien verwickelt war, dass er Linkshänder war, dass er eine wohlhabende Witwe heiratete, mit der er zwei Kinder hatte, die er aber sitzen ließ, um sich in London weiter

Michel Thévoz (1936–ca. 2024), Honorarprofessor an der Uni Lausanne. War Konservator am Kantonalen Kunstmuseum in Lausanne, dann seit der Gründung 1976 bis 2001 Konservator der Collection de l'Art Brut in Lausanne. Er hat rund dreißig Werke Borderline-Phänomenen gewidmet, etwa dem Akademismus, der Kunst der Geistesgestörten, dem Spiritismus, Spiegelreflexen, der Gemeinheit, dem Waadtländer Syndrom oder dem Suizid.

zu bereichern, und dass er der vollendete Vertreter der Promigesellschaft von damals war, sowohl in Basel als auch am Hof Heinrichs VIII. in London. Sein Selbstporträt im Alter von fünfundvierzig Jahren ist nicht viel aufschlussreicher: Da sieht man einen Maler, der sich beim Zuschauen zuschaut, eine reine Selbstspiegelung, die an die Reflexion (der Ausdruck kommt ganz gelegen) von Andy Warhol erinnert: »Die Leute sagen immer, ich sei ein Spiegel – falls ein Spiegel in einen anderen Spiegel blickt, was kann er da wohl sehen?«

Kommen wir zum Kern der Sache: 1526 sehen die Basler zum ersten Mal den großen Altaraufsatz der sogenannten *Darmstädter Madonna*, ein Auftragswerk des jungen Hans Holbein durch den Bankier Jakob Meyer, und erkennen im Gesicht der Jungfrau die Züge von Magdalena Offenburg, einer ausschweifenden Aristokratin, die damals viel von sich reden macht, außerdem die Geliebte des Malers ist und ihm Modell gestanden hat. Zuvor hat Holbein sie schon nicht ohne eine gewisse Flegelhaftigkeit als Lais von Korinth dargestellt, eine berühmte Kurtisane des 5. Jahrhunderts vor Christus, die von eifersüchtigen Thessalierinnen zu Tode gesteinigt wurde.

Die Kunsthistoriker erklären das damit, das gleiche Gesicht kehre oft wieder, weil für dieses Schönheitsideal aus Italien geschwärmt worden sei. Trotzdem ist Holbein von allen Porträtmalern seiner Zeit derjenige, welcher der fotografischen Darstellung am nächsten kommt, so nah, dass er seine Modelle verblüfft. Er betreibt die Porträtmalerei als bezahlte Dienstleistung, und das Qualitätskriterium, das seine Entlohnung in solche Höhen trieb, ist ja gerade die Ähnlichkeit. So lässt der Humanist und Sammler Bonifacius Amerbach in einem Epigramm sein eigenes Porträt sprechen: »Obgleich ein gemaltes Gesicht, unterscheide ich mich nicht vom lebendigen Gesicht, ich bin ebenso offenkundig wie mein Besitzer.« Im vorliegenden Fall erkennen wir ein und dieselbe Person, sehr individualisiert, die als Jungfrau Maria, Venus oder Lais posiert.

Paradoxerweise entspringt diese illusionistische Leistung der Ablehnung jeglicher psychologischen Beihilfe, obwohl der Gesichtsausdruck, zumindest in der abendländischen Kultur, als Schauplatz der Innerlichkeit schlechthin gilt. Holbeins besonderes Merkmal ist es, dass er die

Heilige und Buhle mit gleichem Gesicht:
Darmstädter Madonna (Ausschnitt) (1526) und *Lais von Korinth* (1526).

Leidenschaft des Blicks über jene übliche Ausdruckskraft stellt. Man hat das Gefühl einer fotorealistischen, rein bezeichnenden Genauigkeit ohne »Seelenzusatz«, ohne psychologische Überfrachtung. Der Maler fasst das menschliche Antlitz mit kalter Objektivität ins Auge, so wie man eine *terra incognita* beobachten würde. Er hätte Andy Warhols berühmten Ausspruch übernehmen können: »Ich male in dieser Art, weil ich eine Maschine sein will, und ich denke, alles, was ich wie eine Maschine mache, entspricht dem, was ich machen will.«

Dieser Nullpunkt der Ausdruckskraft betrifft wohlgemerkt nur die Darstellung des Gesichts. Denn beim Rest verstärkt der Maler die symbolische Bedeutung der Kleider, der architektonischen Elemente und des Mobiliars, als handle es sich um ein gemaltes Dekor. Der Gesellschaftsmaler fügt sich dem Wunsch seiner Modelle, deren Macht auszudrücken oder die römische Antike zu beschwören. Ein von Holbein geschaffenes Porträt kann man sofort am Unterschied zwischen der naturalistischen Behandlung des Gesichts in subtilen chromatischen Lichtabstufungen und dem Schematismus der Schmuckstücke, der geometrischen Motive und der Tapeten erkennen.

Man denkt an jene alten Fotovorrichtungen aus gemalten Dekorationen mit einer ovalen Luke, durch die jemand seinen Kopf steckt. So scheint Heinrich VIII. sein Gesicht, welches das eines ungehobelten Kerls sein könnte, nur deshalb zur Schau zu stellen, um die Majestät, die es verkörpert und die zudem von der heraldisch anmutenden Kleidung verherrlicht wird, zur Geltung zu bringen. Der Kontrast zwischen dem Privatmenschen (einer recht zwielichtigen Gestalt) und dem Monarchen könnte nicht besser verraten werden. Er ist par excellence die Veranschaulichung von dem, was man mit einem besonders ungeeigneten Wort Absolutismus nennt, das heißt die Entstehung der einheitlichen, zentralisierten, regulierten, genormten, befriedeten, vom König dargestellten Nation, einem König, der die Staatsgewalt an die Stelle der feudalen Gewalt und des Einflusses der Kirche setzt.

1626 bietet der Kurfürst von Bayern zehntausend Gulden für den Kauf der *Passion Christi*. Das Erstaunliche ist nicht nur der exorbitante Betrag, sondern die Tatsache, dass ein solches Werk aus dem Schoß der Kirche herausgehoben werden und in den Kreislauf des Tauschwerts gelangen konnte – damals gab es noch keine Zollfreilager wie heute in Basel und Genf ... Für Holbein hatte die sakrale Kunst ihren Ursprung sowieso eher im Business als in der Frömmigkeit. Bis auf eine sensationelle und geheimnisvolle Ausnahme: *Der tote Christus im Grab* (1521/22), der den Exegeten Tür und Tor geöffnet hat. Es gehört zum guten Ton, als Kunsthistoriker von der Unverblümtheit des Realismus, dem verwesenden Körper, den grünlichen Extremitäten, den eitrigen Wunden, den weit offenen Augen und Mund überwältigt zu sein, einen Bezug zum *Isenheimer Altar* (1512–1516) herzustellen und darin die Steigerung von Grünewald zu sehen. In Anbetracht seines »italienischen« Formats wurde angenommen, dieses Gemälde sei für den Sockel eines von irgendjemandem in Auftrag gegebenen Altaraufsatzes bestimmt gewesen, und außerdem wurde angenommen, die Auftraggeber, schockiert von dieser ersten Lieferung, hätten auf den Altaraufsatz verzichtet und den Arbeitsvertrag gekündigt.

Das Geheimnis um die Entstehung dieses Werks lässt alle Hypothesen zu – daher tut man gut daran, das gültige Szenario umzudrehen. Was wäre, wenn dieses Bild ursprünglich nichts Religiöses gehabt hätte? Hans Holbein, Liebhaber von *Italianità*, Nacheiferer von Michelangelo und Leonardo da Vinci, hätte Anatomie und Proportionen an einer Leiche studiert, etwas, was als gottlos galt (einem Gerücht zufolge hat es sich im vorliegenden Fall um die Leiche eines Selbstmörders gehandelt, der aus dem Rhein gefischt

* 1497/98	vermutlich in Augsburg, in einer Künstlerfamilie, Ausbildung beim Vater
1515	Basel und Luzern. Buchillustrationen. *Bonifacius Amerbach* (1516)
1519	Heirat mit Elsbeth Binsenstock (1495–1549), vier Kinder. 1520 Bürger von Basel. *Der tote Christus im Grab* (1522), *Solothurner Madonna* (1522), *Erasmus von Rotterdam* (1523)
1523	Paris, 1526–1528 in London, 1528–1532 in Basel. *Lais von Korinth* (1526), *Darmstädter Madonna* (1526), *Thomas Morus* (1527), Bildnis seiner Frau mit zwei Kindern (1528)
1532	London, Hofmaler bei Heinrich VIII. *Georg Gisze* (1532), *Die Gesandten* (1533), *Heinrich VIII.* (1537), *Anna von Kleve* (1539), *De Vos van Steenwijk* (1541), *Selbstporträt* (1542)
† 29.11.1543	in London

wurde). Man muss doch zugeben, dass die Darstellung der Anatomie, insbesondere der Arm- und Beinmuskulatur mehr nach Renaissance als nach Grünewald aussieht, sie hat mehr mit Naturalismus als mit morbidem Realismus zu tun. Wenn schon spekuliert werden soll, dann kann man sich auch vorstellen, dass ein Betrachter, ergriffen von der »echten Ausstrahlung« dieses auf einem Leichentuch liegenden Körpers, darin schließlich einen Christus im Grab gesehen hat. Der Maler, fasziniert von dieser Interpretation, die einem noch untersagten Bildexperiment eine biblische Legitimation verlieh, hätte die Wunden und die Inschrift hinzugefügt – diese Überarbeitungen sind übrigens beglaubigt. War Jesus, freiwillig für die Menschen gestorben, nicht auch ein Selbstmörder?

Hinsichtlich der unvermeidlichen perspektivischen Verzerrung der *Gesandten* (1533) begnügt man sich im Allgemeinen mit dem Szenario, wie es von Jurgis Baltrušaitis vorgeschlagen wurde: Dieses beginnt mit dem Zurückhängen des Bilds in den riesigen Saal von Schloss Polisy, für das es bestimmt war. Vor diesem Werk sieht sich der Betrachter auf Anhieb mit den Vertretern der weltlichen und geistlichen Macht in prunkvollen Kleidern konfrontiert, und als Dekor sind Insignien verschiedener Wissenschaften und Künste zu sehen, die den Höhepunkt des Humanismus veranschaulichen. Nur etwas entzieht sich der Auslegung, nämlich eine Art unförmiges, schleimiges Weichtier zu Füßen der Gesandten. Zitieren wir Baltrušaitis: »Verwirrt zieht sich der Besucher durch die Tür rechts zurück, die einzig offen stehende, und schon beginnt der zweite Akt. Beim Betreten des Nebensalons dreht er den Kopf, um einen letzten Blick auf das Bild zu werfen, und erst jetzt versteht er alles: Die optische Verengung lässt die Szene vollständig verschwinden und das verborgene Gebilde zum Vorschein bringen. Statt der menschlichen Pracht sieht er *den Schädel*. Die Figuren mitsamt ihrem wissenschaftlichen Kram verblassen, und an ihrer Stelle taucht das Zeichen des Endes auf. Das Stück ist aus.« Das letzte Bild ist also der Totenkopf, der zur jahrhundertealten Gattung des *Memento mori* gehört, das die beiden eleganten Männer streng zu christlicher Demut ermahnt und uns auf das Jüngste Gericht vorbereitet.

Doch darf man sich Holbein so moralisierend vorstellen? Hier muss man noch einmal das Szenario umdrehen. Die Besucher treten durch die Seitentür ein, weil das, so Baltrušaitis, der einzige Zugang ist, und was sie zuerst sehen, ist der Schädel, da die Schrägansicht die Anamorphose korrigiert, wohingegen die Szene der Gesandten verzerrt wird. Doch je mehr sich der Betrachter zur Raummitte hinbewegt, um das Gemälde frontal zu betrachten, desto mehr kehrt sich die Beziehung um, sodass die Hauptszene der Gesandten lesbar wird und der Schädel sich nach und nach verformt, genau wie ein Schatten, der aus einer sich öffnenden Tür länger wird. Das ändert alles! Durch das Ändern des Blickwinkels, durch den Wechsel von der illusionistischen Darstellung des Schädels zu dessen List weiht der Maler den Betrachter in die Gesetze der perspektivischen Projektion ein. Das ist der Beginn der Gesellschaft des Spektakels! Wenn da *vanitas* ist, dann die des gemalten Bilds, streng genommen ein Trompe-l'œil, das infolgedessen »das Geheimnis seiner Herstellung« offenbart. Dieser Schädel, der die Gläubigen wohl Jahrhunderte in Angst und Schrecken versetzt hat, war nur ein Köder, ein gemalter Vorhang, er stellt die übernatürliche Welt bloß, die auf den Mauern der Kathedralen angebracht ist. Nachdem er den frömmlerischen Betrug vereitelt hat, feiert Holbein eine Messe für die Jetztzeit und alle philosophischen, wissenschaftlichen und künstlerischen Fortschritte der Renaissance, eine atheistische Messe, die das strafende Symbol des mittelalterlichen Glaubens ins Lächerliche zieht.

Man könnte in der Entmystifizierung noch einen Schritt weitergehen und die subtilen perspektivischen Verzerrungen in Betracht ziehen, die am Rand gewisser Kompositionen zu orten sind: Ganz links biegt sich das Quadrat auf dem Mosaikfußboden bei den *Gesandten*; das Bücherbrett des *Bildnis des Erasmus von Rotterdam* ist nicht im Gleichgewicht; der Tisch auf dem *Bildnis des Georg Gisze* neigt sich rechts nach unten, und die Waage oben links steht nicht ganz im Lot. Das sind erstaunliche Unvollkommenheiten bei einem Virtuosen der Perspektive, der sich übrigens des sogenannten Perspektografen von Dürer bedient, um genaue planimetrische Projektionen zu erzielen – doch sind es auch wirklich Fehler? Gemäß den geometrischen Gesetzen erzeugt die Verwendung der sogenannten »legitimen« Perspektive von der Mitte her Anamorphosen, die jedoch nur an der Peripherie sichtbar werden – was die sogenannten Weitwinkel-Aufnahmen beweisen (auch die Fotokamera gehorcht dem Prinzip der

Eine atheistische Messe: *Die Gesandten* (1533).

planimetrischen Projektion): Gesichter, aufgereiht »wie Zinnsoldaten«, verzerren sich nach und nach gegen die Ränder hin. Schon Dürer hatte eine »Sehentfernung« des Auges zur Klappe festgelegt, indem er den Betrachtungswinkel auf circa sechzig Grad reduzierte, um allzu offenkundige Entstellungen auf den Seiten zu vermeiden (zudem haben Maler gegenüber Fotografen den Vorteil, dass sie diese projektiven Dehnungen diskret korrigieren können).

Doch Holbein mogelt nicht. Er macht das Feld sogar noch größer und scheint eine schelmische Freude daran zu haben, die peripheren Verzerrungen zuzuspitzen. So ließe sich die berühmte, *vanitas* genannte Verzerrung

Ein ungehobelter Kerl in heraldischem Prunk: *Heinrich VIII.* (1537).

erklären, die keine Vorrichtung oder Sonderbehandlung voraussetzt: Alles läuft so ab, als hätte Dürer den Betrachtungswinkel auf hundertzehn Grad geöffnet, indem er den Totenkopf unten links platziert, ein paar Meter von den Gesandten entfernt; in seiner Komposition hätte er dieses »verzerrte« Element einfach in die Mitte verlegt. Also wäre das ein Bruch, der die Nebenwirkungen der legitimen Perspektive zur Geltung bringen soll. Was ist daraus zu schließen? Hätte Holbein etwa, der sich nicht allein damit zufriedengab, sich in die lineare Perspektive einzuarbeiten, das heißt in eine *mathesis universalis*, welche die mittelalterlichen Hierarchien zunichtemachte, das Ganze sozusagen schon »abgehakt« und eine weitere Willkür aufgedeckt, von der wir uns erst im 20. Jahrhundert losmachen? War er womöglich seiner Zeit voraus?

Letztlich bieten sich Holbeins Gemälde, von denen hier die Rede war, für drei unvereinbare Lesarten an: 1) traditionalistisch – ein von mythologischen, biblischen und antikisierenden Bezügen lebender Italianismus im Dienst des Glaubens; 2) provokatorisch – die Jungfrau als Prostituierte, Jesus als verwesende Leiche, Verstoß gegen die Totenruhe; 3) postmodern – die Selbstreflexion der Kunst, die Befragung des Bildes zu dessen eigenem Funktionieren, das Flottieren der Zeichen. Welches ist die richtige Lesart? Holbein selbst erweist sich für uns als keineswegs hilfreich: über ihn als Person wissen wir kaum etwas und noch weniger über seine Absichten als Künstler, obwohl die Künstler seiner Zeit um die Wette theoretisierten. Holbein hätte der Erklärung seines Alter Ego zustimmen können: »Wenn Sie alles über Andy Warhol wissen wollen, schauen Sie sich einfach die Oberfläche meiner Gemälde, meiner Filme und meiner selbst an. Da bin ich. Dahinter steckt nichts.« Doch genau das ist eine Aufforderung, uns frei zu machen vom Fetisch des souveränen Künstlers, der als Vater seiner Werke gesehen wird, und uns auf den soziokulturellen Kontext als Hauptakteur des Kunstschaffens zu beziehen.

Die Kreise, in denen Holbein sein Leben verbracht hat, sind die reichsten auf der Welt: die der blühenden Städte, angefangen mit Augsburg, Basel und Luzern, europäische Wirtschafts-, Banken- und Hochschulzentren. Es ist bedeutsam, dass die Bischöfe von Basel, nachdem sie sich von der päpstlichen Bevormundung befreit und von Julius II. das Recht erhalten hatten, Geld zu prägen, bereits am Anfang des 16. Jahrhunderts ihrerseits von der politischen Macht verdrängt wurden und dass einer von ihnen schließlich zweihunderttausend Gulden dafür erhielt, dass er auf sämtliche Rechte über die Stadt verzichtete – eine Art, den Übergang vom katholischen Glauben zum Glauben an die Marktwirtschaft zu signalisieren. Holbein hat das vorweggenommen, er verkörpert den Anbruch der *art business*, der in kurzer Zeit die anonymen Künstler der Malerwerkstätten zu unerschwinglichen Stars machte – die künstlerische Form dessen, was Max Weber »Wirtschaftsgesinnung« genannt hat.

Man muss darauf beharren, dass Holbein ein Schweizer Maler ist, das heißt, er ist Angehöriger eines Landes, *qui n'existe pas*, ein Land, das seine

Geburtsurkunde der in unserer Zeit von Christoph Blocher erneuerten Fantasie verdankt, wir seien eine Gemeinschaft von freiheitsliebenden Alphirten. Will man wirklich einen »Anfang« der »Schweiz« bestimmen, dann wohl am ehesten den von 1501 (kurz nach der Geburt des Malers), als Basel der Alten Eidgenossenschaft beitrat. Man mag sich wundern, dass eine avantgardistische Stadt, ein euroglobalisierter Finanzplatz, ein Epizentrum der Medien (insbesondere der Druckereien) ein solches Bündnis einging. Im Geist der Lobreden auf den Wahnsinn und die Totentänze, die Erasmus von Rotterdam und Holbein lieb waren, könnte man von einem Verbrechersyndikat aus internationalen Schiebern und alpinen Kretins reden, die sich die Ehrenhaftigkeit eines Gründungsmythos respektive die Verheißung eines Steuerparadieses leisten. Die Protagonisten blendeten die sprachlichen, kulturellen, konfessionellen, wirtschaftlichen Unterschiede aus, waren entschlossen, sich der Bevormundung durch das Heilige Römische Reich zu entziehen, und erfanden das konföderale Modell. Jene Schweiz des 16. Jahrhunderts *inexistiert* wirklich, sie leitet die Arbeit an der Profanierung und Entsymbolisierung ein, die Marx und Engels im *Manifest der Kommunistischen Partei* dem Kapitalismus generell zugutehalten. Das Gesetz und die Homogenisierung, die der globalisierenden Marktwirtschaft eigen sind, sollen uns von Obskurantismus, Aberglauben, Vorurteilen, Religionen, Standesgrenzen und insbesondere Nationalismus befreien. Die Schweiz des 16. Jahrhunderts verdankt ihren Avantgardismus der Tatsache, dass sie sich im Epizentrum einer Vermischung der Archaismen befand, die sich in einen Restmythos verwandeln: das Kapital. Sie ist das erste sich bildende Land, das ohne ein einigendes Prinzip vereint wurde und dem herrschenden Fanatismus mit der Widerstandsfähigkeit der Vielschichtigkeit begegnete.

Man darf sich also über die Mehrdeutigkeit oder die »Unauflösbarkeit« von Holbeins Gemälden nicht wundern. Letztlich müssen wir nicht zwischen den drei Interpretationsrichtungen (traditionalistisch, progressiv und postmodern) wählen, denn genau deren Abweichung, Unvereinbarkeit oder Veränderlichkeit machen ihre Aussage aus. Es ist das Merkmal der visuellen Künste, die Widersprüche in einen Schwebezustand zu versetzen und das Nebeneinander der Gegensätze spielen zu lassen – in vorliegendem Fall die Unterscheidung zwischen Gläubigkeit und Unglauben zu verwischen, da die Frömmigkeit auf diese allerletzte Transzendenz verweist: *Kapitalismus als Religion*. Holbein ist höchst schweizerisch, natürlich nicht aus Patriotismus, sondern wegen der Neutralität des Blicks, wegen diesem unerschütterlichen *Foto-grafismus*, der aus ihm eine Eintragsfläche macht, die auf Intensitäten reagiert, die unserem Verstand gewöhnlich entgehen.

»Man wird mich erst in hundert oder zweihundert Jahren wirklich verstehen«: Das sagen oder denken mehr oder weniger ausdrücklich alle innovativen Künstler. Da schwingt keine Bitterkeit mit: Sie sind die Ersten, die nicht begreifen, sie erhoffen sich nur in der Zukunft rückwirkend eine Klärung, die freilegen soll, was in ihrem Schaffen erst latent vorhanden ist. So lässt sich Holbeins Schweigen erklären: »Ich halte etwas, in der Hand, das Sinn hat, ich weiß nicht, welchen, doch die Zukunft wird ihn *erfinden* (im doppelten Sinn des Wortes).« Anders gesagt, die Künstler schieben uns die heiße Kartoffel zu. In diesem Sinn oder Gegen-Sinn wurde Hans Holbein von Andy Warhol beeinflusst – Holbein, in den dieser *entwickelnde* Blick (nochmals im fotografischen Sinn) ihn, Holbein, endlich in den verwandelt, den wir heute sehen.

Aus dem Französischen von Markus Hediger

Mehr zu Hans Holbein

+ Das Kunstmuseum in Basel besitzt die weitaus größte Sammlung von Holbein-Werken, darunter zentrale Gemälde wie das *Bildnis des schreibenden Erasmus von Rotterdam*, *Die Passion Christi*, das *Bildnis des Bonifacius Amerbach*, das *Bildnis der Frau des Künstlers mit den beiden ältesten Kindern* sowie *Der tote Christus im Grab*. Als Ergänzung hängt auch Andy Warhols Porträt von *Ginger Rogers* dort.
+ Der litauische Kunsthistoriker Jurgis Baltrušaitis (1903–1988) wies in seinem Buch *Anamorphosis* von 1955 erstmals auf die verzerrte Perspektive in Holbeins Gemälde *Die Gesandten* hin; seine Beschreibung wurde später von Jacques Lacan in einem von dessen *Seminaire* aufgegriffen.
+ Weitere wichtige Sekundärliteratur: Oskar Bätschmann / Pascal Griener: *Hans Holbein*. London 1997; Norbert Wolf: *Hans Holbein*. Köln 2004.
+ Die von Holbein 1521 begonnene und 1530 beendete Ausschmückung des Basler Großratssaals ist nur noch in Fragmenten im Basler Kunstmuseum vorhanden. Um 1520 entstanden die Fassadenmalereien am Haus zum Tanz an der heutigen Eisengasse 14, die mit dem Abriss des Hauses verschwanden. Das Holbeinhaus in Basel an der St. Johanns-Vorstadt 22 erinnert mit einer Tafel an den Erwerb des Hauses durch Holbein und dessen Aufenthalt dort von 1528 bis 1532.

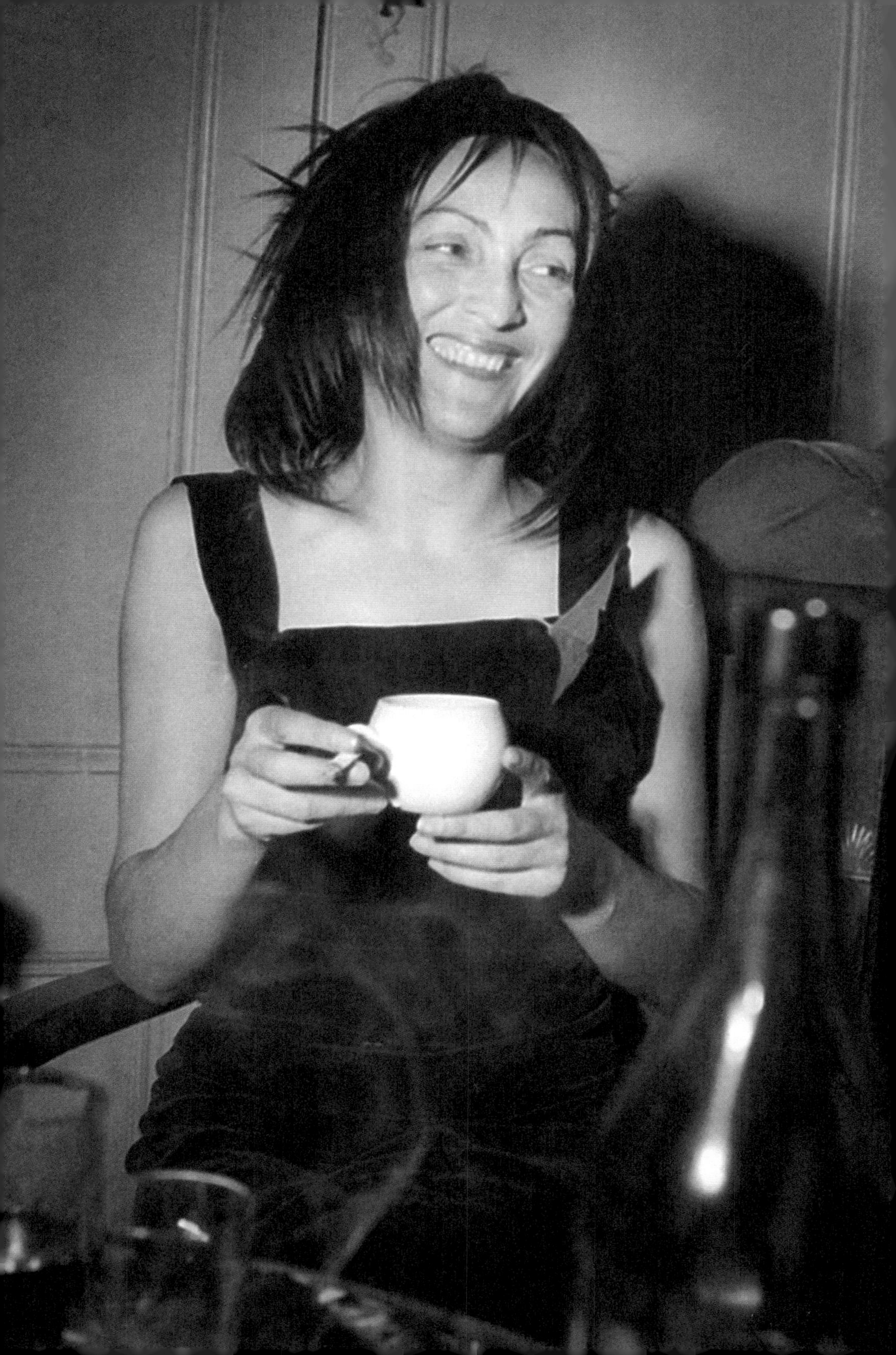

ANNA RUCHAT ZU MERET OPPENHEIM

Meret Oppenheim

OHNE MICH

Eine Chronik und Collage

Ein Nachmittag im Spätsommer, ich bin sechs oder sieben Jahre alt und spiele in Carona auf einer sonnenbeschienenen kleinen Piazza mit anderen Kindern. In Lio Galfettis Auto sitzt dessen Schwester Luisa, jung und in meiner Erinnerung wunderschön, mit offen auf die Schulter fallendem kastanienbraunem Haar, vertieft in den Anblick ihres schlafenden Töchterchens. Lio und meine Mutter sind bei Meret Oppenheim, um im Hinblick auf eine Renovierung deren Haus zu besichtigen. Auf einmal drehe ich mich um und schaue zu einem der Fenster des schmalen, langen Hauses hoch, sehe darin ein hageres Gesicht, durchdringende Augen, ein spöttisches Lächeln, raspelkurzes graues Haar. Eine Rapunzel ohne Zöpfe.

In Wirklichkeit bin ich nicht sicher, ob ich Meret Oppenheim an jenem Tag tatsächlich gesehen habe. Vielleicht war es auch nur eine durch das Warten an der Sonne ausgelöste Fata Morgana, zumal Meret von einer Aura des Geheimnisses und der Verehrung umgeben war, und ihr für meine Kinderaugen so wenig feminines, geradezu abstoßendes Gesicht könnte mich auch vor oder nach diesem Nachmittag auf einem Foto beeindruckt haben. Meine Mutter erzählte mir oft von ihr, von der Pelztasse, dem Tisch mit Vogelfüßen oder den geäderten Handschuhen.

War sie für meine damals knapp dreißigjährige, verwitwete Mutter eher Vorbild oder Chimäre, diese zwischen Paris und dem Tessin pendelnde, unabhängige Frau? Wusste meine Mutter von ihren dunklen Jahren der Depression, diesem Verbindungsstück zwischen der blutjungen Meret, der androgynen Ikone der surrealistischen Bewegung, und der gestandenen, weltweit anerkannten Künstlerin?

Anna Ruchat, 1959 in Zürich geboren, im Tessin und in Rom aufgewachsen, studierte Philosophie und deutsche Literatur in Pavia und Zürich. Langjährige Tätigkeit als Übersetzerin und Schriftstellerin. Von ihrem literarischen Werk sind in Übersetzung zuletzt erschienen: *Schattenflug* (2012) und *Neptunjahre* (2020).

Wie auch immer, »die Meret«, wie wir sie nannten, gehörte bei uns zur Familie. Zum Sechzigsten schenkte ich meiner Mutter mit dem ersten selbst verdienten Geld ein Werk von Meret Oppenheim aus der hundertteiligen Serie *Meerkatzen, Teufel, Engel, Katzen, Fledermäuse, Teufels Grossmutter, japanische Gespenster, andere Gespenster und kleine Götter,* in der Technik Spray und Collage *(papier collé).*

In Meret Oppenheims Leben gibt es keine Linearität. Die Chronologie rast voran, bäumt sich auf, verdunkelt sich, setzt sich langsam wieder in Bewegung oder beschleunigt von Neuem, immer den Sprüngen eines bald geneckten oder verlachten, bald umschmeichelten inneren Subjekts folgend. Die beiden Weltkriege warfen ihre schweren Schatten auf ihre künstlerische Laufbahn, die dennoch jederzeit geschützt war, sei es von der Neutralität der Schweiz, sei es von ihrem nie wirklich von Armut und Hunger bedrohten künstlerisch bürgerlichen familiären Umfeld.

1913–1927 *Meret Oppenheim, geboren in Berlin im Oktober 1913. Als der Krieg 1914–18 ausbrach, den mein [deutscher] Vater als Arzt mitmachte, brachte mich meine Mutter in ihre Heimat, die Schweiz, wo ich mit einer jüngeren Schwester eine glückliche Kindheit im Haus der Großeltern verbrachte, umgeben von Wiesen und Wäldern im Berner Jura. Meine Großmutter, Lisa Wenger, war in ihrer Jugend Malerin. Sie hatte die Akademie in Düsseldorf besucht. Später war sie eine bekannte Schriftstellerin. Nach dem Krieg zogen meine Eltern in ein Dorf, Steinen [bei Lörrach], am Fuße des Schwarzwaldes, nahe der Schweizer Grenze. Die Schulen besuchte ich in Deutschland und Basel. Zeichnen und Malen war immer meine liebste Beschäftigung gewesen.*

1927 Die Träume werden schon sehr früh zum Motor von Meret Oppenheims künstlerischem Schaffen. Mit vierzehn fängt sie an, sie aufzuschreiben. Ihr Vater Erich Oppenheim führt sie in die psychologischen Theorien und die Traumdeutung Carl Gustav Jungs ein, dessen Seminare er besucht. Für Meret werden die Träume zeitlebens die Verbindung zur Urwelt bilden, »aus der ich schöpfe«, »denn aus dem Intellekt kommt nichts«.

Ich renne in furchtbarer Angst durch einen Wald. Es sind niedrige, laublose Bäume. Die Kronen der Bäume, also ihre Äste, sind aus Schlangen gebildet. Der Wald liegt an einer leicht geneigten Ebene. Es ist hell, aber keine Sonne.

1929 Die Jahre 1928/29 verbringt Meret Oppenheim in einem evangelischen Mädcheninternat in Königsfeld im Schwarzwald, das sie ohne Abschluss verlässt, dafür mit der festen Absicht, Malerin zu werden. Mathematik empfindet sie als ebenso einengend wie alles rationale Denken. In einem Schulheft löst sie eine Gleichung mit einer Collage: auf $x =$ folgt ein gemalter, roter Hase.

Als ich sechzehn oder siebzehn Jahre war, habe ich zum ersten Mal junge Männer kennengelernt und spürte gleichzeitig, wie diese die Frauen verachten. Die haben Sprüche gemacht, sind mit Nietzsche gekommen, alles an der Frau ist ein Rätsel, seine Lösung, das Kind. Da war ich so verletzt, dass ich sofort dachte, ohne mich!

1931 Bereits will sie sich dem weiblichen Stereotyp der Mutter und des Engels entziehen und malt das Votivbild *Würgeengel:* Eine schlanke Figur mit blondem Haar hält ein Neugeborenes mit nach hinten gekipptem Kopf auf dem Arm, Blut quillt ihm aus der Kehle und beschmutzt ihr langes Kleid.

Das ist ein Bildchen, das ich überhaupt erst seit einigen Jahren jemandem gezeigt habe, so habe ich es versteckt. Das war für mich selbst gemacht, nämlich ein Votivbild, dass ich keine Kinder bekomme.

1932 Dank der Unterstützung ihres Vaters kann Meret zusammen mit Irène Zurkinden nach Paris reisen. Nach ihrer Ankunft gehen die beiden jungen Frauen direkt ins Café Dôme. »Das war wie ein Honigbaum«, erzählt die Künstlerin Irène Zurkinden Jahre später in einem Interview, »und da saßen wir alle wie Wespen und Bienen und waren glücklich da. Und ich habe Meret Alberto Giacometti vorgestellt. Von da aus ging alles weiter.«

1933 Bald schon wird Meret zu einem *enfant terrible* und *enfant gâté* der Surrealisten.

Alberto Giacometti war ja auch ein Schweizer, er war noch gar nicht bekannt, kein Mensch kannte ihn, außer eben die Surrealisten, und mit denen hat er ausgestellt. Und dann habe ich Mut gefasst und ihm gesagt, ob er mal zu mir kommen wolle, diese Bilder anschauen, und das hat er getan. Und dann kam er mit Hans Arp, und daraufhin wurde ich eingeladen, mit den Surrealisten auszustellen, im, ich glaub, im November 33 war das.

Ich saß 1933 neben Giacometti im Café und guckte sein Ohr an, und dann sah ich, das ist ja ein Händchen, aus dem zwei Pflanzen entsprießen, und zu Hause habe ich eine Zeichnung gemacht. Und später, 1977 erst, wurde das in Bronze gegossen.

Zu den Freunden der Surrealisten gehörte eben auch Man Ray, und als ich damals auftauchte, hat er mich gesehen und hat mich gefragt, ob er ein paar Aufnahmen machen dürfe, und hat sehr schöne Porträts gemacht, die ja bekannt wurden, sehr bekannt mit all seinen anderen Arbeiten, und dann gingen wir in das Atelier, und er sagte, er wolle mich an der Druckerpresse fotografieren, nackt.

Ich sagte Ja. Es entsprach meinem immer revolutionären und antibourgeoisen Temperament, und er hat diese wunderbaren Fotos gemacht. Ich musste meinen Arm auf die Farbe dieser Platten legen, mit dem schwarzen Arm so.

1934 Die Künstler, mit denen Meret in diesen Jahren verkehrt, sind bereits anerkannt und alle fünfzehn oder zwanzig Jahre älter als sie. Trotz ihrer Jugend verfügt Meret über eine Art traumhafte Bewusstheit, dank der sie erfolgreich auf dem gefährlich schmalen Grat der Provokation, der Erfindung und des Spiels zu balancieren vermag, ohne abzustürzen.

Es gibt nur wenige Frauen im Kreis der Surrealisten. Merets Bekannte sind Geliebte oder Künstlerinnen, die vorbehaltlos die Denkweise und später den regelrechten Dogmatismus der Bewegung übernehmen.

1934 beendet Meret nach einem Jahr ihre Beziehung mit dem Künstler Max Ernst. 1978 berichtigt sie die von den Biografen Max Ernsts verbreitete Auffassung, sie habe den surrealistischen Maler verführt und danach grausam verlassen.

Ich lernte Max Ernst im Spätherbst 1934 [recte: 1933] im Atelier des Basler Malers Kurt Seligmann kennen, der damals der Pariser Surrealistengruppe nahestand. Aus dieser Begegnung entstand auf beiden Seiten eine leidenschaftliche Liebe. Im folgenden Jahr, im Spätsommer oder Herbst, passierte etwas, das ich mir selbst erst Jahre später erklären konnte. Wir hatten uns in einem Café verabredet. Als wir uns trafen, sagte ich aus »heiterem Himmel«, auch aus dem heiteren Himmel meiner Liebe zu ihm: »Ich will dich nicht mehr sehen.« Max Ernst war völlig konsterniert und schwer verletzt. Obwohl ich ihm versicherte, es sei nicht eines anderen Mannes wegen, hat er mir das nicht geglaubt. Für mich selbst war es auch wie das Hereinbrechen einer Naturkatastrophe. Viele Jahre später erst habe ich dann begriffen, dass es mein Instinkt war, ein unbewusstes Wissen um eine drohende Gefahr, die mich von Max Ernst, den ich heiß liebte, fortgerissen hatte. Ich war damals einundzwanzig Jahre alt. Ich stand am Anfang meiner künstlerischen Entwicklung. Ein weiteres und immer engeres Zusammenleben mit Max Ernst, einem fertig gebildeten, über vierzigjährigen Künstler, hätte mich verhindert, mein eigenes Leben zu leben, es hätte mich gehindert, meine eigene Persönlichkeit zu bilden. Es wäre das Ende dessen gewesen, was ich als mein in der Zukunft zu realisierendes Werk voraussah.

Sprechende Blicke: Meret Oppenheim und andere im Zürcher Café Odeon, 1966.

1935 Erich Oppenheim macht sich Sorgen wegen der Stimmungsschwankungen und recht häufig auftretenden Depressionen seiner Tochter Meret und bittet seinen Kollegen Carl Gustav Jung um eine ärztliche Visite.

»Lieber Herr Kollege, wie Sie wissen, habe ich in der Zwischenzeit Ihre Tochter gesehen. Ich glaube nicht, dass der Fall allzu schlimm liegt. Sie scheint durch den Zusammenstoß mit der Welt einiges gelernt zu haben, und es ist nicht einzusehen, warum diese Kenntnis sich nicht im Laufe der Zeit noch erheblich vertiefen sollte. Ich habe gar nicht den Eindruck, als ob irgendeine neurotische Komplikation dabei vorläge. Das künstlerische Temperament einerseits und die jugendliche Desorientiertheit eines Zeitalters, das die Vernünftigkeit des 19. Jahrhunderts wettmachen muss, sind wohl genügende Erklärung für die Unkonventionalität des Standpunktes. Ich habe auch den Eindruck, dass der Kampf mit den Realitäten bei der natürlichen Intelligenz Ihrer Tochter in wenigen Jahren einen Ernst hervorbringen wird, welcher auf eine genügende Anpassung an die Mächte der Wirklichkeit hoffen lässt. Mit kollegialen Grüßen, Ihr ergebener C. G. Jung«

Es ist nicht leicht, ein junger Künstler zu sein. Wenn einer in der Art eines anerkannten Meisters arbeitet, eines alten oder eines zeitgenössischen, dann kann er bald zu Erfolg kommen. Wenn einer aber eine eigene, neue Sprache spricht, die noch niemand versteht, dann muss er manchmal lange warten, bis er ein Echo vernimmt. Noch schwieriger ist es, immer noch, für einen weiblichen Künstler. Es fängt bei scheinbar Äußerlichem an. Bei den Künstlern ist man es gewohnt, dass sie ein Leben führen, wie es ihnen passt – und die Bürger drücken ein Auge zu. Wenn aber eine Frau das Gleiche tut, dann sperren sie alle Augen auf. Das und viel anderes mehr muss man in Kauf nehmen. Ja, ich möchte sogar sagen, dass man als Frau die Verpflichtung hat, durch seine Lebensführung zu beweisen, dass man die Tabus, mit welchen die Frauen seit Jahrtausenden in einem Zustande der Unterwerfung gehalten wurden, als nicht mehr gültig ansieht. Die Freiheit wird einem nicht gegeben, man muss sie nehmen.

1935 Im Mittelpunkt des Lebens und Schaffens von Meret Oppenheim steht die Frauenfrage, verstanden nicht als Anspruch, sondern als Ablehnung der vorgegebenen Rollen und Suche nach einem vorurteilsfreien Raum für sich als Frau in der Welt und insbesondere in der Welt der Kunst. Vor allem in dieser Hinsicht ist sie eine Pionierin.

Ich bin in einem Menschenschlachthaus. Überall liegen und hängen abgehäutete blutige Körper, wie in einer großen Metzgerei. Den Wänden entlang bis zur Decke Gestelle, auf denen die Körper liegen, einer auf dem andern. An einem der Gestelle steht eine Leiter. Ich bin nackt. Ich steige hinauf und lege mich auf den obersten Körper (einen männlichen Körper) und »mache die Liebe« mit ihm. Plötzlich richtet er sich auf, stößt ein furchtbares »Huuuh« aus, und ich spüre, dass er mir mit einer Säge über den Rücken fährt.

1936 Die Idee für *Das Frühstück in Pelz* entsteht während einer Unterhaltung mit Pablo Picasso und Dora Maar im Pariser Café Flore. Einige Monate später realisiert sie das Werk für eine Surrealismus-Ausstellung, es wird vom Museum of Modern Art in New York erworben und in einschlägigen amerikanischen und europäischen Kunstzeitschriften gezeigt.

Für mich war dieses Ding [Das Frühstück in Pelz], als ich es damals machte, eins unter anderen. Ob ich ein Bild machte, auf das ich Knöpfe klebte, oder diese Idee realisierte mit dieser Tasse – es war übrigens eine Tasse, ein Teller und ein Löffel, den ich mit einem ganz feinen Gazellenpelz überzogen hatte, den ich ganz

* 6.10.1913	in Berlin in einer deutsch-schweizerischen Ärztefamilie
1914	Delémont, 1918 Steinen bei Lörrach. Privatschule und Mädcheninternat
1932	Paris. Im Surrealistenkreis mit Max Ernst und Man Ray, 1936 *Frühstück in Pelz*
1937	Basel, Mitglied der Gruppe 33 und der Allianz. Modeentwürfe, fantastische Möbel. Danach Schaffenskrise
1948	Bern und Carona / Tessin. 1949 Heirat mit Wolfgang La Roche (1909–1967)
1954	Bezug eines Ateliers in Bern. Theatermasken, Schmuck, Statuen, Kunstinstallationen. 1959 *Frühlingsfest*
1967	Erste Retrospektive in Stockholm
1981	Gedichtband *Sansibar*
1982	documenta 7 in Kassel, Großer Preis der Stadt Berlin
1983	Meret-Oppenheim-Brunnen in Bern
† 15.11.1985	in Basel

zufällig zu Hause hatte –, es war ein Ding unter anderen. Nur hat es eben diesen plötzlichen und mir eigentlich unerwarteten Erfolg gehabt […].

Was mich gereizt hat, als ich diese Idee hatte: der absolute Gegensatz von Pelz und Porzellan. Und all diese Auslegung, die jetzt da gemacht wird, diese ganzen erotischen Auslegungen, da habe ich nicht im Traum dran gedacht. Ich fand das nur komisch, eine Tasse mit Pelz.

1937 Meret Oppenheim verlässt Paris. Dank dem *Frühstück in Pelz* kennt man sie als surrealistische Künstlerin, ihr Stil ist in dieser Definition gefangen. Sie hätte einfach weiter auf dieser Welle reiten können – der Surrealismus war damals eine der wichtigsten Bewegungen. Meret beschließt aber, Paris zu verlassen, um nicht stehen zu bleiben, um ihrer ganz persönlichen Art von Kunst und künstlerischer Suche treu bleiben zu können. Damit beginnt eine lange, schwere Krise.

Das hat ungefähr 1937 angefangen mit Depressionen. Ich fiel in ein schwarzes Loch und war Tag und Nacht nur noch verzweifelt. Dann beschloss ich, in die Kunstgewerbeschule Basel zu gehen, wo ich eineinhalb oder zwei Jahre geblieben bin. Ich habe ja ganz autodidaktisch angefangen, und dort habe ich dann richtig Akt und Porträt und Perspektiven und was man in Kunstschulen so lernt, gemacht. Es hat mein Selbstbewusstsein dahin gehend gehoben, dass ich merkte, aha, das, was du willst, kannst du jetzt handwerklich. Dann habe ich viel gearbeitet, und meistens habe ich alles zerstört.

Aber wir wollen davon doch lieber aufhören, es war nicht lustig.

1938 Sie malt die *Steinfrau*: Aneinandergelegte Steine bilden den Kopf und den Körper einer am Ufer ausgestreckten Frau. Nur die Beine im Wasser sind lebendig, es sind die Beine eines blühenden Mädchens. Meret verändert

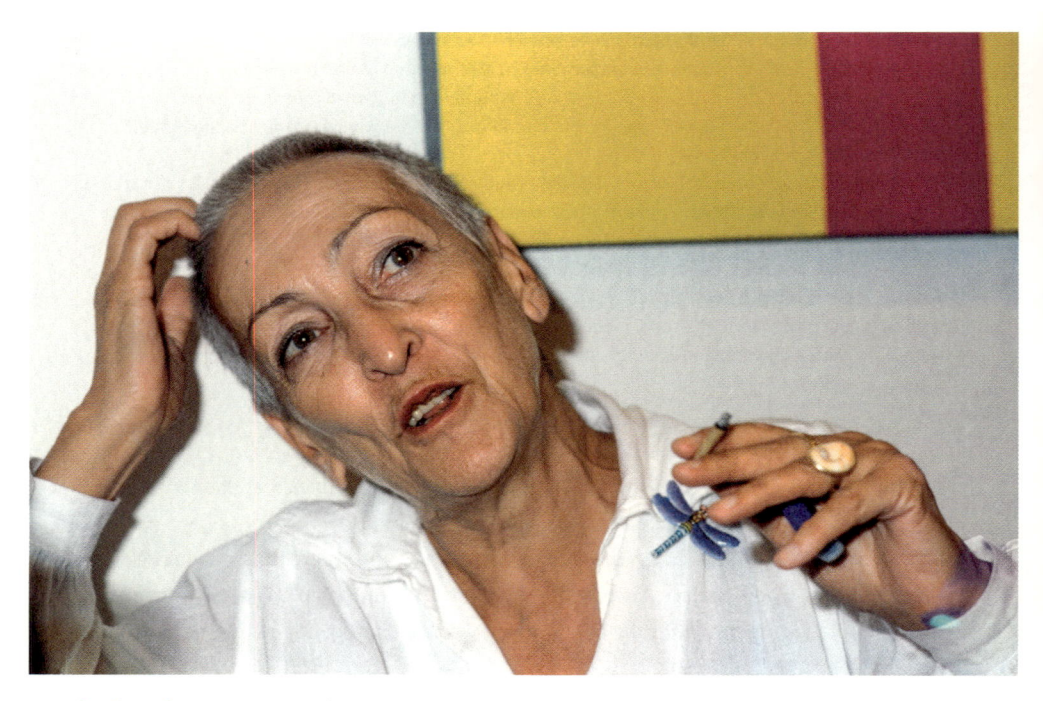

Sprechende Farben: Meret Oppenheim, 1982 im Zürcher Staatsarchiv, mit blauer Libelle, vor einer Komposition von Richard Paul Lohse.

sich, aus der unbefangenen jungen Frau und Wortführerin in den Pariser Cafés wird Stein.

1939 Meret Oppenheim bricht die Kunstgewerbeschule Basel ab. Jeder Bereich ihres Lebens scheint auszutrocknen. Auch ihre ureigene Quelle ist verstopft: Ihre Traumaktivitäten sind blockiert.

Ich weiß nicht mehr, wann ich diesen Traum hatte [nach 1940, vor 1950]. Ich ging auf einem steinigen Pfad einen Berg hinauf (es war der San Salvatore). Ich sah meine Freundin Irène Zurkinden in sonnendurchschienenem hellgrünem Gebüsch stehen. Auch ihre Wimpern und Haare (die von Natur blond sind) hatten einen grünen Schimmer.

Ich sagte: »Ich bin das Geheimnis der Vegetation.«

Bei der Darstellung der Unermesslichkeit der Natur greift Meret auf die unterschiedlichsten Aggregatszustände des Bewusstseins zurück. So entsteht aus diesem Traum später *Das Geheimnis der Vegetation*, ein mysteriöses Selbstporträt aus dem Jahr 1972.

1945   Meret lernt Wolfgang La Roche kennen, der aus einer alteingesessenen Basler Kaufmannsfamilie stammt und gelegentlich als Saxofonist auftritt. Die beiden unternehmen lange Reisen auf dem Motorrad und schreiben sich, wenn sie voneinander getrennt sind, zärtliche Briefe.

Das Bildchen von der lieben Hummel und der bösen Hornisse habe ich 1945 gemacht. Es war das Jahr, wo ich meinen Mann kennengelernt habe. Ich habs ihm geschenkt, weil er sagte, er sei eine liebe Hummel und ich sei eine böse Hornisse, die nur ans Essen denkt. Das fällt ein bisschen raus aus meiner übrigen Arbeit.

1949   Meret Oppenheim heiratet Wolfgang La Roche. Die beiden leben zusammen in Bern und am Thunersee, bis zu seinem Tod 1967. Ebenfalls 1949 hat Meret einen Traum, den sie als Vorahnung interpretiert.

Bin in einem gotischen Dom. Stehe vor einer hohen geschnitzten Holzstatue eines Heiligen (ohne Farben u. ganz wurmzerfressen). Er hält eine Sanduhr in der Hand. Währenddem ich ihn ansehe, dreht er die Sanduhr um.

(Der Traum war kurz vor od. nach meinem 36. Geburtstag. Hälfte des Lebens?)

1954   *1954, da war die Krise von einem Moment auf den anderen fertig. Von einer Sekunde zur anderen. Wie so etwas möglich ist? Es war einfach so.*

In dieser Nacht konnte ich nicht schlafen vor freudiger Aufregung, acht Tage darauf habe ich zum ersten Mal wieder ein Atelier gemietet, und dann ging ich also los und habe seit '54 wieder richtig gearbeitet.

1959   Das *Frühlingsfest* in Bern.

Wir legten sie auf den Tisch und streuten Blumen um sie herum, Waldanemonen, es war April. Und dann legte ich das Essen auf sie, die anderen haben dabei nicht zugeschaut, die mussten in einem anderen Zimmer warten, die Vorspeise und dann die Mitte und weiter oben den Dessert, Schlagrahm auf die Brüste und so weiter und so weiter. Das Gesicht war golden angemalt, und der Kopf hatte rechts und links einen Berg kandierter Früchte, Trauben und Birnen und Kirschen, und auf dem Kopf oben, glaube ich, Mimosen und Rosen.

Auf Bitte von André Breton wiederholt Meret die Aktion im Dezember desselben Jahres an der »Exposition inteRnatiOnal du Surréalisme« in Paris. Von diesem zweiten Mal ist sie aber sehr enttäuscht, weil es zu einem voyeuristischen Medienspektakel wird.

1966   Während sich die Surrealisten im Umgang mit Träumen streng, wenn nicht gar dogmatisch an Freud halten und dazu neigen, Traumbilder zu monumentalisieren, hält sich Meret Oppenheim bei der Interpretation von Träumen an Carl Gustav Jungs Empfehlungen und sieht in ihnen ein Reservoir an Erfahrungen und Erkenntnissen.

Große Gitterkäfige, im obersten Abteil ein schönes Kaninchen, weiß-braun? Schon zwei- oder dreimal habe ich die Käfige nach vorn oder hinten umgekippt, um irgendetwas zu ändern, oder weiß-ich-was. Immer wieder hatte ich das Kaninchen oben vergessen. Dann habe ich auch drei andere im Arm, die mir ständig zu entwischen versuchen. Ein großes weißes springt fort und beißt eins von zwei kleinen, weißen Meerschweinchen tot, oder fast, die plötzlich auch im Käfig, mittlere Abteile, sitzen. Dann sind alle Kaninchen entwischt.

Deutung: Achtung, Sorgfalt, kein Durcheinander machen, bezieht sich auf Arbeit, glaube ich. Warten, bis das »Neue« von selbst kommt.

DANACH   Die 1960er- und 1970er-Jahre sind die Jahre des Erfolgs, der großen Ausstellungen in wichtigen Museen, der größten persönlichen Anerkennungen. Brücken und Kanäle ins Innere sind wiederhergestellt. Ihr künstlerisches Schaffen und die Poesie werden wieder von den Traumaktivitäten (auch jenen aus Jugendtagen) genährt.

*Die italienischen Passagen von Anna Ruchat
wurden von Barbara Sauser übersetzt*

Mehr zu Meret Oppenheim

+ Das beste Buch von Oppenheim selbst: *Meret Oppenheim – Worte nicht in giftige Buchstaben einwickeln*. Herausgegeben von Lisa Wenger und Martina Corgnati. Erweiterte Neuausgabe, Zürich 2015.
+ Das beste Buch über sie: Bice Curiger: *Meret Oppenheim. Spuren durchstandener Freiheit*. Überarbeitete Neuausgabe, Zürich 2002.
+ Die beste Videobeschreibung eines Bilds von ihr, *Verzauberung* (1962), durch das Kunstmuseum Bern unter www.kunstmuseumbern.ch/de/sehen/sammlung/video-highlights-sammlung/meret-oppenheim-verzauberung-269.html.
+ Der beste Film über sie: Daniela Schmidt-Langels: *Meret Oppenheim – eine Surrealistin auf eigenen Wegen*. Zürich/Mainz 2013.

Selbstporträt seit 50 000. v. Chr. bis X.

Meine Füße stehen auf von vielen Schritten
abgerundeten Steinen in einer Tropfsteinhöhle.
Ich lasse mir das Bärenfleisch schmecken.

Mein Bauch ist von einer warmen
Meeresströmung umflossen, ich stehe in den
Lagunen, mein Blick fällt auf die rötlichen Mauern einer Stadt.

Brustkorb und Arme stecken in einem
Panzer aus dicht übereinandergenähten
Lederschuppen. In den Händen halte ich
eine Schildkröte aus weißem Marmor.

In meinem Kopf sind die Gedanken
eingeschlossen wie in einem Bienenkorb.

Später schreibe ich sie nieder.

Die Schrift ist verbrannt, als die Bibliothek
von Alexandrien brannte.

Die schwarze Schlange mit dem weißen Kopf
steht im Museum in Paris.

Darin verbrennt auch sie.

Alle Gedanken, die je gedacht wurden, rollen um
die Erde in der großen Geistkugel.

Die Erde zerspringt, die Geistkugel platzt,
die Gedanken zerstreuen sich im Universum,
wo sie auf andern Sternen weiterleben.

Meret Oppenheim, 1980

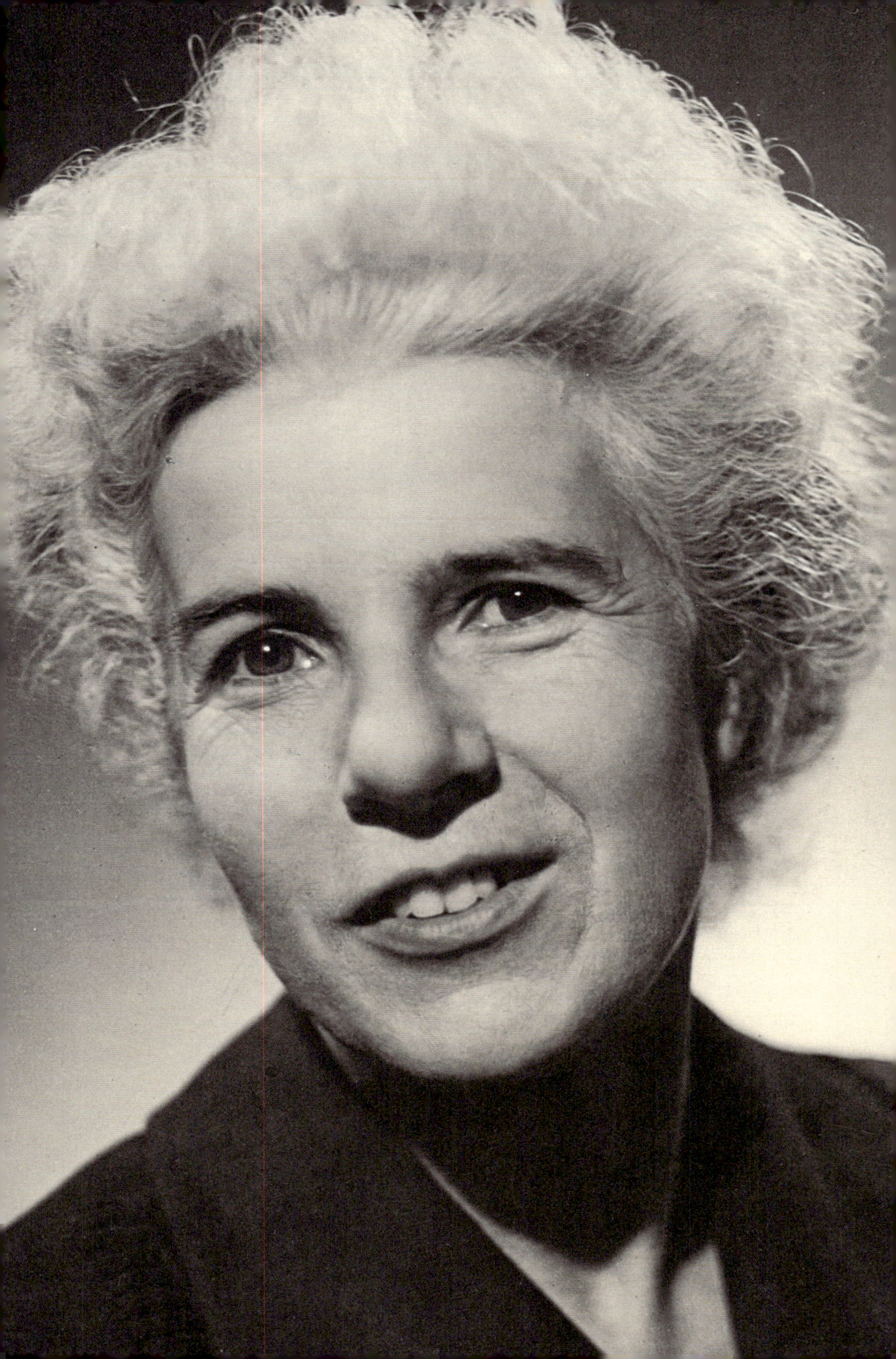

SIMONA MARTINOLI ZU MARGUERITE ARP-HAGENBACH

Marguerite Hagenbach

BERUFUNG: KUNST

Wie eines der wichtigsten Privatmuseen moderner Kunst entstand

Eine Frau mittleren Alters posiert strahlend und selbstbewusst vor einem Flügel, eine Zigarette rauchend. An der Wand hängen Werke von Sophie Taeuber-Arp, Friedrich Vordemberge-Gildewart, Walter Bodmer und Wassily Kandinsky. Das von der Fotografin und Kunstkritikerin Maria Netter aufgenommene Porträt zeigt Marguerite Hagenbach 1955 in ihrem Haus in Basel. Zu jener Zeit war sie längst eine etablierte Sammlerin. Doch die Rolle, die sie im Bereich der Avantgarde-Kunst einnehmen sollte, hatte sich bereits in ihrer Jugend abgezeichnet. Marguerite Hagenbach gehört zum Basler Großbürgertum, dem sogenannten »Daig«. Die Protestantin wächst in einem wohlhabenden Milieu auf, das mit seinem Reichtum nicht protzt, aber durchaus sein Standesbewusstsein pflegt. Kultur und Philanthropie sind Teil ihrer DNA.

Im Sommer 1923 verbringt sie mit der Freundin Alice Burckhardt einige Wochen in der Nähe von London. »Mein lang ersehnter Wunsch ist erfüllt«, so beginnt das Tagebuch der 21-Jährigen, in dem sie festhält, was immer sie sieht und unternimmt. Die beiden jungen Frauen widmen ihre Tage ganz der Kultur. Schon in diesen naiven Aufzeichnungen zeigt sich die Neugierde und das Interesse für die Kunst, ein Interesse, das noch alles verschlingt. Marguerite besucht regelmäßig die Sammlungen und die Ausstellungen der großen Museen und würdigt die Werke von Turner, wie auch von Raffael und Botticelli in der National Gallery, die ägyptischen, byzantinischen und griechischen Schätze des British Museum. Sie bemerkt, die hellenische Kunst müsse unter dem blauen Himmel Griechenlands bewundert werden, in England wirke sie traurig. Sie sucht auch weniger bekannte Kunststätten auf, wie die Wallace Collection, wo sie die französische Malerei des

Simona Martinoli, Dr. phil l., Kunst- und Architekturhistorikerin. Direktorin der Fondazione Marguerite Arp in Locarno und Dozentin an der Università della Svizzera italiana in Mendrisio. Leitete zwischen 2003 und 2016 die Außenstelle italienische Schweiz der Gesellschaft für Schweizerische Kunstgeschichte. Hat sich in mehreren Gremien engagiert, u.a. als Stiftungsrätin bei Pro Helvetia. Zahlreiche Publikationen zur Kunst und Architektur des 19. und 20. Jahrhunderts.

achtzehnten Jahrhunderts, die Möbel- und Porzellansammlungen bewundert. Dank ihres gesellschaftlichen Status hat sie Zugang zu Exklusivsammlungen wie jener des Burlington Fine Arts Club. Auf ihrem Programm stehen Ausstellungen, Konzert- und Theaterbesuche, aber auch Einkaufstouren und Gaumenfreuden, wobei sie die Spezialitäten der verschiedenen Kulturen probiert, die eine Großstadt wie London zu bieten hat. Schon aus den Tagebüchern der Jugendzeit spricht eine starke Persönlichkeit, eine unabhängige, neugierige und gebildete junge Frau.

Zurück in Basel, nimmt sie Klavierstunden, zuerst privat und dann am Konservatorium, und folgt so den künstlerischen Neigungen ihres Vaters. Der erfolgreiche Chemiker Hans Hagenbach, der es 1917 zum wissenschaftlichen Direktor bei Geigy schaffte, pflegt seine kulturellen Leidenschaften mit der Selbstverständlichkeit eines »Altbaslers«. Der hervorragende Klavierspieler war von 1907 bis 1944 Kommissionsmitglied der Musikschule und des Konservatoriums. Auch die reich bestückte Familienbibliothek erlaubt es der jungen Frau, ihr kulturelles Wissen zu erweitern, indem sie Klassiker, aber auch anderes liest.

Marguerite begnügt sich allerdings nicht damit, in die Kultur einzutauchen. 1924 übernimmt sie das Basler Sekretariat der Pro Juventute, ein Amt, das sie bis 1946 innehat. Ihre Hingabe an das Jugendhilfswerk wird mit Selbstironie und dem typischen Basler Humor in einem undatierten Sketch aufs Korn genommen, der sich zusammen mit Reden und Schnitzelbänken, die bei Familienfesten zum Besten gegeben wurden, in einer Mappe mit der Aufschrift »Allerhand ›Stiggli‹ und Gedichte für Hochzeiten, Geburtstage etc.« findet: »S'isch aigtlig scheen vo däre Dame, das si perseenlig got mit Marke [der Pro Juventute] go husiere«, sagt einer, und ein anderer antwortet: »Jä, wisse Si, die ghert halt zue däre Familie Hagebach; die sin alli so rabiat bi däre Sach. D'Niesse vonere sig schints en Oberbonz vo der Basler Juventute und i ha ghert, si käm ass fascht usser sich wänn ebber us ihrem Bekanntekreis e Märkli uf der Poscht kauft.«

Weltoffen, wie sie war, und ihrer sozialen Herkunft entsprechend unternimmt Marguerite verschiedene Reisen, um neue Länder zu entdecken. Nachdem sie in Genf Französisch und in London Englisch gelernt hat, besucht sie 1929 die Università per stranieri in Perugia, um Italienisch zu lernen. Diese Sprachkenntnisse wird sie im folgenden Jahr anwenden können, da die Familie Hagenbach ihr Ferienhaus in Ascona, das Villino Saleggi bezieht. 1931 ist die Reihe an Griechenland, ihrer Lieblingsdestination, wie sie in einem Vortrag sagt, den sie nach ihrer Rückkehr in Basel hält: »Schon während meiner Schulzeit erschien mir eine Reise nach Griechenland das Ziel meiner Wünsche.« Griechenland und die klassische Kunst faszinieren sie, und sie kehrt mehrmals dahin zurück, auch um ihre enge Freundin Alex Stylos Diamantopoulos zu besuchen, die sie bei ihrem Welschlandjahr in Genf kennengelernt hat. Die junge Schweizerin wendet sich auch der griechischen Sprache mit Einsatz und Hartnäckigkeit zu und notiert fleißig Wörter und ihre Übersetzungen in ein Heft.

Diese Erfahrungen sind wegweisend für ihre künftige Berufung: die Kunst. Zum Umfeld der jungen Pianistin gehört die Sammlerin Annie Müller-Widmann, eine Nachbarin, mit der sie das Interesse für bildende Kunst und Musik teilt. 1932 lernt sie anlässlich eines Fests im Haus dieser Freundin und deren Mann Oskar zwei Personen kennen, die ihr Leben verändern werden: das Künstlerpaar Hans Arp und Sophie Taeuber-Arp. Mit Arp, von dem sie schon viele Gedichte gelesen hat, unterhält sie sich mit Vergnügen und schätzt auch sein tänzerisches Talent; »er war ein hervorragender Tänzer«, wird sie sich viele Jahre später erinnern, in einer Rede im Mai 1969 zur Eröffnung der Ausstellung *Hans Arp* im Guggenheim-Museum in New York. Was die Kunst betrifft, so gefallen ihr die Werke der geometrischen Abstraktion, die bei Müller-Widmanns an den Wänden hängen. Sie ist beeindruckt von den Bildern Mondrians, den sie einige Jahre später persönlich kennenlernt, der allerdings auf der Tanzfläche nicht mit Arp mithalten kann: »Mir schien, er tanze wie seine Bilder, auf geometrische Art!«, sagt sie in einem Interview anlässlich ihres achtzigsten Geburtstags.

Was die Werke Arps angeht, so ist der Funke noch nicht übergesprungen. »Was macht Fräulein Hagenbach? Lechzt sie immer noch nicht nach einem Werk von mir?«, fragt Arp in einem Brief an Annie Müller-Widmann im Dezember 1936. Marguerite Hagenbach legt den Grundstein für ihre Sammlung mit zwei Bildern, die sie 1937 in der Ausstellung *Konstruktivisten* der Kunsthalle Basel kauft: *L IV* (1936) von László Moholy-Nagy und *Bewegtes Kreisbild* (1934) von Sophie Taeuber-Arp, die im Februar 1937 ihrer Schwester Erika schreibt: »Gestern bekam ich einen Brief aus Basel, dass auch noch das große weiße Bild mit den blauen und grauen Kreisen verkauft ist. Eine Dame hat es gekauft als erstes modernes Bild.«

Im gleichen Jahr begleitet Marguerite Hagenbach die Müller-Widmanns

Von Sophie Taeuber-Arp bis Wassily Kandinsky: Marguerite Hagenbach in der Wohnung in Basel 1956 vor ihrer bevorzugten Kunst.

nach Paris, wo sie die Weltausstellung und das Atelier von Arp und Taeuber-Arp in Meudon besucht. Bei diesem Atelierbesuch kauft sie ihr erstes Werk von Arp, ein Relief. Hans ergreift die Gelegenheit, sie seinen Freunden Piet Mondrian, Georges Vantongerloo und Antoine Pevsner vorzustellen, und Marguerite kehrt mit einem Werk von Arp und einem von Vantongerloo, dem Bild *L2 = S* von 1933, aus Paris zurück. So nimmt ihre Tätigkeit als Sammlerin zeitgenössischer Kunst ihren Anfang, was ihr durch eine Erbschaft nach dem Tod ihrer Mutter 1935 in größerem Umfang möglich wird. Geleitet von Arps *feu sacré* und beraten vom Kunsthistoriker Georg Schmidt, dem Direktor des Kunstmuseums Basel von 1939 bis 1961, schärft die junge Frau ihren Blick. Ihr Einsatz für die Avantgarde-Kunst stellt sie in der damaligen Basler Gesellschaft bald neben Sammlerinnen wie Annie Müller-Widmann und Maja Sacher.

Dabei konzentriert sich ihre Kollektion des zwanzigsten Jahrhunderts auf Werke der geometrischen Abstraktion, mit einer Vorliebe für konkrete und konstruktive Kunst. Doch trotz dieser klaren, starken Linie und des präzisen Profils zeigt sich die Sammlung frei von Dogmatismus und nimmt auch andere Strömungen der nicht figurativen Kunst auf, wie die organische Abstraktion oder den Surrealismus. Gerade diese Kohärenz in der Variation beweist das sichere Auge der echten Sammlerin, die über die Etiketten hinwegsieht und Affinitäten zwischen Werken entdeckt, die diese auf den ersten Blick nicht aufweisen. Wichtige Schwerpunkte sind die Arbeiten von Arp und Taeuber-Arp. Chronologisch gesehen reichen die ersten Bilder in die 1920er-Jahre zurück. Gut vertreten sind die Künstler im Umfeld von Arp: Duchamp, Delaunay, Picabia, Schwitters, Vantongerloo. Wichtig ist auch die persönliche Beziehung: Diese Künstler finden sich im Briefwechsel und auf den privaten Fotografien wieder. Zahlreich sind die Werke mit einer Widmung, sodass Franz Meyer, Schmidts Nachfolger in der Leitung des Kunstmuseums Basel, von einer Sammlung befreundeter Künstler spricht, auch wenn die Freundschaften in den meisten Fällen aus Künstlerbeziehungen erwachsen. Die Sammlung Hagenbach läuft indes nicht die Gefahr der Beliebigkeit, wie manche »Sammlungen befreundeter Künstler«. Sie enthält unbestrittene Meisterwerke wie die Bilder *Komposition Nr. 1, mit Rot und Schwarz*, 1929 von Mondrian, oder *Spitzes Schwarz* von Kandinsky, 1931, sowie eine ganze Reihe sorgfältig ausgewählter Bilder und Skulpturen aus den verschiedenen konkreten und konstruktiven Kunstströmungen, die sich nach dem Kubismus abzeichnen. Außerdem sind einige Künstler, in erster Linie Arp und Taeuber-Arp, so gewichtig und umfassend vertreten, dass dies weit über die Freundschaft und die Wertschätzung ihrer Kunst hinausgeht. Laut Georg Schmidt vereinbart Marguerite Hagenbach mit dem Künstlerpaar, dass sie jedes Jahr ein Werk von einem der beiden kauft.

1940 fliehen die Arps vor der deutschen Besetzung in den Süden Frankreichs. Die Unterstützung durch die Basler Freundin und andere Mäzene wird zentral. Marguerite hilft den beiden tatkräftig, indem sie ihnen Lebensmittelpakete und Geld schickt. In Arps Briefen finden sich zahlreiche Dankesbezeugungen für die überwiesenen Geldsummen, und der Künstler verliert den Humor auch nicht, wenn er um finanzielle Unterstützung bittet: »Je développe mon travail. J'ai fait d'innombrables maquettes pour de grandes sculptures [...]. Mais si on ne découvre pas un nouveau continent habité par une adorable population de Müllers Sachers Hagenbachs Friedrichs je crois que je ne pourrai jamais les réaliser«, schreibt er im November 1939 an Annie Müller-Widmann. (»Ich entwickle meine Arbeit weiter. Ich habe unzählige Modelle für große Plastiken gemacht. Aber wenn man keinen neuen, von den wunderbaren Müllers, Sachers, Hagenbachs und Friedrichs bevölkerten Kontinent entdeckt, glaube ich nicht, dass ich sie je realisieren kann.«)

Der unvermittelte Tod Sophie Taeuber-Arps im Jahr 1943 infolge eines Unfalls im Haus der Künstlerfreunde Max und Binia Bill stürzt Hans Arp in eine tiefe Krise, die ihn lange nicht arbeiten lässt. Die Hilfe einiger Freunde und vor allem die Präsenz von Marguerite Hagenbach, die an seine Seite geeilt ist, trägt entscheidend dazu bei, dass er die lähmende Trauer überwindet. Der starke Charakter, die Herzlichkeit und Solidarität der Freundin sind ein Fixpunkt. Marguerite pendelt nun zwischen Clamart und Basel. »Marguerite und ich haben ganz fleißig gewandert. Diese Unterbrechung meiner Einsamkeit war mir sehr willkommen«, berichtet Arp den Freunden Annie und Oskar im Juli 1944.

Als der Schock überwunden ist, erscheint die Trauerarbeit zuerst in Gedichten und Werken, die der geliebten Verstorbenen zugeeignet sind. Aber auch seiner Freundin widmet er berührende Verse: »ohne marguerite / wäre ich / ein ball geworden / der / auf einem ball wie ein würfel / zu tanzen versucht. ohne marguerite / hätte ich / nach dem tode / sophies / nicht lange mehr / auf der erde / verweilt«.

Zu jener Zeit war Marguerite noch als Sekretärin der Pro Juventute angestellt, und 1940 hatte sie sich im Fürsorge-Hilfsdienst der Stadt Basel gemeldet. 1944 und 1945 hilft sie im Basler Flüchtlingslager und betreut französische Kinder, die in Schweizer Familien beherbergt werden. Doch Arp möchte sie ganz für sich haben: »Marguerite täte besser daran, statt endlosen militärischen Manövern und ballistischem Tiefsinn Arp an die Hand zu gehen, denn das bittere Leben hier macht den Menschen elend«, schreibt er Annie und Oskar Müller-Widmann im August 1945. Marguerites Einsatz endet 1945, aber bevor sie sich aus der Pro Juventute zurückzieht, möchte sie sicher sein, eine Nachfolgerin gefunden zu haben. Seit der Mitte der 1940er-Jahre übernimmt Marguerite alle Aufgaben, die erforderlich sind, damit Arp sich ganz der Kunst widmen kann, und lebt zunehmend bei ihm in Meudon. Heute würde man sagen, dass sie seine Managerin wird. Pragmatisch und mit ausgesprochenem Organisationstalent verhandelt sie höflich, aber auch entschieden mit Museen, Sammlern, Galeristen und Verlegern über Ausstellungen und Publikationen zu Arp und Taeuber-Arp. Sie erledigt die Korrespondenz in mehreren Sprachen. Auch in Bezug auf Arps literarische Tätigkeit nimmt seine neue Lebensgefährtin eine wesentliche Rolle ein: Sie steht ihm während der Schaffensphase und der Formulierung bei, sie tippt seine Gedichte mit der Schreibmaschine und kümmert sich auch manchmal um die Übersetzung.

* 22.8.1902	in Basel als Julie Marguerite Hagenbach in einer Chemikerfamilie. Welschlandjahr, 1921/22 Handelsschule in Basel
1923	Sprachaufenthalt in London
1924–1946	Basel, Bezirkssekretärin der Pro Juventute. Ab 1924 Klavierunterricht am städtischen Konservatorium Basel
1931	mehrmonatige Griechenlandreise
ab 1932	Freundschaft mit Hans Arp (1886–1966) und Sophie Taeuber-Arp (1889–1943)
ab 1937	als Kunstsammlerin aktiv
1959	Kauf des Anwesens Ronco dei Fiori in Locarno Solduno mit Hans Arp. Heirat mit Hans Arp
1965	schenkt mit Hans Arp einen Teil ihrer Sammlung der Stadt Locarno. Ehrenbürgerrecht der Stadt
1968	Schenkung einer umfangreichen Werkgruppe an das Kunstmuseum Basel
1977	Gründung der Stiftung Hans Arp und Sophie Taeuber-Arp e.V. in Rolandseck (D)
1979	Gründung der Fondation Arp in Clamart (F)
1988	Gründung der Fondazione Marguerite Arp-Hagenbach Ronco dei Fiori, Locarno-Solduno
† 23.8.1994	in Locarno

Gewiss kann Marguerite die schmerzliche Lücke nicht füllen, die Sophie hinterlassen hat, aber sie enthebt Arp – in klassischer Rollenteilung – der alltäglichen Mühen der Existenz, sodass er sich ganz der künstlerischen Arbeit hingeben kann. Sie kümmert sich mit viel diplomatischem Geschick und *savoir faire* um die Öffentlichkeitsarbeit. Das Bewusstsein ihrer eigenen Herkunft und ihrer Bildung erlauben ihr, bestimmt aufzutreten und kompetent zu verhandeln.

Neben der Leidenschaft für die Kunst verbindet die beiden auch jene für das Sammeln: Arp ist ebenfalls ein langjähriger Sammler; unter den Werken, die er besitzt, finden sich vor allem diejenigen von Freunden und Kollegen, darunter Delaunay und Schwitters. Wie Hagenbach selbst erzählt, wäre Arp, wenn nicht Künstler, dann Sammler geworden.

In den 1950er-Jahren erreicht Arp Weltruhm und kann dank Marguerites Unterstützung großformatige Werke in Bronze und Stein umsetzen. Die Ausstellungstermine jagen einander, und 1954 ist er eingeladen, an der Kunstbiennale in Venedig teilzunehmen, wo er den Großen Preis für Bildhauerei erhält. Bei solchen Gelegenheiten verbinden die Arps, unterdessen ein gut eingespieltes Paar, das Nützliche mit dem Angenehmen und entdecken die Kunstdenkmäler und die gute Küche der Lagunenstadt, feiern Feste mit Künstlerfreunden und durchkreuzen die Kanäle in der Gondel der berühmten Kunstsammlerin Peggy Guggenheim, mit der sie befreundet sind. Auch in verlegerischer Hinsicht herrscht rege Geschäftigkeit: Arps literarische Arbeiten werden in verschiedenen Ausgaben veröffentlicht, und seine Bibliografie verlängert sich um Kataloge und Monografien. 1957 und 1968 erscheinen Monografien über Arps Skulpturen: Marguerite

Verleihung der Ehrenbürgerschaft der Stadt Locarno an Marguerite Arp-Hagenbach und Hans Arp am 9. April 1965.

Arp-Hagenbach ist für die Werkbeschreibung und die Bibliografie verantwortlich.

Das hektische Leben lässt das Paar nach einem ruhigen Ort suchen, an dem es ungestört leben und arbeiten kann. Sie finden ihn in Locarno-Solduno, wo sie 1959 das Anwesen Ronco dei Fiori erwerben. Die beiden im Grünen verborgenen Häuser stellen den idealen Ort dar, aber bevor sie einziehen können, ist eine Renovation erforderlich. Marguerite garantiert den Kontakt zum Architekten Fritz Bähler und begleitet die verschiedenen Arbeitsphasen. Es wird ein dem Künstler auf den Leib geschneidertes Haus, wie Arp im September 1959 an Annie Müller-Widmann schreibt: »Der Hausbau, der zu einem Hansbau gewachsen ist, schreitet recht vorwärts.« Anfang 1960 zieht das Paar ein. Das neue Haus steht inmitten eines wunderschönen Gartens, und Marguerite, die ihren Namen mit Stolz trägt, kann jede Blume beim Namen nennen.

Das Jahr, in dem sie ihren Wohnsitz in den Kanton Tessin verlegen, ist auch das Jahr, in dem Hans und Marguerite zu heiraten beschließen. Am 14. Mai vermählen sie sich nach katholischem Ritus in der St.-Clara-Kirche in Basel. Vor der Heirat lässt Marguerite Hagenbach sich taufen und nähert sich schrittweise der katholischen Kirche an. Nach reiflicher Überlegung entscheidet sie im Januar 1964, aus der evangelisch reformierten Kirche auszutreten und in die römisch-katholische Kirche Basels einzutreten.

Die Arps leben nicht isoliert in ihrem neuen Haus. Sie führen ein intensives Gesellschaftsleben, organisieren zahlreiche Gartenfeste und unterhalten Beziehungen zu Freunden, insbesondere zu Remo Rossi, bei dem Arp ein Atelier mietet, wo seine Plastiken entstehen. In der neuen Lebenswelt verwurzelt, schenken sie 1965 der Stadt Locarno eine erhebliche Anzahl Werke aus ihrer Sammlung und erhalten im selben Jahr als Zeichen des Danks die Ehrenbürgerschaft der Stadt Locarno.

Im folgenden Jahr stirbt Arp im Alter von achtzig Jahren. Marguerite setzt sich weiterhin für das künstlerische Erbe ihres Mannes und von Sophie

Taeuber-Arp ein und unterstützt die Erforschung von deren Werk. Sie führt auch ihre Sammlertätigkeit fort, und 1968 wird ihre einzigartige Sammlung im Kunstmuseum Basel ausgestellt. »Eines der herrlichsten Privatmuseen moderner Kunst«, nennt sie bei dieser Gelegenheit Direktor Franz Meyer, der betont: »Für die Kunstgeschichte des zwanzigsten Jahrhunderts besitzt die Sammlung Marguerite Arp-Hagenbach den allerhöchsten Wert.« Nach Ausstellungsende beschließt Marguerite, dem Museum ihrer Heimatstadt eine beträchtliche Zahl der Werke zu schenken, und Meyer erhält das Privileg, sie auszusuchen. Dieser Schenkung folgen zahlreiche andere Donationen an Museen der ganzen Welt; gleichzeitig wird die Privatsammlung um Werke junger Künstlerinnen und Künstler bereichert.

Meyers Aussage von 1968 ist nach über einem halben Jahrhundert weiterhin, ja in noch größerem Maße gültig. Wer die Räume der Dauerausstellung im Kunstmuseum Basel durchstreift, wird sich sogleich davon überzeugen. Bei den Meisterwerken der Avantgarde, die den Blick auf sich ziehen, steht in der Bildlegende häufig »Schenkung Marguerite Arp-Hagenbach«.

Marguerite Arp-Hagenbach zeigt die Bedeutung von Sammlerinnen und Mäzenen für Künstlerinnen und Künstler, wenn die staatlichen Fördermittel zu gering sind. In ihrer Tätigkeit waren die Liebe zur Kunst und das gesellschaftliche Engagement stets untrennbar verbunden. Der Kauf eines Werks bedeutete gleichzeitig eine finanzielle Unterstützung des Künstlers und in der Folge, wenn es Teil einer Institution wurde, ein Geschenk an die Allgemeinheit und die künftigen Generationen.

Aus dem Italienischen von Ruth Gantert

Mehr zu Marguerite Arp-Hagenbach

+ Marguerite Arp-Hagenbach: *Arp, wie ich ihn kannte.* Eröffnungsrede am 17. Mai 1969 anlässlich der Retrospektive *Hans Arp* im Guggenheim Museum New York, Archiv Fondazione Marguerite Arp, Locarno. Publiziert u.a. in: *Im Mondquadrat. Aspekte der Sammlung Arp-Hagenbach,* herausgegeben von Toni Stoss. Ausstellungskatalog, Stiftung Liner Appenzell, 26.10.2003 – 25.1.2004 (mit weiterer Literatur).
+ *Sammlung Marguerite Arp-Hagenbach.* Ausstellungskatalog, Kunstmuseum Basel, 4.11.1967 – 7.1.1968.
+ *In Memoriam. Marguerite Arp-Hagenbach,* herausgegeben von Erica Kessler. Locarno-Solduno 1995.

Herzlichen Dank an Erica Kessler für ihre wertvollen Anregungen zu diesem Text.

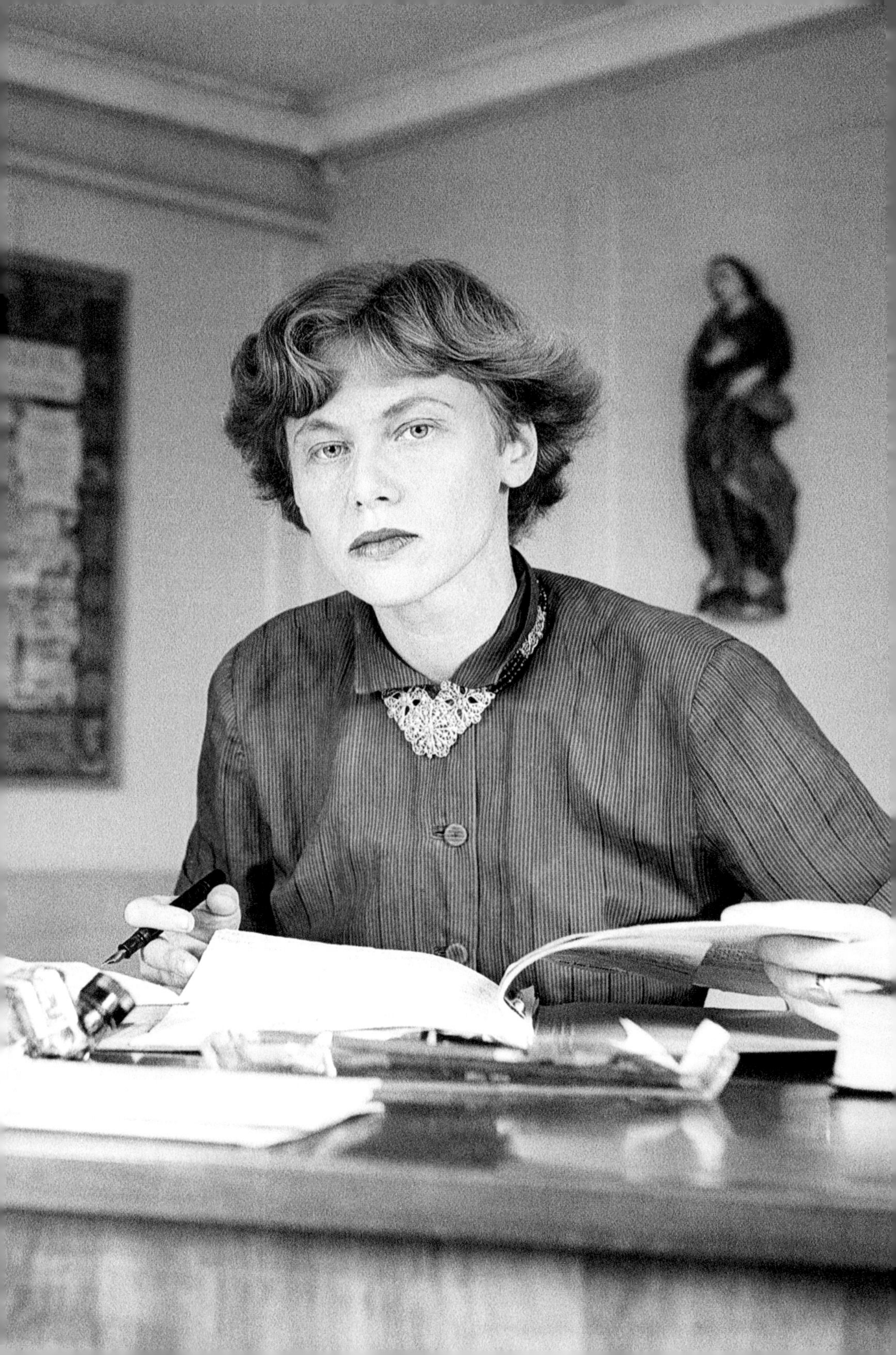

Sibel Arslan zu Iris von Roten

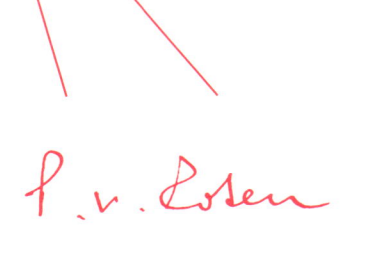

LIEBE UND IHR DRUM UND DRAN

Wie sich eine Basler Juristin und Feministin aus dem Laufgitter befreite

Ja, dieses Buch betraf auch mich. *Frauen im Laufgitter* war mir als feministischer Klassiker ans Herz gelegt worden. So hielt ich bereits während des Jurastudiums in Gender Law mit einer Kommilitonin einen Vortrag über Leben und Werk von Iris von Roten.

Dass sie mich als Baslerin, Juristin und Feministin später in der Politik weiter beschäftigen würde, war damals ungewiss. Nicht zu jedem Zeitpunkt braucht man Klassikerinnen. Für die Bewegungspolitik, in die ich 2004 einstieg, hatte ich aktuellere Handreichungen nötig. Dennoch blieb sie wichtig. Denn in ihrem Werk wurde auch meine Sache behandelt. Vier Gesichtspunkte möchte ich hier hervorheben: Die Schönheit von Iris von Roten. Die Tragik des erst in der Zukunft liegenden Erfolgs. Ihr Engagement. Und von Rotens Bedeutung für die heutige Frauenbewegung.

Ja, wir sollen von Schönheit sprechen. Iris von Roten war schön. Nicht nur im Äußeren. Sondern auch in ihrer Haltung und ihrem Handeln. Sie war eine Kämpferin, leidenschaftlich, kompromisslos. Das musste sie sein, um ihr Buch, das visionär war, schreiben zu können. Das musste sie erst recht sein, um die hasserfüllten Reaktionen auf das Buch ertragen zu können. Diese Leidenschaft in Engagement und Kritik ist schön. Sie wird noch schöner, weil sie sich mit Humor und bissigem Witz verbindet. Ihr Buch ist folglich auch heute noch ein Lesegenuss. Sie schreibt anschaulich, mit überraschenden Wendungen und Sprachspielen.

Und dann ist sie auf der Suche nach Liebe. Das zweite Kapitel in ihrem Buch heißt *Wie es der Frau in der Liebe und ihrem Drum und Dran ergeht*. Da handelt Iris von Roten die verschiedenen Bedürfnisse der Geschlechter und

Sibel Arslan, geboren 1980, türkisch-schweizerische Doppelbürgerin, lic. jur., Juristin. Ab 2005 Großrätin in Basel, seit 2015 Stadtbasler Nationalrätin für Basta!, Basels starke Alternative und die Grünen. Mitglied der Außenpolitischen Kommission und der Gerichtskommission. Mitglied im Europarat. Aktiv in der Frauen-, Migrations- und Menschenrechtsbewegung.

deren gesellschaftlich so unterschiedliche Befriedigung ab. Scharfzüngig zeigt sie, wie die Frauen in ihre Rollen eingesperrt werden, juristisch, politisch und emotional. Das führt sie zum Skandal der »freien Liebe«. Die Monogamie, das Zusammenleben mit dem einzig Richtigen werde bloß durch das gesellschaftliche Instrument der Ehe erzwungen. Dagegen gelte doch: »Ein einzig ›Richtiger‹ ist richtig kümmerlich.« Das koppelte von Roten an die biologistische Gebärfähigkeit und Mutterschaft. Die Frau will, schreibt sie, von allen Männern, mit denen sie eine Beziehung eingeht, ein Kind, aber sie will von jedem Einzelnen nur ein Kind, danach endet die Beziehung mehr oder weniger zwangsläufig. Das sei eine Tatsache, die der Feminismus zu wenig erkannt habe. In der eigenen Lebenspraxis sah das dann doch ein bisschen freier aus; Iris ebenso wie ihr Mann Peter von Roten, den sie 1946 geheiratet hatte, mussten nicht auf eine Mutter- beziehungsweise Vaterschaft zusteuern, um verschiedene Beziehungen zu leben.

Iris von Roten scheute die Auseinandersetzung nicht. Ihrem Anspruch nach vertrat sie nicht nur sich selbst, sondern all jene Frauen, die allzu oft gute Miene zum bösen Spiel gemacht, Kränkungen überhört hatten. »Ich halte es für nötig, dem Missfallen Ausdruck zu geben.« Die Reaktionen darauf zeigten den Rückstand der Schweiz gegenüber anderen Ländern. Simone de Beauvoirs *Le Deuxième Sexe* war 1949 öffentlich diskutiert und anerkannt worden. *Frauen im Laufgitter* wurde 1958 öffentlich diffamiert. »Sie verdienen nicht mehr und nicht weniger, als übers Knie genommen zu werden, um Ihrem entblößten Hinterteil ein paar heftige Schläge zu versetzen ...«, war noch eine der harmloseren gewalttätig-sexualisierten Reaktionen. Auch die vornehme *NZZ* durfte beim Bashing nicht fehlen.

Diese Reaktionen würden wir heute Hatespeech nennen. Was nicht heißt, dass wir aktuell besser damit umgehen können. Fast jede Frau, die in der Öffentlichkeit mitreden will, erfährt das. Auch ich. Man zielt aufs Geschlecht und unterbindet jede sachliche Diskussion. Das gilt etwa beim aktuellen Thema Einwohner:innen-Stimmrecht, für das ich mich einsetze. Es wird uns unterstellt, es gehe um die Übernahme der Macht mithilfe »nicht-schweizerischer« Menschen.

Formen der Gewalt wie Hatespeech, Sexismus, Rassismus oder Stalking erfahren nicht nur Personen, die in der Öffentlichkeit stehen. Davon sind fast alle Frauen betroffen. Wir müssen folglich über strukturelle Probleme reden, die solchen Missständen zugrunde liegen. Gefordert sind die Institutionen sowie die juristischen und politischen Instanzen. Die fortlaufende Digitalisierung und Anonymisierung machen diese Forderung noch dringlicher. Sie fördern die Emotionalisierung und führen zu gesteigerten Angriffen.

Iris und ich als öffentliche Personen machen auf Missstände aufmerksam. Sie machte es mit ihrem Buch, *Frauen im Laufgitter*, das zu heftigen Reaktionen führte. Bei mir sind es meine Vorstöße, die vor allem in sozialen Medien als Provokation bewertet werden. Die einen lassen sich davon aufrütteln, die andern zeigen ihre Bösartigkeit mit heruntergelassenen Hosen vor meiner Haustüre oder unflätigen Bemerkungen auf dem Bundesplatz.

War Iris von Roten ihrer Zeit voraus? Oder ist diese Frage falsch gestellt? Womöglich, wie die Historikerin Caroline Arni in einem Sonderheft der feministischen Zeitschrift *Olympe* begründet hat. Einerseits hat von Roten angeknüpft an frühere Fragestellungen der klassischen Frauenbewegung. 1947 in Oxford und 1948 in den USA entdeckte sie viele Bücher von Frauen, die sie tiefgreifend anregten. Zu denen gehört sicherlich Mary Wollstonecraft mit ihrer *Vindication of the Rights of Woman* (1792). Auch gehörten vereinzelt Männer dazu, etwa John Stuart Mill mit *The Subjection of Women* (1869). Praktisch keine der Forderungen von Iris von Roten war neu, aber sie waren zu ihrer Zeit nicht umgesetzt. Folglich hinkte ihr die Zeit nach. Andererseits lebte sie durchaus in ihrer Zeit, in aller Widersprüchlichkeit einer Gesellschaft, die in die Moderne gezerrt werden sollte. Die zunehmende Berufstätigkeit von Frauen war für die modernisierte Wirtschaft notwendig, verdeckte zugleich die soziale Abwehr.

Iris kam 1917 im Basler Mittelstand als Iris Meyer zur Welt. Sie begann 1936 ein Jurastudium und promovierte 1941. Nach dem Abschluss ihres Rechtsstudiums traf sie weiterhin auf Vorurteile, so wie diejenigen Berufsfrauen, die ihr vor mehr als einem halben Jahrhundert vorangegangen waren: Marie Heim-Vögtlin, die erste Schweizer Ärztin, die erste Juristin Emilie Kempin-Spyri sowie die zweite Ärztin und erste Allgemeinpraktikerin Caroline Farner.

Iris musste bereits beim Einstieg ins Berufsleben vielfältige Diskriminierungen erleben; selbst als Promovierte wurden von ihr untergeordnete Kanzleidienste erwartet. Angesichts der Widerstände verlegte Iris Meyer ihr Schaffen auf die publizistische Arbeit. 1943 wurde sie Redaktorin beim *Schweizer Frauenblatt*, der Zeitschrift des Bundes Schweizerischer Frauen-

Frisch verheiratet: Iris und Peter von Roten 1947.

vereine (BSF). Der Bund gab sich betont gemäßigt, und die Zeitschrift verließ selten den gesellschaftlichen Mainstream. Iris Meyer profilierte sich zwar bald mit ihrer spitzen Feder, aber ein wenig ihrer Unbotmäßigkeit hatte doch Platz. Ihr selbst genügte das allerdings nicht, ebenso wenig wie die traditionelle Rolle, in die sie 1945 nach der Verlobung mit dem bereits auf der Karriereleiter emporkletternden Walliser Rechtsanwalt und Politiker Peter von Roten zu geraten drohte.

Mit den beiden Auslandsaufenthalten begann sie, an einer Studie über die Stellung der Frau zu arbeiten, und sammelte dafür unermüdlich Materialien und Argumente. Als 1958 *Frauen im Laufgitter* mit dem Untertitel *Offene Worte zur Stellung der Frau* erschien, wurde sie nunmehr als Zeitgenossin wahrgenommen – aber eben als aufmüpfige, unangenehme. Das Résumé: Sie war zu weit gegangen. Sie war nicht zu früh gekommen, sondern sie wollte in ihrer Zeit in eine bahnbrechende, für viele damals in eine falsche Richtung gehen.

Von Rotens Demokratiebegriff griff weit über die politische Gleichstellung hinaus. Ihr Buch enthält Kapitel über die Wirtschaft, das Soziale, die Kultur. Und kürzlich ist ein bislang nicht gedrucktes Kapitel über die Rolle der Mode aufgetaucht. Witzig und prägnant sind schon die Überschriften, etwa »Unergötzliches Panorama der weiblichen Berufstätigkeit in der Schweiz«, »Haushaltfron als Morgengabe« oder auch »Ein Volk von Brüdern ohne Schwestern«. Von Roten sah die kommenden wirtschaftlich-technologischen Entwicklungen und Veränderungen voraus. So erkannte sie die »Antiquiertheit der Muskelkraft als Machtfaktor«. Gerade im Gefolge von Kriegen würden sich solche der politischen Entwicklung vorauseilenden Änderungen vollziehen, wie sie realistisch anmerkte. Als Konsequenz forderte sie gleiche Rechte für Frauen in allen Bereichen, auch in der Sexualität, wie sie es in der eigenen Ehe lebte.

So wie frühere Pionierinnen, etwa Paulette Brupbacher, hat auch Iris von Roten die Freigabe der Verhütung, das Recht der Frauen auf ihren eigenen Körper, als wichtig für eine soziale Emanzipation betrachtet. »Entrechtung bis in die Eingeweide«, formuliert sie dazu drastisch. »Mit der männerrechtlichen Bestrafung der Abtreibung wird den Frauen nichts weniger als die Verfügung über einen in ihrem Körper eingeschlossenen, mit ihm verwachsenen und allein durch ihn lebenden unfertigen Organismus genommen.«

Ihr Antrieb ging weit über das Politische hinaus. »Die pure Lebenslust machte mich feministisch. Alles, was das Herz begehrte: wilde Abenteuer, lockende Fernen, tolle Kraftproben, Unabhängigkeit, Freiheit – das schäumende Leben schlechthin – schien in Tat, Wort und Schrift den Männern vorbehalten zu sein.« Diesem Gefühl folgte sie, suchte ihrem Wesen gerecht zu werden und sich nicht zu verstellen. Mit ihrer kompromisslosen Haltung sich selbst gegenüber stellte sie auch hohe Anforderungen gegenüber ihrem nächsten Umfeld und gegenüber der Gesellschaft. »Die Antworten auf die Fragen des weiblichen Lebens geben allenthalben zum überwiegenden Teil Männer, wobei sie gerne einen Ton anschlagen, als hätten sie Geisshirten Wunderkuren anzupreisen oder aber Esel auf den rechten Pfad zu zerren«, schrieb sie spöttisch.

In Zürich genügte es Mitte des 20. Jahrhunderts offenbar, wie es Iris von Roten 1955 geschah, als junge, elegant gekleidete und allein in der Nacht spazierende Frau von der Polizei aufgegriffen zu werden. Sie hatte nicht einmal einen Ausweis dabei. So etwas war suspekt und ging nicht. Was Iris damals geschah, erfuhr ich in unserer Zeit auf andere Weise. Anlässlich einer unbewilligten Frauendemonstration in Basel wurde ich als Vermittlerin zwischen den Demonstrant:innen und der Polizei kontaktiert und herbeigerufen. Das schien offenbar ebenso suspekt. Auch ich wurde kurzzeitig abgeführt. Anscheinend bieten diese Momente immer noch die Gelegenheit, uns Frauen für unser Engagement büßen zu lassen.

Politisch sah von Roten ein formelles Paradox der Schweizer Demokratie: Die Rückständigkeit liege nicht in einer fragwürdigen »Eigentümlichkeit des schweizerischen Schicksal«, sondern sei rein formeller Natur, nämlich durch die »weitgehenden Kompetenzen jedes einzelnen männlichen Schweizer- beziehungsweise Kantonsbürgers bei der Bestimmung des verbindlichen Kollektivwillens«. Das heißt, gerade die Direktdemokratie der Männer erschwere die Einführung einer Demokratie für alle. Die Probe aufs Exempel machten im März 1957 die Frauen im Walliser Dorf Unterbäch, die an der Abstimmung über einen obligatorischen Zivildienst für Frauen teilnahmen, ermutigt von Iris von Roten und ermöglicht durch einen Entscheid des damaligen Statthalters von Raron, Peter von Roten.

Umso frappierender waren dann, kaum ein Jahr später, die heftigen Reaktionen auf ihr Buch, auch und gerade von Frauen. In ihrem Werk hatte sie allerdings den Konservatismus eines größeren Teils der Frauen schon vorweggenommen. Scharfsichtig erkannte sie, wie sich die zugeschriebenen Rollen in Machtbeziehungen gegenseitig verstärken. Bissig hielt sie fest: »Wie alle Zurückgesetzten hegen auch die Frauen für ihre Schicksalsgenossinnen eine gewisse Verachtung und haben weniger Vertrauen in deren Fähigkeiten als in jene der Herrschaften, der Männer.« Die Ablehnung, die Iris von Roten auch aus Kreisen der organisierten Frauenbewegung entgegenschlug, traf sie tief. Denn der Frauenbund fürchtete, die offenen Worte und die radikalen Ansichten von Rotens würden dem Kampf ums Frauenstimmrecht schaden. Tatsächlich wurde dieses am 1. Februar 1959 von den Schweizer Männern mit Zweidrittelmehrheit verworfen – allerdings wohl kaum wegen Iris von Rotens »Skandalbuch«. Nach der Abstimmung schrieb sie ein achtzigseitiges *Frauenstimmrechts-Brevier*, das die bisherigen Anstrengungen, Argumente und Debatten sowohl in juristischer wie politischer Hinsicht prägnant zusammenfasste. Dann zog sie sich aus der aktuellen Politik zurück. Nun arbeitete sie als Rechtsanwältin mit ihrem Mann in der gemeinsamen Anwaltskanzlei, zugleich als Reisejournalistin.

Wie sieht es bei mir aus? Mit meinem Rechtsstudium bin ich nicht gleich Iris von Roten gefolgt. Für das Studium habe ich mich entschieden, weil ich

* 2.4.1917	in Basel als Iris Meyer in einer Ingenieursfamilie
1936	Studium der Rechtswissenschaften in Bern, Genf und Zürich. 1941 Promotion, 1946 Anwaltspatent
1943–1945	Journalistin beim *Schweizer Frauenblatt*
1946	Heirat mit Peter von Roten (1916–1991), ein Kind. Raron. Leuk. 1948 USA-Aufenthalt, Anwältin, freie Publizistin
1957	Anregung zur Abstimmungsteilnahme von Frauen in Unterbäch / Wallis
1958	*Frauen im Laufgitter. Offene Worte zur Stellung der Frau.* Öffentliche und private Hetzkampagne gegen von Roten. 1959 *Frauenstimmrechtsbrevier*
ab 1960	Auslandsreisen. Reisepublizistin, *Vom Bosporus zum Euphrat* (1965). Kunstmalerin
† 11.9.1990	in Basel

bereits während der Matur regelmäßig für Geflüchtete übersetzte. Dabei stellte ich schmerzhaft fest, wie mit Menschen umgegangen wird. Oft so, als seien sie minderwertig, vor allem wenn sie der Sprache nicht mächtig sind. Dagegen wollte ich etwas tun. Eine der Optionen war, für mehr Gerechtigkeit zu sorgen. Aber was genau bedeutet Gerechtigkeit? Sie ist für mich ein Prinzip, dem wir uns nur annähern können. Dabei ist mit Gerechtigkeit keine Gleichheit gemeint. Denn formale Gleichheit kann praktisch gar zu Ungerechtigkeiten führen. Besonders, wenn die Startbedingungen ins Leben nicht berücksichtigt werden. Gerechtigkeit ist mit anderen Worten erst mit tatsächlicher Chancengleichheit möglich, wozu Politik gefordert ist.

Iris von Roten war in einer gutbürgerlichen Familie aufgewachsen und stieg mit der Heirat in noch besser betuchte Kreise auf. *Frauen im Laufgitter* hatte sie im prächtigen, von Peter von Roten 1949 erworbenen Stadthaus am Heuberg 12 in der Basler Altstadt geschrieben. Darin hatten einst die Frauenrechtlerinnen Meta von Salis-Marschlins und Hedwig Kym gewohnt. Nach dem Abschied von der Politik schrieb sie vor allem Reiseberichte. In ihrem Reisetagebuch von 1965, *Vom Bosporus zum Euphrat,* blickt sie zuweilen eher abschätzig auf die Türkei und ist häufiger damit beschäftigt, Teppiche einzukaufen, die sie in die Schweiz schicken lässt.

Was wir heute als Intersektionalität bezeichnen würden, lag ihr fern: Genau jene Herausforderungen, die mich als Frau, als linke Politikerin, als Angehörige einer Minderheit in einer anderen Minderheit, als Migrantin und als nunmehr eingebürgerte Schweizerin parallel und ineinander verschränkt beschäftigen, waren ihr fremd. Das zeigt sich am Beispiel der Gesichtsverschleierung. In ihrem Reisebericht aus der Türkei hat sich von Roten uneingeschränkt dagegen ausgesprochen. Ich hingegen glaube, dass die Frage nicht so einfach beantwortet werden kann und vom Kontext abhängt. Zwar bin ich nicht besonders erpicht auf Gesichtsverschleierungen

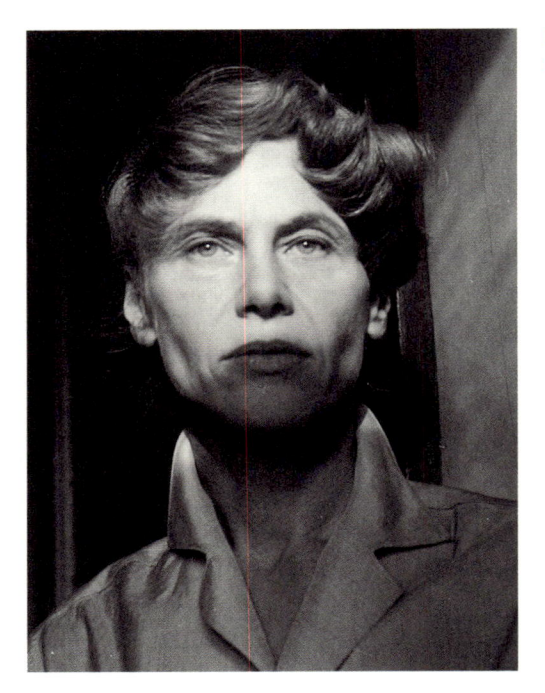

Reiseschriftstellerin: Iris von Roten nach ihrer großen Türkeireise, 1960.

und Burkas, aber noch viel weniger bin ich für ein Burkaverbot, das den Frauen wiederum Kleidervorschriften in der Verfassung vorschreiben will, und dies mehr oder weniger heuchlerisch von Männern, die sich sonst keinen Deut um die Gleichstellung der Geschlechter kümmern.

Ist Iris von Rotens Hinwendung zum Reisen und später zum Malen eine Resignation, eine Entpolitisierung? Nun, auch hier lebte sie konsequent; wenn sie sich etwas wünschte, dann ließ sie sich keine Vorschriften machen. Selbstverantwortet war schließlich, als sie von schmerzhaften Krankheiten geplagt wurde und sich für den Tod entschied.

Habe nicht auch ich manchmal den Wunsch, mich der Kunst zu widmen oder mit ein paar Hühnern im Garten den Tag zu genießen? Doch für mich bleibt das Politische notwendig. Von Rotens Mittel zur Gestaltung ihres Lebens waren das Reisen und Schreiben und Malen. Meines ist die Politik. Doch halte ich mich an ihr Vorbild, für die eigene Position einzustehen, und dies nicht nur im unmittelbar politischen Bereich.

In welche Richtung haben wir Frauen uns seither aus dem Laufgitter bewegt? Das Frauenstimmrecht ist – skandalös verspätet zwar – seit nunmehr fünfzig Jahren eingeführt. Die rechtliche Lage der Frauen hat sich verbessert, in Wirtschaft und Politik hat ihr Gewicht zugenommen. Ich freue mich darüber, dass immer mehr Frauen im Parlament sind, aber im Vergleich zur Bevölkerung sind es immer noch zu wenige.

Die Frage drängt sich auf, ob es noch mal fünfzig Jahre dauern muss, um weitere Demokratiedefizite aufzuheben. Könnten wir die Vielfalt der Gesellschaft im Parlament nicht schneller und besser abbilden?

Wie sieht die Parallele zur Ablehnung von Iris von Roten durch den Frauenbund heute aus? Heutzutage können viele Frauen ihrer Karriere nur nachgehen, weil migrantische Frauen für sie Haus- und Care-Arbeit erledigen. Leider werden auch in linken Kreisen Migrant:innen manchmal nur toleriert, solange sie abhängig bleiben, als Opfer herhalten können. Wenn sie hingegen selbstbewusst ihre Rechte oder Mitsprache einfordern, wird dies rasch als zudringlich und aufsässig empfunden. Diesbezüglich brauchen wir mehr als Sensibilisierung, insbesondere bei kumulierten Diskriminierungen von Migrantinnen.

Dank Frauen wie Iris ist die Schweizer Demokratie und Rechtsstaatlichkeit vorangekommen. Sie ist jedoch immer noch unvollständig. Fünfundzwanzig Prozent der Schweizer Wohnbevölkerung sind von der politischen Teilhabe ausgeschlossen. Die Schweiz hat eine äußerst strikte Einbürgerungspraxis. Menschen, die seit Jahrzehnten hier wohnen, hier ihren finanziellen und sozialen Beitrag zur Gesellschaft leisten, ihren Lebensmittelpunkt in der Schweiz haben, wird der rote Pass verweigert; zum Beispiel weil sie zu selten im Geschäft des Schwagers des Gemeindepräsidenten einkaufen, weil sie den lokalen Namen eines Bächleins nicht kennen oder vielleicht weil sie mit einem scharfen norddeutschen Akzent sprechen. Es ist höchste Zeit, für das Mitbestimmungsrecht der Ausländer:innen einzustehen. Alle Menschen, die seit fünf Jahren bei uns leben, sollen mitbestimmen, mitgestalten und politische Verantwortung übernehmen können.

Ich wünsche mir eine Schweiz, die zu ihrer Migrationsgeschichte und zu den Immigrierten steht, diese Tatsache als eine Bereicherung und ein Potenzial akzeptiert, verstärkt und mehr nutzt.

Iris von Roten mit ihren Überzeugungen, festgehalten in *Frauen im Laufgitter*, drängt sich mir auch nach der ersten Lektüre vor über zwanzig Jahren immer noch auf. Ich hoffe, dass ihre Gedanken unter Einbezug neu erkannter Demokratiedefizite auch heute bei vielen Einwohner:innen unseres Landes Niederschlag finden. Es gibt noch viel zu tun.

Mehr zu Iris von Roten

+ Die Bücher: Zwei Biografien sind bisher erschienen, schon früh von Yvonne-Denise Köchli: *Eine Frau kommt zu früh. Das Leben der Iris von Roten, Autorin von Frauen im Laufgitter*. Zürich 1992; etwas neuer Wilfried Meichtry: *Verliebte Feinde. Iris und Peter von Roten. Literarische Biografie*. Zürich 2007, Neuauflage Zürich 2012.

+ Der Film: *Verliebte Feinde*. Drehbuch von Wilfried Meichtry, Regie Werner Swiss Schweizer. Zürich 2013.

+ Die Analyse: *Olympe. Feministische Arbeitshefte zur Politik. Heft 28: Offene Worte. Zur Aktualität von Iris von Rotens Frauen im Laufgitter*. Ottenbach 2009.

+ Zum Jubiläum von fünfzig Jahre Frauenstimmrecht (2021) ist an Iris von Roten in verschiedenen Ausstellungen und Artikeln erinnert worden.

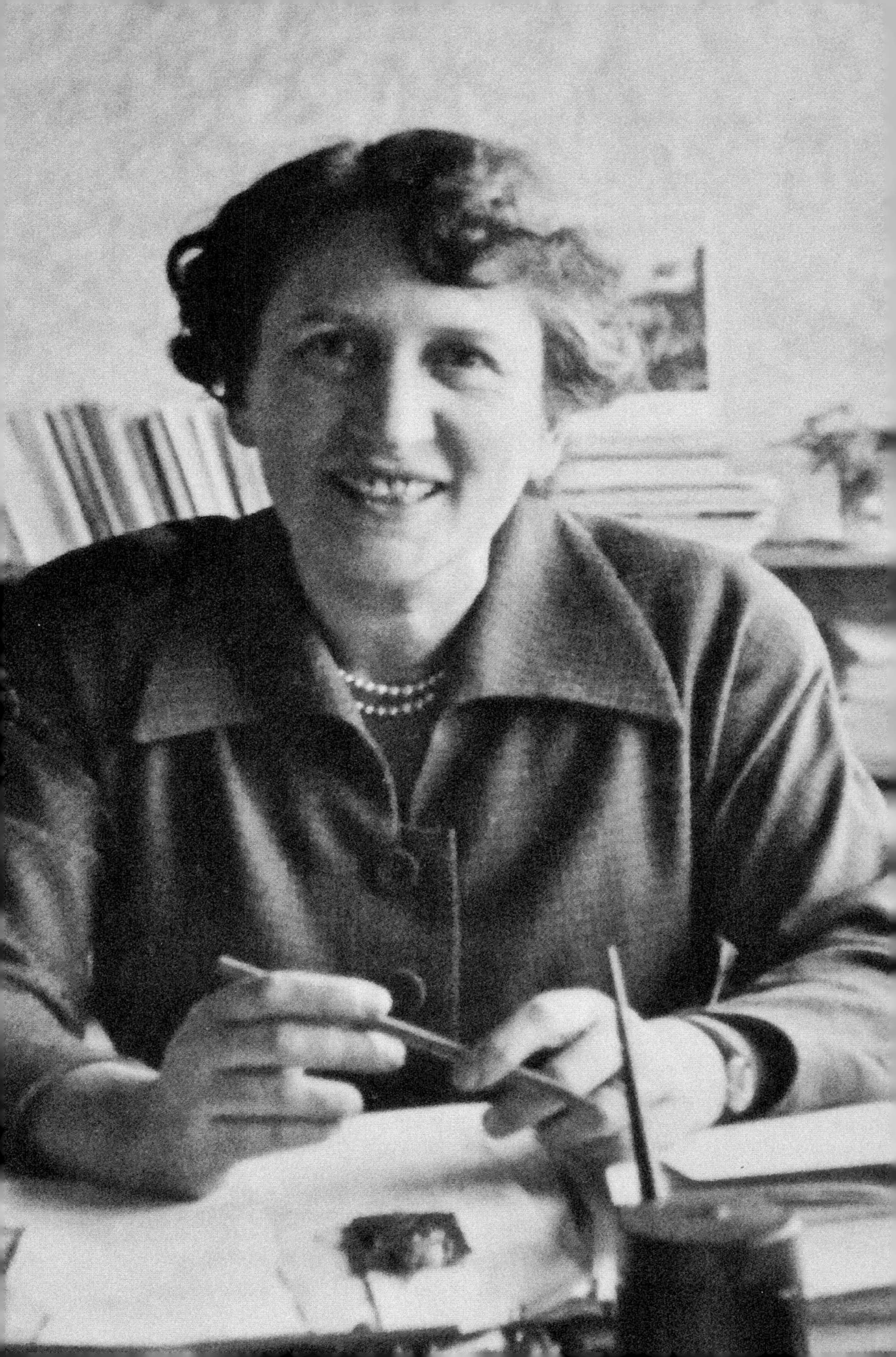

JAKOB TANNER ZU ELSA F. GASSER

Elsa F. Gasser

»IM ESSEN SOLLEN DIE KLASSENUNTERSCHIEDE VERSCHWINDEN«

Wie die Migros fahren lernte

Als sich die neunzehnjährige Elsa Felicya Pfau im Sommer 1915 an der Staatswissenschaftlichen Fakultät der Universität Zürich immatrikulierte, hatte sie bereits eine bewegte Kinder- und Jugendzeit hinter sich. Ihre jüdischen Eltern stammten aus dem galizischen Lemberg (heute Lwiw, Ukraine). Geboren wurde sie in Krakau (Polen), wo sie als exzellente Schülerin auffiel. Als die dortige Privatbank ihres Vaters Verluste machte, zog die Familie nach Berlin um und übersiedelte 1913 nach Zürich. Bereits 1920 promovierte Elsa Pfau mit *Summa cum laude* in Jurisprudenz und Nationalökonomie.

Nach dem Studienabschluss verschuldet, begann sie, für den Handelsteil der *Neuen Zürcher Zeitung* zu schreiben. Zwischen 1920 und 1923 war sie im Statistischen Amt der Stadt Zürich tätig und beteiligte sich an der Berechnung eines Lebenskostenindexes für Arbeiter. Damit geriet sie in die Nähe der Konsumgenossenschaftsbewegung, welche die preistreibenden Zwischenstufen zwischen Produzenten und Konsumentinnen ausschalten wollte. Das für »Zahlenbeigen« bekannte Statistische Amt befand sich damals an der Napfgasse 6, benachbart dem provokant-skandalösen Cabaret Voltaire der Dadaisten (Spiegelgasse 1) und dem Wohnort des im April 1917 nach St. Petersburg abgereisten russischen Revolutionärs Lenin an der Spiegelgasse 14. In diesem Triangel gesellschaftspolitischer Haltungen bewegten sich viele der aus Osteuropa stammenden Akademikerinnen. Elsa F. Pfau wählte, ihrem »Doktorvater«, dem 1885 in Kiew geborenen Ökonomen Manuel Saitzew folgend, den nüchternen Pol der Statistik. Ihre Maxime hieß »social productivity«, die den großen Gestus scheute und Zahlen vertraute.

Jakob Tanner, geboren 1950, ist Professor em. für Geschichte der Neuzeit an der Universität Zürich. Autor von Werken zur Geschichte der Schweiz im europäischen Kontext sowie Publikationen zur Sozialgeschichte des Konsums, der Ernährung und der Drogen. Gründungsmitglied des Zentrums Geschichte des Wissens (ETH/UZH).

Sie strebte einen sozialen Ausgleich an. Sie glaubte an die aufklärerische Macht des in einer Gesellschaft zirkulierenden Wissens und wollte klassenkämpferische Parolen mit der empirisch objektivierten wirtschaftlichen Wirklichkeit konfrontieren.

Mit ihrer Dissertation, die 1921 unter dem Titel *Industriepolitische Gesichtspunkte in der Besteuerung* erschien, griff Pfau in die damals heftige Auseinandersetzung um die Rekonstruktion des Steuerstaates ein. Der »Große Krieg« (1914-18) hatte eine »ungeheure Verelendung des europäischen Wirtschaftskörpers« verursacht, und es galt, den »endgültigen Zusammenbruch des wirtschaftlichen Organismus« zu verhindern. Ihre Option war eine politisch sinnvoll regulierte Privatwirtschaft. In der privaten Kapitalbildung sah sie die Hauptenergiequelle der Wirtschaft. Eine Steuer dürfe, stellt sie fest, »den Ast, auf dem sie selber sitzt, nicht absägen«, und das gelte für die gesamte Gesellschaft.

Pfau fürchtete das »Damoklesschwert der Sozialisierung«, das damals über der krisengeschüttelten kapitalistischen Industriegesellschaft baumelte, und lehnte »umstürzlerische Steuereingriffe« und insbesondere die von der Sozialdemokratie in vielen Ländern, auch in der Schweiz, geforderte »einmalige Vermögensabgabe« zur Entschuldung des Staates ab. Dennoch betrachtete sie einen Umbau des Steuersystems als unabdingbar und plädierte für eine dauerhafte Einkommensbesteuerung sowie eine griffige Erbschaftssteuer. Darüber hinaus zielte sie auf eine durchgreifende Reform des Wirtschaftssystems, insbesondere auf eine »Mitwirkung der Arbeiterschaft« im Betrieb, und kritisierte »die Monopolisierung des Unternehmungsgeistes durch das Großkapital«.

Sie schlug nicht einfach technische Lösungen für politische Probleme vor, sondern wertete den Techikeinsatz selbst als Medium der Politik. Im »viel befehdeten Taylorsystem« (dem Scientific Management Frederick W. Taylors) sah sie »den Typus der Zukunft«. Dabei ging es nicht nur um die Mechanisierung der Produktion, sondern um Methoden, mit denen sich »Leerlauf« bekämpfen ließ, so die »immaterielle Rationalisierung« von Betriebsabläufen durch organisatorische Verbesserungen und die Qualifikation von Arbeitskräften. Pfau wollte insgesamt eine »eng privatwirtschaftliche Denkweise«, d. h. die kurzsichtige Profitmaximierung, überwinden und Maßnahmen fördern, »die im Brennpunkt der volkswirtschaftlichen Gesamtinteressen zusammenlaufen«. Sie propagiert keinen marktförmigen Sozialdarwinismus, sondern erwartet vom Fiskus, dass er den Begabten und »wirtschaftlich Schwachen« Möglichkeiten eröffnet, damit sie »zu erhöhten Leistungen aufsteigen« können. Das meritokratische, auf dem Leistungsgedanken aufbauende System, das ihr vorschwebte, blieb der Einsicht verpflichtet, dass eine unternehmerische Innovationskultur auf gezielte Förderinstrumente angewiesen ist.

Weitsichtige Ökonominnen und Ökonomen schlagen auch heute angesichts der Corona-Pandemie wieder vor, die Privatwirtschaft nicht primär mit einer expansiven Geldpolitik, sondern mit einer Fiskalpolitik zu unterstützen, die produktive Investitionen fördert und konjunkturelle Stimuli freisetzt. Elsa F. Pfau bewegte sich anfangs der 1920er-Jahre in eine ähnliche Richtung. So wie auch die Ökonomin Dora Schmidt, die 1926 in Basel über *Nichtfiskalische Zwecke der Besteuerung* promovierte und mit diesem »Beitrag zur Steuertheorie und Steuerpolitik« ebenfalls Ideen vorwegnahm, die später unter dem Schlagwort Keynesianismus populär wurden. Mit Pfau verband die ein Jahr ältere Schmidt die Überzeugung, dass ohne die Emanzipation der Frau keine nachhaltige ökonomische Prosperität möglich sei; im Unterschied zu Pfau erlebte die zunächst in der Bundesverwaltung tätige Schmidt ein extremes Mobbing (das sie zum beruflichen Wechsel in die Privatwirtschaft zwang) und war in der Nachkriegszeit bereit, für das Frauenstimmrecht auf die Barrikaden zu gehen, während Elsa Felicya Gasser – wie sie sich seit der Heirat mit dem Versicherungsexperten Joseph Beat Gasser im Jahre 1924 nannte – eher die Feder spitzte.

Die Jahre nach 1924 waren durch gesellschaftliche Aufbrüche und ästhetische Neuerungen geprägt. Inspiriert durch die neue Sachlichkeit, dachte Elsa F. Gasser über eine Rationalisierung des kollektiven *Bargaining* auf dem Arbeitsmarkt nach. Mit Sinn für Timing lancierte sie im Juni 1927 in der *Neuen Zürcher Zeitung* »praktische Vorschläge zur gütlichen Beilegung von Konflikten zwischen Arbeitgebern und Arbeitnehmern«. Unter dem Titel *Der Weg zum Arbeitsfrieden* stellte sie fest, es sei kein Naturgesetz, dass sich Gewerkschaften und Unternehmer »bei leisestem Anlass an die Kehle springen müssen«: »Selbst die scharf gegen die kapitalistische Ordnung Front machenden Richtungen in der Arbeiterbewegung sehen heute im Grundsatz des Klassenkampfes nicht mehr ein unausgesetztes blindwütiges Gegeneinanderrasen.« Auch der Typ des Arbeitgebers, »der seine Lebensaufgabe rein negativ in der Abwehr des ›Appetits‹ seiner Arbeiter erblickt«, sei »im Aussterben begriffen«.

Die Verkaufswagen der Migros brachten billigere Lebensmittel in rationaler Präsentation in weniger erschlossene Gebiete.

Gasser strebt nicht nach einem »faulen Frieden«, sondern nach »praktischen Kompromisslösungen«. Ein solcher Ausgleich sei nur durch ein »Eingreifen Dritter« zu erreichen. Sie nennt der Reihe nach: eine »laufende Wirtschaftsexpertise«, wissenschaftliche Untersuchungen, Konferenzen und Gesamtarbeitsverträge sowie »ständige gemischte Schiedsgerichte« für eine geregelte Streitschlichtung; Letztere unter Einschluss der Konsumenten, weil Streiks und Aussperrungen »in schweren Fällen [...] schließlich auf dem Rücken des wehrlosen Verbrauchers ausgefochten« würden.

Mit ihren Überlegungen beförderte sie jene »günstige geistige Atmosphäre«, die im selben Jahr 1927 den Schweizerischen Gewerkschaftsbund (SGB) veranlasste, den Klassenkampf aus seinen Statuten zu streichen. Obwohl die repressive Seite dieses sozialpolitischen Stimmungswandels nicht verschwunden war, wie das gleichzeitig beschlossene Streikverbot für Bundesbeamte zeigte, und obwohl die direktdemokratischen Auseinandersetzungen hart blieben, öffneten sich neue Perspektiven. Die Idee, dass die Massenkaufkraft der Bevölkerung durch produktive Rationalisierung der Industrieproduktion gesteigert werden könnte, stärkte die gewerkschaftliche Verhandlungsmacht auf Kosten der Streikbereitschaft. In den Expertenkommissionen des Volkswirtschaftsdepartements saßen fortan auch Vertreter des SGB. Mit dem Ausbau der Sozialstatistik und der Schaffung des Landesindexes der Konsumentenpreise wurden Verteilungskonflikte moderiert.

Damals war Elsa F. Gasser bereits für die Migros tätig. Eigentlich war sie von Anfang an dabei. Ein erstes Treffen mit Gottlieb Duttweiler, der sie später als »geistige Mitbegründerin« bezeichnete, fand im Frühsommer 1925 statt. Die knapp dreißigjährige »Frau Doktor« war von der Idee der fahrenden Verkaufsstationen mit einem reduziert-standardisierten Sortiment, welche den schweizerischen Detailhandel revolutionieren sollten, angetan; kaum wollte sie aber einige Einwände vorbringen, zog Duttweiler Fotos des bereits einsatzbereiten »fahrenden Ladens« aus der Tasche und statuierte ein Fait accompli. Die einsetzende Zusammenarbeit beruhte fortan auf einer Verkehrung der Geschlechtercharaktere: Dem impulsiven, emotional häufig übersteuerten Firmengründer stand die kalt kalkulierende, luftige Projekte ins Lot rückende Mitarbeiterin gegenüber. So wuchsen die beiden zu einem Team geglückter Organisationsentwicklung zusammen, in dem sich gegenseitiger Respekt und rationale Kritik die Waage hielten. Nicht umsonst bezeichnete Duttweiler Elsa F. Gasser, die er ab 1932 in fester Anstellung beschäftigte, als seine »fest besoldete Opposition«, und diese wiederum schätzte es, bei einem »grundsätzlichen Freund des Outsidertums« tätig zu sein.

1931 legte Gasser eine Analyse der weithin feststellbaren »Preisbaisse« vor und erklärte diese weniger mit Weltmarktdisparitäten als mit Rationalisierungsprozessen, Produktivitätssteigerungen, Massenproduktion und Kostendegression. Sie verurteilte die in den Industrienationen vorherrschende Tendenz, auf Kosten der Rohstoffe produzierenden Länder die Preise künstlich mit Subventionen und Zollpolitik hochhalten zu wollen. Der »überhitzte Nationalismus« zerstöre das »Weltpreisgebäude« und damit die Grundlage des internationalen Austausches. In einer anderen Schrift zum Thema Arbeitslosigkeit geißelt sie den »wahnwitzig übersteigerten wirtschaftlichen Nationalismus der einzelnen Staaten«.

Gegen einen fatalen Pessimismus und die Neigung, »mit Gespenstern einer fernen Zukunft« zu kämpfen, sah sie die Entwicklung der vergangenen

Jahrzehnte insgesamt positiv: Wir lebten heute in einem »noch nie gekannten Massenwohlstand«, und die heutige Generation könne deshalb über die Befürchtungen ihrer Väter aus der Depressionszeit der 1870er- und 1880er-Jahre, die Welt sei in einem irreversiblen Niedergang befindlich, nur noch lächeln.

Elsa F. Gasser definierte sich nicht über Religion. Ihr Ehemann, Joseph Beat Gasser, war Bürger der stockkatholischen Gemeinde Lungern im Kanton Obwalden, und über diese Verbindung lernte sie den Innerschweizer Milieu-Katholizismus und das Landleben kennen. Sie ließ sich als »Stadtkind« und urbane Frau auf die neue Verwandtschaft ein und genoss mit ihrer zupackenden Art bald deren Sympathien. Der im nationalsozialistischen Deutschland wütende Antisemitismus und Rassismus traf sie direkt. Im Rückblick, anlässlich der Trauerfeier zu ihrem Tod 1967, umschrieb ihr Mann die Auswirkungen des Holocaust: »Besonders schwer litt Elsa Gasser während des Zweiten Weltkrieges, als ihre Verwandten und Freunde liquidiert wurden.«

Gottlieb Duttweiler, der 1935 mit der Gründung des Landesrings der Unabhängigen eine politische Partei geschaffen hatte, lancierte im Sommer 1938 eine Kampagne für die sofortige Beschaffung von tausend Militärflugzeugen, »um unsere Babys zu schützen«. Gasser blieb zunächst zuversichtlich und hielt fest, die Schweiz befinde sich zwar »mitten im Hexenkessel, aber es scheint über unserem kleinen Land weiterhin ein glücklicher Stern zu walten«.

Doch im Juni 1940 stand die Schweiz unter Schock. Das französische Befestigungssystem hatte sich als Phantom erwiesen. Die *Grande Nation* wurde vom Blitzkrieg der Wehrmacht überrollt und kapitulierte. Duttweiler startete eine Vortragstournee, in der er – im Kontrast zur Haltung der schweizerischen Regierung – Unnachgiebigkeit gegenüber dem Hitler-Regime propagierte. Gasser rechnete nun mit dem Schlimmsten. Sie versteckte ihre beiden im Primarschulalter steckenden Buben für ein Dreivierteljahr in einem Kinderheim im Berner Oberland. Zwischen ihr, der Jüdin, und den Kindern sollte kein Zusammenhang hergestellt werden können. Ein rettendes neues Zuhause schien in Amerika möglich. Die Familie ersuchte um ein Visum für die Einreise. Dabei wurde sie von Duttweiler unterstützt, der im August 1940 an einen Geschäftsfreund in Chicago schrieb, Elsa F. Gasser sei jüdischer Abstammung und »Du weißt, was das heute in Europa bedeutet«. Er unterstütze ihr Vorhaben, »ihre Familie auf eine neue Basis zu stellen«, und bürge in finanzieller Hinsicht. Von ihren beruflichen Qualifikationen

* 6.6.1896	in Krakau als Elsa Felicya Pfau in einer jüdischen Bankiersfamilie. Gymnasium in Krakau
1913	Übersiedlung der Familie nach Zürich
1915	Studium von Jura und Wirtschaft an der Universität Zürich. 1920 Promotion
1921–1925	Statistisches Amt Zürich. Journalistin
1924	Heirat mit Joseph Beat Gasser (1890–1967), zwei Kinder
1925	Beginn der Zusammenarbeit mit Gottlieb Duttweiler. Volkswirtschaftliche Artikel
1932	Beraterin bei der Migros, später Mitarbeit in der Verwaltung als einzige Frau in der Migros-Führung. Initiiert 1948 ersten Selbstbedienungsladen in Zürich, 1950 Grammoclub Ex Libris. 1950/54 Studienreisen in die USA
ab 1946	Mitwirkung in der Stiftung Im Grüene und in der Gottlieb-und-Adele-Duttweiler-Stiftung
ab 1948	Mitglied der Eidgenössischen Ernährungskommission
1959	Pensionierung, behält aber Sitz im Verwaltungsrat der Migros. 1964 Ruhestand
† 25.8.1967	in Zürich

her würden sich »sowohl Herr wie Frau Dr. Gasser leicht zurechtfinden« drüben, in den USA.

Kurze Zeit später hatte Gasser wieder Vertrauen in den Standort Schweiz geschöpft. Dass sie politische Flüchtlinge aus Polen unterstützte, die sich zum eigenen Schutz häufig als Onkel und Tanten ausgaben und oftmals mit nichts anderem als den Kleidern auf dem Leib an der Grenze ankamen, um dann via Portugal in die USA oder nach Südamerika weiterzureisen, ist nur aus Familienerzählungen bekannt. An ihrem Arbeitsplatz antizipierte sie hingegen eine Konsummoderne, in der die Migros neu aufblühen konnte. Zunächst musste diese mit den Einschränkungen des – auch antisemitisch motivierten – Warenhausverbots von 1933 leben, das es der Migros verunmöglichte, neue Filialen zu eröffnen. Erfreulich entwickelten sich die Umsätze des schon 1935 gegründeten Reiseunternehmens Hotelplan, mit dem der innerschweizerische Tourismus zu günstigen Preisen angekurbelt werden konnte. 1941 wandelten Adele und Gottlieb Duttweiler die Migros zur Genossenschaft um, was neue Möglichkeiten für das kulturelle und wissenschaftliche Engagement eröffnete. Die Idee des »Kulturprozents« tauchte auf. Gasser beteiligte sich ab 1944 maßgeblich am Aufbau der Migros-Klubschulen und ab 1950 der Ex Libris, die seit 1952 zudem die rasch populär werdenden Vinyl-Schallplatten über den Grammoclub vertrieb.

Für Gasser stellte Duttweiler die Inkarnation des Widerstands gegen Trusts und Macht dar. Im März 1940 schrieb sie, dessen Antrieb sei »zu drei Vierteln Kampf gegen die mächtigen Monopole der Wirtschaft, nämlich die internationalen Trusts«. Dort würden seine gefährlichsten Gegner sitzen, die er als »überzeugter ›Neo-Liberaler‹« mit einem »System der wirklich freien Wirtschaft« bekämpfe – »frei auch von den die Freiheit verfälschenden Monopolen des Großkapitalismus«. In ihrer Anverwandlung

In den USA holte sich Elsa F. Gasser immer wieder Anregungen für moderne Ladenausstattungen, hier Ende 1950 in Cincinnati (Ohio) mit dem Präsidenten der National Association of Food Chains.

des Begriffs definierte Gasser den 1938 geprägten Begriff Neo-Liberalismus als eine Einstellung, welche die »freiwillige Zusammenarbeit« als »das Losungswort der Zukunft« ausgibt. Neo-Liberalismus beruht auf der »systematisch entwickelten sozialen Verantwortung jedes Einzelnen«. Er positioniert sich zwischen »Manchester-Liberalismus« und »Wirtschafts- und Wohlfahrtsstaat« und setzt auf »Public control«, d. h. auf »die gute Meinung des Publikums«. Ehrlichkeit sei in Public Relations eine »äusserst starke Waffe«, denn »die Welt will nicht betrogen sein«.

Die lang anhaltende Prosperität der *Trente glorieuses* bestätigte diese Sicht. 1953 konstatierte Elsa F. Gasser mit Genugtuung, wie sich die europäische Konsumentin mit der Selbstbedienung »befreundet«. Dass damals ein US-Bericht die Migros als »the foremost revolutionary enterprise« charakterisierte, war wesentlich Gasser zu verdanken, und sie erwähnte mit Genugtuung, dass viele Amerikaner schon von der revolutionären

Migros gehört hatten. Dass der »Makkaroni-Händler« (wie sich Migros-Gründer »Dutti« ironisierend selbst nannte) 1953 in die Bostoner Hall of Fame in Distribution aufgenommen wurde und 1960 den International Marketing Award erhielt, war maßgeblich Resultat ihrer unermüdlichen transatlantischen Beziehungsarbeit. Diese brachte sie auch auf neue Ideen und dazu, über künftige Innovationen im Detailhandel zu »migrölen«, bis hin zur »Hausfrau mit Computer«, welche diese »Wundermaschine« mit ihrer »superschnellen Information« für Fernbestellungen und Hauslieferungen nutzt oder in einem »Lochkartenladen« mit »sprechenden Etiketten« einkaufen geht.

Die Überzeugung, dass eine sozial verantwortliche Marktwirtschaft die gesellschaftlichen Probleme der Vergangenheit lösen könne, war damals weit verbreitet. Berühmte Wirtschaftsstatistiker wie Simon Kuznets skizzierten die Vision einer wohlstandsnivellierten Mittelstandsgesellschaft mit steigender Kaufkraft in breiten Bevölkerungsschichten. Im Verein mit einer demokratischen Öffentlichkeit könnten produktive Privatunternehmen und kostensparende Distributionsunternehmen es schaffen, die Einkommens- und die Vermögenskluft zu schließen, welche den Kapitalismus vor dem Ersten Weltkrieg prägten. Elsa F. Gassers beruflicher Lebenszyklus setzte in der Aufbruchsstimmung der 1920er-Jahre ein; sie ließ sich durch Krise und Krieg nicht von ihrem Glauben an vernünftige Lösungen abbringen. Es blieb ihr Wunsch, dass die Migros »für alle Zeiten den Mächtigen und den Offiziellen ein Dorn im Auge bleibt – und dem Volk ein Freund im Herzen«.

Ihre eigene Bedeutung spielte sie herunter. 1951 schrieb sie an eine Redaktorin der *Business Week*: »Was Ihre feministischen Regungen anbetrifft, so bitte ich Sie, dieselben in Bezug auf die Hervorhebung meiner Person möglichst zu unterdrücken. [...] Ich glaube, dass es viele Empfindlichkeiten verletzen würde, wenn der Artikel mich als ›Mutter des Selbstbedienungsladens‹ bezeichnen würde. [...] Eine vorsichtige Formulierung würde also sein, ich hätte mich als Frau, die die Konsumentinnenseele kennt, sehr früh für die Selbstbedienung erwärmt und dafür gekämpft.«

Für Gasser war diese »Konsumentinnenseele« eminent politisch. Sie war von der Notwendigkeit des Frauenstimmrechts überzeugt. Die Abstimmungsniederlage von 1959 erschütterte ihre Gewissheit, dass die Männerherrschaft demnächst ein Ende haben müsse, nicht. Sie setzte sich auch für die Rechte der Frauen als Arbeitnehmerinnen und für die Interessen der Hausfrauen ein. Die Verbesserung des Konsumentinnen-Alltags sollte zu

Gottlieb Duttweiler, als Propagandist 1957 im Mittelpunkt, Elsa F. Gasser als Strategin von der Seite her.

einer *consumer-citizen*-Demokratie führen, die politische Partizipation und Teilhabe am materiellen Wohlstand kurzschloss.

1959 publiziert sie unter dem Titel *Delikatessen – für jedermann* einen Artikel, in dem sie die Mangelsituation in kommunistischen »Volksdemokratien« aufs Korn nimmt. Apparatschiki aus der Sowjetunion seien immer wieder »erstaunt zu vernehmen, dass in der ›kapitalistischen Hölle‹ alle Delikatessen der Welt buchstäblich in Reichweite des gewöhnlichen Arbeiters gerückt sind. […] Was in den teuersten Restaurants den Herrschaften mit prall gefülltem Portemonnaie serviert wird, das kann sich bei uns auch einmal die Arbeiterfrau für ihren Sonntagstisch holen.« In der Migros sah sie die Spitze dieser Entwicklung nach der Devise: »Gerade im Essen sollen die Klassenunterschiede immer mehr verschwinden.«

1965, drei Jahre nach dem Tod Gottlieb Duttweilers, strahlt das Schweizer Radio ein Gespräch mit Elsa F. Gasser zum vierzigjährigen Bestehen der Migros aus. Sie blickt zurück auf die wilden Anfangszeiten der Migros, als auf die Preisbrecher-Verkaufswagen geschossen wurde und Duttweiler seine Chauffeure mit Pistolen ausstattete. Sie erinnert an die oft satirischen Migros-Attacken auf Hochpreis-Markenartikel. Die fulminante Karriere des Unternehmens führt sie nicht allein auf »Ideen« zurück, denn solche gäbe es »wie Sand am Meer«. Selten seien hingegen Menschen, die Einfälle realisieren könnten und Niederlagen als selbstverständliches Korrelat zu den Erfolgen akzeptierten.

Für sie standen sich im Kalten Krieg nicht ein westlicher Kapitalismus und ein östlicher Sozialismus gegenüber. Sie verglich nicht »Systeme«, sondern die Bedingungen ihrer Veränderbarkeit. Sie misstraute allen Formen von Zwang, ihr Losungswort lautete »freiwillig«. Im Radiogespräch zitierte sie Duttweiler als Spiritus rector der Migros mit der Maxime: »Freiwilligkeit ist der Preis der Freiheit.« Dass in der Schweiz die »Freiwilligkeit« nur allzu häufig das Schibboleth all jener war, die partout keine Veränderung wollten, ließ sie nicht gelten. Wirtschaftsstatistik war für sie eine Form methodisch kontrollierter Neugierde. Sie interessierte sich für alles Neue, suchte jedoch immer nach einer freiwillig realisierbaren Umsetzung. Sie praktizierte einen in sozialen Tatsachen verankerten Optimismus. Als sie 1967 starb, herrschte noch immer Hochkonjunktur. Mit dem »neuen Gesicht des Kapitalismus«, das sich seit den 1980er-Jahren mit der systematischen Produktion von Ungleichheit verdüsterte, musste sie sich nicht mehr auseinandersetzen.

Mehr zu Elsa F. Gasser

+ Den besten Überblick über ihr Leben und ihre Beziehung zur Migros bietet der Aufsatz von Regula Bochsler: *Die feinfühlige Adjutantin: Gottlieb Duttweiler und Elsa Gasser*, in: Elisabeth Joris, Bruno Meier, Martin Widmer (Hg.): *Historische Begegnungen: biografische Essays zur Schweizer Geschichte*. Baden 2014. Ich danke der Autorin für den Einblick in zahlreiche Dokumente aus dem Familienarchiv.
+ Zur weiteren Lektüre: Katja Girschik, Albrecht Ritschl, Thomas Welskopp (Hg.): *Der Migros-Kosmos. Zur Geschichte eines aussergewöhnlichen Schweizer Unternehmens.* Baden 2003.
+ Dazu: *Gottlieb Duttweiler. Migros Gründer. Der populäre Visionär*. Themenheft *Du. Die Zeitschrift der Kultur* Nr. 709. Zürich 2000.
+ Der Nachlass von Elsa F. Gasser befindet sich im Migros-Archiv in Zürich.

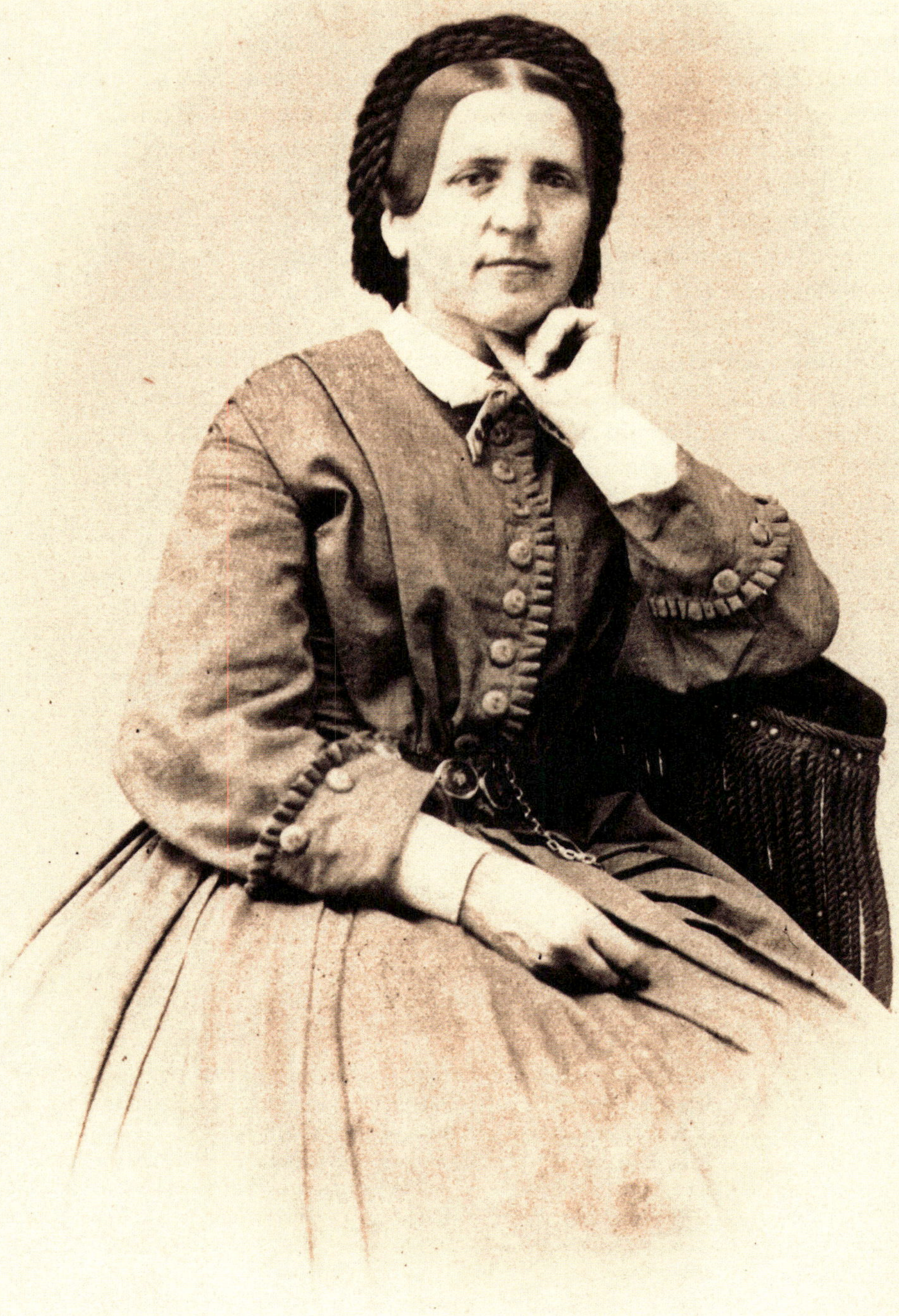

PATTI BASLER ZU JOHANNA SPYRI

EIN BLATT AUF SPYRIS GRAB ODER EIN BODEN, EIN FENSTER, EIN WEG

Vom empathischen Blick in die Kinderseele

Dass es jedem heilsam ist, wenn er früh gelernt hat,
etwas Schweres zu ertragen.

Johanna Spyri: Was Sami mit den Vögeln singt, 1886

Ich stehe auf dem Friedhof Sihlfeld in Zürich am Grab von Johanna Spyri und halte ein leeres Blatt in der Hand. Einen Spruch möchte ich ihr hierlassen, ein Zitat der Hoffnung, eine Zeile des Trostes. Ein Blatt für Johanna Spyri, Schöpferin von unserem Heiland aus dem Heimatland, dem Nationalmythos Heidi; Spyri, deren Geschichten mich oft genug zu trösten vermochten, als ich ein Kind war. Ihre feine Beobachtungsgabe für kindliche Nöte beeindruckte mich so nachhaltig, dass ich Jahre später meine Studienarbeit darüber verfasste.

»Herr, wess soll ich mich trösten?«, steht auf ihrem Grabstein. »Ich hoffe auf Dich.« War Gott wirklich ihr einziger Trost? Was gibt es zu schreiben über eine Frau, die verkannt und verehrt, vergessen und wiederentdeckt wurde?

2021 feiert sie gleich mehrere Jubiläen. Es sind hundertzwanzig Jahre vergangen, seit sie gestorben ist. Vor hundertfünfzig Jahren wurde ihre erste Geschichte gedruckt, mit dem Titel *Ein Blatt auf Vrony's Grab*.

Vrony, Tochter eines ärmlichen Küsters und Heimarbeiters, verliebt sich in den »falschen« Mann, einen umherziehenden Zimmermann mit »wilden, schwarzen Augen«. Sie heiratet ihn, doch statt der versprochenen Reise über die Alpen bekommt sie von ihm nur Schläge. Geschunden und misshandelt sucht sie den Pastor auf, der ihr zu Duldsamkeit, zu Glauben und Gott-

Patti Basler ist Satirikerin, Autorin, Kabarettistin. Nach Matur und pädagogischer Hochschule in Aarau Lehrerin, Autorin und Bühnentätigkeit während Zweitstudium (Erziehungswissenschaften, Soziologie, Kriminologie). Studienpreis der Uni Zürich 2015 für Abschluss und Lizenziatsarbeit *Ein Boden, ein Fenster, ein Weg – Erziehungskonzepte in Johanna Spyris Kindergeschichten*. Kabarett-Preis Salzburger Stier 2019.

vertrauen rät und sie zu ihrem trunksüchtigen, gewalttätigen Mann zurückschickt. Dieser prügelt die Frau zu Tode.

Die Ich-Erzählerin der Geschichte ist in der Kindheit mit Vroni eng befreundet gewesen, und die hat ihr einst auf die Frage: »Was möchtest du werden, wenn du groß bist?«, geantwortet: »Ich möchte glücklich werden.« Jetzt blickt die Erzählerin auf Vronys Grab, erinnert sich an das einst fröhliche Kind und nimmt an, Vrony sei tatsächlich glücklich gestorben, da sie zu unbedingtem Gottvertrauen gefunden habe und mit sich und Gott im Reinen gewesen sei. Das sei die Lektion fürs Leben, die man von Vrony lernen könne.

Sie legt zum Abschied ein Blatt auf Vronys Grab mit einem Zitat von Paul Gerhardt, einem pietistischen Dichter und Komponisten. Es ist eine Zeile aus einem Abendlied, in der die matten Glieder todessehnsüchtig auf Ruhe und »ein Bettlein in der Erd« warten.

Wer war diese Autorin, die in ihrem ersten erfolgreichen Text über Gewalt an Frauen schrieb, ohne diesen Tatbestand explizit zu verurteilen? Ungeschönt und berührend zwar, aber nicht im Sinne einer Anklage gegen den Täter. Zumal aus dem Text hervorgeht, dass Spyri diese Biografie einer misshandelten Frau so oder ähnlich im engsten Umfeld erlebt haben muss. Heute würde das befremdlich anmuten, Victim-Blaming würde man es nennen, da der Frau eine Mitschuld attestiert wird. Erlösung findet dieses Opfer nicht, indem es den Mann verlässt, sondern indem es gottergeben stirbt. Wer war diese Spyri, die in jener Geschichte sentimentale, an Kitsch grenzende Seelen- und Landschaftsbilder zeichnet und gleichzeitig Gedichte von Goethe zitiert? Welchen erzieherischen und moralischen Grundsätzen musste diese Frau sich verpflichtet fühlen?

So ganz einfach ist das
Kindererziehen doch nicht!

Johanna Spyri: Schloss Wildenstein, 1892

Sie sollte später mehrmals erwähnen, dass man ihre Biografie doch ihrem schriftstellerischen Werk entnehmen möge, dessen Großteil aus der Kinderbuchreihe *Geschichten für Kinder und solche, welche die Kinder liebhaben* besteht.

Als ich Spyri entdeckte, war ich selbst noch ein Kind. Der Sammelband *Heidi und Gritli* war das dickste Buch im Regal auf dem heimischen Bauernhof. Da ich möglichst viel Zeit mit meinen lieb gewonnenen Figuren verbringen wollte, las ich gerne dicke Bücher. Immer wieder, bis ich ganze Stellen auswendig rezitieren konnte. Was interessierte mich als Bauerntochter die religiös erzieherische Motivik? Es reichte mir, die plastisch beschriebenen Figuren innig zu lieben.

Heidi, das wilde, ungezähmte Kind der Alpen, barfuß, mit dunklem, krausem Haar, Heidi war mir nahe. Es trug mich aus dem engen heimatlichen Tal hinaus, nahm mich mit, zuerst auf die Alp, dann auf seine Lehr- und Wanderjahre in die weite Welt, in die Großstadt Frankfurt. Dort erkrankte es an Heimweh, fand Trost im Glauben und lernte Lesen, um die biblischen Geschichten zu verstehen. Ich weinte heiße Kindertränen, als Heidi zur Alp und zum Großvater heimkehren durfte und diesen ebenfalls zum Glauben und zur Wiedereingliederung in die dörfliche Gemeinschaft bekehrte.

Noch mehr Tränen gab es beim Lesen der *Gritli*-Geschichten, da hier gleich zwei Hauptpersonen an Schwindsucht starben. Im Gegenzug gab es auch einiges zu lachen. Noch ahnte ich nicht, dass das Doktorhaus in der *Gritli*-Geschichte an Spyris eigenes Elternhaus angelehnt war. Über dem Dorf, bestehend aus »vielen zerstreuten Bauernhöfen und größeren und kleineren Gruppen von Häusern und Häuschen« mit Kirche, Schulhaus, Küsterhaus und dem Haus des Gemeindepräsidenten, thronte das Haus des Arztes »für sich allein in einiger Entfernung, der waldigen Anhöhe zu«.

In solch einem Doktorhaus wuchs Johanna Spyri auf, auf dem Hirzel, rund siebenhundert Meter über Meer in einer Hügellandschaft über dem Zürichsee.

Der Hirzel ist nicht nur ein welliger Bergrücken, sondern auch der Name der protestantischen Zürcher Landgemeinde an der Grenze zum katholischen Kanton Schwyz, mit der Sihl als Konfessionsgrenze. Noch in Spyris Jugendjahren verlief dort die Front des Sonderbundskriegs. Ob sie, die immer wieder Trost im Glauben suchte, wohl von diesem Konfessionskrieg geprägt wurde? Es würde mich nicht wundern, hundertfünfzig Jahre nach Spyri wuchs ich ebenfalls an der Konfessionsgrenze auf, und manches Mal hörte ich im Dorf, es sei besser, einen Afrikaner heimzubringen, als einen Fötzel vom falschgläubigen Nachbardorf zu heiraten.

Der Glaube wurde Johanna Louise in die Wiege gelegt. 1827, als viertes von sechs Kindern der protestantischen Arztfamilie Heusser geboren, wurde sie pietistisch erzogen. Mutter Meta Heusser-Schweizer war Pfarrerstochter,

Das Doktorhaus der Familie Spyri, und von Gritli, oben auf dem Hirzel über dem Zürichsee.

Mystikerin, Dichterin und verfasste religiöse Lieder. Diese waren inspiriert vom Pietismus, einer in der zweiten Hälfte des 17. Jahrhunderts entstandenen protestantischen Strömung, die den heutigen Freikirchen ähnelt. Bibeltreue, Rechtschaffenheit, eine individuelle Beziehung zu Gott und ein fatalistischer Glaube, dass alles gut komme, mischten sich mit Mystik, Transzendenz und einer sentimentalen Todessehnsucht. Eng verknüpft mit dem Glauben waren die Wohltätigkeit gegenüber Armen und Gebrechlichen, praktische Nächstenliebe, Krankenpflege, Armenspeisung sowie das Vorlesen, gemeinsame Singen und Beten.

Der Vater, Johann Jakob, war Arzt mit Praxis im eigenen Haus und einem kleinen Anbau, der für Operationen, vor allem Amputationen, gedacht war. Auch Menschen mit psychischen Problemen wurden therapiert und zuweilen monatelang zur Pflege aufgenommen. So lebten immer zehn bis zwanzig Menschen unter dem Dach des Arzthauses: Familienmitglieder, Bedienstete, Kranke.

Johanna kannte somit das ganze Spektrum menschlicher Freuden und Leiden, sowohl im sozialen, im psychischen als auch im medizinischen Sinne.

Die Zustände im großelterlichen Pfarrhaus und die im elterlichen Hause des Landarztes wurden denn auch immer wieder dichterisch verarbeitet.

So beschreibt Spyri im *Gritli*-Roman die lebendige Kinderschar, das idyllische und harmonische Aufwachsen in einem gutbürgerlichen Haus auf dem Land. Jedes der Kinder hat seine Eigenarten, Interessen und Talente, die Beziehung untereinander ist von Liebe, aber auch von Neckereien und gelegentlichem Streit geprägt.

Spyris Ausführungen sind lebensnah, humorvoll und zeugen von großem Verständnis für kindliche Ängste und Träume. Man spürt beim Lesen die kleine, lebhafte und wissbegierige Johanna, welche sich dann und wann gegen die drei größeren Geschwister durchsetzen muss und die zwei kleineren betreuen hilft. Sie zeichnet ein klares Bild von Fred, einem begeisterten Naturforscher, der an Johannas Lieblingsbruder Jakob Christian erinnert. Auch dieser wurde Naturwissenschaftler und reiste später als Mineraloge um die halbe Welt.

Eine andere Eigenheit der Heusser-Familie findet man ebenfalls bei *Gritli* und in etlichen andern Spyri-Erzählungen: die Anwesenheit einer unverheirateten Tante, die viele elterliche Funktionen übernimmt. Sie ist Vertraute, Ratgeberin und erste Anlaufstelle für die Kinder, vor allem dann, wenn diese etwas ausgeheckt oder zu beichten haben. Im Hause Heusser hieß die Tante Regula, »Rägeli«, die der Mutter Meta eng verbunden war. Die beiden Schwestern im *Gritli*-Roman bereden jeweils abends bei Strick- und anderen Handarbeiten die Geschehnisse des Tages rund um die Familie und das Haus.

Dass ein wenig Liebe mehr Gutes wirkt
als noch so viel gute Vorschriften.

Johanna Spyri: Cornelli wird erzogen, 1890

Johanna und ihre Geschwister besuchten die Dorfschule und wurden auch vom Pfarrer unterrichtet. In einigen ihrer Erzählungen schildert sie, wie damals trotz Schulobligatorium die Anwesenheitspflicht nicht gar zu ernst genommen wurde, wenn es zu Hause wichtigere Arbeiten gab. Auch erfährt man, wie »störrischen« Kindern mit Prügel und Karzer der Unterrichtsstoff eingebläut wurde und wie die Lehrer oft selbst nicht über die beste Bildung verfügten. Dass Spyri solche Methoden nicht für zielführend hielt, kommt öfter zum Ausdruck. Sie plädiert für Liebe, Verständnis, für individuelle Lernziele und Lernmethoden, was revolutionär und weit vorausblickend

Eine von Respekt, aber auch von Distanz geprägte Ehe: Johanna Spyri und der Jurist Johann Bernhard Spyri, später Stadtschreiber von Zürich.

anmutet. Sie spricht sich aber auch dafür aus, Kinder so zu unterrichten, dass sie für das ihnen zugedachte Leben gerüstet sind. Mit Kopf, Herz und Hand, mit Bibel und Heimarbeit für die Armen, wie bereits Pestalozzi propagiert hatte. Kinder aus oberen sozialen Schichten oder Hochbegabte sollen noch von Literatur-, Musik- und Zeichnungs-Unterricht profitieren, ein Studium bleibt den Buben vorbehalten. Das wirkt pragmatisch, aber nicht sehr emanzipiert, an einer gesellschaftlichen Umwälzung schien Spyri wenig interessiert.

In ihrer eigenen Familie bedeutete das nach der Dorfschule eine bürgerliche Erziehung in der Stadt. Mit fünfzehn Jahren zieht Johanna zu ihrer Tante zweiten Grades nach Zürich und wird in Sprachen und Musik unterrichtet, wie es sich für Bürgertöchter damals ziemte. So lernte sie als junges Mädchen das Leben in der großen Stadt kennen, in der Fremde, beim

* 12.6.1827	in Hirzel / Zürich als Johanna Louise Heusser in einer pietistischen Arztfamilie. 1842 Schule in Zürich, 1844 Pensionat in Yverdon, 1846 Rückkehr ins Elternhaus als Erzieherin ihrer Geschwister
1852	Heirat mit Johann Bernhard Spyri (1821–1884), ein Kind. Freundschaft mit Betsy und Conrad Ferdinand Meyer
ab 1868	Repräsentative Pflichten als Ehefrau des zum Stadtschreiber ernannten Ehemanns
1871	Erste Erzählung *Ein Blatt auf Vrony´s Grab*
1875–1892	Aufsichtskommission der Höheren Töchterschule in Zürich
1878	Kinderbuch *Heimathlos*
1879	*Heidis Lehr- und Wanderjahre*, 1881 *Heidi kann brauchen, was es gelernt hat*
ab 1883	1883 *Wo Gritlis Kinder hingekommen sind*, 1884 *Gritlis Kinder kommen weiter*. Regelmäßige Publikation von Kinder- und Jugendbüchern
† 7.7.1901	in Zürich

Welschlandaufenthalt in Yverdon, bei Reisen nach Italien, in die Alpen, nach Bad Ragaz, und möglicherweise erfuhr sie dort zum ersten Mal das brennende Heimweh, das sie wie keine andere beschrieben hat im ersten *Heidi*-Roman. Alle diese Orte sollten später Inspiration und Schauplatz ihrer Geschichten werden. Für einige Jahre kehrte sie auf den Hirzel zurück, um ihre kleinen Geschwister zu unterrichten.

Erste schwärmerische Gefühle hegte Johanna in ihrer Jugendzeit zum gleichaltrigen Dichter Heinrich Leuthold. Diese Liebe aber wurde von ihrer tiefgläubigen Mutter nicht gerne gesehen, zu revolutionär waren die Ideen des atheistischen Studenten. Leuthold lebte später vor allem in München, wurde 1876 wegen psychischer Probleme in die geschlossene psychiatrische Anstalt, ins Zürcher Burghölzli, eingeliefert, wo er 1879 verstarb.

Ob Johanna rückblickend froh war, diese Liebe nicht gelebt zu haben? War der revoluzzernde Poet Inspiration für die Figur von Vronys Mann, dem Schwerenöter mit den wilden, dunklen Augen und dem aufbrausenden Temperament? Oder ließ Spyri sich von den Schmugglern inspirieren, welche damals die Alpenpässe nutzten und Gegenstand mehrerer Erzählungen waren?

*Je besserer Art ein Pflänzlein ist,
je sorgsamere Pflege hat es nötig.*

Johanna Spyri: *Cornelli wird erzogen*, 1890

In Johanna Heussers eigenem Leben obsiegten die traditionalistischen, pietistischen und großdeutsch geprägten Ideale. Sie heiratete 1852 den Juristen Johann Bernhard Spyri, der später Stadtschreiber von Zürich wurde. Er war ein Wagner-Verehrer, Johanna Spyri verfasste zum vierzigsten Geburtstag des Komponisten eine Lobeshymne, wofür sie in Zürichs Bürgerkreisen heftig kritisiert wurde. Überhaupt schien sie der deutschen Kultur und dem deutschen Idealismus verpflichtet und betonte mehr als einmal ihre Abneigung gegenüber den allzu republikanisch liberalen Franzosen.

Mit Conrad Ferdinand Meyer, der sie auch schriftstellerisch förderte, unterhielt sie eine lang dauernde Brieffreundschaft. Noch enger befreundet war sie mit seiner Schwester Betsy Meyer. Mit beiden wurde die Verbindung noch inniger, nachdem sich die Mutter der Geschwister, Elisabeth Meyer-Ulrich, 1856 im Neuenburgersee ertränkt hatte. Diese Frau war für Spyri in Zürich eine mütterliche Freundin gewesen, ihr Tod ein großer Schock.

Obwohl der Suizid in Spyris Erzählungen nur andeutungsweise thematisiert wird, stellt sie doch immer wieder den Tod als herbeigesehnte Erlösung vom Jammertal des Lebens dar. Ob dies nur der transzendentalen Schwärmerei der pietistischen Mystik geschuldet ist oder ob die an sich lebenstüchtige Spyri ebenfalls Todessehnsüchte hegte, muss offenbleiben. Dass sie an schweren Depressionen litt und in ihrer Ehe unglücklich war, wird aus ihren Briefen klar.

Dennoch musste sie die ihr zugedachte Rolle spielen. Sie verkehrte in den Kreisen des gehobenen Bürgertums der Stadt Zürich. Auch der Schriftsteller Gottfried Keller gehörte zu ihren Bekannten. Als Ehefrau und ab 1855 Mutter ihres Sohnes Bernhard hatte sie vielerlei häusliche Verpflichtungen. Die Ehe schien von Respekt, aber Distanz geprägt gewesen zu sein, die Beziehung zu ihrem Sohn von mütterlicher Liebe, aber auch einem schlechten Gewissen, da sie an postpartaler Depression gelitten und nicht jene Freude empfunden hatte, die junge Mütter nach der Geburt hätten empfinden müssen.

Das bürgerliche Korsett engte sie ein.

Als gebürtigem Dorfkind waren ihr die Sitten und Gebräuche in großbürgerlichen Haushalten zeitlebens ein Gräuel. Diese Befremdung ist mit viel Humor und ironisierender Distanz im ersten *Heidi*-Band geschildert. Die Frankfurter Gouvernante, Fräulein Rottenmeier, ist entsetzt über Heidis Unkenntnis jeglicher Anstandsregeln, und Heidi entlarvt mit ihren naiven Fragen die Oberflächlichkeit der bürgerlichen Tisch- und Sprachmanieren.

Spyri beklagte ihr eingesperrtes »Dienstbotendasein«, obschon in ihren Schriften das Ideal der dienenden Hausfrau und Mutter zu finden ist. Auffällig ist, dass Johannas kindliche Protagonistinnen und Protagonisten selten innerhalb der Bücher erwachsen werden, die Geschichten enden vorher.

Heidi, 1952 im Film, von links: Alp-Öhi (Heinrich Gretler), Heidi (Elsbeth Sigmund), Geissenpeter (Thomas Klameth) und Peters Mutter Brigitte (Margrit Rainer).

Außer in den Bürgerhäusern, die an Spyris Herkunft erinnern, finden sich auch fast keine Ehen, schon gar nicht Eheschließungen, es wimmelt von Witwen, Waisen und Halbwaisen. Jegliche Sexualität wird ausgeklammert, romantische Liebe sucht man vergebens. Weder Hochzeiten noch Geburten spielen eine Rolle, obwohl diese Lebensereignisse gerade zu jener Zeit prägend waren und Höhepunkte des Familien- wie des öffentlichen Lebens darstellten – in Jeremias Gotthelfs Romanen beispielsweise werden sie ausgiebig thematisiert.

Bei Spyri ist da nur ein leeres Blatt. Das mag an der Prüderie des Pietismus liegen oder an ihrem eigenen Liebesunglück im Stadtschreiberhaus.

Das Schreiben ist eine Möglichkeit, zumindest im Kopf den engen Bürgerwänden zu entfliehen. Nach mehreren Umzügen beginnt Johanna, sich ernsthaft der Schriftstellerei zu widmen. Auf ihren Erstling im Jahr 1871 folgen in den nächsten Jahren einige weitere Erzählungen, in denen prekäre Verhältnisse, Armut, Verdingarbeit und Krankheit thematisiert werden. Sie schreibt Geschichten »für Kinder und für solche, welche die Kinder lieb haben«. Ein Genre, dem sie mit wenigen Ausnahmen treu bleiben sollte.

Ihr eigenes Kind, Bernhard Spyri, war musikalisch hochbegabt, aber von fragiler Gesundheit. Zwei Eigenschaften, die sich bei vielen von Spyris kindlichen ProtagonistInnen wiederfinden. Sie kennt nun die Kranken auch aus der Sicht einer betroffenen Mutter. Mit ihrem Sohn reist sie zu verschiedenen Kuraufenthalten, wie die gelähmte Klara im *Heidi* und die schwindsüchtige Nora in der *Gritli*-Erzählung.

Trotz aller Anstrengungen erholt Bernhard sich nicht und stirbt mit nur neunundzwanzig Jahren im Jahr 1884. Noch im selben Jahr folgt ihm Spyris Gatte. In welchen Zeilen fand Spyri damals Trost? Hinterließ sie ihrem Sohn und ihrem Gatten auch ein Blatt auf dem Grab?

Zu jener Zeit war sie bereits eine gefeierte Autorin im ganzen deutschsprachigen Raum und darüber hinaus. Mit den beiden *Heidi*-Bänden 1879 und 1881 hatte sie den Durchbruch geschafft. Nach dem Tod des Sohnes und des Mannes schrieb sie jedes Jahr mindestens einen Sammelband mit Kindergeschichten über Waisenmädchen und Geißbuben, Verdingkinder und Bürgertöchter, womit sie an das Mitleid ihrer Leserinnen aus der Bürgerschicht appellierte und ihnen die Augen öffnete für die prekären Verhältnisse der Landbevölkerung.

Mit leerem Blatt habe ich nach Antworten gesucht, nach Erziehungsgrundsätzen dieser Autorin, die ihre erste Protagonistin Vrony so grausam zu Tode prügeln ließ. Nicht in der Biografie, sondern in ihren Texten habe ich die Antworten gefunden, wie von ihr selber vorgeschlagen. Drei Dutzend Kindergeschichten: Warum sind sie trotz allem und immer noch lesenswert?

Es sind das lebendige Mitgefühl, dieser psychoanalytisch anmutende scharfe Blick in die Blackbox der Kinderseele, die kraftvolle und empathische Schilderung der kindlichen Ängste und Nöte, welche mir die Schriftstellerin ans Herz wachsen ließen.

Eine gute Erziehung und ein glückliches Leben brauchen einen Boden, ein Fenster und einen Weg. Familie, Natur, Bildung und Religion sind Spyris

Zutaten. Das Unabänderliche hinnehmen können, das Veränderbare verändern, auch durch Erziehung und Liebe, Trost im Glauben finden, das sind ihre Rezepte. Heute würde man dies Resilienz nennen. Vielleicht liegen hier das Geheimnis und die Erklärung dafür, warum sie selbst nicht aus ihrer Ehe ausbrach und warum sie ihre Vrony sterben ließ: Sie fragte, was das Individuum innerhalb der gegebenen Ordnung zum Glück beitragen konnte. Sie war nicht interessiert am Umsturz der Gesellschaft, an der Änderung der göttlichen Ordnung.

Doch der Umsturz hatte bereits begonnen, die göttliche Ordnung wankte. Spyri selbst hatte mit ihrem Engagement in der Aufsichtskommission der Zürcher Töchterschule und dem Diakonissinnenheim Neumünster zur institutionellen Bildung und Gesundheit der Frauen beigetragen. Ihre Nichte Emilie Kempin-Spyri hatte in den 1880er-Jahren als erste Schweizerin Jura studiert und als erste Europäerin in Jura promoviert.

Als Johanna Spyri an Krebs erkrankte, wurde sie von der ersten Ärztin der Schweiz, Marie Heim-Vögtlin, gepflegt.

Johanna Spyri starb 1901. Es sollte nach ihrem Tod noch siebzig Jahre dauern, bis die Frauen in der Schweiz das Stimmrecht erhielten. Und weitere zwanzig Jahre, bis Gewalt in der Ehe strafbar wurde.

Fast jede Woche wird in der Schweiz eine Frau von ihrem Partner oder Ex-Partner umgebracht.

Ich schreibe auf mein leeres Blatt: »Danke, Johanna Spyri, für den Boden und das Fenster – aber der Weg ist noch weit.«

Mehr zu Johanna Spyri

+ Beschriebene Blätter von und über Johanna Spyri: Erstausgaben, Werke und Wirkungsgeschichte, Biografien, aber auch unveröffentlichte Forschungsarbeiten wie jene über Spyris Erziehungskonzepte finden Interessierte im Johanna-Spyri-Archiv im Schweizerischen Institut für Kinder- und Jugend-Medien (SIKJM) in Zürich, www.sikjm.ch/bibliothek-spyri-archiv/.
+ Originaldrucke wie *Ein Blatt auf Vrony´s Grab* oder die *Heidi-* und *Gritli-*Geschichten sind im Faksimile online nachzulesen auf www.e-rara.ch.
+ Eine vollständige Ausgabe beider *Heidi-*Teile mit Illustrationen von Rudolf Stüssi ist im Verlag Desertina in Chur erschienen, unter Beratung des Johanna-Spyri-Archivs in Zürich.
+ Zum Besuchen: Ihr Grab auf dem Friedhof Sihlfeld in Zürich und das Spyri-Museum im alten Dorfschulhaus auf dem Hirzel (www.spyri-museum.ch).

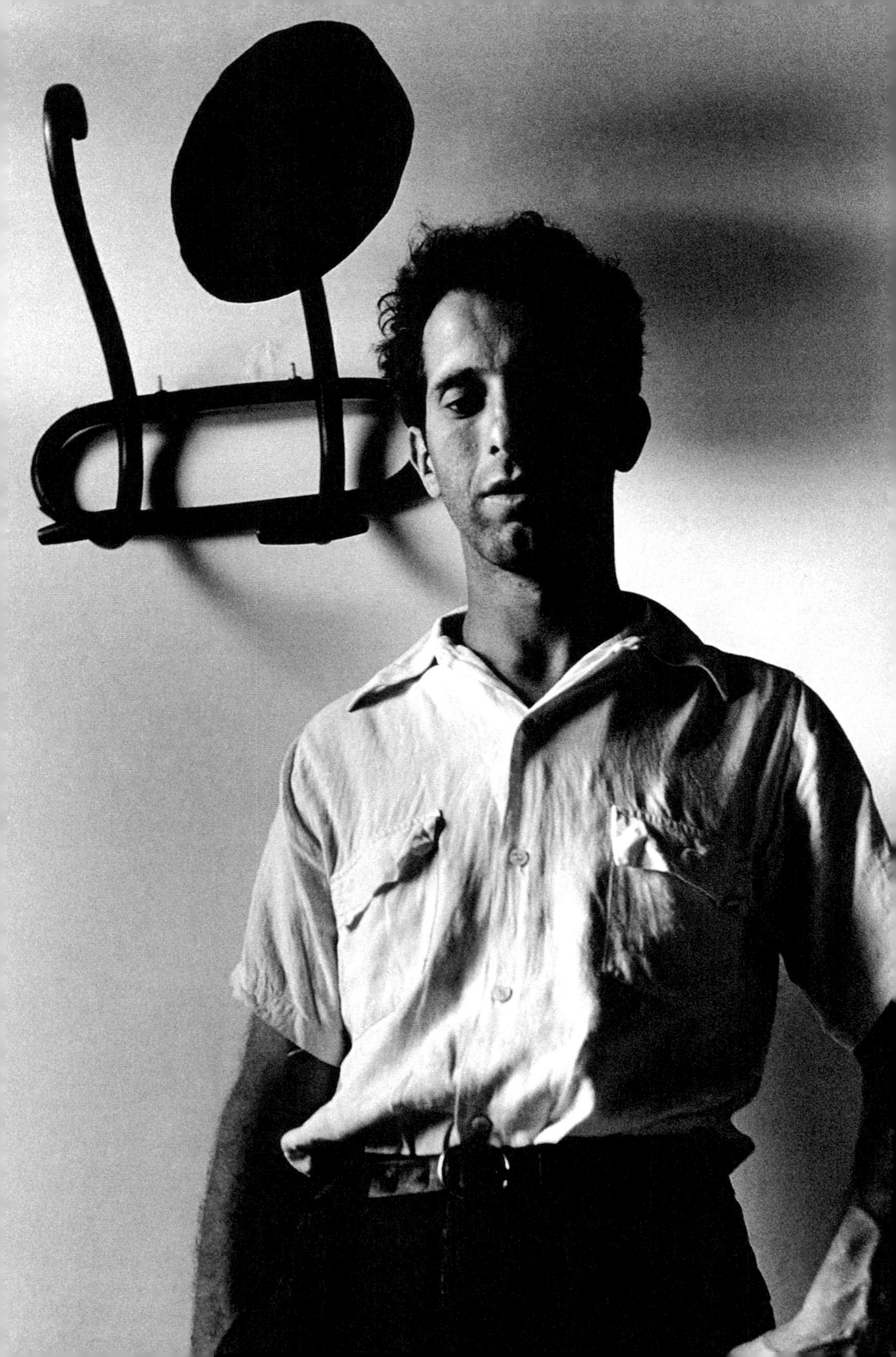

FRIEDERIKE KRETZEN ZU ROBERT FRANK

DAHIN SEHEN, WO FAST NICHTS IST

Früher Morgen im Universum
und Prozession der Freude

»Wenn der Regen niederbraust / Wenn der Sturm das Feld durchsaust / Bleiben Mädchen oder Buben / Hübsch daheim in ihren Stuben. / Robert aber dachte: Nein!«

Das war 1947: »Ich wusste immer, was ich nicht wollte. Das war die Regel meines Lebens. Ich wusste ganz genau, was ich nicht wollte. Das war der Impuls, der Rest Intuition.«

Etwas tun und Auf Wiedersehen sagen und Auf Wiedersehen sagen und etwas tun ist beides das Gleiche.

Viele Schweizer gehen zum Bahnhof. Die wenigsten fahren weg. Robert Frank ist gefahren. In die Neue Welt, nach New York, wo alles anders war und er in einer Woche so viel erlebt hat wie nie zuvor. »Ich fühle mich, als sei ich in einem Film«, schreibt er seinen Eltern nach Zürich. Das sind Hermann Frank und Rosy, geborene Zucker. Sein Vater kam als gelernter Innenarchitekt aus Frankfurt in die Schweiz. Die Mutter war die Tochter russisch jüdischer Einwanderer, die in Basel eine florierende Fahrradfabrik aufgebaut hatten. 1941 wurde Franks Vater zusammen mit seinen Söhnen Robert und Manfred aufgrund von Hitlers Nürnberger Gesetzen staatenlos. Die Schweizer Staatsbürgerschaft bekamen sie erst im April 1945. Die Lehre, die Robert Frank bei einem Fotografen und Retuscheur, der in Zürich über der Wohnung der Eltern sein Atelier hatte, machen konnte, war illegal. Geld

Friederike Kretzen, 1956 geboren, Studium der Soziologie und Ethnologie, Arbeit als Dramaturgin. Seit 1983 freie Autorin in Basel. Verfasste zahlreiche Romane. Daneben Arbeit als Literaturkritikerin, Essayistin, Dozentin. Zuletzt erschienen *Natascha, Veronique und Paul* (2012) sowie *Schule der Indienfahrer* (2017).

durfte er keines verdienen. »Während des Krieges als Jude in der Schweiz zu sein, sich jeden Tag zu fragen, was wird aus uns. Wir wussten ja, was passiert, wenn Hitler die Schweiz überfällt. Das war wirklich ein enges und begrenztes Gefühl.« Auf die Frage, ob er sich an Angst erinnere, fährt er fort: »An die Angst meiner Eltern, die mich sehr beeindruckt hat, und an die andauernden Diskussionen, was zu tun wäre – bleiben, weggehen, dieser ganze Mist.«

Da war seine Mutter schon blind geworden. Und er dabei, ein Seher zu werden. Seher sind die, die sehen können, wo andere blind sind. Schon auf den frühen Fotos bringt er uns ein Sehen bei, das dahin blickt, wo fast nichts ist: nichts als das Leben. Es gibt Filme solcher Seher, in denen ein Mann einer Frau sagt: Willst du die Welt sehen? Dann schließ die Augen. So einer ist Robert Frank.

Mit einem anderen Fahrenden Robert teilt er nicht nur den Vornamen. Walser und Frank sind Brüder im Geiste, beide sind abgefahren. Der eine in die Neue Welt, die nie neu war, der andere in die Nähe der allergrößten Ferne. Zwei Destinationen, die auf einer Linie liegen. Sie sind »Weiße Männer«, von denen Walser im gleichnamigen Gedicht schreibt, sie »reißen mir nachts um zwölf / die liebevolle und -leere, / die gesättigte, dürstende / Seele aus und tragen sie zu den Gletschern in's Gebirge« und »Zerbissen von den Zähnen / der Ungeheuerlichen / bringen sie sie mir wieder und pflanzen und legen / sie mir in den Leib.« Gleich regt sich in dem dermaßen Transplantierten der Wunsch, ein Weib zu empfangen und es so zu entkleiden, »wie sich die Menschheit befreien möchte von ihren Leiden«. Nach dieser Tour de Force durch den Wechsel der Geschlechter und Perspektiven ist eines gewiss: »... ich werde sein wie seiden«.

Weiße Männer ist ein Lieblingsgedicht von Robert Frank, in dem sich die unglaublichen Vertracktheiten von Mann und Frau, Innen und Außen, von Körper und Traum, Wunsch und Welt so nah kommen, als wären sie Teil eines anderen, weiteren Körpers. Weiße Männer, weiße Söhne, das Weiße in den Söhnen – als Walser sein Gedicht schrieb, wurde Frank gerade von einer Ungeheuerlichen zur Welt gebracht. Der weiße Fleck im Bild ist aus den späten Arbeiten Robert Franks nicht mehr wegzudenken. Als würde er seine Bilder in die Lehre des Nichtsehens schicken, wo sie sehen lernen, wie die Bilder ausfransen, überdecken, andere Bilder werden, als andere Bilder

Scharfer Blick auf die USA und auf das eigene Bild: Robert Frank begutachtet 1956 in Kalifornien Negative für sein Buch *The Americans*.

sichtbar werden. Kein Bild kommt allein, kein Bild geht allein. Der weiße Fleck ist der Eingang, durch den es in die Gegend hinter den Bildern geht. Wo Angesehenes und Sehendes allererst auseinander hervorgehen und uns das ansieht, das uns sehen macht.

Es gibt noch etwas, was Frank mit Walser teilt: die Fähigkeit, ungeschickt zu sein. Das heißt, Grüße vom Ungeschickten anzunehmen, auf es zu hören, ihm zu antworten, auch wenn es einem schon alles verdorben hat. Wie das bucklichte Männlein, von dem Walter Benjamin so zart wie Seide geschrieben hat. Das Ungeschickte ist da, wo wir nicht sehen können, es schaut uns an, wir aber sehen es nicht. Franks Fotos, seine Bilder, suchen dieses Sehen, das uns sieht, insofern wir es nicht sehen können. Denn sein Blick ist der des Vergessens, dieses sieht unsere Selbstvergessenheit, der wir, solange wir leben, nicht entgehen können. Das Erstaunlichste im Kinderreim vom bucklicht Männlein ist seine Umwendung am Ende. Nachdem das Männlein mit seiner Ungeschicktheit so viel verdorben hat, bittet es uns um unsere Aufmerksamkeit, dass wir für es mitbeten. Was auch bedeutet, dass wir von uns abzusehen bereit sind und dem Ungeschickten, was ins Haus schneit, die Türe öffnen und es zu uns an den Tisch laden.

In New York hat Frank kurzzeitig als Modefotograf gearbeitet, ist dann nach Peru, London, Wales und Paris weiter. Überall hat er fotografiert. Hoch poetische, durchlässige Fotos von Indios, Bergarbeitern, ihren Kindern im Schneeregen, von Beerdigungen und Liebespaaren auf der Kirmes. Auf einem Feld vor den Toren von Paris steht ein Pferd, von Kindern umringt. Buben in dicken Wintermänteln, die es nicht gut mit ihm meinen. Das Pferd ist allein mit ihnen, sein Atem dampft, die Häuser der Stadt in weiter Ferne, das Licht ist dämmrig, kalt, voll Ruß. Die Szene wirkt wie aus Schatten gemacht, dicke, aufgeblasene Schatten, die dicht über der Erde in Zeit und Raum treiben. Vielleicht ein Puppenspiel, das Pferd, die Kinder aus dem Schnürboden herabgelassen, irgendwo oben am Himmel hängen sie fest, wo keiner ist, der die Fäden zieht. Das Licht durchpulst sie; ihr Spiel geht weiter.

Als er das Foto macht, ist er schon mit der englischen Künstlerin Mary Lockspeiser verheiratet, ihr erstes Kind Pablo ist geboren. Von den beiden gibt es ein Foto. Mutter und Sohn liegen auf dem Bett, sie leicht aufgestützt, die eine Brust entblößt, offen dem zweifachen Blick des Vaters, der fotografiert, und des Säuglings, der ganz auf die Brust konzentriert ist, die ihn gerade genährt, die er in sich aufgenommen hat. Zugleich eigener Körper, unterschieden, wenn auch noch ganz an den der Mutter gebunden. Wie zur Erdung dieses in seiner Intimität, seiner dichten Bezogenheit abgerückten Geschehens sehen wir neben dem Bett auf dem Boden eine Schale Milch, aus der zwei Katzen trinken. Das alles geschieht gleichzeitig. Und wie dieses Foto uns den Boden unter den Füßen wegreißt, zieht es zugleich ein anderes Fundament ein – das der Freiheit, Gleichheit und Brüderlichkeit von Mensch und Tier, Raum und Zeit, Wunsch und Wirklichkeit.

Frank geht mit seiner Familie zurück nach New York. Ihm schwebt eine Soziologie der Gegenwart vor, eine visuelle Erkundung US-amerikanischer Zivilisation. Er bekommt 1955 ein Guggenheim-Stipendium und fährt los. Drei große Reisen, 27000 Aufnahmen von einem so wahnhaften wie entleerten Amerika, gefangen und heimgesucht vom grenzenlosen Wachtraum

Die eigene Familie im Fokus: Robert Franks Sohn Pablo beim Spielen am Strand von Valencia, 1952.

entfesselter Produktivität. Aus Detroit schreibt er seiner Frau, dass bei Ford, »einer Fabrik Gottes, wenn es ihn gibt«, auf der einen Seite das Eisenerz auf Schiffen angeliefert wird, auf der anderen Seite die fertigen Autos herauskommen. Zunächst erscheint eine kleine Auswahl seiner Fotos in Frankreich und der Schweiz. Als sie ein paar Jahre später in den USA unter dem Titel *The Americans* erscheint, wird das Buch verrissen. Jack Kerouac, den er in New York kennengelernt hat, nennt die Sammlung im Vorwort ein »trauriges Gedicht, das er aus Amerika herausgesaugt hat«. Eines für kranke Leute, schreiben die Kritiker. Oder: »Wenn das Amerika sein soll, sollten wir es niederbrennen und noch mal ganz von vorn anfangen. Laut Robert Frank wurde hier zweihundert Jahre lang nur Mist gebaut.« Er scheint etwas gesehen zu haben, das von nun an nicht mehr wegzudenken ist. Walker Evans, der große Realist der Fotografie der Dreißigerjahre des letzten Jahrhunderts, durch den wir ein paar Fotos haben, aus denen uns das Übel Amerikas, seine Gewalt, die Armut, die Ausgrenzung und Einsamkeit der Menschen anschauen, unterstützt Frank, sieht, was der tut: sehen, was andere nicht sehen; dem Vergessen beim Vergessen zusehen.

How does it feel? / Leben transplantieren. / Pull my Daisy.

Wieder unterbricht Frank eine Karriere, stößt sich aus Zuweisungen und Einordnungen ab, folgt seiner Intuition des Neins. Fotos, Standbilder reichen ihm nicht mehr, er will die Bilder zum Laufen bringen: On the Road again.

On the Road ist nicht nur der große Mythos Amerikas, die Art, wie es sich bis heute selbst erzählt. Es ist auch ein Schlachtruf, ein Geheul, wie es Allen Ginsberg in seinem Gedicht *Howl* nicht genauer hätte anstimmen können. Jack Kerouacs erstes Buch heißt so, das ihn berühmt gemacht hat. Mit ihm die Bewegung der Beatgeneration, die noch einmal, und vielleicht zum letzten Mal in dieser Kraft, die mythische Erzählung Amerikas für sich in Anspruch genommen hat. Gegen ein Amerika, das glaubt, es sei der Weg der Welt und angekommen. Die Generation der Beatniks und mit ihnen die der 1960er-Jahre hat die Gültigkeit ihres Traums gegen seine schlechte amerikanische Realität beschworen. Und versucht, ihn noch einmal anders lebendig werden zu lassen. Ich erinnere mich an eine Szene aus Wim Wenders Film *Alice in den Städten* von 1974, in dem ein deutscher Journalist auf der Suche nach Amerika und dessen Bildern, die sich unablässig überlagern, vervielfachen, nur mit ein paar Polaroids und ohne jede Idee, was er zu Amerika schreiben solle, nach Europa zurückkehrt. Auf dem Flug gerät er an ein kleines Mädchen, das sich seiner annimmt, beziehungsweise dessen er sich annimmt. Und dann wird der Film ein Roadmovie durch Deutschland, vor allem durch das Ruhrgebiet, wo irgendwo die Großmutter des Kinds wohnen muss. In Wuppertal gehen die beiden in ein Eiscafé. Dort sitzt ein tief in sich versunkener kleiner Junge neben der Jukebox, in der Hand ein Eis, und er hört *On the Road again* von Canned Heat. Es ist nur wenig übertrieben, wenn ich sage, dass ich dank dieser Szene das Westdeutschland der frühen 1970er-Jahre überlebt habe.

Da hatte Frank die Fotografie schon an den Nagel gehängt, ohne jedoch je aufzuhören, Fotos zu machen. Viele seiner Filme waren gemacht, auch der von 1972 zur Tournee der Stones durch die Staaten, an dem er zwei Jahre geschnitten hat, ohne ihn zu etwas anderem verwandeln zu können als einem Dokument der Verstörung. *Cocksucker Blues*, der Film ist ein Schock. Mick Jagger fand, wenn dieser Film öffentlich gezeigt würde, würden sie nie mehr nach Amerika eingeladen. Womit er wahrscheinlich recht hatte. Bis heute kann der Film nur viermal im Jahr gezeigt werden. Die Raubkopien des Films mit ihrem bläulich ausgeblichenen Licht, den hellen Farben, den

* 9.11.1924	in Zürich in einer deutschen Architektenfamilie, Schulen in Zürich
1941–1944	Ausbildung als Fotograf
1945	Schweizer Staatsbürgerschaft
1947	New York. Fotoreporter für Zeitschriften, viele Auslandsreisen
1950	Heirat mit Mary Lockspeiser (1933*), zwei Kinder
1955	Reise durch die USA. *The Americans* (1958/59). Mitglied der Beat Generation
ab 1959	Konzentration auf Filmarbeit, rund 30 Filme, darunter *Pull my Daisy* (1959), *Me and My Brother* (1968), *Conversations in Vermont* (1969), *Cocksucker Blues* (1972)
1963	US-Staatsbürgerschaft
1969	Mabou / Neuschottland, Kanada
ab 1972	Erneute Fotoarbeiten. Ausstellungen und Fotobände *The Lines of my Hand* (1972), *Moving Out* (1995), *Storylines* (2005), *Come again* (2006)
† 9.9.2019	in Inverness / Kanada

vom vielen Kopieren zerhackten Bildern sind legendär. Worauf ich noch zurückkommen werde.

Zunächst aber möchte ich mich Franks erstem Film zuwenden, den er 1959 zusammen mit Alfred Leslie gedreht hat. Gegenstand, Methode, Inhalt und Form des Films: seine Familie und seine Freunde im Universum. Früher Morgen, Jack Kerouac spielt am Radio herum, empfängt kosmische Botschaften von der Erde, erfindet den laufenden Text des Films, während der gedreht wird. Eine Frau steht auf, öffnet die Fenster, weckt das Kind, Pablo, es muss zur Schule und isst schon seit hundert Jahren Porridge. Auch an diesem Morgen. Ihr Mann arbeitet bei der Eisenbahn, sie sind in der Bowery, Lower East Side, dann klingelt es, Allen Ginsberg und Gregory Corso kommen mit Bier und Wein, hängen in der Wohnung herum, trinken, dichten, singen. Hello Gang. Sie winken Pablo, der, anstelle in die Schule zu gehen, lieber bei ihnen bleiben würde. Milo, der Hausherr, kommt von der Arbeit, Peter Orlovsky ist irgendwann auch noch aufgetaucht, und dann ist schon der Bischof da. Er bringt seine Mutter und die Schwester mit. Eine wahre Geschichte, die woanders geschehen ist und in den Film geraten. Sie fragen den Bischof Löcher in den Bauch, was alles heilig sei, und der Bischof findet, so ziemlich alles. Dazwischen geschieht eine Menge Zauberei mit Mutter, Schwester und einer amerikanischen Flagge.

Was war das? Jubel des Tages, Prozession der Freunde, eine wahre Geschichte, früher Morgen im Universum und alles aus Improvisation gemacht, so genau wie möglich, los gehts, Aufbruch. Am Ende tanzen sie singend die Treppe runter, Verrückte, Liebende, alle waren sie da, lebten von Tag zu Tag, ohne jedes künstliche Licht.

Mit diesem Film habe ich Franks Arbeit kennengelernt. Anfang der 1990er-Jahre, Hochschule für Gestaltung und Kunst in Zürich, damals noch

Blick zurück auf die Schweiz und auf die alte Technologie: Robert Frank 2002 auf der
Arteplage *Mobile du Jura* der Expo.02 in Yverdon-les-Bains, fotografiert von Niklaus Stauss.

im schönen Bau an der Ausstellungsstraße. Peter Purtschert, der die Film- und Videobibliothek leitete, hat ihn mir für mein Seminar *Über Grenzen schreiben* in die Hand gedrückt. Später dann auch die Raubkopie von *Cocksucker Blues*. Noch am selben Nachmittag schauten wir die Videokassette, und alle, selbst die müdesten Studierenden waren hellwach. Frank spricht vom Transplantieren von Leben. *Pull my Daisy* besteht aus vielen transplantierten Leben, die sich zu einer flüchtigen, ungewissen, aber äußerst präsenten Lebendigkeit zusammenfügen: dem Leben des Films.

Etwas wie dieses etwa dreißigminütige Kammerstück aus dem inneren Bezirk eines Zusammenhangs von ein paar Leuten, die sich versammeln, um in den Tag zu leben und dabei ihre kleinen mondlichtenen Hefte voller Poesie aufblättern, vortragen, weiter schreiben, hatte ich noch nie gesehen. Vielleicht am ehesten mit den *Basement Tapes* zu vergleichen, die Bob Dylan und The Band 1967, zurückgezogen von allen Bühnen und Geschäften, in einem Keller aufgenommen haben. Musik für sie, Musik eines

Zusammenspiels von ein paar Musikern, Krach aus dem Keller, für kein Publikum gemacht, nur der Musik, sich selbst, dem Raum und der Zeit zugehörig.

Das war Musik, die nicht aufhören wollte, unterwegs zu sein, weiter die Suche zu suchen. Eine Suche nach dem, was fehlt. Nicht, um es zu finden, sondern um es einzuladen, mitzumachen.

Hier ist wieder eine Anwesenheit im Spiel, die fehlt, ja, die anwesend ist, insofern sie fehlt. Wie das bucklichte Männlein, das nicht aufhört, seine Grüße von all dem zu verschicken, was wir übersehen, während wir leben, für das wir blind sind und von dem wir annehmen, es sei nicht da. Die Arbeit der Kunst, die nicht die Regel, sondern die Ausnahme ist, lebt von und für diese Ungeschickten und Buckligen. Dieser Arbeit können wir bei Frank sein Leben lang zusehen.

Vielleicht ist so auch das Unerlöste des Films über die Tournee der Stones noch mal anders zu verstehen. Alles, was die Stones in dem Film machen, steht schon im Rampenlicht. Es gibt kein Fehlen, nichts, was sich hinter den Kulissen abspielt, wäre nicht schon Bühne. Die Musiker sind Stars, sie sind fertig und imitieren sich selbst. Was ihren Konzerten fehlt, ist nicht die tolle Musik, die große Bühnenkunst, der ungeheure Apparat des Gelingens, sondern das Fehlen. Es gibt keine Brüche. Die Rolling Stones sind unablässig die Rolling Stones. Der Film über sie kommt aus sich selbst nicht mehr heraus, weil alles, was er aufnimmt, Bühne ist, Show, auch wenn es das Elend in den Garderoben, den Schlafzimmern, die erschlafften Körper nach der Ekstase, die völlige Ermattung nach Sex und Drogen, egal was, zeigt, es ist immer schon enthüllend, ohne etwas zu enthüllen. Es kommt zu keinerlei Geschehen mehr, die Stones sind erledigt wie der Film. Das allerdings sehen wir – das Leerlaufen jeder Bemühung, mit sich oder sonst etwas in Berührung zu kommen. Unter Einsatz aller Mittel der Ekstase, des Übergehens, des Durchdrehens und Versinkens bleiben die Musiker und ihre Begleiter in einem Innen ohne Außen gefangen. Wir sehen der Psychose des Showbusiness ins Auge. Selbst der Filmer, der das Nein auf seine Fahnen geschrieben hat, der jederzeit wusste, was Nein war, selbst der findet keinen Ausgang.

Alle Wege sind zu, es gibt kein Bewusstsein, also weiter in den Taumel, in irgendein Innen, das weder innen noch außen ist, sondern geschlossen. Und dann gibt es sie doch, die Zwischenmomente, wo weder Ekstase noch Erlahmung, sondern Arbeit, Konzentration, Zugewandtheit, Musik zu sehen sind – meistens auf Bühnen, im Gegenlicht, das atomisiert, die Körper in

Schatten, vibrierende Umrisse, Farben verwandelt. In einer Szene sitzen Mick Jagger und Keith Richards auf dem Bett, hören von einer Schallplatte ihre Musik, spielen sie auf dem Bett ohne Instrumente außer ihrem Atem, ihren Händen mit. Die schönste Szene des Films. Ein Moment des Zurückkehrens zu dem, was sie hierhergebracht hat. Ein Moment der Ruhe und der stillen Kommunikation mit dem, was ihre Kunst ausmacht.

Wie sich aus dem Traum ein Albtraum entwickeln kann, aus dem Aufstand eine Abschließung, aus der Kunst eine Entleerung, das lässt sich in Franks Film – einem traurigen Blues – sehen. Erst recht auf den Raubkopien, die etwas festhalten, dem zuzusehen nach wie vor so gefährlich zu sein scheint wie damals, als der Film von der Oberfläche verschwand.

Die Bilder, durch die wir gegangen sind; Erinnerung an alles. / Pour la jeune fille Andrea und für Pablo, der sich aufgemacht hat in Richtung Mars. / No direction home.

Frank hat seine Arbeit am Sehen, an den Bildern und Filmen, an ihren Beziehungen und Wegen, ihren Methoden und unterschiedlichen Zeitverhalten weitergemacht. Er hat sich neben New York einen zweiten Lebensort hoch oben im Norden Kanadas gesucht, eine Fischerhütte gleich am Meer, rundum nichts als Wälder, Landschaft, Einsamkeit. Er bewegt sich nun auch in seinen Lebensorten zwischen zwei Polen, lebt zwischen Kommen und Gehen, Abschied und Ankunft. Die alte Regel Jean-Luc Godards, von jeder Szene, jeder Ansicht immer zwei Bilder zu machen: Frank wendet sie auf sein Leben an. Er schaut nach außen, um nach innen sehen zu können, und schaut nach innen und sieht das Außen. Weggehen und Wiederkommen gehören zusammen, beides bedeutet jedes Mal ein wenig Sterben.

Andrea, seine Tochter, stirbt als Erste. Sie stürzt in einem Flugzeug, irgendwo über Guatemala, ab. Das ist 1974. Pablo folgt ihr 1994 nach langer verrückter Krankheit.

Conversations in Vermont ist ein Film von 1969. Auf der Suche nach den verlorenen Kindern, schon damals. Der Vater macht sich auf, zu seinen Kindern in Vermont, wo sie auf dem Land eine Schule besuchen und mit anderen Jugendlichen einen Bauernhof bewirtschaften. Er versammelt Fotos, die er von ihnen gemacht hat. Da waren sie noch Babys, da waren sie an vielen Plätzen der Welt, älter geworden, Bruder und Schwester. Er versammelt seine Fotos und weiß nicht, was sie zeigen, was er auf ihnen sehen kann. Er packt sie ein, reist los, zeigt sie seinen Kindern. Pablo erkennt nichts wieder auf den Fotografien seines Vaters, er will sich auf dessen Schuldgefühle nicht einlassen. Nach wie vor beharrt er auf seinem Wunsch, dass er gerne normale Eltern gehabt hätte. Da können die Fotos noch so berührend sein, die Kinder darauf noch so schön, wie sie aufmerksam dem, der sie fotografiert, entgegenschauen, als wäre da die Zukunft, der Horizont, auf den hin sie sich sicher werden entwickeln können. Das Kind von einst, der immer noch so schöne Pablo, erkennt nichts davon, die Fotos seines Vaters bringen ihn nicht zum Sprechen. Da aber sind sie, im Film, Bilder in einem Film von Kindern, die mit der Geschichte ihres Vaters nichts zu tun haben wollen. Er schaut ihrem Nein zu, ihrem Nein zu seinen Erinnerungen, die nicht ihre sind. Das ist auf verschiedenen Ebenen radikal – im Grunde eine Form der Dekonstruktion, des Auseinandernehmens dessen, was wir Familie, was wir Vater, Sohn, Tochter, was wir Erinnerung und Vergangenheit nennen. Beinahe wie nebenher, unangestrengt sehen wir dem Leben zu, das es an sich hat, grausam zu sein. Von da kommt seine Schönheit, die Schönheit einer anderen Sicht, einer anderen Vergeblichkeit.

Beerdigt hat er die Kinder hinter seinem Haus in Nova Scotia.

Mehr zu Robert Frank

+ Unbedingt *Kaddisch for Naomi Ginsberg* von Allen Ginsberg lesen. Frank wollte das Gedicht verfilmen, hat Ginsberg eine Zeit lang jeden Tag zehn Dollar gegeben, damit er ihm ein Drehbuch schreibe. Daraus wurde ein anderer Film: *Me and My Brother*.
+ Neben *The Americans* sich in weitere Fotobücher versenken: *The Lines of my Hand* und *Come again*. Im Hintergrund die *Basement Tapes* von Bob Dylan and The Band, Jack Kerouacs *Visions of Cody* und Jean-Luc Godards *Les Carabiniers*.
+ Dazu die *Robert-Walser-Sculpture* von Thomas Hirschhorn mit Bielerinnen, Bielern und Anderen, 2016–2020, jetzt im Katalog.

the YOUNG GODS
züriwes
CHE
CAFE BAR MOKKA
REGGAE NOT DEAD!
ICELAND
find what you seek!
korzo
THE CHIKITAS
Chamber Soul
Bordello
Reggaenet.pl
Hit
BLEIBT
SAUBER
ERTE
MILIEN
AR MOKKA

EVELINN TROUBLE ZU MC ANLIKER

THUN UND DIE WELT

Rock im Block –
das rastlose Leben des Bädu Anliker

ER SCHRIEB SEINE E-MAILS NUR IN CAPS LOCK. MIT VIELEN AUSRUFEZEICHEN, NACH JEDEM SATZ!!! Unzählige, jeden Tag, in alle Welt hinaus, um Bands für seinen Klub zu buchen. Das legendäre Mokka Thun, das er eigenhändig erschaffen hatte und dem er unermüdlich zu weltweitem Ruhm verhalf. Mit dem Slogan MUSIK IST SCHEISSE, den er auf Sticker drucken ließ, die auf Gitarrenkoffern und Hardcases geklebt von Thun aus ihre Reise in die Welt antraten. MUSIK IST SCHEISSE – ein Slogan, den ich schon kannte, bevor ich jemals das Mokka betreten hatte. Der Klub hatte einen Ruf, und der Ruf war untrennbar mit Bädus Persönlichkeit verwoben.

Zu Anfang, als das Internet eine ferne Idee war und Bädu noch keine E-Mails in CAPS LOCK rumschicken konnte, lief das Booking per Post. Täglich erhielt Anliker Kassetten und Vinyl von Bands aus der ganzen Welt, die bei ihm spielen wollten. Bei Gelegenheit flog auch mal ein Tape aus dem Fenster, wenn es ihm nicht gefiel. Zum Beispiel das Demo einer damals noch unbekannten Band namens Nirvana. »Das war Lärm!!!« – so hat er mir das mal erzählt. Eine von vielen Geschichten, die sein berüchtigtes Temperament etwas zu umschreiben vermag. Nicht jede:r, der Bädu Anlikers Bekanntschaft machte, konnte mit seiner fordernden Präsenz umgehen. Ich persönlich hatte immer ein wenig Angst vor ihm.

Mein erstes Konzert im Mokka fand 2011 statt, mitten in Evelinn Troubles Industrial-Rock-Phase. Mit meinem zweiten Album *Television Religion* versuchte ich, in jugendlicher Hybris, musikalisch das Rad neu zu erfinden.

Evelinn Trouble ist Sängerin und Songkomponistin aus Zürich. Sie hat Alben und EPs veröffentlicht, die unterschiedlichste Musikstile vereinen: *Arbitrary Act* (2007), *Television Religion* (2011), *The Great Big Heavy* (2013), *Arrowhead* (2015) und *Hope Music* (2018). Für ihr eigenwilliges Schaffen zwischen Pop und Avantgarde wurde sie 2018 als bislang jüngste Gewinnerin mit dem Schweizer Musikpreis ausgezeichnet.

Im Duo mit meinem damaligen Freund Flo Götte. Unsere Mittel waren ein Juno-60 Synthesizer (Jahrgang 1984), ein MPC 3000 Drumcomputer (Jahrgang 1994) und eine Vielzahl von Loops und zerrigen Gitarren. Ein brachialer Backdrop für meinen emotional übersteuerten Gesang. »Sperrig«, war das Unwort in den Medien dafür. Musik, die in der Schweiz damals niemand hören wollte. Aber Bädu feierte unser sperriges Werk. Als einer der Ersten in der Schweizer Veranstalterszene buchte er ein Konzert der damaligen Evelinn Trouble Band.

So machten wir uns am 22. Oktober 2011 auf den Weg ins Mokka Thun, in unserem versprayten Tourbus namens Jimmy Boeing. Viele meiner Musikerfreunde hatten die Bekanntschaft von Bädu schon gemacht und warnten mich vor seiner aufbrausenden Art. Ich war nervös. Wir trafen fünf Minuten vor der ausgemachten Zeit ein. Was uns den ersten Rüffel einbrachte vom großen Mann mit der grauen Löwenmähne und den stechenden, von tiefschwarzem Kajal umzogenen Augen. Er gebot uns, draußen zu warten ... Fünf Minuten später öffnete er uns die Tür, als wäre nichts gewesen, und ich betrat zum ersten Mal den Clubraum. Eine Überreizung des Sehnervs ohne Entkommen! Es glitzerte von allen Seiten. Antiquiertes Spielzeug, Postkarten, Sticker, Sprüche auf Papier ausgedruckt, an Fäden von der Decke hängend. Da ein Plastikdinosaurier in Discolicht getaucht, Glitzergirlanden um Heizungsrohre gewoben, drahtige Metallobjekte, ein Plüschtiger mit einer Lichterkette im Gebiss, eine Kristallkugel, aus der Blitze schossen, und Plastikblumen in jeder noch so entlegenen Ritze des Raums. Ein Sammelsurium aus Kitsch und Trash, obsessiv und mit Liebe zum Detail zu einem überwältigenden Ganzen zusammengewoben. Bädus Werk.

Wir begannen, unsere Amps auf die Bühne zu tragen, während uns Bädu mit Kaffee und Snacks versorgte, nebenan auf dem Herd brodelte bereits das Abendessen. Es dauerte nicht lang, bis der zweite Rüffel kam. Ich hatte mich darangemacht, eins der Dekostücke auf der Bühne zu verschieben, um dem Bassamp Platz zu machen. Ein Fernseher, in dessen Innern Spaceshuttles und Planeten im Neonlicht kreisen, daneben ein zwei Meter hoher Eisbär. »DIESER FERNSEHER STEHT SCHON SEIT ZWANZIG JAHREN DA, DER WIRD NICHT VERSCHOBEN!!!«, donnerte Bädu durch den Raum. (Er sprach nicht selten so, wie er seine E-Mails schrieb: CAPS LOCK.) Die Grenze war gezogen. Kein Zweifel daran, wer hier das Sagen hatte.

Dieses Konzert war eines meiner besten Konzerterlebnisse überhaupt. Bädu Anliker verstand es, die Abende so zu gestalten, dass man zum Zeitpunkt, als man auf die Bühne musste, ganz in seinem Element war. Evelinn Troubles Industrial-Rock-Phase habe ich ansonsten als traumatisch in Erinnerung; die Musik so laut, dass ich mir Knötchen auf die Stimmbänder schrie, die Klubs ohne Publikum, weil uns niemand hören wollte, eine Beziehung, die langsam unter dem Bandgefüge wegbrach, ein Manager, der undurchsichtige Geschäfte machte … Und nach jedem Konzert der tief empfundene Wunsch, mich in ein Loch zu verkriechen. Das Gefühl, das mir in den Knochen saß: mein Potenzial unentwegt gegen die Wand zu fahren. Nach besonders schwierigen Konzerten habe ich jeweils für ein paar Momente das Weite gesucht und vor Wut geschrien oder geschluchzt, um runterzukommen.

Das Konzert im Mokka war das komplette Gegenteil. Das Publikum war gekommen! Und es wollte uns zuhören! Ob die Musik sperrig war oder nicht, die Leute waren bei jedem Ton dabei. Diese Show heilte mich von den schlechten Konzerterlebnissen, denn sie gab mir die Gewissheit, dass es auch anders sein kann. Und so war es fortan jedes Mal, wenn ich im Mokka spielte.

Musik ist Sache des Timings, Magie ebenso. Damit der Live-Moment seine ganze Magie entfalten kann, muss das Timing stimmen. Darin war Bädu Experte, er war der Strippenzieher jedes Abends, unterstützt durch sein hyperfühliges, minutiös getimtes Team. Es war, als ob Bädu dem Konzert eine heilige Bedeutung zumaß, ihm alles unterordnete. Daher sein Übername »Master Of Ceremony« – kurz MC Anliker, den er sich gab. Der Ablauf war strikt einzuhalten; vom pünktlichen Eintreffen der Band (siehe oben) bis zum ersten Kaffee, vom Soundcheck bis zu seinem Auftritt als Ansager in Vollmontur, sei es nun ein Kapitänsoutfit oder mit Feuerwehrhut oder in Polizeiuniform, mit seinem geliebten Funkmikrofon, mit dem er seine Ansage schon beginnen konnte, bevor er auf der Bühne erschien und in Rauch getaucht etwas über die bevorstehende Band erzählte und dann abtrat, ans Pult für die Lichtshow, während die ersten Töne erklangen. All das glich einem Ritual und musste mit höchster Sorgfalt durchgeführt werden, denn jedes einzelne Element zielte auf den Moment ab, als auf der Bühne die Musik losging.

Dies bestätigt auch sein langjähriger Mitarbeiter Henry, mit dem ich in Bern über Bädu rede. Bädu habe eine präzise Vorstellung davon gehabt, wie alles zu sein habe, und sein Frust, seine aufbrausende Seite kamen von da. Weil er versuchte, seinen eigenen hohen Ansprüchen für den Abend gerecht zu werden. Eine Band, die zu früh kam? Katastrophe! Oder zu spät? Undankbar! Jacken und Taschen auf dem Backstagesofa: kein RESPECT! Bei einem Club, der drei bis vier Konzerte pro Woche veranstaltet, besteht das Risiko, einem Trott zu verfallen, in dem die Bands nur noch durchgeschleust werden. Dagegen stemmten sich Bädu und sein Team. Die Mitarbeiter:innen wurden vom Patron des Hauses ins kleinste Detail eingearbeitet. Wie man das Essen servierte. Wie man den Tresen abwischte (auch unter dem Rand!!!). Wie man sich zu kleiden hatte, wenn man zur Schicht kam (am liebsten elegant und möglichst individuell). »Das ist Showbusiness, da kannst du nicht in Birkenstock auftauchen«, pflegte Bädu zu sagen, der Mann, der sich seit seinem siebzehnten Lebensjahr täglich Kajal um die Augen zog. Manische Sorgfalt. Bis zu seinem abrupten Tod 2016 hat das Mokka unter seiner Leitung über dreitausendachthundert Konzerte veranstaltet.

Ich schaue Videos auf Youtube, in denen Bädu über sein Leben berichtet. Seine Kindheit beschreibt er mit dem Slogan ROCK IM BLOCK, erzählt davon in kurzen Sätzen, in denen er »Ich« durch »man« (auf Berndeutsch »mer«) ersetzt. Als ob er damit sein persönliches Erleben verallgemeinern könnte. Oder vielleicht versucht er auch, einen Abstand einzubauen, zwischen ihm und dem, was damals war. Bädu beschreibt die räumliche und die emotionale Enge, in der er aufgewachsen ist, stichwortartig, warm, lächelnd. Slogans, aber diesmal ohne CAPS LOCK: »Sechs Kinder in einer Vierzimmerwohnung. Kein Geld. Der Vater – manisch depressiv – auf eine Art wusste er das auch – aber man hatte keine Diagnose.« Und das Allerwichtigste im Block? »Dass man es allen recht macht – was denken denn die anderen Leute? – Das war wichtig. Man ist rechtschaffen – ehrlich und auch mit weniger zufrieden.« Das Zusammenleben im Block empfand er als unterkühlt. »Jede Familie eine einzelne Zelle – nebeneinanderher lebend, alle Arbeiterklasse, alle arm, mit denselben Problemen, aber fehlendes proletarisches Bewusstsein, um sich miteinander zu solidarisieren.«

In Thun gab es damals viel Arbeit; bei der SBB, in Bauunternehmungen und nicht zuletzt bei der Armee. Thun war die erste Ausbildungsstätte für das 1817 gegründete Bundesheer. Hier hat man die Waffen hergestellt, hier

In immer neuen Verkleidungen: Bädu Anliker als »Master of Ceremony«, 1990.

ging man Krieg üben (bis heute). Als Bädu während des Kalten Kriegs zum Jugendlichen heranwuchs, wurden in Thun neue Panzermodelle entwickelt. Es gab viel zu tun für die Rüstungsbetriebe in Thun. Und in Bädus BLOCK wird höflich gegrüßt auf dem Flur, aber einfach so geplaudert wird nie. Geschweige denn geduzt, in diesem Arbeiterblock in Thun, Mitte der Sechzigerjahre. Wenn man in Bädus Sätze hineinhorcht, kann man spüren, wie sehr ihn das befremdet hat, dieses Siezen, das Rollenspiel des schweizerischen Anstands, wo die Floskel das Potenzial jeder Begegnung im Keim erstickt. Um die Kinder hat man sich nicht groß gekümmert im BLOCK, dazu fehlte den hart arbeitenden Eltern die Zeit. Deshalb beschäftigten sie sich eben selbst. Eine Bande von etwa vierzig an der Zahl, haben sie sich verschwestert und verbrüdert und geduzt. ROCK IM BLOCK. In meiner Vorstellung ist Bädu der Häuptling, der die Spiele organisiert.

Zu seinem gelernten Beruf als Maurer kam er per Zufall. Auf der Wiese vor dem BLOCK stand ein Kran, darauf stand »Baue deine Zukunft – werde Maurer«, und so nahm ihn der Vater zur urbernischen Firma Frutiger mit. Der Teenager Beat wurde gemustert, und die Sache war innert Sekunden besiegelt. »Der sieht stark aus, den nehmen wir« – ohne Schulabschluss. »Das war 1972, die letzte Prüfung meines Lebens«, sagt Bädu auf Youtube. Es war der Beruf als Maurer, der ihn 1985 zum Mokka brachte.

Wie ich ihm zuschaue, wie er über sein Leben erzählt, stelle ich fest, wie sehr er fehlt.

Um dieser Schweizer Enge zu entkommen, die Bädu so gut beschreibt, bin ich immer wieder gegangen. Hauptsache, weg aus der Stadt, in der ich geboren bin. Wo jede:r meint, mich zu kennen, und mir damit Grenzen steckt. Ferne Städte in meiner Vorstellung die Orte, wo ich frei sein würde. New York mit neunzehn, London mit dreiundzwanzig, danach Berlin. Meine Luftschlösser. Ich habe sie alle besucht. Ein Realitätsabgleich, eine ausgedehnte Landung.

Bädu Anliker machte es genau umgekehrt. In seinem Leben hat er seinen Geburtsort Thun äußerst selten und nur widerwillig verlassen. Sein Leben war eine konstante Verwurzelung. »Einmal hat er mich ein paar Tage in Berlin besucht, das hat ihn gar nicht interessiert. Er wollte nach Hause«, sagt Sven Regener, mit dem ich am Telefon rede. Er ist Autor und Sänger der Band Element of Crime und eine der engsten Freundschaften, die Bädu zu Lebzeiten pflegte. Er sagte 1993 in einem Interview: »Es gibt zwei, drei Clubs in Europa, wo man einfach hinmuss, egal wie große Hallen man füllen könnte – und das Mokka gehört dazu.« Wenn das stimmt, warum steht ein solcher Klub ausgerechnet in der Stadt Thun? Die Militärstadt, die mit

* 17.10.1957	in Thun in einer Arbeiterfamilie. Maurerlehre
1975–1985	Arbeit an lokalen »Bausünden«, zugleich »Konsumieren des Weltsortiments von Haschisch«
1986	Restaurierung des ehemaligen Jugendhauses Thun, Neueröffnung als Café Bar Mokka. Übernahme der Geschäftsleitung. In den folgenden dreißig Jahren als Master of Ceremonies MC Anliker Organisation von insgesamt 3800 Konzerten
1996	»Leistungsauftrag« der Stadt Thun an den Verein Mokka mit geregelter Subvention
2012	Erfolgreiche Petition »This city needs – Planet Mokka bedroht«
2016	Kulturpreis der Stadt Thun, posthum verliehen
† 25.10.2016	in Thun

Überalterung kämpft. Eine Stadt, aus der die Jungen wegziehen, ob ihre Luftschlösser nun Bern oder Berlin, Zürich oder Paris heißen.

Doch Thun verfügt über eine freiheitsliebende Geschichte, auch wenn nicht mehr viel daran erinnert. Als Bädu aufwuchs, mitten in der 68er-Bewegung, wurde in Thun demonstriert, mit der Forderung nach Freiraum. 1970 eröffnete die Stadtregierung ein Jugendhaus. In den Achtzigern wurde die leer stehende städtische Mühle zwischengenutzt und bildete einen Tummelplatz der lokalen Künstler:innen, Musiker:innen und (Kultur)-Junkies. Hundertzwanzig Kilometer Luftlinie nördlich etablierte sich zur selben Zeit die offene Drogenszene auf dem Platzspitz Zürich, dem »Needle Park«; ein international berüchtigter Drogenumschlagplatz, ein fleischgewordener Albtraum, eine Todeszone der verwahrlosten Jugend. Und überforderte Behörden, die dem Elend kein Ende setzen konnten, egal wie oft es Razzia gab. Zudem begann damals Aids um sich zu greifen und beschleunigte das Sterben in der reichsten Stadt der Schweiz, die sich damals wie heute so sehr um eine saubere Fassade bemühte. *Zürich, endlich hast du Risse. Heile, wohlhabende Schweiz, deine Jugend hängt im Park ab, tot auf dem Baum.* Für 1986 wird die Szene auf viertausend Heroinsüchtige geschätzt. Einzelschicksale und ein ganzes Flussufer voller Spritzen.

Meine Mutter ging damals manchmal mit meinem Bruder im Kinderwagen im »Needle Park« spazieren. Um der Verwahrlosung etwas Normalität entgegenzusetzen, wie sie sagt.

Zynischerweise war ein Jahr zuvor das Jahr der Jugend ausgerufen worden. Initiiert von der katholischen Kirche und proklamiert vom damaligen polnischen Papst Johannes Paul II., der den Globus dazu aufrief, etwas für die Jugend zu tun. In diese turbulente Zeit fiel die Eröffnung des Café Bar Mokka, im ehemaligen Jugendhaus der Stadt Thun. Die Behörden hatten dieses einst geräumt und geschlossen, weil dort »Haschisch« konsumiert wurde und weitere Dinge vor sich gingen, die sie unsittlich und unakzeptabel fanden. Einen Neustart sollte es geben; ohne Drogen, laute Musik, Graffiti und

Von hier aus wird das Mokka gesteuert. MC Anliker am Pult für die Lichtshow, 1999.

»Haschischkonsum«. Beat Anliker wurde als Maurer von der Stadt engagiert, das heruntergekommene Haus in Schuss zu bringen. Eine Kulturgruppe wurde gegründet, die sich ums Programm kümmerte und das Mokka fortan nach außen vertrat. »Mit Sitzungen, an denen so viel geraucht wurde, dass man zwischendurch seine Tischnachbarn gar nicht mehr hat erkennen können«, so Anliker über diese Ursprünge. Es dauerte nicht lange, und Bädu führte die Sitzungen, bis er schließlich allein alle Entscheidungen traf und daraufhin von der Stadtregierung zum Leiter des Mokka ernannt wurde. Mit seinen knapp dreißig Jahren erschien er den Behörden als vertrauenswürdig, war aber gleichzeitig mit den Jungen der Stadt per Du und so etwas wie eine Vaterfigur für alle, die dem Jugendhaus nachtrauerten und hofften, dass in Thun endlich mal wieder etwas ging. Die perfekte Figur für diesen Neustart, der Harmonie zwischen die Lager bringen sollte. *»Der ist stark, den nehmen wir.«*

»Er konnte den Gedanken nicht ertragen, dass die Welt des Rock 'n' Roll an seiner Heimatstadt vorbeigehen sollte, dass Rockmusik, Jazz, Folk, Hip-Hop nur in Bern, nur in Genf, nur in Lausanne, nur in Basel, nur in Zürich stattfinden sollte«, sagt Sven Regener in einer Laudatio nach Bädus Tod. »Er wollte eine kulturell attraktive Stadt für junge und alte Leute, Normalos und Freaks, er machte da keine Unterschiede, wie er ja auch selber ein Freak war.«

Er wollte der Stadt Kultur bieten, um jeden Preis. Anfangs noch niederschwellig, später mit teureren Eintrittskarten, weil der Betrieb wuchs und mehr Geld verschlang. Von Henry in Bern erfahre ich, was mir nicht bewusst gewesen war: Bädu hat nicht selten an den Abenden draufgezahlt. Weil es ihm wichtig war, dass etwas stattfindet, auch wenn er dabei Geld verlor. In anderen Klubs wird das Risiko auf die Bands abgewälzt, man drückt ihre Gage, um die Kosten klein zu halten. Anders bei Bädu; schon bei meinem ersten Konzert im Mokka, als mein Name noch ein Geheimtipp war, wurden ich und die Band anständig entlohnt. Anständig, das heißt in der alternativen Szene der Schweiz – mehr als dreihundert Franken pro Musiker:in. Für eine Show, für die man sich mittags trifft, sein Equipment einlädt, zum Klub fährt, alles aufstellt, soundcheckt, sich die Zeit bis zum Konzert totschlägt, einsingt, das Konzert spielt, Platten signiert, kurz durchatmet, alles wieder abbaut, einlädt und wieder losfährt. Wenn es für ein Hotel reicht, ohne dass der Veranstalter dafür die Gage nochmals drückt, kann man sich wenigstens vor vier Uhr morgens schlafen legen. Alles in allem ein Fünfzehn-Stunden-Tag. Nicht selten kriegte ich als Newcomerin dreihundert Franken oder weniger für die ganze Band angeboten.

Bädu war sich dieses enormen Aufwands, den das Musiker:innendasein mit sich bringt, immer bewusst. Darum hat er Wert darauf gelegt, den Künstler:innen und Bands faire Gagen zu zahlen. Und sie mit viel Liebe zu bekochen. In einem Reportagevideo sieht man ihn über sein berühmtes Kaninchengulasch gebeugt, wie er in breitem Berndeutsch seine Haltung klarmacht: »Musiker sind die Leute, die für uns arbeiten (›schaffä‹), und dann ist klar, dass sie von uns Essen bekommen.« Rechtschaffen sein! Keine Ausbeutung in den eigenen Reihen! Wertschätzung der Kultur und derer, die sie machen. Bädu und sein Team haben diese Haltung gelebt. Dafür steht das Mokka bis heute, wo es von einem Kollektiv aus hauptsächlich ehemaligen Mitarbeiter:innen weitergeführt wird.

Bädu hat seinen Klub über dreißig Jahre gegen jegliche Widerstände behauptet, und das wurde mit der Zeit immer schwieriger, weil die Zahlen einbrachen und Live-Kultur an Bedeutung verlor. Und immer wieder lieferte er sich einen Nahkampf mit den Behörden, sobald er den Freiraum Mokka bedroht sah. Zum Beispiel im Sommer 2012, als im Mokka-Garten nach zweiundzwanzig Uhr Musik spielte und daraufhin Lärmklagen aus der Umgebung eintrafen. Die Stadt ermahnte ihn, worauf Bädu kurzerhand die Petition »Save Planet Mokka« lancierte, die über Nacht fünftausend Menschen unterzeichneten. Es folgten Rundtischgespräche, an denen sich Beamte, rechte Politiker:innen und Bädu gegenübertraten. Das Drama endete in einem gutschweizerischen Kompromiss, Planet Mokka durfte weiterhin Musik spielen, jedoch nur am Wochenende. Man könnte sagen, Bädu hat damals das Unmögliche geschafft: die heilige Schweizer Nachtruhe anzutasten. Bädu war eine öffentliche Person Thuns, ein mediales Schwergewicht. Er hat seine Stimme genutzt und über die Medien verlauten lassen, wenn ihm ein Thema am Herzen lag. Anfangs Nullerjahre warnte er öffentlich davor, dass »das neue Indoorzeug, das die Jungen kiffen, viel zu stark sei«. Er konnte sie schließlich in seinem Klub beobachten, wie sie sich um die Besinnung kifften.

KULTUR IST EIN DÜNNER LACK, DER SICH DURCH ALKOHOL LEICHT AUFLÖST.

Ein weiterer seiner Slogans, der im Backstage auf einem A4-Papier an einem Faden von der Decke hing. Er meinte damit, dass zwischenmenschliche Harmonie eine oberflächliche Sache ist, die urplötzlich ins Gewaltsame kippen kann, wenn Kultur nur noch als (Alkohol)-Konsum aufgefasst wird. Er hatte es wohl zu oft selbst mit ansehen müssen. Auch in seinem Klub wurden Exzesse gelebt, die manchmal Gewalt und Schlägereien zur Folge hatten. Bädu war einer, der sich selber hinstellte, wenn es Konflikte gab, und die Leute eigenhändig rauswarf. Dafür wurde er zeitweise von kleinkriminellen Jugendlichen massiv bedroht und machte sich gefährliche Feinde in der Stadt, wie mir Henry berichtet. Dass die Disco im Keller immer voll war, dafür aber an manchen Tagen das Konzertpublikum oben im Klub ausblieb, frustrierte ihn. Was er aber nicht ändern konnte, auch wenn er es wollte. *Wenn die Jugend lieber tot im Baum hängt, kann man nichts machen, lieber Papst.*

2010 wurde im Keller des Mokka ein junger Mann bei einer Massenschlägerei rivalisierender Gruppen fast zu Tode geprügelt. »Das ist Bädu unglaublich nahegegangen, daran hat er sehr lange gekaut«, sagt Henry mit einem tief besorgten Ausdruck auf seinem Gesicht. Sein eigenes Ende fand Bädu am 25. Oktober 2016. Er starb zu Hause an einem Herzstillstand, im Alter von neunundfünfzig Jahren. Zwei Wochen später hätte er für sein unermüdliches kulturelles Engagement den Anerkennungspreis der Stadt Thun erhalten. Die Stadt, die er nur widerwillig verließ. Die ohne ihn ganz anders aussehen würde. Die Einladungen zur Feier hatte er eben noch verschickt.

Eine meiner liebsten Erinnerungen an Bädu ist mit einem Song verwoben. Als wir in irgendeinem Oktober auf einer Tournee wieder mal im Mokka haltmachten, fanden wir Bädu vor, der in voller Lautstärke eine Coverversion von *All Tomorrow's Parties* von Velvet Underground & Nico im Loop abspielte. Während wir das Equipment reinbrachten und aufstellten und er dies und das vorbereitete, spielte dieser Song über eine Stunde lang. Wir sprachen nur das Nötigste, denn der Raum war erfüllt mit Sound.

Als wir zwei Wochen nach seinem Tod im Mokka spielten, war der Schock über seinen plötzlichen Tod, das riesige Loch, das er hinterlassen hatte, um uns herum spürbar. Unser Konzert hatte Bädu noch selber gebucht. Nach den ersten paar Sekunden löste sich ein kleiner Fußball von der Decke und fiel in den Zuschauerraum. Ein Gruß aus dem Jenseits. Musik ist scheiße.

Mehr zu MC Anliker

+ Das Mokka Thun bietet weiterhin ein Zuhause für Kulturhungrige (www.mokka.ch).
+ Bädus Person erlebt man in seinem siebenteiligen Lebensbericht auf Video (Youtube: »MC Anliker – The Talk«) oder in der Kurzreportage von SRF Virus TV (Youtube: »MC Anliker lebt für seinen Musikclub Café Mokka«).
+ Einen kritischen Blick auf Thun bietet der Kurzfilm *Stadt der Falten* von Remo Rickenbacher & David Oesch, in dem auch Bädu für ein paar zeitlose Sekunden zu sehen ist (Youtube: »Stadt der Falten«).
+ Ein nimmermüder Chronist des Thuner Kulturlebens ist der Fotograf Christian Helmle. Hier finden sich Bilder des Sommers 1991, als das Mokka temporär den zentral gelegenen Waisenhausplatz bespielte: thunensis.com/galerien/mokka-waisenhausplatz.

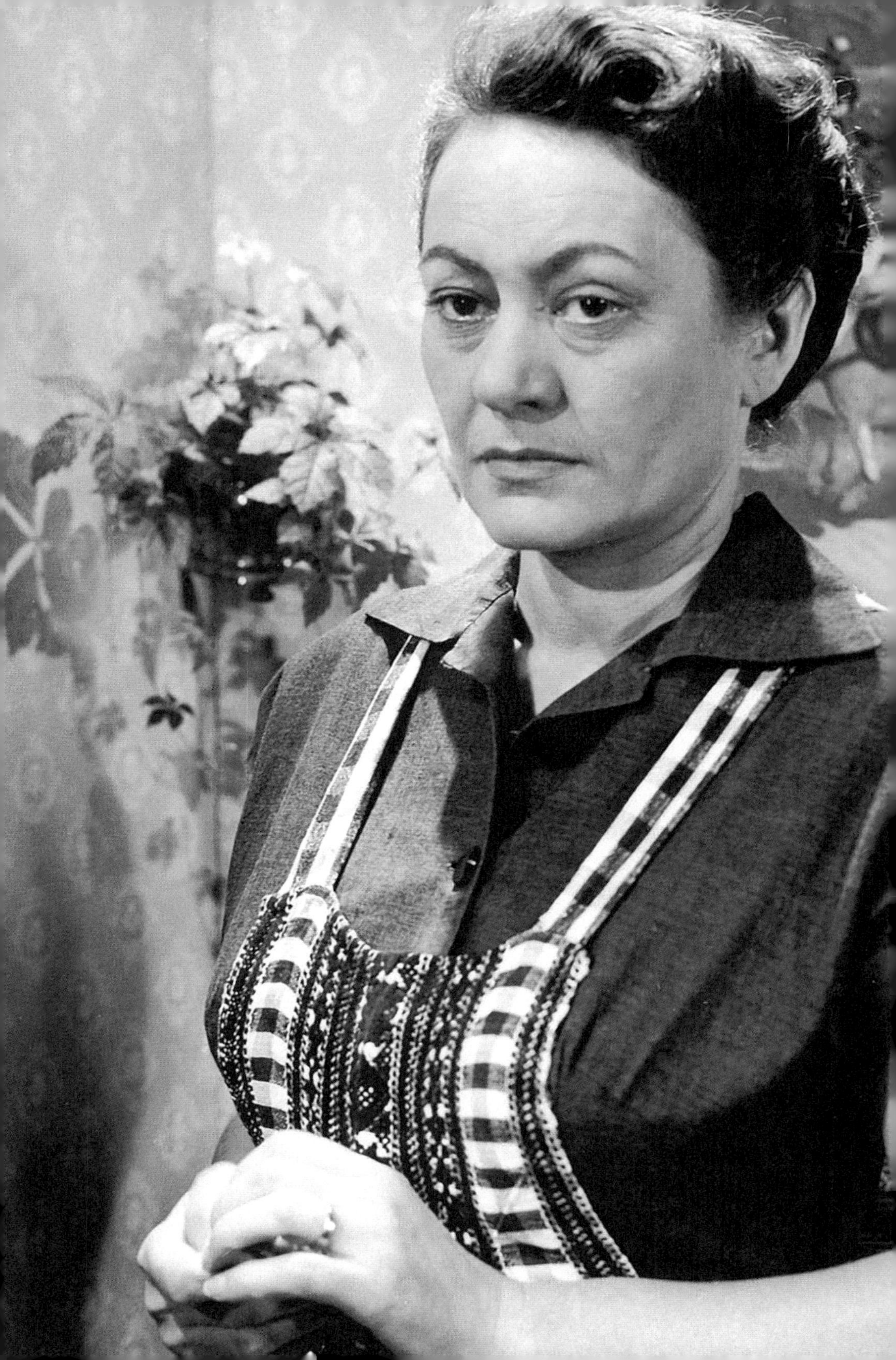

Christine Lötscher zu Margrit Rainer

PAARTHERAPEUTIN DER NATION

Die wissenden Blicke einer ebenso patenten wie selbstbewussten Hausfrau

Es gab eine Zeit, da war Margrit Rainer überall anzutreffen. Im Radio, im Fernsehen und im Kino, auf Kabarett- und Musical- und Theaterbühnen. Schon kleine Kinder lernten sie kennen, in den Kindermusicals von Jörg Schneider und Emil Moser im Opernhaus Zürich, wo sie ihr ganzes Repertoire an bodenständigen Frauenfiguren zur Geltung brachte. In *Hans im Glück oder die Reise nach Pitschiwaya* (1973) packte sie dem abenteuerlustigen Hans ordentlich mütterlichen Proviant für seine Reise auf eine fantastische Insel; in der *Zauberorgel* (1976) hingegen spielte sie eine intrigante Giftnudel, eine Lady Macbeth des Schwanks, die ihren Trottel von Mann ins Unglück treibt. Die Kindermusicals gab es auch auf Vinyl, sodass Margrit Rainers charakteristische Stimme, die schrill quäken und verführerisch säuseln konnte, und dies immer auf einem soliden, samtig tiefen Fundament, schon Kinder süchtig machte. Wenn diese Stimme bei den Eltern oder Großeltern aus der Stube erscholl, stürzten sich die kleinen Mädchen vor den Fernseher, obwohl sie die Schwänke, die da liefen, eigentlich langweilig fanden. Außer, wenn Margrit Rainer auftrat. Dann passierte etwas auf dem Bildschirm.

Die Figuren, die Margrit Rainer verkörperte, waren meist traditionelle Frauen, die nicht aus ihrer Rolle ausbrechen wollten. Anerkennung für ihre Arbeit im Haushalt oder im Betrieb forderten sie aber durchaus ein, und das mit Wucht und Verve. Weil Margrit Rainer, in der Regel zusammen mit Ruedi Walter, meistens in Komödien auftrat, gehörte das eheliche Dauergezänk genrebedingt dazu. Doch auch hier war bei ihr immer eine

Christine Lötscher studierte in Zürich und München Germanistik und Geschichte und arbeitete schon während des Studiums als Journalistin und Literaturkritikerin. Heute ist sie Professorin für Populäre Literaturen und Medien am ISEK – Populäre Kulturen der Universität Zürich.

ironische Distanz zu spüren. Der alltägliche Schlagabtausch am Familientisch war für die Schauspielerin gleichzeitig lustvolles Spiel, pures Theater und die Verhandlung einer sozialen Wirklichkeit, die nur auf der Bühne zum Lachen ist. Diese Spannung hielt sie in ihrem Spiel immer aufrecht. Darin liegt vielleicht der Grund, warum Margrit Rainer, 1914 in Zürich Oerlikon geboren, seit den 1950er-Jahren und bis zu ihrem Tod 1982 die bekannteste und beliebteste Schweizer Schauspielerin war. Als Feministin kann man sie wohl nicht bezeichnen, aber in ihrer Arbeit zeigte sie großes Verständnis für Geschlechterverhältnisse und machte immer wieder sichtbar, wie viel die sogenannten einfachen Frauen dazu beitragen, dass alles – nicht nur Ehemänner und Kinder – funktioniert.

Aufgeregt, mit blond irrlichternden Zöpfen, läuft Heidi von der Alp herunter ins Dorf. Die Straßen sind voller Schaulustiger und Kinder, die beim Glockenaufzug mitmachen wollen, die Blasmusik marschiert, der Kinderchor singt. Wo immer Heidi auftaucht in Luigi Comencinis Filmadaption von Johanna Spyris Klassiker, gerät alles in Bewegung. Die Tannen, die Wolken, der Geissenpeter, sogar der Alpöhi. Es gibt ein einziges Gesicht in dieser dynamischen Welt in Schwarz-Weiß, auf dem die Kamera gerne zur Ruhe kommt. Es ist das Gesicht von Peters Mutter Brigitte, das Gesicht von Margrit Rainer. Als Heidi aus der Sonne in die Dunkelheit der Gassen eintaucht und für einen Moment ganz verschluckt wird von den Schatten, leuchtet dem kleinen Mädchen auf der anderen Seite Margrit Rainers offenes, schönes, weich geschwungenes Gesicht wie eine melancholische Sonne entgegen.

Als Comencinis *Heidi* 1952 als erste deutschsprachige Adaption des Stoffs in die Kinos kam, war Margrit Rainer Ende dreißig und im Begriff, nach den Anfängen im Cabaret Cornichon zum Star der populären Schweizer Film- und Theaterszene aufzusteigen. Bald würde sie im Comedy-Duo mit Ruedi Walter die ganze Schweiz begeistern; im Radio, auf diversen Bühnen und im Fernsehen. Es ist eine ihrer ersten Rollen in einer langen Reihe von Schweizer Spielfilmen, die unterdessen zu Klassikern geworden sind, darunter die Gotthelf-Filme von Franz Schnyder oder *Polizischt Wäckerli* (1955) und *Oberstadtgass* (1956) von Kurt Früh.

Die Brigitte in Comencinis *Heidi*-Film ist, wie bei Spyri, eine Nebenrolle. Im Roman ist sie, die alleinerziehende Mutter mit einem Sohn, der nicht lesen lernen will, und einer blinden Mutter im Haus, dazu da, von Heidi berührt und erleuchtet zu werden; eine, die Hilfe braucht. Im Film ist sie durchaus unscheinbar, aber, in der Verkörperung von Margrit Rainer, alles andere als unsichtbar. Es ist, als sei sie der stille Mittelpunkt des Films. Dies lässt sich als Kommentar zu Spyris *Heidi* und all den Kinderbüchern lesen, die kleine Mädchen sich frei entfalten lassen, sie aber sofort ins Korsett stecken, wenn sich die Adoleszenz ankündigt. Die Aufmerksamkeit, die ganz auf das charmante Naturkind Heidi gerichtet ist, steht eigentlich auch den Frauen zu, die weder sterben noch davonlaufen, sondern einfach da sind und ihre Arbeit machen.

Was Margrit Rainer aus der Brigitte herausholt, ist ein Vorgeschmack dessen, was ihr ganzes schauspielerisches Werk in den nächsten dreißig Jahren prägen wird. Es ist die Blaupause der Rainer'schen Kunst, Leinwand, Bildschirm und Bühne zu beherrschen und die Energie, die von ihr ausgeht, ganz und gar dem Stoff, den anderen Figuren, dem Ensemble, den Zuschauerinnen und Zuschauern zu schenken. Ohne den Hauptfiguren die Schau zu stehlen, füllt sie in *Heidi* die Leinwand mit ihrer Präsenz. Ihre Brigitte mag zwar arm sein und sozial am untersten Rand der Gesellschaft, doch hilflos und verzweifelt ist sie nicht. Sie ist stolz und bescheiden zugleich, wenn sie tut, was Margrit Rainer auch später in vielen ihrer Rollen tun wird, nämlich die Menschen zusammenbringen, Konflikte lösen – oder, um es pathetisch auszudrücken, Liebe und Wärme in die Welt hineintragen. Sie konnte das bei stillen Figuren wie der Brigitte – »the strong, silent type« würde man sie in Hollywood nennen – ebenso gut wie bei ihren gesprächigen und schlagfertigen Rollen. Doch auch die Figuren, die nicht auf den Mund gefallen sind – Luise Ehrsam aus der Hörspielserie *Spalebärg 77a* zum Beispiel – oder die in jedem Augenblick in Gesang ausbrechen können – die legendäre Irma aus der *Kleinen Niederdorfoper* –, schaffen diese Verbindungen zwischen den Menschen nicht unbedingt mit Worten, sondern mit Gestik und Mimik. Das kann eine leichte Drehung ihres Oberkörpers sein, das kann aber auch ein Blick sein, der fordernd oder liebevoll oder ironisch unter den schweren Lidern hervorschießt. Margrit Rainer hatte eine Art, ihre Augen durch den Raum wandern und ihr Publikum dabei sehen zu lassen, was los ist, wen welche Sorgen plagen und wer in welchem Verhältnis zu wem steht oder vielleicht einmal stand und möglicherweise gerne stehen möchte. In solchen Momenten blitzen ihre Augen auf, und die Zuschauerinnen und Zuschauer verstehen so wie sie, was sie gerade verstanden hat, noch bevor sie etwas unternimmt. Und unternehmen, darauf kann man sich verlassen, werden ihre Figuren in jedem Fall etwas, denn anbrennen lassen sie nichts. Deshalb schaut man ihnen so gerne zu.

Auch diese mimische Mikrobewegung lässt sich schon bei der Brigitte in Comencinis *Heidi* beobachten. Nachdem es ihr gelungen ist, die Außenseiterin Heidi in die Kindergruppe einzugliedern, die am Dorffest mit vereinten Kräften die neue Kirchenglocke aufzieht, versteht sie auch den Alpöhi, wenn der um den heißen Brei herumredet. In jedem Fall, ob als Brigitte, als Irma oder Luise, beeindruckt Margrit Rainer ihre Zuschauerinnen auch heute noch mit der seltenen Selbstverständlichkeit, mit der sie ihre Figuren als das dastehen lässt, was sie sind. Da kann man sie lange Luisli oder Irmeli nennen; ihrer Autorität tut das keinen Abbruch. Denn in Margrit Rainers Haltung drückt sich ein ernst gemeinter Respekt und ein Engagement für unter prekären Bedingungen lebende Frauen wie Brigitte aus, aber auch für Hausfrauen wie Luise und »Personal« wie Irma oder die Köchin Kattri aus dem *Schwarzen Hecht*. Und deshalb konnte sie noch die kitschigsten Schlager wie *Ja d'Liebi macht eim riich* so vortragen, dass man ihr jedes Wort glaubt.

Hier liegt der Grund, warum Margrit Rainer, wenn man ihre Filme und die vorhandenen Aufzeichnungen von Theateraufführungen heute anschaut, immer noch fasziniert. Die Frauenfiguren, die sie so selbstbewusst verkörperte, haben trotz des teilweise miefigen Nachkriegsambientes, in dem sie sich bewegen wie Fische im Wasser, und trotz ihrer – milde ausgedrückt – nicht besonders emanzipierten Ansichten zum Zusammenleben von Mann und Frau, ja trotz ihrer affirmativen Haltung zur traditionellen Rollenverteilung, allesamt etwas, was diese Existenz transzendiert.

Je älter Margrit Rainer wurde und je erfolgreicher sich das Ehe-Duo mit Ruedi Walter in die Stuben und auf die Bühnen spielte, umso mehr wurde sie auf die Rolle der patenten Hausfrau festgeschrieben: Haare auf den Zähnen und das Herz am rechten Fleck. Als Luise Ehrsam, die bodenständig zürcherische Gattin des Urbasler Buchhalters Guschti Ehrsam aus *Spalebärg 77a*, der Hörspielserie, die zwischen 1955 und 1965 lief, war sie so schlagfertig im Pingpong mit ihrem Mann, dem seinerseits virtuos eloquenten Ruedi Walter, dass man sagen könnte, die beiden haben die Schweizer Mundart-Variante der Screwball-Comedy erfunden. Die beiden können nicht nur gifteln und sticheln, ihr Dialog hat immer auch etwas Singendes, Fließendes. Das klingt gerade nicht nach der volkstümlichen Musik, die zu Hause bei den Ehrsams läuft, sondern hat mehr mit Jazz zu tun, mit zwei Instrumenten, die zusammen einen Groove finden. Vielleicht ließ sich das eheliche Tauziehen deshalb auch im Chanson umsetzen. *Bis Ehrsams zem schwarze Kaffi* von Hans Moeckel und Hans Hausmann oder *Hans stand uf*

Hier kommt die Kamera gern zur Ruhe: Margrit Rainer als Peters Mutter Brigitte in der *Heidi*-Verfilmung von 1952, mit Elsbeth Sigmund als Heidi und Thomas Klameth als Geissenpeter.

(*Monday Blues*) von Werner Kruse und Werner Wollenberger waren Ohrwürmer und stürmten in den späten 1950er- und frühen 1960er-Jahren die Hitparade.

Das Geheimnis der Luise Ehrsam besteht aber darin, dass sie mit ihrer breiten Zürischnurre nicht nur laut und schlagfertig ist und weiß, wie man den ständig nörgelnden und zweifelnden Gatten nach allen Regeln der Kunst herumdirigiert. Margrit Rainer gibt auch Luise die stille, melancholische Seite, mit der sie die Geissenpeter-Brigitte leuchten ließ. Wenn der Mann am Morgen endlich aus dem Haus ist, »mit Schimpfe und Flueche, wil d'Uhr no muesch sueche«, ist sie noch gar nicht wach, und doch wartet schon ein Riesenberg Wäsche auf sie, der, kaum abgearbeitet, schon wieder gewaschen und gebügelt sein will. Man mag das Thema Haushalt, das so präsent ist bei Rainers Hausfrauenfiguren, banal finden. Und doch ist es aus heutiger Sicht geradezu aufregend zu hören, dass die Care-Arbeit, die es ja nach wie vor gibt, eben auch Arbeit ist, für die frau – und natürlich auch mann – Anerkennung einfordern müsste. Doch wie es so geht im Schwank, ein Tässchen Kaffee macht alles wieder gut: »En Kafi hät gmacht, dass i wieder lach« – Margrit Rainers Figuren sind eben auch die Paartherapeutinnen der Nation.

Auf der anderen Seite lässt sich Luise nicht ins Bockshorn jagen, wenn Guschti reklamiert. Zum Beispiel, weil der schwarze Kaffee, um den sich bei den beiden alles dreht, wieder einmal zu heiß geraten ist. Sie schenkt ihm kurzerhand ein Kirschli ein, zum Abkühlen. Und auf die wiederkehrenden Klagen von wegen Matriarchat und Frauenstimmrecht, das den Männern noch den letzten Einfluss rauben werde, verdreht Luise, so stellen wir uns vor, nur die Augen. Sie bekommt, was sie will, und ihre Tochter auch. Wenn Guschti dann am Ende meint, es sei alles seine Idee gewesen, wissen wir, dass sich die beiden Frauen einen dieser Margrit-Rainer-Blicke zuschießen. Wenn man sich die Aufnahmen heute anhört, könnte man auf die Idee kommen, die Schweiz sei tatsächlich ein Matriarchat gewesen. Zumindest in der Alternativwelt der Populärkultur. Und Margrit Rainer verkörperte das Phantasma dieser fröhlich-melancholisch-ironischen Matriarchin, in ihren Figuren und in ihrer Star-Persona.

Die mütterlich bodenständige Verlässlichkeit ihrer Figuren trug ihr den Ruf ein, eine »Mutter Helvetia« zu sein, der Inbegriff der Schweizerin, die mit beiden Beinen im Leben steht und den Männern, sooft es halt nötig ist, zeigt, wo der Bartli den Most holt, und das ganz ohne Frauenstimmrecht. Eine Hochsteckfrisur und ein paar schlichte, elegante Kleider reichen, und sie sieht umwerfend aus; wer braucht da schon Kosmetik und Bling-Bling.

Wer Margrit Rainer als Privatperson war, haben ihre Fans und die breite Öffentlichkeit niemals erfahren. Es dauerte lange, bis bekannt wurde, dass Ruedi Walter nicht ihr Lebens-, sondern nur ihr Bühnenpartner war und dass sie mit dem Regisseur und Schauspieler Inigo Gallo zusammenlebte. Am Tag nach ihrem überraschenden Tod am 10. Februar 1982 verwickelte die offensichtlich aufgewühlte *Karussell*-Moderatorin Rosmarie Pfluger Rainers langjährigen Weggefährten Werner Wollenberger, der viele ihrer Texte geschrieben hatte, in ein Gespräch. Sie wollte wissen, wer die volkstümliche Diva wirklich gewesen war. Dabei entsteht ein äußerst widersprüchliches Bild. Auf der einen Seite betont auch Wollenberger, wie mütterlich und liebevoll »Stupsi« gewesen sei – so wurde Margrit Rainer wegen ihrer Stupsnase und ihrer eigentümlichen Art genannt, Freundinnen und Freunde mit einem Nasenstupser zu begrüßen. »Ganz und gar

* 9.2.1914	in Zürich Oerlikon als Margrit Rosa Sandmeier
1934	Lehre als Fotolaborantin, danach Schauspielunterricht
1938–1950	Mitglied des Cabaret Cornichon
ab 1951	Zweierkabarett mit Ruedi Walter (1916–1990); *Die kleine Niederdorfoper* (1951 und 1959), *Der schwarze Hecht* (1954), zahlreiche Dialektstücke
ab 1952	Größere Filmrollen, *Heidi* (1952), *Polizischt Wäckerli* (1955), *Oberstadtgass* (1956), *Hinter den sieben Gleisen* (1959), *Anne Bäbi Jowäger* (1960/61), *Demokrat Läppli* (1961), *Die sechs Kummerbuben* (1968)
1955–1965	Hörspiel *Spalebärg 77a* mit Ruedi Walter
1958	Filmpreis der Stadt Zürich
1959	Heirat mit Inigo Gallo (1932–2000)
ab 1964	Musicals *Bibi Balù* (1964), *Golden Girl* (1967); Kindermusical; Tourneetheater *Guet Nacht, Frau Seeholzer* (1969), *Potz Millione* (1980)
† 10.2.1982	in Zürich

schweizerisch, zürcherisch, puritanisch, unsentimental« sei sie gewesen, hält Wollenberger fest. Gleichzeitig schildert er mit Gusto, was für einen unkonventionellen, furchtlosen Weg das Mädchen aus einer Oerliker Arbeiterfamilie gegangen sei. Nach einer Lehre als Fotolaborantin wanderte Margrit nach Ibiza aus, um dort eine Hühnerfarm zu betreiben, landete aber bald wieder in Zürich, wo es sie von der Jodelformation Singvreneli an die Kasse und schließlich auf die Bühne des Cabaret Cornichon verschlug. Mutter von Kindern war Margrit Rainer im richtigen Leben nie, und sie lebte, damals illegal, im Konkubinat. Ihr Partner Inigo Gallo war achtzehn Jahre jünger als sie, was Madonna und Heidi Klum vergleichsweise bieder aussehen lässt.

Wie einer Hollywood-Diva, oder sogar noch souveräner als den meisten von diesen, gelang es Margrit Rainer, ihre Star-Persona zu pflegen und ihr Privatleben zu schützen. Ihre Auftritte wurden als so authentisch wahrgenommen, dass das Image in der Wahrnehmung des Publikums mit ihrer Person verschmolz. Und nicht nur das: Auch ihre Rollen flossen so sehr zusammen, dass sich der Eindruck durchsetzte, Margrit Rainer spiele immer nur sich selbst. Heute vermittelt die Sammlung von Videos auf Youtube einen schönen Eindruck dieser Wirkung.

Was weiterlebt, sind vor allem Margrit Rainers Chansons. Hier blitzt ihr Schalk noch einmal ganz anders auf, zusammen mit einer ungebärdigen Lust an der Albernheit. Im musikalischen Lustspiel *Der schwarze Hecht* (Paul Burkhard/Jürg Amstein) singt sie als Köchin, sie brauche keine Noten, sie habe schließlich immer ein paar »Tönli« im Kopf: »Ich sing ganz tüüf abe / ich sing ganz höch ue / und götsche im Schüttstei de Takt dezue«. Das schönste Beispiel ist aber das Schunkel-Jodellied *Ich mag nicht Rosenkohl*, das sie als »Serviertochter« Irmeli in der *Kleinen Niederdorfoper* singt. Die Reime sind so herrlich unsinnig, dass man ihnen einen Hauch Dada attestieren

Die Schweizer Mundart-Variante der Screwball-Comedy: Margrit Rainer und Ruedi Walter lauschen 1958 den eigenen Stimmen in der Hörspielserie *Spalebärg 77a*.

muss: »Ich mag nicht Rosenkohl / ich mag nicht Blumenkohl / ich mag nicht Sauerkohl / ich mag nicht grünen Kohl / ich mag nicht roten Kohl / ich mag nicht weißen Kohl / ich mag nur einen Kohl / ich mag nur Alkohol.«

Wenn man das Lied einmal gehört hat, kann man es auch schon auswendig, für immer, was damals den kleinen Mädchen und Margrit-Rainer-Fans bei den Großeltern viel Schelte einbrachte. Und so erscheint die Bühne des Lämmli, auf der Irmeli spontan und unterm Jubel des Publikums auftritt, als eine Spielart des Cabaret Voltaire, die sich in der Schweizer Populärkultur fest eingenistet hat.

Auch Irmeli amtet übrigens als Paarberaterin, und zwar nicht obwohl, sondern gerade weil sie fünf Mal verheiratet war und ganz gut ohne Mann zurechtzukommen scheint. Im wohl berühmtesten Chanson der *Kleinen Niederdorfoper* erklärt sie der jungen Ruth, dass Liebe niemals perfekt sein kann. Das tut sie ganz ernst und ganz ironisch und voll vibrierenden Lebens, wie man in der Aufzeichnung von 1978 nachschauen kann. Was in *Drum wänns eine git, mis Chind* sicher vibriert, ist die Spannung zwischen der melancholischen Melodie und dem Text, der ganz aus der Bildwelt des Alltags in der Beiz schöpft. Männer werden mit Seifen, im Fett schwimmenden Spiegeleiern und Kaninchen verglichen: »Glatt wie Soipfe-n-i de Wanne / haltlos wienes Spiegelei / wänns z'viel Fett hätt i de Pfanne / und wie wildi Chüngel frei / so sind d'Manne, so sind d'Manne«. Das ist irgendwie bieder, und irgendwie völlig abgedreht.

Diese Mischung aus ausgelassener Albernheit und dem Einstehen für Frauen, die lustvoll sich selber und nichts Besonderes sind (was wiederum ein Alleinstellungsmerkmal ist), macht die Star-Persona Margrit Rainer so bodenständig und zugleich so schillernd.

Selbstlos, so scheint es, sorgte Margrit Rainer in der ganzen Deutschschweiz für gute Laune. Dabei kam eine Facette zu kurz. Sie hatte nämlich auch das Zeug zur melodramatischen Heroine, was sie in Kurt Frühs *Oberstadtgass* unter Beweis stellte. Sie spielt eine in der Trauer um ihren toten Sohn erstarrte Hausfrau mit so viel dunkler Energie, dass man sich wünscht, sie hätte einmal in einem Film von Roberto Rossellini mitwirken können. Vermutlich ist es diese Kraft und diese Ausstrahlung, mit der sie in jedem Drama des Neorealismo eine gute Figur gemacht hätte, die sie eine so unvergleichliche und abgründige Komödiantin werden ließ.

Mehr zu Margrit Rainer

+ Den leichtesten Zugang zu Margrit Rainers Filmen und zu Aufzeichnungen von Theater- und Musical-Aufzeichnungen bietet Youtube (jeweils unter dem Titel aufzurufen): *Die kleine Niederdorfoper*, Aufzeichnung von 1978. – Weil die Hörspielserie *Spalebärg 77a* mit Margrit Rainer und Ruedi Walter so erfolgreich war, wurde ein Kurzfilm produziert, der einen Blick in die gute Stube des Ehepaars Ehrsam erlaubt. – Kurt Frühs *Oberstadtgass* mit Margrit Rainer und Schaggi Streuli gibt es als ganzen Film.
+ In besserer Qualität gibt es *Oberstadtgass* in der *Kurt Früh Edition* von Praesens Film, zusammen mit *Bäckerei Zürrer*, *Hinter den sieben Gleisen* (ebenfalls mit Margrit Rainer), *Café Odeon*, *Es Dach überem Chopf* und *Dällebach Kari*. Nicht enthalten ist *Polizischt Wäckerli* mit Margrit Rainer als patente Ehefrau; der Film ist aber als Einzel-DVD erhältlich.

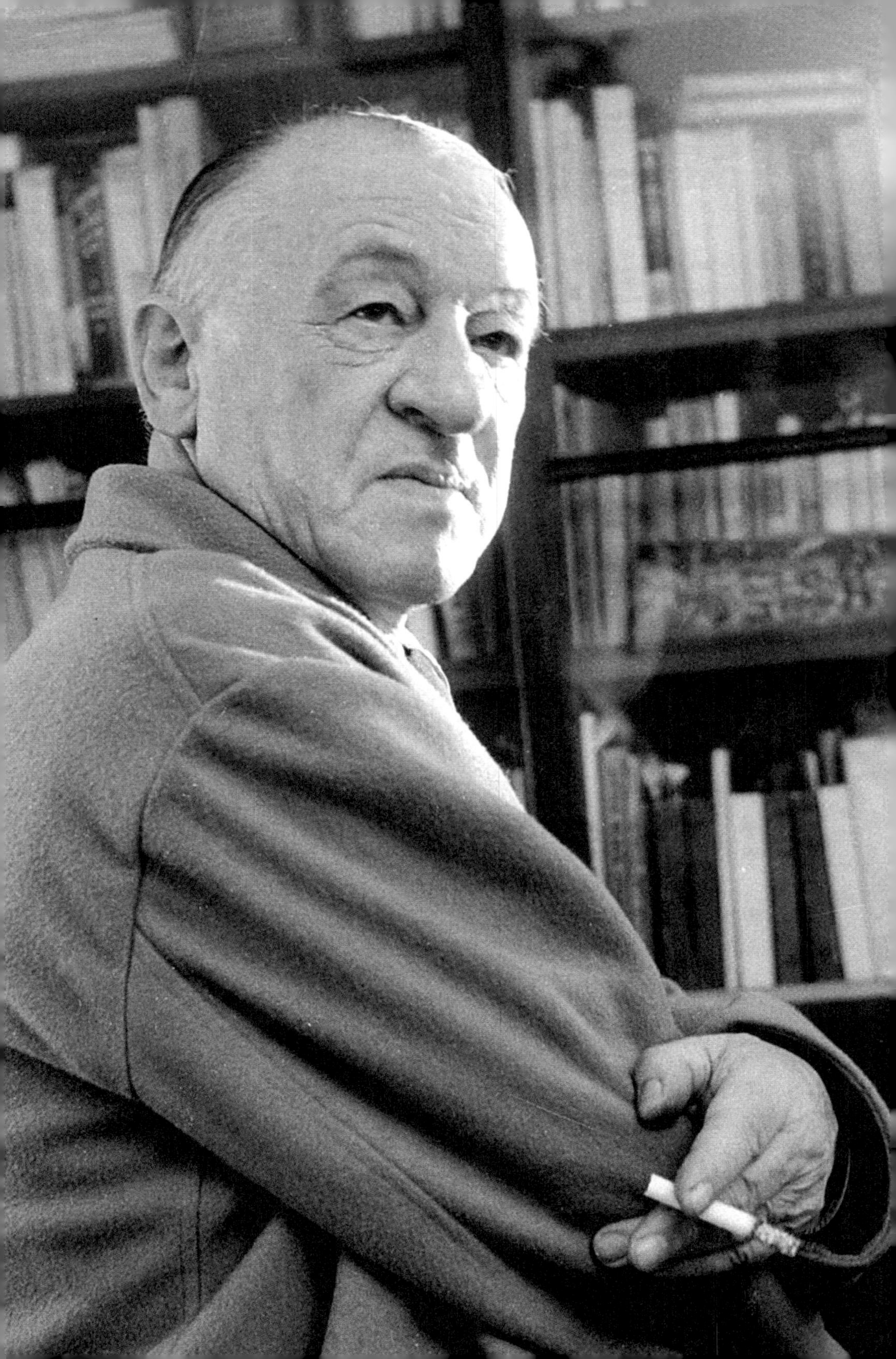

Yves Laplace zu Blaise Cendrars

MORAVAGINE DER UNAUFLÖSBARE

Auf der Suche nach B. C.

Ich halte es für erwiesen, dass jeder Schriftsteller definitionsgemäß nicht verstanden, kaum verstanden wird. Zuweilen berühmt, oft verkannt, doch immer unbekannt im wahrsten Sinne des Wortes: unsichtbar, unhörbar. *Schlecht gesehen schlecht gesagt*, lautet der Titel eines Werks von Beckett. *Unerhört*. Auch im anderen Wortsinn: ver-rückt, aus-gefallen, wahn-sinnig, reif für die Zwangsjacke.

Ich halte es für erwiesen, dass man ihm durch Lesen Asyl gewähren muss. Literarisches, soziales, politisches, psychiatrisches Asyl.

Das ist eine uralte Überzeugung, ein Aberglaube vielleicht, dennoch eine Gewissheit, eng mit Körper und Geist verbunden, eine Gewissheit aus dem ersten Buch, das mich verwandelt hat: *Moravagine* von Blaise Cendrars.

Nie (oder fast nie) habe ich von diesem Roman erzählt, einem der wunderlichsten, regelwidrigsten, verstörendsten des 20. Jahrhunderts. Wird es mir gelingen, verständlich zu machen, warum er mir heimlich und entgegen jeder Vernunft als Vorbild für die Kunst des Romanschreibens, des Dichtens, für die Kunst der Theorie, ja sogar der Politik diente?

Zumindest versuchte ich, in seinem Zeichen oder vielmehr in dem fahlen Licht, das von dorther zu mir dringt, meine eigenen Romane, Berichte und Essays ähnlich zu gestalten, nahm ich doch den Geist oder den Aufbau der drei Teile von *Moravagine* auf: I. *Der Geist einer Epoche*, II. *Das Leben des Moravagine, Idiot*, III. *Moravagines Manuskripte*.

Beim vierten Teil von Cendrars' Meisterbuch, dem Nachtrag *Pro domo (Wie Moravagine entstand)*, schien es mir oft, als streue dieser Teil wie eine

Yves Laplace lebt in Genf, wo er 1958 geboren wurde. Er hat rund dreißig Werke (Romane, Theaterstücke, Essays) publiziert, darunter *Un homme exemplaire* (1984; deutsch als *Ein vorbildlicher Mann*, 1994), *On* (prix Michel-Dentan, 1992), *La Réfutation* (1996), *L'Inséminateur* (2001) und *L'Original* (2004).
Seine Romane lassen Randgestalten zu Wort kommen: Visionäre, Verrückte, Mörder, zum Teil auf realen Figuren basierend, wie in den jüngsten Werken *Plaine des héros* (Schweizer Literaturpreis, 2015) und *L'Exécrable* (2020).

Sternschnuppe Staub in den unorganisierten Kosmos des Textes, und zwar der Idee, die man (Autor oder Leser) sich von dem *kommenden Buch* macht – um einen Titel von Maurice Blanchot, B. C.s Lieblingsautor, zu zitieren.

B. C.?

Oft schien es mir, als müsse der Roman seine Motive alphabetisch (und nicht chronologisch) abhandeln, und zwar nach der wichtigsten Strukturlehre von *Moravagine*, eine Lehre, die von *a) Sanatorium Waldensee* bis *z) Epitaph* reicht, als sei diese alphabetische Reihe von Kapiteln handgeschrieben, als habe der Autor, wer immer er sein mag, Cendrars oder ein anderer, sie in der »Isle de France« wiedergefunden, in »einem kleinen Haus«, auf dem »verriegelten Speicher«, in »einem Koffer mit doppeltem Boden«, und dieser birgt in einem »Geheimfach eine Pravaz-Spritze«, und im Koffer selbst liegt die besagte handgeschriebene Reihe von Kapiteln, die eine Art Selbstporträt in Romanform oder Autofiktion bilden, in dem sich der Autor, wer immer er sein mag, nur mit Mühe wiedererkennt.

Aber ist das nicht die Erfahrung von jedem, der sich auf das Experiment Schreiben oder Über-sich-Schreiben einlässt? Ist das nicht die Erfahrung, die ich zu analysieren, darzustellen, zu wiederholen versuchte auf tausendundeiner oder *mille e tre* Seiten, die ich als frühreifer, doch ausdauernder Sammler gelesen und geschrieben habe? Zu denen ich Kontakt oder mit denen ich Umgang hatte, letztlich so, wie man mit Mädchen verkehrt?

Was ich hier zu skizzieren versuche, erhebt nicht Anspruch auf wissenschaftliche Wahrheit oder auf ein Gutachten. Jedenfalls – bei allen gewahrten Proportionen – nicht mehr als die zahlreichen theoretischen oder philosophischen Kapitel oder Teile von *Moravagine*. Dies ist eine erfundene Geschichte als Rezension, als würde sie von einer Romanfigur *erzählt*. Und ich denke, ich wollte immer schon diese Figur in mir reden lassen, sei sie auch aufgetreten als angehender Journalist, selbst ernannter Reporter, engagierter Jungautor, Literatur-, Theater- oder Filmkritiker ... *Dichter*, in den Fußstapfen seines Meisters – doch welchen Meisters?

B. C.?

Im Nachhinein sehe ich wohl, dass ich in meinen Romanen und Berichten von Anfang an Überzeugungen, Stimmen, Theorien ausprobiere – wie

Raymond la Science sie in seinem Bericht ausprobiert, da er es ist, der da spricht, oder durch den Moravagine spricht. *Raymond la Science?* Ich sehe wohl, dass die Figuren, Themen, Personen, die mich anzogen und noch immer anziehen, mich wegen des leicht Anrüchigen oder dessen, was ich dafür hielt, anzogen.

Letztlich legte ich Wert darauf, mich der Figuren, Themen, Personen wie ein Psychiater anzunähern und gleichzeitig wie der terroristische Anarchist Raymond la Science, so benannt vom Autor und der Person »Blaise Cendrars« (der als junger Erfinder auftritt, sich über das Holzmodell eines Propellerflugzeugs beugt, an dessen Steuerknüppel Moravagine nach Moskau und Tokio fliegen, den Pazifik, den Atlantik überqueren, die Welt zum Staunen bringen, diese vielleicht zerstören, Kurs auf den Planeten Mars nehmen sollte) – Raymond la Science nähert sich also dem idiotischen Zerstörer, den er vorgibt, zu untersuchen: »Endlich sollte ich mit einer menschlichen Bestie zusammen sein, ihr Leben teilen, sie begleiten, beobachten. Mich in sie versenken. Mitleben. Pervers, aus dem Gleichgewicht geraten – gut, aber nach welchem Maßstab?«

Als der Roman 1926 erscheint, weiß jeder Leser, dass Raymond la Science der Spitzname für Raymond Callemin war, einem Mitglied der Bonnot-Bande, 1913 guillotiniert. Heute weiß jeder Leser von *Moravagine*, dass er dieses Buch nicht lesen kann, ohne das Flaubertsche Motto »Moravagine, das bin ich« von Cendrars zu übernehmen. Jeder zeitgenössische Leser von *Moravagine* ist ein lesendes Chamäleon, das Ektoplasma jenes größeren Ektoplasmas, das der Reihe nach gequältes Kind, gefallener Prinz, Kleinadliger ohne Reich, Jack the Ripper oder Fantomas, russischer Revolutionär, Bombenleger, englischer Gentleman, Forschungsreisender, Cowboy, Flieger, Festungsbewohner, Gefängnis- oder Psychiatrieinsasse ist.

Ich wusste es nur undeutlich, als ich unter seinem Einfluss die Distanz zu meinen Meistern oder Vorbildern einstellte oder vielmehr *nicht* einstellte, als Grünschnabel von Romanschriftsteller und Kritiker, baute ich doch von a) bis z) sein Abc des Romans nach, dessen Idee ich dem *Abc des Films* entnahm, einem weiteren Titel desselben Autors.

Ich erinnere mich plötzlich, dass Moravagine als Kind der *verhinderte* Thronfolger Ungarns ist.

B. C. hatte es uns gesagt.

Ich erinnere mich auch noch an eine »ungarische« Wahrheit, die uns Imre Kertész in seinem Buch *Ich – ein anderer* enthüllte, eine Wahrheit, die ich schon anderswo als Nachwort zitiert habe – wie zufällig trug es den

Ein Kriegsversehrter: Dass Blaise Cendrars 1915 im Großen Krieg den rechten Arm verloren hatte, verarbeitete er auch in seiner Literatur.

Titel *Pro domo* – in einer Neuauflage meines Romans *Un homme exemplaire* (1984):

»Es ist sinnvoll, manchmal die Orte zu besuchen, an denen sich die entscheidenden Minuten unseres Lebens abgespielt haben, und sei es nur, um zu erfahren, dass wir mit uns selbst nichts gemein haben. Das ist eine schmerzliche Entdeckung, die wir unter den verschiedenen Formen und Sublimierungen der Treue zu verstecken versuchen, denn sonst ließe die Unbeständigkeit unserer Persönlichkeit den nackten Wahn erahnen.«

Möge er also beginnen, *der Besuch*.

Im Alter von vierzehn Jahren, während des Schuljahres 1972/73, habe ich zum ersten Mal einen Schriftsteller getroffen.

Der Mann war klein, stämmig, Funken sprühend. Er hatte rotblonde Haare, einen mächtigen Schnurrbart (in meiner Erinnerung). Er war etwas mehr als dreißig Jahre alt. Er sah aus wie Régis Debray am Tag nach seiner Gefangennahme in Bolivien. Er zitierte übrigens große Teile des französischen Jungphilosophen und Revolutionärs (Weggefährte von *Che* Guevara), der am 20. April 1967 verhaftet, von Regierungstruppen und CIA-Agenten gefoltert, im November zu dreißig Jahren Haftstrafe verurteilt, nach drei Jahren und acht Monaten dank einer internationalen Kampagne wieder freigelassen wurde.

Wir schrieben also das Jahr 1972, wir hatten eine Stunde Französisch an der Orientierungsschule von Budé in Le Petit-Saconnex im Kanton Genf. Auf Anregung unseres Lehrers lasen wir *Moravagine*. Die Geschichte eines anderen Revolutionärs, eines anderen Fantasten, eines anderen Gefangenen.

Der Mann kam oft zu spät. Es kam vor, dass er am Morgen schon nach Alkohol roch. Nach Alkohol oder Sex? Nach beidem? Es kam vor, dass er schlecht über die Mädchen redete. Dass er Autounfälle hatte. Es wurde behauptet, er habe sich auf der Autobahn überschlagen. Es kam vor, dass er in ein sarkastisches Lachen ausbrach. Er geriet außer sich vor Wut. Doch er hatte eine sanfte Stimme. Ich sehe, wie er in den Gängen der Schule eine große, schöne Mappe aus beigem Leder und mit Metallverschlüssen trägt, zum Bersten voll mit Prüfungen, Büchern, Manuskripten: Es war wie eine Erinnerung an Moravagines Aktenkoffer oder an Cendrars' »Koffer mit doppeltem Boden«.

Unser Lehrer und jene, von denen er uns inspiriert und engagiert erzählte, um die Person Moravagine und die wichtigsten Themen des Romans zu erläutern: also Régis Debray, doch auch die militanten Basken und Katalanen, die in Francos Gefängnissen dahinvegetierten, die zu Psychiatriefällen erklärten Dissidenten im Ostblock, die Widerstandskämpfer von 1940 bis 1945, die Anarchisten und Banditen der Bonnot-Bande, die russischen Anarchisten und Bombenleger der ersten Revolution (die von 1905, die in *Moravagine*) – alle bildeten in meinem Kopf eine Galaxie von Figuren und Sternen, die nicht voneinander zu unterscheiden waren.

Unser Lehrer hieß Bernard Christoff. Initialen B. C.

Es handelte sich um eine »gemischte« Schulklasse. Will heißen: In ihr saßen alle gleichaltrigen Schüler, ohne Unterscheidung nach Abteilung oder Leistungsstand. Es war *nicht* die Elite. Daran lassen sich die schwindelerregenden Fortschritte ermessen, die seit damals an der Volksschule gemacht worden sind, unter der wohlwollenden Fuchtel der Pädagogen. Versuchen Sie heute, *Moravagine* jungen Leuten, welche die vermeintliche Elite von morgen sein sollen, zum Lesen zu geben. Versuchen Sie es, und Sie werden sehen: Man wird Sie vor die Schulbehörde schleppen.

Keine Chance haben die heutigen Schüler, im Französischunterricht an der obligatorischen Volksschule die entscheidenden Stunden zu erleben, wie sie mir zuteilwurden, als ich hörte, was Bernard Christoff uns über Literatur zu sagen hatte und er uns *Moravagine* zum Lesen gab, einen geradezu unangemessenen und gefährlichen Roman.

Ich erinnere mich, dass ich dabei zum ersten Mal fundiert von Faulkners Romanen *Die Freistatt* und *Schall und Wahn* hörte, von Shakespeare, Dante, Rabelais, doch auch von Cendrars' poetischen, philosophischen und literarischen Bezügen, die in *Moravagine* vorhanden sind: Rimbaud, Lautréamont, Apollinaire, Nietzsches *Also sprach Zarathustra*, Schopenhauers *Die Welt als Wille und Vorstellung*.

Bernard Christoff, geboren 1942, war damals selbst (doch wir wussten nichts davon) ein Dichter, Essayist, Schriftsteller und gehörte zu den »vielversprechendsten« seiner Generation.

Zwanzig Jahre vergingen. Bernard Christoff wurde Vater von drei Töchtern und starb am 13. April 1993 im Alter von einundfünfzig Jahren. Wie Moravagine am 16. August 1866 in einem ungarischen Schloss zur Welt gekommen, gestorben am 17. Februar 1917 im Zentrum für Neurologie Nr. 101 *b* in der Festung Sainte-Marguerite. Im selben Jahr feierte Cendrars seinen dreißigsten Geburtstag. In *Pro domo* vermerkt er, das sei das Alter gewesen, das er sich einst als Frist gesetzt hatte, um sich umzubringen. Stattdessen beginnt er am 1. September den Zusatz zu *Moravagine*, *Das Ende der Welt*.

1972 waren wir vierzehn, und B. C. hielt uns für *groß* genug, uns jene Wahrheit mitzuteilen, die heute von Zensur, Verbot, wenn nicht gar *Verwahrung*

* 1.9.1887	in La Chaux-de-Fonds als Frédéric-Louis Sauser in einer Kaufmannsfamilie. Schulen in Neapel und Neuenburg
ab 1905	Reisen nach Russland, der Mongolei, China, Arbeit als Handelsvertreter, Imker und Schausteller. Erste Gedichte
1910	Paris und New York. Erstes Langgedicht *Les Pâques à New York* (1912) unter dem Pseudonym Blaise Cendrars
1911	Heirat mit Fela Poznańska, drei Kinder
1914	Eintritt in die französische Fremdenlegion, 1915 Verlust des rechten Arms, 1916 französische Staatsbürgerschaft
1916	Paris, längere Reisen nach Rom (1921), Brasilien (1924) und Spanien (1931). Romane *L'or* (1925), *Moravagine* (1926), *Les Confessions de Dan Yack* (1929)
ab 1930	Zeitschriftenreporter
1940	Aix-en-Provence. Autobiografische Schriften in vier Bänden *L'Homme foudroyé* (1945–49)
1950	Paris. Radioprogramme
† 21.1.1961	in Paris

bedroht ist: Der Roman, die Gattung aller Freiheiten und Anzüglichkeiten, ist definitionsgemäß eine mehrdeutige Gattung. In jedem Roman, der diesen Namen verdient, vermischen und überschneiden sich die Stimmen der Personen, des Erzählers, des Autors. *Moravagine* ist diesbezüglich ein Schlüsselbuch.

Falls das Bewusstsein tatsächlich »eine kongenitale Halluzination« ist, so wird nur »den großen Besessenen« die »Offenbarung« des »Rhythmus« zuteil, der dem Menschengeschlecht eigen ist – ein Rhythmus, der »sich in seiner sexuellen Verwirrung schon anmeldet«. Und als Moravagine »in eine Pfütze« tritt, wird er bleich und zwickt den Erzähler in den Arm: »Scheiße«, sagt er, »ich habe Gott ins Gesicht getreten.«

Der Erzähler (also Raymond la Science) macht kurzen Prozess. Er warnt: »Was bedeutete mir ein Mord mehr oder weniger auf dieser Welt, die Entdeckung der kleinen Leiche eines unschuldigen jungen Mädchens?« Er sagt tatsächlich: *was bedeutete mir*. Und der Leser ist versucht, dieses »mir bedeuten« dem Autor zuzuschreiben. Damit haut der Autor in die gleiche Kerbe, indem er sein Sprachrohr Raymond zu Moravagines voyeurhaftem Komplizen macht, sobald Raymond die Mauer der Anstalt oder des *berühmten Hauses* Waldensee passiert hat:

»Ich hatte Moravagine alles besorgt, was er zur Flucht brauchte. Pünktlich um zwölf Uhr mittags sollte er über die Mauer springen. Er kam nicht. Ich wurde schon unruhig. Da höre ich einen grässlichen Schrei. Ich sehe meine Bestie heranlaufen, mit einem blutigen Messer in der Faust. Ich stoße ihn in den Wagen, wir fahren ab. Er schreit mir ins Ohr: ›Ich habe sie besessen!‹ – ›Was? Wen?‹ – ›Das kleine Mädchen, das hinter der Mauer Reisig sammelte.‹ Das war der Beginn einer langen Kreuzfahrt durch alle Länder

Blaise Cendrars mit Raymone Duchâteau (1896–1986), Schauspielerin, die er seit 1917 kannte und liebte und 1949 heiratete.

der Erde, die über zehn Jahre gedauert hat. Moravagine ließ überall Frauenleichen zurück. Aus purem Witz oft.«

Ich glaube, diese Veranlagung zum Witz gehört auch zum Autor. Dieses Wort zeigt seinen Standpunkt, seine Meinung an. *Witz* könnte ein Gattungsname für *Moravagine* sein, dessen parodistische Dimensionen offenkundig sind. Erinnern wir uns daran, wie verblüfft Corinna Bille war, als sie 1971 aus dem Mund von Blaise Cendrars' Witwe Raymone den Urteilsspruch vernahm: »›Moravagine ist wahr.‹ – ›Was soll das heißen? Moravagine schlitzte doch kleinen Mädchen den Bauch auf …‹ Daraufhin wollte Maurice Chappaz Corinna offenbar beruhigen: ›Natürlich hat er keine kleinen Mädchen getötet, doch er hatte (wie alle anderen auch) abscheuliche Begierden.‹«

Diese Rationalisierung reicht mir nicht.

Auf einer der schönsten Seiten von *Pro domo* stolpert man über folgenden Satz (der eine *mise en abyme* ist, eine Selbstbezüglichkeit, als schriebe Cendrars nach Moravagines Diktat): »Einen Monat lang beleidige ich durch meine Anwesenheit das jahreszeitliche Leben der Felder und Fluren, und eines schönen Tages miete ich in einem abgelegenen Weiler eine abgewichste Scheune. Dort schließe ich mich ein und fange an zu schreiben.« Übersehen wir mal das Adjektiv vor dem Wort »Scheune«, ohne die wichtige Rolle aus den Augen zu verlieren, welche die Onanie in diesem unbeabsichtigt Freud'schen Psychiatrieroman spielt. In einer ersten Fassung legte Cendrars ein Schuldgeständnis ab oder tat wenigstens so: »... Ich weiß nicht, was mich zurückhält. Ich habe Lust, unserer kleinen Magd den Bauch aufzuschlitzen. Ich räche mich an den nichtssagenden Pflanzen, den Tieren. Eines Tages miete ich in einem abgelegenen Hof ein Zimmer. Dort schließe ich mich ein und mache mich regelmäßig an die Arbeit.«

Die ganze narrative Unauflösbarkeit des Buchs hat hier ihren Ursprung, ihre Erklärung oder ihren Antrieb.

Moravagine, schreibt Cendrars, vergieße das Blut »in vollstem Vertrauen, wie ein Schöpfer, gleichgültig wie Gott, gleichgültig wie ein Idiot«. Moravagine der Gleichgültige. Moravagine der Unauflösbare.

Letztlich sperrt Cendrars sich ein, um *Moravagine* zu schreiben (so wie Moravagine in Sanatorien eingesperrt wird). Doch auch, wie er uns vorzutäuschen versucht – denn es ist eine Täuschung, ob es Corinna Bille gefällt oder nicht –, um nicht selbst Moravagine zu werden, um der Begierde zu widerstehen, »unserer kleinen Magd den Bauch aufzuschlitzen«.

Moravagine ist der Traum eines Irren oder eines irren Arztes von einem Sanatorium zum andern, wie ein anderer Schriftsteller später pseudonym sagen wird: *Von einem Schloss zum andern*. Und Cendrars zieht die Strippen so gut, dass er *in fine* das letzte Wort einem gewissen Doktor Ferral gibt, dem Leser von *Moravagine*:

»Sie haben sich von Ihrem Double befreit, während die meisten Schriftsteller bis zum Tod Opfer und Gefangene ihres Doppelgängers bleiben; sie nennen das Treue zu sich selbst, aber es ist in neun von zehn Fällen nichts als Besessenheit. Machen Sie weiter so.«

Übersehen wir mal Doktor Ferrals Diagnose. Ich weiß nicht, ob ich besessen bin. Doch ich sehe wohl, welch unauslöschliche Prägung diese frühe Lektüre bei mir hinterlassen hat. Acht Jahre vor *Ein vorbildlicher Mann*, der die Erzählstruktur von *Moravagine* nachzeichnete, war ich noch nicht

Eine modernistische Tafelrunde (von links): der Architekt Le Corbusier, der Maler Fernand Léger, Le Corbusiers Frau, das Mannequin Yvonne Gallis, sowie Blaise Cendrars, in Le Tremblay-sur-Mauldre, 1931.

einmal achtzehn Jahre alt und schrieb mein erstes Buch, *Le Garrot*. Begebenheit, ja sogar Titel waren *Moravagine* verpflichtet. Die Geschichte eines politischen Gefangenen, der in einem erträumten Spanien zum Henker seines Meisters wird. Moravagines Kerker in Bratislava ist zusammen mit dem von Raymond la Science in Spanien das Vorbild zu meinem. Das Wort »garrot« (Garrotte) taucht in *Moravagine* mehr als einmal auf. Auch das Wort »Gangrän«. Meinem Manuskript hatte ich zuerst den Titel *Gangrän und Garrotte* gegeben. Es ging darin um »Untote«, ein Wort, das Cendrars schließlich durch »Todeskandidat« ersetzt.

Im seltsamen Opiumtraum, den *Moravagine* erforscht oder darstellt, kann man auch ein Glaubensbekenntnis zum Großen Krieg lesen: »Wenn du leben willst, töte. [...] Steh allein auf gegen alle, junger Mann, töte, töte, du hast keinen Nächsten, nur du bist lebendig, töte, bis die andern dich einen Kopf kürzer machen, dich guillotinieren, garrottieren oder aufhängen. Mit oder ohne Tamtam, im Namen der Gemeinschaft oder des Königs.«

Ich vergesse nicht, dass die Figur Raymond la Science im Krieg ihr linkes Bein verliert, während die Figur »Blaise Cendrars« dort ihren rechten Arm verliert – wie Cendrars selbst am 28. September 1915 in der Champagne.

Hätte ich mich auch daran erinnert, dass sich R. (»Raymond la Science«) am Romananfang an »Blaise Cendrars« wendet, und zwar am 11. Mai 1924? Er schreibt ihm aus der Todeszelle von Montjuic, sieben Jahre nach Moravagines Tod, dessen Schicksal vom Erzähler besiegelt wird, hat R. doch ein Attentat (ob fehlgeschlagen oder nicht, bleibt offen) gegen den König von Spanien angezettelt.

Blaise Cendrars' spätere Haltung zu Zeiten des Spanischen Bürgerkriegs ist mehr als undurchsichtig und würde es verdienen, *aufgrund* dieses erzählerischen Dispositivs hinterfragt zu werden.

Erinnere ich mich an den blutjungen Leser von *Moravagine* und an den jungen Autor, der aus ihm hervorging, verbiete ich es mir, meine Fehler oder Illusionen zu berichtigen, die meistens ohne mein Wissen in den Lauf der Zeit hineingestreut wurden, ebenso wie mich selbst zu berichten; dieser Text könnte *Eine Berichtigung* heißen. Diese Berichtigung beruht nicht auf der Erinnerung, sondern auf der Interpretation, die ich heute vorlege, also auf der Vorstellung, die ich mir jetzt nicht von mir selber oder dem »anderen« mache, sondern von dem jungen Leser und jugendlichen, vielleicht noch immer jungen Autor. Von jenem, der, sofern ich mich an den Satz von Blanchot recht erinnere, ganz bescheiden mit seinem Namen unterschreiben soll: *Nun*, würde er beiläufig sagen, *ich bin's nur*.

Zum Beispiel mit: B. C.

Meinem Lehrer. Doch welchem?

Aus dem Französischen von Markus Hediger

Mehr zu Blaise Cendrars

+ In *Les Pâques à New York* (1912, erstes der drei großen Gedichte in *Du Monde entier*) er-findet Cendrars seine Stimme und seinen Namen. Unausgesprochen schreibt er im Zeichen seiner jungen russischen »Verlobten«, die im Alter von siebzehn Jahren bei einem Unfall lebendig verbrannte.
+ *Dan Yack* (1929, Roman in zwei Teilen) ist das geheimnisvollste Buch von Cendrars, auch das ambitionierteste, kurz nach *Moravagine* geschrieben. Und es blieb für lange Zeit der vorläufig letzte Roman.
+ Unter den vier zwischen 1945 und 1949 erschienenen Bänden autobiografischer Aufzeichnungen – zweifellos sein bedeutendstes Werk – ist der vierte Teil, *Le Lotissement du ciel*, der ausladendste, der freiste und der am meisten »irre«.
+ Bernard Christoff hat seit 1964 Gedichte und Kritiken publiziert. Zusammen mit Bertil Galland und Jacques Chessex gründete er die Zeitschrift *Écriture*. 1996 erschien eine Auswahl *Élégies et poèmes* mit einem Vorwort von Jacques Chessex.

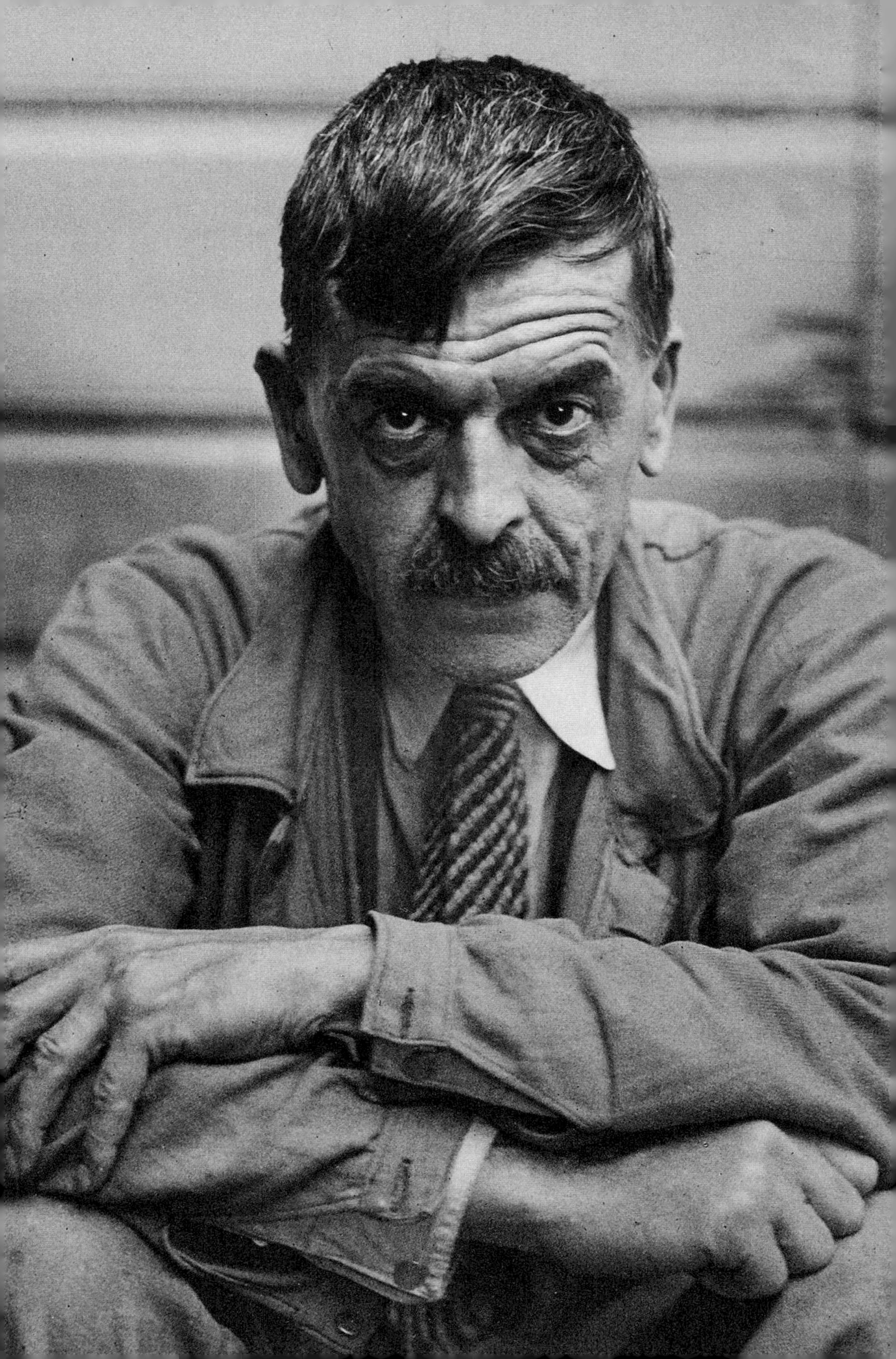

Sylviane Dupuis zu Charles Ferdinand Ramuz

DAS WAADTLAND ALS UNIVERSUM

Wie am Lac Léman die literarische Moderne erfunden wurde

Zweifellos ist Charles Ferdinand Ramuz ein Schweizer Schriftsteller – mehr, als er glaubte! – und einer der wichtigsten dieses Landes, vergleichbar mit Friedrich Dürrenmatt, mit dem er die Obsession mit der Katastrophe und dem Weltuntergang (oder der Apokalypse) teilt, aber auch die grundlegende »biblische Prägung«, die in die Kindheit zurückreicht, sowie den Agnostizismus. Dennoch verdanken wir ihm den kleinen provokativen Satz: »La Suisse n'existe pas!«, da sie, nicht »vereinheitlicht« (ganz anders als Frankreich), nicht *eine* Sprache besitze, wie er sagte, sondern mehrere, sehr verschiedene Kulturen und mindestens vier Literaturen. Und er wehrte sich heftig dagegen, dass man aus ihm einen »Nationaldichter« machte.

Als Autorin des 21. Jahrhunderts habe ich oft das Gefühl, diesem großen Romancier sehr fern zu sein, wollte er doch als »Waadtländer« (»in meinen Adern fließt nur Waadtländer Blut«, redete er sich ein) und erdverbunden, wenn nicht gar »anti-intellektuell« erscheinen. Von abstrakten Vorstellungen wollte er nichts wissen: Er hasste es zu reisen, der Genfer »Kosmopolitismus« missfiel ihm, und im Alltag gebärdete er sich in vielen Fragen zutiefst konservativ.

Doch sein Schreiben zeugt von schöpferischer und vergegenständlichender Kraft, von Originalität, erfinderischer Kühnheit, Erforschung der Sprache – und von äußerster Aufmerksamkeit gegenüber der Welt, den Menschen und den unscheinbarsten Dingen. Hinter seinem stolzen »Bedürfnis nach Größe« zeigt sich eine verborgene Liebe, und das hat mich ihm mit jeder Lektüre nähergebracht.

Sylviane Dupuis, geboren in Genf, ist Dichterin, Theaterautorin und Essayistin. Sie hat zahlreiche Poesiebände, Theaterstücke, Essays und kritische Studien veröffentlicht. Ihr Werk wurde in mehrere Sprachen übersetzt und unter anderem mit dem Ramuz-Preis für Poesie ausgezeichnet. Daneben hat sie zwischen 2005 und 2018 an der Universität Genf unterrichtet. Bibliografie: www.unige.ch/lettres/framo/enseignant/dupuis

Zudem setzt er nach seiner Rückkehr aus Paris (wo er zehn Jahre gelebt hat und von wo ihn 1914 der Erste Weltkrieg vertreibt) die Autonomie der Literatur, die Ästhetik an erste Stelle – höher als Moral, Staatspolitik und Religion, an deren Stelle seiner Meinung nach die Kunst treten muss. Damit begründet Ramuz, der bis zu seinem Tod 1947 im Kanton Waadt wohnen wird, das, was man ein Jahrhundert lang die »Literatur der Romandie« nennen wird; damit ebnet er all jenen den Weg, die nach ihm und nach seinem Vorbild (von Catherine Colomb oder Alice Rivaz bis Jacques Chessex) es wagen werden, sich als Schriftsteller oder Künstler zu sehen und zu erklären, und die nicht wie Blaise Cendrars aus der Schweiz fliehen, um sich zu verwirklichen.

Die Beziehung des Schaffenden zum Geschaffenen, die Frage nach Macht und Sinn – oder Illusion – stehen im Zentrum des Werks. Ramuz ist ein Pionier, geboren in einem kleinen Land – dem Waadtland, dem Welschland –, das er 1914 als zutiefst »unkünstlerisch« anprangert. »Große Gedanken fliehen vor kleinen Ländern, und kleine Länder sind zu kleinen Gedanken verdammt«, wettert er 1937 in *Bedürfnis nach Größe*. Und fügt hinzu: »Hier kann nichts verändert werden«, man müsse »die Flügel, die man vielleicht hat, wieder zusammenfalten«, und »wir atmen bloß mit einem Lungenflügel«. Doch wenn er bisweilen auch behauptet, er sitze »wie in einem Gefängnis« (eine Metapher, die 1990 auch Dürrenmatt in seiner berühmten Rede *Die Schweiz – ein Gefängnis* brauchen wird), macht er ein Fenster auf. Er vergrößert den Raum der Fantasie. Und ermöglicht es damit anderen, den Raum ebenfalls zu vergrößern.

Schon 1905 erklärt er: »Der Roman muss ein Gedicht sein«, und er trachtet nach nichts weniger, als sich in die Geschichte des Epos einzuschreiben, die sich seiner Meinung nach von der Bibel und »der *Odyssee* bis zu *Madame Bovary* via die *Aeneis* und die Artussage erstreckt«. Als junger Romancier bewundert er Flaubert und Dostojewski über alle Maßen (Letzterem hat er viel zu verdanken), doch er ist nicht weit davon entfernt, sich für den Erben Homers oder Aischylos' zu halten. Er sieht sich als Rhapsode der Moderne. Er will also hoch hinaus, und dies anders als seine Meister. Von seinem Waadtländer Landsmann Édouard Rod, einem Schriftsteller und Kritiker, der es in Paris »geschafft« hat, ein Freund von Émile Zola ist, Ramuz in der Hauptstadt einführt und ihm hilft, seinen ersten Roman, *Aline*, zu veröffentlichen, übernimmt er später – doch nur, um sie zu unterwandern – die Handlung von *Luisita*, einem konventionellen, in naturalistischem Stil verfassten, heute vergessenen Roman, um daraus sein eigenes Meisterwerk zu schaffen: *Die Schönheit auf Erden*. Die vielstimmige Weise (ohne allwissenden Erzähler), eine Geschichte zu erzählen, indem sie bruchstückhaft konstruiert/dekonstruiert wird, die Szenenabfolge, die an die Filmkunst erinnert, die Musikalität seiner Prosa, die er wie ein Lyriker behandelt, indem er auf Rhythmus, Klänge und Laute achtet, und seine Dialoge, welche die Bewegung, das Unbeholfene oder die Pausen der gesprochenen Sprache nachahmen: Das alles ist neu und setzt sich ab vom Klassizismus der französischen Literatur. Ramuz weiß das, auch wenn er – nicht ohne Humor – vortäuscht, »gegen seinen Willen modern« zu sein.

1929, zwei Jahre nach Erscheinen von *Die Schönheit auf Erden*, händigt er uns in seinem berühmten *Brief an Bernard Grasset*, seinem Pariser Verleger, die Schlüssel zum »Ramuz'schen Stil« aus: »Ich war der Meinung, dieser ›Klassizismus‹ (den ich trotzdem zutiefst anstrebe) könne von mir nur mit Mitteln erreicht werden, die denen, die ihn angeblich definierten, völlig entgegengesetzt sind [...]. Ich versuchte, mich einer Gebärden-Sprache zu bedienen, die so sein sollte, wie sie um mich herum gesprochen wurde, und nicht der Zeichen-Sprache wie in den Büchern. Und das wurde mir lautstark vorgeworfen. [...] Ich stelle mir manchmal vor, wie ich äußerst modern werde (daran liegt mir weiß Gott wenig, und wenn es geschieht, dann ungewollt), wie ich mich gegen meinen Willen bei der sogenannten Vorhut befinden werde (dabei ist mir die Nachhut weiß Gott lieber, weil ich von Natur aus feige bin) [...]; ich sehe auch, dass diese Sprache als Gebärdenfolge, wo die Logik dem Rhythmus selbst der Bilder den Vortritt lässt, nicht weit weg von dem ist, was mit seinen ganz eigenen Mitteln der Film zu realisieren versucht. Woraus ein neuer Ausweis für Modernismus oder Neuartigkeit erwächst.«

Die radikale Infragestellung der Normen und die »Revolution«, die man im Frankreich der 1950er-Jahre dem Nouveau Roman zuschreibt, der von Nathalie Sarraute verkörpert wird, aber auch von Samuel Beckett, Michel Butor, Robert Pinget oder Alain Robbe-Grillet, begann eigentlich in der angelsächsischen Welt mit Virginia Woolf, mit *Ulysses* von James Joyce oder mit William Faulkner, im deutschsprachigen Raum mit Franz Kafka – und in der Schweiz 1927 mit *Die Schönheit auf Erden* und Ramuz!

Von »meinem« Ramuz sprechen wäre also auch der Versuch, ihn all dem zu entreißen, was seine Lektüre seit langer Zeit begrenzt oder verfälscht, all dem, was es einschließen, instrumentalisieren, vereinfachen, etikettieren, ihm »die Flügel stutzen« will. Es gibt also wohl *zwei* Ramuz: In seinem Werk treffen permanent gegensätzliche Kräfte aufeinander, widerstreiten sich, schaffen die Werke und machen sie wieder zunichte (seine Romane schrieb er bei jeder Neuauflage um, gab sie oft während des Schreibprozesses auf, um einen oder mehrere andere daraus zu machen, mit denen er wieder nie zufrieden war – strebte er doch eine unerreichbare Perfektion, eine Art religiöser Absolutheit an). Für ihn ist Schreiben ein »ständiges Bauen und Zerstören«, wie das Leben.

Ramuz (der immer nur mit »C. F. Ramuz« unterschrieb, weil er seine beiden Vornamen hasste, da so zwei ältere Brüder geheißen hatten, die vor seiner Geburt im Babyalter gestorben waren – aus diesem Grund war er auch sein Lebtag vom Tod besessen) wird noch heute von vielen französischsprachigen Schweizern auf jenen »Welschschweizer Autor« reduziert, den man in der Schule gelesen hat – schließlich muss man neben Frisch und Dürrenmatt einen »heimischen« Autor lesen. Also las man Ramuz allzu oft leidenschaftslos, weil er Pflichtlektüre war, weil *Aline*, *Samuel Belet* oder *Derborence* am Genfersee oder im Wallis spielen. Man lernte, dass Ramuz die »Waadtländer Sprechweise« in die Literatur eingeführt habe, wenn auch stilisiert (dabei verband er vor allem die gesprochene Sprache mit dem literarischen Schreiben und erfand vor Louis-Ferdinand Céline, der auch in seiner Schuld steht, jene charakteristische »Gebärden-Sprache«). Noch heute sehen manche in ihm einen regionalen oder »lokalpatriotischen« Autor (zwischen Scholle und Mundart), eine Bezeichnung, die er immer wieder als unpassend von sich wies. Er hat recht, immerhin wurden 2005 seine sämtlichen Romane als Teil der Weltliteratur in die französische Bibliothèque de la Pléiade aufgenommen.

Ein früher Beweis dafür ist auch der Artikel, den Maurice Blanchot 1937 über Ramuz schrieb: Die poetische und musikalische Arbeit an der Sprache sowie die neue Ästhetik des Romanciers erinnern, fern jeder Provinzialität und Naivität, »an das, was auf dem Gebiet des Romans die Arbeit eines neuen Mallarmé sein könnte«. Ramuz, wie Mallarmé, »erfindet eine Sprache«. Wie dieser strebt er durch die Literatur nach einem Absoluten, das die Religion ablöst. Wie dieser hat er aufgehört, an Gott zu glauben – und er wird verfolgt von der Vorstellung des Nichts: »Vielleicht ist alles leer, und das ist das Unerträgliche«, schreibt Ramuz selbst in *Bedürfnis nach Größe*, ebenfalls 1937. Trotz der ständigen Verweise auf die Heilige Schrift – ein Fundament seines Œuvres, er ist in der protestantischen Schweiz geboren,

Das nie vollendete Werk, C. F. Ramuz in seinem Arbeitszimmer in Pully, 1930er-Jahre.

die Bibel hat ihn geformt – ist Ramuz radikal modern, allem Anschein zum Trotz. Und aus diesem Grund schrecklich isoliert von seinesgleichen.

Doch auch von sich selbst ist er isoliert. 1900 (zweiundzwanzig Jahre alt) schreibt er in sein *Tagebuch*: »Ich spüre zwei Menschen in mir.« Ist das wegen seiner religiösen Erziehung? Wegen der Last der gesellschaftlichen Konventionen in der Welt, in der er aufgewachsen ist? Oder wegen seiner extremen Sensibilität (Musik hören ist ihm fast unerträglich, so tief erschüttert sie ihn)? Einer damit verbundenen Sinnlichkeit, die ständig gezügelt, ja unterdrückt werden muss? Sensibilität und Verstand ringen in ihm, sagt er. »Soziales Ich« und »privates Ich« sind nicht deckungsgleich, und wie der Held seines Romans *Der Bursche aus Savoyen* ist er »mit seinem Körper am einen Ort, mit seinem Geist an einem anderen«.

Schon 1901 trifft man bei ihm auf den Begriff des »Unbewussten«. Er weiß sehr wohl um jenes Untergründige in ihm und seinem Schreiben. In der erstaunlichen Autobiografie, die er 1939 veröffentlicht, *Entdeckung der*

Welt, erzählt er von den Erfahrungen und Etappen, die ihn zum Schriftsteller machten. Gleichzeitig ist sie aber auch wie ein zum Roman verarbeiteter Bericht der Selbstanalyse, zu der er dank seiner Romane gelangt ist: Er gesteht, dass er mit elf oder zwölf Jahren begann, »sich zu spalten«. »Da waren in mir drin so etwas wie zwei Hälften von Personen, die meine Person bildeten, die sich aber jeden Tag weniger glichen.« Diese Fähigkeit, sich zu spalten und sich mit anderen Menschen (auch sehr oft mit Frauen) aufgrund seiner eigenen inneren Verfassung zu identifizieren, ist das Geheimnis seiner Kunst. Seine Figuren leben sein eigenes inneres Drama, sein Bedürfnis nach Absolutem aus, und er gebraucht seine Gestalten, um sich selbst kennenzulernen. Ein paar Monate lang *ist* er, schreibend, Aline, verraten von jenem Mann, der sie betrogen hat, Aline, die ihr Kind erstickt und sich dann aus Verzweiflung das Leben nimmt (wie viele seiner Figuren: Jean-Luc, Farinet, Joseph in *Der Bursche aus Savoyen* ...). Er *ist* der Held von *Jean-Luc, vom Leben verfolgt*, der aus Amour fou tötet und dann in Wahnsinn und Verweigerung abgleitet. Er identifiziert sich mit Farinet, dem gesetzlosen »Falschmünzer«, der, von der Fantasie des Autors neu geschaffen, zu dessen Abbild wird.

Er sagt, statt zu reisen wolle er »bis zum Erdkern graben«, und zwar von dem Punkt aus, an dem er schreibt. Er geht also von der Landschaft und den Menschen aus, die er vor Augen hat, er will aber »zum Unbekannten der Dinge [...], welches das Unbekannte unserer selbst« ist, vorstoßen. Ein Künstler müsse alles aus sich selbst schöpfen, betont er. Indem er sein Werk auf der Subjektivität aufbaut, ist er ein Zeitgenosse von Freud und der Psychoanalyse.

Henri Barbusse, Verfasser des berühmten »Kriegstagebuchs« *Das Feuer* (1916) und großer Bewunderer von Ramuz, sprach von einem »Aufstand des Stils«. Dasselbe meint die zeitgenössische französische Schriftstellerin Marie-Hélène Lafon, wenn sie sagt, sie habe bei Ramuz unendlich viel gelernt, und unverblümt von einer »Erektion der Wörter« spricht: Seine Sprache wie seine Gestalten seien von Aufruhr aufgepeitscht. Der moderne Künstler, so Ramuz, trage »zwangsläufig den Aufstand als Prinzip« in sich. Vielleicht prangerte er deshalb alle Diktaturen an, die er in der Zwischenkriegszeit um sich herum aufkommen sah, weigerte sich aber auch, sich den Kommunisten anzuschließen – die russische Revolution hatte er anfänglich noch begrüßt. Und schon gar nicht den Faschisten, die er hasste: »Ich schließe mich nirgends an«, sagt er zusammenfassend. Er hielt sich in der Mitte – obwohl er die Neutralität verabscheute.

* 24.9.1878	in Lausanne in einer Kaufmannsfamilie. Gymnasium in Lausanne
1896	Philosophiestudium in Lausanne, Paris, Weimar
1904	Übersiedlung nach Paris. Erste Gedichtbände *Le Petit Village* (1903) und Romane *Aline* (1905), *Vie de Samuel Belet* (1913)
1913	Heirat mit Cécile Cellier (1872–1956), ein Kind
1914	Rückkehr nach Lausanne. *Histoire du soldat*, Vertonung von Igor Strawinski (1920); Romane *La Grande Peur dans la montagne* (1925), *La Beauté sur la terre* (1927), *Farinet ou la Fausse Monnaie* (1932), *Derborence* (1934), *Le Garçon savoyard* (1936); Essays (*Taille de l´homme*, 1933, *Besoin de Grandeur*, 1937) und autobiografische Aufzeichnungen (*Découverte du monde*, 1939)
1936	Großer Preis der Schweizer Schillerstiftung
1941	Gesamtausgabe in zwanzig Bänden
† 23.5.1947	in Pully / Waadt

Seine Romane sind besessen vom Feuer: Man kann nicht umhin, darin eine Urfantasie zu sehen, in der ihm Schöpfung und Zerstörung aufs Engste verknüpft sind, als wäre in seinen Augen alles nur eine ständige Abfolge von Genesis und Apokalypse. Lange vor dem Roman *Die Schönheit auf Erden*, der mit dem Brand endet, den Ravinet aus Rache legt, weil ihm die Schönheit entgleitet (»Wenn man nicht haben kann, zerstört man eben«, sagt er), hat Ramuz schon mehrere Brandstifterfiguren geschaffen: in den Erzählungen *Der Brandstifter* (1900) und *Die Feuerstrafe* (1910), in der ersten Fassung von *Aline*, wo die alte Henriette ebenfalls einen Brand legt, um sich zu rächen (doch sein Verleger wird Ramuz dazu zwingen, dieses Ende zu streichen), in der Erzählung *Das Feuer in Cheyseron* (1912), deren Handlung in *Die Trennung der Rassen* zehn Jahre später aufgegriffen wird und die einmal mehr mit einer Feuersbrunst endet, der allerdings eine so aufreizende erotische Szene vorangeht, dass der Verleger erschrickt und den Autor bittet, sie abzuschwächen.

Ramuz »quillt über«. Dafür liebe ich ihn. In ihm steckt ein Übermaß an Verlangen, mit dem er seine Figuren auflädt. Doch ist in ihm auch eine Gewalt, von der man meinen könnte, sie sei ihm erst nach und nach bewusst geworden, wie durch den Spiegeleffekt seiner Texte. Ist es Zufall, wenn in *Die Schönheit auf Erden* der Brandstifter Ravinet, dessen Name beginnt wie der seines Autors, einen Spiegel zerbricht, bevor er sich davonmacht?

Viele Figuren von Ramuz nehmen sich das Leben, wie angezogen von Leere, von ihrer eigenen Gewalttätigkeit oder dem regressiven, mütterlichen Ruf des Wassers. Sein letzter, unvollendeter Roman heißt *Die einen neben den anderen*. Er setzt ein mit den Vorbereitungen eines alten Mannes, der sich umbringen will, weil er sich hoffnungslos von der Welt und seinesgleichen abgespalten fühlt. Von diesem Werk wurde gesagt, es sei zutiefst pessimistisch.

Als der große französische Intellektuelle André Gide 1933 in Lausanne C. F. Ramuz (rechts) besuchte.

1947, in seinem Todesjahr, attestiert er sich selbst einen »Hang zur Zerstörung, ja sogar zur Selbstzerstörung«. Und doch muss für Ramuz jeder Zerstörung zwingend ein Wiederaufbau folgen, eine Wiedergeburt (sei sie auch nur imaginär), die durch menschliches »Dazutun« entsteht. Und durch »die Liebe zur Welt« (Titel eines Romans von 1925) – oder zu den Lebenden. Gestalt geben ist für ihn die einzige Antwort auf die Angst vor dem Sterbenmüssen, doch um schöpferisch zu sein, schreibt er in *Grund des Daseins*: »Es braucht Liebe, das Wort ist groß: Die Sache ist groß.« In *Adam und Eva* legt er Bolomey, seinem Double, der naiven Gestalt des kreativen Menschen, der versucht, seinen zerstörten Garten wiederherzustellen, die Worte in den Mund: »Und an den Anfang setze ich die Liebe; ich setze die Liebe in den Untergrund und ins Fundament.« Parallel zum anarchischen Trieb, der in ihm steckt, gibt es bei Ramuz auch ein Streben nach Zusammengehörigkeit der Menschen und Mitgefühl, ähnlich wie bei Tolstoi, den er immer und immer wieder liest und bewundert.

Das Lesen von Tolstoi und die unerträgliche Not der russischen Bauern veranlassten meine Urgroßmutter mütterlicherseits dazu, 1897, mit einundzwanzig Jahren, die Ukraine, wo sie geboren worden war, zu verlassen, um in Genf Medizin zu studieren (weil ihr das in Russland nicht erlaubt war). Sie drohte ihren Eltern, sich umzubringen, wenn sie ihr die Ausreise nicht erlaubten. Und mein Vater, in Troyes in der Champagne geboren als Sohn einer Lehrerin bäuerlicher Abstammung, wuchs in der Gegend auf, aus der Paul Claudel stammte, jener »geniale Bauer«, der, wie Ramuz schreibt, »immer versucht, ›das Leben zu überschreiten‹«. Der Waadtländer Romancier, der sich vor allem als Dichter verstand – auch wenn er schon früh mit dem Schreiben von Versen aufgehört hat –, sah in Claudel, trotz dessen Katholizismus, jenen Zeitgenossen, der ihm am nächsten stand.

Lange bevor ich begann, Ramuz oder Literatur aus der Romandie zu lesen – als hätte ich mich wegen meines familiären Hintergrundes in der Schweiz, obwohl hier geboren, wie im Exil gefühlt –, verschlang ich einerseits russische Autoren, andererseits die ganze französische Literatur. Wie wenn ich mir so einen (doppelten) Ursprungsmythos schaffen wollte. Und die Begegnung mit Paul Claudel war für mich ausschlaggebend: Fasziniert von der poetischen Kraft des Autors von *Goldhaupt* und *Mittagswende*, widmete ich meine Lizenziatsarbeit *Erkenntnis des Ostens*, jenem Band von Prosagedichten, die Claudel auf seiner langen Chinareise geschrieben hatte und somit Mallarmés »Lehre« befolgte.

Claudel und die russischen Autoren haben mich zweifellos aus der Ferne darauf vorbereitet, an Ramuz heranzugehen. Paradoxerweise ist dieses Werk, in dem ich mich nicht erkenne und das mein eigenes Schreiben nicht beeinflusst hat, vielleicht auch dasjenige, das mich letztlich »in die Heimat zurückgeführt« hat. Vielleicht weil es in mir an einen innersten Kern aus unbändigem Aufstand und Überschwang anknüpft.

Aus dem Französischen von Markus Hediger

Mehr zu Charles Ferdinand Ramuz

+ Eine vollständige Bibliografie der Werke von Ramuz findet sich auf der Website der Fondation C. F. Ramuz (www.fondation-ramuz.ch/bibliographie).
+ Seine Romane sind 2005 in zwei Bänden in der *Bibliothèque de la Pléiade* bei Gallimard in Paris erschienen (herausgegeben von Doris Jakubec, mit einer ausführlichen Einleitung). Es handelt sich dabei um die Ausgaben letzter Hand von Ramuz, der seine Werke ja ständig überarbeitet hat. In der dreißigbändigen Gesamtausgabe, die zwischen 2005 und 2013 von Roger Francillon und Daniel Maggetti bei Slatkine in Genf herausgegeben wurde, finden sich die erste Ausgabe seiner Romane, verschiedene Arbeitsstufen und Textfassungen sowie Unveröffentlichtes. Auf Deutsch liegen rund zehn Titel beim Limmat Verlag, Zürich vor.
+ 2017 fand ein Colloquium mit weit gefächerten Beiträgen zu Ramuz an der Universität Genf statt (www.fabula.org/colloques/sommaire5895.php).
+ Im Erdgeschoss seiner Villa La Muette in Pully VD ist ein kleines Ramuz-Museum eingerichtet.

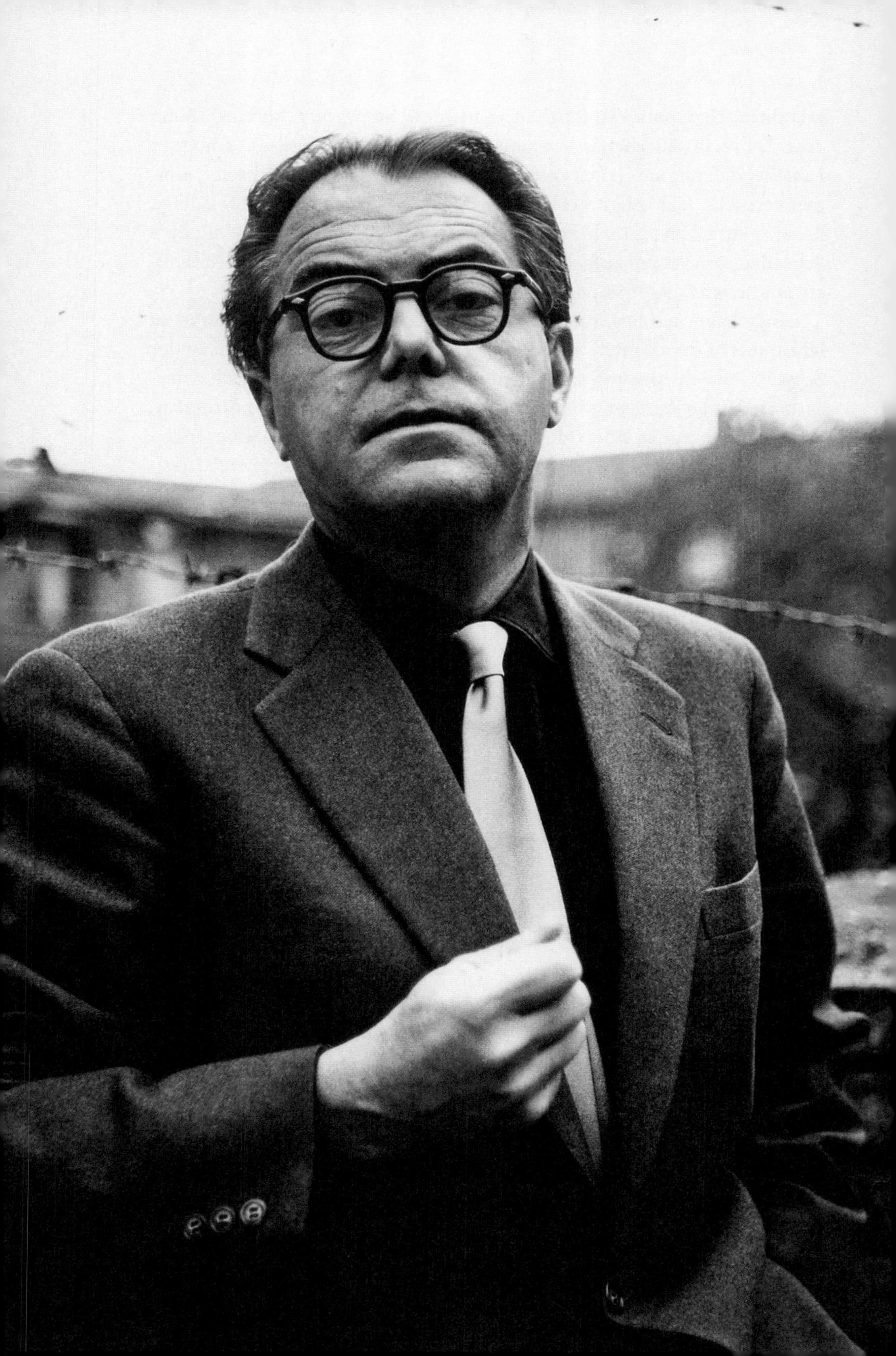

Rolf Niederhauser zu Max Frisch

ARCHITEKT DES POLITISCHEN BEWUSSTSEINS

Von einem, der versuchte, sich
(und die Heimat) schreibend und denkend
auf der Höhe der Zeit zu halten

Im Frühjahr 1990 erfuhren wir, dass Max Frisch unheilbar an Krebs erkrankt war. Und da ich Mitte Mai in Zürich mit ihm verabredet war, fragte mich Otto F. Walter, ob wir nicht im Freundeskreis noch einmal zusammenkommen sollten. Max Frisch, als ich ihm den Vorschlag überbrachte, sagte: »Jawohl, ich übernehme das!« Kurz darauf kam auch schon die Einladung zu einem Abendessen samt Übernachtung in Risch am Zugersee.

Als wir dann an einem späten Juni-Nachmittag im Hotel Waldheim eintrafen, nahm er mich beiseite. Ich hatte die ersten Monate des Jahres in Nicaragua bei einem Freund verbracht, der dort die Städtepartnerschafts-Projekte von Solothurn und Biel mit San Marcos und Diriomo leitete, und dort miterlebt, wie die Sandinisten zehn Jahre nach ihrem Sieg über die Somoza-Diktatur die ersten demokratischen Wahlen im Land organisierten und – vollkommen überraschend verloren. Darüber hatte ich im *Tages Anzeiger Magazin* eine Reportage publiziert, inzwischen aber eine umfassendere Version erarbeitet, die ich Frisch geschickt hatte. Diesen Text wollte er kurz besprechen, bevor wir uns zu den andern gesellten.

Er lobte Inhalt und Intention, fand aber die Erzählposition weniger überzeugend als jene im ersten Teil meines Nicaragua-Tagebuchs, das ihn zwei Jahre zuvor begeistert hatte. Was ich ihm als Fortsetzung jenes Tagebuchs geschickt hatte, fand er schwächer, nicht nur in den Passagen, die soziale und historische Hintergründe darstellten, sondern gerade in den Geschichten und persönlichen Schicksalen: Der Erzähler sei zu wenig präsent! Peter

Rolf Niederhauser, 1951 in Zürich geboren, lebt als Schriftsteller in Basel. Zuletzt erschien von ihm der Roman *Seltsame Schleife* (2014), davor *Nada oder die Frage eines Augenblicks* (1988), *Das Ende der blossen Vermutung* (1978) sowie Erzählungen, Kolumnen, Essays und Hörspiele.

Bichsel, der hinterher fragte, worüber wir geredet hätten, war beeindruckt: »Das ist Max! Diese Ernsthaftigkeit! Er hat eine tödliche Diagnose erhalten, aber dein Text, das ist wichtig, das muss jetzt besprochen sein!«

Während des Essens erinnerte Otto F. Walter daran, wie er Anfang der 1960er-Jahre zwei Wochen als Gast von Max Frisch in Rom verbracht hatte, die Abende erfüllt von kollegialen Gesprächen, in denen er es einmal aber nicht lassen konnte, den zwanzig Jahre Älteren zu fragen, wie er es halte mit seinem Status als Doyen der Schweizer Literatur gegenüber der jüngeren Generation. »Ich sehe, was Sie meinen«, sagte Frisch, »und die Antwort ist einfach: Ich sitze hier auf meinem Thron, wer den einnehmen will, muss antreten!« Dazu habe er schmunzelnd sein Glas gehoben, so wie Otto F. Walter jetzt, ein Vierteljahrhundert später, das seine, und beide prosteten einander zu, Max Frisch inzwischen mit seiner schlohweißen Mähne, seinem Maikäferlachen ...

Am nächsten Morgen fuhren wir mit der Zahnradbahn auf die Rigi, genossen den Weitblick über Seen und Alpen, kräftigten uns mit Schinkenbroten und Wein, und als wir erneut in die Bahn einstiegen, im letzten Wagen mit offenem Durchgang zur leer stehenden Fahrerkabine, wies ich auf den drehbaren Ledersessel: »Max, dein Thron!« Er lachte und setzte sich, stolz zum Lenkrad greifend, während die Bahn sich in Bewegung setzte und er hinzufügte: »Das ist ganz mein Lebensgefühl, in ziemlich führender Position in die verkehrte Richtung fahren.«

Ironische Pointen setzen, das konnte er! Jahre später habe ich mich allerdings gefragt, ob oder allenfalls in welchem Sinn die Bemerkung wirklich zutraf. Die Hände am nutzlosen Steuer und mit Blick zur Rigi-Kulm hinauf »in die verkehrte Richtung fahren«, das hieß: rückwärts abwärts! Inwiefern lässt sich das als Metapher auf die gesellschaftliche Entwicklung in der Schweiz übertragen, wie Max Frisch sie erlebt hat?

Geboren 1911 in Zürich, erfuhr er in jungen Jahren durchaus, was es heißt, wenn ein Land materiell und geistig auf »Talfahrt« ist. Sein Vater hatte als Sohn eines österreichischen Sattlers, der aus wirtschaftlicher Not um 1870 nach Zürich gekommen war, Bauzeichner gelernt und sich zum Architekten emporgearbeitet. Während des Kriegs gingen die Aufträge aber dermaßen zurück, dass warme Mahlzeiten nur auf den Tisch kamen, solange das Geld für den Münzautomaten des Gaszählers reichte. Gravierender als die Armut war, dass der Vater in der Folge zum kleinen Immobilienmakler wurde, angewiesen auf Wuchermieten und gelegentlich auch krumme Geschäfte. Die Mutter, aus einem »besseren Haus« in Basel stammend, nahm dem Vater den sozialen Abstieg übel in dem Maß, in dem er durch Alkohol versuchte, der Trübsal zu entkommen. Und die ungewöhnlich enge Mutter-Bindung des jungen Max Frisch nahm schicksalhafte Züge an, als der Vater 1932 überraschend starb. Max musste sein Germanistik-Studium abbrechen, um für sich und die Mutter zu sorgen.

Er bewarb sich bei mehreren Zeitungsredaktionen, und einer der frühesten Texte mit dem Titel *Was bin ich?* belegt, wie er sich da bereits in jenem Spannungsfeld von Kollegialität und Konkurrenz erlebte, das er im Gespräch mit Otto F. Walter in Rom auf den Punkt brachte. Im Vorzimmer der Redaktion sitzend, sah er ein, dass ihm »jeder Laufbursche« im Erwerbsalltag überlegen sei, gerade weil dieser sich nicht Kopf und Herz darüber zerbrach, dass alle »Läufe durch diesen öden Korridor« in der Summe wohl hinreichen würden, die ganze Erde zu umwandern.

Vier Jahre hielt er sich und die Mutter mit Beiträgen über Wasser, die er für die *Neue Zürcher Zeitung* und andere Redaktionen verfasste. Aber nach einer Reise durch Deutschland, wo er sich kurz nach Hitlers Machtergreifung ein eigenes Urteil bilden wollte, beschloss er, die Schreiberei an den Nagel zu hängen. Ohnehin hatte ihn sein wohlhabender Schulfreund Werner Coninx längst dazu gedrängt, und als dieser bereit war, ihm ein Architekturstudium zu bezahlen, ergriff Frisch die Gelegenheit dankbar.

In geistiger Hinsicht ging es in jenen Jahren überall in Europa abwärts. Weit über Italien und Deutschland hinaus gewann der Faschismus an Boden. Gegen den Fanatismus der Frontisten, die auch in Zürich immer mehr Anhänger fanden, war Max Frisch aufgrund seines individualistischen Naturells zwar immun, erst recht, weil die Liebe zur deutsch-jüdischen Studentin Käte Rubensohn ihn zusätzlich gegen jede Art von Antisemitismus sensibilisierte. Das »Deutschland des Geistes« empfand er aber nach wie vor als Teil seiner Heimat, weshalb er lange bereit war, wie viele in seinem intellektuellen Umfeld, sich vor dem Ungeist der Zeit in der Bastion einer apolitischen Kultur zu verschanzen.

Wenig später glaubte er sich allerdings in der Erzählung *Der erste Kuss* an einen dünnen Riss in der Stubentapete der Wohnung seiner Eltern zu erinnern, der ihn zur Vorstellung verleitet habe, wie eines Tages die ganze Wand aufreißen und sozusagen alles »offenlegen« könnte, was das traute Heim barg (oder verbarg). Und einerlei, ob er es als Bub wirklich so erlebt

Der eine doziert, der andere stopft sich die Pfeife: Friedrich Dürrenmatt und Max Frisch 1968 vor dem alten Basler Stadttheater. Dazwischen Theater-Inspizient Curt Model.

habe, stellte er fest, »dass heute, wo ich mich erinnere, dieser Riss durch die ganze Welt geht; durch alles, was ich empfinde, was ich denke, was ich versuche«.

Dieser Riss durch die Welt, zwischen Herkunft und Zukunft, Fleisch und Geist, durchzieht das Lebenswerk von Max Frisch, charakterisiert seine Romanfiguren von Jürg Reinhart über Stiller und Gantenbein bis zu seinem Herrn Geiser. Der Rückzug in die apolitische Kultur erschien ihm dabei immer fragwürdiger. Denn gerade weil er fand, politisches Denken müsse sich an den Einzelnen orientieren, wurde die Spannung zwischen Kollegialität und Konkurrenz in den Kriegsjahren und danach immer stärker aufgeladen durch das Ringen um eine eigene Haltung, wobei er Freunde und Bekannte mit Konflikten so wenig verschonte wie sich mit den Selbstzweifeln, an denen es ihm nie mangelte.

Die Beziehung mit Käte Rubensohn zerbrach, weil er sich beruflich und persönlich zu wenig gefestigt fühlte, eine Familie zu gründen. Und viele Liebschaften danach verschärften den inneren Konflikt, lieferten Stoff für Erzählungen und Romane; in Wirklichkeit blieb er übermäßig an seine Mutter gebunden. Insbesondere bewies ihm der soziale Aufstieg durch die Heirat mit Gertrud Constanze von Meyenburg aus dem Zürcher Großbürgertum sehr bald, wie wenig er in der Lage und bereit war, sich in Temperament und Gesinnung den bürgerlich-patriarchalen Gepflogenheiten anzupassen. Wie sehr er darunter litt, dass es ihnen beiden nicht gelang, sich aus dem Verhängnis zu befreien, davon legt der Roman *Stiller* ein beredtes Zeugnis ab.

Wirklich zu Hause war Max Frisch dagegen in der Sprache. Sie allein ermöglicht es ja, in Auseinandersetzung mit den andern zu uns selbst zu finden, durch Konkurrenz zur Kollegialität. Denn colligere heißt sammeln, legere heißt lesen, und das Kollegium ist eine Versammlung, die über Sachverhalte streitet, um die Dinge lesbar zu machen. Nachdem sein Vater ihm kaum hatte helfen können, mit der Ambivalenz von männlicher Rivalität und Kooperation zurechtzukommen, musste zunächst der ältere Bruder, dann aber das Vaterland dafür herhalten. Und zwar das Vaterland als Entwurf, als Grundriss einer politischen Architektur, die Freiheit und Demokratie nicht als gesichertes Fundament versteht, sondern als Ziel, nicht dem »Heimweh nach dem Vorgestern« verpflichtet, sondern der Zukunft.

Er nahm das Vaterland persönlich, als Herausforderung. Und auch das Motiv seines schriftstellerischen Engagements, »Öffentlichkeit als Partner«, muss in diesem Sinn verstanden werden. »Öffentlichkeit« wurde für ihn zum Raum, in dem er schriftlich zu klären versuchte, was ihn im Innersten bewegte. Die Methode, die er im *Tagebuch 1946-49* dafür entwickelte – »Schreiben heißt, sich selber lesen«, einfach indem wir die Feder hinhalten »wie die Nadel in der Erdbebenwarte, und eigentlich sind nicht wir es, die schreiben, sondern wir werden geschrieben« –, diese Formel verstand er nicht als Freipass für eine *écriture automatique*, die sich ganz in den Dienst des Unbewussten stellt, sondern als Anlass zur unerbittlichen Selbstbefragung.

Da es in der Politik um Möglichkeiten und Grenzen der Selbstbestimmung geht, musste politische Kritik für Max Frisch stets die Form der Selbstkritik annehmen. Der radikale Individualismus, von dem er ausging, blieb immer sozial verankert, weil wir auch als Einzelne ein Außen brauchen, das uns Form und Halt gibt.

Das Ergebnis eines Jahresaufenthalts 1951 in den USA hieß *Stiller* (1954): Ein Bildhauer, seit Langem aus Zürich verschwunden und unter anderem Namen aus Amerika zurückgekehrt, wird infolge eines Spionageverdachts verhaftet und genötigt, seine Identität zu beweisen. Dabei erweist er sich als fantastischer Fabulierer, der das Leben des verschwundenen Stiller (also sein eigenes) mitsamt den schweizerischen Gepflogenheiten einer schonungslosen Selbstkritik unterwirft, die sich oft am Maßstab dessen orientiert, was er in den USA und in Mexiko erfahren hat. Denn *Stiller* ist durchdrungen vom Wunsch, durch das Anderssein der andern zu sich selbst zu finden. Das gelingt aber selten ohne Weiteres, weil wir in Freund und Feind allzu oft nur das Spiegelbild eigener Ängste und Wünsche sehen. Wahrhaftig zu uns kommen wir nur, wenn andere uns zwingen und/oder helfen, die eigenen Grenzen zu erkennen und – wie anders wir sind, als wir selber glauben.

Dem »Geist der Freiheit«, in dessen Namen das Bürgertum nach dem Krieg auch in der Schweiz rasch und bedingungslos gegen den »kommunistischen« Ostblock Stellung bezog, hielt Max Frisch die Freiheit der radikalen Selbstbefragung entgegen, meisterhaft inszeniert in der Burleske *Biedermann und die Brandstifter* (1958), wobei der Autor den Biedermann nicht weniger als dessen Brandstifter in sich selbst erfahren hat. Beide wohnen, ach, in seiner Brust, die nur nicht zerspringt, weil er sich beide mit pointiertem Witz vom Leib halten kann, um zwischen den Extremen eine dritte Position zu ermöglichen, zwischen Biedermännern und Brandstiftern wie zwischen den Blöcken des Kalten Kriegs.

Je entschiedener er sich in dieser Frage exponierte, desto mehr Verbündete fand er: im Theologen Karl Barth, dem Journalisten François Bondy, dem Dramatiker Friedrich Dürrenmatt und anderen, vor allem aber waren es immer mehr Jüngere, und zwar im gesamten deutschen Sprachraum, die mit ihm das dringliche Bedürfnis teilten, die katastrophale Vergangenheit zu klären, um frei zu werden für die Gestaltung einer besseren Zukunft. Tatsächlich ermöglichten wissenschaftlich-technische, aber auch rechtliche, institutionelle und soziale Fortschritte in den folgenden Jahrzehnten einen so beispiellosen Aufschwung, dass es rückblickend schier unmöglich scheint, den geballten Unmut zu verstehen, auf den fortschrittliche Intellektuelle damals stießen.

Nach dem Erfolg von *Stiller* ging es mit der schriftstellerischen Karriere von Max Frisch ebenso steil und stetig aufwärts wie mit der Prosperität des Landes, nachdem Westeuropa sich aus den Trümmern der Weltkriege

* 15.5.1911	in Zürich in einer Architektenfamilie. Gymnasium in Zürich
1930	Germanistikstudium in Zürich. Journalistische Arbeiten. Reportagereisen ins Ausland. Erster Roman *Jürg Reinhart* (1934)
1936	Architekturstudium an der ETH Zürich, Diplom 1940. *Blätter aus dem Brotsack* (1940)
1942	Heirat mit Gertrud von Meyenburg (1916–2009), drei Kinder. Architekturbauten, etwa Freibad Letzigraben (1949). Auslandsreisen in die USA und nach Mexiko
1955	Aufgabe des Architekturbüros
ab 1944	Theaterstücke für das Schauspielhaus Zürich. *Nun singen sie wieder* (1945), *Als der Krieg zu Ende war* (1949), *Biedermann und die Brandstifter* (1958), *Andorra* (1961); Romane *Stiller* (1954), *Homo faber* (1957)
ab 1962	Leben in Rom, Berlin, Zürich und Berzona / Tessin. Romane *Mein Name sei Gantenbein* (1964), *Montauk* (1975), *Der Mensch erscheint im Holozän* (1979); Tagebücher und Essays *Öffentlichkeit als Partner* (1967), *Tagebuch 1966–1971* (1972), *Schweiz ohne Armee? Ein Palaver* (1989)
† 4.4.1991	in Zürich

herausgearbeitet hatte. Die »Systemkonkurrenz« blühte, trieb Ost und West zu Höchstleistungen an, nicht nur durch atomare Aufrüstung und Raumfahrt, sondern auch im Bereich von Wohlstand und sozialer Sicherheit. Dieser ideologische Wettlauf bot dem aufklärerischen Denken wachsende Freiräume zur Entwicklung neuer Vorstellungen, die den Konflikt entschärften und beide Seiten vor der Erstarrung bewahrten. In diesem Kontext trug Max Frisch als »humanistischer Sozialist« maßgeblich dazu bei, dass die Schweiz mit der intellektuellen und gesellschaftlichen Entwicklung im übrigen Europa mithalten konnte.

Als Schriftsteller machte er allerdings immer klar, dass er nicht direkt politisch »engagiert«, in kein Gelübde eingebunden, sondern primär seiner Arbeit verpflichtet war: der Literatur als Versuch, die Sprache selbst unerbittlich daraufhin zu befragen, wie gut sie als Medium von Öffentlichkeit und Politik auch dem Privaten und Persönlichen gerecht werden, genauer: die prinzipiell unendliche Spannung zwischen diesen Polen bewältigen kann. »Es ist nicht die Zeit für Ich-Geschichten«, konstatierte er in *Mein Name sei Gantenbein* (1964), »und doch vollzieht sich das menschliche Leben oder verfehlt sich am einzelnen Ich, nirgends sonst.«

Zur selben Zeit wurde eine Volksinitiative gegen die »Überfremdung« lanciert, in deren Vorfeld der Film *Siamo Italiani* von Alexander J. Seiler und June Kovach samt Materialienbuch entstand. Max Frisch schrieb im Vorwort dazu: »Ein kleines Herrenvolk sieht sich in Gefahr: Man hat Arbeitskräfte gerufen, und es kommen Menschen. Sie fressen den Wohlstand nicht auf, im Gegenteil, sie sind für den Wohlstand unerlässlich. Aber sie sind da ...« In der Folge wurde er immerhin eingeladen, an der Konferenz der kantonalen Fremdenpolizeichefs eine Rede zu halten, die in der *Weltwoche* publiziert wurde.

Obwohl Max Frisch lange in Berlin lebte, blieb er an den politischen Debatten der Schweiz beteiligt. Kollektive Selbstkritik, um den Problemen der Zeit gewachsen zu sein, veranlasste ihn auch, den historischen Mythos des Landes zu demontieren, indem er *Wilhelm Tell für die Schule* (1971) schrieb, weil die Heldensage »einem schweizerischen Selbstverständnis heute eher im Wege steht«, wie er in der Rede zur Verleihung des Schillerpreises 1974 sagte. Zur selben Zeit revidierte er im *Dienstbüchlein* (1974) seine Eindrücke aus dem Militärdienst, wie er sie während des Kriegs als *Blätter aus dem Brotsack* publiziert hatte. Denn nachträgliche Einsichten und präzisierende Erinnerungen ließen ihn jetzt an der legendären Wehrhaftigkeit der Schweiz und ihrer Neutralität gegenüber Nazi-Deutschland zweifeln. Viele seiner Altersgenossen empfanden das als Verrat, erst recht, als er auch noch die Volksinitiative »Schweiz ohne Armee« unterstützte mit einem Theaterdialog, in dem ein Großvater seinem Enkel die Fragwürdigkeit des Militärs vor Augen führt.

Mit alldem war Max Frisch stets auf der Höhe der Zeit und trug nach Kräften dazu bei, diese Höhe zu halten. Dabei orientierte er sich nicht wie Friedrich Dürrenmatt am Unendlichen und Zeitlosen, sondern am Endlichen und Vergänglichen, das er als Herausforderung zum Neubeginn empfand. Stärker als jener sah er sich deshalb getragen vom Elan der jüngeren Generation jener aufstrebenden Mittelschichten, die bis 1990 die eigentlichen Gewinner des Kalten Kriegs waren. Ihr Wohlergehen und ihre Loyalität stellten das Pfand dar, das der Westen gegenüber dem Osten in der Hand hielt: das »soziale Kapital«, kraft dessen der individualistische Kapitalismus im Gegensatz zum kollektivistischen als Sieger aus dem Systemwettbewerb hervorging.

Der Wille, sich den »Forderungen des Tages« zu stellen, war Max Frischs zentrales Anliegen. Zwar kam auch er anlässlich seines fünfundsiebzigsten Geburtstags an den Solothurner Literaturtagen 1986 zum Schluss, »die Aufklärung, das abendländische Wagnis der Moderne«, sei »weiterum gescheitert«. Man wolle »nicht wissen, sondern glauben«. Politik sei daher auf Optimismus getrimmt, und schon wer öffentlich frage, schade der Wirtschaft. Gerade seine Rede trug aber dazu bei, dass die »Restauration«, die er allerorten am Werk sah, mit ordentlichem Widerstand zu rechnen hatte. Davon zeugte nicht zuletzt die enorme Zahl jener Bürgerinnen und Bürger, deren legale politische Aktivitäten in den »Fichen« der Staatssicherheit verzeichnet waren, wie 1990 ans Licht kam. Sie alle hatten dafür gesorgt, dass es hierzulande sogar in den 1980er-Jahren, der wirtschaftlichen

Max Frisch im Gespräch mit der Jugend an einer Veranstaltung unter der Parole »Schweiz nach der Armee!«, 1989 im Foyer des Theaters Basel.

Rezession zum Trotz, in intellektueller und politischer Hinsicht nie wirklich »rückwärts« ging. Auch für Max Frisch war allerdings die Einsicht bitter, vierzig Jahre lang als potenzieller Landesverräter registriert worden zu sein.

Beruhte also sein Eindruck, in führender Position in die falsche Richtung zu fahren, auf einem blinden Fleck? Oder darauf, dass er die Gefahr gerade bannte, indem er sie benannte? Auch am gigantischen Aufschwung der Globalisierung, der kurz nach seinem Tod einsetzte, wäre ihm ja vieles höchst bedenklich erschienen. So führte der Triumph von Globalisierung und digitalem Kapitalismus dazu, dass ausgerechnet die sozialdemokratische Linke, der er nahestand, sich mit dem Konzept des von Tony Blair und Gerhard Schröder verkörperten »Dritten Weg« dem Neoliberalismus verschrieb, in der Hoffnung, die global wachsende Wirtschaft werde soziale Sicherheit und Wohlstand vermehren. Trotz anfänglichem Erfolg trug sie damit wesentlich zur Entpolitisierung und Orientierungslosigkeit großer Teile der Bevölkerung bei.

Spätestens nach der Finanzkrise 2008 ging es dann aber zumindest sozialpolitisch in den westlichen Industriegesellschaften eindeutig rückwärts abwärts. Doch wenn die zersetzende Widersprüchlichkeit des Neokonservatismus in der Schweiz auf relativ robusten Widerstand stieß, hat auch Max Frisch bis zum heutigen Tag seinen Beitrag zur stabilen Agilität unserer geistigen Verfassung geleistet, obschon Erosionsschäden nicht zu übersehen sind. Schwer zu sagen, was er der aktuellen Orientierungslosigkeit entgegenzusetzen vermöchte. Bestrebt, auf der Höhe der Zeit zu sein, bliebe vielleicht auch ihm (wie jedem, der sich heute versucht sieht, den leeren Platz auf seinem »Thron« einzunehmen) nichts anderes übrig, als ganz auf der Tiefe unserer Zeit zu agieren, heillos in Widersprüche verstrickt wie wir alle.

Sein Lebensgefühl, in die falsche Richtung zu fahren, hat aber noch eine andere Dimension. Vorwärts aufwärts verlief seine persönliche Entwicklung ja parallel zur gesellschaftlichen; seine Geschichte fügt sich exemplarisch in jene des 20. Jahrhunderts. Doch blieb er dabei immer einer Literatur verpflichtet, die alles Äußere nach Maßgabe einer inneren Lebendigkeit misst. Im Bestreben, das Innerste, wenn nötig das Intimste, öffentlich zur Sprache zu bringen, hat er vielleicht aber auch zu jener totalen »Veräußerung« beigetragen, die den Kapitalismus generell charakterisiert, in den letzten Jahrzehnten ganz besonders. »Veräußerung« im Sinn der Konsumgesellschaft, der Technologisierung aller menschlichen Verhältnisse, der Bio- und Psychopolitik, des medialen Enthüllungs- und Entblößungswahns, von der Selfie-Manie bis zur totalitären Digitalisierung des Geistes. Obwohl Max Frisch die Parole, alles Private müsse politisch sein, nie übernommen, sondern sorgsam darauf geachtet hat, wie viel er öffentlich preisgeben wollte, trug er vielleicht doch dazu bei, nicht nur die Grenze zwischen privater und politischer Sphäre aufzulösen, sondern auch, was einst Innerlichkeit hieß. Ob sein Gefühl, »in ziemlich führender Position in die verkehrte Richtung zu fahren«, auch in diesem Sinn zu verstehen wäre, das würde ich ihn nach den Erfahrungen der jüngsten Vergangenheit doch gern noch fragen.

Fest steht indes: Das Fundament seines politischen Bewusstseins – politische Kritik als Selbstkritik und umgekehrt – widerstrebt jeder Versuchung zur Identitätspolitik. Seine Protagonisten scheitern alle daran, dass sie mit sich identisch sein oder werden, also festhalten wollen, was ist und wer sie sind. Auch der Bildhauer Stiller, gerade indem er behauptet: »Ich bin nicht Stiller!« –, bleibt in seiner Identität gefangen. Und ich erinnere mich, wie Max Frisch einmal, nachdem wir über die Entstehung seines *Homo Faber* gesprochen hatten, beim Verlassen der Wohnung hinzufügte, dieser Roman sei als Gegenentwurf zum *Stiller* entstanden. Er wollte etwas vollkommen anderes schreiben, ausgehend von einem »Macher«, der entschieden weniger introvertiert war als all seine früheren Ich-Erzähler. Und indem er im Treppenhaus auf den Liftknopf drückte, fügte er mit der gespielten Geste grimmiger Entschlossenheit hinzu: »Das war die Absicht: Ich will doch nicht immer dieser Max Frisch sein!« Der Selbstwiderspruch lag auf der Hand, und trefflicher lässt sich die Selbstironie, die er verkörperte und lebte, kaum auf den Punkt bringen: Die unverwechselbare Identität von M. F. bestand darin, nicht mit sich identisch sein zu wollen.

Mehr zu Max Frisch

+ Julian Schütt: *Max Frisch: Biographie eines Aufstiegs* sowie Volker Hage: *Max Frisch – sein Leben in Bildern und Texten* (beide 2011).
+ Richard Dindo / Philippe Pillod: *Journal I-II* und *Gespräche im Alter* (DVD, erhältlich bei absolutMedien.de).
+ Max-Frisch-Archiv an der ETH Zürich mit Materialien und Ausstellungen: www.mfa.ethz.ch/.

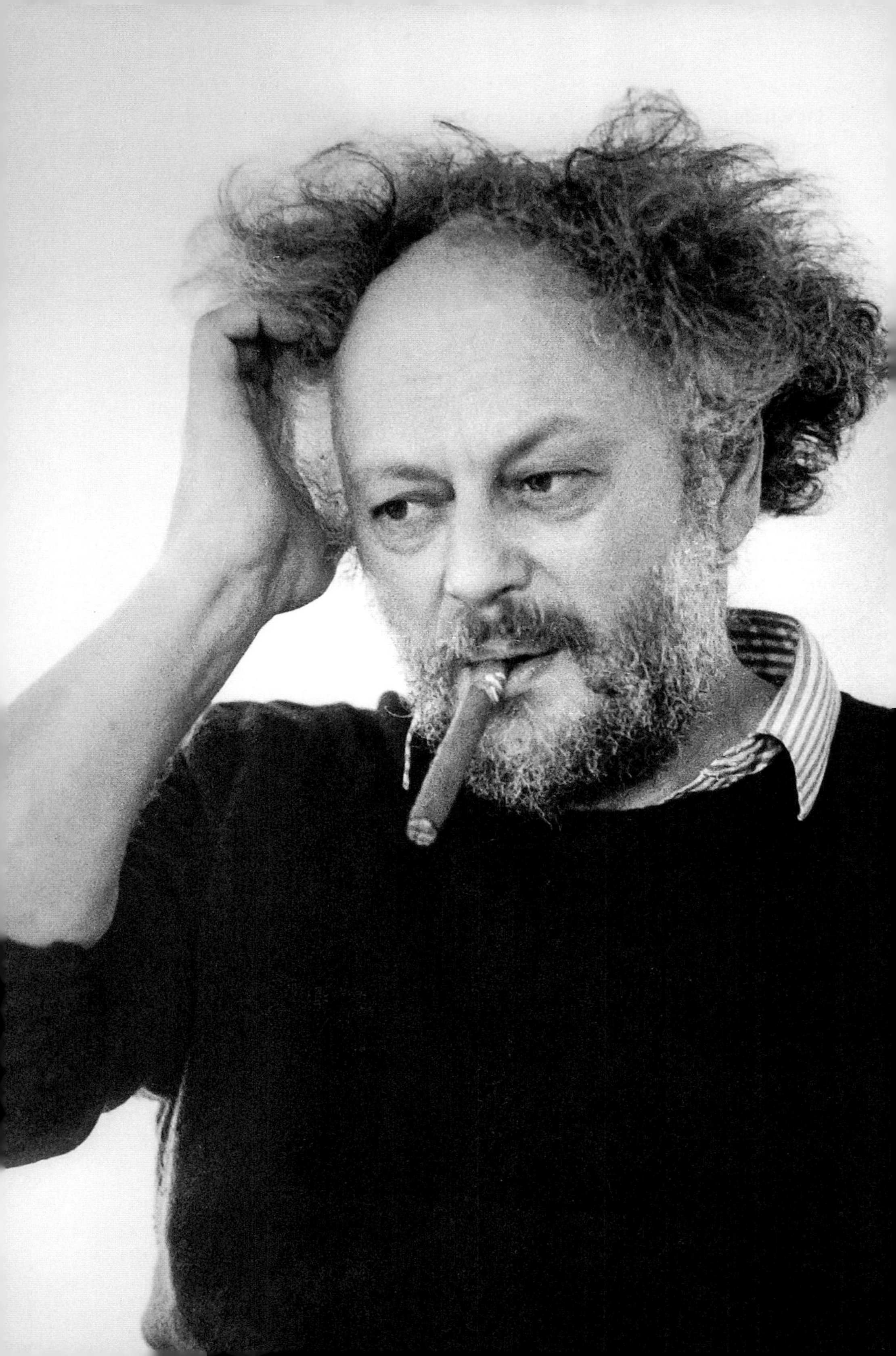

MARGRIT SPRECHER ZU NIKLAUS MEIENBERG

DAS BÜRGERÄRGERNIS

Wie tot ist der Erfinder literarischer Reportagen in der Schweiz?

So sehen Landsknechte aus. Ein Brocken von Mann, 1,90 Meter groß, wildes Haar und mühsam gestautes Temperament. Saß er auf einem Podium, musterte er mit gebieterisch-ungnädigem Blick seine Mitstreiter. Besuchte er die *Weltwoche*-Redaktion, schmetterte er als Erstes seinen Motorradhelm auf meinen Schreibtisch. Das wirkte nicht nur wie eine Besetzung; das war auch so gemeint. Ein knapper Gruß – dann war er schon wieder ein Büro weiter. Frauen nahm er, wie die andern linken Starschreiber damals, beruflich weder zur Kenntnis noch gar ernst. Seltsamerweise muckte keine von uns auf. Selbst die WOZ-Kolleginnen verfolgten die Revierkämpfe ihrer marxistischen Platzhirsche um den Leitartikel aus respektvoller Distanz.

Dass Männer wie Meienberg in den 1970er-Jahren zu Hochform auflaufen konnten, lag am Zustand der Schweizer Presse. Sie druckte vorwiegend Agenturmeldungen oder nachrichtliche Verlautbarungen, die nicht selten direkt aus einer Parteizentrale oder von anderen Interessengruppen stammten. Die Redaktionskonferenz wurde wie ein Hochamt zelebriert; im Leitartikel teilte der Chefredaktor seiner Lesergemeinde in besonnenen Worten mit, was sie zu denken und wie sie abzustimmen hatte.

Zur sprachlichen und optischen Dürre gesellte sich ein allgemeines Behagen am Staat. In den Feuilletons miefte das Bildungsbürgertum vor sich hin. Im Bundeshaus warteten die Journalisten geduldig auf die Info-Brosamen, die vom Tisch der hohen Herren fielen. Fragen waren unüblich und galten als unhöflich.

Margrit Sprecher, geboren in Chur, lebt in Zürich und arbeitet als freie Journalistin für *Die Zeit, NZZ Folio* und *Reportagen*. Etliche Buchpublikationen, zuletzt *Irrland* (2020). Sie ist Herausgeberin von *Schweizer Journalist:innen* und wurde mehrfach ausgezeichnet, darunter mit dem Egon-Erwin-Kisch-Preis in Hamburg und dem Preis des Zürcher Pressevereins.

Die linke Presse war nicht besser, nur anders. Ihr Wortschatz beschränkte sich auf marxistische Phrasen, am liebsten publizierte sie kulturell-ideologische Analysen und materiell-ökonomische Grundlagenerkenntnisse. Das einfache Volk verstand kein Wort, aber das war auch egal. Der akademische Touch sollte vor allem den Klassenfeind beeindrucken.

Und dann tauchte plötzlich ein linker Kerl auf, bei dem das Lesen wieder reines Vergnügen bereitete. Ein Vergnügen, in das sich eine gehörige Portion Schadenfreude mischte. Denn keine Autorität war ihm heilig. General Wille verhöhnte er als »senilen Fresssack«. Den Papst, der 5000 versammelte Gläubige mit »Liebe Brüder« begrüßte, verspottete er als weltfremd; der siebzigjährige Franz Josef von Liechtenstein war ein »Fürst Gaga, etwas tattrig und etwas flattrig«. Diese Wortwahl brachte ihm beim *Tages-Anzeiger* ein fünfzehn Jahre dauerndes Schreibverbot ein. Das hinderte ihn freilich nicht, auch weiterhin die Hände zu beißen, die ihn fütterten. Manchmal, so schien es, mit besonderem Genuss.

Auch die finanziellen Folgen des Boykotts kümmerten ihn wenig. Sein wahrer Lohn lag anderswo: im Applaus seiner Gemeinde. Je härter er auf den Mann spielte, desto lauter ihr Beifall. Zu amüsant, wie er auf die Industriellen-Sippen und deren wattiertes Leben und Treiben auf ihren Landgütern eindrosch: »Der Clan als Gegenteil von Demokratie. Ein ewiges Schweben über dem Volk, jenseitige Entrücktheit. Und viel Kalk, der aus den Hosenbeinen rieselt.«

Selbst Intellektuelle, die seine politische Meinung nicht teilten, stürzten sich auf jeden neuen Meienberg. Denn für ihn war die Sprache so wichtig wie der Inhalt. Keiner trieb seinen Sprachmeißel geschickter in härtestes Gestein. Keiner baute solch barocke Satzlabyrinthe und spickte sie so träf mit traulichen Dialektausdrücken. Dazu kam seine breite lateinisch-humanistische Klosterschul-Bildung. Meienberg war nicht nur beschlagener als seine Gegner. Er diskutierte – zum Kummer der Letzteren – auch intelligenter und differenzierter.

Natürlich wirkte sein Beispiel auf junge Journalisten ansteckend. Selbst bescheidene Talente blühten auf. Schließlich meienbergelte die halbe journalistische Schweiz. Das kam selten gut heraus. Fehlende Brillanz wurde mit Ausrufezeichen ersetzt, mangelnde Bildung mit Schimpfwörtern übertüncht. Dieses Schwadronieren bestärkte die NZZ in ihrem Urteil: Die neuen sogenannten »Autorenschreiber« waren lauter »Wort-Schaumschläger« und ihre Texte »hohles Dröhnen«.

Viele Meienberg-Zeitgenossen, von Jürg Federspiel bis Paul Nizon, empfanden die damalige Schweiz als zu eng und zu provinziell. Es fehlten ihnen die großen Themen, die Erschütterungen. Meienberg reizte just die Betulichkeit dieses »voll narkotisierten Ländchens« und entlarvte eine Klassengesellschaft, die sich für keine hielt. Am deutlichsten zeigt sich dies in seinen historischen Aufarbeitungen. Als studierter Historiker war er vom Fach. Er wusste, was sich für einen Schweizer Geschichtsschreiber geziemt: Seine Forschung hatte sich auf die Sichtung von Archiven zu beschränken, berücksichtigt wurden ausschließlich akademische Quellen. Daraufhin wurden die Fundstücke so lange gedreht und gewendet, bis garantiert keine Vaterlandsmythen litten und alles beim Alten, Schönen blieb. Das hatte natürlich einen Grund: Die kleinräumige Schweiz musste auf Konkordanz und Konsens achten.

Meienberg war das zu einfach. Er verließ den Schreibtisch und befragte auf seinen Recherchereisen auch Zeitzeugen, die nicht studiert hatten, die sogenannt kleinen Leute. Einmal auf der Pirsch, lief ihm auch manch kapitaler Bock vor die Flinte. Als Zwölfender erwiesen sich die Briefe von General Wille an seine Frau. Fotograf Roland Gretler hatte sie beim Besuch der beiden im Ortsmuseum Meilen fotografiert. Sie zeigten den obersten Schweizer Befehlshaber im Ersten Weltkrieg als großen Deutschlandfreund und Verächter der Schweizer Demokratie. Die Bundesräte verhöhnte er als »Jammerkerle«, die Landesstreik-Arbeiterführer bezeichnete er als »Schweinehunde«, die man züchtigen sollte. Seine Empfehlung: »Die Hosen strammziehen und ein paar Tüchtige hintendrauf«.

Wer glaubt, Meienbergs Entlarvung des Generals in *Die Welt als Wille & Wahn* (1987) habe politische Folgen gehabt, irrt sich. Die Schweiz kehrte so rasch wie möglich zum *Courant normal* zurück. Ein Bürgerschreck und »linker Vogel«, wie ihn das Establishment nannte, konnte das Schweizer Geschichtsbild nicht wirklich erschüttern.

Ebenso folgenlos war Meienbergs Aufarbeitung des 1942 erschossenen »Landesverräters« Ernst S. geblieben. In Meienbergs Buch von 1977 erscheint der Arbeitersohn als »lustiger Schnuderi«, der gern in Wirtschaften verkehrte und deshalb immer knapp bei Kasse war. Für ein paar Franken spielte er dem deutschen Konsulat in St. Gallen läppische Armee-Interna zu und versorgte die Deutschen mit ein paar gestohlenen Granaten. Für die

Schweiz war dies Anlass genug, »endlich mal ein Exempel zu statuieren«. Die Erschießung des Ernst S. mochte sich auch eine ganze Kohorte von höheren Offizieren nicht entgehen lassen, obwohl sie in jener Nacht im Wald bei Jonschwil laut Reglement nichts zu suchen hatten. Meienberg stellt die Füsilierung neben den gleichzeitigen Besuch des St. Galler Polizeichefs am Nürnberger NSDAP-Parteitag. Der Beamte wurde für seinen Nazi-Flirt mit der Frühpensionierung bestraft. Meienberg schließt daraus: »Oben wird pensioniert, unten füsiliert.«

Auch Meienbergs zweites großes geschichtliches Werk *Es ist kalt in Brandenburg* (1980) hatte keinen Kratzer am Lack der offiziellen Schweiz hinterlassen. Zweieinhalb Jahre war der Neuenburger Priesterzögling Maurice Bavaud wegen seines geplanten Hitler-Attentats in einem Berliner Gefängnis gesessen. Während dieser ganzen Zeit bekam er weder Post noch Besuch aus der Schweizer Botschaft. Auch die verzweifelten Briefe von Bavauds Familie ans Politische Departement in Bern wurden weder als empfangen bestätigt noch gar beantwortet. Ein *NZZ*-Korrespondent erzählte, wie er in Berlin auf der Schweizer Botschaft unfreiwillig Zeuge eines Telefongesprächs wurde. Der Schweizer Diplomat sagte in den Hörer: »Wir unternehmen nichts. Er ist ja selbst schuld.« Nach dem Auflegen fragte der Journalist: »Ist es etwas Ernstes?« Der Diplomat nickte: »Ja, schon.« Und dann machte er lachend mit der Hand die Geste des Kopfabschneidens und sagte: »Er wird geköpft.«

Dass es noch einen andern, nämlich verletzlichen Niklaus Meienberg gab, zeigte sich in seinen Liebesgedichten. Doch die waren bei seiner Gemeinde ebenso unerwünscht wie ein schwacher und depressiver Meienberg. Wie es wirklich um ihn stand, erfuhr die Öffentlichkeit erstmals bei der Verleihung des St. Galler Kulturpreises 1990. In seiner melancholischen Dankesrede sprach er von den zwei Meienbergs in seiner Brust: dem zum Protest Verurteilten, der die »vermaledeite Rolle, nämlich dort auszurufen, wo andere schweigen, zu spielen hat«, und dem introvertierten Meienberg, den niemand zur Kenntnis nehmen wolle. Die Rechten lauerten: »Was heckt er wieder Böses aus?« Seine Fans bestanden auf durchgehaltener Ideologie. Auf einem klaren Oben und Unten, einem Gut und einem Schlecht, einem Richtig und Falsch. In einem Radiointerview klagte er: »Mit diesem totalen Erwartungsdruck von links und von rechts kann man auf die Länge nicht arbeiten.« Meienberg gehörte nirgendwo mehr dazu.

Vieles hatte seine Depression gefördert. Da war ein nie geklärter Motorrad-Unfall in Südfrankreich. Und da war ein ebenso obskurer Überfall vor

In der Blick-Redaktion, ein kritischer Blick von Niklaus Meienberg vor dem Streitgespräch mit Blick-Chef Peter Uebersax, 1984.

seiner Haustür in Zürich-Oerlikon: Meienberg wurde halb totgeprügelt. Danach blieben ihm, so sagte er, »nur noch zehn Prozent meiner Schreibfähigkeit«. Der *worst case* für einen Journalisten, der an seine Sätze literarische Ansprüche stellt. »Sogar die härteste Reportage, und die vielleicht ganz besonders, braucht Fantasie, das Notieren und Montieren geht nicht ohne Einbildungskraft«, hatte er in einem Radiointerview gesagt. »Ich kann nicht mehr denken«, vertraute er dem *Spiegel* an.

Der Überfall zeigte auch, wie breit die Kluft zwischen Meienberg und seiner Gemeinde geworden war. Zwar bekam er danach »viel Post von Unbekannten, aber gar nichts von jenen Bekannten, mit denen ich seit Jahren eng zusammenarbeitete. Denen missfällt wohl, dass ich nicht von den idealen, nämlich schweizerischen Rechtsextremen zusammengeschlagen wurde.« Damit nicht genug: Seine Freunde forderten ihn zusätzlich auf, die gesamtgesellschaftlichen Zusammenhänge nicht aus den Augen zu verlieren. Was war schon sein Wehwehchen, verglichen mit der »Perspektivlosigkeit« und den »psychosozialen Defiziten« der Dritten Welt, die sich halt in Gewalt äußerten?

Durchaus denkbar, dass sich der eine oder andere Meienberg-Konkurrent sogar klammheimlich freute. Endlich wankte der Koloss. Lange genug hatten sie in seinem Schatten gestanden. Nie schien ihn ein Hauch von Selbstzweifel zu streifen. Gnadenlos verhöhnte er die Konkurrenz. Schriftsteller, die die 700-Jahr-Feier der Eidgenossenschaft boykottierten, beleidigte er als »schlaffe Plaudertäschchen«, die sich wichtigmachen wollten. Andere waren »Psychoschwätzer«, »Heulsusen« oder »ekelhaft geschniegelte Streber«.

Mit seinem Ausrasten im Golfkrieg 1991 strapazierte er Geduld und Goodwill selbst treuster Weggefährten. Die WOZ-Redaktion funktionierte er zu seiner persönlichen Kommandozentrale um; über den Fax des Limmat Verlags wollte er den Irak-Krieg stoppen und brachte gleichzeitig die letzten Retouchen an seinen Liebesgedichten an. Alle, die er kannte, bombardierte er mit nächtlichen Telefon-Befehlen, die – subito! – zu erledigen waren. Auch durch die Weltwoche-Redaktion stürmte er mit inquisitorisch verengten Augen. Dann wieder verschwand er wochenlang und flüchtete im Regenmantel, mit aufgeschlagenem Kragen und schwarzem, breitrandigem Hut durch die Schweiz. Er fühlte sich vom israelischen Geheimdienst verfolgt.

Seine letzten Getreuen schockierte er mit seinem Selbstmord. Es war weniger die Tat an sich. Dieses Ende entsprach nicht einem Titanen der Worte. Es war »dieses erbärmliche Verrecken«, wie Stefan Keller Meienbergs Ersticken in einem Plastiksack nannte. Danach brauchte mancher ehemals Vertraute Ruhe. Oder musste seine Wunden lecken, bevor er trauern oder sich zu Meienberg äußern konnte. Flink im endgültigen Urteil war nur die NZZ. Schon kurz nach seinem Tod zog sie Fazit: »Es bleiben einige Dutzend gültige Seiten polemischer Prosa. Und eine Wortmächtigkeit, die viel zu wenig der Literatur zugutegekommen ist.«

Wie tief der Schock seiner Gemeinde saß, zeigte 1997 der Film Meienberg von Tobias Wyss. Um den »erratischen Block« in der Schweizer Kulturszene um- und einzukreisen, befragte der Filmer Dutzende von Zeitgenossen. Viele gaben sich noch immer seltsam bedeckt oder wichen aus. Und etliches Kleinliches hätte man lieber gar nie erfahren.

Für eine erste, ausgeruhte Einordnung sorgte 1999 Marianne Fehr in ihrer sorgfältigen Meienberg-Biografie. Erst jetzt wurde klar, welch genialer Vermarkter seiner selbst er gewesen war. Jeden Auftritt gestaltete er zum Happening; jeden Funken nutzte er dazu, um publikumswirksam zu explodieren. Weil es zu seinem Image passte, fuhr er Motorrad. Freilich besaß er auch einen alten Jaguar. Zudem rückte er seinen Lebenslauf sachte in die richtige Richtung. Ein paar Tage Traktorfahren in kanadischen

* 11.5.1940	in St. Gallen in einer Mittelstandsfamilie. Klosterschule Disentis, Auslandsjahr in den USA
1961	Geschichtsstudium in Freiburg, Zürich und Paris, Abschluss 1969
1966	Pariser Korrespondent der *Weltwoche*
Ab 1971	Freier Journalist und Publizist für *SRF, Tages-Anzeiger, TAM, Stern* und *WOZ*
1974	Erste Buchveröffentlichung: *Reportagen aus der Schweiz*. Danach mehrere Großrecherchen und Reportagebände, mit heftigen Kontroversen verbunden: *Die Erschiessung des Landesverräters Ernst S.* (1977), *Es ist kalt in Brandenburg* (1980), *Die Welt als Wille & Wahn* (1987) sowie Gedichtbände: *Die Erweiterung der Pupillen beim Eintritt ins Hochgebirge* (1981), *Geschichte der Liebe und des Liebäugelns* (1991)
† 22.9.1993	in Zürich

Wäldern wurden zum Baumfällerjob. Seine Familie schilderte er als kleinbürgerlich katholisch, als arm, aber reinlich. Dabei war sein Vater Revisor bei der St. Galler Raiffeisenbank gewesen und verkehrte mit Professoren und Äbten. Völlig unterschlagen hat er die Rolle seiner Mutter. Sie steuerte nicht nur mit starker Hand das Leben ihrer sechs Kinder. Sie sorgte auch dafür, dass die Kassierinnen in der Migros bei ihrer Arbeit sitzen durften. Und putzte dem örtlichen Priester nach einer faden Predigt die Kappe.

Trotz Film und Buch wurde es um Meienbergs runde Todes- und Geburtstage immer ruhiger. Kein Verleger nutzte die Gelegenheit, um sich um sein Gesamtwerk zu kümmern. 2007 erwähnte die neue *Schweizer Literaturgeschichte* Meienberg mit keinem Wort. Dafür zählte sie jeden Pfarrer auf, der in seinem Kämmerchen mal eine besinnliche Broschüre verfasst hatte.

Auch die Meienberg-Website, die ein paar Freiburger Studenten ins Leben riefen, rettete Meienberg nicht vor dem Vergessen. Das Motto der Betreiber: »Tot ist einer erst, wenn sich niemand an ihn erinnert.« Zu jung, um ihm leibhaftig begegnet zu sein, minderte nichts die Begeisterung der Fans. Meienberg war für sie nicht nur sprachlich ein Vorbild, auch menschlich: »Eine eigene Sprache finden, sich nicht modellieren lassen.«

Doch Meienberg taugt nicht mehr als Vorbild. Die Zeit journalistischer Einzelkämpfer ist vorbei. Inzwischen decken ganze Teams Missstände und Skandale auf. Eine eigene Sprache nehmen die Redaktionen zwar als nice-to-have gerne entgegen. Wichtiger aber bleiben Fakten. Ebenso überholt erwies sich die Website-Forderung, sich nicht modellieren zu lassen. Wer sich heute nicht modellieren lässt, stört mit seinem Selbstbewusstsein die Redaktionsabläufe. Und verdirbt den Nachwuchs.

Am 20. Todestag 2013 versuchte Weggefährte Stefan Keller mit einer Wanderausstellung, die junge Generation auf »Meienberg, den wichtigsten Schweizer Intellektuellen des zwanzigsten Jahrhunderts, gluschtig zu machen«. Auf Podien fragte er Meienberg-Zeitgenossen: »Was bleibt von

Niklaus Meienberg als Redner beim Protest gegen den Besuch des südafrikanischen Staatspräsidenten Pieter Willem Botha in Zürich, 1988.

Meienberg?« Alle versuchten, etwas Nettes zu sagen. Doch es schienen eher Pflichtübungen. Mir ging es ja ähnlich. Meienbergs Porträts kamen mir inzwischen seltsam betulich und samtpfötig vor. Selbst berühmte Stücke wie die Reportage über die Appenzeller Saftwurzel Raymond Broger lasen sich langfädig und bemüht. Meienbergs persönliche Betroffenheit bei allem und jedem wirkte peinlich, die Vorsätzlichkeit seiner Sichtweise befremdete. Und wie Auslegware präsentierte er sein Wissen, egal ob über Gesteinsformationen im Schweizer Vorgebirge oder die Französische Revolution.

So ungefähr hatte ich mich an Meienbergs zehntem Todestag auch im *St. Galler Tagblatt* geäußert. Mein Schluss lautete: »Natürlich ist jetzt jedes Urteil ungerecht. Zehn Jahre sind, wie bei allem aus Zeitströmungen heraus Entstandenen, die unfairste Beobachter-Distanz. Nach zehn Jahren hängt die Haute Couture im Brockenhaus statt im Modern Art Museum, und Autos sind Occasionen statt Oldtimer. Klassiker Meienberg? An seinem zwanzigsten Todestag werden wir mehr wissen.«

Inzwischen steht sein dreißigster Todestag bevor. Erneut hab ich im Bücherregal nach seinen Werken gesucht. Eher lustlos das Aufblättern von *Reportagen aus der Schweiz* und *Die Erweiterung der Pupillen beim Eintritt ins Hochgebirge*. Eine Stunde später las ich immer noch. Und bei nächster

Gelegenheit war ich schon wieder beim Buch. Meienbergs »plaisir fou« beim Schreiben – es sprang plötzlich wieder über. Auf seinem Erzählfluss konnte man sich treiben lassen und mitschaukeln im Rhythmus seiner Sätze. Er nahm mich mit auf die Reise, zeigte mir, als hoch trainierter Beobachter, was ich ohne ihn übersehen hätte. Wie ein Spielfilm-Regisseur strukturierte er seine Reportagen. Schwenkte seine Kamera von Bild zu Bild und montierte die Erzählstücke dramaturgisch wirksam. Diese Form hatte damals, als er sie erfunden hatte, noch keinen Namen. Mittlerweile wird das sogenannte Storytelling an allen Journalisten-Schulen und in Weiterbildungskursen gelehrt und diskutiert. In einem Interview beschrieb Meienberg seine dahinterstehende Haltung: »Reportagen sollen Geschichten erzählen und persönliche Erlebnisse nicht aussparen. Niemand soll tun, als besäße er die absolute Wahrheit.«

Inzwischen hat freilich auch das Storytelling wieder an Glanz verloren. Schuld daran sind Journalisten und Journalistinnen, die es mit der persönlichen Sicht ebenso übertrieben wie mit der persönlichen Wahrheit. Jetzt sind in den Redaktionen wieder Allwissenheit und Ausgewogenheit gefragt, gespickt mit Experten, die so lange das Für und das Wider bereden, bis zum Schluss alle ein bisschen recht haben. Sogar SVP-Politiker Christoph Mörgeli findet das todlangweilig. »Man durfte sich jeweils gründlich ärgern über den Meienberg«, schrieb er in der *Weltwoche*, »doch stets auf hohem Niveau. Blindwütig war er und hellsichtig. Ein Berserker unter den Journalisten. Links – aber er konnte schreiben.« Und er konnte streiten. Denn, so glaubte er: Jeder Streit bringt die Welt der Wahrheit etwas näher. Niklaus Meienberg fehlt nicht nur den Rechten als Sparringspartner. Er fehlt uns allen.

Mehr zu Niklaus Meienberg

+ Meienberg im besten Originalton: *Reportagen 1* und *2*. Herausgegeben von Marianne Fehr, Erwin Künzli, Jürg Zimmerli. Zürich 2000.
+ (Fast) alles über Meienberg: Marianne Fehr: *Meienberg*. Lebensgeschichte des Schweizer Journalisten und Schriftstellers. Zürich 1999.
+ Meienberg und andere im kräftigen Bild: *Meienberg*. Ein Film von Tobias Wyss. 1999. DVD, Zürich 2013.

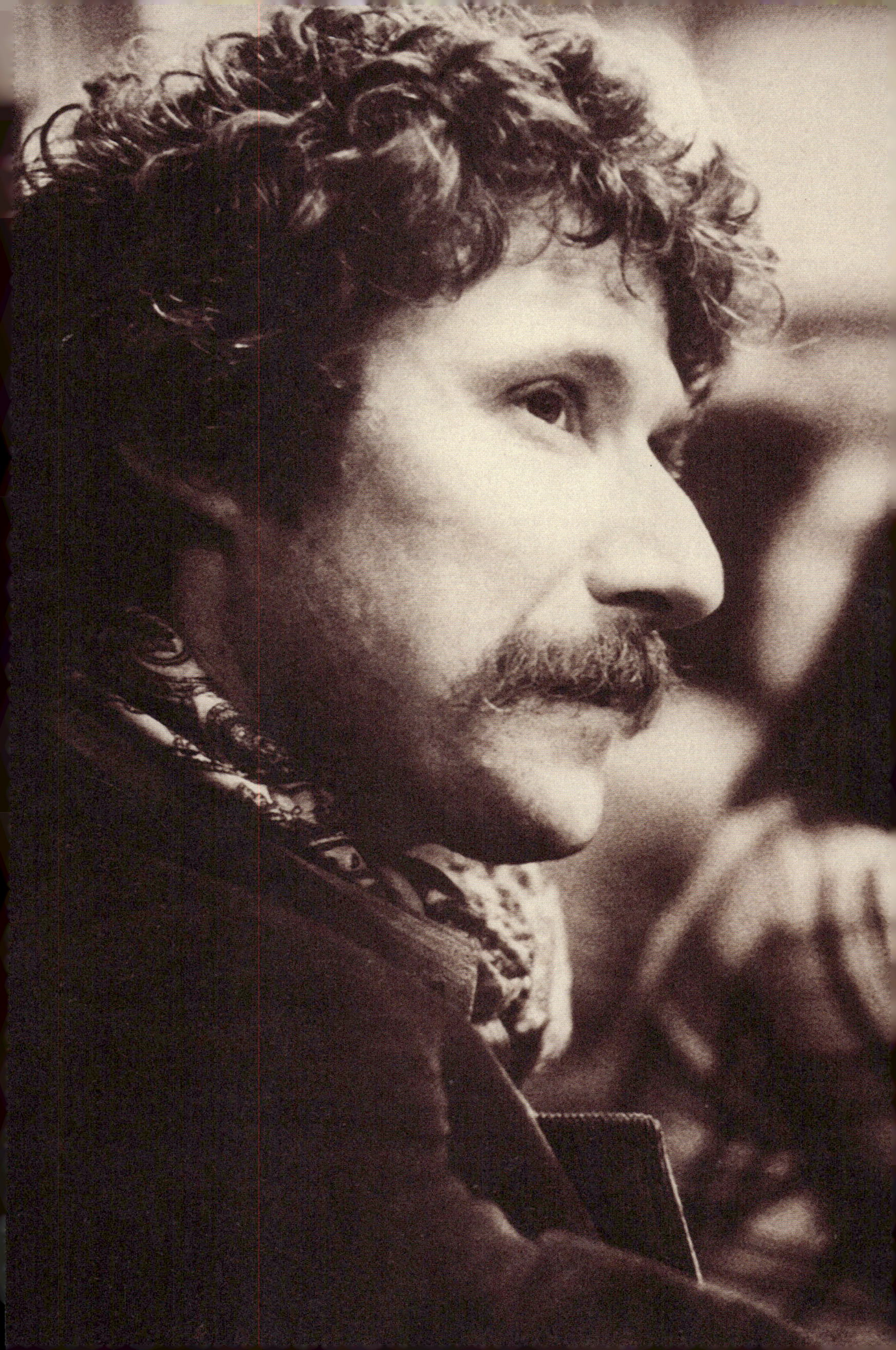

WILLI WOTTRENG ZU WALTER WEGMÜLLER

EIN VERDINGKIND MALT SICH INS REICH DER FREIHEIT

Der Weg eines Kunstmalers, Geschichtenerzählers und Minderheitensprechers

Im Berner Künstler- und Szenelokal Pyrénées hing über einem Beizentisch jahrelang ein eigenwilliges Gemälde. Es zeigte eine Schüssel Spaghetti, von denen manche wie Blumenstängel in die Höhe wuchsen und statt einer Blüte ein fröhliches Gesicht trugen, hin und her tanzend. Die *Spaghettiköpfchen*, wie das Bild hieß, stammten offensichtlich von einem witzigen Maler, einem – so vermutete ich – Genießer leckerer Speisen und Freund lustiger Gesellschaft. Unten rechts las man die Signatur »Walter Wegmüller«.

Walter Wegmüller war ein Künstler, der sich in der Berner Kulturszene bewegte zu jener bunten Zeit, da die Hippie-Kultur auch in der Schweiz aufblühte. Mann und Frau experimentierten, spintisierten, tanzten, lachten und stürzten ab. Romilar rann durch die Kehlen, jene Hustentropfen, welche man beim Apotheker kaufte und welche die ersten Halluzinationen hervorriefen.

Bis Wegmüller wegging nach Basel. Weggehen – ankommen. »Der Wegmüller« war eigensinnig. Er wollte möglichst selbstständig seine Lebensreise tun. Eine wichtige Phase bedeuteten in seiner Malerei denn auch Sujets mit Leitern oder einem schwankenden Seil. Auf denen ein Mensch hinübergeht von einem Fantasieland ins andere. Vielleicht auch vom Leben in den Tod. Gegensätze und Übergänge durchziehen seine Gemälde – Leben und Tod, Himmel und Erde, Frau und Mann, Spiel und Ernst. Bilder von Seiltänzern würden sein eigenes Leben schildern, sagte Wegmüller einmal: »Klappt es oder klappt es nicht? Kann ich mich als Künstler oben halten …?«

Walter Wegmüller, geboren 1937, war ein Unsteter. Nicht im äußeren Leben. In Basel lebte er fast bis an sein Lebensende in Zimmern und später in

Willi Wottreng ist Schriftsteller und Journalist. Er studierte Geschichte und Politologie. Nach einer bewegten Achtundsechziger-Karriere arbeitete er als Redaktor bei der *Weltwoche* und der *NZZ am Sonntag*. Seit 2014 ist er Geschäftsführer der Radgenossenschaft der Landstrasse, der schweizerischen Dachorganisation der Jenischen und Sinti. Im Herbst 2020 erschien zu diesem Thema sein Roman *Jenische Reise*, mit dem Untertitel *Eine grosse Erzählung*.

einer großen bürgerlichen Wohnung. Unstet war er im Innern. Von sich sagte er selber, er sei »ein Zigeunerkind« oder auch: »ein sesshafter Zigeuner«. Er war geboren als Sohn einer Mutter, bei der er nicht aufwachsen durfte, und eines Vaters, der abwesend war. Zur Zeit der Geburt war sie zweiundzwanzigjährig und arbeitete als Hausmädchen im vornehmen Zürichbergquartier, so steht es in den Dokumenten; der Vater ist nicht aktenkundig. Der Mann, der Walters Vater wurde, sei aus Frankreich gekommen und habe zur Volksgruppe der Kalderasch gehört, vernahm Walter später; das sind Kupferschmiede und Kesselflicker, die man heute noch von Rumänien bis in den Westen Europas zahlreich unter den Roma findet.

Bald nach seiner Geburt kam Walter als Pflegekind weg. Ich vermute, dass dies unter den üblichen Umständen geschah, weil einer ledigen Mutter nicht zugetraut wurde, ein Kind aufzuziehen, sodass dieses automatisch unter Vormundschaft gestellt wurde. Und wenn der Vater allenfalls tatsächlich »so einer« war …! So übte man üblicherweise entsprechend Druck auf die Mutter aus. Diese Mutter, deren Nachnamen er trug, lernte Walter erst auf der Suche nach seiner Herkunft mit einundzwanzig Jahren kennen. Als er ihr begegnete, betätigte sie sich als Händlerin und verkaufte an einem Marktstand Sonnenbrillen. Stiefgeschwister hatten ihm offenbar einen Tipp gegeben, wo sie sein könnte. So suchte er sie. Er habe die Mutter umarmt und eine fremde Frau in den Armen gespürt.

Eine Art kulturelle Heimat wurden dem erwachsen gewordenen jungen Mann Bern und das Rüschegg-Gebiet, wo er in einem Bauernhaus verkehrte, an dem er beteiligt war, zusammen mit Freunden, die eine Art Kommuneleben führten. Zeitlebens sollte er sich jedenfalls diesem von Hügeln und Gräben gefältelten Rüschegg verbunden fühlen, das jahrhundertelang arm gewesen war und wo unzählige Menschen saisonweise oder für immer aufgebrochen waren, um ihr Glück als Händlerin und Handwerker und Gelegenheitsarbeiter im Unterland zu verdienen. »Das Rüschegg war für die Berner ein schwarzer Fleck; tat einer nicht gut, hieß es schnell: Geh nach Rüschegg!«, erzählte er mir.

Die Jahre im Bernbiet haben ihn inspiriert. Bern war Ende der 1960er-Jahre eine Stadt mit besonders lebhaften Szene-Trieben und einer verbreiteten Begeisterung für sogenannte Fahrende und Zigeuner – heute nennt man sie mit ihren Eigennamen Jenische, Sinti, Roma. Wegmüller vertiefte sich in die bei ihnen gern geübte Kunst des Kartenlesens, des Tarots. Und er entwarf selber zwei Tarotserien, mit denen er »rund um die Welt Beachtung« gefunden habe, so der Kunstkritiker Peter Killer. Je achtundsiebzig Bilder umfasst ein Set, bei Wegmüller wurden es fantasievolle, märchenhafte Kreationen. Der Mythenforscher Sergius Golowin schaffte ihm historisches Informationsmaterial heran. Und Wegmüller lernte, die Karten selber zu legen, das Keltische Kreuz, den Dreier-, den Viererspiegel, all die möglichen Legeformen. Als Lebensberater und »Wahrsager« mit Tarotkarten empfing er später Kundinnen und Kunden in seinem Besprechungszimmer, das wie ein Scharotl, ein alter Wagen von Fahrenden, ausgestattet war, und der Tarotleger war stolz darauf, dass sie aus allen Ständen der Gesellschaft stammten. Vom Doktor und der Professorengattin bis zu Frau und Mann aus dem »einfachen Volk«.

In Bern wurde als einer der Ausflüsse der Achtundsechziger-Bewegung 1975 die Radgenossenschaft der Landstrasse gegründet, ein Zusammenschluss von Menschen, die sich eben den in der Schweiz lange verfolgten Volksgruppen der Jenischen, Sinti und Roma verpflichtet fühlten. Sie nahmen den Kampf für deren Besserstellung und Anerkennung auf. Im Saal des Restaurants Bierhübeli fand die öffentliche Gründung statt. Es waren vor allem Jenische, oft Mütter und Töchter aus von den Behörden zerstörten Familien, die sich in der neuen Organisation engagierten, unterstützt von Roma-Angehörigen. Wegmüller war von Anfang an dabei.

Viele Kinder waren Opfer fürsorgerischer Zwangsmaßnahmen in jener Zeit. Besonders gezielt aber traf es jenische Familien, denen von 1926 bis 1972 die Kinder entrissen wurden, weil Behörden, Erzieher, Sozialpolitiker, Kirchenleute verhindern wollten, dass diese Volksgruppe, die man für fern der Zivilisation hielt, sich fortpflanzte und kulturell verfestigte. Sie wurden aus ethnischen Gründen verfolgt, als Volksgruppe: Aufgelöst werden sollte jede Identität, angefangen bei der Sprache bis zur Erwerbstätigkeit im Wohnwagen. Jenische wurden in der Behördensprache auf heute kaum mehr verständliche Weise abgewertet: Sie wurden Vaganten genannt, und manche psychiatrische Einrichtung diagnostizierte bei ihnen eine »moralische Idiotie«. Unvorstellbar, dass diese Diagnose einmal fachlich akzeptiert war.

Wegmüller war aufgrund des eigenen Erlebens ihren Schicksalen verbunden. Zudem hatte er im Rüschegg-Gebiet genug Jenische kennen- und schätzen gelernt. Weil er Ausstrahlung besaß und sich auch als Künstler öffentlich profilierte, wurde er 1978 Präsident der Radgenossenschaft. Er setzte sich ein großes Ziel, zusammen mit dem Berner Arzt Jan Cibula –

Eine reiche Fantasie: Walter Wegmüller inmitten seiner Werke zu Hause in Basel, 1983.

einem Angehörigen der Roma, der 1968 aus der Tschechoslowakei in die Schweiz geflüchtet war: Wegmüller wollte als Präsident die Schweizer Jenischen in die Weltgemeinschaft der »Zigeuner« führen.

Er erreichte tatsächlich, dass die Radgenossenschaft 1978 in die Internationale Romani-Union aufgenommen wurde, die eben von jenem Berner Arzt Cibula präsidiert wurde. Wegmüller war mit Radgenossenschafts-Genossen und -Genossinnen hingereist: Der internationale Roma-Kongress, abgehalten in Genf, anerkannte die Jenischen als »einen Stamm ihres Volkes«. Wer hätte das glauben können: Die Jenischen als »Stamm« der Roma-Weltgemeinschaft! Für die Sache der Jenischen war dies ein Erfolg und bedeutete einen Aufstieg auf der gesellschaftlichen Leiter. Sie, die bisher Vaganten, Asoziale und Schlimmeres genannt worden waren, durften sich nun als anerkannte Zigeuner mit eigener Kultur verstehen. »Zigeuner« sein war etwas, was nicht jeder werden konnte.

Nach New York sogar flog er im Jahr darauf mit einer Delegation der Romani-Union, die dort als Mitglied aufgenommen wurde in den Wirtschafts- und Sozialrat der UNO, was die internationale Anerkennung der Roma bedeutete.

»Ich erachte es als wirklich wichtig, dass alle Zigeuner am selben Strick ziehen, wenn sie eine bessere Zukunft haben wollen«, schrieb Wegmüller in der Zeitschrift *Scharotl* der Radgenossenschaft nach dem Genfer Kongress. Leider musste er feststellen, dass Querelen auch die Organisationen der Roma und der Jenischen durchzogen. Er berichtete von »heftigen Wortgefechten«. So harmonisch, wie er es sich vorgestellt hatte, war die reale »Zigeuner«-Welt nicht. Der sensible Walter Wegmüller wollte sich nach einigen Jahren dem Knatsch nicht weiter aussetzen. 1981 trat er zurück. In den Vordergrund trat für ihn nun ganz die Malerei.

Er malte meist figürliche Dinge, die man erkennen – aber nicht immer enträtseln – konnte. Menschen und Mythengestalten, Märchenfiguren, koboldartige Kreaturen, tierische Mischwesen, sich paarende Menschenkinder. Fernab von jeder Kunstschule, jedes Bild eine Geschichte. »Ich habe es gern, wenn man mich Geschichten-Wegmüller nennt«, sagte er in einem Interview.

Der Betrachter steht manchen Bildern fassungslos gegenüber: so viel Zärtlichkeit, so viel Erschrecken. Man soll Gemälde nicht beschreiben, ich verzichte hier also darauf. Sagen wir nur, dass Zärtlichkeit und Schrecken, Hoffnung und Hoffnungslosigkeit, Leben und Absterben mit Wegmüllers eigenster Erfahrung zu tun hatten. Wegmüller sagte gern, dass nicht »Er« male, sondern dass »Es« male. Manche Bilder füllten sich mit geheimnisvollen Runen und Zeichen. Sein Hauptspruch, so erzählt seine zweite Ehefrau Lisa Wegmüller, sei gewesen: »Wer die Zeichen versteht, lebt.«

Aus welchen Erfahrungen schöpfte er? Weggenommen von der Mutter zuerst in ein Kinderheim, kam er als Junge zu verschiedenen Bauernfamilien und schließlich zu einer Familie im Berner Seeland. Ich nenne den Ort nicht, um die Leute nicht zu verunglimpfen, die diesen Bub allerdings schrecklich behandelten. Spielsachen kannte er nicht. Ratten und Mäuse waren seine Gesellschaft in der Kammer. Nicht nur musste er auf dem Hof krampfen wie ein Hund. Er wurde auch wie einer geprügelt. Fenster in seiner Kammer wurden mit Stroh verstopft, damit Nachbarn die Schreie nicht hörten – sie hörten sie trotzdem und schritten nicht ein. Genügend zu essen gab es nicht. In die Schule kam er wegen der vielen Arbeit unvorbereitet, war entsprechend schwach und wurde auch noch von den Lehrern und Mitschülern geplagt. Ein typisches Verdingkind-Schicksal, und nicht einmal das schlimmste unter den Leben von Zehntausenden Kindern, die bis in die 1960er-Jahre »verdingt« wurden.

Was der Bub konnte, war zeichnen. Zeichnen und träumen. Dem von

Menschen verachteten Kind sind Getreidefelder vielleicht erschienen wie Soldatenreihen, bemooste Bäume wie schlafende Sagenfiguren und Sterne wie Seelenlichter. In der Fantasie war er ein Reisender durch kosmische Welten. Immer hatte er die Hosentaschen voll Kreide-, Kohle- oder Ziegelsteinstücken, um damit malen zu können. Zeichnen und Malen brachten Farbe und Frische in die kalten Winter und die erste Anerkennung von Mitschülern oder Mitschülerinnen. Es war die Rettung dieses Verdingkindes, das seelisch abzusterben drohte. »Ich wurde in mein Künstlertum hineingeprügelt«, ließ er sich zitieren. Gelegentlich entfloh er dem Verdingbub-Alltag auf Schleichwegen zu einer jenischen Familie, die in der Nähe haltmachte und ihm Zuneigung entgegenbrachte.

Gegen den Willen des Amtsvormundes drückte er es durch, dass er eine Lehre machen konnte. In Büren an der Aare kam er zu einem Lehrmeister – dem später als Künstler bekannt gewordenen Peter Travaglini –, bei dem er Flachmaler, Tapezierer und Schriftenmaler lernen konnte und der ihn auch künstlerisch förderte. Da malte Wegmüller erste Bilder, und schließlich wurde aus dem misshandelten, unterernährten Walterli der Kunstmaler Walter Wegmüller (»Ich bin der Wegmüller«). Der bis ins Alter hinein arbeitete wie ein Berserker, ununterbrochen neue Formen probierend, von Schwarz-Weiß zur Farbe übergehend, vom Surrealistischen ins Abstrakte mit magischen Dreiecken oder Vierecken – und zurück. Auf diese Weise in unzähligen Visionen seine Vergangenheit abarbeitend.

Ein kreativer, inspirierender Mensch. Mit seinem Krempenhut (den die Rüschegger und viele Jenische typischerweise trugen) und mit dem Halstüchlein eine unverwechselbare Gestalt in Basels einschlägigen Kneipen. »Die Straße war seine Wohnung«, sagen Bekannte, tatsächlich trug er auch in der Beiz manchmal seine Hauspantoffeln. So verkehrte er im Basler Bermudadreieck, im Gifthüttli, in der Hasenburg, aber auch in der Rio-Bar und andernorts.

Künstlergrößen aus Basel und Bern besuchten ihn oder er sie: der Maler Hans Ruedi »Schische« Giger, Franz Gertsch aus Rüschegg, der Berner Mythenforscher Sergius Golowin, aber auch der Geiger Baschi Bangerter oder der legendäre Baumaler, Boxer und Töfffahrer Peter Hutmacher. Mit den Basler Kunstmalern Kurt Fahrner oder Joseph Edward Duvanel bildete er eine Künstlergruppe. Dem Schriftsteller Friedrich Dürrenmatt verkaufte er ein Gemälde sackteuer – und kaufte es zurück, weil er den Verlust bereute.

Im Bermudadreieck spachtelte und trank man. Und spielte gern. Wegmüller verdiente Geld mit »Gämbeln« oder Knobeln: Rate, wie viele Hölz-

* 25.2.1937	in Zürich als Sohn einer Hausbediensteten und fahrenden Händlerin. Verdingkind-Jugend
1953–1956	Lehre als Flachmaler, Tapezierer und Schriftenmaler
ab 1956	Autodidaktischer Kunstmaler
1961	Beteiligung an der Biennale in Tokio
1965	Heirat mit Verena Kehrli (*1948), zwei Kinder
1967	Mitbegründer der Basler Künstlervereinigung Farnsburggruppe
1968–1973	Erarbeitung des *Zigeuner-Tarot*
1975	Vorstandsmitglied der Radgenossschaft der Landstrasse, Dachorganisation der Jenischen und Sinti der Schweiz; 1978–1981 Präsident
1978–1983	Erarbeitung des *Neuzeit-Tarot*
1991	Heirat mit Liselotte Cornelia Pfister (*1956)
1996	*Werkbuch bis 1996*, Sammelband bisheriger Arbeiten
2009	Ausstellung im HR Giger Museum in Gruyères
2017	Ausstellung zum achtzigsten Geburtstag: *Kunst, Krautrock und Tarot*, Museum im Lagerhaus, St. Gallen
† 26.3.2020	in Bern

chen, Steinchen, Papierkügelchen in der Faust der beiden Gegner sind, die diese nach einigem Herummachen unter dem Tisch auf die Tischplatte legen. Viel Geld soll an diesem oder jenem Abend über den Tisch geschoben worden sein. Meist in Richtung Wegmüller. Fehlte dennoch Bares im Haushalt, tauschte er ein Bild gegen einen Staubsauger oder ein Pack Windeln ein, weiß die erste Ehefrau Verena, mit der er zwei Söhne hatte.

Er war ein guter Händler. Und er erzählte Erwachsenen wie Kindern gern Geschichten, führte Zauberstücke vor, indem er einem Kind einen Einräppler in die Nase schob und zum andern Nasenloch wieder herausklaubte. Er produzierte sich vor den Erwachsenen im Spunten als Feuerschlucker. Und das Schweizer Fernsehen rapportierte in einer Sendung über einen telepathischen Versuch, bei dem Wegmüller im Studio Zürich sich vom Mythenforscher Sergius Golowin, der im Studio Bern hantierte, gedanklich ein Bild schicken ließ, das Golowin dort zeichnete und das Wegmüller in Zürich bildlich wiedergeben wollte (Sendung *Telepathie Experiment*, Antenne 1971). Es kam als Gekritzel am Zielort Zürich einigermaßen heraus, was Golowin in Bern vorzeichnete und telepathisch übertrug, aber vielleicht auch darum, weil sich die beiden gut verstanden und ihre Lebensmotive und Symbolwelten kannten.

Seine Tätigkeiten uferten aus. Ein enger Freund von Walter Wegmüller liefert in einem Mail Stichworte: »Walter wurde alles zur Kunst. In allen möglichen Formen: Musik (die Tarot-Platte); Film (die Experimentalfilme mit J. J. Wittmer und Fredi Murer); Skulpturen; Alltagsgegenstände (Schürzen, Krawatten, Servietten); seine Korrespondenz (er war ein unglaublich lustiger Briefschreiber); die KUSS (›Kritische Untergrund-Schule

Der gesteinigte Hund: Eines der letzten Werke von Walter Wegmüller, 2017 im Auftrag der Stiftung Hund Schweiz gemacht.

Schweiz‹); Kunstraum Klingental (vielleicht der erste Off-Space in der Schweiz überhaupt); sein Interesse für das Übersinnliche (Teilnahme an den PSI-Tagen in Basel).«

Unmöglich und vielleicht sinnlos, diese Aktivitäten in einem einzigen Artikel ausführen zu wollen. Wegmüllers Freund fügt hinzu: »Für mich ist das alles in einem Beuysschen Sinne eine soziale Plastik, in der sich Kunst und Leben, Politik und Ästhetik, Gemeinschaft und Autorschaft ständig mischen, verweben und neu konfigurieren.«

Daneben gründete Wegmüller eine Familie mit seiner ersten Ehefrau: Verena von Rohr. Und fand für lange Jahre eine Stütze in der zweiten Frau: Lisa Wegmüller. Frauen, die vieles mitmachten auf dem Weg des einstigen Hippies und die manches in diesem Leben selber toll fanden, die es allerdings mit ihrem selbstbewussten und zugleich existenziell verunsicherten

»Wägi« nicht leicht hatten. So mussten sie sich in aller Freundschaft von ihm auch wieder trennen. »Er hat mich fasziniert; er war ein sehr offener Mensch«, sagt Verena. »Aber irgendwann wurde alles zu viel.« Zu viel, zu anstrengend, zu beengend auch.

War er allein im Haus, musste der Fernseher laufen. In jedem Raum stand so eine Bilder- und Plapperkiste. Denn wenn Wegmüller allein war, überfiel ihn die Schwärze der Vergangenheit. Die Nacht der Verdingkind-Kammer. Auch darum musste er hinaus in die Kneipen, wenn er nicht im Atelier mit der Kunst kämpfte. Er sei eben »un-gehalten« gewesen, sagt seine zweite Ehefrau, Lisa Wegmüller, die heute als Psychologin und Traumatherapeutin arbeitet.

Oft kehrte Wägi erst nach Beizenschluss heim. Dabei: Kochen konnte er selber ausgezeichnet, so gut, dass die Redaktoren der Gourmet-Zeitschrift *Salz und Pfeffer* wiederholt samt Fotograf bei Wegmüllers zu Hause aufkreuzten und Walter Wegmüller ihnen Wachtel im Schnee (Wachtelschenkel in einem Salzbett) präsentierte. Und Igel im Teig – dieses Rezept wurde aus Gründen des Tierschutzes nicht publiziert; wobei Igel seit Jahrhunderten eine Armeleute-Nahrung gewesen sind. Und vermutlich hatte Wegmüller das Spaghetti-Bild im Pyrénées nach einer ausgelassenen Spaghetti-Fête gemalt. Man erinnerte sich etwa noch jahrelang an das von Wegmüller 1969 ausgerufene »Kunstfest der verlausten Vögel« nach einer Vernissage.

Der Verdingbub hatte viel erreicht. Er malte sich frei. Zuinnerst aber tobte die Auseinandersetzung mit der Vergangenheit. Der Kampf zwischen Aufleben und Absterben. Ganz abgestreift hat er seine Vergangenheit nie. Es blieb die Verbitterung über die erlittene Gewalt in der Jugend. Und die Flucht in die ruhelose Malerei.

Nach Walter Wegmüllers Tod legten ihm seine Angehörigen die Geige, die lange in seinem Zimmer gehangen hatte, ins Grab. Und ein Stück Haar seiner Mutter, das er aufbewahrt hatte.

Mehr zu Walter Wegmüller

+ Walter Wegmüller: *Werkbuch bis 1996*. Basel 1997.
+ Walter Wegmüller: *Zigeuner-Tarot*, *Neuzeit-Tarot*. Karten-Sets, erhältlich im Fachhandel und antiquarisch.
+ Website der Radgenossenschaft der Landstrasse: www.radgenossenschaft.ch

Mit besonderem Dank für Auskünfte an: Verena von Rohr, Lisa Wegmüller, Basil Rogger.

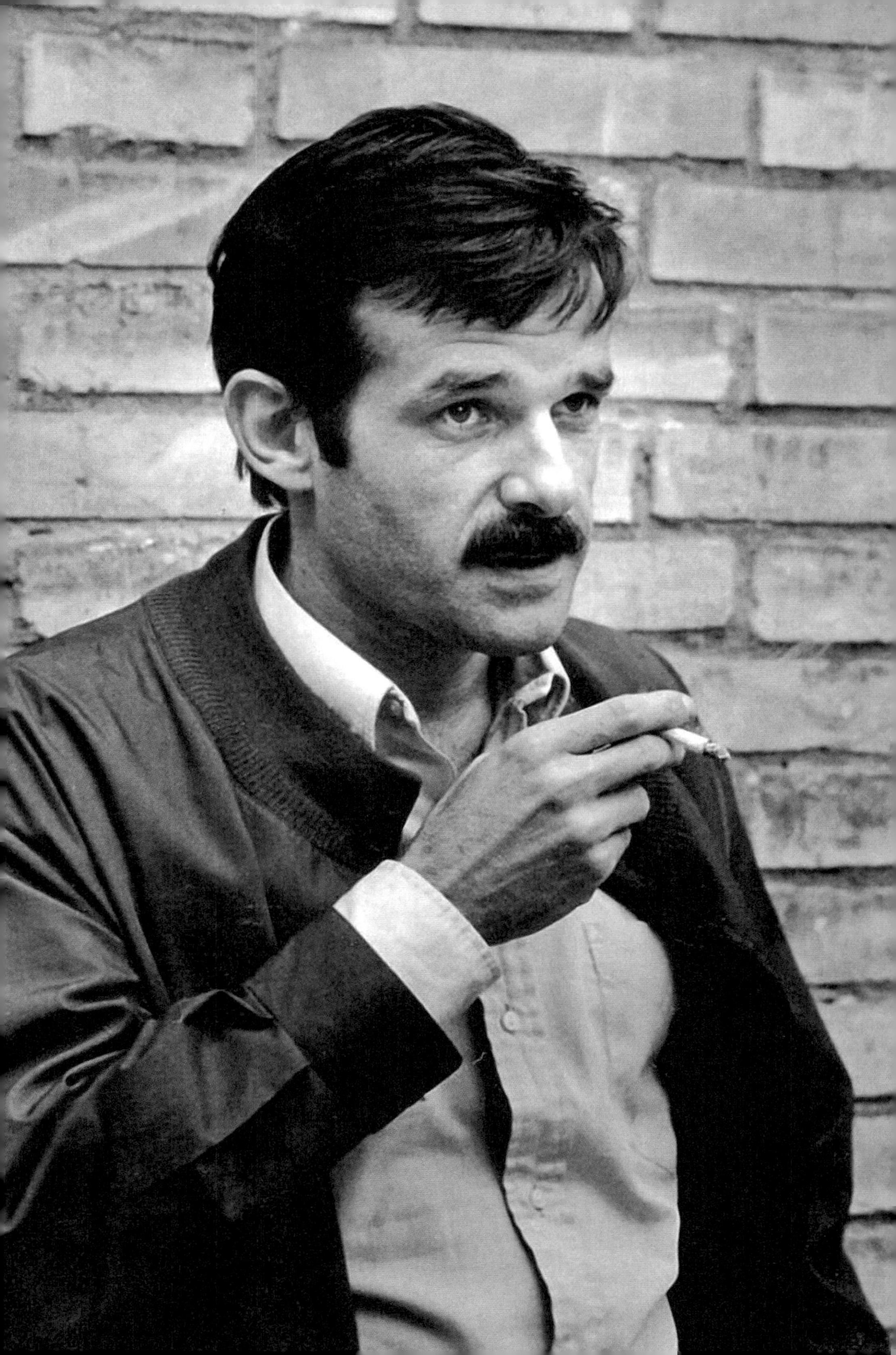

FRANZ HOHLER ZU MANI MATTER

EINLADUNG ZUR EINFACHHEIT

Wie man sich zugehörig fühlt,
ohne eine Nationalhymne singen zu müssen

Als man mich einmal in die MRI-Röhre schob und ich eine Musik auswählen durfte, die mir über den Kopfhörer die Zeit verkürzen sollte, entschied ich mich für eine CD von Steve Reich. Nachdem mich der Betreuer des Vorgangs am Ende wieder herausgezogen hatte, sagte er, diese Musik habe noch nie jemand hören wollen. Was denn die Leute sonst gern hätten, fragte ich ihn, worauf er zur Antwort gab: »Mozart oder Mani Matter.«

An einem Sonntagabend klickte ich am Fernsehen den Schluss des Schweizer *Tatorts* an, *Züri brännt*, und nach ihren offenbar erfolgreichen Ermittlungen sang die Kommissarin für sich, und damit auch für das Publikum, *I han es zündhölzli azündt*.

Auf der Kulturseite der *NZZ am Sonntag* wurde jüngst das Zürcher Jazzfestival Unerhört! angekündigt, und zwar mit der Überschrift: »›Kunscht isch gäng es Risiko‹, sang schon Mani Matter.«

Unterwegs zu einer Veranstaltung im Schlachthaus-Theater Bern las ich auf der Plastikplane einer Baustelle, wo ein Haus mitten in einer Häuserzeile abgerissen worden war, den gesprayten Satz »s'längs fürs z'sprängs paar seck dynamit«.

Es gibt in der Deutschschweiz praktisch zu allem und jedem ein Mani-Matter-Zitat. Seine Lieder sind, fast fünfzig Jahre nach seinem frühen Tod, von einer selbstverständlichen Präsenz; sie sind den Kindern und den Erwachsenen gleichermaßen vertraut, Mani Matter ist zu einem Klassiker geworden, er ist sozusagen der Mozart des Schweizer Chansons.

Er hat in seinen Liedern das Berndeutsche Anfang der Sechzigerjahre aus der ländlichen Idylle und den Gotthelf-Hörspiel-Bearbeitungen zurück-

Franz Hohler, geboren 1943 in Biel, aufgewachsen in Olten, Studium der Germanistik und Romanistik in Zürich, nach fünf Semestern abgebrochen, seither freischaffend. Schreibt Erzählungen, Romane, Gedichte, Kabarettprogramme, Lieder, Theaterstücke und Kinderbücher, lebt mit seiner Frau in Zürich.

geholt in die Natürlichkeit der Umgangssprache.

Dabei war Berndeutsch genau genommen gar nicht seine Muttersprache. Seine Mutter war Holländerin, sein Vater Berner, und um in der Familie ein sprachliches Ungleichgewicht zu vermeiden, beschlossen die beiden Eltern, mit den Kindern Französisch zu sprechen. Berndeutsch hat Mani in der Schule von den andern Kindern gelernt.

»Mani« ist übrigens ein Pseudonym. Sein richtiger Vorname war Hans Peter. Seine Mutter nannte ihn gerne Jan, seine jüngere Schwester machte daraus Nan, danach Nani, das später zu Mani wurde. Das war dann auch sein Pfadfindername, und bei dem blieb er, als er mit Chansons aufzutreten begann. Im frankophilen Hause Matter gab es Platten von Maurice Chevalier aus der Erbschaft eines Onkels und – von Mani selbst gekauft – von Georges Brassens. Zu einem Pfadiabend machte er ein Mundartlied zu einer Melodie von Georges Brassens, *dr rägewurm*. Er war verblüfft über den Erfolg, alle fragten ihn nach weiteren Liedern, und so fing er an, zu eigenen Melodien eigene Chansons zu schreiben.

Nach der Matur belegte er ein Semester Germanistik an der Uni Bern, ließ sich aber »durch Vorlesungen über Goethe etwas abschrecken« und entschloss sich für das Studium der Jurisprudenz. Sein Vater war Rechtsanwalt, spezialisiert auf Marken- und Patentrecht. Manis Interesse galt jedoch dem Staatsrecht. 1963 wurde er Assistent des Staatsrechtsprofessors Richard Bäumlin. 1965 schloss er sein Studium mit der Dissertation *Die Legitimation der Gemeinde zur staatsrechtlichen Beschwerde* ab. Sie zeigte auf, welche Möglichkeiten einer Gemeinde beim Bundesgericht offenstehen, um gegen kantonale Beschlüsse zu rekurrieren, und kritisierte die damalige Haltung des Bundesgerichts als zu wenig liberal. Es ging letztlich um das Recht des Kleineren gegen den Größeren – der Gedanke an sein Chanson *dr hansjakobli und ds babettli* liegt auf der Hand. Seine Dissertation dürfte mit neunundsiebzig Seiten eine der kürzesten Dissertationen überhaupt sein.

1967 begab sich Mani Matter für ein Jahr nach Cambridge, um an seiner Habilitationsschrift zu arbeiten. Sie trug den Titel *Die pluralistische Staatstheorie* und stellte den Staat als ein Gebilde dar, das nicht in erster Linie durch Übereinstimmung geprägt ist, sondern nur durch Widerspruch verschiedener Meinungen lebendig bleibt. Zur Fertigstellung fehlten ihm, als er zurückkam, bloß noch die Fußnoten, die er nie geschrieben hat. Trotzdem

Lieder aus dem Alltag: Mani Matter mit den Töchtern Meret und Sibyl, 1970.

bekam er 1970, jetzt als Oberassistent, einen Lehrauftrag für Staats- und Verwaltungsrecht an der Uni Bern. Wege zu einer Professur wären ihm durchaus offengestanden.

Im Januar 1969 hatte er einen befristeten Auftrag bei der Stadt Bern angenommen, wo man jemanden suchte, der in den städtischen Reglementenwirrwarr Ordnung brachte. Nachdem er diese Arbeit abgeschlossen hatte, wurde er zum fest angestellten Rechtskonsulenten der Stadt ernannt.

Die Aussicht, ein ganz normales Leben als städtischer Beamter zu führen, erleichterte ihn, wie er in einem Brief aus Cambridge an seinen Liedermacherfreund Fritz Widmer schrieb. 1963 hatte er Joy Doebeli geheiratet, es waren drei Kinder zur Welt gekommen, und obwohl seine Frau ihre berufliche Tätigkeit als Englischlehrerin nie aufgegeben hatte, stellte sich ein Gefühl der Verantwortung für die Familie ein.

In einem Interview, das ich 1971 mit ihm führte, antwortete er auf meine Frage, ob er nicht Lust habe, hauptberuflich zu singen: »Nein. Ich möchte nicht gern das Gefühl haben, ich müsste mich morgens um acht Uhr in mein Studierzimmer begeben, um meine Familie zu ernähren und zu diesem Zweck wieder Lieder zu schreiben. Ich bilde mir ein, dass die Lieder,

Der skurrile Schrecken des Alltags: Kugelschreiberzeichnung von Mani Matter.

die ich schreibe und die zu schreiben ich mir die Zeit irgendwie nehmen muss, dass das dann wirklich nur die sind, die, von mir aus gesehen, einem Bedürfnis entsprechen.« Wir können heute froh sein, dass dieses Bedürfnis stärker war als dasjenige, die Fußnoten zu seiner Habilitation zu schreiben.

Es überrascht nicht, dass Mani auch politisch aktiv war. Kaum hatte er das stimmfähige Alter erreicht, trat er dem Jungen Bern bei, einer Gruppe, die versprach, politische Probleme allein nach sachlichen Gesichtspunkten anzugehen und Entscheide von Fall zu Fall zu treffen, während bei den großen Parteien meist zum vornherein klar war, wie sie sich aufgrund ihrer Ideologie zu einer Sache stellten. 1959 gelang dem Jungen Bern mit der glanzvollen Wahl des Pfarrers und Schriftstellers Klaus Schädelin der Einzug in die siebenköpfige Exekutive. Der Propagandachef für Schädelins Wahl war Mani Matter. Er selbst wurde bei den Wahlen ins Kantonsparlament 1960 zweiter Ersatzmann und hatte somit reelle Chancen, ein nächstes Mal gewählt zu werden, und von da an ließ er sich nicht mehr aufstellen. Er war aber von 1964 bis 1967 Präsident des Jungen Bern.

»mir hei e verein i ghöre derzue«, hat Mani Matter gesungen und in diesem Lied von den Schwierigkeiten erzählt, dazuzugehören. Als sich nach dem Austritt einiger prominenter Autoren und Autorinnen aus dem Schweizerischen Schriftsteller-Verband 1970 die Gruppe Olten zu bilden begann, war Mani bei einigen der ersten Treffen dabei. Bald debattierte man darüber, ob man einfach eine Gruppe bleiben wolle, wie etwa in Deutschland die Gruppe 47, oder ob man eine Form suchen sollte, in der man auch juristisch handlungsfähig würde, und man fragte den Juristen Mani, ob er so etwas wie Vereinsstatuten entwerfen könne. Das tat er dann, seine klaren und einfachen Statuten überzeugten auch die Hitzköpfe, und so wurde aus der Gruppe ein Verein, der bis zu seiner Wiedervereinigung mit dem Schriftsteller-Verband 2002 existierte. Später wussten die wenigsten, dass die juristische Fußspur dazu von Mani Matter gelegt worden war.

Ich glaube, vielen Menschen hat Manis Lied vom Verein geholfen, »würklech derzue« zu gehören, auch wenn sie gefragt werden, »du lue ghörsch du da derzue?«. Letztlich ist die Beschreibung des Vereins nichts anderes als die pluralistische Staatstheorie im Kleinen.

Und neben all diesen Tätigkeiten widmete er sich immer wieder der Nebenbeschäftigung, derentwegen er heute ein Begriff ist, dem Schreiben von Chansons. Klaus Schädelin hatte einige davon auf Tonband aufgenommen, und wer immer bei ihm vorbeikam, musste sie hören. Einer davon war Guido Schmezer, damals Chef der Abteilung Unterhaltung bei Radio Bern, der Mani daraufhin zu Aufnahmen ins Studio Bern einlud. Am 28. Februar 1960 war Mani Matters Stimme zum ersten Mal am Radio zu hören.

Chansons aus jener Zeit sind etwa *dr ferdinand isch gstorbe, i han en uhr erfunde, d psyche vo dr frou, dr herr zehnder, dr kolumbus, ds rote hemmli, ds eisi, dr heini, ds lotti schilet*. Damit hatte er »es zündhölzli azündt«, dessen Flamme sich rasch weiterverbreitete. Seine Lieder wurden zunächst in Programmen des Lehrercabarets Schifertafele gesungen, und es dauerte bis 1967, bis Mani Matter regelmäßig selbst auftrat, zusammen mit Ruedi Krebs, Jacob Stickelberger, Bernhard Stirnemann, Markus Traber und Fritz Widmer, für die Heinrich von Grünigen in einer enthusiastischen Besprechung im *Bund* den Sammelbegriff »Berner Troubadours« geprägt hatte.

Auch bei den Schriftstellern brachte der Gebrauch der gesprochenen Sprache frischen Gegenwartswind. Kurt Marti, der über Mani Matter einen Artikel in der *Weltwoche* geschrieben hatte, hatte den Dialekt bereits als Ausdrucksmittel entdeckt, andere wie Ernst Eggimann oder Ernst Burren kamen dazu, Walter Vogt kreierte dafür das Stichwort »modern mundart«.

1966 veröffentlichte der eben gegründete Zytglogge Verlag Manis erste Schallplatte, die zugleich die erste des Verlags war, *Berner Chansons von und mit Mani Matter* (später umgeändert in i *han en uhr erfunde*). 1967 folgte seine zweite Platte, *Alls wo mir i d Finger chunnt*. 1969 publizierte Egon Ammann in seinem Kandelaber Verlag das erste Chansonbändchen *Us emene lääre Gygechaschte*, für das Mani im selben Jahr den Buchpreis der Stadt Bern erhielt. 1970 kam seine dritte Platte heraus, *Hemmige*.

Inzwischen war Mani Matter längst zum Begriff geworden. Die Auftritte der Berner Troubadours waren überall in der Schweiz ein großer Erfolg. Mani fand es bald fragwürdig, dass sie zu sechst im ganzen Land herumfuhren, wo doch jeder von ihnen ein Repertoire hatte, das weit über den Zehn- bis Fünfzehnminuten-Auftritt hinausreichte.

So trat er vom Herbst 1970 an immer mehr zusammen mit Fritz Widmer und Jacob Stickelberger auf, mit denen er auch alle Chansons besprach, und schließlich sang er am 9. Oktober 1971 zum ersten Mal einen ganzen Abend solo seine *Gesammelten Werke*, und zwar im Luzerner Kleintheater von Emil, der ihn durch beharrliche Anfragen so weit gebracht hatte.

Seine Auftritte, in denen er die »liedli« mit lakonischen Zwischentexten verband, waren erfolgreich, und Mani wurde zum gefragten Einmannkünstler.

Auf der Fahrt nach Rapperswil zu einem seiner Solo-Abende kam er am 24. November 1972 bei einem Überholmanöver auf der Autobahn bei Kilchberg ums Leben. Die Bestürzung über seinen Tod war groß, sie kam einer Landestrauer gleich.

Mani Matter ist in erstaunlichem Maß ein Stück schweizerischer Kultur geworden, ein gemeinsamer Nenner für die unterschiedlichsten Menschen. Kinder sind immer noch und immer wieder für ihn zu begeistern. Mani selbst hat mir einmal gesagt, wie sehr es ihn irritiere, wenn er als Kompliment für seine Lieder zu hören bekomme, das sei noch etwas Unverdorbenes, das man den Kindern mit gutem Gewissen vorsetzen könne. Er habe dann jeweils große Lust, etwas Obszönes und Geschmackloses zu schreiben, nur um die Leute zu verunsichern.

Der Konsens, dass es sich bei seinen Liedern um gute Lieder handelt, ist groß, verdächtig groß fast. Kann das sein, dass dasselbe Lied den Sänger einer Band, die sich einst als Sprachrohr der Berner Jugendbewegung verstand, Kuno Lauener, ebenso anspricht wie die freisinnige Ex-Bundesrätin Elisabeth Kopp, die in ihrem Buch *Briefe* erwähnt, wie wertvoll ihr Manis Lieder seien? Heißt das nicht, dass sie unverbindlich sind? Kann das sein, dass wir ihn alle lieben, den Poeten und hintersinnigen Kritiker? Oder sagen

* 4.8.1936	in Herzogenbuchsee in einer Beamtenfamilie, Gymnasium in Bern, frühe Lieder
1955	Mitglied beim Jungen Bern, 1964–1967 dessen Präsident
1956	Studium der Jurisprudenz in Bern, 1963 Fürsprecherpatent, 1965 Promotion, 1967 in Cambridge Arbeit an (nicht fertiggestellter) Habilitation
1960	Erstes berndeutsches Chanson am Radio
1963	Heirat mit Joy Doebeli (*1935), drei Kinder
1966	Erste von vier Schallplattenveröffentlichungen *I han en Uhr erfunde*, ab 1967 Konzerte mit den Berner Troubadours
1969	Rechtskonsulent der Stadt Bern
ab 1971	Soloauftritte
† 24.11.1972	in Kilchberg

wir Klavier und meinen Bratwurst, wie in Manis Lied vom Missverständnis? Ob Missverständnis oder nicht, wir müssen es zumindest für möglich halten, und es könnte auch heißen, dass wir alle etwas miteinander zu tun haben, dass die Lieder nicht unverbindlich sind, sondern verbindend. Für Mani selbst hieß ja Zusammenkommen nicht Versöhnung, sondern Gespräch, Kontroverse, Diskussion.

Was er mit ausgelöst hat, nämlich eine Rückeroberung des Dialekts für das Dichten, Denken und Singen, war eine Identifikationshilfe für die schweizerdeutsch sprechenden Zeitgenossinnen und Zeitgenossen, eine Möglichkeit, sich als zugehörig zu empfinden, ohne eine Nationalhymne singen zu müssen.

Seine Verse sind eine Einladung zur Einfachheit, kommen leicht und selbstverständlich daher, erwischen uns beim Vertraut-Alltäglichen, bei einer Eisenbahnfahrt (*ir ysebahn*), beim Gang auf eine Amtsstelle (*är isch vom amt ufbotte gsy*), bei der Münzsuche vor einem Parkingmeter (*dr parkingmeter*), und schicken uns dann in philosophische Labyrinthe. *ir ysebahn* etwa ist nicht nur ein komisches Lied, sondern auch ein Lied über die Möglichkeiten unserer Erkenntnis, über die schon Kant nachgedacht hat, und über das Konfliktpotenzial, das darin enthalten ist. *dene wos guet geit* ist verkappte und verknappte Soziologie.

Er ist den Fremdwörtern nicht ausgewichen, hat etwa dem Anglizismus Sändwitsch ein ganzes Lied gewidmet, dessen Schlussvers vom Wort Dialäktik gekrönt wird, im Coiffeursalon hat ihn »es metaphysischs grusle« gepackt, als er sich in den Spiegeln zu einem Männerchor vervielfältigt sah. Diese vorbehaltlose Offenheit gegenüber der Sprache, diese Nähe zum Leben ließen seine Lieder bis heute nicht altern.

Er sagte einmal in einem Vortrag, die einzige Tradition, an die er habe anknüpfen können, sei das »Lumpeliedli«, und »Versueche, es poetischs Chanson z mache, sy völlig fählgschlage«. Er war stets auf der Suche nach dem poetischen Chanson, so sehr, dass er gar nicht bemerkte, wie manche davon er schon zustande gebracht hatte, von *us emene lääre gygechaschte* über *ds lied vo de bahnhöf* oder *di strass won i drann wone* bis zu *dr noah*.

Aber er suchte mehr als das, einen neuen Ton, der das Gelände des Witzes und der Ironie gänzlich hinter sich lassen würde. Zwei seiner letzten Lieder sind Zeugnis dafür. Vom einen, *nei säget sölle mir*, gibt es eine Piratenaufnahme eines Auftritts im Berner Bierhübeli, auf der deutlich zu hören ist, wie das Publikum zuerst lacht und dann auf einmal verstummt, weil es seinen alten Mani nicht wieder findet. Und mit *warum syt dir so truurig?*, ein Lied, zu dem es acht verschiedene Entwurfsseiten mit immer wieder neuen Wendungen und Textanordnungen gibt, ist er in diesem neuen Ton angekommen – es ist für mich das Ergreifendste, was er geschrieben hat.

Und dann die Musik. Auch hier macht man die Feststellung, dass sie zwar einfach, aber nicht simpel ist. Sie orientiert sich häufig an der Melodie, welche den Wörtern selbst bereits innewohnt, Anfänge wie »das isch ds lied vo de bahnhöf«, »wär würd gloube, dass dr heini« oder »nei säget sölle mir« schieben die Wortmelodie nur ein kleines bisschen ins Musikalische hinüber, und schon wird sie zu einem Lied. Seinen Begleitfiguren auf der Gitarre wird man jedoch mit dem abschätzigen Hinweis auf die drei berühmten Griffe, die es für ein Lied braucht, nicht gerecht, man höre sich nur etwa *dr bärnhard matter* oder *i han en uhr erfunde* an. Aber Mani beschränkt sich immer auf ein Minimum. So genügt ihm in *farbfoto* der Dreivierteltakt, das Wälzerchen, um die Sentimentalität des Werbefotos, das er beschreibt, auch hörbar zu machen.

In den späten Achtzigerjahren fingen Züri West an, auf jeder ihrer Platten ein Lied von Mani in einer Rock-Fassung einzuspielen. *dynamit* klang, als sei es für sie geschrieben. Mühelos passen sich viele von Manis Liedern dem Rock-Rhythmus an, oder der Rock-Rhythmus passt sich ihnen an und lässt ihre anarchische Seite stärker aufleuchten, oder auch ihre poetische, wie im *heiwäg* oder in Stephan Eichers Version von *hemmige*.

Bei Stephan Eichers Konzerten in Frankreich sang das Publikum jeweils den Refrain von *hemmige* mit. Als ich das im Olympia in Paris erlebte, sah ich in Gedanken Mani lächeln, mit der Maurice-Chevalier-Platte seines Onkels unter dem Arm.

Als die CD *Matterrock* entstand, wurde Manis *warum syt dir so truurig?*, das es nicht mehr von ihm selbst gesungen gibt, durch Polo Hofer interpretiert. Er sagte mir nachher, sie hätten lange gewerweißt, ob er »warum« auf der ersten Silbe betonen solle (so hatte es Mani noch auf seinem Manuskript notiert, als Lied im 3/4-Takt) oder auf der zweiten, als Auftakt zu einem 4/4-Takt, was er schließlich vorzog, da es ihm besser lag. Das ist typisch für Manis Melodien, dass eben beides geht. Wichtig war ihm die natürliche Sprechweise.

Worauf ich nicht mehr eingehen kann, sind Mani Matters literarische Arbeiten, die nichts mit den Chansons zu tun hatten. Seine hochdeutschen Kurzgeschichten, Aphorismen, Einakter, Gedichte, philosophischen Betrachtungen und Tagebuchnotizen kamen erst nach seinem Tod heraus, in den Büchern *Sudelhefte* (1974) und *Rumpelbuch* (1976), deren Titel noch von ihm selbst stammten, später kamen zwei weitere dazu, *Das Cambridge Notizheft* (2011) und *Was kann einer allein gegen Zen Buddhisten* (2016). Es sind Fundgruben voller Überraschungen, die von Manis intellektueller Brillanz, aber auch von der Neugier auf andere Formen zeugen.

Sein Libretto *Der Unfall*, ein Madrigalspiel für zehn Mitwirkende, erzählt in der Ich-Form von einem, der überfahren wurde.

> »ich bin überfahren worden, weil ich unachtsam war.
> unachtsam war ich, weil ich an etwas anderes dachte.
> ich dachte daran, es sei schade, dass ich
> kein musiker bin.«

Er schrieb den Text für seinen Freund, den Komponisten Jürg Wyttenbach, der mit der Vertonung schon ziemlich weit war, als Mani tödlich verunfallte. Danach war Wyttenbach nicht mehr in der Lage, mit der Komposition weiterzufahren. Er brauchte über vierzig Jahre, um die Arbeit daran wieder aufzunehmen, und das Stück wurde 2015 an den Luzerner Musikfestwochen uraufgeführt.

Durch die Heiterkeit und den verspielten musikalischen und textlichen Witz des Werks leuchtet immer wieder die große Trauer über Mani Matters Tod, der vermutlich auf der Autobahn an etwas anderes gedacht hatte.

Mehr zu Mani Matter

+ Die CD *Ir Ysebahn* (1973) versammelt viele seiner Klassiker wie *hemmige*, *dynamit*, *chue am waldrand*, *ds lied vo de bahnhöf* etc.
+ Die CD *Matter-Rock* (1992) bietet vierunddreißig Rockversionen und Bearbeitungen von M.-M.-Liedern von Polo Hofer über Züri West bis zu Dodo Hug und Stefan Eicher.
+ Die CD von Jan Řepka, *Rozjímání o sendviči* (*Betrachtige über nes Sandwich*), sechsunddreißig Lieder von M. M. auf Tschechisch (2016), sie klingen erstaunlich schwerelos und authentisch.
+ Die CD Franz Hohler: *Fragen an Mani Matter* (2011), mit einem Interview, das ich mit M. M. für ein Porträt im WDR über ihn ein Jahr vor seinem Tod gemacht habe.
+ Mani Matter: *Sudelhefte / Rumpelbuch* (2011), enthält Tagebücher, Gedichte, Prosa- und Sprechtexte und zeigt M. M. als Schriftsteller und Philosophen.

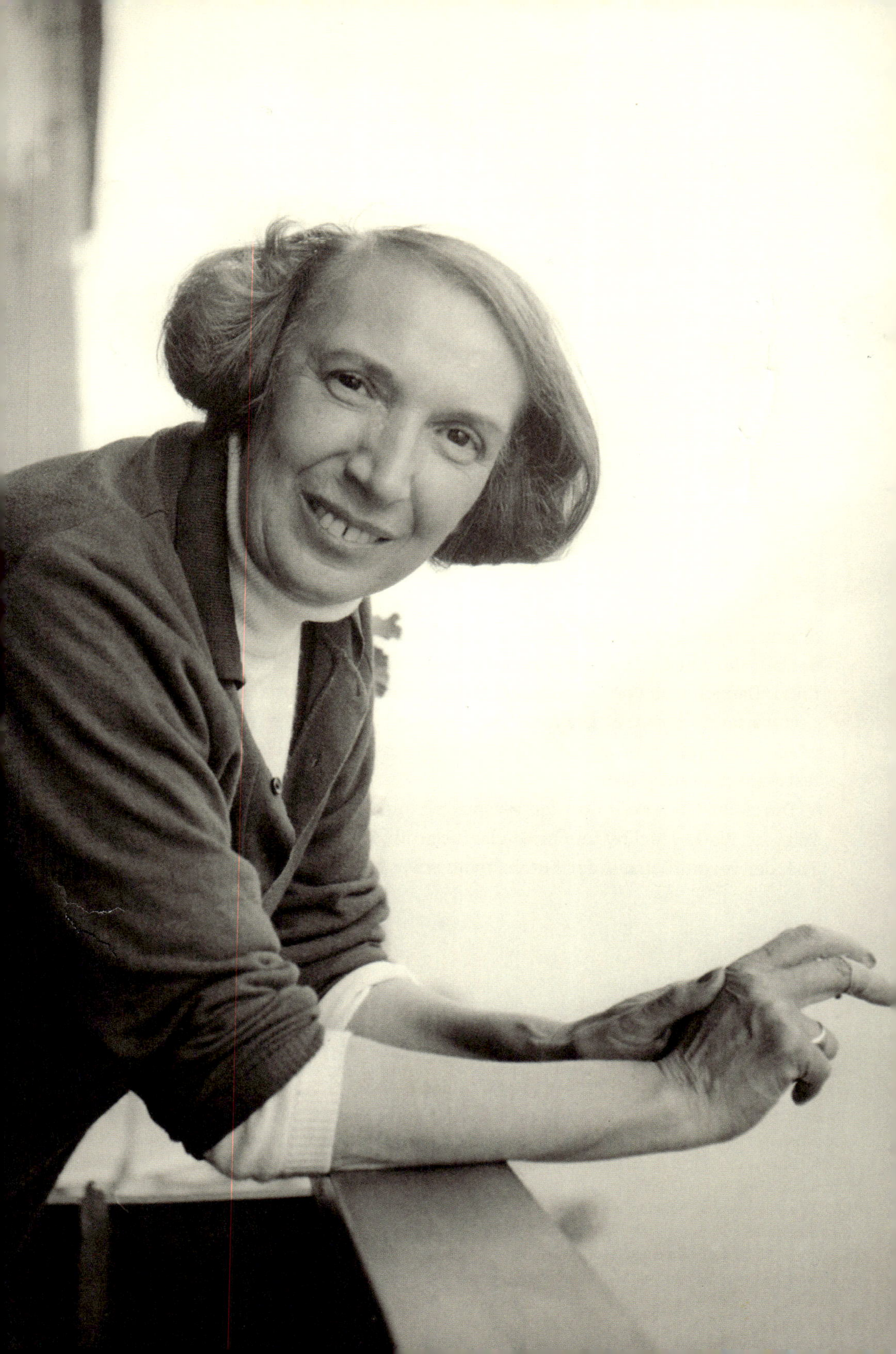

Claudia Quadri zu Elsa Barberis

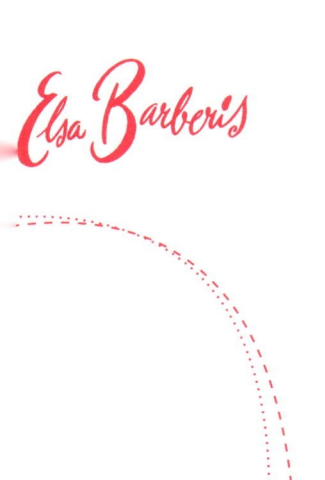

REBELLISCHE MODE MADE IN TICINO

Einheimische Stoffe, weltläufige Kundschaft

»Sie haben mich wirklich schon aus dem Mottenschrank geholt! Hätten Sie doch ein wenig früher angerufen, ich war immer in Lugano!« 1984 war Elsa Barberis zweiundachtzig Jahre alt. Das Tessiner Fernsehen TSI hatte sie in die Sendung *Trovarsi in casa* eingeladen, wo sie grellviolett angezogen und mit einem Armreif erschien, der während des gesamten Interviews unüberhörbar klirrte. Sowohl Barberis' Ausspruch als auch ihr Look widerspiegeln ihre Persönlichkeit: ihre Kreativität, ihr Temperament, ihre Verbundenheit mit dem Tessin.

Die heute fast vergessene Modeschöpferin schrieb mit ihren Kreationen und Einfällen während rund dreißig Jahren ein bis heute unübertroffenes Stück Tessiner Modegeschichte. Elsa Barberis kleidete nicht nur die vermögenden Damen Luganos ein: Ihre Kundschaft war international, Persönlichkeiten wie die Hollywood-Diva Gloria Swanson, die italienische Schauspielerin Elsa Martinelli oder wohl auch Prinzessin Soraya zählten dazu. Es wäre aber zu kurz gegriffen, sie nur als erfolgreiche Modedesignerin zu sehen. 1902 in einer Zeit geboren, in der den Frauen bloß bestimmte Rollen zustanden und sie im Allgemeinen nicht über den häuslichen Bereich hinaus tätig sein konnten, wirkte Barberis zugleich als Managerin. Als geschickte Vermarkterin ihrer Kreationen verstand sie es, die Arbeit dort zu suchen, wo es welche gab – in Zürich, im Engadin. Sie baute sich ein Netz internationaler Kontakte auf, konkurrierte mit den großen Modehäusern und schaffte es auf das Titelblatt einschlägiger Zeitschriften. Vor allem aber war Elsa modern und schuf eine Mode, die zuallererst ihr selber gefiel – zweckmäßige, aber stilvolle Kleidungsstücke, die von früh bis spät

Claudia Quadri, 1965 geboren, lebt in Lugano. Viele Jahre bei RSI tätig, arbeitet sie jetzt als freie Autorin. 2000 erschien ihr italienisch geschriebener Roman *Lupe* bei Casagrande in Bellinzona; 2003 *Lacrima*, ins Deutsche und Französische übersetzt und mit Preisen ausgezeichnet. Mit ihrem vierten Roman *Suona, Nora Blume* – ebenfalls in mehrere Sprachen übersetzt – hat sie 2015 einen Schweizer Literaturpreis gewonnen.

getragen werden konnten und denen sie stets eine überraschende, manchmal auch provokative Note verlieh. Mit der aufwendigen, strengen Mode des späten 19. und frühen 20. Jahrhunderts war Schluss: Im kleinen Tessin, gewiss nicht gerade einem Epizentrum der Mode, hatte Elsa Barberis eine Reihe von Eingebungen und entwarf Kleidungsstücke, die bis heute beeindruckend modern wirken und einen neuen Frauentypus widerspiegeln, den auch Elsa selber verkörperte. In der zeitgenössischen Presse wurde sie oft als Rebellin bezeichnet.

In einem Interview kommentierte Elsa Barberis ihr erfolgreiches berufliches Abenteuer zurückblickend mit einem Satz in Tessiner Dialekt: »Par mi, l'è stai un giööc« (»Für mich war es ein Spiel«). Sie dachte dabei sicher an das Vergnügen und die Spontaneität, die ihre Tätigkeit im Modebereich prägten. Ihre Leidenschaft und Kompetenzen entwickelten sich ursprünglich tatsächlich aus dem Spiel. Sie war die Tochter von Pietro Barberis, einem Fleischhändler piemontesischer Herkunft, und Emma Vanini, die aus einer bis heute in Lugano tätigen Familie von Confiseuren und Gastronomen stammte. Dass Elsa als Kind Kleider für die Puppen und später für sich und ihre Freundinnen schneiderte, erstaunt nicht. Zuschneiden und Nähen waren in der weiblichen Bevölkerung weitverbreitete Fähigkeiten, und da es noch keine Kleider von der Stange gab, nähte man sie größtenteils in den eigenen vier Wänden oder ließ sie von Hausschneiderinnen herstellen, die bei den Kunden zu Hause arbeiteten. Von Fast Fashion war man noch weit entfernt, Kleidungsstücke mussten lange halten und wurden ausgebessert, damit sie von Kind zu Kind weitergegeben werden konnten. Gut betuchte Tessiner Familien reisten auch nach Mailand, wo sie zum Friseur gingen und Schuhe und Kleider in Auftrag gaben. Eine Anschaffung erforderte mehrere Reisen: Zuerst wurde Maß genommen und wählten die Kunden die Stoffe aus, beim nächsten Mal probierten sie die Modelle an, bevor diese ganz fertiggestellt wurden.

Schneiden und Nähen, ein weiblicher Zeitvertreib und auch eine Pflicht. Elsa Barberis verfügte offensichtlich über ein besonderes Talent dafür, sodass aus dem Spiel eine erfolgreiche berufliche Karriere wurde. Von ihrem ersten Atelier im Wohnsitz am Corso Elvezia in Lugano zog sie 1935 mit ihren erworbenen Kenntnissen in eines an der Via Luvini und wechselte später in eine der vornehmsten Straßen der Stadt, in die Via Nassa. In der Hochphase beschäftigte ihre Maison über dreißig Schneiderinnen. Diese wurden von Elsas Mutter Emma Vanini bei ihrer Arbeit rund um große Tische beaufsichtigt, während im anliegenden Salon Mannequins den Kundinnen die Modelle präsentierten. Über die Stimmung in Barberis' Atelier ist der Kommentar einer jungen Schneiderin erhalten geblieben, Amélia Christinat-Petralli, die in Corticiasca geboren wurde und später nach Genf umzog, wo sie eine glänzende politische Karriere machte. Während Elsa Barberis' Name für Haute Couture stand, schlug Amélia Christinat-Petralli einen ganz anderen Weg ein, engagierte sich als Gewerkschafterin und Mitglied der Sozialdemokratischen Partei für das Frauenstimmrecht, war Gründungsmitglied des Konsumentenverbands der Romandie und ab 1978 eine der ersten Schweizer Nationalrätinnen. Ursprünglich hatte sie sich aber zur Schneiderin ausbilden lassen, und Elsa Barberis war ihre erste Arbeitgeberin gewesen. In einem Interview erinnerte sie sich 1987 an die strenge Art ihrer Chefin: »Sie wusste genau, was sie wollte, hatte ihre Kreationen im Kopf, und wenn wir nicht verstehen konnten, was sie wollte, stand es immer ein bisschen übel ... um das Einvernehmen.«

Wie schaffte es diese autodidaktische Modeschöpferin, sich auf nationaler und internationaler Ebene zu etablieren? Eine entscheidende Rolle spielte die Teilnahme an der Schweizer Modewoche 1943 in Zürich. Elsa Barberis wurde im letzten Moment eingeladen und kam als Outsiderin in Zürich an, wo die großen Namen der Branche ihre Modelle für den Laufsteg längst bereit hatten. Barberis erzählte unter anderem gern, dass sie sich im Hotel noch ein Bügeleisen hatte ausleihen müssen. Unterstützt wurde sie von ihrem Bruder, dem bekannten Grafiker und Illustrator Franco Barberis, mit dem Elsa während Jahren eine fruchtbare Zusammenarbeit pflegte und der auch für Marken wie Bally, riri und PKZ arbeitete. Für die Modewoche fertigte sie mit seiner Hilfe sieben Kleidungsstücke an, darunter ein sonnengelbes Kleid, das von früh bis spät getragen werden konnte und das für Aufsehen sorgte, eine Auszeichnung erhielt und sie ins Scheinwerferlicht katapultierte. Das Mannequin, das bei dieser Gelegenheit – anscheinend ungekämmt und barfuß – in Barberis' Modellen über den Laufsteg schritt, verkörperte perfekt die freie, sportliche, ungezwungene, rebellische Frau, die der Tessiner Modedesignerin vorschwebte.

Wie müssen wir uns diese Mode vorstellen? Nach ihren Entwürfen gefragt, schrieb Barberis sich beispielsweise gern die Erfindung des Wickelrocks zu, aber, sagte sie, »gewickelt wurde bei mir vorne, hinten, seitlich ...

Zuweilen im Zug entworfen, dann im Atelier begutachtet: Elsa Barberis, umgeben von Entwürfen.

Auch Taschen brachte ich überall an, ebenso Knöpfe.« Dahinter steckte mehr als nur eine Suche nach Ästhetik: Elsa ging es auch darum, die Frau zu befreien und ihr Sexappeal zu verleihen. Ein wichtiges Kleidungsstück war für sie der Hosenrock, »der dort aufging, wo andere mit einem Reißverschluss zugemacht hätten«. Bei alldem muss man sich vor Augen halten, dass Elsa Barberis' großer Aufstieg während des Zweiten Weltkriegs erfolgte. Es wäre falsch zu denken, dass in diesen Zeiten nur Uniformen und Fallschirme hergestellt wurden – die Mode kam nicht zum Stillstand. In Deutschland und den besetzten Ländern kontrollierte oder »arisierte« das Nazi-Regime die großen Modehäuser, während in der kriegsverschonten Schweiz, 1943 in Zürich, Barberis' unbekümmerte, freche Kleider provozierten und Furore machten. Zur Verbreitung der neuen Mode trugen auch Frauenzeitschriften wie die 1938 gegründete *Annabelle* bei. Bevor die Modeblätter auf Fotografien umstellten, arbeiteten sie mit Illustratoren zusammen, um die Modelle der verschiedenen Modemarken zeigen zu können. Seit den Anfängen zeichneten etwa der bekannte ungarisch-jüdische

Künstler und Illustrator Zoltan Kemeny ebenso wie seine Frau Madeleine Szemere für die *Annabelle*. 1942 konnten sie dank der Hilfe des *Annabelle*-Verlegers aus dem besetzten Frankreich illegal in die Schweiz einreisen. Für das Januarheft 1944 illustrierte Zemeny zum Beispiel die Wintersportmode der Maison Barberis.

Nach dem Erfolg an der Modewoche 1943 in Zürich war Elsa Barberis' »saloppe Eleganz« – um einen Begriff aus der Deutschschweizer Presse aufzunehmen – bereit zum Höhenflug. Auch ihr selber eröffneten sich Möglichkeiten, sie hätte nach Paris oder in die USA gehen können. Aber ihre Bindung an das Tessin war zu stark. Ein Nachteil?

Barberis organisierte sich ihr Leben geschickt, sie behielt ihre Basis in Lugano, fuhr aber regelmäßig für mehrere Tage nach Zürich, während ihre Mutter das Atelier leitete. Frühmorgens fuhr sie mit dem Sechsuhrzug los und nutzte die Fahrt zum Skizzieren neuer Modelle. In Zürich wohnte sie zum Beispiel im Baur au Lac und arbeitete dort unermüdlich mit ihren Mannequins, um ihre Modelle vorzustellen und neue Kundschaft zu gewinnen. Zum Vergleich: Ein Zimmer mit Bad und Frühstück kostete 1944 etwa fünfundzwanzig Franken, ein Modell von Barberis einige Jahre später gut und gerne dreihundert Franken. Es war also keine allen zugängliche Mode – Elsa Barberis' moderne Frau musste über die entsprechenden Mittel verfügen. Hier geht es um maßgeschneiderte Haute Couture aus raffinierten Stoffen, die der Pariser Haute Couture in nichts nachstand. Ihre Mode beeindruckte auch den internationalen Jetset. Zu ihren Kundinnen gehörte ein Mitglied der Ölmagnatenfamilie Getty und die bereits erwähnte Gloria Swanson, die nach einer Modeschau auf einem Schiff in Zürich die ganze Kollektion gekauft haben soll. Als Barberis zweiundachtzigjährig im Fernsehstudio von dieser Zeit erzählte, erwähnte sie belustigt und stolz, man habe ihr nachgesagt, »zu schuften wie ein Pferd«. Es gibt aber das Sprichwort: »Wer seinen Beruf liebt, muss keinen Tag arbeiten.« Elsas Ausspruch »l'è stai un giööc« kann auch so interpretiert werden. Sie arbeitete für sich und liebte ihre Arbeit.

Elsa konnte »Farben spüren«. Als hochgradig kreative Persönlichkeit hatte sie ein Gespür für Trends, sah voraus, welche Farben in den kommenden Saisons gefragt sein würden. Sie begnügte sich nicht damit, auf den aktuellen Modewellen mitzureiten, sondern schuf selber Mode, arbeitete mit angesagten Farbtönen, aber auch mit gewagten Kombinationen, und ließ sich von der Erde inspirieren, die sie besonders liebte. Etwa von der Leuchtkraft und Intensität mancher Sonnenfarben wie Maisgelb oder vom

Braun der Tabakblätter, deren Verarbeitung in jenen Jahren im Tessin eine Hochblüte erlebte. Bemerkenswert auch ihr Bestreben, die traditionelle Tessiner Handwerkskunst aufzuwerten. So entwarf sie 1958 anlässlich der zweiten Schweizerischen Ausstellung für Frauenarbeit (Saffa) in Zürich eine Reihe von Kleidungsstücken und Accessoires, die aus im Tessin gewobenen und an den Scuole Professionali Femminili zugeschnittenen und genähten Stoffen angefertigt wurden. Statt geflochtener Stühle verließen bei dieser Gelegenheit modische Hüte und Accessoires das Onsernonetal, das für Strohflechterei bekannt war.

Im Lauf ihrer Karriere blickte sie aber auch über die Grenzen hinaus und ließ sich von fernen Weltgegenden inspirieren. Sie kleidete ihre moderne Frau in Tuniken, die über Hosen getragen wurden, in von mongolischen Mützen angeregte Kopfbedeckungen, ließ sich von mexikanischen Ponchos, Mönchskutten, Uniformen von Musikkapellen und Kimonos inspirieren. Und vervollständigte ihre Werke mit Accessoires: Taschen zum Umhängen, Zoccoli anstelle aufwendiger Schuhe und Schneewittchenhüte oder Automobilistenmützen aus dem frühen 20. Jahrhundert. Ihre Modeschauen – zum Beispiel im Hotel Splendide in Lugano oder im Casino von Campione d'Italia – stießen auf großes Interesse. Sie ließ nicht nur ihre Mannequins defilieren, sondern auch Laienmodelle aus den Familien der besseren Gesellschaft – eine kluge Strategie, um sich Aufmerksamkeit zu sichern und die Kundinnen zu binden. Zu ihrem Ruhm trug auch die Zusammenarbeit mit renommierten Marken wie Bally (Schuhe) oder mit dem Pelzgeschäft Andina und der Boutique Poggioli in Lugano bei.

In Archiven stößt man auf charakteristische Einzelheiten über ihre Tätigkeit, ihre Erfolge und die im Lauf der Jahre aufgebauten Beziehungen. So erwähnt ein Artikel im *Giornale del Popolo* über eine Modeschau im Oktober 1962 ihre neuen Textilien, »die nicht nur aufgrund ihrer Grazie und Eleganz sofort Aufmerksamkeit auf sich zogen und großen Anklang fanden, sondern auch, weil sie aus einer brandneuen, warmen und wasserabweisenden Art von Baumwolle gefertigt sind, die die traditionsreiche Schweizer Firma Hügelmann exklusiv für Elsa Barberis produziert hat«. Im selben Artikel zeigt sich einmal mehr ihre Vorliebe für kleine Provokationen, »Verrücktheiten«: Sie präsentierte ein aus einer Pferdedecke hergestelltes Kleid. Das verwundert insofern nicht, da sie das Milieu der Pferderennen kannte und ihre Modelle beispielsweise im September 1951 anlässlich des Internationalen Pferderennens von Aarau und 1953 in Lugano auf dem Campo Marzio zeigte.

* 7.6.1902	in Lugano in einer Kaufmannsfamilie. Ausbildung zur Schneiderin
1935	Eigenes Modeatelier in Lugano. 1940 bis 1951 arbeitet ihr Bruder, der Grafiker Franco Barberis, im Atelier als Modedesigner mit
1943	Teilnahme an der Schweizer Modeschau in Zürich mit internationalem Erfolg. Modeschauen an Pferderennen, auf Freilichtplätzen und im Waldhaus Vulpera. Eröffnung einer Boutique in Vulpera
1958	Teilnahme an der Saffa mit 22 Modellen
1965	Schließung des Modeateliers in Lugano. Kunsthandwerk und Innendekorationen
† 4.4.1991	in Lugano

Andere erfolgreiche Modeschauen fanden während vieler Jahre im Engadin statt. Im Sommer pflegte Elsa Barberis sich in Vulpera aufzuhalten, wo sie eine Boutique besaß. Die Höhepunkte dort waren Modeschauen im renommierten, 1989 leider abgebrannten Hotel Waldhaus und im Schweizerhof. Elsa war eine geschickte Kommunikatorin und selber die beste Promoterin ihrer *griffe*. Mit ihrem familiären Hintergrund und ihrem extrovertierten Wesen muss sie sich in dieser Gesellschaft ganz in ihrem Element gefühlt haben.

Elsa Barberis schuf in den 1930er- bis 1960er-Jahren eine eigene Maison, einen eigenen Stil, der oft Trends vorwegnahm und sich an einen Typus moderner Frauen richtete, den sie selber verkörperte. Ihre Nichte Sveva Barberis Casagrande erinnert sich: »Als Modeschöpferin entwarf sie gern ganz moderne Sachen. Sie war ja selber so, fuhr mit amerikanischen Autos und dem Fahrrad herum, spielte Golf, reiste, veranstaltete Feste für ihren Freundeskreis. In ihrer Vorstellung von der ungezwungenen, jungen Frau spiegelte sich ihre eigene Person wider.« In den großen Fotoalben, die Sveva aufbewahrt, sehen wir die Tante in fantasievollen Verkleidungen für Maskenbälle, auf Kreuzfahrt, sportlich gekleidet im Engadin, zusammen mit ihren Mannequins in ihrem Haus in Gandria am Luganersee. Die extrovertierte, dynamische Frau war mit Künstlern wie Sergio Emery, Carlo Cotti, Fernando Bordoni, Felice Filippini und anderen befreundet.

Verheiratet war sie nie, sie lebte zeitlebens in oder in der Umgebung von Lugano, zusammen mit ihrer Mutter, die das hundertste Lebensjahr erreichte und mit der sie, wie erwähnt, eng zusammenarbeitete. Ihr beruflicher Erfolg währte so lange, bis die Prêt-à-porter-Mode aufkam und man immer seltener auf die Dienste einer Schneiderin zurückgriff. Wie Elsa einmal scherzte, mussten die Damen ihren Männern nun andere Lügen erzählen, um ihre Seitensprünge zu decken. Eine Zeit lang passte sie sich den neuen Tendenzen an, aber die Kundschaft dünnte zunehmend aus. 1965 beschloss sie, ihr Geschäft aufzugeben, etwas Neues zu beginnen. Warum?

Zeitlose Eleganz für die moderne Frau: eine Kreation von Elsa Barberis aus den 1950er-Jahren.

Ohne ein Blatt vor den Mund zu nehmen, sagte sie in der eingangs erwähnten Fernsehsendung, dass die jungen Frauen kein Geld mehr ausgeben wollten und ihr zum Einkleiden nur noch dicke, unförmige Frauen geblieben waren ... Vielleicht hatte Elsa Barberis, nach Jahrzehnten im Bereich der Haute Couture und inzwischen über sechzig Jahre alt, genug berufliche Befriedigung gefunden, vielleicht loderte das feu sacré nicht mehr so stark.

Nach der Schließung ihres Ateliers eröffnete sie in Gandria einen Laden für Kunsthandwerk, richtete im Auftrag von Freunden und Bekannten Interieurs ein und lebte ihre kreative Ader in der Holzschnitzkunst aus. Sie begeisterte sich auch für Sport, insbesondere für Radrennen, so wie ihre ganze Familie, inklusive die fast hundertjährige Mutter. Den berühmten

Armreifen, den sie im Fernsehinterview trug, hatte sie aus den von ihrem Vater gewonnenen Medaillen angefertigt. Während Jahren hatte dieser – in einer weit verkehrsärmeren Welt als der heutigen – auf der Strecke Lugano–Chiasso den Geschwindigkeitsrekord als Radfahrer innegehabt. Natürlich ließ Elsa sich die Gelegenheit nicht entgehen, Hugo Koblet anlässlich eines Empfangs zu seinen Ehren in Lugano persönlich kennenzulernen.

Als sie sich aus der Modeszene verabschiedete, war es für viele kaum vorstellbar, dass sie ihr beeindruckendes berufliches Abenteuer definitiv hinter sich lassen würde. Die Zeitschrift *Femina* widmete im Juni 1965 Elsa Barberis' »zeitloser« Haute Couture einen großen Beitrag – und verortete sie fast schon in einem Drittweltkontext: »Elsa Barberis, die erste und bisher einzige Tessiner Modeschöpferin mit weltweitem Namen, ist eine einmalige künstlerische Persönlichkeit. Sie kreierte authentische Tessiner Mode, als die Bodenpreise im Tessin noch um einiges unter dem Franken [pro Quadratmeter] lagen, das heißt, als das Tessin noch als ›unterentwickeltes‹ Gebiet galt.«

Im Archiv der AARDT (Associazione Archivi Riuniti delle Donne Ticino) finden sich Dokumente zu vielen weiteren Tessiner Frauen, die in den gleichen Jahren wie Elsa Barberis in ihren jeweiligen Tätigkeitsbereichen so leidenschaftlich wie geduldig daran arbeiteten, die moderne Gesellschaft zu formen – sodass sie der modernen Frau angemessen sein konnte. Elsa Barberis verkörperte diese nicht nur, sie kleidete sie auch ein und trug dazu bei, sie von den Schlaufen und Korsetts zu befreien, die ihr, genauso wie bestimmte Rollen und soziale Zwänge, zu eng geworden waren. Design und Ästhetik dienen auch dazu, Ideen einzukleiden, ihnen sichtbare Gestalt zu verleihen.

Aus dem Italienischen von Barbara Sauser

Mehr zu Elsa Barberis

+ Sveva Casagrande Barberis in Lugano hat eine Broschüre zu ihrer Tante und zu deren Brüdern, dem Grafiker und Karikaturisten Franco sowie dem Journalisten Alberto geschrieben: *Elsa Barberis, Barberis, Alber* (auf Italienisch). Sie verwaltet auch die Archivmaterialien zu Elsa Barberis.
+ Die Associazione Archivi Riuniti delle Donne Ticino in Massagno führt eine Bibliografie zu vielen Tessiner Frauen, auch zu Barberis (www.archividonneticino.ch). Auf www.hommage2021 ist sie ebenfalls mit einem Porträt vertreten.
+ Die RSI Radiotelevisione Svizzera di lingua italiana hat eine Elsa-Barberis-Videogalerie eingerichtet, mit einem schönen Bericht von Nick Rusconi vom 11.12.2012: www.rsi.ch/speciali/pei/donnestorie/biografie/Elsa-Barberis-1902-1991-10418789.html.

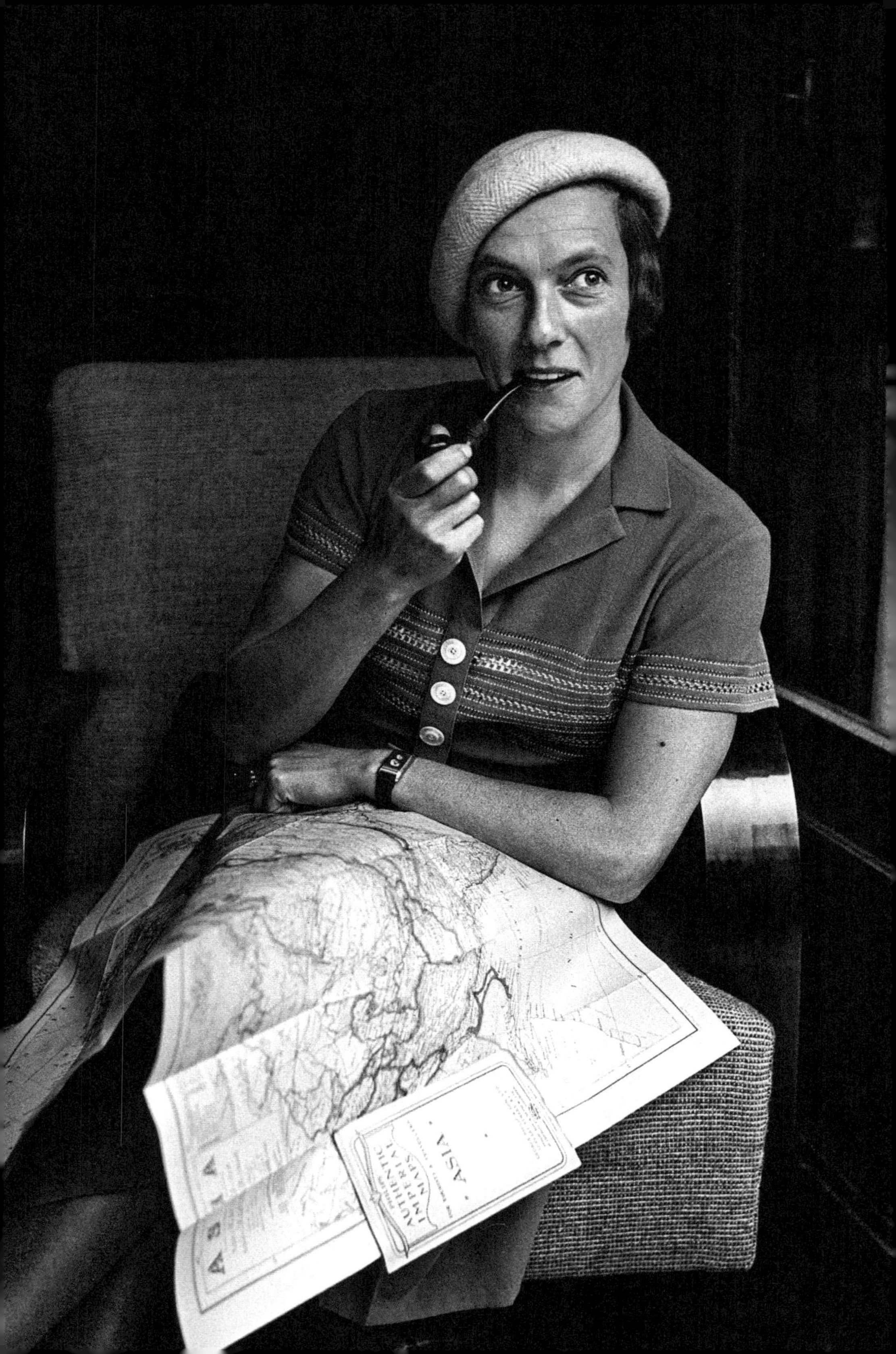
ASIA
AUTHENTIC IMPERIAL MAPS
ASIA

STEFAN HOWALD ZU ELLA MAILLART

VERBOTENE OASEN

Reisen zum Fernsten und Nächsten

Die Kehren mit dem Postauto an schroffen Abgründen entlang hoch nach Chandolin sind atemraubend. Ella Maillart mochten sie nach ihren Besteigungen weitaus höherer Gipfel ganz gewohnt erscheinen. Mehrfach hat sie das Wallis mit den nepalesischen Bergen verglichen. Auch der scharfe Wind auf der Veranda ihres Chalets war ihr vertraut. Als wir 1990 die damals 87-Jährige besuchten, bot Maillart meiner leicht fröstelnden Lebenspartnerin einen sorgsam aufbewahrten Pullover an, in dem sie 1932 an der Ski-WM die Schweiz vertreten hatte.

Im Sommer des gleichen Jahrs hatte sie allein die Sowjetunion besucht. Dort, in Samarkand in Turkmenistan, machte sie eine bemerkenswerte Serie von Fotografien. Auf einer tagt ein Gericht im Innenhof eines Gebäudes in islamischem Stil. Links sitzen, gesenkten Hauptes, offenbar die Angeklagten, mit traditioneller Kopfbedeckung. Rechts ein Tisch, daran und dahinter Menschen in Uniformen der Roten Armee und mit proletarischen Schiebermützen. Ganz rechts verkündet eine Lenin-Büste eine neue Gesellschaftsordnung.

Zwei weitere Bilder verschärfen die Spaltung. In einem sitzt, allein, der Staatsanwalt, schwarz eingehüllt, unnahbar neben der Lenin-Büste. Im zweiten sind die Basmatschi aufgereiht, wahlweise als Banditen und Räuber oder nationalistische Widerstandskämpfer angesehen. Über einige Briganten wird das Todesurteil verhängt werden, was sie indifferent oder ergeben erwarten. In einer weiteren Aufnahme aus dem lokalen Basar wird nochmals die kulturell durchmischte Gesellschaft sichtbar: im Hintergrund die

Stefan Howald, 1953 geboren, Dr. phil. I. Journalist, Publizist und Übersetzer. Jüngste Veröffentlichungen: *Volkes Wille? Warum wir mehr Demokratie brauchen,* Zürich 2014. Rudolf Erich Raspe: *Münchhausens Abenteuer.* Erstmals vollständig übersetzt. Herausgegeben mit Bernhard Wiebel, Frankfurt 2015. *Links und bündig. WOZ – eine alternative Mediengeschichte,* Zürich 2018. Stuart Hood: *Das Buch Judith* (Übersetzung), Zürich 2020.

Ikonen des Sowjetstaats, von Marx bis Stalin, und davor lächelnde Männer, zuweilen in traditioneller Kopfbedeckung, zuweilen mit Soldatenmütze.

Es war Ella Maillarts zweite Reise in die Sowjetunion. 1930 war sie schon einmal dort gewesen. Der Originaltitel ihres ersten Berichts, *Parmi la jeunesse russe,* bezeichnet ihren Antrieb: Sie wollte die junge, aufbrechende Sowjetunion erleben und deren Jugend als Hoffnung. Solche Reiseberichte waren damals nicht selten, doch Maillart ließ sich nicht offiziell herumführen, sondern reiste selbstständig, benützte lokale Reisemittel und Raststätten.

In Moskau wurde sie, kaum eingetroffen, von ihren privaten Gastgebern aufgefordert, als Ersatz in einem Achter mitzurudern. Damals mochte Sport noch völker- oder zumindest menschenverbindend gewirkt haben – bei einem früheren Aufenthalt in Berlin hatte sich Maillart sogleich dem Charlottenburger Landhockeyclub angeschlossen.

Ja, sie konnte mit vielerlei Menschen leicht Kontakt herstellen, und sie war hartnäckig und erfinderisch, wenn sie sich ein Ziel gesetzt hatte.

In Moskau traf sie auch Größen wie den Filmregisseur Wsewolod Pudowkin, der mit *Die Mutter* (1926) und *Sturm über Asien* (1928) revolutionäre Meisterwerke geschaffen hatte. Die Begegnung wird von ihr uneitel erzählt, um das damalige kulturelle Klima zu dokumentieren.

In der Folge trekkte sie mit einheimischen BergsteigerInnen in den Kaukasus. Das entsprang sowohl ihrem bergsteigerischen Ehrgeiz wie dem Wunsch, Menschen zu treffen, die in den Bergen leben und wohnen und arbeiten, in Gemeinschaften, die noch kaum von der Moderne berührt worden waren.

1932 zog sie, als einzige Frau und Ausländerin, mit einer Karawane ins Grenzgebiet von Kirgisistan, Kasachstan und Usbekistan. Der Bericht *Des monts célestes aux sables rouges* wurde 1934 zu ihrem ersten großen Bucherfolg.

In Text und Bild schildert sie zuerst die Landschaft, weit, grandios, überwältigend. Dann das Zusammenleben von Mensch und Tier, eng, symbiotisch. Schließlich ist da der ethnologische Blick auf den Alltag: nicht voyeuristisch, nicht aufdringlich, sondern gelassen einverständig. Besonders galt ihr Interesse der Lage der Frauen. Selbst gegenüber offiziösen Begleitern beharrte sie darauf, Seidenfabriken sowie Stickereien zu besuchen und mit Arbeiterinnen zu sprechen. Hartnäckig stellte sie die Frage, ob die von den Sowjets verfügte Abschaffung des Gesichtsschleiers von den Frauen als Befreiung oder als unzulässiger Eingriff aufgenommen worden sei. Ihre Fotografien zeigen dieses Spannungsfeld: Da lachen junge Frauen in traditioneller Kleidung selbstbewusst. Andere Bilder dokumentieren eher konservative Geschlechter- und Machtbeziehungen.

Maillart sah sich immer jenseits des Politischen. Aber in der Sowjetunion von 1930 und 1932 ist das Politische allgegenwärtig, und so registriert sie dessen Auswirkungen beiläufig in manchen Details. Politisch sind schon die Sujets und deren Anordnung. Sie besucht staatliche Repräsentanten ebenso wie einen nach Turkestan deportierten Anarchisten, den sie von Moskau her kennt. Sie beschreibt die Nahrungsmittelknappheit aufgrund der Zerstörung traditioneller Anbaumethoden. Die Umbruchzeit erscheint ihr ambivalent, wird 1930 noch hoffnungsvoller gesehen, 1932 zunehmend skeptisch. Der Kollektivierung, der Modernisierung, ja der angeblichen »Zivilisierung« der bäuerlichen Kultur steht sie misstrauisch gegenüber, ohne doch Fortschritte zu leugnen.

Nach den Schlächtereien des Ersten Weltkriegs, angesichts der sich nach den Goldenen Zwanzigern wieder verdüsternden Weltlage, dem Aufkommen des Faschismus, entstand bei vielen ZeitgenossInnen eine Sehnsucht und ein Bestreben, dem anscheinend abgewirtschafteten Westen zu entkommen. Auch Maillart wurde gelegentlich dadurch angetrieben.

1935 reiste sie für eine französische Zeitung nach Peking und in die damals japanisch besetzte Mandschurei. Dort tat sie sich mit dem englischen Journalisten Peter Fleming zusammen, um in den verbotenen Wilden Westen Chinas, nach Sinkiang vorzustoßen. Fleming legte 1936 *News from Tartary* über die gemeinsame Reise vor, und er tat das spielerisch, ironisch. Seine Reisepartnerin lobt er in hohen Tönen, ihre unterschiedlichen, sich ergänzenden Charaktere zelebriert er ein wenig kokett. Maillarts Bericht und Schreibstil in dem ein Jahr später erschienenen *Oasis interdites* sind spröder, die Landschaften und nomadische Kulturen dafür eindrücklicher vergegenwärtigt.

Man kann bei Maillart von einer »Ethik der Reise und des Entdeckens« sprechen. Beispielsweise wollte sie nicht bloß aus Abenteuerlust mit einer Karawane reisen, sondern an deren Alltag teilhaben. Immer benutzte sie die einfachsten Verkehrsmittel, aß die lokalen Speisen und übernachtete in lokalen Unterkünften, nahm auf Sitten und Gebräuche Rücksicht. Das hatte durchaus eine gesellschaftspolitische Dimension. In einem Grundsatztext

Warum ich reise von 1952 hat sie formuliert: »Oft denke ich, dass das Reisen in erster Linie in uns dies Gefühl der Solidarität, der Verbundenheit wecken sollte, ohne das eine bessere Welt nicht möglich ist.« Da war sie im angelsächsischen Raum und in Frankreich bereits eine der bekanntesten Reiseschriftstellerinnen, alle ihre Bücher wurden schnell in mehrere Sprachen übersetzt.

Als Berichterstatterin hat sich Maillart selbst einmal als Fotoapparat bezeichnet, der aufzeichnet, was er sieht. Aber auch ein Fotoapparat komponiert. Maillart benützte eine relativ leichte Leica ohne Stativ. Damit war sie mobil und konnte die Menschen in den Fokus rücken, in Nahaufnahmen und intimen Porträts, welche diesen Menschen zugleich deren Selbstständigkeit und Würde beließen.

Ella Maillart wurde 1903 in Genf geboren, in einer wohlsituierten Mittelstandsfamilie. Trotz gelegentlicher finanzieller Schwierigkeiten konnte sich die Familie ein Häuschen in Genthod am Genfersee als Sommersitz leisten.

Dort entdeckte Ella ihre erste Leidenschaft, das Segeln. Und schloss ihre erste große Freundschaft, mit der zwei Jahre älteren Hermine »Miette« de Saussure. Miette entstammte dem, was man den Genfer Kulturadel bezeichnen könnte: Sie war eine Ururenkelin des Naturforschers Horace-Bénédict de Saussure (1740-1799), der durch die Erstbesteigung des kleinen Matterhorns als ein Wegbereiter des Alpinismus gelten kann; weitläufig war sie auch mit dem Sprachwissenschaftler Ferdinand de Saussure (1857-1913) verwandt.

Miette und Ella begannen mit Rudern, wechselten dann zum Segeln. Die Schule hat Ella nie besonders interessiert, sie stieg aus dem Gymnasium aus und versuchte dann, das Versäumte zwei Jahre lang in einer Privatschule nachzuholen, ohne Abschluss. Denn zum Segeln kam noch das Landhockeyspielen. 1919 gründete sie das erste Frauenhockeyteam der Westschweiz. Und im Winter fuhr sie begeistert Ski.

Die Eltern betrachteten das alles misstrauisch, der Vater drängte zumindest auf eine kaufmännische Ausbildung.

Dabei war Maillart eine tatkräftige Pionierin des Frauensports: 1924, mit einundzwanzig Jahren, nahm sie für die Schweiz an den Olympischen Spielen im Einhandsegeln teil; später, Anfang der 1930er-Jahre, gehörte sie zu den Gründerinnen des Schweizer Ski-Frauenteams und vertrat die Schweiz viermal an Weltmeisterschaften.

Der Sowjetstaat als gewaltsame Modernisierungsinstanz? Ella Maillart fotografierte 1932 ein Gerichtsverfahren in Samarkand.

Um sich ihren Lebensunterhalt zu verdienen, hatte sie 1923 eine Stelle als Französischlehrerin in einer Knabenschule in Wales angenommen und verdingte sich 1924 als Matrosin. Da musste sie sich in einer männerdominierten Umgebung behaupten.

Doch der Traum war es, ein eigenes Schiff zu führen. Bereits 1923 waren sie und Miette ein halbes Jahr lang zu zweit im Mittelmeer gesegelt; 1925 taten sie sich mit zwei weiteren Frauen zusammen und charterten zuerst die *Bonita* und schließlich die *Atalante*. Schon die *Bonita* war ein großes, massiges Schiff, erforderte einige Kraft beim Steuern. Die *Atalante* war mit einer Länge von einundzwanzig Metern für ein Viererteam schon beinahe ein Kreuzfahrtschiff.

Miette und Ella planten für 1926, mit der *Atalante* in die Südsee zu reisen; aber dann kam der erste existenzielle Bruch in Maillarts Leben: Miette de Saussure erkrankte schwer, durfte nicht mehr segeln; wenig später verheiratete sie sich, und die Wege trennten sich vorübergehend.

Maillart selbst hat die Jahre nach 1925 als zielloses Umhertreiben bezeichnet. Sie schrieb für eine Zeitung kleine Porträts über die Schifffahrt, wirkte als Stuntwoman in Dokumentar- und Werbefilmen über den Wintertourismus mit. 1929 reiste sie nach Berlin, gab Englischunterricht, spielte Nebenrollen bei der UFA. Ein befreundeter Redaktor machte ihr 1930 schmackhaft, die junge Sowjetunion zu bereisen. Bis 1940 wurden es insgesamt fünf große Reisen, nach Zentralasien und nach China. Die fünfte war, 1939/40, jene berühmte, mit Annemarie Schwarzenbach nach dem Iran und nach Afghanistan.

Nun blicken wir natürlich vom nachträglichen Scheitern her darauf zurück, da Schwarzenbach wegen ihrer Drogensucht sich schließlich von Maillart trennte. Aber wenn man die Fotografien vom Beginn der Reise anschaut, dann drängt sich der Eindruck auf: Das konnte nicht gutgehen. Die euphorische, neugierig auf die Welt und in die Kamera blickende Ella, den Arm um Annemarie, die sich wie ein bleicher Geist, von Melancholie und Krankheit niedergedrückt, halb abwendet.

Mit Peter Fleming hatte Maillart als Kumpel verkehrt, und nicht zufällig weist das Wort grammatikalisch keine weibliche Form auf. Dennoch, oder gerade deshalb, hatte sich eine sozial bedingte und geschlechtsspezifische Arbeitsteilung entwickelt. Diese entstand aus dem Alltag der Reisenden ebenso wie aus der Bereitschaft, sich den kulturellen Eigenheiten vor Ort auszusetzen.

Das steht in einer Tradition weiblichen Reisens. Schon die Schweizer Marketenderin, oder Offizierin, Regula Engel-Egli zieht während der napoleonischen Kriege durch weite Landschaften anders als die kämpfenden und plündernden Männer. Lina Bögli reist von 1910 bis 1913 *Immer vorwärts* nach China und Japan und schreibt darüber 1915 in eigener Perspektive. Die »Serviertochter« Anneliese Rüegg berichtet 1918, wie sie *Im Kriege durch die Welt* gefahren ist, und geht Maillart 1920 mit einer Reise in die Sowjetunion voraus.

Gleichzeitig mit Maillart unternahm die Neuenburgerin Cilette Ofaire eine mehrjährige Schifffahrt durchs Mittelmeer und nach den Balearen auf dem von ihr gesteuerten Dampfer *Ismé*. In ihrem gleichnamigen Buch von 1940 geht es, wie der deutsche Untertitel verheißt, um die *Sehnsucht nach Freiheit*. Ofaire findet spirituelle Befreiung in der Natur, im Meer selbst – so weit wäre Maillart nie gegangen. Für sie wird der Berg, die See belebt erst durch die Menschen, die dort wohnen oder sie bereisen. Sentimentale Sehnsüchte nach dem unverbrauchten natürlichen Leben mögen bei ihr zuweilen durchscheinen, werden aber an die Lebensrealität der BewohnerInnen zurückgebunden.

* 20.2.1903	in Genf in Pelzhandelsfamilie. Kaufmännische Ausbildung
ab 1916	Sportliche Tätigkeiten: Rudern, Segeln (Olympiateilnahme 1924), Landhockey, Skifahren (WM-Teilnahmen 1931–1934)
1923	Lehrerin in Wales, Matrosin
1923–1925	Segelfahrten mit reinen Frauenbesatzungen im Mittelmeer
ab 1925	Paris, Mürren, Berlin; Nebenrollen in Filmen und erste Zeitungsartikel
1930–1940	Reisen nach Moskau und in den Kaukasus (1930), nach Turkestan (1932), China (1934/1935, mit Peter Fleming), Indien und Afghanistan (1937), Iran und Afghanistan (1939, mit Annemarie Schwarzenbach). Jeweils erfolgreiche Reisebücher darüber
1940–1945	Südindien beim vedantischen Weisen Ramana Maharshi
ab 1946	Chandolin, Wallis. Regelmäßige Reisen nach Asien, darunter 1951 nach Nepal
† 27.3.1997	in Chandolin

Maillarts Buch über die Reise mit Annemarie Schwarzenbach, *The Cruel Way* von 1947, ist dann beides: Reisebericht und Rechenschaft über eine gefährdete Freundschaft. Dass sie Annemarie nicht von der Drogensucht abbringen konnte, hat Maillart als persönliche Niederlage empfunden, und das Ende der Beziehung war nach derjenigen zu Miette für sie ein zweiter existenzieller Bruch. Während Schwarzenbach nach Europa zurückkehrte und dort knapp drei Jahre später nach einem Fahrradunfall starb, reiste Maillart nach Indien weiter. Ihr Weg ging jetzt, in romantischer Diktion, nach innen. Sie schloss sich dem vedantischen Guru Ramana Maharshi an. 1934 war der durch ein Buch des englischen Schriftstellers Paul Brunton auch im Westen bekannt geworden. Es entwickelte sich, wie später erneut durch die Beatniks und Hippies, ein Spiritualitäts-Tourismus nach Indien.

Anders als die meisten westlichen Pilgerinnen und Pilger lebte Maillart allerdings fünf Jahre lang, während des ganzen Zweiten Weltkriegs, in der Nähe des Weisen in Tiruvannamalai südlich von Madras, im Sommer jeweils von mehrmonatigen Aufenthalten im kühleren Nordindien unterbrochen. Es war ein frugales Leben, mit täglichen Meditationen und vielen Wanderungen durch die abwechselnd üppigen oder kargen Landschaften. Aber ganz weltabgewandt lebte Maillart nicht. Sie schrieb in dieser Zeit zwei Bücher und begann ein drittes. Sie lebte genügsam, aber nicht asketisch.

Ende 1945 kehrte sie aus familiären Gründen in die Schweiz zurück. In Chandolin im Val d'Anniviers fand sie eine Lebenskultur, die sie an die nomadische oder bergbäuerliche in Zentralasien erinnerte. Hier baute sie 1948 mit einheimischen Handwerkern ein Chalet, Atchala, genannt nach dem heiligen Berg in Indien, wo ihr Lehrer Ramana Maharshi gelebt und gelehrt hatte.

1951 erschien dann ihr Buch über Indien, über die Zeiten der Meditationen wie auch der Reisen, begleitet von ihrer Katze Ti-Puss. Die wird liebe-

Aufbruch in fremde Paradiese? Ella Maillart (rechts) und Annemarie Schwarzenbach 1939 in Genf am Beginn der Reise nach Afghanistan.

voll beobachtet. Katzenliebhaberinnen und sogar Katzenfeinde müssen bestätigen: Ja, so sind sie, die Katzen, und so sind wir, ihnen gegenüber. Daneben verläuft der breitere Erzählstrang: der Alltag, die Eisenbahnreisen in den Frauenabteilen dritter Klasse. Die großen indischen Eisenbahnzüge erscheinen als Verdichtungspunkte einer in die Moderne gezerrten Kasten- und Massengesellschaft. Wo von Meditation die Rede ist, werden einige der Swamis und manche Praxen der indischen Religiosität mit etlicher Ironie gesehen.

Ich habe nicht viele Berggipfel bezwungen und fühle mich nicht ganz schwindelfrei, wenn ich über hohe Brücken gehe. Reisen empfinde ich eher als Mühsal. Meine körperliche Leistungs- und Leidensfähigkeit ist begrenzt. Vieles von dem, was Ella Maillart erlebt und beschrieben hat, kann ich nicht nachvollziehen oder hätte es nie unternehmen können.

Was interessiert mich also an ihr? Zuerst einmal die Ambivalenzen in diesem Leben, historische und persönliche. Wie hält sie es mit der Politik? Ist sie mehr als eine Vertreterin der westlichen Zivilisationsflucht? Ist dieser unaufdringliche, aber entschiedene Blick auf Frauen ein Feminismus, der seinen Namen nicht nennen will? Sie hat sich immer ein wenig als Gegen-Intellektuelle inszeniert, die der abendländischen Kultur reserviert gegenüberstand. Aber so ganz stimmt das nicht. In Indien beruhigt sie ihre Katze durch das Rezitieren klassischer Verse, und ihr eigenes Heimweh vertreibt sie mit Gedichten von Rimbaud oder Paul Valéry. All diese Ambivalenzen weisen auf soziale Lebensformen in Umbruchzeiten hin.

Was bewegt mich an ihr? Ihre Gelassenheit, Unaufgeregtheit. Sie erlebt viel, aber nie steht ihre Person im Vordergrund. Sie ist die Beobachterin von außen, die sich doch den andern nicht entziehen kann und will. Die sich nicht in einen Elfenbeinturm zurückzieht, sondern – bewusst – in den Alltag verwickelt bleibt. Sie kennt den ewigen Zwiespalt zwischen dem Alleinsein, auf Reisen, und der Gemeinschaft, der bäuerlichen, der nomadischen. Diese Ambivalenz zwischen Distanz und Nähe.

1951 machte Maillart ihre letzte Entdeckungsreise, diesmal nach Nepal. Das Land hatte sich seit Kurzem geöffnet, und Maillart war die erste Europäerin, die abgelegene Gegenden aufsuchte. Ihr ging es nicht ums Spektakuläre, Abenteuerliche, sondern im Zentrum stand die Kultur: der Vergleich von Gesellschaftsformen im Hochgebirge. Wiederum suchte sie die einfachen, naturverbundenen Menschen, die sie schon bei den Nomaden gefunden hatte. In *Land of the Sherpas* (1955) zieht sie häufiger ethnologische Quervergleiche.

Natur, Tier und Mensch: Kamelherde auf 3000 Metern Höhe
vor dem Aksu-Pass im Grenzgebiet zwischen China und Kirgisistan.

Die nepalesischen Weiler wollen ihr wie Chandolin oder andere Walliser Dörfer erscheinen, und sie entdeckt Gemeinsamkeiten, etwa zwischen den dämonischen Masken in Nepal und den Tschäggättä im Wallis. In beiden zeigen sich die vorreligiösen, urtümlichen Kräfte der Natur und der Sexualität. Sie hält aber auch Unterschiede fest, etwa dass die Religiosität in Nepal noch stärker das Leben und den Alltag durchwirkt – da hat sie vielleicht die Kraft des Katholizismus im Wallis der 1950er-Jahre unterschätzt, der sich nicht mehr so alltäglich öffentlich äußerte, aber in den Herzen und Köpfen eingeschrieben blieb.

Nach dieser Reise fand sie zu einem geregelten Lebensrhythmus. Jedes Jahr kehrte sie einmal nach Indien zurück, allein oder als Führerin von Reisegruppen. Chandolin blieb das Refugium für den Winter.

Verbotene Oasen heißt der Titel ihres Buchs über die Reise mit Peter Fleming von 1934/35. Damit war Westchina gemeint, samt dem Reiz des Fremden, des

Verbotenen. Auch in Ella Maillarts Leben gab es verbotene Oasen, vorsichtig umkreiste Enklaven. Die Beziehung zu Annemarie Schwarzenbach, ihrer großen Liebe, war eine solche. In *The Cruel Way* hat sie sie nur leicht verfremdet als Christina beklagt: »Christina, mir fehlt die Tiefe, die aus deinen Augen leuchtete, dein schrankenloses Fordern, dein unstillbarer Drang, der nur durch Absolutes befriedigt werden konnte.«

Mit dem Indien-Buch von 1955 kehrt die Liebe zurück, zeitlich verschoben, in anderem Zusammenhang und anhand eines anderen Objekts, oder Subjekts.

Man wird in Maillarts lyrischen Umkreisungen ihrer Katze – vor allem gegen den Schluss hin zuweilen auch verstörend – die Beziehung zu Annemarie erahnen: die sinnliche Wahrnehmung des Katzenkörpers unter den Händen, das schockhafte Paarungsfieber der so liebenswerten, unschuldigen Katze mit Katern, eine Krankheit, die beinahe zum Tode führt. Auf einer weiteren Erzählebene ist die Beziehung zur Katze ein Sinnbild und ein Prüfstein für die Beziehung zu Menschen, zur Welt insgesamt. Soll man sich durch Liebe binden? Muss sich die Liebe nicht vom ursprünglichen Objekt der Liebe lösen und in die Liebe an sich übergehen? Müssen diese Liebe und diese Loslösung nicht in die Auflösung und ins Nichts münden? Maillart diskutiert diese vedantische Philosophie, und sie hat sie womöglich auch angestrebt, aber sie unterläuft sie zugleich wieder, da sie doch voller Liebe für ihre Katze, dieses ganz unverwechselbare individuelle Lebewesen bleibt.

Die ersehnte Distanz kann das Bedürfnis nach Nähe nicht verdrängen.

Mehr zu Ella Maillart

+ Noch immer frisch zu lesen: *Ausser Kurs,* ihr Bericht aus der jungen Sowjetunion (im Original 1932, den deutschen Titel fand sie allerdings läppisch). Daneben die nicht so bekannten Bücher wie *Vagabundin des Meeres* (im Original 1942) oder *Leben ohne Rast – Eine Frau fährt durch die Welt* (Original 1951).
+ Der fotografische Nachlass befindet sich im Lausanner Musée de l´Élysée. Die rund zwanzigtausend Negative sind bislang allerdings für die Öffentlichkeit kaum aufbereitet worden. Fotografien finden sich auch auf der Website www.ellamaillart.ch.
+ Der Espace Ella Maillart ist in der ehemaligen Kapelle in Chandolin untergebracht. Darin wird Maillarts Leben ausgebreitet. Klein, aber gediegen. Der Espace ist ständig geöffnet, unabgeschlossen, ohne Aufsicht, was Ella Maillart durchaus entspricht. Auch die Fahrt mit dem Postauto von Sierre via Vissoie über Spitzkehren und schroffen Abgründen entlang ist dem Objekt der Verehrung angemessen.

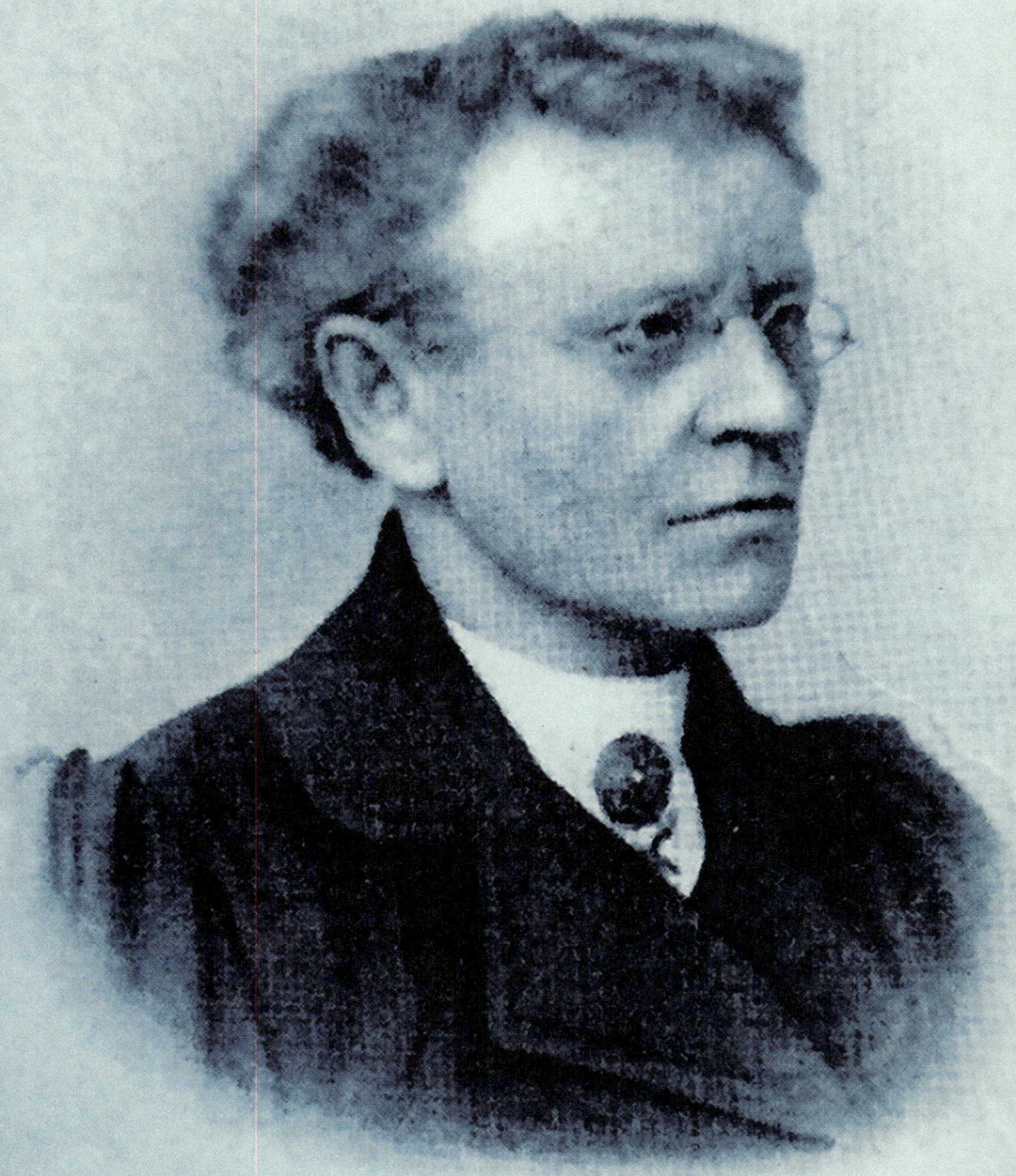

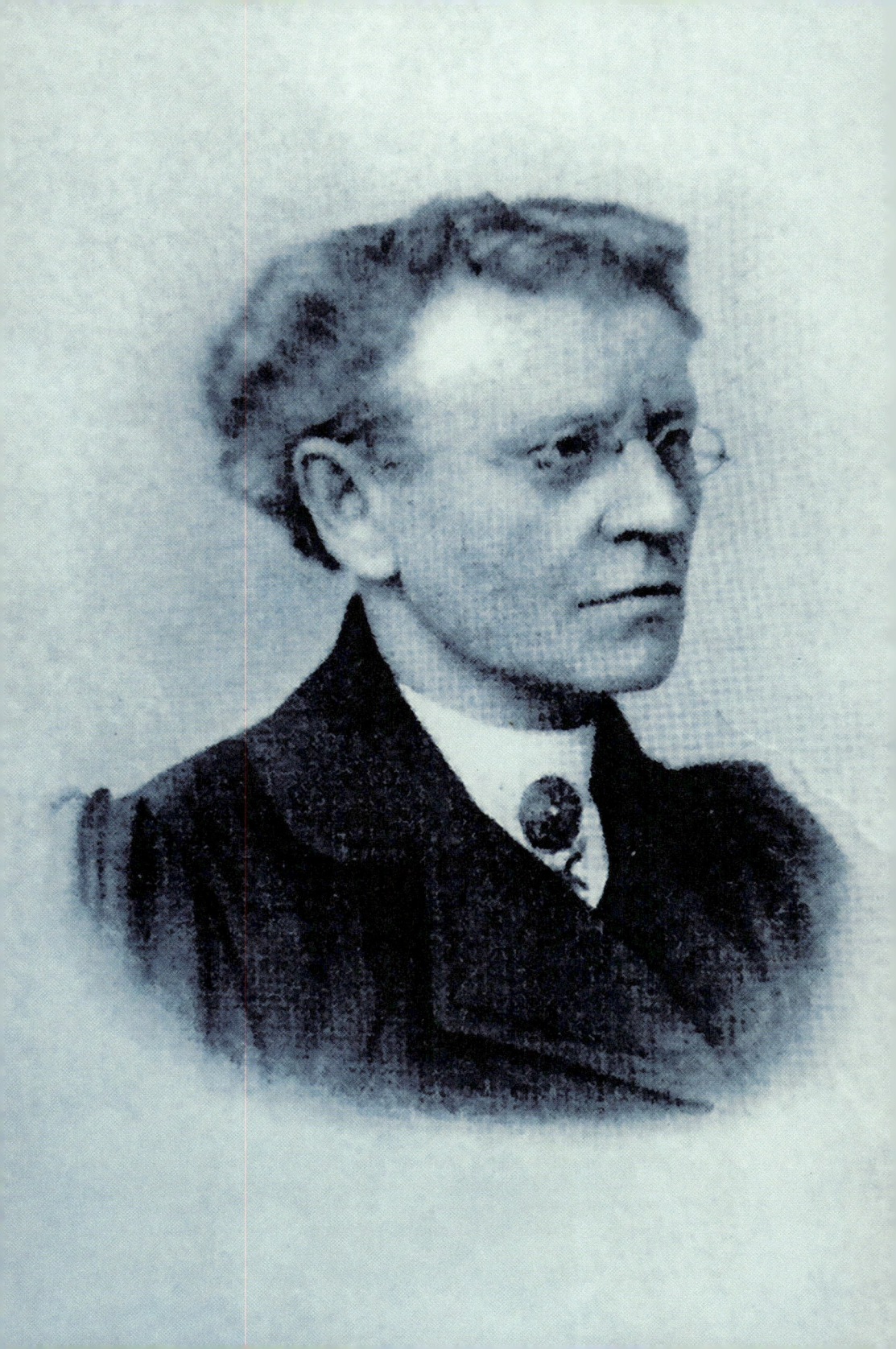

MADELEINE MARTI ZU CAROLINE FARNER
UND ANNA PFRUNDER

EIN MODERNER HEXENPROZESS

Das Netz von Lebensgemeinschaft und Solidarität

Rämistrasse 26, im Zentrum von Zürich, ein paar Schritte vom Theater am Pfauen: Hier steht ein auffallend schönes Haus mit Garten. An diesem Ort erzählen wir auf dem Lesbenspaziergang *Solidarisierung von Freundinnen – Frauenpaare, erste Studentinnen und eine Hetzjagd um 1890* die Geschichte der zweiten Schweizer Ärztin Caroline Farner (1842–1913) und ihrer Lebensgefährtin Anna Pfrunder (1851–1925). Hier haben die beiden ab 1892 – Caroline Farner war fünfzig, Anna Pfrunder einundvierzig Jahre alt – ihre ärztliche Praxis und ihre Wohnung zusammengeführt.

Erinnerungswert ist die Geschichte von und um Caroline Farner in vielerlei Hinsicht: Sie zeigt den kräftezehrenden Weg, den die ersten Akademikerinnen gehen mussten. Aber auch, wie sehr sie sich gegenseitig beistanden. Und wie sie sich nicht damit begnügten, in ihrem Beruf reüssieren zu wollen, sondern sich rundum engagierten: für die Frauenrechte und für das Gemeinwohl überhaupt. Dabei eckten sie immer wieder an. Einigen von ihnen wurde krasses Unrecht angetan. Caroline Farner und Anna Pfrunder und die Freundinnen in ihrem Umfeld erlebten ein besonders übles Muster an patriarchaler Unrecht-Justiz – aber davon später.

Zunächst jedoch die Frage: Ist es legitim, dass wir das Leben von Caroline Farner als Teil unserer Lesben-Geschichte reklamieren? Mit Sicherheit wissen wir, dass nicht wenige der ersten Studentinnen, die Ende des 19. Jahrhunderts nach Zürich kamen – zumeist aus Russland und Deutschland –, mit Frauen zusammenlebten und arbeiteten. Sie gerieten durch die aufkommende Sexualwissenschaft in den Verdacht, »invertiert« oder »konträrsexuell« zu sein. Einige grenzten sich vehement ab und verteidigten

Madeleine Marti ist Dr. phil., Germanistin, Lesbenforscherin. Initiantin der Lesbenspaziergänge in Zürich, Mitarbeit bei L-Wiki, Sappho-Verein. Filme zu lesbischen Pionierinnen: Ilse Kokula, Luise F. Pusch, siehe lesbengeschichte.ch/filme. Publikationen siehe www.l-wiki.ch/Madeleine_Marti, www.kopfwerken.ch.

ihre Freundschaft als eine Form idealer und reiner Liebe. Ganz wenige bezeichneten sich als homosexuell und äußerten sich öffentlich dazu. Die meisten schwiegen, so auch Caroline Farner und Anna Pfrunder.

Beide waren aber nicht willens gewesen, die Rolle als Ehegattin und Mutter zu übernehmen, wie das für sie, die aus dem wohlhabenden ländlichen Gewerbe (Farner) und dem städtischen Bürgertum (Pfrunder) stammten, vorgesehen war. Nicht als Ehefrau von ... oder als Witwe von ... haben sie gelebt, sondern sie haben als Lebensgefährtinnen gemeinsam gearbeitet und sich gemeinsam sozial und politisch engagiert. Die Schriftstellerin und Freundin Ida Bindschedler schilderte aus der Perspektive von Caroline Farner, dass diese in Anna Pfrunder fand, »was sie zu ihrem Glück bedurfte, eine treue, verständnisvolle Lebensgefährtin. Die Charaktere der beiden ergänzten sich aufs Günstigste. Anna Pfrunder war die zurückhaltende, ängstlichere, überlegende Natur; Frau Dr. Farner war energisch, zugänglich, rasch für oder gegen eine Sache entflammt, leicht auch einmal unvorsichtig, wo es nicht ihren Beruf anging.« Als mutig bahnbrechende unabhängige Gemeinschaft nehmen sie auf jeden Fall einen wichtigen Platz in der Geschichte der von Männern unabhängigen Frauenleben ein.

Caroline Farner ist die zweite Schweizerin, die Medizin studiert hat. Bis es so weit war, war sie allerdings einen weiten Weg gegangen. Am 10. Juni 1842 als siebtes und jüngstes Kind einer zu Wohlstand gekommenen Unternehmerfamilie im Kanton Thurgau geboren, war für sie der Zugang zur Bildung beschränkt. Ihre Mutter starb, als Caroline vierzehn Jahre war. Die zwölf Jahre ältere Schwester Marie setzte sich für Caroline ein, sodass sich diese zwei Jahre lang in Pensionaten etwas weiterbilden konnte. Auf dieser Grundlage konnte sie danach als Erzieherin arbeiten, dem zu jener Zeit einzig denkbaren Beruf für eine Alleinstehende. So fand sie als Achtzehnjährige in England eine Stelle als Lehrerin für Deutsch und Französisch. Sie selbst konnte zu Beginn bloß zweihundert englische Wörter und lernte in jeder freien Minute Englisch, Geografie, Geschichte, Literatur, Astronomie, Geometrie und Aquarellieren.

Nach acht Jahren in England reiste sie zu einer ihrer Schwestern nach Amerika, um diese, die dort in finanzielle Schwierigkeiten geraten war, zu unterstützen. Sie blieb darin ebenso erfolglos wie später bei einem Bruder, der in Ungarn ins Unglück gefallen war. Statt ihm helfen zu können, verlor sie selbst den Lebensmut. In einem Tagebuch notierte sie: »Möchte auch ich endlich sterben vor Durst nach den Wassern des Lebens!«

Glücklicherweise wusste ihre Schwester Marie Caroline aus dieser depressiven Phase herauszulocken: Sie erzählte von der ersten Schweizerin, die seit zwei Jahren in Zürich Medizin studierte. Caroline erblickte eine neue Chance für ihr Leben. Dass der 1866 verstorbene Vater ihr und ihren Geschwistern ein beträchtliches Erbe hinterlassen hatte, ermöglichte ihr, Privatunterricht in Mathematik und Latein zu nehmen und ein Studium zu finanzieren. Sie bestand in Zürich die Matura und schrieb sich als Neunundzwanzigjährige im Wintersemester 1871 an der Universität Zürich zum Studium der Medizin ein. Sechs Jahre später konnte sie im Kreis ihrer Geschwister den Studienabschluss feiern. Die geschwisterliche Mitfreude war nicht selbstverständlich, wurden doch studierte Frauen privat und öffentlich, auch in angesehenen Zeitungen, noch lange bespöttelt.

Nach einem kurzen Praktikum im Allgemeinen Krankenhaus in Wien eröffnete Caroline Farner 1878 ihre Allgemeinpraxis an der Bärengasse in Zürich. Noch vier Jahre zuvor war Marie Vögtlin, der ersten Schweizer Ärztin, die Praxisbewilligung erst nach einer Intervention ihres Vaters erteilt worden. Als sie ein Jahr später den Geologieprofessor Albert Heim heiratete, musste sich dieser damit einverstanden erklären, dass sie auch nach der Heirat als Ärztin weiterarbeiten konnte. Das Einverständnis des Ehemannes zur Berufstätigkeit der Ehefrau blieb juristisch bis 1988 nötig.

In anderen Sparten hatten die Frauen mit Universitätsabschluss in der Schweiz gar keine Chance, was ein Blick auf die erste Schweizer Juristin, Emilie Kempin-Spyri, zeigt. Diese schloss zehn Jahre nach Farner ihr Studium ab, konnte jedoch weder als Anwältin noch als Professorin arbeiten, weil sie kein Wahlrecht hatte. Dagegen klagte Kempin-Spyri erfolglos bis vors Bundesgericht. Ihre Versuche, in Berlin oder gemeinsam mit Ehemann und Kindern in New York eine Existenz aufzubauen, scheiterten. Dank ihr wurde 1898 zwar ein neues Anwaltsgesetz im Kanton Zürich eingeführt, das es trotz fehlendem Wahlrecht erlaubte, den Anwaltsberuf auszuüben. Für Emilie Kempin-Spyri selbst kam dies allerdings zu spät. Sie war mit dreiundvierzig Jahren geschieden und ein Jahr später in eine psychiatrische Klinik eingewiesen worden, wo sie 1901 mit achtundvierzig Jahren an Krebs starb.

Caroline Farner aber konnte in den Fußstapfen von Marie Heim-Vögtlin als zweite Ärztin die eigene Praxis ohne gesetzlichen Hürdenlauf eröffnen. So blieb ihr die Energie, sich mit Vorträgen gleich auch in der Öffentlichkeit

Anna Rosina Pfrunder, die Lebensgefährtin, administrative Leiterin der Arztpraxis und Mitarbeiterin bei allen Aktivitäten. Pfrunder war auch bei der Führung der Bad- und Kuranstalt Fraternité in Urnäsch beteiligt, für die in Zeitschriften geworben wurde.

zu exponieren. Sie sprach über Kinderarbeit, warnte vor Eheschließungen von Menschen mit Erbkrankheiten und vor den Folgen der Ausschweifungen der bürgerlichen Männer. Bei solcher Gelegenheit begegnete die sechsunddreißigjährige Ärztin der siebenundzwanzigjährigen Anna Pfrunder, die als ledige Tochter im Haus ihrer großbürgerlichen Eltern, des ehemaligen Zürcher Stadtbaumeisters Johann Pfrunder und seiner zweiten Ehefrau Anna Pfrunder-Schelling, in deren Haushalt mitwirkte.

Anna Pfrunder und Caroline Farner verstanden sich sofort und wurden ein erfolgreiches Gespann. Caroline Farner war als Ärztin beliebt. Sie war einfühlsam, kompetent und vertrauenswürdig und auch eine vorzügliche Diagnostikerin. Als Ärztin konnte sie eine eigene Praxis führen und viel Geld verdienen, obwohl sie immer wieder auch Patientinnen kostenlos behandelte. Anna Pfrunder übernahm in der Praxis die Organisation und Personalführung.

Nach einigen Jahren Praxistätigkeit ließ sich Caroline Farner überzeugen, sich auch politisch zu engagieren, und sie übernahm 1886 den Vorsitz des ein Jahr zuvor gegründeten Schweizer Frauen-Verbandes. Schon in der ersten Versammlung positionierte sie sich klar: »Die Tatsache, dass in der Frau die halbe Menschheit vom Staatsleben, von allem öffentlichen Wirken ausgeschlossen ist – die Frau darf nichts tun, als stumm und gehorsam ihre Steuer zu bezahlen –, diese Tatsache beschämt uns und erfüllt uns mit Unwillen.«

Als Zürcher Sektion gründete Caroline Farner den Frauenverband Fraternité und gab die Monatszeitschrift *Die Philanthropin* heraus. Für die Redaktion gewann sie die Historikerin Meta von Salis, welche als erste Frau soeben als Dr. phil. I die Universität Zürich abgeschlossen hatte. Auch deren Freundin, die Dichterin Hedwig Kym, arbeitete tatkräftig mit. Als Protokollführerin beteiligte sich Pauline Bindschedler. Sie lebte mit ihrer Schwester Ida zusammen, die Sekundarlehrerin war. Ida Bindschedler zog 1897 nach Augsburg zu ihrer Freundin, der Malerin Emma Wachter, und wurde als Jugendschriftstellerin sehr erfolgreich, vor allem mit den Büchern über die *Turnachkinder*. Pauline Bindschedler wiederum lebte mit der Ärztin Clara Willdenow zusammen, welche Farner 1894 in ihrer Praxis vertrat.

Caroline Farner war so zum Mittelpunkt eines breiten Netzwerks von Freundinnen geworden. Sie nutzte den Frauenverband Fraternité, um neue Einrichtungen zu gründen: eine unentgeltliche Frauenklinik an der St. Annagasse 2 in Zürich sowie ein Stellenvermittlungsbüro für Hausangestellte. Drei Jahre später die Kuranstalt Fraternité in Urnäsch im Kanton Appenzell. Das nötige Geld hatten die Fraternité gesammelt und Caroline Farner privat beigesteuert. In dieser Kuranstalt arbeitete sie auch häufig an den Wochenenden mit.

Ihre Praxis und viele ihrer anderen Projekte leitete Caroline Farner sehr erfolgreich, kräftig unterstützt von Anna Pfrunder und weiteren Freundinnen. Im jungen Schweizer Frauen-Verband jedoch agierte sie weniger glücklich. Es gab darin verschiedene Strömungen. Einige Mitglieder wollten ganz praktisch Haushaltsschulen fördern oder Dienstbotinnenausbildungen anbieten. Andere setzten sich für die Verbesserung der rechtlichen Situation von Frauen ein, und wiederum andere engagierten sich in der »Sittlichkeitsbewegung«: Sie wollten Unterschichtsfrauen den sozialen Aufstieg durch eine Ausbildung ermöglichen, vertraten dabei allerdings eine konservativ geprägte Moral. Caroline Farner selbst stand dieser Richtung nahe, und sie nutzte das Präsidium dazu, den Verband sozial und präventivmedizinisch auszurichten. Daraufhin traten die meisten Verbandssektionen aus und gründeten den Schweizerischen gemeinnützigen Frauenverein. Bei den politisch maßgebenden Männern, aber auch bei ihren gemeinnützig tätigen Ehefrauen stieß Caroline Farner auf Ablehnung. Ida Bindschedler beobachtete, wie Farner in ihren Vorträgen bei den verheirateten bürgerlichen Frauen auf Widerstand stieß: »Dass die Unverheiratete von der Ehe sprach, fand man unpassend, und als sie ihre warnende Stimme erhob gegen die Heirat von physisch und psychisch belasteten Personen, wurde Frau Doktor von einer Frauenzeitung wegen ihrer Härte angegriffen. Überhaupt musste Frau Doktor erfahren, dass Pionierarbeit eine schwierige ist.« Die Geschichtsprofessorin Beatrix Mesmer kam in ihrer Studie zu den Anfängen

Das Kurhaus Rosenhügel in Urnäsch. 1874 erbaut, wurde es von Caroline Farner 1889 gekauft und als Bad- & Kuranstalt Fraternité für Frauen geführt. Farner gab sie 1901 auf, kaufte sie wenig später zurück und führte das Kurhaus nochmals, bis sie es 1907 an die Ferienkolonien der Stadt Zürich übergab. Hier auf einer Postkarte von ca. 1910 abgebildet.

der Frauenbewegung denn auch zum Schluss, dass der Widerstand gegen Farner weniger mit dem politischen Richtungswechsel zu tun hatte als damit, »dass sie als selbstbewusste Junggesellin und gut verdienende Ärztin einen Frauentypus verkörperte, der dem gängigen Rollenverständnis widersprach und von der bürgerlichen Gesellschaft nicht akzeptiert wurde«.

Nicht nur mit ihrer Familie war Caroline Farner sehr verbunden, auch mit den Eltern von Anna Pfrunder verstand sie sich gut. Sieben Jahre lebten die beiden Freundinnen mit Johann und Anna Pfrunder zusammen. Dazu kamen zwei Enkelkinder aus Vater Pfrunders erster Ehe, die sehr früh Waisen geworden waren. Heute könnte man von einer Regenbogenfamilie sprechen, die hier entstand.

Der Bruder von Pfrunders verstorbener Schwiegertochter, Albert Wittelsbach, seines Zeichens Richter, versuchte allerdings, über Nichte und Neffen auf das Erbe von Stadtbaumeister Pfrunder zuzugreifen. Dank seinen Verbindungen konnte er erwirken, dass ihm die Vormundschaft über die Kinder übertragen wurde. Im Familiengefüge Pfrunder und Farner kam es zu Streit, die Eltern Pfrunder zogen mit den Enkelkindern nach Männedorf.

* 10.6.1842	in Guntershausen / Thurgau in einer Unternehmerfamilie. Pensionate in Aarburg und Neuenburg
ab 1859	Sprachkurse, danach Erzieherin in Großbritannien. Reisen in die USA und nach Ungarn
1871	Medizinstudium in Zürich, 1876 Staatsexamen, 1877 Promotion
1879	Arztpraxis in Zürich, Vorträge zum Gesundheitswesen
ab 1881	Lebensgemeinschaft mit Anna Rosina Pfrunder (* 19.11.1851)
1886	Präsidentin Schweizer Frauen-Verband, Gründung eines Stellenvermittlungsbüros für Frauen und einer Frauenklinik in Zürich (1887) sowie des Kurhauses für Frauen in Urnäsch (1889), 1890–1894 Redaktionsleiterin *Die Philanthropin*
1892	Eigenes Haus in Zürich mit Praxis und Wohngemeinschaft. Verhaftung gemeinsam mit Anna Pfrunder wegen angeblicher Veruntreuung, 1893 Freispruch
† 8.4.1913	in Zürich
† 22.5.1925	Tod von Anna Rosina Pfrunder in Zürich

Mithilfe der Polizei nahm Wittelsbach den Großeltern die Kinder im Jahr 1887 weg und brachte sie bei Pflegemüttern unter. Anna Pfrunder und Caroline Farner, nun wieder unterstützt von Vater Pfrunder, versuchten vergebens, das Sorgerecht für die Enkelkinder zu erhalten. Sie wurden von den Behörden abgewiesen.

Das Jahr 1892 fing mit großen Plänen an. Die beiden Freundinnen befanden sich auf dem Höhepunkt ihres Lebens. Die Praxis lief seit fünfzehn Jahren gut. Nun kauften sie gemeinsam das *Haus Ehrenberg* an der Rämistrasse 26 in Zürich und ließen es für die Praxis und als Wohnung umbauen. Geplant war, dass auch die Eltern Pfrunder wieder mit einziehen.

Doch nun beginnen traumatische achtzehn Monate. Im März stirbt Vater Johann. Jetzt sieht der Onkel beziehungsweise Vormund Wittelsbach seine Chance, an das Erbe heranzukommen. Als Caroline Farner am 12. September 1892 von ihrem Arbeits-Wochenende im Kurhaus Urnäsch nach Zürich zurückkehrt, wird sie im Bahnhof Zürich von Polizisten verhaftet und ins Gefängnis Ötenbachhügel in Untersuchungshaft abgeführt – dort wo sich heute die Uraniawache befindet. Anna Pfrunder, die ihre Freundin am Bahnhof hat abholen wollen, wird ebenfalls verhaftet und ins Gerichtsgebäude Selnau gebracht. Im Wohnhaus an der Rämistrasse wird selbst die achtundsiebzigjährige Mutter Anna von der Polizei geholt und in die Selnau verbracht. Warum sie verhaftet werden, erfahren die drei vorerst nicht. Erst Wochen später, nachdem die Polizei ihr Haus durchsucht hat, vernehmen sie die von Albert Wittelsbach eingereichte Anzeige: Sie hätten vom Erbe der Kinder sechzigtausend Franken veruntreut.

Die achtundsiebzigjährige Mutter Pfrunder bleibt drei Wochen eingesperrt, Caroline Farner und Anna Pfrunder sind sogar acht Wochen in Einzelhaft. Erst nach ihrer Entlassung können sie sich um ihre Verteidigung kümmern. Bis Dr. med. Caroline Farner ihre ärztliche Praxis wieder öffnen kann, wird es Januar 1893; bis zum Gerichtsprozess dauert es weitere sieben Monate. In dieser Zeit erscheinen in verschiedenen Tageszeitungen verleumderische Artikel über »Frl. Dr. Caroline Farner«, prominent zuerst in der *NZZ*.

Knapp ein Jahr nach der Verhaftung findet der Gerichtsprozess statt: Am 28. August 1893 werden Caroline Farner und Anna Pfrunder freigesprochen. Die Anschuldigungen von Wittelsbach erweisen sich als haltlos.

Für die zwei Monate Haft und die erzwungene Schließung der Praxis erhalten Farner und Pfrunder keine Entschädigung, ebenso wenig wie Mutter Pfrunder für die drei Wochen Haft. Abgelehnt wird auch die Forderung, das Urteil auf Kosten von Wittelsbach zu publizieren. Im Gegenteil: Farner wird wegen Verleumdung von Wittelsbach verurteilt. Sie muss vierhundert Franken Buße und zweihundert Franken Staatsgebühren zahlen, zudem die ganzen Kosten der Voruntersuchung und ein Drittel der Hauptverfahrenskosten.

Die Historikerin Susanna Woodtli urteilt 1975, die Prozesse hatten »den Charakter eines mittelalterlichen Hexenprozesses, in dem die Akademikerinnen die Rolle der Hexen des 19. Jahrhunderts übernehmen mussten«.

Ohne ihre Freundinnen hätten Caroline Farner und Anna Pfrunder diese öffentlichen Demütigungen kaum überstanden. Allen voran setzte sich Meta von Salis, die Redaktorin der *Philanthropin*, für sie ein: Mit Leserinnenbriefen und Annoncen in Zeitungen versuchte sie, den Verleumdungen in den Medien etwas entgegenzusetzen. Gemeinsam mit Hedwig Kym informierte sie Freundinnen und Verwandte im In- und Ausland, welche die Verhafteten mit Briefen im Gefängnis stärkten. Hedwig Kym und Pauline Bindschedler brachten warme Kleider und Essen ins Gefängnis und nahmen von außen Sichtkontakt mit Farner auf, um sie emotional zu unterstützen. Kurz vor dem Prozess publizierte Meta von Salis in einem St. Galler Verlag das achtzigseitige Buch *Der Prozess Farner-Pfrunder in Zürich nach den Akten und dem Leben mitgeteilt*. Es wurde in einer Auflage von 5000 Exemplaren gedruckt und mit dreißig Inseraten beworben.

Nach dem Freispruch veröffentlichte von Salis eine *Festnummer der Philanthropin zur Feier der Freisprechung und Rehabilitation von Dr. med. Caroline Farner, Frau und Fräulein Pfrunder, herausgegeben von ihren Freunden im Namen des Schweizer-Frauenverbandes Fraternité zum 12. September 1893*. Über zweihundert Frauen und etliche Männer aus der Schweiz, Österreich, Deutschland, Holland, England, Irland und den USA solidarisierten sich mit Caroline Farner und Anna Pfrunder.

Ab 1893 arbeitete Caroline Farner, unterstützt von Anna Pfrunder, weiter in ihrer Praxis, wobei Caroline immer wieder Erholungskuren machen musste. Die Zeitschrift *Philanthropin* wurde 1894 eingestellt, die Kuranstalt Urnäsch 1901 vorübergehend, 1907 endgültig geschlossen – 1901 war in Zürich die Schweizerische Pflegerinnenschule mit Frauenspital von den beiden Ärztinnen Marie Heim-Vögtlin und Anna Heer eröffnet worden.

Auch für die Weggefährtinnen Meta von Salis und Hedwig Kym hatte der Prozess gegen Farner und Pfrunder schwerwiegende Folgen. Meta von Salis wurde wegen ihrer Publikation von Wittelsbach wegen Ehrverletzung angeklagt und tatsächlich zu acht Tagen Gefängnis und einer sehr hohen Geldbuße von fünftausendfünfhundert Franken verurteilt. Empört über diesen Staat, der solches Unrecht verübte, verließen von Salis und Kym die Schweiz für einige Jahre.

Caroline Farner starb 1913, Anna Pfrunder 1925. Mit ihrem Vermächtnis wollten sie über ihren Tod hinaus andere Frauen unterstützen, weshalb sie die Anna Caroline Stiftung (für Studentinnen) gründeten und die Schenkung ihres Hauses an den Lyceum-Club (Club für Künstlerinnen, Wissenschaftlerinnen) vorbereiteten. Ihr Wunsch, gemeinsam in Erinnerung zu bleiben, wurde nicht erfüllt: Der Lyceum-Club dankt auf seiner Tafel nur Anna Pfrunder. Die Anna Caroline Stiftung hingegen bezieht sich auf ihrer Website nur auf Caroline Farner, ebenso wie die Stadt Zürich mit dem Caroline-Farner-Weg bei der Hohen Promenade. Nach einem gemeinsamen Leben und einem gemeinsam vollbrachten Lebenswerk sollten sie nun endlich auch gemeinsam in Erinnerung bleiben.

Mehr zu Caroline Farner und Anna Pfrunder

+ Zum Lesen: Regula Schnurrenberger: *Caroline Farner (1842–1913) & Anna Pfrunder (1851–1925)*. Zürich 2002, www.lesbengeschichte.de. Rosmarie Keller: *Ich bereue nicht einen meiner Schritte. Leben und Prozess der Ärztin Caroline Farner.* Zürich/München 2005.
+ Zum Wandern: Teilnahme am Lesbenspaziergang in Zürich: *Solidarisierung von Freundinnen,* lesbengeschichte.ch/lesbenspaziergang/
+ Zum Verweilen: Wohnhaus von Farner und Pfrunder ab 1892 an der Rämistrasse 26 in Zürich, daran anschließend der Caroline-Farner-Weg.
+ Zum Weiterlesen: Viele Porträts interessanter Frauen auf www.L-wiki.ch – das Wiki zur Lesbengeschichte der Schweiz.

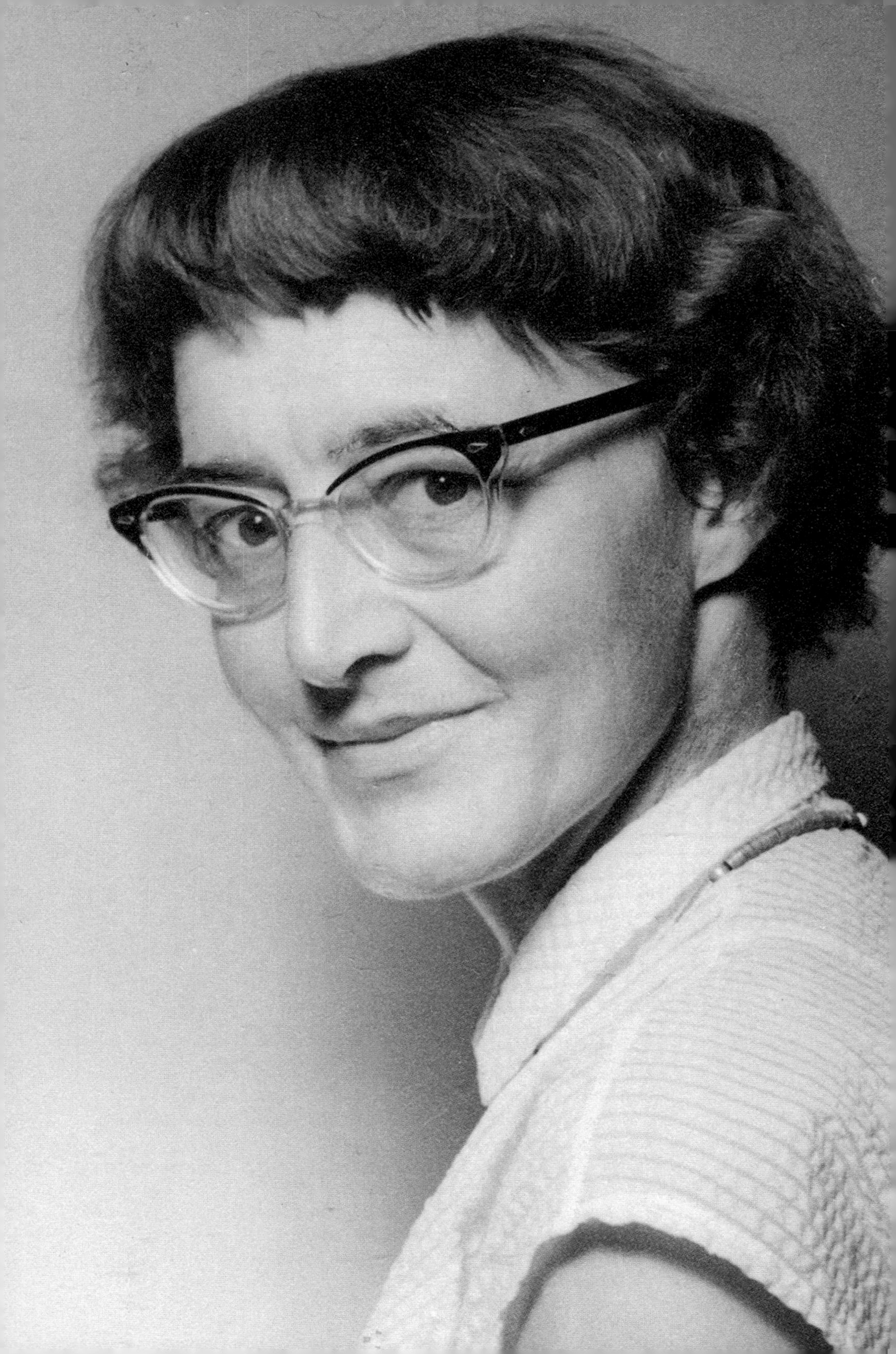

Elisabeth Joris zu Berta Rahm

KÜHNE KONSTRUKTIONEN

Skandinavischer Baustil
und feministische Klassikerinnen

22. Januar 2020: Der Abbruch eines zuletzt als Lagerraum genutzten Pavillons in Gossau, einem Dorf im Zürcher Oberland, war an diesem Tag mit der rechtskräftigen Bewilligung für einen Neubau eigentlich besiegelt. Zufälligerweise fragte am selben Tag eine Projektleiterin der Schaffhauser Denkmalpflege bei der Zürcher Denkmalpflege nach dem Verbleib ebendieses Pavillons nach, von dem sie in der Dissertation über Schweizer Architektinnen von Evelyne Lang gelesen hatte. Dank der Intervention des Zürcher Heimatschutzes, dem Verständnis des Eigentümers und der Gründung des Vereins »prosaffa 1958-pavillon« konnte der Verlust dieses einzigen noch existierenden Baus der Schweizerischen Ausstellung für Frauenarbeit (Saffa) in Zürich 1958 gerettet werden – ein Werk von Berta Rahm. Sie zählt, so die Architekturhistorikerin Lang, zu den sieben ersten Schweizer Architektinnen, deren Bauten Aufsehen erregten. Keine von ihnen bekam die frauenfeindliche Haltung des männerlastigen Bausektors und der bis Ende der 1960er-Jahre einzig mit Männern besetzten Behörden so stark zu spüren wie sie, wohl auch wegen ihrer öffentlichen Stellungnahmen als unbeugsame Frauenrechtlerin.

Geboren und aufgewachsen ist Berta Rahm in St. Gallen als Tochter von Wilhelm und Hermine Rahm-Meyer. Unter dem Einfluss ihres Onkels Arnold Meyer, der in Hallau ein erfolgreiches Architekturbüro betrieb, entschloss sie sich 1929 zum Studium der Architektur an der ETH Zürich. Nur sechs Jahre vor ihr hatte Flora Crawford als erste Frau an dieser Hochschule ihr Diplom erhalten. Nach Abschluss des Studiums 1934 unternahm Rahm

Elisabeth Joris ist freischaffende Historikerin in Zürich, hat zahlreiche Beiträge und mehrere Bücher zur Geschlechtergeschichte im 19. und 20. Jahrhundert veröffentlicht, u. a. in den Bereichen Frauenbewegung, Recht, Arbeit und Migration. Der 1986 mit Heidi Witzig hgg. Quellenband *Frauengeschichte(n)* ist 2021 in Zusammenarbeit mit Anja Suter als erweiterte Neuauflage erschienen.

verschiedene Studienreisen nach Skandinavien, wo sie nicht nur beruflich entscheidende Impulse erhielt. Auch die Stellung und das emanzipierte Leben der Frauen in den skandinavischen Ländern beeindruckten sie nachhaltig. In der Schweiz arbeitete sie als Architektin vorerst im Angestelltenverhältnis bei ihrem Onkel in Hallau und bei Rudolf Olgiati in Flims, einem dezidierten Vertreter der Neuen Sachlichkeit. 1940 machte sie sich in Zürich selbstständig und eröffnete ihr Ein-Frauen-Büro an der Frankengasse. Vom Entwurf bis zur Bauführung zeichnete sie allein verantwortlich für ihre Projekte.

Beeinflusst vom skandinavischen Stil, baute sie Einfamilien- und Ferienhäuser, unter anderem 1940 das einfache Ferienhaus Laueli in Hasliberg in Stein und Holz sowie 1953 das Hohweri-Haus in Hallau. Zugleich publizierte sie zu verschiedenen Sachthemen, die sie meistens mit eigenen Zeichnungen versah. So veröffentlichte sie 1942 in der Büchergilde Gutenberg eine *Reise nach Skandinavien und Finnland*, ein Buch zur skandinavischen Architektur. Mit dem Ratgeber *Vom möblierten Zimmer bis zur Wohnung*, der 1946 im Zürcher Verlag Schweizer Spiegel erschien, vermittelte sie mit Texten und rund zweihundertdreißig Zeichnungen *Anregungen für das Einrichten von Einzelräumen und Wohnungen*, so der Untertitel des kleinen Buchs. In ihren Beiträgen verglich sie immer auch die Situation der Frauen in der Schweiz mit derjenigen in Skandinavien. Sie verband die hiesige Zurückstellung und Nichtbeachtung der Frauen im Bau mit dem fehlenden Frauenstimmrecht, für das sie auch unerschrocken eintrat, aller Gegnerschaft zum Trotz.

1950 veröffentlichte Rahm in der vom Schweizerischen Werkbund herausgegebenen Fachzeitschrift *Das Werk* den Artikel *Wohnmöglichkeiten für Alleinstehende*. Mit statistisch unterlegten Argumenten kritisierte sie die einseitige Ausrichtung des schweizerischen Wohnungsbaus auf das gängige Bild der intakten Kleinfamilie der Nachkriegszeit. Die Siedlungen schlössen die vielen Personen aus, deren Situation nicht dieser Norm entspreche: »Verwitwete, geschiedene oder unverheiratete Frauen mit eigenen oder Adoptivkindern, Großmütter mit Enkeln, Geschwister, Vater mit Tochter oder Sohn sowie Freundinnen, Studienkameraden, Arbeitskollegen, die es vorziehen, als Wohnpartner zusammen zu hausen.« Sie knüpfte damit an die bereits im Kontext der ersten Schweizerischen Ausstellung für

Frauenarbeit 1928 in Bern insbesondere von Lex Guyer, der ersten selbstständig arbeitenden Architektin der Schweiz, realisierten Wohnbauten für alleinstehende Frauen und Studentinnen an. Ebenso verwies sie auf Vorbilder aus nordischen Ländern, in denen Frauen dank der frühen Einführung des Frauenstimmrechts selbst in öffentlichen Gremien Einfluss in der Architektur ausüben konnten: »Bedenkt man, dass etwa in Zürich [...] rund 50 000, in Bern rund 20 000 ledige Frauen ihr Brot verdienen [...], dann mag man ermessen, welche Bedeutung das Problem der Wohngelegenheit für die Alleinstehende besitzt. Unter diesem Blickwinkel wird es doppelt grotesk, dass all diese Frauen [...] keinerlei legale Möglichkeit besitzen, als Stimm- und Wahlberechtigte neben anderen Fragen die sie besonders berührenden sozialen Fragen mitzuentscheiden.« Sie verband die Kritik an der nur auf die Normfamilie mit Hausfrau und Alleinverdiener ausgerichtete Wohnungsplanung mit der Realität der alleinstehenden berufstätigen Frau, die »nicht wie der verheiratete Kollege bei der Heimkehr ein aufgeräumtes Heim, einen gedeckten Tisch, eine gekochte Mahlzeit, gewaschene, gebügelte und geflickte Wäsche usw. vorfindet, sondern dass sie alles [...] selber besorgen muss«.

Als Werk einer Pionierin galt der von ihr 1951 im Auftrag von Karl Schelbli entworfene Nägeliseehof bei Hallau, auf dem gegenwärtig immer noch Schelblis Neffe wirtschaftet. Der in Holzkonstruktionsweise erstellte Bauernhof zeichnete sich speziell durch sein Offenstallsystem aus. Er war der erste in Europa, der Tieren freie Bewegung ermöglichte. Kaum vollendet, erregte er internationale Aufmerksamkeit. Besuchergruppen aus der Schweiz, aus Deutschland, Holland und Dänemark trugen sich im Gästebuch ein. Lehrer an landwirtschaftlichen Schulen aus der Schweiz und Deutschland reisten mit ihren Klassen nach Hallau. Dänen ihrerseits wollten sehen, wie dänische Architektur in der Schweiz funktioniere.

Schelbli war in Hallau der einzige Bauherr, der Berta Rahm einen Auftrag erteilte und sich dem damaligen Mainstream entzog. Insbesondere die Behörden ihres Heimatkantons schlossen sie als Architektin aus und legten ihr auch für Privatprojekte Steine in den Weg. Erfolglos beteiligte sie sich immer wieder an Architekturwettbewerben für öffentliche Gebäude. Selbst wenn ihre Vorschläge in der Finalrunde landeten, schaffte sie es nie auf den ersten Platz. Doch wurde sie ebenso übergangen, wenn sie als Preisträgerin vom dritten oder vierten Platz nach vorne rückte, nachdem die Gewinner von der Realisierung zurückgetreten waren. Oder der Regierungsrat nahm sie wie beim Wettbewerb um das Schaffhauser Kantonsspital, zu dem sie

Für den Saffa-Pavillon von 1958 orientierte sich Berta Rahm
an der schlichten Eleganz des skandinavischen Bauens.

einen glänzenden Entwurf eingereicht hatte, aus dem Rennen, weil sie eine Frau sei. Die Gemeinde Hallau verweigerte ihr die Teilnahme an Wettbewerben, mit der simplen Begründung, dass die Männer sich nicht vorstellen konnten, »wie eine Frau mit den Behörden verhandeln soll«. Auch in Zürich wurde sie nie zu Wettbewerben für öffentliche Gebäude wie Schulhäuser eingeladen.

Bitter enttäuscht wurde sie allerdings ebenso von Frauen. Für die Saffa, die unter der Federführung des Bundes Schweizerischer Frauenorganisationen (BSF) im Sommer 1958 auf der Zürcher Landiwiese unter dem Motto »Lebenskreis der Frau in Familie, Beruf und Staat« über die Bühne ging, leistete sie aufwendige architektonische Vorarbeiten. Doch übertrugen ihr die Ausstellungsverantwortlichen trotz der unbestrittenen Qualität ihrer modernen Entwürfe nicht die Stelle der Chefarchitektin, für die sie im Gespräch gewesen war. Ihr wurde die Zürcher Architektin Annemarie Hubacher-Constam vorgezogen. Diese hatte wie Rahm als eine der wenigen Frauen in der Zwischenkriegszeit an der ETH Architektur studiert, arbeitete jedoch nicht selbstständig, sondern in Bürogemeinschaft mit ihrem Mann, dem bekannten Architekten Hans Hubacher. Rückblickend erklärte

Berta Rahm, die Organisatorinnen hätten ihre Wahl damit begründet, dass Frau Hubacher durch ihren Mann ersetzt werden könne, falls sie wegen der Verantwortung zusammenbrechen sollte. Berta Rahm durfte einzig den – 2020 nunmehr geretteten – kleinen Pavillon realisieren, einen Anbau zum zerlegbaren Klubhaus des bekannten Mailänder Architekten und Designers Carlo Pagani. Sie war für den Aufbau des Klubhauses an der Saffa verantwortlich und adaptierte dessen Formensprache für den Annex: eine eingeschossige Aluminiumkonstruktion mit einer teilweise lichtdurchlässigen Fassade, die eine besondere Raumatmosphäre schuf. Der auch als Rückzugsort für Journalistinnen gedachte Innenraum verband verschiedene Funktionen: Ruhen, Lesen, Reden, Essen. Annemarie Hubacher-Constam bezeichnete rückblickend das filigrane elegante Bauwerk in der Architekturzeitschrift *Das Werk* als »etwas Kühnes und Anziehendes im Äußeren durch Linie und Material«.

Dass Hubacher-Constam als Saffa-Chefarchitektin Berta Rahm vorgezogen wurde, hängt wohl auch mit deren kompromisslosem Auftreten zusammen, orientierte sich doch damals der BSF am Ausgleich mit den Männern. Dagegen scheute sich Rahm weder als Architektin noch als Frauenrechtlerin, Diskriminierungen zur Diskussion zu stellen. Damit eckte sie insbesondere bei Vertretern ihrer Heimatgemeinde an. Noch bei ihrem letzten Projekt erlaubten sich Männer, sich über sie als »Männerhasserin« auszulassen, statt sich mit der von ihr angeprangerten Willkür auseinanderzusetzen.

Anfang der 1960er-Jahre wollte Berta Rahm in Hallau auf dem Grundstück ihrer Mutter drei Wohneinheiten realisieren. Ihr Baugesuch lehnte der Gemeinderat ab, es fehle ein Bebauungs- und ein Quartierplan, ebenso die erforderliche Kanalisation. Dagegen konnte der Baureferent der Gemeinde im selben Quartier einen Neubau nach dem andern errichten. Resigniert, bitter auch, holte sich Rahm rechtliche Unterstützung bei der ersten Ombudsfrau der Schweiz, der prominenten Frauenrechtlerin Gertrud Heinzelmann. Die promovierte Juristin leitete beim Migros-Genossenschaftsbund von 1963 bis 1976 das Büro gegen Amts- und Verbandswillkür. Sie erteilte gratis Rechtsberatung, reichte Beschwerden ein und ging gerichtlich gegen Amtsmissbrauch vor. Die Interessen von Berta Rahm vertrat Heinzelmann mit größtem Engagement. Sie zog den Fall bis vors Bundesgericht – vergeblich, auch weil Berta Rahm in Unkenntnis der Sache zu spät reagiert hatte. In der Zeitung *Die Tat* prangerte Heinzelmann im März 1965 die Widersprüche der Gemeinde Hallau und des Kantons Schaffhausen an, aber auch die Zusammensetzung des entscheidenden Bundesgerichts, dessen Dreiergremium zwei Richter aus Schaffhausen angehörten. Der rechtlich fundierte Artikel *Wenn eine Architektin kämpft. Willkür in Kettenreaktion* löste in der gesamten deutschen Schweiz zum Teil heftige Reaktionen aus. In ihren Schlussbetrachtungen zum Fall stellte Heinzelmann in einem weiteren Artikel in der *Tat* fest, »dass in unserem Rechtsstaat fehlerhafte Staatsakte vorkommen, die durch keine Instanz korrigiert werden. In den nordischen Staaten hätte die durch behördliche Willkürakte geschädigte Architektin die Möglichkeit, sich an den Ombudsmann zu wenden. Bei uns darf sie lediglich auf der Tribüne zuhören, wie sie aufgrund falscher Sachdarstellungen persönlich verunglimpft wurde.«

Rahm veröffentlichte 1966 einen Rechenschaftsbericht über diese Erfahrungen, den sie 1993 nochmals publizierte. Er ist ein bestürzendes Dokument. Peinlich genau dokumentiert sie die jahrelangen Schikanen durch den Filz der Hallauer und Schaffhauser »HERREN«, bis hin zu Dokumentenfälschungen, ja, einem tätlichen Angriff. Rahm beschreibt das mit berechtigter Empörung, aber zuweilen auch mit sarkastischem Witz, etwa wenn sie nach dem wider männliche Erwartungen erfolgreichen Bau des Nägeliseehofs meint: »Zum Erstaunen vieler Skeptiker kam die Scheune rechtzeitig unter Dach, die Kühe gaben Milch und (trotz der beanstandeten Malerei) wurde der Kachelofen warm.«

Berta Rahm, eines der wenigen weiblichen Mitglieder des Schweizerischen Ingenieur- und Architektenvereins, repräsentierte 1963 in Paris bei der Gründung der Union Internationale Femmes Architectes die Schweiz. In der *Schweizerischen Bauzeitung* veröffentlichte sie ihren Bericht und verglich dabei die Situation der Architektinnen in der Schweiz – mit Verweis auch auf Iris von Rotens *Frauen im Laufgitter* (1958) – mit der weit besseren in Finnland. Sechs Jahre später eröffnete sie ihren Bericht über den zweiten internationalen Kongress der Architektinnen im Juni 1969 in Monte Carlo in der sozialdemokratischen Zeitschrift *Die Frau in Leben und Arbeit* unter dem Titel *Neue Städte – ein Beitrag der Frauen* mit einem Verweis auf die bereits in den 1860er-Jahren international verankerte Genfer Frauenrechtlerin Marie Goegg-Pouchoulin, »die mutige Pionierin für Frieden, Freiheit und Gleichberechtigung«. Der Bezug ist nicht zufällig. In der Zwischenzeit hatte Rahm resigniert und, finanziell schwer getroffen ob der Hürden und willkürlichen Behinderungen, ihren Beruf aufgegeben – nach dreißig Jahren Tätigkeit als Architektin. Sie begann, sich als Verlegerin der Schriften von Frauenrechtlerinnen aus dem 18. und 19. Jahrhundert zu etablieren.

* 4.10.1910	in St. Gallen in einer Kaufmannsfamilie, Gymnasium in St. Gallen
1929	Studium der Architektur an der ETH Zürich, 1934 Diplom
1935	Studienreisen durch Skandinavien und die Niederlande, darüber und spätere Reisen der Bericht 1939 – *Reise nach Skandinavien und Finnland* (1942). Anstellungen in Architekturbüros
1940	Eigenes Architekturbüro in Zürich. Verschiedene Einzelbauten, etwa Pavillon an der Saffa 1958. Artikel in Fachzeitschriften zu neuen Wohnformen
1966	Aufgabe des Büros wegen ständiger Diskriminierungen. Aufbau des ALA-Verlags in Zürich. Herausgabe von und Einleitung zu Werken feministischer Klassikerinnen wie Flora Tristan (1971), Mary Wollstonecraft (1976), Hedwig Dohm (1980) und Marie Goegg-Pouchoulin (1993)
† 10.10.1998	in Neunkirch / Schaffhausen

Als Frauenrechtlerin wurde sie auch nach Schließung ihres Büros 1966 wie viele ihrer Vorgängerinnen angegriffen und ausgegrenzt. Im Vorfeld der Abstimmung zur Einführung des Frauenstimmrechts 1967 im Kanton Schaffhausen – die Ablehnung war absehbar – meldete sie sich sarkastisch zu Wort. Männer wie Gegnerinnen der politischen Gleichberechtigung verschrien sie als Furie, die Männer kastrieren wolle. Dem Leiter des gegnerischen Aktionskomitees, der die Ablehnung damit begründete, Frauen müssten zuerst Militärdienst leisten, entgegnete sie an einer öffentlichen Veranstaltung trocken, wenn alle einrücken müssten, »wer würde da den Soldaten die Socken waschen«. Weil sie ihn damit »heruntergekauft« habe, baten sogar Schaffhauser Frauenrechtlerinnen, sie solle nicht mehr an Veranstaltungen kommen, sie schade der Sache. Doch das Wort ließ sich Berta Rahm nicht verbieten. Den Aufbruch im Gefolge von 1968 begrüßte sie und setzte ihre Hoffnungen auf die junge Generation von Frauen. Gleichzeitig setzte sie sich im Frauenstimmrechtsverband für den offenen Widerstand gegen die vom Bundesrat beabsichtigte Unterzeichnung der Europäischen Menschenrechtskonvention (EMRK) ohne Einführung des Frauenstimmrechts ein. In der *Staatsbürgerin* vom März 1969 plädierte sie unter dem Pseudonym Peter Ala für den Marsch nach Bern: »Nach hundert Jahren geduldigen Wartens« solle die Frauenbewegung endlich vom heldenhaften Mut der französischen und englischen Suffragetten lernen.

Nach der Schließung ihres Büros wurde Berta Rahms Lage vorerst äußerst schwierig. Sie hielt sich mit Gelegenheitsjobs über Wasser – unter anderem in der Abwaschküche der Mensa der Universität Zürich. Gleichzeitig schmiedete sie neue Pläne. 1967 gründete sie in Zürich den ALA Verlag – wiederum ein Ein-Frauen-Betrieb. Sie veröffentlichte Schriften von und zu Frauenrechtlerinnen vom späten 18. bis zum frühen 20. Jahrhundert. Ihr Verlagsprogramm begann sie mit einer Neuübersetzung eines Buchs über die Bloomer Girls. Diese trugen die nach einem Entwurf der amerikanischen Frauenrechtlerin Amelia Bloomer (1818–1894) benannte Reformkleidung,

So kocht die moderne Frau, und vielleicht auch mal der moderne Mann:
Die Wohnküche des Saffa-Pavillons 1958.

die Frauen mehr Bewegungsfreiheit ermöglichte: ein Oberteil ohne Korsett, ein gefältelter, unter dem Knie abschließender Rock und lange, weite, an den Knöcheln gebundene Hosen. Vor allem verlegte Berta Rahm Werke von Autorinnen, die im deutschsprachigen Raum weitgehend in Vergessenheit geraten waren, später aber zu Identifikationsfiguren der feministischen Bewegung werden sollten. Unter dem Titel *Verteidigung der Rechte der Frauen* gab sie die Übersetzung von Mary Wollstonecrafts bahnbrechendem Werk *A Vindication of the Rights of Woman* von 1792 heraus, das vor allem für das Recht der Frauen auf Bildung plädierte. Es folgten Erinnerungen von Hedwig Dohm (1831–1919) und weitere gesellschaftspolitische Texte von und zu dieser Pionierin der Frauenrechtsbewegung aus der Zeit des deutschen Kaiserreichs sowie Schriften und eine von Rahm selber verfasste Biografie der französischen Sozialistin und Frühfeministin Flora Tristan (1803–1844). Früh schon gab sie eine Postkartenserie mit den Porträts dieser Vorkämpferinnen der Gleichberechtigung heraus.

Mit ihrer Verlegerinnentätigkeit nahm sie vorweg, was rund ein Jahrzehnt später im Gefolge der neuen Frauenbewegung mit vielfältigen Publikationen und neuen Verlagen und Buchhandlungen aufblühen sollte. Als sie 1993 Texte und die von ihr verfasste Biografie der Genferin Marie Goegg-Pouchoulin (1826–1899) veröffentlichte, die bereits in den 1860er- und 1870er-Jahren eine internationale Frauenassoziation samt Zeitung gegründet hatte, musste Rahm mit neuen Frauenverlagen konkurrieren. Allerdings machte sie im Gegensatz zu diesen zumeist als Kollektiv agierenden feministischen Verlagen alles allein: vom Übersetzen und dem Verfassen von Vor- und Nachworten über das Verhandeln mit Druckern und Buchbindern bis zur Auslieferung und dem Vertrieb. Hartnäckig versuchte sie, Redaktionen für ihre Sache und ihre Bücher zu gewinnen, wies in handschriftlichen Beilagen auf zu beachtende Punkte hin und sprach sich auch schon mal gegen womöglich ungeeignete Rezensenten aus. Ihre kleinen, dicht gesetzten Büchlein passten in Hand- und Westentaschen und enthielten öfters von ihr in Bibliotheken entdeckte kaum bekannte Illustrationen.

Dass im Rahmen des Nationalfonds-Forschungsprojekts zur Saffa 1958 nun Berta Rahm als Architektin neue Beachtung findet, ist auch einer innovativen Pilzzüchterin zu verdanken. Erica Hauser kaufte den kleinen Pavillon nach Schluss der Ausstellung und ließ ihn nach Gossau transportieren, um ihn als Kantine, Demonstrationsküche und Aufenthaltsraum für ihre Firma zu nutzen. Nach der Liquidation des Unternehmens 2009 wurde der Bau als Lagerraum genutzt. Dank des inzwischen vom Team des Nationalfondsprojekt Saffa 1958 gegründeten Vereins zur Rettung des Pavillons konnte dieser sorgfältig demontiert werden, um 2021 im Gedenken auch an fünfzig Jahre Frauenstimmrecht an geeigneter Stelle wieder als filigrane Konstruktion aufgebaut zu werden – ein würdiger Erinnerungsort für die Architektin und Frauenrechtlerin Berta Rahm.

Mehr zu Berta Rahm

+ Drei wichtige Veröffentlichungen:
1939: Reise nach Skandinavien und Finnland. Zürich 1942.
Vom möblierten Zimmer bis zur Wohnung: Anregungen für das Einrichten von Einzelräumen und Wohnungen. Zürich 1946.
Marie Goegg (geb. Pouchoulin). Mitbegründerin der Internationalen Liga für Frieden und Freiheit, Gründerin des Internationalen Frauenbundes. Schaffhausen 1993.

+ Ihre Leistung als Architektin wird gewürdigt in: Inge Beckel: *Politisch, unordentlich, sinnlich. Anstöße und Beiträge von Schweizer Frauen zum Städtebau*, in: Katia Frey / Eliana Perotti (Hrsg.): Theoretikerinnen des Städtebaus. Berlin 2005, mit einem Text von Berta Rahm als Anhang.
Leonie Charlotte Wagner: *Blinde Flecken der Architekturgeschichte*, in: *Archithese,* Schriftenreihe, April 2020. www.archithese.ch/ansicht/blinde-flecken-in-der-architekturgeschichte.html

+ Für Rahms geretteten Saffa-Pavillon von 1958 wird gegenwärtig ein Aufstellpatz gesucht (www.prosaffa1958-pavillon.ch)

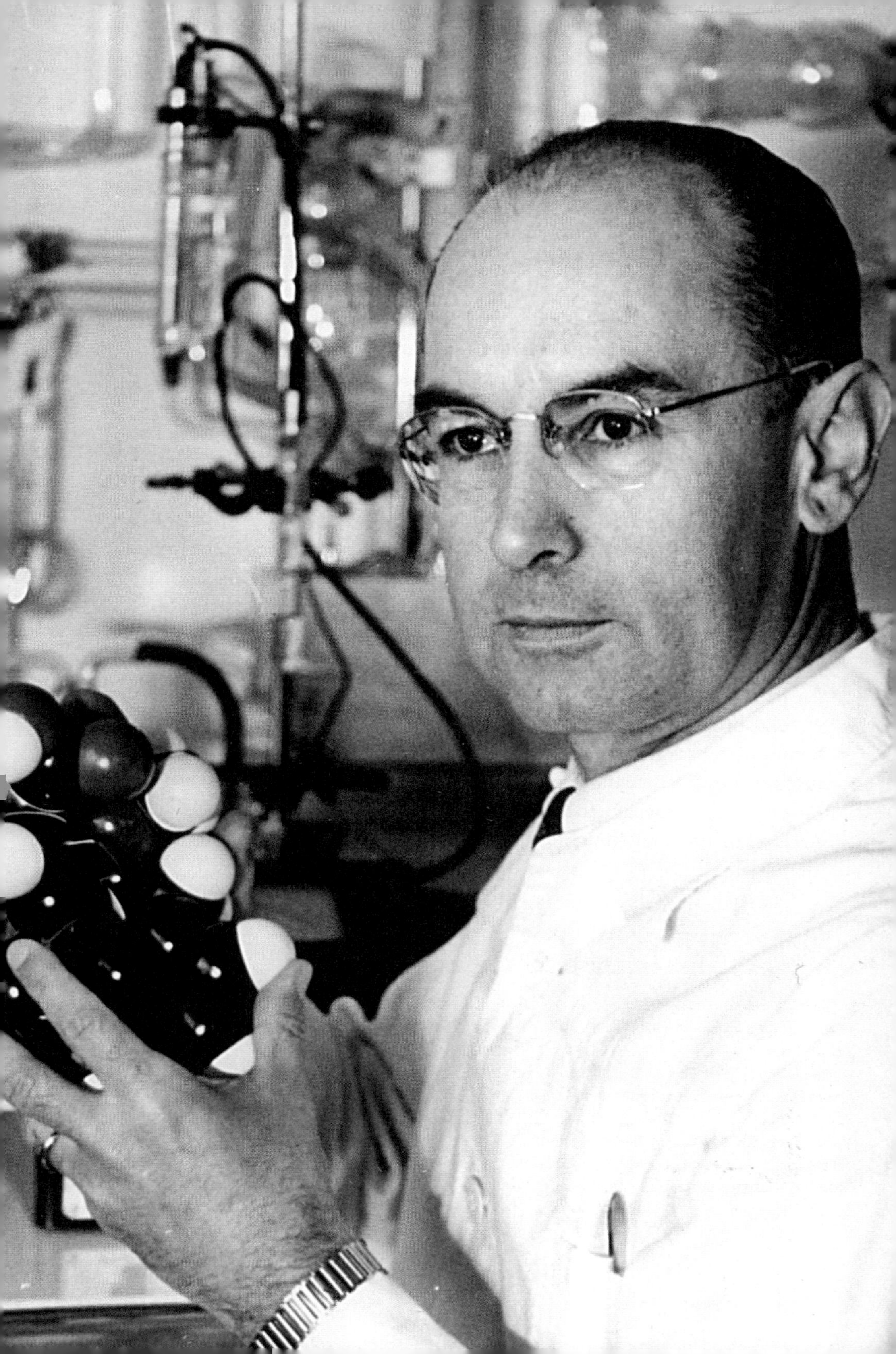

Jean-Martin Büttner zu Albert Hofmann

DER FLIEGENDE VELOFAHRER

Die Entdeckung von LSD aus den Ingredienzen der Schweiz

Sie luden ihn nach San Francisco ein, um den fünfzigsten Geburtstag der Substanz zu feiern, die er 1943 bei Sandoz in Basel entdeckt hatte. Der Siebenundachtzigjährige war zwar noch gut zuwege, er blieb es bis zu seinem Tod fünfzehn Jahre später. Aber eine so lange Flugreise wollte Albert Hofmann sich trotzdem nicht mehr antun. Stattdessen schickte er ein freundliches Video.

Erwartungsvoll gruppierten sich die Leute vor dem Fernseher, um die Grußbotschaft aus dem Baselland zu vernehmen: »My name is Albert Hofmann«, begann sie, »and I'm just a little Swiss chemist.« Einen solchen Satz hatten die Amerikaner wohl nicht erwartet, für Hofmann war er typisch. »Er entspricht meinem Selbstverständnis«, sagte er, als ich ihn darauf ansprach. »Ich bin ein gewöhnlicher Schweizer, der es am liebsten einfach hat, dabei ist mir am wohlsten. Einfach und reell. Leute, die großspurig auftreten, sind mir nicht sympathisch.«

Dabei fördert keine Substanz das Großspurige, die ins Mythologisierende hineinragende Selbstvergrößerung so sehr wie LSD. Das Akronym steht für »Lysergsäure-Diäthylamid«, das in der Natur als Roggenpilz vorkommt. Im Mittelalter erzeugte es Zustände, die für dämonische Besessenheit gehalten wurden. Im 20. Jahrhundert löste es bei Konsumenten Erlebnisse aus, die sie als Ausdruck ihrer psychischen Tiefe erlebten. Das ist ein Trugschluss, der einem nur im Rausch einfallen kann. Der deutsche Drogenforscher Günter Amendt sagte es am besten: »Über Drogen sprechen sollte man immer nüchtern.«

Jean-Martin Büttner, 1959, zweisprachig aufgewachsen in Basel. Studium der klinischen Psychologie, Psychopathologie und Anglistik an der Universität Zürich, Dissertation über *Songs, Sänger und triebhafte Rede. Rock als Erzählweise* (Basel 1997). Von 1987 bis 2021 beim Zürcher *Tages-Anzeiger* in verschiedenen Ressorts tätig (Kultur, Inland-Korrespondent, Hintergrund und Reporter). Dozent am Medienausbildungszentrum in Luzern. Lebt als freier Reporter in Zürich.

Zwar stimmt der oft zitierte Satz des amerikanischen Ethnopharmakologen Terence McKenna, wonach LSD psychotische Zustände bei jenen erzeugt, die es noch nie versucht haben. Aber genauso stimmt der Satz, dass LSD bei vielen nichts Weiteres auslöst als narzisstische Entblößungen. Die Prosa über LSD-Eigenversuche ist zumeist ungenießbar. Der kalifornische Psychologe Timothy Leary, der LSD den Massen verschreiben wollte, blieb ein Fantast. Die sogenannte psychedelische Kunst zeigt vor allem, wie rasch das Unsagbare im Unsäglichen verfließt. Bob Dylan schrieb unter LSD große Lieder, Donovan blieb Donovan.

Auch Albert Hofmann blieb Albert Hofmann. The little Swiss chemist. Gehen wir das einmal durch. Ein Kleiner. Ein Schweizer. Ein Chemiker.

Klein war er ohne Frage. Wenn er mit anderen diskutierte, sah man ihn kaum, denn er stand immer in der Mitte, und alle um ihn herum überragten ihn. Aber sie standen eben um ihn herum. Hofmann war selbstbewusst, der Bewunderung ebenso wenig abgeneigt wie dem Interesse wissenschaftlicher Kolleginnen, die er mit seinem Alters-Charme bedachte. Aber er führte sich nie auf. Er hasste Pomp und Aufschneiderei, und der sektenartige Kult um seine Substanz widerte ihn an. Außerdem blieb er allen gegenüber derselbe.

Klein war auch seine Herkunft, aus der heraus er sich zu einem weltweit geachteten Wissenschaftler hocharbeitete. Am 11. Januar 1906 als ältestes von vier Kindern im aargauischen Baden geboren, wuchs er in einfachen Verhältnissen auf, sein Vater arbeitete als Werkzeugmacher in einer Fabrik. Als dieser schwer erkrankte, musste Albert eine KV-Lehre machen, um Geld zu verdienen. In Abendkursen lernte er Latein, holte in nur einem Jahr die Matura nach, studierte in Zürich Chemie und schloss 1929 mit einer Dissertation ab, summa cum laude.

Er wechselte als Naturstoffchemiker nach Basel zu Sandoz, wo er bis zu seiner Pensionierung 1971 arbeitete. Er habe sich sein Leben lang für Pflanzen interessiert, sagte er, aus Liebe zu ihnen, aus Liebe zur Natur. Hofmann bleibt als Entdecker des LSD bekannt, hat aber als Wissenschaftler über hundert Artikel und mehrere Bücher verfasst. Unter seiner Leitung entwickelte Sandoz Medikamente zur Migränebehandlung und für die Gynäkologie. Hofmann synthetisierte als Erster die Wirksubstanz von halluzinogenen Pilzen und unternahm Forschungsreisen bis nach Mexiko oder Sri Lanka. Er hat sich stets für die Zusammenarbeit der Natur- mit den Geisteswissenschaften ausgesprochen; jede Disziplin sei zum Verständnis des Ganzen auf die andere angewiesen. Von seinem Arbeitgeber Sandoz rückte er gegen Ende seiner Karriere immer mehr ab, er kritisierte die Profitgier und die fehlende wissenschaftliche Neugierde.

Und ja, auch Schweizer war er bis in die Knochen. Obwohl er mehrere Sprachen konnte, krachte die Deutschschweizer Herkunft in seiner Aussprache immer durch. Er verkörperte zeitlebens das, was man an den Deutschschweizern idealisiert: Bescheidenheit, eine fast bäuerliche Direktheit, ein penibel korrektes Arbeiten, bei der Chemie besonders wichtig, vor allem wenn man auf eine Substanz stösst, bei der schon Zehntausendstel eines Gramms einen auf die Reise schicken können. Hofmann habe das LSD auch deshalb entdeckt, hat der deutsche Philosoph Thomas Metzinger gesagt, weil er ein so supergenauer Laborant gewesen sei.

Wenn es stimmt, dass das beste Design – sagen wir, die Schweizer Bahnhofsuhr, die Liege von Le Corbusier, das Bauhaus, das iPhone – deshalb überzeugt, weil es Funktionalität mit schmuckloser Schönheit kombiniert, dann gilt das auch für Albert Hofmanns Schreibstil. *LSD, mein Sorgenkind* (1979) bleibt ein klares, in einer unaufgeregten Prosa verfasstes Bekenntnis, das erst gegen Schluss ins Pathos kippt, als er überlange Zeugnisse anderer Autoren zitiert. Das Buch zeigt Hofmanns Ambivalenz dem LSD gegenüber, seine Hoffnungen und Befürchtungen, von denen sich leider vor allem die Letzteren erfüllt haben; zumindest bis heute, da endlich eine neue, sorgfältige Forschung arbeiten darf. Hofmann verstand LSD zeitlebens als Sakrament, also als spirituelle Hilfe, aber auch als therapeutisches Medikament. Die neuere Forschung schliesst nicht aus, dass das sogenannte Micro-Dosing, also LSD in sehr kleiner Dosierung, nicht nur das Gemüt aufhellen, sondern auch die Kreativität verstärken kann. Schlüssige Studien fehlen aber noch, weshalb Fachleute wie der deutsche Psychiater Torsten Passie skeptisch bleiben.

Als Genussdroge wollte Hofmann die Substanz keinesfalls eingesetzt haben. Darüber lässt sich diskutieren. Zwar sagte er mit einem gewissen Recht, das LSD sei dafür, vor allem in höheren Dosen, zu potent und seine Wirkung zu komplex. Aber dass ein Erlebnis Glück und Freude auslösen kann, dass es eine Beziehung vertiefen und die Selbstwahrnehmung schärfen kann, spricht doch für diese Nutzung.

Klar ist: Obwohl die amerikanische Boulevardpresse die Gefahren von LSD massiv übertrieb und fast alle schrecklichen Erlebnisse erfand, etwa

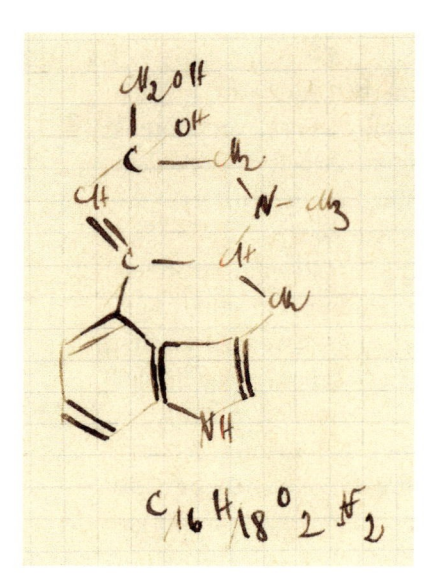

Lysergsäure-Diäthylamid, kurz auch LSD oder Acid, ist ein chemisch hergestelltes Derivat der Lysergsäure, die in Mutterkornalkaloiden natürlich vorkommt.

die Geschichte des Mannes, der bis zur Erblindung in die Sonne schaute oder sich danach fühlte wie eine Orange, muss man jedem abraten, LSD unter Zwang, mit Unbekannten, an fremden Orten und unter schlechten Umständen einzunehmen. Und es gibt mehrere Menschen wie den Pink Floyd-Sänger Syd Barrett, die nach ihrem exzessiven LSD-Konsum in eine Psychose abglitten – wobei in solchen Fällen nicht zu klären ist, ob eine Prädisposition zur Krankheit vorlag.

Albert Hofmann war ein kommunikativer Mensch. Sein ganzes Leben hat er Briefe geschrieben und Leute getroffen, noch zwei Wochen vor seinem Tod mit hundertzwei Jahren war er am Schreiben. Mit Aldous Huxley, dem englischen Schriftsteller aus einer Wissenschaftsdynastie, der in Kalifornien schon früh mit Meskalin und LSD Selbstversuche unternommen hatte, verstand er sich besonders gut. Die beiden schrieben einander und trafen sich mehrere Male zum Gespräch. Die zwei Begegnungen mit Timothy Leary in der Schweiz gefielen Hofmann weniger. Er fand den kalifornischen Psychologen enthusiastisch und empathisch, aber unseriös.

Nur in einer Beziehung machte Hofmann viele ratlos: durch seine jahrzehntelange, von vielen Briefen, Begegnungen und LSD-Sitzungen geprägte, schwärmerische Freundschaft mit Ernst Jünger. Der vor einigen Jahren veröffentlichte Briefwechsel zwischen dem Wissenschaftler und dem Schriftsteller macht mehreres klar: dass Hofmann mit keinem Wort auf Jüngers Faszination für Krieg, Gewalt und antidemokratischen Nationalismus einging, auf dessen Kälte gegenüber Menschen, die auch Jüngers Schriften über den Rausch metaphorisch bestimmten; dass er im Gegenteil den Freund zum großen Schriftsteller stilisierte, den er bewunderte. Und dass in den Briefen immer er es war, der fragte, und immer Jünger, der als Antwort über sich selber schrieb. Hofmann agierte empathisch, Jünger narzisstisch.

The little Swiss chemist, da fehlt eines noch, das Wichtigste: Albert Hofmann als Chemiker. Ein Chemiker, sagte er, müsse auch Mystiker sein, er erklärte es mit den spirituellen, ekstatischen Erlebnissen, von denen er als Kind in den Wäldern seiner Heimat ergriffen worden war. Als ich ihn fragte, was für ihn die wichtigste Erfahrung seiner LSD-Erlebnisse geblieben sei, sagte er: »Das Bewusstsein, Teil zu sein einer lebendigen Schöpfung.« Vielleicht erklärt diese geistige Haltung seine politische Naivität. Immerhin entwickelte er sich schon früh zu einem scharfen Kritiker der Umweltzerstörung. Wie er in seinem Buch schreibt: »Was heute nottut, ist ein elementares Wiedererleben der Einheit alles Lebendigen, ein umfassendes Wirklichkeitsbewusstsein, das sich spontan immer seltener entfaltet, je mehr die ursprüngliche Flora und Fauna der Erde einer toten technischen Umwelt weichen muss.«

Auch koppelte er die Auseinandersetzung mit LSD schon früh mit anderen Techniken von Trance und Ekstase, interessierte sich für Meditation und Religionen als spirituelle Erfahrungen. Hofmann traf immer wieder mit Heilern und Schamanen zusammen wie der berühmten mexikanischen Heilpriesterin María Sabina. Er reiste in der Welt herum, nahm an spirituellen Riten mit Meskalin teil und diskutierte seine Eindrücke mit Fachleuten auf der ganzen Welt. Was LSD dem Menschen gebe, Hofmanns Freund Aldous Huxley hat es in britisch vollendeter Untertreibung gesagt: »That the universe is sort of alright.« Huxley hielt 1961 in Kopenhagen mit anderen Experten eine wissenschaftliche Tagung ab, bei der er eine Art Weltrat installiert haben wollte, der die Politiker über die aufziehende Katastrophe der Umweltvernichtung warnen sollte. Hofmann war vom Ansinnen begeistert. Dass zwei so brillante Männer ernsthaft dachten, Politik ließe sich durch Vernunft regulieren, erstaunt heute noch.

María Sabina verdient auch deshalb eine Erwähnung, weil sie eine der wenigen Frauen war, die in Hofmanns Buch eine wegweisende Rolle spielt. Mit seiner Frau Anita Guanella, die ihn oft auf Reisen begleitete, physische und psychische, war er in einer Liebe verbunden, die bis zu ihrem Tod 2007 andauerte. Aber die größte Definitionsmacht geht bei Hofmanns Denken und Schreiben von den Männern aus.

Was von seiner Biografie am meisten in Erinnerung bleibt, schon weil er es so eindrücklich beschrieben hat, ist der erste Trip seines Lebens mit zweihundertfünfzig Mikrogramm LSD.

Hofmann hatte das fünfundzwanzigste Derivat des Mutterkornpilzes schon 1938 hergestellt, auf der Suche nach einem Kreislaufstimulans und einem Mittel, die Blutungen bei Wehen abzuschwächen. Er hatte sich von der Substanz abgewandt, weil er in ihr keinen Nutzen erkannte. Was ihn am 19. April 1943 erneut dazu brachte, die fünfundzwanzigste Reihe der Substanz zu kristallisieren, kann er selber bestenfalls mit einer Ahnung beschreiben. »Das LSD kam zu mir«, sagte er gerne.

Schon drei Tage vorher, als er das LSD-25 ein erstes Mal wieder hergestellt hatte, hatte er darauf einen leichten, nicht unangenehmen Schwindel verspürt. Obwohl er als außerordentlich exakter Chemiker bekannt war, muss er eine winzige Menge LSD über die Haut resorbiert haben. Darum probierte er es beim zweiten Mal mit den zweihundertfünfzig Mikrogramm. Niemals hätte er gedacht, was diese mit ihm anstellen würden.

Zu Beginn, kurz nach der Einnahme, konnte Hofmann seinen Zustand noch protokollieren, aber die Konzentration fiel ihm immer schwerer. Er bat seine Assistentin, ihn vom Sandoz-Gebäude am Rhein mit dem Velo zu sich nach Bottmingen zu begleiten, eine knapp dreiviertelstündige Fahrt über die Mittlere Brücke von Basel und dann, am Zoo vorbei, in das Dorf außerhalb der Stadt. Obwohl Hofmann das Gefühl hatte, nicht vom Fleck zu kommen, versicherte ihm die Assistentin, sie seien sehr schnell gefahren. Zu Hause legte er sich hin, trank Milch zur Entgiftung. Und ging geistig durch die Hölle. Der letzte Eintrag im Protokoll lautet: »Mit Velo nach Hause. Von 18 – ca. 20 Uhr schwerste Krise.«

Albert Hofmann hatte die Potenz der Substanz massiv unterschätzt und war in einen schlechten Trip geraten, der typisch ist für Unvorbereitete in der falschen Umgebung. Set und Setting, nennt man das in der Drogenforschung nach einer Formulierung von Timothy Leary: Nur wenn sich die Person gesund, entspannt und ausgeruht fühlt und sich in einer gewohnten Umgebung aufhält (Set), nur wenn die Umstände friedlich, geborgen und die Begleitung freundschaftlich ist (Setting), nur wenn sich kein Gruppendruck aufbaut und die Dosis der Erfahrung angepasst wird, gerät ein LSD-Trip zur Bereicherung, erotisch, philosophisch und in der Natur. Das Erleben bleibt in jedem Fall komplex.

So lag der little Swiss chemist zu Hause auf dem Sofa, seine Frau und die drei Kinder waren auf Besuch zu ihren Eltern, und er glaubte, sich selber psychisch vernichtet zu haben. »Alle Anstrengungen meines Willens, den Zerfall der äußeren Welt und die Auflösung meines Ich aufzuhalten, schienen vergeblich. Ein Dämon war in mich eingedrungen und hatte von meinem Körper, von meinen Sinnen und von meiner Seele Besitz ergriffen. Ich sprang auf und schrie, um mich von ihm zu befreien, sank dann aber wieder machtlos auf das Sofa. [...] Eine furchtbare Angst, wahnsinnig geworden zu sein, packte mich. Ich war in eine andere Welt geraten, in andere

* 11.1.1906	in Baden / Aargau in einer Handwerkerfamilie. Kaufmännische Lehre
1925	Chemiestudium an der Universität Zürich, Promotion 1929
1929–1971	Arbeit als Chemiker bei Sandoz in Basel
1935	Heirat mit Anita Guanella (1913–2007), vier Kinder
1943	Entdeckung des LSD. Erforschung halluzinoger Pilze und der Wirkstoffe von Arzneipflanzen, entsprechende Fachpublikationen. Zahlreiche internationale Kontakte und Ehrungen
1979	LSD – mein Sorgenkind, autobiografischer Bericht. Veröffentlichungen zur psychedelischen Bewusstseinserweiterung, zur mystischen Welterfahrung und zur Stellung der Wissenschaften: Einsichten – Aussichten (1986), Naturwissenschaft & mystische Welterfahrung (1992), Lob des Schauens (2002)
† 29.4.2008	in Burg im Leimental / Baselland

Räume mit anderer Zeit. Mein Körper erschien mir gefühllos, leblos, fremd. Lag ich im Sterben? War das der Übergang?«

Aber die Panik verging und mit ihr die Angst, den Verstand verloren zu haben. Hofmanns Hausarzt konnte keinerlei Symptome erkennen außer den weit geöffneten Pupillen. Als die psychische Wirkung des LSD nachließ, erlebte der Forscher die andere Seite der Substanz, die sich so viel häufiger manifestiert, wenn die Umstände stimmen: »Jetzt begann ich allmählich das unerhörte Farben- und Formenspiel zu genießen, das hinter meinen geschlossenen Augen andauerte. Kaleidoskopartig sich verändernd, drangen bunte, fantastische Gebilde auf mich ein, in Kreisen und Spiralen sich öffnend und wieder schließend, in Farbfontänen zersprühend, sich neu ordnend und kreuzend, in ständigem Fluss. Besonders merkwürdig war, wie alle akustischen Wahrnehmungen, etwa das Geräusch einer Türklinke oder eines vorbeifahrenden Autos, sich in optische Empfindungen verwandelten. Jeder Laut erzeugte ein in Form und Farbe entsprechendes, lebendig wechselndes Bild.«

Sein heftigstes Erlebnis ergriff ihn am Morgen darauf, als er in die Natur hinaustrat und von der Pracht seines frühlingshell erleuchteten Gartens überwältigt wurde. Sie bestätigte die mystischen Naturerlebnisse seiner Kindheit. Zu seinem Erstaunen realisierte er dann, dass er sich an die Ereignisse der letzten Nacht erinnern konnte. Außerdem fühlte er sich geistig und körperlich ausgezeichnet, verspürte keinen Kater, genoss das Morgenessen und den Rest der Woche.

Dass der LSD-Rausch keinen Kater hinterlässt, erklärt man sich dadurch, dass die Menge der Substanz bei der Einnahme dermaßen gering ist, dass sie vom Körper schnell abgebaut wird. Wenn LSD zu wirken beginnt, ist es schon nicht mehr im Körper. Hofmanns Glücksgefühle als Nachwirkung seines Erlebnisses beschäftigen Forscher und Therapeutinnen heute immer mehr. Wie aus immer weiteren Studien hervorgeht, scheinen LSD,

Vielfach geehrt: Albert Hofmann in seinem Studierzimmer 2001.

Psilocybin und andere Psychedelika schon in kleinen Dosen bei Depressionen, Süchten und posttraumatischen Stresssymptomen zu wirken. Vereinzelt erzählten Patienten im Internet, dass sie sogar ihre schweren Cluster-Kopfschmerzen für mehrere Monate zum Verschwinden brachten.

Therapeuten in mehreren Ländern – mit der Schweiz als Pionierin – berichten von bemerkenswerten Erfolgen mit Halluzinogenen bei Patienten mit schweren Traumen (Vergewaltigung, Folter, Unfall) oder terminalen Krankheiten wie Krebs. LSD kann kathartisch wirken beim Durcharbeiten eines Traumas, ohne dass der Patient dabei überwältigt wird. Die Substanz kann auch helfen, den Tod zu akzeptieren und sich von seinen Nächsten zu verabschieden.

Was die Forscher am meisten überrascht: dass es nur wenige Sitzungen braucht, um die Therapie voranzubringen. Da die Patente für diese Substanzen erloschen sind, hat die Pharmaindustrie aber kein Interesse an der therapeutischen Erforschung ihrer Wirkung. Das war früher anders: Bis zum Verbot von LSD 1966 durch die USA und dann, über den Suchtkontrollrat der UNO in Wien, praktisch auf der ganzen Welt, waren etwa sechstausend Untersuchungen veröffentlicht worden. Die meisten blieben praktisch wertlos, weil sie die methodischen Forderungen an ein wissenschaftliches

Experiment nicht erfüllen konnten. In letzter Zeit hat sich die Zahl seriöser Versuche wieder erhöht.

Während des Jubiläumskongresses zu Albert Hofmanns hundertstem Geburtstag im Januar 2006, an dem sich die internationale Elite der Drogenforschung noch einmal versammelte – viele Experten der Gründergeneration waren schon sehr alt –, schrieben die Wissenschaftler dem Schweizer Bundesrat einen offenen Brief, in dem sie die Legalisierung von Psychedelika für Therapie und Forschung forderten. »Zur Überraschung vor allem meiner ausländischen Kollegen antwortete Pascal Couchepin, der damalige Gesundheitsminister, ausgesprochen positiv«, erinnert sich der Solothurner Psychiater Peter Gasser im Gespräch. Gasser hat 2007 als Erster eine legale Studie für die Anwendung von LSD bei Krebspatienten im Endstadium und anderen Kranken durchführen dürfen. Die Resultate sind so ermutigend ausgefallen, dass seine Studie mit deutlich mehr Versuchspersonen wiederholt wird. Die Arbeiten dazu begannen 2020.

Ich habe Pascal Couchepin damals gefragt, warum dem Schweizer Bundesrat ein Entscheid so leichtgefallen war, der in vielen anderen Ländern undenkbar bleibt. Couchepin, ein großer Mann, gab eine kleine, schweizerische Antwort: »Was dem Menschen helfen kann und ethisch und medizinisch korrekt abläuft, soll erforscht werden dürfen.« Das hat Albert Hofmann noch mitbekommen, und es hat ihn sehr gefreut. In seiner nüchternen Art natürlich. Die allerbeste Werbung für seine Substanz machte er selber.

Mehr zu Albert Hofmann

+ Die genauste Beschreibung von Forschung zu und Wirkung von LSD bleibt Albert Hofmanns Autobiografie *LSD – mein Sorgenkind* von 1979.
+ Bereits 1954 hatte Aldous Huxley in *The Doors of Perception* (*Die Pforten der Wahrnehmung*) psychedelische Erfahrungen beschrieben, klarsichtig und zugleich etwas mystifizierend.
+ Wer etwas Vernünftiges zu Drogen wissen will, kommt um Günter Amendt (1939–2011) nicht herum. Bereits 1972 veröffentlichte er *Sucht, Profit, Sucht. Politische Ökonomie des Drogenhandels*; 2008 erschien als eines seiner letzten Bücher *Die Legende vom LSD*.
+ Martin Liechti, Stellvertretender Chefarzt der Abteilung Klinische Pharmakologie und Toxikologie am Universitätsspital Basel, führt seit 2019 eine mehrjährige Studie mit hoch dosiertem LSD zur Behandlung von Angststörungen durch. Er wandert mindestens einmal im Jahr zur Rütimatte bei Burg im Kanton Basel-Landschaft, wo Albert Hofmann und seine Frau Anita ruhen.

Namensverzeichnis

A

Abraham, Karl 56 f.
Addams, Jane 68
Adorno, Theodor W. 127
Allen, Jessie 179
Amendt, Günter 475
Amerbach, Bonifacius 268, 271
Ammann, Egon 428
Ammann, Ruth **63–71**
Amstein, Jürg 365
Andersch, Alfred 127
Anliker, Bädu **347–357**
Apollinaire, Guillaume 374
Arni, Caroline **107–117**, 303
Arp-Hagenbach, Marguerite **291–299**
Arp, Hans 109, 113, 281, 293, 295–299
Arslan, Sibel **301–309**
Astor, Johann Jakob 261

B

Bach, Etienne 132
Baggesen, Carl Albrecht Reinhold 25
Bähler, Fritz 298
Bakunin, Michail 15, 76
Ball, Hugo 46 f.
Balsiger, Hermann 90 f.
Balsiger, Roger Nicholas 90, 93
Baltrušaitis, Jurgis 271 f., 277
Balzac, Honoré de 23, 28, 30 f.
Bangerter, Baschi 418
Barberis, Alberto 441
Barberis, Elsa **433–441**
Barberis, Franco 435, 439, 441
Barberis, Pietro 434
Barbusse, Henri 386
Barrett, Syd 478
Barth, Hans 242, 245
Barth, Karl 396
Basler, Patti **323–333**
Bassermann, Albert 120
Baudelaire, Charles 36–38
Bäumer, Gertrud 66
Bäumlin, Richard 424
Bavaud, Maurice 406
Beauharnais, Joséphine de 155
Beauvoir, Simone de 302

Becker, Maria 122
Beckett, Samuel 383
Beethoven, Ludwig van 169
Bendel, Berthe 46, 49
Benjamin, Walter 97, 337
Berckheim, Amélie de 158
Bernet, Birgitta 54
Bernoulli, Daniel 142
Bichsel, Peter 392
Bill, Binia 109, 296
Bill, Max 109
Bille, Corinna 376 f.
Bindschedler, Ida 456, 459
Bindschedler, Pauline 459, 462
Binsenstock, Elsbeth 271
Binswanger, Robert 48
Blake, William 244
Blanchot, Maurice 370, 379, 384
Bleuler, Eugen **53–61**
Bloch, Rosa 91
Bloomer, Amelia 471
Bluntschli, Johann Kaspar 221
Bodmer, Karl **257–265**
Bodmer, Walter 291
Bögli, Lina 448
Bonaparte, Charles-Louis-Napoléon (Napoleon III.) 239
Bonaparte, Napoleon (Napoleon I.) 155, 157, 159, 184, 187–190, 198
Bondeli, Julie 143
Bondy, François 396
Boos, Susan **131–139**
Bordesoulle, Étienne Tardif Comte de 157 f.
Bordoni, Fernando 439
Börne, Ludwig 185
Bornemann, Ernst 101
Botticelli, Sandro 291
Brassens, Georges 424
Brecht, Bertolt 102, 122, 125
Breton, André 35, 38, 41, 287
Breuer, Josef 56
Brice, Pierre 257
Bringolf, Walther 149
Broglie, Victor de 183
Bronski, Mieczyslaw 78
Brunton, Paul 449
Brupbacher, Fritz 11, 15, 17, 21, 88, 92
Brupbacher-Raygrodski, Paulette **11–21**, 88, 305
Bryks, Arthur 109
Buber, Martin 109
Bührer, Jakob 48
Bünzli, Franz 242

Burckhardt, Alice   291
Bürgi-Kurz, Anni   134
Burkhard, Paul   365
Burren, Ernst   427
Butor, Michel   383
Büttner, Jean-Martin   **475–483**

C

Calandrini, Jean-Louis   143
Callemin, Raymond   371, 375, 378 f.
Calonder, Felix   254
Camille Corot, Jean-Baptiste   185
Camus, Albert   35
Canetti, Elias   109
Carlowitz, Hans Carl von   247
Catlin, George   260, 265
Céline, Louis-Ferdinand   384
Cellier, Cécile   387
Cendrars, Blaise   **369–379**
Césaire, Aimé   238
Chappaz, Maurice   376
Charrière, Madame de
  (Isabelle de Charrière)   184
Chessex, Jacques   **33–41**, 379, 382
Chevalier, Maurice   424
Chopin, Frédéric   185
Christinat-Petralli, Amélia   435
Christoff, Bernard   374, 379
Chruschtschow, Nikita   82
Cibula, Jan   415
Cingria, Charles-Albert   41
Claudel, Paul   389
Coaz, Johann Wilhelm Fortunat   **247–255**
Colette   185
Colomb, Catherine   382
Comencini, Luigi   360
Coninx, Werner   393
Constant, Benjamin   34, **183–193**
Corbusier, Le   477
Corso, Gregory   341
Cotti, Carlo   439
Couchepin, Pascal   483
Cramer, August   54
Cramer, Gabriel   143
Cramm, Minna von   189
Crawford, Flora   465
Curti, Theodor   144

D

Dante Alighieri   374
Daumier, Honoré   205
David-Burckhardt, Heinrich   242
da Vinci, Leonardo   270

Debray, Régis   373
Delaunay, Robert   295, 297
Delbrück, Anton   54
Delisle, Joseph Nicolas   147
Diamantopoulos, Alex Stylos   293
Dickens, Charles   23, 28, 30 f.
Diderot, Denis   35, 164, 166
Diethelm, Melchior   227
Dietrich, Jean de   157
Dietrich, Louise de   161
Dietrich, Philippe Frédéric de   153, 157
Dietrich, Sibylle de   **151–161**
Diggelmann, Walter Matthias   102
Disteli, Martin   **205–215**
Disteli, Urs Martin   206
d'Ivernois, Isabelle   167
Doebeli, Joy   425, 429
Dohm, Hedwig   471 f.
Donovan   476
Dostojewski, Fjodor   96, 382
Dreidoppel, David   259, 262
Dreyfus-de Gunzburg, Paul   133
Duchamp, Marcel   187, 295
Duchâteau, Raymone   376
Ducommun, Elie   116
Dufour, Henri   145, 252, 254
DuPeyrou, Pierre-Alexandre   168
Dupuis, Sylviane   **381–389**
Dürer, Albrecht   272, 274
Dürrenmatt, Friedrich   23, 44, 125, 127, 394,
  396, 398, 418
Duttweiler, Adele   317
Duttweiler, Gottlieb   315–317, 320 f.
Duvanel, Joseph Edward   418
Dylan, Bob   342, 345, 476

E

Eggimann, Ernst   427
Eicher, Stephan   430
Eichin, Bettina   **151–161**
Einstein, Albert   13
Eitingon, Max   57
Element of Crime   352
Emery, Sergio   439
Engel-Egli, Regula   448
Engels, Friedrich   177, 276, 281
Ernst, Max   109, 282, 285
Escher, Alfred   241
Esfandiary-Bakhtiary, Soraya   433
Etemad, Bouda   **173–181**
Euler, Leonhard   143
Evans, Walker   339

F

Fahrner, Kurt 418
Fankhauser, Franz 248
Farner, Caroline 303, **455–463**
Fässler, Hans **237–245**
Faulkner, William 374, 383
Federspiel, Jürg 405
Fehr, Marianne 408
Felber, Peter 210
Feuerbach, Ludwig Andreas 233
Fierz, Maria 89, 91
Filippini, Felice 439
Flach, João Martinho 239
Flatau, Else 96
Flaubert, Gustave 371, 382
Fleck, Ludwik 61
Fleming, Peter 445, 448 f., 452
Flüe, Klaus von 142 f.
Forel, August 53 f., 87
Förster, Theodor 63
Frank, Robert **335–345**
Frank, Rosy 335
Franklin, Benjamin 155
Freud, Sigmund 56–59, 61, 87, 288, 377
Freudenberg, Ika 66
Freuler, Regula **85–93**
Frevert, Ute 64
Friedl, Claudia 243
Friedrich der Große 152
Frisch, Max 44, 48, 103, 124 f., 127, **391–401**
Früh, Kurt 360, 367
Fueter, Emanuel Eduard 24
Füssli, Johann Heinrich 258

G

Gallo, Inigo 364 f.
Gantenbein, Köbi **247–255**
Gasser, Elsa F. **311–321**
Gasser, Joseph Beat 313, 316 f.
Gasser, Peter 483
Gautier, Théophile 264
Geiser, Karl 109
Genoux, Claire **33–41**
Gerhardt, Paul 324
Gertsch, Franz 418
Giacometti, Alberto 281
Gide, André 12, 388
Giehse, Therese 120, 122, 125
Giger, Hans Ruedi »Schische« 418
Ginsberg, Allen 340 f., 345
Ginsberg, Ernst 120
Gisiger, Theresia 208
Glauser, Friedrich **43–51**

Godard, Jean-Luc 344
Goegg-Pouchoulin, Marie 470, 473
Goethe, Johann Wolfgang von 121, 124, 169, 184 f., 188, 195, 206, 424
Golowin, Sergius 415, 418 f.
Götte, Flo 348
Gotthelf, Jeremias **23–31**, 209, 214, 331
Goudstikker, Sophie 66
Grandville, J. J. 205
Grasset, Bernard 383
Gretler, Heinrich 121
Gretler, Roland 405
Grimm, Jacob und Wilhelm 24
Grimm, Robert 75, 77, 143, 145, 212
Grünigen, Heinrich von 427
Grüninger, Paul 136
Guanella, Anita 479, 481
Guevara, Ernesto »Che« 373
Guggenheim, Peggy 297
Guillaume, James 76
Guisan, Henri 134
Gutzeit, Abraham 12, 17
Gutzeit, Grégoire 12
Guyer, Lex 467

H

Habermas, Rebekka 63
Hagenbach, Hans 292
Hägi, Gottlieb 53
Hait, Lina 79, 82
Haller, Albrecht von 149
Haller, Karl Ludwig von 208, 235, 238
Hardenberg, Charlotte von 184, 189
Hartung, Gustav 120
Häsler, Alfred A. 136, 139
Hausmann, Hans 362
Heartfield, John 96
Heer, Anna 463
Hegel, Georg Wilhelm Friedrich 228, 233
Heger, Grete 120
Heim-Vögtlin, Marie 87, 303, 333, 457, 463
Heinrich VIII. 268, 270 f., 274
Helmle, Christian 357
Hennings, Emmy 46 f., 51
Henzi, Samuel 141, 147 f.
Hesse, Hermann 48
Hessel, Franz 97
Hessel, Stéphane 97
Heusser, Christian 240
Heusser-Schweizer, Meta 325
Himly, Karl 228
Hirschfeld, Kurt **119–129**
His, François 152

His, Louise Madeleine   151
His, Pierre   151
Hitler, Adolf   99, 109, 120, 122, 335, 393
Hofer, Polo   430 f.
Hofmann, Albert   **475–483**
Hogarth, William   205, 215
Hohl-Custer, Clara   132
Hohl, Reinhard   132
Hohler, Franz   **423–431**
Holbein, Hans   **267–277**
Homer   382
Horwitz, Kurt   120
Howald, Stefan   **8 f., 443–453**
Hubacher-Constam, Annemarie   468
Hubacher, Hans   468
Huber, Friedrich   242
Hugi, Franz Josef   208
Humm-Crawford, Lili   109
Humm, Rudolf Jakob   11, 109
Humbert-Droz, Jules   78
Humboldt, Alexander von   238, 259
Hurter, Antistes   238
Hutmacher, Peter   418
Huxley, Aldous   478 f., 483

I
Ibsen, Henrik   121
Inikori, Joseph   240
Iselin, Isaak   152

J
Jaca, Francisco José de   238
Jagger, Mick   340, 344
Johnson, Uwe   125
Joos, Wilhelm   **237–245**
Joris, Elisabeth   **465–473**
Joseph II., römisch-deutscher Kaiser   219
Jost, Hans-Ulrich   **227–235**
Joyce, James   383
Julius II.   275
Jung, Carl Gustav   56, 112 f., 280, 283 f., 288
Jünger, Ernst   478

K
Kafka, Franz   383
Kälin, Robert   222
Kandinsky, Wassily   291, 294
Karl August, Herzog von
    Sachsen-Weimar und Eisenach   206
Karlinska, Olga   74, 79
Keller, Augustin   **217–225**
Keller, Gottfried   23 f., 44, 211, 214, 220, 240, 330

Keller, Stefan   408 f.
Kemeny, Zoltan   437
Kempin-Spyri, Emilie   303, 333, 457
Kerouac, Jack   339–341, 345
Kertész, Imre   371
Kleist, Heinrich von   195, 203
Klopstock, Friedrich Gottlieb   152
Klöti, Emil   121
Koblet, Hugo   441
Kok, Leo   109
König, Samuel   143
Kopp, Elisabeth   428
Köppel, Roger   30
Korinth, Lais von   268 f., 271
Kovach, June   397
Kraepelin, Emil   54, 56
Krebs, Ruedi   427
Kretzen, Friederike   **335–345**
Kretzschmar, Friedrich   53
Kropotkin, Pjotr   76
Krupskaja, Nadeschda   78
Kruse, Werner   363
Kurz, Albert   132, 137
Kurz, Bettina   134 f.
Kurz, Daniel   135 f.
Kurz, Gertrud   **131–139**
Kurz, Hans-Rudolf   136
Kurz, Rosmarie   134
Kuznets, Simon Smith   319
Kym, Hedwig   307, 459, 462 f.

L
Lacan, Jacques   277
Laclos, Pierre-Ambroise-François
    Choderlos de   35
Lafayette, Marie-Joseph Motier,
    Marquis de   155 f.
Lafon, Marie-Hélène   386
La Harpe, Frédéric-César de   161
Lang, Evelyne   465
Lang, Josef   **217–225**
Lang, Leo   12
Lang, Renée   12 f.
Lange, Helene   66
Langhoff, Wolfgang   120
Laplace, Yves   **369–379**
La Roche, Wolfgang   285, 287
Lauener, Kuno   428
Lautréamont, Comte de   374
Lavasseur, Thérèse   41, 168–170
Leary, Timothy   476, 478, 480
Leclerc, Georges-Louis, Comte de Buffon   163
Leitess, Lucien   **205–215**

Lenin, Wladimir   73, 77–80, 144, 311
Leslie, Alfred   341
Lesseps, Ferdinand de   239
Lessing, Gotthold Ephraim   121, 148 f., 152
Leuenberger, Niklaus   212
Leuthold, Heinrich   329
Lewinsky, Charles   **23–31**
Lieb, Hermann   241
Liebermann, Rolf   127
Liebknecht, Karl   77
Liechtenstein, Franz Josef von   404
Liechti, Martin   483
Lincoln, Abraham   224, 242
Lindtberg, Leopold   120
Lockspeiser, Mary   341
Lohse, Richard Paul   286
Lorca, Federico Garcia   124
Lötscher, Christine   **359–367**
Louis Philippe I.   183, 238
Lukács, Georg   82, 96
Lukrez   38
Lully, Jean-Baptiste   168
Lütscher, Pauline   251, 253, 459, 462
Luxemburg, Rosa   77

M

Maharshi, Ramana   449
Mahchsi-Karehde   260
Mahr, Dora   284
Maillart, Ella   **443–453**
Mallarmé, Stéphane   384, 389
Malraux, André   34
Malthus, Thomas   175
Mann, Erika   120
Mann, Thomas   120
Marchwitza, Hans   109
Marcuse, Herbert   98, 103
Marti, Kurt   427
Marti, Madeleine   **455–463**
Martinelli, Elsa   433
Martinoli, Simona   **291–299**
Marx, Hetty   109
Marx, Karl   76, 177, 276, 444
Masereel, Frans   96
Matter, Bernhard   143
Matter, Mani   **423–431**
Matter, Meret   425
Matter, Sibyl   425
Maupassant, Guy de   33 f.
May, Karl   257 f., 261 f., 264
Mayer, Bernhard   109
McKenna, Terence   476
Meienberg, Niklaus   **403–411**

Meier, Johann Jakob   258
Meier, Pirmin   **141–149**
Meister, Jakob Heinrich   258
Menuhin, Yehudi   109
Menzel, Wolfgang   215
Mesmer, Beatrix   459
Metzinger, Thomas   477
Meyenburg, Gertrude
   Constanze von   395, 397
Meyenburg, Marta von   91
Meyer, Arnold   465
Meyer, Betsy   330
Meyer, Conrad Ferdinand   44, 87, 329 f.
Meyer, Franz   295, 299
Meyer, Iris   303
Meyer, Jakob   268
Meyer-Ulrich, Elisabeth   330
Meyerhold, Wsewolod   121
Michelangelo   270
Micheli du Crest,
   Jacques-Barthélemy   **141–149**
Mill, John Stuart   303
Miller, Alice   101
Miller, Arthur   124
Mirabeau, Comte de
   (Honoré Gabriel de Riqueti)   156, 169
Model, Curt   394
Moeckel, Hans   362
Moeli, Carl   54
Mohler, Adolf   69, 71
Moholy-Nagy, László   293
Moirans, Epiphane de   238
Mollet, Johann   220
Mondrian, Piet   293–295
Mörgeli, Christoph   411
Morgenthaler, Hans   45, 48
Moser, Emil   359
Moser, Heinrich   85 f., 90
Moser, Mentona   80, **85–93**
Moser von Sulzer-Wart, Fanny   85–87, 90, 93
Mott, Lucretia   238
Mouchon, Pierre   152
Mozart, Wolfgang Amadeus   169, 423
Mühlestein, Hans   212
Mühsam, Erich   96
Müller, Max   43, 49
Müller-Widmann, Annie   293–295, 298
Münzenberg, Willy   97
Munzinger, Josef   227
Murer, Fredi   419
Muschg, Adolf   **183–193**
Musil, Robert   109

N

Napoleon Bonaparte
    siehe Bonaparte, Napoleon (Napoleon I.)
Netter, Maria   291
Niederhauser, Rolf   **391–401**
Nietzsche, Friedrich   169, 281, 374
Nirvana   347
Nizon, Paul   405
Nollet, Jean-Antoine   147
Noseda, Irma   205 f., 215
Nüsperli, Anna Elisabeth   201

O

Oberlin, Johann Friedrich   155
Obermüller, Klara   102
Ochs, Albrecht   151 f.
Ochs, Peter   151, 156–159, 161
Ochsenbein, Ulrich   30, 221
Oczeret, Herbert   108
Ofaire, Cilette   448
Offen, Karin   70
Offenburg, Magdalena   268
Olgiati, Rudolf   466
Oppenheim, Erich   280, 283
Oppenheim, Meret   109, **279–289**
Oprecht, Emil   120 f., 127, 129
Orlovsky, Peter   341
Otto, Teo   120

P

Pagani, Carlo   469
Paracelsus   142 f.
Parker, Erwin   124
Pascal, Blaise   170
Pauli, Emmy   158
Pestalozzi, Johann Heinrich   155, 233
Petitpierre, Max   138
Pfeiffer, Anna Maria Magdalena   263
Pfeiffer, Josephine   223
Pfister, Cornelia   419
Pfister, Michael   **257–265**
Pfluger, Rosmarie   364
Pfrunder, Anna   **455–463**
Picabia, Francis   295
Picasso, Pablo   284
Pieck, Wilhelm   93, 97
Pinget, Robert   383
Pinkus de Sassi, Amalie   101, 104
Pinkus, Lazar Felix   96
Pinkus, Theo   **95–105**
Platten, Fritz   **73–83**, 93
Platten, Peter   73
Poe, Edgar Allan   35, 40

Polborn, Auguste
    Caroline Wilhelmine   229, 233
Ponge, Francis   34, 37, 39
Poznańska, Fela   375
Pudowkin, Wsewolod   444

Q

Quadri, Claudia   **433–441**
Quesnay, François   169

R

Rabelais, François   374
Racine, Jean   34
Raffael   291
Ragaz, Clara   68, 70
Ragaz, Leonhard   67–69, 71
Rahm, Berta   **465–473**
Rahm-Meyer, Hermine   465
Rahm-Meyer, Wilhelm   465
Rainer, Margrit   **359–367**
Ramuz, Charles Ferdinand   38, **381–389**
Rauber, André   73 f., 78, 83
Rauber, Urs   82
Ray, Man   281, 285
Regener, Sven   352, 355
Reich, Steve   423
Reich, Wilhelm   102
Reinhart, Barbara   143
Rickenbacher, Martin   142, 149
Rieser, Ferdinand   120 f.
Rilke, Rainer Maria   12
Rima, Augusto   114
Rimbaud, Arthur   37, 188, 374, 451
Ritscher, Ilona   125
Rivaz, Alice   382
Robbe-Grillet, Alain   383
Robespierre, Maximilien de   156, 165
Rod, Édouard   382
Rohr, Verena von   419–421
Romberg, Freiherr von   79
Rosenbaum, Wladimir   107, 110, 113, 117
Rosowskaja, Lisa   74
Rossellini, Roberto   367
Rossi, Remo   298
Rothmund, Heinrich   121, 133–135
Roud, Gustave   41
Rouget de l´Isle, Claude Joseph   151, 156
Roulet, Daniel de   **163–171**
Rousseau, Jean-Jacques   143, 145–147, 152 f., 155 f., **163–171**, 235, 258
Rubenson, Käte   393, 395
Ruchat, Anna   **279–289**
Rüegg, Anneliese   448

Ruge, Arnold   206, 215
Rüttimann, Vinzenz   228, 230

S
Sabina, María   479
Saitzew, Manuel   311
Salis, Jean Rudolf von   174
Salis, Meta von   307, 458, 462 f.
Samir   **119–129**
Samson, Jean-Paul   109
Saner, Gerhard   44
Sarasin, Paul   255
Sarraute, Nathalie   383
Sartre, Jean-Paul   124
Sauerländer, Heinrich Remigius   208
Saussure, Ferdinand de   446
Saussure, Hermine »Miette« de   446
Saussure, Horace-Bénédict de   446
Say, Jean-Baptiste   175
Schaad, Isolde   **95–105**
Schädelin, Klaus   426 f.
Scharfetter, Christian   59, 61
Scharff, Edwin   125
Scharff, Tetta   125
Schelbli, Karl   467
Schelling, Friedrich Wilhelm Joseph   228, 458
Schibi, Christian   212
Schibler, Armin   192
Schiller, Friedrich   121, 124, 188, 259
Schiller, Walter   48
Schinz, Heinrich Rudolf   265
Schlegel, August Wilhelm   184
Schleuniger, Johann Nepomuk   223
Schmidt, Arno   257
Schmidt, Georg   294 f.
Schneider, Eulogius   156 f.
Schneider, Hansjörg   **43–51**
Schneider, Jörg   359
Schneider, Peter   **53–61**
Schnyder, Franz   29, 360
Schopenhauer, Arthur   374
Schreber, Daniel Paul   58
Schröder, Ernst   127
Schwarzenbach, Annemarie   45, 448–450, 453
Schweikert, Ruth   **11–21**
Schwitters, Kurt   295, 297
Seelmatter, Samuel   141
Segesser, Philipp Anton von   242
Seiler, Alexander J.   397
Seligmann, Kurt   282
S., Ernst   405 f.
Shakespeare, William   374
Signer, Ginevra   136 f.

Sih-Chida   260, 262 f.
Silone, Ignazio   109, 120
Simenon, Georges   44
Sinowjew, Grigori   77
Sismondi, Jean Charles
   Léonard Simonde de   **173–181**, 184
Smith, Adam   175
Spielrein, Sabina   57
Spitteler, Carl   45
Sprecher, Margrit   **403–411**
Spyri, Johanna   **323–333**, 360
Spyri, Johann Bernhard   329
Stadler, Peter   224
Staël, Erik Magnus de   184
Staël, Madame de
   (Anne-Louise-Germaine Baronin
   von Staël-Holstein)   174, 179, 183–185, 187
Stalin, Josef   73 f., 82 f., 444
Stämpfli, Edward   109
Stämpfli, Jakob   30
Stapfer, Philipp Albert   199
Staudinger, Dora   **63–71**
Staudinger, Hermann   64, 69
Steckel, Leonard   120
Stedman, John Gabriel   244
Steiger, Eduard von   133 f., 137
Steiger, Jakob Robert   221
Steiner, Rudolf   233
Stickelberger, Jacob   427 f.
Stirnemann, Bernhard   427
Strauss, David Friedrich   218
Strawinski, Igor   387
Streuli, Schaggi   367
Strindberg, August   28
Swanson, Gloria   433, 437
Swenzizkaya, Olga   82
Szemere, Madeleine   437
Szondi, Peter   127

T
Taeuber-Arp, Sophie   47, 109, 291, 293–297, 299
Tanner, Jakob   **311–321**
Tarabori, Aida   114
Taylor, Frederick Winslow   312
Teichman, Jakob   128
Terpis, Max   109
Thévoz, Michel   **267–277**
Tocqueville, Alexis de   259
Toller, Ernst   109
Tolstoi, Leo   121, 388
Traber, Markus   427
Travaglini, Peter   418

Tristan, Flora   471 f.
Trotzki, Leo   77, 80
Trouble, Evelinn   **347–357**
Troxler, Ignaz Paul Vital   206, 218, **227–235**
Troxler, Katherine   228
Troxler, Minna   229, 232
Troxler, Theodat   232
Tschudi, Jakob   242
Tubman, Harriet   237
Tucholsky, Kurt   109
Turckheim, Bernard Frédéric de   161
Turner, William   291

U
Ulbricht, Walter   102
Unseld, Siegfried   125
Unternährer, Kaspar   212
Usteri, Johann Martin   209
Usteri, Leonhard   170

V
Valangin, Aline   **107–117**
Valéry, Paul   451
Vanini, Emma   434 f.
Vantongerloo, Georges   294 f.
Varnhagen von Ense, August   229, 235
Varnhagen von Ense, Rahel   229
Vergil   38
Verlaine, Paul   34, 38
Vischer, Salome   155
Vogel, Wladimir   112 f.
Vogt, Walter   427
Volland, Sophie   165
Voltaire   39, 166, 258, 311
Von Roten, Iris   **301–309**
Von Roten, Peter   302, 304, 306 f., 309
Vordemberge-Gildewart, Friedrich   291

W
Wachter, Emma   459
Wälchli, Gottfried   205
Waldmann, Hans   213
Waller, Franz   219 f.
Walser, Robert   44 f., 96, 336 f.
Walter, Otto F.   391–393
Walter, Ruedi   359 f., 362, 364–367
Wälterlin, Oskar   121, 125, 127
Warens, Madame de   169 f.

Warhol, Andy   267–269, 275, 277
Waser, Hedwig   57
Washington, George   156
Weber, Max   275
Wegmüller, Lisa   417, 420 f.
Wegmüller, Walter   **413–421**
Weissenbach, Plazidus   220
Wenders, Wim   340
Wenger, Lisa   280, 288
Wengi, Niklaus von   213
Widmer, Fritz   425, 427 f.
Wiebel, Bernhard   205 f., 215
Wied-Neuwied,
    Maximilian Prinz zu   259, 262–265
Wieland, Ludwig   203
Wilberforce, William   237
Wilder, Thornton   124
Willdenow, Clara   459
Wille, Ulrich   75, 404 f.
Williams, Tennessee   124
Wirz, Heinrich   240
Wittelsbach, Albert   460–463
Wittmer, J. J.   419
Wollenberger, Werner   363 f.
Wollstonecraft, Mary   303, 471 f.
Woodtli, Susanna   462
Woog, Edgar   99
Woog, Lydia   99
Woolf, Virginia   383
Wottreng, Willi   **413–421**
Wyss, Tobias   408
Wyttenbach, Jürg   431

X
Xenophon   171

Z
Zeender, Henriette   29
Zetkin, Clara   64
Zeuske, Michael   242
Ziegler, Jean   **73–83**
Zimmermann, Berta   74, 79–81, 83
Zola, Émile   382
Zschokke, Heinrich   144, **195–203**, 208, 230
Zschokke, Matthias   **195–203**
Zuckmayer, Carl   127
Zurkinden, Irène   281, 286
Zwingli, Huldrych   219

Dank

Ein weit ausgreifendes Projekt wie »Projekt Schweiz« kann nur gelingen, wenn zum richtigen Zeitpunkt die richtigen Menschen zusammenfinden und sich mit Leidenschaft und Zähigkeit an die Verwirklichung machen. Darum danken Verlag und Herausgeber zunächst gemeinsam der glücklichen Fügung, die sie zusammengeführt hat. Gelingen konnte die Vision nur, weil vierundvierzig Autorinnen und Autoren sie teilten und sich darauf eingelassen haben. Die Parforceleistung der Gestaltung und Produktion hat in erster Linie Peter Löffelholz getragen, der unerschütterlich und geduldig alle Wünsche erfüllte. Dank auch an Simon Härtner für die Recherche und Beschaffung der Abbildungen, den Rechteinhaberinnen und -inhabern sowie den Mitarbeiterinnen und Mitarbeitern zahlreicher Bibliotheken und Archive für die Hilfe. Ohne das Verlagsteam schließlich und das Verständnis der Menschen aus dem persönlichen Umfeld der Buchmacher:innen hätte dieser Band nicht das Licht der Welt erblickt, die er in neuem Licht zeigen will.

Der Herausgeber

Stefan Howald, 1953 geboren, ist Journalist und Publizist. Neben langjähriger redaktioneller Tätigkeit hat er rund zwanzig Bücher verfasst, ediert und übersetzt, darunter Biografien von George Orwell, Karl Viktor von Bonstetten und Eric Ambler, Sachbücher zur Geschichte der Demokratie sowie Übersetzungen der Münchhausen-Erzählungen.

Übersetzungen

Ruth Gantert, 1967 in Zürich geboren, wo sie heute lebt. Sie studierte Romanistik und war Dozentin für französische Literatur an der Pädagogischen Hochschule St. Gallen. Heute ist sie Literaturvermittlerin, Redaktorin und Übersetzerin. Redaktionsleiterin des dreisprachigen Jahrbuchs der Schweizer Literaturen *Viceversa* (www.viceversaliteratur.ch).
Markus Hediger, 1959 in Zürich geboren. Studium der Romanistik und Literaturkritik. Hat verschiedene französischsprachige Gedichtbände verfasst. Seit 1990 literarischer Übersetzer, insbesondere französischsprachiger Schweizer Literatur; mehrfache Auszeichnungen für seine Übersetzungsarbeit.
Barbara Sauser, geboren 1974 in Bern, lebt in Bellinzona. Studium der Slawistik und Musikwissenschaft in Fribourg. Nach mehreren Jahren im Zürcher Rotpunktverlag arbeitet sie seit 2009 als freiberufliche Übersetzerin aus dem Italienischen, Französischen, Russischen und Polnischen. www.barbarasauser.ch.

Abbildungsnachweis

Paulette Brupbacher-Raygrodski *Signatur:* Nachlass Fritz Brupbacher. Schweizerisches Sozialarchiv, Zürich. *Porträt:* Nachlass Fritz Brupbacher. Schweizerisches Sozialarchiv, Zürich. S. 14: Paulette Brupbacher-Raygrodski und Fritz Brupbacher in Menusio 1930. Nachlass Fritz Brupbacher. Schweizerisches Sozialarchiv, Zürich. S. 18: Paulette Brupbacher-Raygrodski und Fritz Brupbacher mit der spanischen Gesundheitsministerin Frederica Montseny, 1936. Nachlass Fritz Brupbacher. Schweizerisches Sozialarchiv, Zürich.
Jeremias Gotthelf *Signatur:* Brief vom 29. Dezember 1840 an den Bauern und Gemeindepolitiker Joseph Burkhalter. Burgerbibliothek Bern. *Porträt:* Johann Friedrich Dietler: *Porträt Albert Bitzius*, 1843–1844. Öl auf Leinwand, 75x62 cm. Burgerbibliothek Bern. S. 27: Jakob Samuel Weibel: *Lützelflüh Pfarrhaus und Kirche*, 1827. Kolorierte Aquatina, 12x19 cm. Schweizerische Nationalbibliothek, Bern, Graphische Sammlung, Sammlung Rudolf und Annemarie Gugelmann. S. 30: *Wie der bernerische Staatswagen in seinem Laufe auf Hindernisse stösst*. Karikatur über Albert Bitzius in *Der Postheiri*, 1850 (Nr. 10), Privatsammlung HLS.
Jacques Chessex *Signatur:* Widmung von Jacques Chessex an Gustave Roud, in *Bataille dans l'air*, 9. Mai 1959. © Université de Lausanne, Centre des littératures en Suisse romande. Fonds Gustave Roud. *Porträt:* Porträt von Jacques Chessex, Oktober 1998 in Lausanne. © Keystone/Fabrice Coffrini. S. 36: Brief von Jacques Chessex an die Schweizerische Landesbibliothek, 1998. Schweizerisches Literaturarchiv SLA Bern, Fonds Jacques Chessex, A-13-f.
Friedrich Glauser *Signatur:* Unterschrift von Friedrich Glauser auf einem Verhörprotokoll, Liestal 1928. Staatsarchiv des Kantons Basellland. *Porträt:* Friedrich Glauser in Ascona, 1919. © Robert Binswanger/Schweizerisches Literaturarchiv SLA, Bern. S. 46: Friedrich Glauser in der Gartenbauschule Oeschberg, 1930/1931. © Schweizerisches Literaturarchiv SLA, Bern, Nachlass Friedrich Glauser. S. 50: Friedrich Glauser in Nervi, 1938. © Schweizerisches Literaturarchiv SLA, Bern, Nachlass Friedrich Glauser.

Eugen Bleuler *Signatur:* Unterschrift auf Brief von Eugen Bleuler an Gerhart Hauptmann, 24.01.1937. Staatsbibliothek zu Berlin. *Porträt:* Foto um 1900. Zentralbibliothek Zürich, Graphische Sammlung und Fotoarchiv. S. 55: Gruppenfoto mit Eugen Bleuler an der Anstalt Waldau in Bern, undatierte Aufnahme zwischen 1881 und 1884. © Keystone/Photopress-Archiv/Str. S. 59: Eugen Bleuler mit Kollegen am Burghölzli Zürich, um 1910. Staatsarchiv Zürich.

Dora Staudinger *Signatur:* Coop Archiv, Basel. *Porträt:* Dora Staudinger in den 1920er-Jahren. Historisches Lexikon der Schweiz (HLS), Bern. © Markus und Margaretha Lezzi. S. 66: Titelbild von Ruth Ammann: *Berufung zum Engagement? Die Genossenschafterin und religiöse Sozialistin Dora Staudinger (1886-1964)*. Basel 2020. © Markus und Margaretha Lezzi. S. 70: Schweizer Delegation zu einem internationalen Kongress der Frauen gegen Krieg und Faschismus, 1930er-Jahre. Historisches Lexikon der Schweiz (HLS), Bern. © Luzia Höchli.

Fritz Platten *Signatur:* Schweizerisches Sozialarchiv. *Porträt:* Fritz Platten auf dem Zürcher Frauenmünsterplatz, 1931. Gretlers Panoptikum. Schweizerisches Sozialarchiv. S. 76: Wladimir Lenin und Fritz Platten auf dem dritten Weltkongress der Kommunistischen Internationalen. Foto: Moisei Nappelbaum. Erben des Nachlasses: Anastacia Nappelbaum und Ekaterina Tsarenkova, vertreten durch FTM Agency, Ltd. Russland. S. 81: Fritz Platten und Berta Zimmermann in der Landkolchose Nowa Lawa in der Sowjetunion, ca. 1925. Schweizerisches Sozialarchiv.

Mentona Moser *Signatur:* Archiv Roger Balsiger. *Porträt:* Foto 1908. Institut für Grenzgebiete der Psychologie und Psychohygiene e. V., Freiburg i. Br., Nachlass Fanny Moser. S. 89: Mentona Moser, Ende der 1920er-Jahre. Archiv Roger Balsiger. S. 92: Rote Raketen Berlin, Propagandatruppe des Roten Frontkämpfer Bundes Deutschlands, Berlin 1928. © Schweizerisches Sozialarchiv.

Theo Pinkus *Signatur:* Unterschrift von 1985. Studienbibliothek zur Geschichte der Arbeiterbewegung. *Porträt:* © Günter Zint. S. 98: Theo Pinkus auf dem Helvetiaplatz in Zürich anlässlich einer Kundgebung gegen Arbeitslosigkeit, 1975. Schweizerisches Sozialarchiv. S. 103: Geschichtsseminar in Salecina. © Cordelia Dilg.

Aline Valangin *Signatur:* Publikationsvertrag mit Limmat Verlag, 1980er-Jahre. *Porträt*, S. 110, S. 115: Aline Valangin in Comologno TI, 1930er-Jahre. Mit freundlicher Genehmigung von Simone Carnora und Francine Rosenbaum. Originalzitate von Aline Valangin aus *Die Bargada/Dorf an der Grenze. Eine Chronik*. Zürich 2002. Mit freundlicher Genehmigung von Simone Carnora und Francine Rosenbaum.

Kurt Hirschfeld *Signatur:* Leo Baeck Institute, New York. *Porträt:* Kurt Hirschfeld bei der Verleihung des Großen Niedersächsischen Kulturpreises in Hannover, 1962. Archiv Ruth Hirschfeld. S. 123: Max Frisch und Kurt Hirschfeld bei Proben zu *Andorra*, Schauspielhaus Zürich, November 1961. Foto Comet Photo AG. ETH Bibliothek, Bildarchiv Zürich. S. 126: Inszenierung von Frank Wedekinds *Lulu* im Zürcher Schauspielhaus, 1962. Archiv Ruth Hirschfeld. S. 128: Inszenierung von Bertolt Brechts *Im Dickicht der Städte* im Zürcher Schauspielhaus, 1960. Archiv Ruth Hirschfeld.

Gertrud Kurz *Signatur:* Korrespondenz mit philosemitischen Organisationen, 1947. © Archiv für Zeitgeschichte, ETH Zürich. *Porträt:* Fotowerkstätte Ursula »Urs« Lang-Kurz, Stuttgart. © Archiv für Zeitgeschichte, ETH Zürich. S. 134: Gertrud Kurz und Mitarbeiter am Sandrain, Bern, August 1945. © Archiv für Zeitgeschichte, ETH Zürich. S. 138: Gertrud Kurz an einer internationalen Tagung, nicht datiert (Mitte der 1950er-Jahre). © Keystone/Camera Press/Werner Braun.

Jacques-Barthélemy Micheli du Crest *Signatur:* Staatsarchiv Bern. *Porträt:* Robert Gardelle: *Jacques-Barthélemy Micheli du Crest mit dreißig Jahren*, 1721. Öl auf Leinwand, 80x64 cm. (Privatbesitz Fam. Micheli, Schloss Crest, Jussy bei Genf). © Fondation Micheli. S. 144: Zeichnung Alfred Oberli, 1994. S. 148: Abdruck nach dem Faksimile-Nachdruck in Sonderheft 8 der *Cartographica Helvetica*, Murten 1995.

Sibylle de Dietrich *Signatur:* Signature dans les comptes de caisse de l'an 13 du 27 germinal an 13 donc du 17 avril 1805 – Archives de l'Association De Dietrich 69/6. *Porträt:* Sibylle de Dietrich mit einem ihrer Söhne. Maler unbekannt, undatiert. Das dunkle Band um den Hals wurde während des Terreur in Straßburg (1792/93) aufgemalt, es symbolisiert ihre Hinrichtung in effigie. Familienstiftung Ochs-His'sches Fideikomiss. S. 154: Charles Emmanuel Patas: *Clémence du Peuple: Le Peuple rassemblée le 18 Mars 1790 sur la place d'Armes à Strasbourg, pour preter solemnellement le Serment Civique, demande par acclamation la grace du chef de l'insurection*, Paris 1790. © BNU Strasbourg. S. 158: Isidore Pils: *Rouget de Lisle chantant la Marseillaise*, 1849. Öl auf Leinwand, 74x91 cm. Musée historique de Strasbourg. S. 160: *Le premier baptême républicain*, Maler unbekannt, 1790. © Privatsammlung Elisabeth Messmer-Hitzke.

Jean-Jacques Rousseau *Signatur:* David Chelli. https://www.chelli-autographes.com/. *Porträt:* Maurice Quentin de La Tour: *Porträt von Jean-Jacques Rousseau*, 1753. Aquarell, 45x35 cm. Musée Antoine-Lécuyer. S. 166: *Grab von J.-J. Rousseau in Ermenonville*. Anonym, 1778. Meißelgravur, 16x9 cm. © Bibliothèque nationale de France.

Jean Charles Léonard Simonde de Sismondi *Signatur* und *Porträt:* Amélie Munier-Romilly (Zeichnung), Abraham Bouvier (Gravur): *Porträt von Jean-Charles-Léonard dit Simonde de Sismondi*, 1840. Gravur, 25x17 cm. © Bibliothèque de Genève. S. 176: *Maison de Sismondi, à Chênes, près de Genève*. Dessin de Grandsire, d'après Mlle Octavie Bourrit. Gravur. Magasin pittoresque, Paris 1844. S. 180: Titelseite *Études sur les constitutions des peuples libres*. Tome 1/par J.-C.-L. Simonde de Sismondi, Paris 1836. © Bibliothèque nationale de France.

Benjamin Constant *Signatur:* Bibliothèque cantonale et universitaire Lausanne, Collection Benjamin Constant, IS 5651. *Porträt:* Achille Déveria, 1823. Lithografie, Steindruck von Langlumé. 35x27 cm. Bibliothèque cantonale et universitaire Lausanne, Fonds Christian Schärer, IS 5893/6. S. 186: *From a drawing by her [Madame de Staëls] great-great-grandson, the Prince of Broglie*. In: J. Christopher Herold, *Mistress to an Age. The Life of Madame de Staël*. London 1958. S. 190: Johann Michael Voltz: *Karikatur auf Napoleons Rückkehr von Elba*, 1815. Papier, Radierung & koloriert, 18x26 cm. © bpk/Deutsches Historisches Museum/Indra Desnica.

Heinrich Zschokke *Signatur:* Staatsarchiv Aargau. *Porträt:* Ludwig Albert von Montmorillon: *Porträt von Heinrich Zschokke*, 1817. Lithografie, 39x33 cm. Sammlung Stadtmuseum Aarau. S. 198: Heinrich Zschokke im Garten seines

Landhauses Blumenhalde. In: *Die Gartenlaube*, 1865, Nr. 40. Staatsarchiv Aargau, StAAG GP/Z-0003. S. 202: Titelbild von Heinrich Zschokkes *Des Schweizerlands Geschichten für das Schweizervolk*, Reutlingen 1823.

Martin Disteli *Porträt:* Selbstbildnis als junger Mann, um 1832. Feder über Bleistift, Aquarell, auf Papier, 9,5x8,3 cm. Kunstmuseum Olten, Inv. Di.B-42. *Signatur:* Ausschnitt aus der Honorarquittung für Trauung von Hund und Katze für den Almanach *Alpenrosen*, 1832. Kunstmuseum Olten. S. 207: *Das bedrohte Froschparlament*, um 1833. Aquarell über Feder auf Velin, ca. 10x14 cm. Kunstmuseum Olten, Inv. Di.T-13. S. 209: *Der tolle Jäger*, 1835. Entwurf für Lithographie in *Morgenstern. Zeitschrift für schöne Litteratur und Kritik*, Solothurn 1836–1838. Feder über Bleistift, auf Velin, 30x42,5 cm. Kunstmuseum Olten, Inv. Di J-13. S. 210: *Aristokratenhosenlupf*, zu Disteli-Kalender 1844. Feder über Bleistift auf Velin, 9x11,5 cm. KMS, 8.36r.108. S. 212: *Schibi auf der Folter*. In: *Schweizerischer Bilderkalender*, 1839. Lithographie auf Papier, 14,5x18,5 cm. Kunstmuseum Olten.

Augustin Keller *Signatur:* In: Arnold Keller, *Augustin Keller 1805–1883. Ein Lebensbild und ein Beitrag zur vaterländischen Geschichte des 19. Jahrhunderts*. Israelitische Cultusgemeinde Bibliothek Zürich. *Porträt:* Staatsarchiv Aargau, StAAG GP/K-0004. S. 221: *Versuch des zweiten Übergangs über den Rubikon*. Karikatur von Johann Ulrich. In: Hansjörg Frank, Matthias Fuchs, Beatrice Küng, Yvonne Leimgruber, *Pädagoge – Politiker – Reformer. Augustin Keller (1805–1883) und seine Zeit*. Zürich 2005. S. 224: *Der geheimnisvolle Kabisräuber oder die getäuschte Nachtwache*, aus den *Humoristica aus dem Seminarleben*. Staatsarchiv Aargau, StAAG NL.A-0095/0004.

Ignaz Paul Vital Troxler *Signatur:* ZHB Luzern Sondersammlung. *Porträt:* Lithografie nach einem Kupferstich von Friedrich Buser, um 1830. ZHB Luzern Sondersammlung. S. 230: *Arretierungsbefehl 1806*. In: Anton Suter, *Beromünster in den Jahren 1798-1898*. Beromünster 1997. S. 234: Bundesverfassung von 1848, Laurenz Lüthi, Solothurn. Gouache auf Papier, kalligrafiert. Schweizerisches Landesmuseum.

Wilhelm Joos *Signatur:* Erlass von Strafbestimmungen von Schweizern in Brasilien, die Sklaven halten, 1863–1864. Schweizerisches Bundesarchiv, Bern. *Porträt:* Aus: Sylvia Brunner-Hauser, *Pionier für eine menschlichere Zukunft. Dr. med. Wilhelm Joos, Nationalrat*. Schaffhausen 1983. © Stadtarchiv Schaffhausen. S. 241: Jean-Frédéric Bosset de Luze: *Plantage Pombal in der Colônia Leopoldina*, Bahia, 1835. Aquarell, 26x57 cm. Pinacoteca do Estado de São Paulo. S. 244: William Blake: *A Negro hung alive by the Ribs to a Gallows*, plate 2 from the book *Narrative of a Five Year's Expedition against the Revolted Negroes of Surinam, in Guiana, on the Wild Coast of South America; from the year 1772 to 1777* by Captain J.G. Stedman, Published by Joseph Johnson 1792. Gravur, 26x18 cm. Princeton University Art Museum.

Johann Wilhelm Fortunat Coaz *Signatur:* Brief von J. W. F. Coaz an seine Frau Pauline. © Staatsarchiv Graubünden, Chur, StAGR N 8.6. *Porträt:* Johann Coaz: *Porträt*. Fotogravüre, 19. Jh., Alamy Stock Foto. S. 249: Johann Coaz und seine Begleiter auf dem Gipfel des Piz Bernina (13. September 1850). Naturfreunde-maiengruen.ch. S. 253: Eidgenössische Kommissionen beim Blockhaus, Juli 1919. © Staatsarchiv Graubünden, Chur, StAGR FR XXXI-C.IV.246.

Karl Bodmer *Signatur:* Bildunterschrift Karl Bodmer: *Das Spiel der Katze mit der Schlange*, 1873. Radierung. *Porträt:* Jean-François Millet: *Porträt von Karl Bodmer*, 1850. Bleistiftskizze. S. P. Avery Collection, Miriam and Ira D. Wallach Division of Arts, Prints and Photographs. The New York Public Library. Astor, Lenox and Tilden Foundations. S. 260: Karl Bodmer: *Sih-Chida & Mah Chsi-Karehde*, 1833-34. Aquatinta, 53x36 cm. S. 264: Karl Bodmer: *Das Innere der Hütte eines Häuptlings der Mandan*. 1833–1834. Mischtechnik auf Papier.

Hans Holbein *Signatur und Porträt:* Hans Holbein: *Selbstbildnis um das Jahr 1542*. Buntstiftzeichnung, 23x18 cm. Galleria degli Uffizi, Florenz. S. 269: Hans Holbein: *Darmstädter Madonna* (Ausschnitt), 1526/1528. Oel auf Holz, 147x102 cm. Sammlung Würth, Schwäbisch Hall; Hans Holbein: *Laïs Corinthiaca*, 1526. Mischtechnik auf Lindenholz, 37x27 cm. Kunstmuseum Basel. S. 273: Hans Holbein: *Die Gesandten*, 1533. Oel auf Eichenholz, 207 x 209 cm. National Gallery, London. S. 274: Hans Holbein: *Porträt Heinrich VIII. von England*, 1537. Öl auf Holz, 28x20 cm. Museum Thyssen-Bornemisza, Madrid.

Meret Oppenheim *Signatur:* Bildunterschrift Meret Oppenheim. *Le paradis est dans la terre*, 1940. © ProLitteris. *Porträt:* Meret Oppenheim mit symbolischem *Frühstück in Pelz*. Schloss Bremgarten bei Bern, 1954. Foto: Kurt Blum. © Keystone/Fotostiftung Schweiz/Kurt Blum. S. 283: Meret Oppenheim im Café Odeon, Zürich, 1966. Foto Candid Lang. © Fotostiftung Schweiz. S. 286: Meret Oppenheim 1982 im Zürcher Staatsarchiv. © Niklaus Stauss. Originalzitate von Meret Oppenheim aus *Träume Aufzeichnungen*. Frankfurt 2010; *Husch, husch, der schönste Vokal entleert sich. Gedichte*, Frankfurt 2015. © Suhrkamp Verlag; *Meret Oppenheim – Worte nicht in giftige Buchstaben einwickeln*. Hrsg. Lisa Wenger und Martina Corgnati. Zürich 2015. © Scheidegger & Spiess.

Marguerite Arp-Hagenbach *Signatur:* Archiv Fondazione Marguerite Arp, Locarno. *Porträt:* Marguerite Arp-Hagenbach, 1948. Foto: Eidenbenz. Archiv Fondazione Marguerite Arp, Locarno. S. 294: Marguerite Arp-Hagenbach in ihrer Wohnung in Basel, 1955. Foto Maria Netter. Archiv Schweizerisches Institut für Kunstwissenschaft SIK, Zürich. S. 298: Marguerite Arp-Hagenbach mit Hans Arp, Locarno 1965. Foto Alberto Flammer. Archiv Fondazione Marguerite Arp, Locarno.

Iris von Roten *Signatur:* Archiv Hortensia von Roten. *Porträt:* Foto um 1946. Titelbild Yvonne-Denise Köchli: *Eine Frau kommt zu früh*. Zürich 1992. ATP-Bilderdienst/Archiv Hortensia von Roten. © Ringier Bildarchiv. S. 304: Iris und Peter von Roten, 1947. Foto Hans Baumgartner. Archiv Hortensia von Roten. © Hans Baumgartner/Fotostiftung Schweiz. S. 308: Iris von Roten Anfang der 1960er-Jahre. Archiv Hortensia von Roten.

Elsa F. Gasser *Signatur:* © Migros-Genossenschaft. *Porträt:* Foto von Werner Bischof. © Thomas Gasser. S. 314: Früher Migros-Verkaufswagen, 1925. Foto: Bildarchiv Beringer & Pampaluchi. S. 318: Bericht über eine USA-Reise von Elsa F. Gasser. In: *Wir Brückenbauer*, 19. Januar 1951, S. 3. S. 320: Elsa F. Gasser mit Gottlieb Duttweiler an einer Tagung in Rüschlikon, 1957. Foto: Milou Steiner. © Staatsarchiv Aargau, Ringier Bildarchiv, StAAG/RBA16-1045_1.

Johanna Spyri *Signatur:* © Johanna Spyri-Stiftung, Zürich. Schweizerisches Institut für Kinder und Jugendmedien SIKJM. *Porträt:* Johanna Louise Spyri-Heusser. Foto Johannes Ganz 1871. Print. © Johanna Spyri-Stiftung, Zürich. Schweizerisches Institut für Kinder und Jugendmedien SIKJM. S. 326: Geburtshaus der Schriftstellerin Johanna Spyri, Hirzel. Foto: Rud. Suter AG (Oberrieden), 1945. ETH-Bibliothek Zürich, Bildarchiv. S. 328: Johanna Heusser und Bernhard Spyri in Zürich zur Zeit ihrer Verlobung, 1852. © Johanna-Spyri-Stiftung, Zürich. Schweizerisches Institut für Kinder und Jugendmedien SIKJM. S. 331: Szene aus dem *Heidi*-Film in Latsch oberhalb Bergün GR, 1952. © Keystone/Photopress-Archiv.

Robert Frank *Signatur:* Unterschrift in Robert Frank: *Les Americains* (Signed). Rob Warren Books, New York. *Porträt:* Robert Frank by Elliott Erwitt. Valencia, 1952. © Keystone/Magnum Photos/Elliot Erwitt. S. 337: Robert Frank by Wayne Miller. *Robert Frank in the home of Wayne Miller while shooting for his book »The Americans«.* © Keystone/Magnum Photos/Wayne Miller. S. 339: Robert Frank: Pablo in Valencia, 1952. © Andrea Frank Foundation. S. 342: Robert Frank 2002 auf der Arteplage *Mobile du Jura* der Expo.02 in Yverdon-les-Bains. © Niklaus Stauss.

MC Anliker *Signatur:* Privatbesitz Henry Thomet. *Porträt:* Foto: Markus Hubacher. © Fatima Hubacher. S. 351: MC Anliker im Mokka, 1990. © Christian Helmle. S. 354: MC Anliker im Mokka, 1999. © Christian Helmle.

Margrit Rainer *Signatur:* Rolf Ramseier / Autographen der Schweiz, www.autographenderschweiz.ch. *Porträt:* Margrit Rainer im Spielfilm *Oberstadtgass* von Kurt Früh, 1956. © SRF/Präsens-Film. S. 363: Margrit Rainer in der *Heidi*-Verfilmung von 1952. © Präsens-Film. S. 366: Margrit Rainer und Ruedi Walter, 1958. © Zentralarchiv GD SRG SSR.

Blaise Cendrars *Signatur:* Blaise Cendrars: *Hollywood. La Mecque du Cinéma*. Paris 1936. Widmung an einen Freund. *Porträt:* Blaise Cendrars, 1953. © Keystone/Roger Viollet. S. 372: Blaise Cendrars, 1930. © Keystone/Roger Viollet. S. 376: Blaise Cendrars und Raymone Duchâteau in Tremblay, 1931. Schweizerisches Literaturarchiv SLA, Fonds Cendrars. © ProLitteris. S. 378: Blaise Cendrars in Tremblay, mit Le Corbusier, Fernand Léger, Yvonne Gallis, 1931. Schweizerisches Literaturarchiv SLA, Fonds Cendrars. © ProLitteris.

Charles Ferdinand Ramuz *Signatur:* Librairie Le Feu Follet. Edition-Originale.com. *Porträt:* Foto: Yvonne de Chevalier, circa 1938. Bibliothèque nationale de France, Paris. © Claude Lanoux-Chevalier. S. 385: C. F. Ramuz in seinem Arbeitszimmer in Pully, nicht datiert. © Keystone/Robert Walser-Stiftung/Carl Seelig. S. 388: André Gide mit C. F. Ramuz, Lausanne 1933. © Fondation Catherine-Gide.

Max Frisch *Signatur:* Max Frisch Archiv, ETH Zürich. *Porträt:* Max Frisch: *Porträt*. Vor 1962. Münchner Stadtmuseum, Sammlung Fotografie, Archiv Barbara Niggl Radloff. S. 394: Max Frisch vor dem Basler Stadttheater, 1968. © Kurt Wyss. S. 399: Max Frisch bei Podiumsdiskussion in Basel, 1989. Foto Claude Giger. Max Frisch-Archiv, ETH Zürich.

Niklaus Meienberg *Signatur:* Privatbesitz Margrit Sprecher. *Porträt:* © Bruno Schlatter. S. 407: Niklaus Meienberg 1984 in der Blick-Redaktion, Zürich. © Roland Gretler. Schweizerisches Sozialarchiv, Zürich. S. 410: Niklaus Meienberg bei Demonstration in Zürich 1988. © Gertrud Vogler. Schweizerisches Sozialarchiv, Zürich.

Walter Wegmüller *Signatur:* Privatarchiv Willi Wottreng. *Porträt:* Porträtbild, vermutlich Ende 1960er-Jahre, Bern. Fotograf unbekannt. S. 416: Walter Wegmüller, 1983. © Werner Gadliger. S. 420: Walter Wegmüller, 2017. Privatarchiv Willi Wottreng.

Mani Matter *Signatur:* © Familie Matter. *Porträt:* Foto: Rodo Wyss. S. 425: Mani Matter mit den Töchtern Meret und Sibyl, Wabern 1970. Foto: Hans Krebs. ETH-Bibliothek Zürich, Bildarchiv. S. 426: Zeichnung von Mani Matter. Privatfoto aus dem Besitz von Joy Matter.

Elsa Barberis *Alle Illustrationen:* Elsa Barberis im Atelier sowie Aufnahme eines Models, 1950er-Jahre. Privatarchiv von Elsa Barberis. Mit freundlicher Genehmigung von S. Barberis Casagrande.

Ella Maillart *Signatur:* Privatsammlung Stefan Howald. *Porträt:* Ella Maillart vor einer Reise nach Asien, nicht datiert. © Keystone/Photopress-Archiv. S. 447: Ella Maillart: *Le procureur et le bust de Lénine au procès des basmatchis à Samarkand*, 1932. © Succession Ella Maillart et Musée de l'Elisée, Lausanne. S. 450: Annemarie Schwarzenbach und Ella Maillart beim Start ihrer Reise in den Vorderen Orient, Mai 1939. © Keystone/Photopress-Archiv. S. 452: Ella Maillart: *Le troupeu de chameaux traverse le gué, T'ein Shan*, 1932. © Succession Ella Maillart et Musée de l'Elisée, Lausanne.

Caroline Farner und Anna Pfrunder *Signatur* und *Porträt:* Fotografie von Caroline Farner, um 1900. Archiv Gosteli-Stiftung. S. 458: Aus: Ida Bindschedler, *Med. Dr. Caroline Farner*. Zürich 1913; Werbeanzeige für die Kuranstalt Fraternité aus dem Jahre 1891. In: Iris Blum, *Frauenbewegte Schwesterlichkeit: das ehemalige Kurhaus »Fraternité« auf dem Rosenhügel in Urnäsch*. Appenzeller Kalender 2003. S. 460: Postkarte. Freundlich zur Verfügung gestellt von der Stiftung Zürcher Kinder- und Jugendheime, Zürich.

Berta Rahm *Signatur:* Privatsammlung Stefan Howald. *Porträt:* Gosteli-Stiftung, biografische Notizen Nr. 5002. S. 468: Aufnahme vom 1. Oktober 1963. Fotoalbum von Erica Hauser. In: Privatarchiv Patrick Romanens. S. 472: Berta Rahm Architectural Collection, Ms1998-011, Special Collections and University Archives, Virginia Tech, Blacksburg, Va.

Albert Hofmann *Signatur:* Rolf Ramseier / Autographen der Schweiz, www.autographenderschweiz.ch. *Porträt:* Albert Hofmann mit Molekülmodell des LSD, 1943. © Firmenarchiv der Novartis AG. S. 478: Ausschnitt Laborjournal 37, S. 16, vergrößert. © Firmenarchiv der Novartis AG. S. 482: Albert Hofmann 2001. © Rolf Jenni.

Der Verlag hat trotz aller Anstrengungen nicht alle Copyright-Inhaber ausfindig machen können. Wir bitten um allfällige Mitteilungen an die Verlagsadresse.

Umschlag: Oben v. l. n. r.: Jean-Jacques Rousseau, Elsa Barberis, Max Frisch, Paulette Brupbacher-Raygrodski, Niklaus Meienberg. *Unten v. l. n. r.:* Mani Matter, Johanna Spyri, C. F. Ramuz, MC Anliker, Berta Rahm. Bildnachweise siehe oben.

Die Schweiz im Unionsverlag

Friedrich Glauser
Die Wachtmeister-Studer-Romane, das erzählerische Werk, die Briefe: ungekürzt und unverfälscht, mit entstehungsgeschichtlichem Kommentar, Editionsbericht und Anmerkungen.

Pirmin Meier
Ich Bruder Klaus von Flüe, die Geschichte eines Menschen, dessen große Visionen europaweit ausstrahlten, und *Paracelsus,* fesselnde Biografie und ein Panorama des Lebens und Sterbens.

Elisabeth Gerter *Die Sticker*
Der Roman vom dramatischen Aufstieg und Niedergang der schweizerischen Stickereiindustrie: Konjunktur und Krise, Wohlstand und Armut, Siegeszug der Maschine und Arbeitslosigkeit.

Willi Wottreng *Ein Irokese am Genfersee*
1923 bittet der Irokesen-Chief Deskaheh den Völkerbund um Hilfe im Kampf um das Land seines Volkes. Kriminalroman, Politthriller, Reportage und literarische Parabel.

Petra Ivanov
»Die beliebteste Schweizer Krimi-Autorin« (SRF) erforscht die düsteren Ecken der Gesellschaft in den Reihen *Ein Fall für Flint und Cavalli* und *Meyer und Palushi ermitteln.*

Christoph Simon
In *Franz oder Warum Antilopen nebeneinander laufen* wollen Franz und sein Dachs bloß nicht erwachsen werden, in *Spaziergänger Zbinden* erzählt Lukas herzbewegend von seiner verstorbenen Emilie.

Mehr über alle Bücher, Autorinnen und Autoren auf
www.unionsverlag.com